Die Anfänge des modernen Arbeitsrechts

Europäische Hochschulschriften
Publications Universitaires Européennes
European University Studies

Reihe II
Rechtswissenschaft

Série II Series II
Droit
Law

Bd./Vol. 446

PETER LANG
Frankfurt am Main · Bern · New York

Helmut Roscher

Die Anfänge des modernen Arbeitsrechts

Ein Beitrag zur Geschichte des Jugendarbeitsschutzes unter besonderer Berücksichtigung der Entwicklung in Preußen

PETER LANG
Frankfurt am Main · Bern · New York

CIP-Kurztitelaufnahme der Deutschen Bibliothek

Roscher, Helmut:

Die Anfänge des modernen Arbeitsrechts : e. Beitr. zur Geschichte d. Jugendarbeitsschutzes unter bes. Berücks. d. Entwicklung in Preußen / Helmut Roscher. – Frankfurt am Main ; Bern ; New York : Lang, 1985.
(Europäische Hochschulschriften : Reihe 2, Rechtswissenschaft ; Bd. 446)
ISBN 3-8204-8002-1
Europäische Hochschulschriften / 02

ISSN 0531-7312

Inhaltsverzeichnis

ABKÜRZUNGS- UND QUELLENVERZEICHNIS

VORBEMERKUNGEN

Quellen- und Literaturhinweis

Gegenstand der vorliegenden Arbeit ist die Darstellung der gesellschaftlichen Umstände, die in Preußen während der ersten Hälfte des 19. Jahrhunderts zu einem industriellen Jugendarbeitsschutz geführt haben. Um die Bedingungen zu erfassen, unter denen das gesetzgeberische Handeln auf diesem Gebiet gestanden hat, beschreibt die Untersuchung nicht nur die staatlichen Initiativen, sondern auch die Einflüsse, die von der Entwicklung der wirtschaftlichen Verhältnisse und den herrschenden, die Zeiterfahrungen aufarbeitenden Denkvorstellungen ausgegangen sind. Meinungsbildend waren vor allem die Pädagogik und die Staatswirtschaftslehre, soweit die Autorität der Fachwissenschaften bei den Problemen gefragt war, in welchem Rahmen ein Schulzwang für Unterschichtkinder verwirklicht werden könnte, welche Auswirkungen die Fabrikarbeit auf Kinder und Jugendliche habe und welche Vor- und Nachteile der Gesellschaft durch die Industrialisierung entstünden. Mit berücksichtigt wurde bei diesen Erörterungen auch das in Deutschland stark beachtete englische und französische Fachschrifttum.

Da die Ermittlungs- und die Entscheidungskompetenz für den Schutz der arbeitenden Kinder und Jugendlichen im wesentlichen bei den Behörden gelegen haben, bilden die in den Akten festgehaltenen Bemühungen der Verwaltung notwendigerweise den roten Faden für die Schilderung. Für die Beurteilung des Untersuchungsgegenstandes haben diese Vorgänge jedoch noch eine weitergehende Bedeutung, die sich aus der Kontinuität der Sachauseinandersetzung ergibt. Neben den allmählichen Veränderungen der Standpunkte sind in den Akten auch deutliche Meinungskorrekturen festzustellen, die über die Datierung Rückschlüsse erlauben auf äußere, die herrschende Ansicht nachhaltig prägende Ereignisse, wie denn das Behördenschrifttum, wenn auch mit Abschwächungen, immer auch das geistige Klima erkennen läßt, in das die Fachdiskussion eingebettet war. Deswegen kann man den Verwaltungsvorgängen einen wichtigen, den geltenden Zeitauffassungen nahekommenden Maßstab entnehmen, mit dem gerade Quellen, die anderer Herkunft sind und sich in ihrem Stellenwert sonst schwer beurteilen ließen, angemessen gewichtet werden können.

Auf der Hand liegt, daß für eine Wiedergabe der preußischen Gesetzgebungsgeschichte in erster Linie auf die Berliner Ministerialvorgänge zurückzugreifen war, zu denen ergänzend Akten der Provinzialbehörden hinzugezogen worden sind. Heute nicht mehr überliefert ist allerdings die zur Frage der Fabrikarbeit der Kinder und Jugendlichen im Ministerium der geistlichen, Unterrichts- und Medizinal-Angelegenheiten angelegten Hauptakte - zwei Bände "Generalia. Lehr-Anstalts-Sachen Schulen Nr. 47". (1) Für die vorliegende Darstellung konnte jedoch die Parallelkorrespondenz des preußischen Handelsministeriums ausgewertet werden.

1) Hinweis in: AM 28, S. 38.

Was die zeitlichen Grenzen der Arbeit betrifft, so erstreckt sich die Untersuchung, von den sozialen Verhältnissen vor der Industrialisierung ausgehend, auf den Zeitraum vom auslaufenden 18. Jahrhundert bis zur Novellierung des preußischen Regulativs vom 9. März 1839 durch das Fabrikgesetz vom 16. Mai 1853.

Die Entstehung des deutschen Jugendarbeitsschutzes ist bereits wiederholt im 19. Jahrhundert behandelt worden. Hierzu seien von den älteren Darstellungen drei genannt: zum einen der einen ausführlichen Auszug aus den preußischen Ministerialakten vorstellende Aufsatz von KARL BRÄMER, Die Beschäftigung jugendlicher Arbeiter in Werkstätten und deren amtliche Regelung im preußischen Staate, veröffentlicht in: Der Arbeiterfreund, 10. Jahrgang, Halle 1872, S. 21 ff.; weiter der Bericht über das in der zweiten Hälfte des 19. Jahrhunderts sich bereits in verschiedene Zweige entfaltende frühe industrielle Arbeitsrecht Preußens, verfaßt von ALPHONS THUN unter dem Titel: Beiträge zur Geschichte der Gesetzgebung und Verwaltung zu Gunsten der Fabrikarbeiter in Preußen, veröffentlicht in: Zeitschrift des königlich preußischen statistischen Bureaus, 17. Jahrgang, Berlin 1877, S. 59 ff. sowie drittens die immer noch führende Darstellung von GÜNTHER K. ANTON, Geschichte der preußischen Fabrikgesetzgebung bis zu ihrer Aufnahme durch die Reichsgewerbeordnung, veröffentlicht in: Staats- und socialwissenschaftliche Forschungen, Band 11, Heft 2, Leipzig 1891. (2)

In den darauf folgenden Jahren sind im wesentlichen nur Untersuchungen zu thematisch eingeschränkten Fragen erschienen, bis dann vier Jahrzehnte nach ANTON noch einmal HERMANN MAASS die preußische und die sich anschließende reichsdeutsche Gesetzgebungsgeschichte auf dem Gebiet des Jugendarbeitsschutzes bis zum Jahre 1930 unter dem Titel beschrieben hat: Hundert Jahre Kampf um Jugendschutz, veröffentlicht in: Das Junge Deutschland, Jahrgang 25, Berlin 1931, Heft 3 und 4, S. 97 ff. und 157 ff. Mit dieser Arbeit waren die Ministerialverhandlungen, die die ersten preußischen Jugendarbeitsschutzgesetze vorbereitet haben, im großen und ganzen aufgehellt. Ein Anlaß, diese Anfänge noch einmal zu überdenken, bot sich erst wieder, als WALLY SCHULZE unter Betonung der Verflechtungen zwischen Arbeitswelt und Pädagogik in dem Aufsatz: Kinderarbeit und Erziehungsfragen in Preußen zu Beginn des 19. Jahrhunderts, veröffentlicht in: Soziale Welt, Jahrgang 9, Göttingen u.a. 1958, S. 299 ff., auf die in den Jahren 1817 bis 1820 veranstaltete erste preußische Enquete über die Verhältnisse der in den Gewerbebetrieben arbeitenden Kinder und Jugendlichen hingewiesen und JÜRGEN KUCZYNSKI den Umfragetext mit den Behördenantworten veröffentlicht hat. (3) Diese Enquete, aber auch die von WALLY

---

2) Neudruck: Berlin (Ost) 1953; im folgenden zitiert nach der Ausgabe von 1891.

3) Unter dem Titel: Hardenbergs Umfrage über die Lage der Kinder in den Fabriken und andere Dokumente aus der Frühgeschichte der Lage der Arbeiter, Berlin (Ost) 1960 (Die Geschichte der Lage der Arbeiter unter dem Kapitalismus, Teil I, Band 8).

SCHULZE angesprochene Beziehung zwischen der Kinderarbeit und den maßgeblichen Erziehungsvorstellungen der Zeit haben ein reges Interesse gefunden, wie in zahlreichen neueren Veröffentlichungen festzustellen ist. Ohne Berücksichtigung der nicht unerheblichen Unterschiede in der Themenstellung und im Umfang der Darstellung sind hier vor allem zu nennen: (4)

REINHART KOSELLECK, Staat und Gesellschaft in Preußen 1815-1848, in: Staat und Gesellschaft im deutschen Vormärz 1815-1848, Stuttgart 1962 (Industrielle Welt, Band 1), S. 79 ff. (105 ff.) (5);

KARL-HEINZ LUDWIG, Die Fabrikarbeit von Kindern im 19. Jahrhundert, veröffentlicht in: Vierteljahrschrift für Sozial- und Wirtschaftsgeschichte, Band 52, 1965, S. 63 ff.;

WOLFGANG KÖLLMANN, Die Anfänge der staatlichen Sozialpolitik in Preußen bis 1869, veröffentlicht in: Vierteljahrschrift für Sozial- und Wirtschaftsgeschichte, Band 53, 1966, S. 28 ff.;

JÜRGEN KUCZYNSKI, Studien zur Geschichte der Lage des arbeitenden Kindes in Deutschland von 1700 bis zur Gegenwart, Berlin (Ost) 1968 (Die Geschichte der Lage der Arbeiter unter dem Kapitalismus, Teil I, Band 19);

ADOLF HEINRICH GEORG MEYER, Schule und Kinderarbeit. Das Verhältnis von Schul- und Sozialpolitik in der Entwicklung der preußischen Volksschule zu Beginn des 19. Jahrhunderts, Phil. Diss., Hamburg 1971;

KLAUS L. HARTMANN, Schule und "Fabrikgeschäft". Zum historischen Zusammenhang von Kinderarbeit, Kinderschutzgesetz und allgemeiner Elementarbildung, veröffentlicht im Sammelband: Schule und Staat im 18. und 19. Jahrhundert. Herausgegeben von K. Hartmann u.a., Frankfurt am Main 1974 (edition suhrkamp, Band 694), S. 171 ff.;

---

4) Hinweise auf Hardenbergs Umfrage auch bei H. W. Erdbrügger, Kinder im Fabriksystem, in: Zur Geschichte und Problematik der Demokratie. Festgabe für Hans Herzfeld, Berlin 1958, S. 431 ff. (unter Verwendung des Rundschreibens, das der Aachener Regierung vorgelegen hat); ferner bei Peter Lundgreen, Schulbildung und Frühindustrialisierung in Berlin/Preußen; in: Schule und Gesellschaft im 19. Jahrhundert, Sozialgeschichte der Schule im Übergang zur Industriegesellschaft. Herausgegeben von Ulrich Herrmann, Weinheim u.a. 1977, S. 62 (67 f.) sowie Erna M. Johansen, Betrogene Kinder. Eine Sozialgeschichte der Kindheit, Frankfurt a.M. 1978 (Fischer Taschenbücher, Band 6622), S. 103.

5) Vgl. auch Reinhart Koselleck, Preußen zwischen Reform und Revolution. Allgemeines Landrecht, Verwaltung und soziale Bewegung von 1791 bis 1848, Stuttgart 1967 (Industrielle Welt, Band 7), S. 624 ff.

INGEBORG SCHUMANN, HANS-JÜRGEN KORFF, MICHAEL SCHUMANN, Sozialisation in Schule und Fabrik. Entstehungsbedingungen proletarischer Kindheit und Jugend. Mit einem Vorwort von H. Lessing und M. Liebel, Berlin (West) 1976;

HARRO JENSS, Zur Entwicklung des Jugendarbeitsschutzes von den Anfängen der Industrialisierung bis zur Gegenwart, Med. Diss., Frankfurt am Main 1977 sowie

LOTTE ADOLPHS, Kinderarbeit im 19. Jahrhundert, Lehrerverhalten im 19. Jahrhundert, Schulrevision im 19. Jahrhundert, Duisburg 1979.

Die Verwendung der Behördenvorgänge bedingte für die vorliegende Untersuchung eine Auseinandersetzung mit in erster Linie den Arbeiten, die ebenfalls auf den Berliner Ministerialakten aufgebaut sind, das sind die Darstellungen ANTONS und MEYERS. Die Arbeit von MAASS erfüllt diese Voraussetzung zwar auch, sie kommt jedoch für eine Gegenüberstellung der Auffassungen zur Anfangsentwicklung gleichwohl nicht in Betracht, da sie vor allem dem Zeitraum nach 1850 gewidmet ist.

Was den Vergleich nun zunächst mit der Gesetzgebungsgeschichte ANTONS anlangt, so konnten Neuorientierungen schon allein deswegen nicht ausbleiben, weil für die vorliegende Untersuchung sich weitere, von ANTON nicht verwendete amtliche Quellen ermitteln ließen und weil ferner die Anfänge des frühen preußischen Arbeitsrechts, was in ANTONS Darstellung fehlt, hier in einen größeren sozialgeschichtlichen Rahmen eingeordnet worden sind. Als Ertrag dieser Ausweitung des Quellenmaterials ergab sich zum einen, daß sich die hinter der Fachdiskussion stehenden Interessen und Motive mitaufhellen ließen, die bei ANTON nur andeutungsweise erkennbar werden. Zum anderen ist die vorliegende Untersuchung aber auch zu einigen Ergebnissen gelangt, die mit ANTONS Urteil nicht übereinstimmen. Im Mittelpunkt steht dabei eine abweichende Ansicht vom Gegenstand des frühen deutschen Jugendarbeitsschutzes. ANTON hat die preußische Fabrikgesetzgebung gedeutet als die Durchsetzung humanitärer Forderungen gegen Gewinnsucht und Unverstand, (6) wobei ANTON den die arbeitsrechtliche Entwicklung in Gang setzenden wesentlichen Vorwurf gegen die Kindererwerbsarbeit, soweit ersichtlich, mit den gesundheitlichen Folgeschäden hat begründen wollen. (7) Diese Auffassung ist indes eine Verzeichnung des entscheidenden Zusammenhangs.

Der von ANTON betonte medizinal-polizeiliche Aspekt der Kinderfabrikarbeit findet sich ohne Frage schon in einigen frühen Quellen und ist auch später immer nachdrücklicher vorgetragen worden. Von diesen Äußerungen ist jedoch, weil dazu während des in Rede stehenden Zeitraums nicht nur in Deutschland, sondern auch in anderen Ländern nachprüfbare Erkenntnisse nicht ver-

---

6) Anton, aaO S. 4, 29.
7) Anton, aaO S. 31.

öffentlicht worden sind, keineswegs eine die Entwicklung entscheidend vorantreibende Wirkung ausgegangen. Noch weniger hat, wie an dieser Stelle sogleich miterwähnt werden soll, der für den heutigen Betrachter naheliegende Gedanke eine Rolle gespielt, daß die Erwerbstätigkeit in der Fabrik wegen der Trennung vom häuslichen Erfahrungsbereich eine unnatürliche und entfremdende Arbeit sei. Dieser Gesichtspunkt wurde zwar ebenfalls früh genannt, konnte die Einstellung zur Kinderfabrikarbeit aber ganz offensichtlich nicht beeinflussen. Denn eine Ablehnung der frühzeitigen Erwerbstätigkeit findet sich am Ende des 18. Jahrhunderts praktisch noch nicht und ist auch in den folgenden Jahrzehnten immer nur selten festzustellen. Wohl aber wurde der entgegengesetzte Standpunkt in aller Selbstverständlichkeit vertreten. Von der ganz herrschenden Meinung ist die Kinderfabrikarbeit mit gutem Gewissen sowohl als finanzielle Hilfe als auch als erzieherische Maßnahme empfohlen worden; und auch als im Laufe der Zeit vor allem Pädagogen den bildenden Wert der Fabrikarbeit der Kinder in Zweifel zogen und vor den schädlichen Folgen der Arbeit warnten, vermochten sie mit solchen Einwänden noch nichts gegen die traditionelle Arbeitsgesinnung auszurichten und schon gar nichts gegen die massiven materiellen Interessen, die die Gesellschaft an der Verwendung der Arbeitskraft der Armenkinder besaß. Für die erste Ausformulierung des preußischen Arbeitsschutzes war daher auch nicht der Standpunkt verantwortlich, der die Kinderfabrikarbeit wegen ihres Gesamtcharakters oder wegen einzelner unmittelbarer Auswirkungen verboten wissen wollte. In der öffentlichen Diskussion ist es vielmehr vorrangig um eine lediglich mittelbare, allerdings auch zwangsläufig mit der ganztägigen Arbeit verbundenen Problematik gegangen, nämlich um das Unterbleiben einer Schulausbildung. Dem Regulativ von 1839 lag in erster Linie die Absicht zugrunde, für die in der Industrie beschäftigten Kinder und Jugendlichen die Organisation eines zunächst noch zeitlich eingeschränkten Unterrichts erstmals zwingend vorzuschreiben und eine Vereitelung dieser Elementarschulbildung namentlich durch die Arbeitsaufnahme noch vor dem 9. Lebensjahr strikt zu untersagen. (8) Eine unterstützende Wirkung hat sich freilich auch

---

8) Warum Anton dieses Motiv übergangen hat, ist an sich merkwürdig, denn ihm war der Schulbezug durchaus bekannt. Anton erwähnt beispielsweise die Bezeichnung "Provinzielle Verordnung zur Sicherung des genügenden Schul- und Religionsunterrichtes für die in den Fabriken beschäftigten schulpflichtigen Kinder" für den Entwurf Bodelschwinghs (aaO S. 41). Dabei betont Anton auch, daß Gegenstand des Entwurfs die Sicherstellung der geistigen Ausbildung der Fabrikkinder gewesen sei (aaO S. 42). Solche Hinweise auf die Unterrichtsfrage finden sich bei Anton mehrfach.

aus den Gedanken eines Gesundheits- und Sittlichkeitsschutzes ergeben.

Das an sich noch bescheidene Bestreben des Regulativs von 1839, ein völliges Verwildern der Arbeitskinder zu verhindern, ist dann unter dem Eindruck der Revolution von 1848, also nach einem guten Jahrzehnt bereits, von einem anspruchsvolleren Erziehungsziel abgelöst worden. Das Fabrikgesetz von 1853 verfolgte den Zweck, die in der Industrie beschäftigten Kinder und Jugendlichen zu einer eigenen Lebensgestaltung zu befähigen, um die Fabrikarbeiterschichten in die Gesellschaft einzugliedern. (9) Zur Verwirklichung dieses Zieles erweiterte die Novelle zum Regulativ den Umfang des Schulunterrichts der Arbeitskinder ganz erheblich, setzte zum Schutz des Schulbesuchs das bis zum 9. Lebensjahr geltende Verbot der Erwerbsarbeit auf das 12. Lebensjahr herauf und begrenzte gleichzeitig den Arbeitstag der noch nicht 14 Jahre alten Jugendlichen auf 6 Stunden.

Bei Beachtung des die Gesetzesentwicklung tragenden Unterrichtsaspekts aber mußte sich nun die Bewertung der amtlichen Vorgänge sowohl in den Grundlinien als auch in manchen Einzelinterpretationen gegenüber ANTONS Auffassung verändern. Die fehlende Erörterung der Schulfragen erklärt bereits ANTONS Ansicht, daß die Vorgeschichte des Regulativs erst mit dem Jahre 1823 begonnen habe. (10) ANTON hat die hier zu berücksichtigenden frühen Maßnahmen der Unterrichtsorgane im dunkeln gelassen und daher insbesondere auch die Schulbestimmungen nicht erörtert, über die die maßgebliche Entwicklung bis zur Herausbildung des eigenständigen industriellen Arbeitsschutzes gelaufen ist. (11) Die mit der Verwaltung der Elementarschulen befaßten Behörden sahen sich schon in der vorindustriellen Epoche, soweit der Volksschulunterricht allgemein eingeführt werden sollte, vor die Aufgabe gestellt, den Schulzwang mit der Tatsache der Kindererwerbsarbeit, nur eben der in der Landwirtschaft und im Hausgewerbe, in Einklang zu bringen. Aufgrund dieser Erfahrungen hat das Schulrecht, das zu Beginn der industriellen Revolution formuliert worden ist, ganz selbstverständlich auch das spezielle Problem der Kinderfabrikarbeit erkannt und ansatzweise zu regeln versucht. Das gilt vor allem für den von ANTON übergangenen preußischen Gesetzentwurf Süverns vom Jahre 1819, der aus der neuhumanistischen Schulreformbewegung hervorgegangen ist. Der Sieg der restaurativen Kräfte in den zwanziger Jahren hat die schulfreundlichen Absichten der Reformer dann allerdings durchkreuzt, so daß auch die damit in Verbindung stehende Auseinander-

---

9) Bei Anton klingt dieses Motiv des Gesetzes von 1853 lediglich an, vgl. aaO S. 76, 83 f., 98.

10) Vgl. Anton, aaO S. 4.

11) Dem Konflikt, der bei Einführung der allgemeinen Schulpflicht in Hinblick auf die Erwerbsarbeit von Kindern entstehen mußte, meinte Anton offenbar nicht weiter nachgehen zu müssen, weil die Regierungsberichte auch aus den altpreußischen Gebieten einen unzulänglichen Unterrichtsbesuch der arbeitenden Kinder ausgewiesen haben, vgl. Anton, aaO S. 4, Anm. 1.

setzung mit der Fabrikkinderfrage aufgeschoben werden mußte. Durch die politischen Veränderungen wurde der preußische Kultusminister von Altenstein (12) gezwungen, bei seinen gleichwohl beharrlich weiterverfolgten Unterrichtsplänen sehr vorsichtig vorzugehen. Diesen gesellschaftlichen Hintergrund hat ANTON indes aufgrund der Beschränkung auf die Ministerialakten nicht mit abgehandelt, und deshalb ist ihm fast zwangsläufig entgangen, daß Altenstein die Umfrage vom Jahre 1824 über die Lebensverhältnisse der Fabrikkinder wohlweislich nicht als Unterrichtsenquete seines seit längerem mit der Schulfrage befaßten Ministeriums veranstaltet hat, sondern unter dem gesundheits-polizeilichen Aspekt als Umfrage der Medizinalabteilung. Diese hat von der Unterrichtsabteilung auch die Angabe übernommen, daß das Problem der Kinderfabrikarbeit dort "zufällig" zur Sprache gekommen sei. (13) Praktisches Ergebnis dieser Ermittlungen war dann das wiederum von der Schulabteilung formulierte Ministerialreskript vom 27. April 1827, mit dem die Bemühungen des Kultusministers in der Kinderarbeitsfrage, freilich ungewollt, einen ersten Abschluß gefunden haben. Die vorliegende Untersuchung vertritt zu der Durchführungsverordnung eine etwas andere Auffassung als ANTON. Da dieser die über Verbotsnormen an sich leicht abzustellende Nachtarbeit und überhaupt die Gesundheitsgefährdung als Angelpunkte des Jugendarbeitsschutzes aufgefaßt hat, deutete er die auf gesetzgeberische Schwierigkeiten verweisende amtliche Begründung des Reskripts zu Unrecht als vorgeschobene Argumentation. (14) Wie oben schon kurz als Haupteinwand vermerkt wurde, ging es dem Kultusminister bei der Planung des Fabrikgesetzes tatsächlich aber um eine Unterrichtskonzeption, mit der die unzulänglichen Schulbedingungen in den Industrieorten überwunden werden sollten. Das Arbeitsschutzgesetz sollte den regelmäßigen Schulbesuch der Fabrikkinder im Verhältnis zu den Eltern sowie den Unternehmern rechtlich absichern und damit zugleich einen Beitrag zum Aufbau und zur Aufrechterhaltung der örtlichen Volksschuleinrichtungen leisten. Bei der Verwirklichung des umfassenden Schulplans, den Altenstein parallel zu den um ein Fabrikgesetz mit dem Handelsministerium geführten Verhandlungen voranzutreiben suchte, ergaben sich jedoch ganz erhebliche organisatorische Probleme, und zwar, was den Zeitraum nach 1828 betrifft, zuerst in Berlin, wo der Polizeipräsident die Unterrichtsverwaltung bei der Durchsetzung des Schulzwangs nicht hinreichend unterstützen wollte, und wenig später auch im Rheinland, wo sich die Stände überhaupt geweigert haben, die erforderlichen Elementarschulen bereitzustellen. Unvermeidlich kamen dadurch aber auch die um das Fabrikgesetz geführten Verhandlungen in den Jahren nach 1829 und 1832 ins Stocken. Ohne Schul-

---

12) Karl Sigmund Franz Freiherr vom Stein zum Altenstein, geb. 1.10.1770, ab 1817 mit der Leitung des neugebildeten Ministeriums für die geistlichen Unterrichts- und Medizinal-Angelegenheiten betraut, gest. 14.5.1840.

13) Dem Hinweis auf den zufälligen Anlaß ist auch Anton, aaO S.4, ohne Überprüfung gefolgt.

14) Vgl. Anton, aaO S. 31.

einrichtungen war ein Gesetz zur Einschränkung der Fabrikarbeit zugunsten der Schule kaum von Nutzen. Da ANTON jedoch die unterschiedliche Unterrichtsversorgung in den einzelnen Provinzen Preußens und die sich darauf beziehende Meinungsbildung im Kultusministerium in seiner Darstellung bewußt ausgeklammert hat, (15) konnte er für diese Unterbrechungen keine überzeugenden Erklärungen anbieten. (16) Indem Anton aber, wenn auch aufgrund eines Mißverständnisses, die Verantwortung für die Verzögerung nach 1829 dem Innenminister von Schuckmann zugeschoben hat, (17) ist er im Ergebnis wieder wie die vorliegende Untersuchung zu einer insgesamt positiven Würdigung Altensteins gelangt. (18) Ein tiefgehender Meinungsunterschied hat sich dann jedoch in der Bewertung des rheinischen Oberpräsidenten von Bodelschwingh ergeben, dessen Tätigwerden für die Fabrikkinder ANTON zu wohlwollend geschildert hat. (19) Gewiß wird man den Versuch Bodelschwinghs, eine gesetzliche Fürsorgepflicht der Unternehmer für die Fabrikkinder zu begründen, anerkennen müssen und auch nicht leugnen können, daß die Mitwirkung des Oberpräsidenten an der Formulierung des Regulativs sich günstig ausgewirkt haben mag. Trotzdem läßt sich aber das von Bodelschwingh konzipierte Fabrikschulgesetz, mit dem sich dieser im Jahre 1835 und danach ohne Erfolg an den Kultusminister gewandt hatte, nicht mit ANTON als eine für den Aufbau der Schulorganisation vertretbare und damit auch, was ANTONS Darstellung nahelegt, (20) als eine für die Geschichte des preußischen Jugendarbeitsschutzes besonders bemerkenswerte Initiative bezeichnen. Einer solchen Bewertung steht im Grunde bereits entgegen, daß der Oberpräsident eine Fabrikarbeit schon während der ersten Schuljahre zulassen wollte, wobei der Elementarunterricht aus der Zuständigkeit der Gemeinden ausgegliedert und auf die Unternehmer übertragen werden sollte. Als Gegenleistung für die Einrichtung solcher Fabrikschulen wollte Bodelschwingh die Industriebetriebe überdies noch auf Dauer von der Anwendung jedes Jugendarbeitsschutzes ausnehmen, das hieß konkret: Das Gesetz sollte in solchen

---

15) Anton hat nicht berücksichtigt (vgl. aaO S. 4,Anm. 1), daß in den Gebieten mit einer seit langem bestehenden Schulpflicht im wesentlichen nur der Unterrichtsbesuch der Fabrikkinder zu organisieren war, während im Rheinland zusätzlich noch die Grundvoraussetzung jeden Unterrichts - die Bereitstellung der Mittel für Schulgebäude und Lehrer - durchgesetzt werden mußte. Gleichwohl waren Anton aber die Schulverhältnisse der Rheinprovinz bekannt, vgl. aaO S. 40 ff., 66.

16) Darauf weist auch Meyer, aaO S. 19, hin.

17) Anton, aaO S. 35. Unzutreffend ist die Behauptung, Schuckmann habe den für den König bestimmten Bericht erst im Jahre 1832 Altenstein zur Mitzeichnung übergeben, d.h. von 1829-32 zurückgehalten.

18) Vgl. Anton, aaO S. 33, 38.

19) Anton, aaO S. 41 ff.

20) Anton, aaO S. 42.

Fällen weder ein Mindestalter für die Aufnahme der Erwerbsarbeit vorschreiben noch wie gesagt das Arbeitsverbot für die Zeit der ersten Schuljahre verhängen, noch die tägliche Arbeitszeit für die schulpflichtigen Kinder und Jugendlichen begrenzen. (21) Das Fabrikschulmodell Bodelschwinghs lief damit auf einen Minimalunterricht hinaus, der als Verlängerung des Arbeitstages die Kinder nur zusätzlich belastet hätte und in der Ausgestaltung zudem unvermeidbar von der Willkür der Fabrikanten abhängig gewesen wäre. In Anbetracht der seit dem Jahre 1825 auch in der westlichen Provinz Preußens geltenden gesetzlichen Schulpflicht leuchtet nach alledem aber entgegen ANTONS Auffassung (22) nur zu gut ein, daß Altenstein solche pädagogisch und auch gesundheits-polizeilich nicht akzeptablen Vorschläge von vornherein gar nicht erst erörtert hat.

Mit dem Erlaß des Regulativs ist es dem Kultusministerium aber am Ende doch noch gelungen, im Rheinland eine etwas anspruchsvollere Schuleinrichtung für die Fabrikkinder durchzusetzen. Für die ersten Schuljahre bis zum 9. Lebensjahr, neben denen nicht gearbeitet werden durfte, blieb die Verantwortung der Gemeinden ausnahmslos bestehen.

In Hinblick auf die älteren Kinder und Jugendlichen bis 16 Jahre dagegen bot das Gesetz einen lediglich geringen Schutz an: § 3 Regulativ ließ für diese Altersgruppe, auch soweit sie der Schulpflicht noch unterworfen war, einen zehnstündigen Arbeitstag zu. Unter Zuspitzung der Argumentation in den Motiven zum Gesetzentwurf von 1853 hat ANTON diese Regelung nun als schlechthin nicht erfüllbar bezeichnet, indem er dem zulässigen Arbeitstag von 10 Stunden zuzüglich 1 1/2 Stunden Arbeitspausen noch weitere 5 Pflichtunterrichtsstunden am Vormittag und etwaige Wegezeiten hinzugerechnet hat. Aus dieser Rechnung ergibt sich eine Inanspruchnahme der Jugendlichen, die im schulischen Bereich in der Tat nicht zu verwirklichen war. (23) Die von ANTON damit aufgezeigte mangelnde Praktikabilität des § 3 beruht jedoch nur scheinbar auf einem Denkfehler des Gesetzgebers. Denn offensichtlich stimmt in ANTONS Überlegungen der Ausgangspunkt nicht, daß die Schulverwaltung mit dem Regulativ schon erreicht habe, die Sonntags- und Abendschulen abzuschaffen und die Fabrikkinder in die normalen Elementarschulklassen mit 5 Pflichtstunden einzugliedern. Das war im Jahre 1839 noch nicht beabsichtigt. Die in § 3 genannte Schulpflicht bezog sich nicht auf den üblichen Vormittagsunterricht, mit dem ANTON argumentiert hat, sondern nur auf einen verkürzten Schulbesuch im Anschluß an den Arbeitstag.

---

21) Anton ist zu seinem Urteil gekommen, obwohl er die Konsequenzen für die Fabrikarbeit der Kinder nicht übersehen hat, vgl. aaO S. 42.

22) Vgl. Anton, aaO S. 43, 45, 47.

23) Anton, aaO S. 64. Anton hat dabei in erster Linie betont, daß in der für die Kinderarbeit nicht gesperrten Tageszeit von 5 Uhr bis 21 Uhr (= 16 Stunden) die in Rede stehenden 16 1/2 Stunden gar nicht untergebracht werden könnten.

Eine Anmerkung ist schließlich auch noch zu den Umfragen von 1845 und 1851 zu treffen, deren Resultate wenig zusammenpassen: In den Antworten von 1845 - 1847 stuften die Behörden das Regulativ als durchaus zufriedenstellend ein, während sie dasselbe Gesetz im Jahre 1851 als unzulänglich bezeichnet haben. Um diesen Widerspruch aufzulösen, hat ANTON zu Vermutungen gegriffen: Die zunächst positiven Feststellungen der unteren Behörden müßten wohl, meinte ANTON, auf den erst kurzen Erfahrungszeitraum mit den Vorschriften des Regulativs (24) und im übrigen auch auf das noch mangelnde Verständnis (25) für die im Gesetz getroffenen Entscheidungen zurückgeführt werden.

Für dieses Urteil, das - wenn auch verschleiert - auf den Vorwurf einer die Tatsachen entstellenden Berichterstattung hinausläuft, findet sich jedoch in den vorliegenden Unterlagen kein zureichender Anhalt. Offenbar bedarf es aber auch solcher die Akten ergänzenden Erklärungen nicht, wenn man sich vergegenwärtigt, daß beiden Enqueten ganz unterschiedliche Beurteilungsmaßstäbe vorgegeben waren. Im Jahre 1845 hatten die Ministerien angeordnet, daß Vorschläge für eine Verschärfung des Regulativs nur bei Nachweis eines unabweisbaren Bedürfnisses eingereicht werden dürften, was dann bedingte, daß die Behörden eine Verbesserung des Unterrichts der Fabrikkinder gar nicht erst vorzuschlagen wagten. Bei der Enquete vom Jahre 1851 dagegen hat der Handelsminister von der Heydt die Behörden nachdrücklich zu kritischen Stellungnahmen ermuntert, und dementsprechend fielen auch die Enqueteantworten aus.

Trotz der dargelegten Einwände behält die Untersuchung ANTONS jedoch in den meisten Aussagen ihre Gültigkeit, weil ANTON die Tätigkeit der Verwaltung auf der Grundlage der in Vorbereitung der Fabrikgesetzgebung entstandenen Fachakten mit großer Genauigkeit und Detailfreude nachgezeichnet hat; diese Tatsachenwiedergabe ist von bleibendem Wert.

Die zweite hier zu diskutierende Untersuchung von MEYER ist breiter angelegt als die Arbeit ANTONS, insofern als MEYER die preußischen Ministerialvorgänge mit anderen, hauptsächlich staatswirtschaftlichen, pädagogischen und schulorganisatorischen Materialien in Verbindung gebracht hat. Auf diese Weise sucht MEYER die Diskussion bis zum Regulativ vom Jahre 1839, mit dessen Erlaß er seine Darstellung abschließt, als einen Entwicklungsprozeß zu erfassen, der in einem inneren Zusammenhang mit der Schul- und Wirtschaftspolitik gestanden hat. (26) Anhand zahlreicher erstmals ausgewerteter Archivalien und unter Verwendung auch bekannter Aktenstücke erschließt MEYER eine Reihe zutreffender allgemeiner Einsichten: etwa, daß das Preuß. ALR einen Schulunterricht der Kinder zwar für notwendig erklärt hat, ein öffentliches Schulwesen aber noch nicht gewährleisten wollte; (27) daß die Volksschule in Preußen zu Beginn des 19. Jahrhunderts prak-

---

24) Anton, aaO S. 75.
25) Anton, aaO S. 65, 70, 73, 75.
26) Meyer, aaO S. 9, 297.
27) Meyer, aaO S. 35, 293.

tisch mit der Armenschule identisch war; (28) daß der Mißbrauch der Kinderfabrikarbeit früh erkannt worden ist; (29) daß diese Erwerbstätigkeit von den Unternehmern, den Eltern und den Behörden aber trotzdem als finanziell und pädagogisch unverzichtbar angesehen wurde; (30) ferner daß die preußische Ministerialverwaltung wegen der Schulverbesserungen in einem zähen Kampf mit den städtischen Gremien - insbesondere in Berlin - gestanden hat (31) und schließlich, daß in dem Erlaß des Regulativs eine gewisse Veränderung des staatlichen Selbstverständnisses zum Ausdruck gekommen ist: Der patriarchalische Staat ohne wirklichen Machtwillen begann, sich in einen die Verhältnisse der Bürger regulierenden Verwaltungsstaat zu verwandeln. (32)

Gleichwohl kann jedoch auch MEYERS Auffassung in wesentlichen Punkten nicht gefolgt werden. Die breite Dokumentation, die sich in dieser Arbeit findet, bietet entgegen dem ersten Anschein keinen in sich geschlossenen Bericht. Die Darstellung wird schon ersichtlich dadurch belastet, daß ein Großteil der in aller Ausführlichkeit erörterten Quellen nicht unmittelbar zur Entstehungsgeschichte des Gesetzes von 1839 gehört. Das gilt in erster Linie für Hardenbergs Umfrage vom Jahre 1817 sowie für die späten Schriften des Staatswirtschaftlers und Statistikers Hoffmann (33) zur Arbeiterfrage, aber auch etwa für die Schilderung der sozialpolitischen Maßnahmen der staatlichen Seehandlung. Infolge der Quellenauswahl stehen ferner die einzelnen Kapitel auch ohne zureichende Verbindung nebeneinander und geben insgesamt auch nicht den tatsächlichen Hergang der Ereignisse wieder. Die Quellenbasis ist für die Klärung vor allem der schulpolitischen Fragen zu schwach. Da die hier vorgestellten Texte die dem damaligen Leser bekannten Unterrichtsverhältnisse und in der Regel auch die fachlichen Gegenpositionen nicht mit dargelegt haben, bietet MEYER zwangsläufig nur sehr ausschnitthafte Situations- und Problembeschreibungen an. Dadurch erweckt die Untersuchung den Eindruck, als seien die anstehenden Fragen allein unter Fachleuten und in den zuständigen Entscheidungsgremien erörtert worden, obwohl die Schulprobleme in dem durch fundamentale gesellschaftliche Veränderungen geprägten Zeitraum stets hoch umstritten waren. MEYER übergeht nicht nur die grundlegende pädagogische Diskussion, sondern auch die in den preußischen Provinzen sehr unterschiedlichen Schulverhältnisse in ihren Auswirkungen auf die konkreten Zielsetzungen des Berliner Kultusministeriums. Unerwähnt bleiben weiter

---

28) Meyer, aaO S. 43, 295.
29) Meyer, aaO S. 292.
30) Meyer, aaO S. 162 f., 181.
31) Vgl. Meyer, aaO S. 237, 241.
32) Meyer, aaO S. 293.
33) Johann Gottfried Hoffmann, geb. 19.7.1765, von 1810 bis 1844 Direktor des Statistischen Bureaus in Berlin (dem Staatskanzler direkt unterstellt), gest. 12.11.1847.

auch die gesellschaftlichen Kräfte, die den Entwicklungsgang vorangetrieben oder gebremst haben. Durch diese Anlage der Untersuchung bedingt, konnte MEYER auch die übergreifenden und zusammenfassenden Erklärungen häufig nur dadurch gewinnen, daß er in den Texten mitangeführte Nebenmotive oder beiläufige Gedanken überbewertet hat oder daß er bei fehlenden Ansatzpunkten sogar ganz auf Spekulationen ausgewichen ist. Das soll hier am Beispiel einiger für die behandelte Thematik wichtiger Aussagen aufgezeigt werden.

Zu beginnen ist mit der wirtschaftspolitischen Umfrage Hardenbergs vom Jahre 1817, die der Beziehung zwischen der Kinderarbeit und der Lage der gewerblichen Arbeiter nachgegangen ist und von dem Staatswirtschaftler Hoffmann stammt. MEYER bringt diese Enquete mit einem von Hoffmann zur sozialen Frage vorgestellten schulpolitischen Programm in Verbindung, das dieser jedoch erst nach 1840, also mehr als 20 Jahre nach Abfassung der Enquete, veröffentlicht hat (34) und dessen Standpunkt von der gesellschaftlichen Entwicklung und der fachwissenschaftlichen Diskussion nach 1835 unverkennbar geprägt ist. MEYER findet damit aber in seinem umfangreichsten Kapitel zu einer Auslegung, die nicht nur in zeitlicher Hinsicht unzulässige Vorwegnahmen späterer Erfahrungen nicht vermeiden kann, sondern auch in ihren Sachaussagen dem Charakter der Umfrage und der eingegangenen Antworten nicht gerecht zu werden vermag. Da die Thematik der Enquete eine staatswirtschaftliche war, nämlich das Problem einer Verminderung der Beschäftigtenzahl in den preußischen Industrie- und Gewerbegebieten, gelangt MEYER unvermeidbar zu Verzeichnungen: Die Annahme, Hoffmann sei im Jahre 1817 davon überzeugt gewesen, daß die allgemeine Volksbildung notwendige Voraussetzung für eine sich frei entwickelnde Wirtschaft und die Hebung des Wohlstandes der unteren Klassen sei, kann der Enquete entgegen MEYERS Ansicht (35) nicht entnommen werden. Mit Sicherheit ist weiter auch die These MEYERS unzutreffend, daß Hoffmann im Jahre 1817 die ersten Bestrebungen der preußischen Staatsregierung veranlaßt habe, die Erziehung der in der Industrie beschäftigten Kinder zu verbessern. (36) Beide Gedanken beruhen mit ihrer Betonung schulpolitischer Zielsetzungen in Wahrheit nicht auf der Umfrage selbst, sondern auf den als Schlüsseltexte für die Interpretation der Enquete verwandten späteren Schriften Hoffmanns.

Aber auch bei anderen Teilen der Untersuchung sind Vorbehalte anzumelden. MEYER vermutet an sich richtig, daß hinter der langwie-

---

34) Meyer, aaO S. 92: "... seine späteren nach 1840 veröffentlichten Schriften ... enthalten das Vermächtnis Hoffmanns ... und ... politischen Anschauungen, die sich seit den Befreiungskriegen nicht gewandelt haben. So läßt sich von rückwärts ... die bildungspolitische Grundkonzeption Hoffmanns trotz des Vierteljahrhunderts, das dazwischen liegt, zur Zeit der Umfrage in ihrem ganzen Umfange ... aufdecken."
35) Meyer, aaO S. 294 f.
36) Meyer, aaO S. 294.

rigen Vorgeschichte des Regulativs nicht nur materielle Interessen, sondern auch weltanschauliche Gründe gestanden haben. Zu Unrecht sucht Meyer insoweit aber die Verantwortung bei Humboldt und Süvern, indem er annimmt, diese hätten die Verwirklichung ihres Schulprogramms lediglich auf die Überzeugungskraft der neuhumanistischen Ideen (37) und die Autorität der Fachbeamten (38) stützen wollen, dabei der Grundüberzeugung folgend, daß die öffentliche Erziehung letztlich den gesellschaftlichen Gruppen überlassen bleiben müsse. (39) MEYER verkennt hier sicherlich die schulorganisatorischen Absichten der Reformbewegung. In Wahrheit wurde mit dem formalen Bildungsideal der Neuhumanisten nur die Festlegung konkreter Erziehungsziele durch den Staat verworfen, während die äußeren Schuleinrichtungen und vor allem auch der Gedanke einer alle Kinder gleich fördernden Nationalerziehung, die sich gegen ständische Bildungsunterschiede richtete, durchaus mit dem Zwang des Gesetzes verwirklicht werden sollten. Nicht nur die Entscheidung des Süvernschen Entwurfs für die Einheitsschule läßt das erkennen, sondern auch die von MEYER zitierten Paragraphen, mit denen verhindert werden sollte, daß der Unterrichtsbesuch wegen der Armut der Eltern oder deren Gleichgültigkeit unterbleiben würde. (40). Daß Süvern aber an der kommunalen Schulträgerschaft und damit an der traditionellen Aufgabenverteilung zwischen Staat und Gemeinde festhalten wollte,(41) läßt entgegen MEYERS Ansicht damals so wenig wie heute auf einen Verzicht des Staates auf Durchsetzung der Schulbestimmungen schließen. (42). Im übrigen war auch die Forderung auf Übernahme des Volksschulwesens durch den Staat, anders als MEYER meint, ein ganz unrealistischer Anspruch; denn der Staat hätte die Unterrichtseinrichtungen ganzer Provinzen nicht finanzieren können. Anzumerken ist schließlich noch, daß die Ansicht des Kultusministeriums, die Öffentlichkeit müsse durch eine gezielte Aufklärungsarbeit für die Belange der Schule gewonnen werden, entgegen MEYERS Auffassung (43) ein durchaus überzeugender Standpunkt gewesen ist. An dieser Stelle erweist sich aber bereits, wie sehr in MEYERS Urteil über die frühe preußische Schulpolitik eine hinreichende Berücksichtigung auch der realen Verhältnisse fehlt; denn es waren weniger Hemmungen im Ministerium, die während dieser Jahre einer zielstrebigen Verwaltungstätigkeit im Wege standen als vielmehr die Schwierig-

---

37) Meyer, aaO S. 293.
38) Meyer, aaO S. 55 f., 293 f.
39) Meyer, aaO S. 294.
40) Vgl. Meyer, aaO S. 53: Schulgeld- und Lernmittelfreiheit sowie kostenlose Kleidung für unterstützungsbedürftige Kinder; aaO S. 51: Geld- und Freiheitsstrafen bei schuldhafter Vereitelung des Schulbesuchs durch Eltern sowie "häusliche und andere Vorgesetzte".
41) Vgl. Meyer, aaO S. 54 ff., 257 f., 293.
42) Vgl. zu den rechtlichen Möglichkeiten, die der Kommunal-und Schulaufsicht gegenüber den Gemeinden unter der Geltung des Preuß. ALR zu Gebote standen: Meyer, aaO S. 225 ff.
43) Meyer, aaO S. 55 f., 293 f.

keiten, die sich aus den äußeren Zuständen ergaben. In den altpreußischen Gebieten konnte in der Ausgangslage zwar auf einen wenn auch vielerorts unzureichenden Armenunterricht aufgebaut werden; im stark industrialisierten Rheinland mit seiner verbreiteten Kinderfabrikarbeit aber mangelte es sogar daran: Da in der Rheinprovinz die allgemeine Schulpflicht bis 1825 nicht gegolten hat, waren dort selbst einfache Elementarschulen für untere Bevölkerungsschichten noch eine Seltenheit, und es bestand bei den Gemeinden des Rheinlands auch nach dem Anschluß an Preußen nur eine geringe Bereitschaft, Gelder für die Volksschulen aufzubringen. In dieser Situation kam aber den preußischen Schulreformern, die nach 1809 die Idee einer anspruchsvollen Volksbildung von Amts wegen vertreten konnten, eine gar nicht hoch genug zu veranschlagende Bedeutung zu. Das verkennt MEYER jedoch. Mit genau umgekehrter Wertung spielt MEYER den Rang des neuhumanistischen Standpunkts wie gezeigt bei der Interpretation des Süvernschen Schulgesetzes herunter, wobei MEYER sich auch der Tatsache verschließt, (44) daß der Neuhumanismus die traditionelle Arbeitserziehung entweder ganz abgelehnt hat (45) oder nur noch als Nebenfach unter veränderter Zielsetzung für den Volksschulunterricht zulassen wollte. (46) Zu widersprechen ist MEYER dabei auch in dem Punkt, daß die Arbeits- und Industrieschulen nicht an dieser Kritik, sondern an der Konkurrenz durch neue Fabrikationsverfahren gescheitert seien. (47) MEYER begnügt sich insoweit mit einer ungeprüften Behauptung. (48)

Es ist aber nicht nur der für die Geschichte der Fabrikarbeit der Kinder und Jugendlichen wichtige erste Zeitabschnitt bis 1820, den MEYER zu wenig differenzierend abhandelt. Für den Anschlußzeitraum übergeht MEYER vor allem die für die Schulfrage wesentliche Veränderung der politischen Verhältnisse. Als die Partei der Reaktion, die die geplante Verbesserung der Volksbildung und ein neues Schulgesetz strikt ablehnte, sich in Preußen gegenüber den Neuhumanisten durchsetzen konnte, verblieben dem Unterrichtsministerium für die in seinem Bereich überfälligen sozialen Maßnahmen kaum noch nennenswerte Verwirklichungschancen, was gerade die Schulpläne zugunsten der Fabrikkinder beeinträchtigen mußte. Da MEYER die infolge des politischen Umschwungs eingetretenen Widerstände jedoch nicht in seine Überlegungen einbezogen hat, wird er in seiner Meinung auch dem Kultusminister in keiner Weise gerecht. Altenstein war sicherlich kein Gegner des gesetzlichen Arbeitsschutzes, (49) wozu an dieser Stelle der Hinweis genügen soll, daß der Kultusminister

44) Meyer, aaO S. 63 ff., 294.
45) So z. B. der Standpunkt Niethammers.
46) So die Auffassung Süverns und Natorps.
47) Meyer aaO S. 13 f., 180.
48) Richtig ist lediglich, daß die Arbeitsschulen von Anfang an mit großen Schwierigkeiten, auch finanzieller Art, zu kämpfen hatten.
49) Vgl. Meyer, aaO S. 17, 295.

mehrere anspruchsvolle Gesetzentwürfe hatte erarbeiten lassen. (50) MEYER überschätzt andererseits aber, wie bereits ANTON, die Rolle des Oberpräsidenten Bodelschwingh, (51) dessen für die Fabrikkinder entworfener Schulplan, wie dargestellt, in Berlin mit Recht nicht übernommen worden ist. Abzulehnen ist aber auch die Behauptung, daß die Initiative des 5. Rheinischen Landtags vom Jahre 1837 aus einem besonders fortschrittlichen, die politische Romantik überwindenden Denken hervorgegangen sei. Nach MEYERS Ansicht hat sich im Rheinland aufgrund der praktischen Erfahrung mit den Mißbräuchen bei der Kinderarbeit die wegweisende Erkenntnis herausgebildet, daß "die neuen rationellen Produktionsverfahren der Industrie auch eine rationelle Gestaltung der gesellschaftlichen Verhältnisse" durch den Gesetzgeber verlangen würden. (52) Diese These ergibt aber keine wahrscheinliche und damit brauchbare Erklärung. Es geht schon nicht an, die Landtagsadresse vom Jahre 1837 als ein eigentümlich rheinisches Ereignis zu deuten. Ein gesetzlicher Schutz der Fabrikkinder ist zu dieser Zeit in Deutschland häufig diskutiert worden, und zwar auch in anderen Landesparlamenten. Der rheinische Antrag zeichnet sich auch seinem Inhalt nach in keiner Weise vor anderen Vorschlägen aus. Genauso wenig haltbar ist weiter die Behauptung, daß im Rheinland eine neue Rechts- oder Gesetzestheorie entstanden sei mit dem Wirkungsanspruch, die Gesellschaft umzugestalten. Juristisch gesehen, bewegte sich der Verordnungsentwurf noch ganz auf der Grundlage der anerkannten Rechtsinstitute des Schulzwangs und der Gesundheitspolizei. Es ging um Einzelregelungen lediglich in diesem Rahmen.

Die rheinische Adresse war in Wahrheit in anderer Hinsicht bedeutsam. Der Beschluß brachte zum einen die grundsätzliche Bereitschaft der Stände zum Ausdruck, die Voraussetzungen der beantragten Fabrikverordnung zu schaffen, das heißt, den Aufbau einer entsprechenden örtlichen Volksschuleinrichtung zu unterstützen. Es handelte sich dabei also vor allem um eine schulpolitische Entscheidung. Ferner war bemerkenswert, daß der preußische Gesetzgeber gerade zu einem die Rechtsverhältnisse zwischen den Unternehmern und den arbeitenden Kindern oder Jugendlichen regelnden Fabrikgesetz aufgefordert worden ist. Die beantragten Vorschriften betrafen insoweit zwar öffentlich-rechtliche Pflichten; diese überlagerten aber Erwerbsbeziehungen der Bürger untereinander, und damit war ein Rechtsbereich angesprochen, der an sich sowohl vom liberalen Wirtschaftsdogma als auch von der historischen Rechtsschule gegenüber dem staatlichen Handelns abgeschirmt wurde. In der Forderung auf ein Eingreifen des Gesetzgebers bekundete sich mithin in der Tat ein verändertes Bewußtsein, das übrigens auch die Reaktion der preußischen Staatsführung zu erkennen gibt: Das vom König erlassene Regulativ legte

---

50) Entwürfe der Jahre 1828, 1832, 1837.

51) Meyer, aaO S. 264 ff., 296. Nicht überzeugend ist dabei auch die Auffassung Meyers, daß Bodelschwingh mit dem (anspruchslosen) Gesetzentwurf v. J. 1835 religiösen Zielen habe dienen wollen (aaO S. 266).

52) Meyer, aaO S. 296.

im Vergleich zum Inhalt des rheinischen Verordnungsentwurfs gesteigerte Anforderungen fest und löste sich damit von den Zugeständnissen des Landtags. Diesen nicht zu bestreitenden Wandel haben nun aber nicht speziell rheinische Erfahrungen mit der technischen Produktion und den damit verbundenen Mißbräuchen bewirkt, wie MEYER darlegt, sondern die Risiken, die die freigesetzte Konkurrenz im Zeitalter der Industrialisierung für die Gesamtgesellschaft mit sich gebracht hat. Das warnende Beispiel bildete dabei Großbritannien. Vor dem Hintergrund der Wirtschaftskrise, die im Jahre 1836 eingesetzt hat, führten Berichte über die entwurzelte englische Fabrikbevölkerung und auch das Vorbild des den Schulzwang in England einführenden verbesserten Fabrikgesetzes dazu, daß die Volksschulidee und auch der Gedanke einer Gesundheitsfürsorge für die Fabrikkinder in der öffentlichen Meinung Deutschlands spürbar aufgewertet wurden. Durch den Elementarschulunterricht vor allem sollte eine Verwahrlosung der Fabrikarbeiterschaft und die damit verbundenen gesellschaftlichen Konflikte verhindert werden, und dieser Überzeugung konnte sich auch das Rheinland nicht auf Dauer verschließen.

Mit der vorstehenden Übersicht sind aber bereits die wichtigsten abweichenden Auffassungen zur Geschichte des frühen preußischen Jugendarbeitsrechts vorgestellt worden. Die Verfasser der anderen erwähnten Schriften gehen nur in knappen Übersichten auf die Entstehung der preußischen Gesetze ein und haben daher unter Verzicht auf ein Studium der Originalvorgänge regelmäßig die Feststellungen und Interpretationen ANTONS oder auch MEYERS übernommen. Die oben angemeldeten Bedenken gelten deshalb auch für das jüngste Schrifttum. Erforderlich wird an dieser Stelle nur noch eine Erörterung einzelner von diesen Verfassern in die Diskussion eingebrachter Erklärungen, soweit sie sich mit zentralen Fragen der Entwicklung befassen. Insofern ist zunächst noch einmal ausführlicher auf die Auslegungen einzugehen, die Hardenbergs Umfrage vom Jahre 1817 erfahren hat; denn dabei stößt man auf gewisse Ungenauigkeiten, die sich auf die Interpretation der Enquete nicht unwesentlich ausgewirkt haben. Der überwiegend vertretenen Ausgangsthese ist noch zuzustimmen, daß die Umfrage aus Anlaß der Wirtschaftskrise am Ende der Napoleonischen Ära nach Mitteln gesucht hat, die Ausbreitung eines gewerblichen Proletariats zu verhindern. Nicht zu billigen ist aber die Überzeugung der meisten Interpreten der Enquete, wonach der Staatswirtschaftler Hoffmann, der den Text der Umfrage entworfen hat, weit vorausschauend Probleme der erst im Entstehen begriffenen Fabrikindustrie erkannt und diskutiert habe. (53) Ein weiterer Einwand betrifft die Zielvorstellungen, um die es Hoffmann in diesem Zusammenhang gegangen sein soll.

---

53) Hardenbergs Umfrage wird in der Regel ohne einen Vorbehalt als "Fabrik-Enquete" besprochen, vgl. Erdbrügger, aaO S. 434; Schulze, aaO S. 303 f.; Kuczynski, Umfrage, 1960, S. 4 ff.; ders. Studien, 1968, S. 65 ff., 70; Ludwig, aaO S. 67; Köllmann, aaO S. 33 f.; Meyer, aaO S. 73, 80 ff., 89, 92; Schumann/Korff/Schumann, aaO S. 65; Jenss, aaO Teil A, S. 53 ff.;

Zunächst aber zum ersten Punkt: Einige Formulierungen des Umfragetextes, insbesondere die Verwendung der Begriffe Fabrik und Fabrikarbeiter, deuten allerdings auf ein Aufgreifen der Industrieproblematik hin. Dieser Interpretation ist jedoch nicht zu folgen. Für die Fragestellung, mit der Hoffmann sich hat auseinandersetzen wollen, ist vielmehr von dessen Kerngedanken auszugehen, daß die stetige Zunahme der Zahl der Fabrikarbeiter trotz schlechter Verdienstmöglichkeiten und das starre Festhalten an dem einmal ergriffenen Beruf vor allem auf die frühzeitige Mitarbeit der nachwachsenden Generationen zurückgeführt werden müßten. Eine Entscheidung für wirklich lohnende Erwerbstätigkeiten, so legte Hoffmann dar, sei gar nicht möglich, wenn die Kinder bereits an ganz bestimmte Fabrikarbeiten gewöhnt würden. Diese die Krisenanfälligkeit der Gewerbegebiete mit der Kinderarbeit in enge Verbindung bringende These stützte sich, wie MEYER (54) und ihm folgend HARTMANN (55) zutreffend darstellen, weniger auf entsprechende Erfahrungen mit dem Verhalten der Fabrikarbeiter im eigentlichen Sinne als mit dem der Hausgewerbetreibenden Schlesiens, und tatsächlich bezeichnete Hoffmann auch mit dem Fabrikbegriff - in Übereinstimmung mit der damals gebräuchlichen Wortbedeutung - nicht nur die sehr seltenen, mit einer Vielzahl von Beschäftigten arbeitenden wirklichen Industriebetriebe, sondern auch und gerade die zahlreichen hausgewerblichen Kleinwerkstätten wie etwa die der Weber. Demgemäß hat Hoffmann auch mit dem Ausdruck "Fabrikkinder" alle gewerblich tätigen Kinder bezeichnet und damit vor allem auch die größte Gruppe, die bei den Heimarbeiten beschäftigt war, das heißt also regelmäßig in der eigenen Familie. In diesem Sinne ist auch die Umfrage auszulegen. Eine Beschränkung des Untersuchungsgegenstandes auf die Arbeiterverhältnisse in den Fabriken und schon die besondere Hervorhebung der Großbetriebe sind mit der Enquete nicht vereinbar. Zu dieser Zeit ging es noch vorrangig um die Hausindustrie.

In dem Gedankengang der Umfrage haben jedoch auch die von Hoffmann benannten Staatszwecke einen anderen Stellenwert, als gemeinhin angenommen wird. Insoweit wird in der Sekundärliteratur teils hervorgehoben, daß Berlin neben der aktuellen Bekämpfung der Krise vor der Frage gestanden habe, wie der Wehr- (56) und der Erziehungsanspruch (57) des Staats gegen eine Be-

---

Johansen, aaO S. 103; und Adolphs, aaO S. 21 ff. Ein Teil der Literatur erkennt aber auch den Bezug der Umfrage auf das Hausgewerbe, freilich ohne den gedanklichen Ansatz zu Ende zu führen; vgl. insoweit Meyer, aaO S. 80, 162 f.; Hartmann, aaO S. 192; Jenss, aaO Teil B, S. 25 (23).

54) Meyer, aaO S. 79 f.

55) Hartmann, aaO S. 192.

56) Kuczynski, Umfrage 1960, S. 7; ders. Studien, 1968, S. 65, 88; Köllmann, aaO S. 32 f.; Johansen, aaO S. 103; Schumann/Korff/Schumann, aaO S. 64, 66; wohl auch Schulze, aaO S. 303.

57) Schulze, aaO S. 302; Köllmann, aaO S. 32f. Beide Aufsätze sehen die Umfrage in Zusammenhang mit den Volksbildungsplänen Robert Owens; der Hinweis Owens bezieht sich aber auf

einträchtigung durch die Industrie (und die Gewerbe) hätten geschützt werden können, teils wird die Meinung vertreten, daß der Staat erstmals die Wichtigkeit der Volksbildung gerade für die Entwicklung der liberalen Wirtschafts- und Gesellschaftsordnung erkannt und gegen die Fabrikindustrie verteidigt habe, (58) teils wird auf das Interesse des Adels an landwirtschaftlichen Tagelöhnern und Gesinde verwiesen (59) und teils wird angenommen, daß der Staat Schäden habe abwenden wollen, die den arbeitenden Kindern durch die "mechanischen" Arbeiten gedroht haben. (60) Obwohl nun sicherlich von jenen Belangen in Hoffmanns Text die Rede ist, verkennt man jedoch die Enquete, wenn man diese Gesichtspunkte zu Lasten des wirklich entscheidenden Motivs in den Mittelpunkt zu rücken sucht. Wie Hoffmann unmißverständlich ausgesprochen hat, wollte er eine Überproduktion durch eine Verminderung der absoluten Zahl der Gewerbetreibenden verhindern, und von diesem Ziel her gesehen, lag zunächst die Überlegung nahe, daß direkte Zugangsbeschränkungen für die betreffenden Gewerbeberufe oder andere den Produktionsumfang festschreibende Reglementierungen eine wirksame Abhilfe bedeuten könnten. In Anbetracht der in Preußen gerade eingeführten Gewerbefreiheit aber waren solche unmittelbaren Eingriffe des Staates in das Wirtschaftsleben zumindest unter den Liberalen in keiner Weise diskutabel. Hoffmann stellte denn auch klar, daß nicht beabsichtigt sei, den Fortschritten der Fabrikation irgendein "positives Hindernis" entgegenzusetzen. Als durch das liberale Prinzip nicht gesperrte Lösungen boten sich sodann aber nur noch indirekt wirkende Steuerungsmaßnahmen an, und um eben diese mittelbaren Einwirkungen ging es Hoffmann, als er die Themen Schul- und Wehrpflicht aufgriff. Hoffmann verwies auf die Möglichkeit, daß der Staat seine rechtlichen Zuständigkeiten in diesen Bereichen für Veranstaltungen einsetzen könne, durch die eine allzu frühe, anhaltende Arbeit und, dadurch verursacht, eine zu einseitige körperliche und intellektuelle Festlegung auf wirtschaftlich unsichere Erwerbstätigkeiten unterbunden werden könnten. Den Schulzwang und die Wehrpflicht wollte Hoffmann somit wohl zur Wahrung der beruflichen Entscheidungsfreiheit nutzen, aber dies eben mit dem Ziel, der Ausdehnung der gewerblichen Produktion entgegenzuwirken. Es war also eine lediglich dienende Funktion, in der die im Enquetetext erörterten mehreren Staatszwecke gestanden haben. Mit den Hinweisen auf den Verlust der moralischen Freiheit des Fabrikarbeiters und den damit verbundenen negativen Folgen sowie auf die Unfähigkeit des Arbeiters zur Vaterlandsverteidigung wollte Hoffmann die von ihm für erforderlich gehaltenen wirtschaftlichen Steuerungsmaßnahmen mit nichtwirtschaftlichen Überlegungen zusätzlich abstützen und, was wohl noch wichtiger war, gleichzeitig die Befugnis des Staates nachweisen, die der Theorie nach grundsätzlich unbeschränkte Entfaltungsfreiheit der Industrie und der Gewerbe von Rechts wegen zu beschneiden. Nichts spricht aber dafür, daß Hoffmann die weiteren Staatszwecke unter allen Umständen verteidigen wollte.

Süverns Schulgesetzentwurf vom Jahre 1819.

58) Meyer, aaO S. 93 ff., 134; ähnlich auch Hartmann, aaO S. 197 ff.

Nur auf den Boden dieser Auslegung gelangt man auch zu einer sachgerechten Würdigung des Umfrageergebnisses. Die Unterbehörden bestritten zwar nicht, daß die Kinderarbeit in gewissen Beziehungen schädlich war; gleichwohl lehnten sie jedoch vor allem den auf den Schulzwang abhebenden Lösungsvorschlag Hoffmanns überwiegend ab. Dabei wurden, was das Hausgewerbe betraf, finanzielle und juristische Einwände erhoben, und hinsichtlich der Fabrikindustrie sahen die Behörden eine Einschränkung der Kinderarbeit bereits im Ansatz nicht als eine geeignete Maßnahme an, um die Arbeiter vor dem Risiko von Konjunkturschwankungen zu schützen. Daß sich diese Beurteilung halten ließ, wird man schwerlich leugnen können, und deswegen gehen die Erklärungsversuche an der Sache vorbei, wonach Hardenberg, der die Vorschläge Hoffmann nicht weiterverfolgen ließ, als Anhänger der liberalen Lehre von vornherein gar keine Schritte zugunsten der Arbeiterschaft habe unternehmen wollen (61) oder aber vor den zu erwartenden Hindernissen resignierend zurückgewichen sei (62) oder schlicht dem Profitinteresse der Unternehmer nachgegeben habe. (63)- Auch daß sich in der Enquete die Grundproblematik der späteren Auseinandersetzungen um das Jugendarbeitsrecht bereits abgezeichnet habe, (64) läßt sich nicht überzeugend behaupten. Gewiß ist richtig, daß wesentliche Einwände gegen die Kinderfabrikarbeit in der Umfrage bereits zur Sprache gekommen sind. Die Erörterung stand jedoch ganz zweifelsfrei unter dem Thema einer Preis- und Einkommenssicherung, so daß zumindest für Hoffmann sich nicht angeboten hat, das im staatswirtschaftlichen Interesse gesammelte Material nachträglich noch unter einem ganz anderen Aspekt auszuwerten.

Auch wenn die Umfrage in Hinblick auf ihre Bedeutung für die Geschichte des Arbeitsrechts häufig überschätzt wird, bietet diese frühe Enquete doch mit der Fülle der eingegangenen Stellungnahmen einen recht guten Überblick über den Meinungsstand um 1820. Für den anschließenden Zeitraum von fast zwei Jahrzehnten, in dem in Berlin Verhandlungen zwischen dem Kultus- und dem Handels- oder Innenministerium wegen eines Fabrikgesetzes geführt worden sind, fehlt eine solche zusammenfassende Dokumentation der zu überwindenden Schwierigkeiten, und infolgedessen werden in der Literatur häufig zu kurz greifende, zu den Ursachen nicht vordringende Erklärungen angeboten. Dazu ist noch einmal auf den Kultusminister Altenstein zurückzukommen, der regelmäßig für die langwierige Vorgeschichte des Regulativs verantwortlich gemacht wird.

MEYER steht auf dem Standpunkt, daß Altenstein nur die gröbsten Mißbräuche der Kinderfabrikarbeit habe abstellen wollen, um die

---

59) Kuczynski, Umfrage, 1960, S. 6; wohl auch Schumann/Korff/Schumann, aaO S. 66.

60) Ludwig, aaO S. 67.

61) So Köllmann, aaO S. 34 (informatorische Bedeutung der Vorschläge); vgl. auch Jenss, aaO Teil A, S. 60.

62) Schulze, aaO S. 305.

63) Kuczynski, Studien 1968, S. 88. Johansen, aaO S. 103; wohl auch Schumann/Korff/Schumann, aaO S. 67: "der ... Staat... (war) gezwungen..., ...der Bourgeosie Zugeständnisse zu machen."

"pädagogische Funktion" der Erwerbstätigkeit - die Arbeitserziehung also - zu erhalten und die Industrialisierung der agrarischen Provinzen Preußens zu fördern. (65) Wegen dieses Plans habe der Minister ein Fabrikgesetz über lange Jahre hin abgelehnt (66) und nur eine gewisse Aufsicht mit Hilfe des Rechtsinstituts der staatlichen Obervormundschaft gutgeheißen. Selbst dieses beschränkte Ziel habe der Minister jedoch nur wenig energisch vertreten. (67)

Diese Vorstellungen übernimmt im Grundsatz auch HARTMANN, indem er ausführt, daß Altenstein sich in dem Reskript vom 19. April 1827 als Repräsentant eines Verwaltungsdenkens ausgewiesen habe, das noch ganz der Epoche der Aufklärung verhaftet gewesen sei. (68) So verrate das weite, alle konkreten Umstände berücksichtigende Ermessen, daß der Minister in der Frage der Arbeitserlaubnis für Kinder und Jugendliche den Unterbehörden habe einräumen wollen, deutlich eine Neigung zum kasuistischen Entscheidungsstil des 18. Jahrhunderts. (69) Außerdem habe der Minister an der veralteten Idee der Arbeitserziehung festgehalten und die Zugriffsrechte der Fabrikeigentümer auf die Arbeitskraft unmündiger Kinder verteidigen wollen. (70)

Während HARTMANN damit die fachlichen Entscheidungen des Kultusministers mit dessen angeblich nicht mehr zeitgemäßen weltanschaulichen Standpunkt zu erklären sucht und auch eine gewisse Unentschlossenheit des Ministers bemängelt, stellt KÖLLMANN noch mehr als MEYER und HARTMANN auf die vermeintliche Führungsschwäche des Ministers ab. Mit dem Erlaß des Reskripts vom 27. April 1827 sei Altenstein in der Unterrichtsfrage vor dem Konflikt zwischen Staat und Wirtschaft zurückgewichen, und dabei habe er den Anspruch der Schule noch hinter die Auffassung der Enquete von 1817 zurückgenommen. (71)

Diesen Charakterisierungen des Kultusministers muß jedoch nachdrücklich entgegengetreten werden. Die von MEYER herangezogenen Äußerungen des im Kultusministerium von 1821 bis 1827 für die

---

64) So Jenss, aaO Teil A, S. 60.
65) Meyer, aaO S. 217 f., 295.
66) Meyer, aaO S. 17, 19, 202 f., 209, 220, 295.
67) Meyer, aaO S. 286, 292, 296.
68) Hartmann, aaO S. 216. Ein Verzögern durch das Kultusministerium betont auch Hartmann, aaO S. 237 ff.
69) Hartmann, aaO S. 226, 229, 238.
70) Hartmann, aaO S. 240.
71) Köllmann, aaO S. 36.

Volksschulen zuständigen Sachbearbeiters Beckedorff (72) sprachen sich zwar sehr entschieden für eine Arbeitserziehung in den agrarischen Gebieten aus. Es geht aber nicht an, ohne weiteres zu unterstellen, daß Altenstein der Ansicht Beckedorffs zugestimmt habe. Wahrscheinlich ist das nicht. Von Altenstein liegen eindeutige Äußerungen zugunsten der Fabrikkinder vor. (73) MEYER ist weiter auch nicht in der Auffassung zu folgen, daß das Kultusministerium ein Fabrikgesetz während eines längeren Zeitraums abgelehnt habe. Diese These ist schon deswegen unzutreffend, weil es ja gerade Altenstein gewesen ist, der nicht nur die Verhandlungen wegen des Fabrikgesetzes eingeleitet und über lange Jahre fortgeführt hat, (74) sondern ja auch mehrere Gesetzentwürfe, die MEYER nicht alle ermitteln konnte, erarbeiten ließ. (75) Offenbar ist MEYER, was die konkreten Gesetzesvorstellungen Altensteins betrifft, einem Mißverständnis erlegen, denn der Kultusminister hat tatsächlich nur ein die Beziehungen zwischen Schule und Fabrik für ganz Preußen einheitlich regelndes Gesetz mit wenigen starren Verbotsvorschriften abgelehnt und statt dessen ein Gesetzesmodell befürwortet, das örtliche Schul- und Fabrikgremien nach ihrem Ermessen zu den erforderlichen Maßnahmen ermächtigen sollte. (76) Dazu ist vorab klarzustellen, daß es sich bei solchen Ermächtigungen mit einem Entscheidungsspielraum keineswegs um antiquierte, im Denken des 18. Jahrhunderts wurzelnde Normen gehandelt hätte; die Ermessensvorschrift ist vielmehr ein rechtstechnisches Instrument, das immer in Betracht kommt, wenn ein vielgestaltiger Lebenssachverhalt rechtlich geordnet werden soll. Eben das war bei der Unterrichtsfrage der Fabrikkinder auch der Fall, wie sich unschwer nachweisen läßt. Da die frühe Erwerbstätigkeit in den Fabriken und Gewerbebetrieben ebenso verbreitet wie selbstverständlich war, hatte der Kultusminister in den Jahren der Restauration gar keine andere Wahl, als diese gesellschaftliche Wirklichkeit als nicht aufhebbare Ausgangstatsache jeder die Fabrikkinder betreffenden Anordnung

---

72) Georg Philipp Ludolph v. B., geb. 14.4.1778, gest. 27.2.1858.

73) Das räumt Meyer, aaO S. 220, 288, 292 selbst ein.

74) Von 1824 bis 1832 und wieder ab Mitte 1837. Die Unterbrechung war ersichtlich durch die Haltung des Rheinlands bedingt.

75) Entwürfe von 1828, 1832 und 1837. Den ersten Entwurf hat Meyer nicht als solchen erkannt, die beiden anderen nicht gefunden, vgl. Meyer, aaO S. 209, 219 f., 287.

76) Aufgrund seines Standpunkts, daß die Arbeitserziehung gefördert werden sollte, gelangt Meyer zu sehr gewaltsamen Interpretationen. Nicht haltbar ist die von Meyer, aaO S. 202 f. zum Reskript vom 27. April 1827 entwickelte Unterscheidung zwischen gesetzlichen Maßnahmen und den im Reskripttext verwendeten Begriffen "allgemeine Anordnungen", "festzusetzende Bestimmungen" und "Verordnungen". Nicht überzeugend sind auch Meyers Angaben für 1828/29, aaO S. 19, 209, 219. Altenstein legte am 4. Juli 1828 seine Richtlinienkonzeption im einzelnen dar, während Schuckmann sich am 16. Jan. 1829 für eine ganz einfache Gesetzesfassung aussprach. In dem daraufhin überarbeiteten Entwurf vom 26. Juli 1832 ersetzte Altenstein die

zugrunde zu legen. Da ferner im industriellen Rheinland mit einem Verständnis für schulische Belange unter der Bevölkerung zunächst nicht gerechnet werden konnte, lag es nur zu nahe, daß Altenstein einen behutsamen Ausgleich zwischen den dort erstmals angemeldeten Forderungen des Unterrichts und der ablehnenden Einstellung der Gemeinden und Fabrikanten empfohlen hat. Diese Sachlage wirkte sich nun unmittelbar auf die Gesetzesgestaltung aus. Wenn die äußeren Umstände schon von vornherein bei der Abfassung einheitlich geltender Normen berücksichtigt werden sollten, so mußte sich das Gesetz um seiner Ausführbarkeit willen an den in der Unterrichtsversorgung rückständigsten Fabrikorten orientieren, das hieß also, das Fabrikgesetz durfte im Hinblick auf eine Beschränkung der Arbeit und eine Festlegung des Mindestunterrichts nur sehr geringe Anforderungen stellen. Ein solches Gesetz wurde jedoch in mehrfacher Weise gefährlich. Es erschwerte mit den festgeschriebenen Regelungen die im Rheinland nach einer Anlaufzeit an sich denkbaren Verbesserungen und brachte die weiteren Risiken mit sich, daß in den altpreußischen Gebieten leistungsfähigere Schuleinrichtungen trotz gegebener Möglichkeiten nicht geschaffen wurden, oder, wenn sie bereits vorhanden waren, sogar wieder zurückgenommen wurden. Falls solche Beeinträchtigungen des Volksschulwesens aber vermieden werden sollten, boten sich nur zwei Auswege an, nämlich erstens den Geltungsbereich des Fabrikgesetzes auf die Rheinprovinz zu beschränken, so daß die Unterrichtsverhältnisse in den anderen Provinzen unberührt blieben, oder zweitens lokalen Schulkommissionen über eine Generalklausel die Zuständigkeit zu verleihen, die auf Ortsebene jeweils machbare Schuleinrichtung zu organisieren. Ersichtlich waren das auch die Überlegungen des Kultusministeriums, zu denen es vom pädagogischen Standpunkt aus gesehen keine wirkliche Alternative gegeben hat.

Die beschriebenen Schwierigkeiten prägten auch schon das Reskript von 1827, das der Kultusminister unter teilweisem Vorgriff auf das künftige Fabrikgesetz auf der Grundlage der Schulbestimmungen des Preuß. ALR erlassen hat. Auch bei dieser Verordnung ging es bereits um Kompromißlösungen zwischen dem Unterrichts- und dem Erwerbsinteresse, nur daß die Ermessensentscheidungen nicht, wie von Altenstein für das Fabrikgesetz geplant, für einen ganzen Ort oder einzelne Fabriken gefunden werden sollten, sondern als Entscheidungen über den Unterrichtsbesuch des einzelnen Kindes oder Jugendlichen. Dabei ist für eine Würdigung des Reskripts aber noch zu beachten, daß Altenstein nicht eine den Schulzwang lockernde Übergangsregelung getroffen hatte, die beim Aufbau des Schulwesens an sich legitim gewesen wäre. Die Verfahrensanweisung des Reskripts war vielmehr im seinerzeit geltenden Recht als Grundsatz vorgesehen. Das Preuß. ALR ordnete zwar die allgemeine Schulpflicht an, sah jedoch mit dem Ziel, die übliche Erwerbstätigkeit der Kinder nicht zu sehr zu behindern, daneben auch einen Dispens nach dem Ermessen der Schulbehörden vor.

---

wenig präzisen Ermessensrichtlinien durch konkret formulierte Gesetzesbefehle; an den Fabrikkommissionen hielt der Minister aber fest.

Wenn das Reskript hierzu nun die Anordnung getroffen hat, bei einem offensichtlichen Mißbrauch der Kinderarbeit eine Befreiung vom Unterrichtsbesuch abzulehnen und den Schulzwang zur Unterbindung solcher Arbeiten strikt anzuwenden, so hat Altenstein erstmals entschieden, wo dem Ermessen eine feste Grenze gesetzt sein sollte. Das Reskript hat mithin die Schulbestimmungen des Preuß. ALR ohne Zweifel fortentwickelt und mit dem Hinweis auf das noch in Arbeit befindliche Fabrikgesetz noch weitergehende Regelungen angekündigt. Daran gemessen, ist KÖLLMANNS Auffassung aber abzulehnen, daß Altenstein im Jahre 1827 vor der Industrie einfach kapituliert habe. Sicherlich neigte der Kultusminister dazu, vorsichtig vorzugehen - eine gewisse Konfliktbereitschaft darf man dem Reskript von 1827 jedoch letztlich nicht absprechen.

Nach alledem würde sich aber auch das Urteil MEYERS und KÖLLMANNS, daß Altenstein in der Fabrikkinderfrage nicht bestimmt genug aufgetreten sei, nur dann noch halten lassen, falls für ein von vornherein schärfer gefaßte Reskript oder für entsprechende Anordnungen zu einem späteren Zeitpunkt wirkliche Durchsetzungschancen bestanden hätten. Dafür spricht aber tatsächlich nichts. Hätte Altenstein beispielsweise den Vormittagsunterricht für die jüngeren Kinder bis zum 9. Lebensjahr von sich aus für verpflichtend erklärt, so wären diese Kinder für eine Fabrikarbeit praktisch nicht mehr in Betracht gekommen. Gegen einen solchen generellen Ausschluß der jüngeren Altersgruppen von der Erwerbstätigkeit aber hatte sich, von Beuth beraten, (77) von Anfang an der für die Fabrik- und Gewerbeangelegenheiten zuständige Innenminister Schuckmann ausgesprochen, indem er seine Verhandlungsbereitschaft über ein preußisches Gesetz auf den Inhalt des englischen Fabrikrecht- beschränkt hatte. Hätte nun Altenstein gleichwohl eine die Schulinteressen zu einseitig betonende Verordnung erlassen, so wäre mit Sicherheit eine offene Auseinandersetzung mit Schuckmann unvermeidlich geworden. Einem derartigen Streit hätte Altenstein aber nicht nur wegen seines verhältnismäßig geringen Einflusses im Staatsministerium nicht erfolgreich durchstehen können, sondern vor allem auch um der Sache willen überhaupt nicht anfangen dürfen; denn Altenstein war bei seinen Schulplänen auf eine aktive Unterstützung durch den Innenminister angewiesen. Im Rheinland ging es ja, um es noch einmal zu betonen, nicht nur darum, die Arbeit schulpflichtiger Kinder und Jugendlicher unter Inkaufnahme der dadurch der Industrie entstehenden Belastungen zu verbieten. Vielmehr mußten auch die Gemeinden veranlaßt werden, erhebliche Mittel bereitzustellen, um Volksschulen zu bauen und zu unterhalten sowie um Unterstützungen an die Armenfamilien zu zahlen, denen bei einem Unterrichtsbesuch ihrer Kinder ein Teil des existenzsichernden Familieneinkommens verloren gehen mußte. Diese finanzielle Inanspruchnahme der Industrie und der Kommunen aber konnte der preußische Kultusminister schon mangels einer umfassen-

77) Christian Peter Wilhelm B., geb. 28.12.1781, ab 1814 Geheimer Oberfinanzrat im Finanzministerium, Abteilung für Handel und Gewerbe, danach in verschiedenen Ämtern mit erheblichem Einfluß auf die preußische Gewerbepolitik, gest. 27.9.1853.

den ministeriellen Zuständigkeit allein nicht vertreten. Die langwierigen Verhandlungen, die Altenstein mit dem Innenministerium geführt hat, drehten sich daher in erster Linie um den Punkt, die Wirtschaftsverwaltung für eine gemeinsame Problemlösung zu gewinnen. Auch diese Überlegungen rechtfertigen also die Ansicht, daß das Reskript von 1827 nicht als ein schwächliches Zurückweichen der Unterrichtsbehörde vor dem Konflikt mit der Industrie abgetan werden darf. Der Kultusminister verfügte nur über geringe eigene Handlungsmöglichkeiten. Bezieht man die sich anschließende Entwicklung noch mit in die Betrachtung ein, so drängt sich sogar der Eindruck auf, daß Altenstein sich mit dem Reskript bereits zu weit vorgewagt hatte; denn alle Maßnahmen des Berliner Ministeriums - und das galt für das geplante Fabrikgesetz ebenso wie für das Reskript vom Jahre 1827 - waren letztlich nur sinnvoll, wenn die rheinischen Stände sich dazu bereit fanden, die im Jahre 1825 auf das Rheinland erstreckten Schulbestimmungen des Preuß. ALR in angemessenem Umfang zu realisieren. Daran fehlte es jedoch. Bis zum Jahre 1837 hat es das Rheinland ganz entschieden abgelehnt, auch nur im bescheidenen Rahmen an der Verwirklichung der Unterrichtspläne des Kultusministers mitzuwirken. Das brachte der 4. Rheinische Landtag im Jahre 1833 unumwunden zum Ausdruck, als er weder den vom preußischen Kronprinzen empfohlenen Vorschlag akzeptierte, die Schulgeldfreiheit für die ärmeren Bevölkerungsschichten einzuführen, noch den vom König befürworteten Antrag annahm, die lokalen Unterstützungskassen über eine neue Steuer zugunsten der Armen finanziell aufzustocken. Das Abwarten Altensteins Anfang der dreißiger Jahre beruhte mithin aber nicht auf einer vorübergehenden Entschlußlosigkeit oder auf mangelndem Interesse am Schicksal der Fabrikkinder, sondern am Scheitern Altensteins in der vorgreiflichen Unterrichtsfrage. Daran können nach der Entscheidung des Landtags, die der preußische König hingenommen hat, durchgreifende Zweifel nicht bestehen. Dieser Rückschlag wirft jedoch auch ein ganz bezeichnendes Licht auf die Isolierung, in der Altenstein sich bei seiner auch die Erwerbskinder mit einschließenden Bildungspolitik befunden hat. Die abwehrende Haltung der Gemeinden und der Stände wußte sich durchaus im Einklang mit den Grundstimmungen der Restaurationsepoche: Die Volksbildungsidee wurde von den einflußreichen konservativen Kreisen nicht nur in keiner Weise unterstützt, sondern unverhüllt bekämpft. Ferner wurde die Auffassung, daß die im Entstehen begriffenen Fabriken durch staatliche Beschränkungen nicht gestört werden dürften, sowohl von den in der ökonomischen Theorie und in der Wirtschaftsverwaltung dominierenden Liberalen vertreten als auch von der die staatliche Politik beherrschenden konservativen Partei, die das natürliche Wachstum der Industrie als schutzwürdig ansah und außerdem Gesetze zur Überwindung sozialer Gegensätze als unzulässig verwerfen wollte. Schon aus diesem in gewissen Bereichen jedenfalls bestehenden Bündnis der Wirtschaftsliberalen mit den Konservativen läßt sich erklären, warum die politisch verunsicherte preußische Staatsführung die Grundsatzfrage des Verhältnisses von Schule und Fabrikarbeit jahrzehntelang in der Schwebe gelassen hat, wie denn der König auch andere auf eine Auseinandersetzung mit den Ständen hinauslaufende Schulprobleme und überhaupt gesellschaftspolitischen Fragen von seinen Ministern nicht aufgreifen ließ. Für den preußischen Staat der Restaurationsepoche war, was zeitgemäße sozialpolitische Maßnahmen betraf, eine innere Lähmung kennzeichnend, die nur durch eine deutliche Verschärfung der Sachprobleme oder tiefgreifende gesellschaftliche Veränderungen überwunden werden konnte. Eine solche Wandlung hat sich in der Frage der Kinderfabrikarbeit, wie oben kurz erwähnt, erst als Folge der die Gesamtgesellschaft treffenden Wirtschaftskrisen vollzogen, die in vielen europäischen Staaten aufgrund der extrem-liberalen Politik und der Auswirkungen der Industrialisierung nach 1836 und dann noch heftiger nach 1844 eingetreten sind. Was aber die Haltung des Kultusministers Altenstein zu Anfang der dreißiger Jahre betrifft, so erscheint dessen Grundentscheidung in Anbetracht der dargelegten Schwierigkeiten als völlig überzeugend. Der Standpunkt, sich für die Rheinprovinz nicht mit dem Ausschluß größerer Bevölkerungsteile vom Schulbesuch abzufinden und auch nicht mit den von Bodelschwingh im Jahre 1835 empfohlenen unzulänglichen Fabrikschulen, sondern das Unterrichtsproblem bis zu einem Einlenken des Landtags offenzuhalten, hat sich auch im Ergebnis als eine durchaus erfolgreiche Schulpolitik herausgestellt. Dabei darf für eine Beurteilung des Kultusministers auch nicht unberücksichtigt bleiben, daß Altenstein eben nicht einfach den schlichten Gesetzesvorschlag der rheinischen Stände inhaltlich übernommen hat und auch nicht den überarbeiteten, aber kaum anspruchsvolleren Entwurf Bodelschwinghs. Soweit das Regulativ in seinen Einzelregelungen diese Vorarbeiten übertroffen hat, war das ersichtlich dem Festhalten Altensteins an den schon früher geltend gemachten gesteigerten Forderungen zu verdanken. Unbestreitbar ist somit das in der jüngeren Literatur häufig geleugnete Verdienst Altensteins, (78) die über die Fabrikindustrie beunruhigte Zeitmeinung noch vor der Entwicklung Preußens zu einem Industriestaat für die Ausformulierung eines beachtlichen Jugendschutzrechts genutzt zu haben. Das im Jahre 1839 entstandene preußische Fabrikgesetz war nicht nur in Deutschland, sondern in ganz Europa beispielgebend. Entsprechendes gilt übrigens auch für die Novelle vom Jahre 1853.

Die hier vertretene Ansicht, daß letztlich aber die wirtschaftliche Entwicklung dem preußischen Regulativ von 1839 und auch dem Fabrikgesetz von 1853 den Weg gebahnt hat, gibt Anlaß, noch die Unterschiede aufzuzeigen zu dem in gewisser Hinsicht ähnlichen, das Wesentliche aber übergehenden Ansatz von KORFF sowie INGEBORG und MICHAEL SCHUMANN. Nach Meinung dieser Autoren ging es bei der Diskussion des Kinderarbeitsproblems in Preußen vor allem um drei Faktoren: erstens um die Pauperismusfrage, die fortschreitende Verarmung breiter Bevölkerungsschichten in der ersten Hälfte des 19. Jahrhunderts, dann zweitens um den wachsenden Klas-

---

78) Vgl. etwa Meyer, aaO S. 19f., 208, 295.

senwiderspruch zwischen der Bourgeoisie und der Feudalklasse in Preußen und drittens um militärische Erwägungen, nämlich das Bestreben, die Wehrfähigkeit der Arbeiterbevölkerung zu erhalten. (79) Alle drei Faktoren würden in charakteristischer Weise bereits in Hardenbergs Umfrage vom Jahre 1817 zum Ausdruck kommen.

Diese Auffassung verkürzt aber ohne Frage schon insoweit die Zusammenhänge, als dabei das den frühen preußischen Jugendarbeitsschutz beherrschende Thema der Gewährleistung der Unterrichtsversorgung und auch die persönliche Leistung der verantwortlichen Minister völlig ausgespart sind. Nicht stimmig sind jedoch auch die zur Erklärung angebotenen drei Faktoren, wobei die beiden letzteren Gesichtspunkte auf Vorurteilen beruhen: Das Wehrfähigkeitsargument, das in der Literatur allerdings auch sonst gern betont wird, (80) hat tatsächlich nur wenig zu dem Erlaß des Regulativs von 1839 beizutragen vermocht, wie bereits MEYER aufgezeigt hat. (81) Schon allein der große zeitliche Abstand zwischen dem Hornschen Bericht vom Jahre 1828 und dem Inkrafttreten des Fabrikgesetzes im Jahre 1839 widerlegt diese These. Weiterhin geben aber auch die Gegensätze zwischen dem Adel und den bürgerlichen Fabrikunternehmern keine schlüssige Erklärung dafür her, daß der Gedanke eines industriellen Jugendarbeitsschutzes sich hat durchsetzen können. Dafür findet sich in den Akten keinerlei Anhalt. Um ein Ressentiment gegenüber der neureichen bürgerlichen Fabrikantenschicht ist es nicht gegangen. Zu Hilfsmaßnahmen für bedürftige Bevölkerungsgruppen hatte sich der Staat im übrigen auch schon im 18. Jahrhundert entschlossen. Andererseits bildete aber gerade die Industrieförderung, das heißt die direkte oder auch indirekte Unterstützung der Unternehmer, in den ersten Jahrzehnten des 19. Jahrhunderts eine Aufgabe, der sich nachgerade die preußische Wirtschaftsbürokratie unbeirrt verschrieben hatte. Erst im fünften Jahrzehnt des 19. Jahrhunderts ist diese Förderung etwas verunsichert worden.

Mehr Gewicht hat dagegen der dritte Gesichtspunkt, das Pauperismusproblem, das zwar weniger in der Form einer stetig fortschreitenden Verelendung der Bevölkerung, wohl aber über die sich wiederholenden Notlagen infolge der Wirtschaftskrisen eine wichtige Ursache für die Entwicklung des neuen Schul- und Arbeitsrechts gebildet hat. Die Krisen haben gleichsam den Rechtsboden abgegeben, auf dem gesetzgeberische Maßnahmen entwickelt

---

79) Schumann/Korff/Schumann, aaO S. 64 ff.

80) Vgl. etwa Kuczynski, Studien, 1968, S. 88 ff., 91 f. Dabei wird jedoch übersehen, daß der für den König bestimmte frühe Landwehrgeschäftsbericht von Horns natürlich nur auf das Problem der Wehrtauglichkeit hinweisen konnte. Die Minister aber, die das Fabrikgesetz entwerfen wollten, waren selbstverständlich gehalten, in ihren Vorlagen auf die Kabinettsorder vom 12. Mai 1828 Bezug zu nehmen.

81) Meyer, aaO S. 209 f.

werden konnten. Was SCHUMANN/KORFF/SCHUMANN hier allerdings mit Schweigen übergehen, sind die gestaltenden Einwirkungen der staatswirtschaftlichen Theorie und der politischen Führung sowie übrigens auch die Unterschiede in den Standpunkten während der Krisenjahre. Hardenbergs Umfrage war keineswegs repräsentativ für die späteren Diskussionen. Da die Enquete von 1817 durch die drückende Armut vor allem in den hausindustriellen Gewerbegebieten Preußens ausgelöst worden war, konnte sie von vornherein noch keinen Arbeitsschutz für die Fabriken bezwecken. In der durch die Wirtschaftskrise von 1836 aufgestörten öffentlichen Meinung wiederum standen, was die Industrie betraf, noch immer die nicht eindeutig zu beurteilenden Verhältnisse in England im Vordergrund. Beispielgebend für die Zukunft des eigenen Landes waren sowohl die hohe Leistungsfähigkeit der britischen Industrie als andererseits auch die verwahrloste englische Fabrikbevölkerung, die dann für die Diskussion und damit auch für den Erlaß des Regulativs von 1839 meinungsbildend geworden sind. In der Krise ab 1844 schließlich führte der Niedergang der preußischen Hausgewerbe zusammen mit deprimierenden Berichten über die Arbeitsverhältnisse in England zu einer völligen Neubewertung der Industriefrage und der Rolle des Staates gegenüber der Wirtschaft. In Deutschland setzte sich erstmals die Auffassung durch, daß der einzelne in der krisenbegleiteten modernen Geld- und Verkehrswirtschaft mit ihren weltweiten Abhängigkeiten ohne Intervention des Staates sich nicht würde behaupten können und daß der Staat insbesondere versuchen müsse, den sozialen Problemen der Fabrikindustrie vorbeugend entgegenzuwirken. Aus dieser den Liberalismus zeitweilig überwindenden Grundstimmung, die von den Fabrikarbeitern das Schicksal der hilflosen Weber Schlesiens abwenden wollte, ist das preußische Fabrikgesetz von 1853 hervorgegangen.

Von dem vorstehend skizzierten Standpunkt aus soll abschließend noch zu den Äußerungen Stellung genommen werden, die die Bedeutung des frühen preußischen Jugendarbeitsschutzes in Zweifel ziehen, indem sie diese Gesetzgebung als unzulänglich oder auch als völlig wirkungslos darstellen oder - gemessen an den damaligen Verhältnissen - sogar als überflüssig bezeichnen. Zu dieser Kritik zählt zunächst die Beanstandung, daß der Jugendschutz nur in der Industrie gegolten habe und nicht auch auf die Hausgewerbe erstreckt worden sei. (82) Dieses Argument vermag jedoch einer Nachprüfung nicht standzuhalten. Der Vorwurf der Untätigkeit, der in anderen Beziehungen gewiß zu Recht gegen den preußischen Gesetzgeber für die Jahre 1820 bis 1848 erhoben werden kann, ist in Hinblick auf das Hausgewerbe jedenfalls für diese Epoche verfehlt. Diese Kritik übersieht bereits, daß der Anwendungsbereich des Regulativs auf die Fabriken einen Teil der Hausindustrie, nämlich die dezentralisiert arbeitenden Verlagsbetriebe, zwangsläufig miterfaßt hat. (83) Das kann aber auch

---

82) Ludwig, aaO S. 84; so wohl auch Schumann/Korff/Schumann, aaO S. 76.

83) Definition der Fabrik im Preuß. ALR Th. 2 Tit. 8 § 407: "Anstalten, in welchen die Verarbeitung oder Verfeinerung ge-

auf sich beruhen. Denn letztlich entscheidend ist, daß der tragende Grund für das Fabrikgesetz nicht in dem Problem des Gesundheitsschutzes, das zu dieser Zeit noch ungeklärt war, bestanden hat als vielmehr in der Sicherung des Volksschulbesuchs und daß insoweit die Lage der Erwerbskinder in der Hausindustrie im Normalfall eine andere gewesen ist als die der Kinder in den wirklichen Fabriken. Die Organisation der größeren Industriebetriebe mit ihrer engen Zusammenarbeit aller Beschäftigten ließ eine stundenweise Freistellung der Jugendlichen für den Besuch des normalen Unterrichts nur schwerlich zu, wenn man nicht Arbeitsstörungen oder sogar Betriebsunterbrechungen in Kauf nehmen wollte, und weiter hätte hier eine zeitweilige Entlassung auch kaum durch gelegentliche Kontrollen erzwungen werden können. Schon aus diesen Gründen war in der Fabrikindustrie eine durch das Gesetz klar definierte und auch praktikable Trennung zwischen Schulstunden und Arbeitszeit ein dringendes Bedürfnis. In den anderen Gewerben - den Handwerken und genauso in der handwerklich geprägten Hausindustrie - arbeiteten dagegen die einzelnen Beschäftigten unabhängiger voneinander, weswegen es dann im Grundsatz immer möglich war, daß die Kinder und Jugendlichen ihren Arbeitsplatz zeitweilig verließen. Auf diesen wichtigen Gesichtspunkt hat der Barmer Webereibesitzer Schuchard schon im Jahre 1826 aufmerksam gemacht. (84) Unter solchen Umständen war es aber durchaus überzeugend, bei den Kindern der Hausgewerbetreibenden von vornherein auf den Besuch des normalen Unterrichts zu dringen und für diese Kinder keine besondere Schulorganisation zuzulassen. Für die Entscheidung, in welchem Rahmen der frühe Jugendarbeitsschutz Anwendung finden sollte, war im übrigen auch maßgeblich, daß direkte Arbeitszeitbeschränkungen gegenüber der Vielzahl der Heimarbeiter gar nicht durchsetzbar gewesen wären. Keine Verwaltung hätte in den Wohnungen etwa der Weber die Mitarbeit kleinerer Kinder, geschweige denn Beginn und Ende der Arbeitszeit und die Länge der Pausen regelmäßig überprüfen können. Eine solche Kontrolle war jedoch - am Maßstab der Zeit gemessen - in Wahrheit auch entbehrlich, weil in der Hausindustrie, was die jüngeren Arbeitskräfte betraf, eben zumeist Familienangehörige beschäftigt wurden. Im Regelfall war die Elternliebe eine verläßliche Schranke gegen eine übermäßige Inanspruchnahme der Kinder. Einen mittelbaren Arbeitsschutz, das ist aber festzuhalten, gewährleisteten hier auch die Schulvorschriften; denn wenn die Kinder den üblichen Vormittagsunterricht besuchten, war ganz zwangsläufig die Dauer des Arbeitstages be-

---

wisser Naturerzeugnisse im Großen getrieben wird, werden Fabriken genannt."Dieser Begriff galt für die zentralisierten Fabriken, etwa die Maschinenspinnereien,und ebenso für die denzentralisierten Betriebe (Verlage), etwa für die unter der Leitung eines Fabrikverlegers arbeitenden Weber. Die preußischen Ministerien wollten im Jahre 1837 das Regulativ an sich auf alle Werkstätten anwenden, die mit 4 familienfremden Kindern arbeiteten. Dem Fabrikbegriff ist dann jedoch der Vorzug gegeben worden, weil der 5. Rheinische Landschränkt. Im Kleingewerbe entfielen deshalb in aller Regel viele der den Fabrikkindern drohenden Gesundheitsgefahren. Daß die in der Hausindustrie Preußens beschäftigten Jugendlichen gänzlich vernachlässigt worden seien, für sie also auch keine Einschränkung der Arbeitszeit gegolten habe, diese von LUDWIG (85) und wohl auch von SCHUMANN/KORFF/SCHUMANN (86) vertretene Ansicht ist in Hinblick auf den in Preußen geltenden Schulzwang sicherlich nicht richtig. Als unzulänglich erwies sich das Schulrecht denn auch in der Folge weniger bei den hausgewerblichen Familienbetrieben als vielmehr bei solchen Kleinwerkstätten, die wenige fremde Hilfskräfte beschäftigten und über die die Unterrichtsbehörden jedenfalls in Großstädten wie Berlin eine wirksame Aufsicht nicht auszuüben vermochten. Zur Lösung dieses Problems wurde in Jahre 1852 erwogen, den aus dem Preuß. ALR übernommenen unscharfen Fabrikbegriff für das Regulativ ganz aufzugeben und unter die Geltung des Gesetzes alle Werkstätten zu ziehen, die mindestens 10 jugendliche Arbeiter beschäftigten. (87) Die Novellierung des Regulativs hat diesen an eine Mindestbetriebsgröße anknüpfenden Lösungsansatz jedoch verworfen und sogar die noch kleineren Betriebe in den Schutzbereich mit einbezogen, indem das Gesetz von 1853 die Anwendung des Jugendarbeitsschutzes auf alle gewerblichen Produktionsstätten ausgedehnt hat, soweit in ihnen jugendliche Arbeiter

---

tag in Jahre 1837 eine Verordnung für "Fabriken" beantragt hat. Die Berliner Ministerien hofften, mit der Übernahme dieses Begriffes alle gewerblichen Anstalten zu erfassen, die der Sprachgebrauch mit zu den Fabriken rechnete, vgl. Anton, 1891, S. 50.

84) RWA Bd. 66, 1826, S. 1114 f.

85) Ludwig, aaO S. 84.

86) Schumann/Korff/Schumann, aaO S. 76.

87) So der Vorschlag des rheinischen Oberpräsidenten, A.M. 32, S. 110. Die Anwendung des Fabrikrechts auf die einzelnen Hausgewerbetreibenden wurde zu dieser Zeit noch nicht gewünscht. In den Antworten auf die Fabrikenquete des Jahres 1851 ist lediglich die Erfassung der kleineren Werkstatt diskutiert worden, die nicht als Familienbetrieb geführt wurde: Die Regierung Düsseldorf hat die Ausdehnung des Regulativs auf einzelne Werkstätten wegen der Kontrollprobleme aber für nicht ausführbar erklärt und dabei geltend gemacht, daß auch erst durch die Tätigkeit der Fabrikinspektoren geklärt werden könne, ob ein Bedürfnis für einen erweiterten Schutzbereich bestehe (A.M. 32, S. 110). Die abweichende Darstellung von Emsbach, 1982, S. 260,ist unzutreffend. Die Handelskammer zu Gladbach befürwortete die Anwendung des Regulativs (nur) auf jugendliche Arbeiter und Lehrlinge, die im Fabrikgewerbe gewerbsmäßig (!) beschäftigt würden (A.M. 32, S. 111 f.). Die Regierung Köln wollte "Werkstätten" berücksichtigen sowie einzelne Meister, die jugendliche Arbeiter in größerer Anzahl beschäftigten (A.M. 32, S. 107). Aachen wendete das Regulativ bereits überall an, wo eine größere Anzahl von Kindern in Werkstätten

außerhalb einer Lehre beschäftigt worden sind. Unzutreffend ist somit die bei LUDWIG und SCHUMANN/KORFF/SCHUMANN zu lesende Darstellung, daß bei der Novellierung des Regulativs die Forderung auf Ausdehnung des Arbeitsrechts auf die Kleinwerkstätten unbeachtet geblieben sei und daß das Fabrikgesetz von 1853 daher wie das Regulativ nur in den großen Fabrikbetrieben gegolten habe. (88) In Wahrheit ist der Fabrikbegriff für das Gesetz von 1853 völlig neu definiert worden.

Ein weiterer Einwand gegen die Bedeutung des frühen preußischen Jugendarbeitsschutzes wird von KUCZYNSKI geltend gemacht. Dieser betont zwar, wie wichtig ein Schutz der Arbeiter in der allmählich wachsenden Industrie gewesen sei, bestreitet aber den praktischen Nutzen der frühen preußischen Gesetze. Die Schutzbestimmungen des Regulativs, so behauptet KUCZYNSKI, seien von den Unternehmern nicht eingehalten worden; die örtlichen Verwaltungen aber hätten die Gesetzesübertretungen geduldet. (89) Für dieses Urteil bezieht KUCZYNSKI sich auf Bekanntmachungen der Regierung Magdeburg vom Jahre 1843, von Aachen aus dem Jahre 1844 sowie der Berliner Schuldeputation vom Jahre 1848, mit denen Übertretungen des Regulativs gerügt worden sind, und schließlich auf einen Bericht der Regierung Minden, die im Jahre 1852 außerordentliche Revisionen vor allem durch die Landräte empfohlen hat, weil die Lokalbehörden ohne eine solche Aufsicht geneigt seien, die gesetzlichen Bestimmungen nicht ernst genug zu nehmen.

Der These KUCZYNSKIS, mit der der preußischen Verwaltung die Beachtung des bestehenden Fabrikrechts schlechthin abgesprochen wird, kann man jedoch in ihrer Verallgemeinerung nur schwerlich zustimmen. Die feststellbaren Unterschiede in der Durchführung der einzelnen Gesetzesvorschriften und auch in der Haltung der Behörden wird man nicht einfach übergehen dürfen, wobei schon aufschlußreich ist, nach dem Behördenaufbau zu differenzieren. In der Rundverfügung vom 20. Mai 1847, die eine Zusammenfassung der ersten Erfahrungsberichte über das Regulativ gegeben hat, erklärte der Kultusminister, daß das Gesetz überall zur Ausführung gelangt sei, nicht aber in Aachen und Eupen. Dazu ist anzumerken, daß die Stadt Aachen, die ja auch KUCZYNSKI erwähnt, sowie die Stadt Eupen damals in gewisser Weise eine Sonderstellung eingenommen haben, weil sie ihre Verpflichtung, eine Volksschulorganisation aufzubauen, nur in ungenügender Weise erfüllt hatten. Den dortigen Behörden fehlte deswegen von vorn-

---

regelmäßig beschäftigt wurde (A.M. 32, S. 108). Münster hielt eine Überprüfung der Privatwohnungen für unmöglich (A.M. 32, S. 103). Die Regierung Arnsberg war der Ansicht, daß eine Kontrolle außerhalb der Fabriken nicht durchführbar sei und verwies auf den Schulzwang (A.M. 32, S. 105). Das war die ganz einhellige Meinung.

88) Ludwig, aaO S. 84; Schumann/Korff/Schumann, aaO S. 77.

89) Kuczynski, Studien, 1968, S. 72, 93 ff.

herein die Begründung, mit der das mit Einkommenseinbußen verbundene Arbeitsverbot für die jüngeren Kinder gegenüber den Armenfamilien hätte durchgesetzt werden können. Diesen Zustand hat aber wie gezeigt auch das Kultusministerium nicht mit billigendem Stillschweigen hingenommen. Für die Haltung der obersten Behörden gegenüber dem Regulativ ist bezeichnend, daß sie im Jahre 1845, also bereits kurze Zeit nach dem Inkrafttreten des Gesetzes, die Erfahrungen mit dem Arbeitsrecht zusammentragen ließen. Die Berliner Ministerien waren zwar vor dem Jahre 1848 zu einer Verschärfung der gesetzlichen Bestimmungen kaum bereit, aber von einer Vernachlässigung der bestehenden Vorschriften kann man auf dieser Ebene sicherlich nicht sprechen. Gleiches gilt dann auch für die Mittelinstanzen, die über den Untersuchungsauftrag der Ministerien ganz zwangsläufig in eine Auseinandersetzung mit den Problemen des Jugendschutzes hineingezogen worden sind und das Regulativ zum Teil auch schon vorher mit Einführungsverordnungen begleitet haben. Die Auffassung der Aufsichtsbehörden hat, wie bereits die von KUCZYNSKI zitierten Quellen belegen, auch zu einer Kritik kaum einen Ansatz geboten. Dies vorausgeschickt, ist nun freilich der eigentlichen Aussage KUCZYNSKIS nachzugehen, wonach die örtlichen Stellen bei Gesetzesverstößen nicht im angemessenen Umfange eingeschritten seien. Dazu ist jedoch vorab noch die Frage aufzuwerfen, ob die von KUCZYNSKI zitierten Quellen zureichende Belege für seine Ansicht abgeben können. Bei neugeschaffenen belastenden Vorschriften ist es an sich durchaus vertretbar, daß diese anfangs großzügiger gehandhabt werden, weswegen dann auch die Bekanntmachung der Regierung Magdeburg vom Jahre 1843 - die noch zur Einführungsphase des Gesetzes gehört - für eine Beurteilung außer acht zu lassen ist. Kaum generell beweiskräftig sind weiter auch die zitierten Belege von Aachen und Berlin, weil Aachen - wie dargetan - ein Ausnahmefall gewesen ist, während die Situation in Berlin wegen der Weiträumigkeit der Stadt und einer Vielzahl kleiner Fabrikstätten für die Schulbehörden schwer zu überschauen war. (90) Die dadurch ermöglichten Gesetzesübertretungen waren weniger den Behörden anzulasten als vielmehr den unter den Bedingungen der Großstadt unzureichenden Kontrollvorschriften des Gesetzes, das verbesserungsbedürftig war. Mithin bleiben aber von KUCZYNSKIS Nachweisen nur noch die Überlegungen der Regierung Minden, die sich, veranlaßt durch die Enquete vom Jahre 1851, unter anderem für eine Verschärfung der Kontrollvorschriften ausgesprochen hat. Über diesen Vorschlag gelangt man nun in der Tat zum Kern des Problems, denn der Mindener Bericht ist nur eine der im Jahre 1852 eingegangenen Antworten auf die zweite Fabrikumfrage, und diese Behördenäußerungen haben, ermutigt durch eine frühe Parteinahme des Handelsministers von der Heydt für die Fabrikkinder, überwiegend Bedenken gegen das Regulativ angemeldet und die Ansicht vertreten, daß die Überprüfung der Fabriken nicht länger nur den örtlichen Polizei- und Schulbehörden überlassen bleiben dürfe. Vielmehr sollten - von Fabrikinspektoren abgesehen - auch die staatlichen Aufsichtsinstanzen,

---

90) Vgl. für Berlin: MLV Jg. 3, 1851, S. 1 ff., 49 ff.

die Bezirksregierungen, die Landräte und die Amtsärzte, mit außerordentlichen Fabrikrevisionen in das Kontrollsystem mit einbezogen werden. Da die Regierungen bei der Fabrikenquete von 1851 ersichtlich bemüht gewesen sind, der Ermahnung von der Heydts zu einer kritischen Bestandsaufnahme zu entsprechen, geben diese Berichte wohl auch eine verläßliche Entscheidungsgrundlage für die in Rede stehende Frage her.

Die nicht nur bei KUCZYNSKI, sondern auch bei anderen Autoren anzutreffende Abwertung des ersten preußischen Fabrikgesetzes hat sich hauptsächlich an den Erfahrungen mit § 3 Regulativ orientiert, der Vorschrift also, die für die Kinder und Jugendlichen unter 16 Jahren die tägliche Arbeitszeit auf 10 Stunden beschränkt hat. Damit galt für diese Altersgruppe eine kürzere Arbeitszeit als für die Erwachsenen. Gegen diese Bestimmung wurde ausweislich der Berichte sehr häufig verstoßen, ohne daß die örtlichen Behörden das abgestellt hätten. Die zwei wesentlichen Gründe für diese unbefriedigende Praxis haben die Bezirksregierungen übereinstimmend genannt: Die örtliche Fabrikaufsicht ließ es oft an der nötigen Zivilcourage fehlen, und die Fabriken wurden - im halb- oder auch vierteljährlichen Abstand - viel zu selten überprüft. Andererseits wird man aber auch die Augen nicht vor der Unzulänglichkeit der Vorschrift selbst verschließen dürfen: Kürzere Arbeitszeiten für einen Teil der Fabrikarbeiter bedeuteten nur schwer abzufangende Störungen für den Betriebsablauf, und dagegen wehrten sich die Betroffenen soweit möglich. Auch der vom Gesetz mittelbar verfolgte Zweck, über die Verkürzung des Arbeitstages den Besuch der Abendschule zu gewährleisten, ließ sich von vornherein kaum erreichen, weil die Kinder nach einem langen Arbeitstag kein Interesse mehr an der Schule hatten, von dem geringen Nutzen dieses Unterrichts einmal ganz abgesehen. Mit ihren Änderungsvorschlägen setzten daher die Bezirksregierungen einmütig auf eine ganz andere Konzeption für die über § 3 nicht lösbare Problematik. Das Arbeitsverbot sollte vom 9. auf mindestens das 11. oder 12. Jahr erweitert werden, damit die Schulziele im wesentlichen schon vor und nicht neben einer Fabrikarbeit erreicht werden konnten.

Das alles besagt aber noch nicht, daß das preußische Fabrikrecht vor der Novellierung überhaupt wertlos gewesen wäre. Zu berücksichtigen sind vielmehr auch die anderen Normen des Gesetzes.

§ 1, die wohl wichtigste Bestimmung des Regulativs überhaupt, ordnete an, daß Kinder unter 9 Jahren in den Fabriken nicht beschäftigt werden durften, und diese Vorschrift, die die Anfangsjahre der Volksschule vor einer Beeinträchtigung durch eine frühe Erwerbstätigkeit schützen sollte, ist gegenüber der Industrie ganz überwiegend durchgesetzt worden. Allein damit gelangt man aber schon zu dem gewiß beachtlichen Teilergebnis, daß die Fabrikarbeit der 6- bis 8jährigen und manchmal auch noch jüngeren Kinder seit 1839 in Preußen erfolgreich verhindert worden ist.

In innerer Verbindung mit § 1 stand weiter die Anordnung des § 2 Regulativ, die für eine Arbeitserlaubnis zusätzlich noch ein Schulzeugnis gefordert hat; dafür mußten geläufiges Lesen und die Anfangsgründe im Schreiben nachgewiesen werden. Dieses Erfordernis war für die Unternehmer nur abdingbar, wenn und soweit sie auf eigene Kosten Fabrikschulen unterhielten. Hier wird man nun auch mit Recht daran zweifeln dürfen, daß die Schulbehörden von dieser Vorschrift stets mit dem nötigen Nachdruck Gebrauch gemacht haben. Immerhin gibt es aber auch Beispiele einer tatkräftigen Schulpolitik. Die Berliner Armenverwaltung hatte durch ein systematisches Hinausschieben der Schulabgänge bis etwa zum Jahre 1850 erreicht, daß die Fabrikkinder in der Hauptstadt regelmäßig nicht jünger als 11 Jahre alt waren; (91) und die Bezirksregierung Arnsberg hatte beschlossen, für die Fabrikkinder täglich einen zweistündigen, am Tage und nicht abends zu erteilenden Unterricht anzuordnen. (92) Unstreitig ist von dem Regulativ auch in den weniger schulfreundlichen Bezirken des Rheinlands ein deutlicher Anstoß zum Aufbau des Elementarschulwesens ausgegangen. (93) Das aber waren ebenfalls Ergebnisse, die sich seinerzeit - auch und gerade im internationalen Vergleich - durchaus sehen lassen konnten. Als weitere Aktivposten sind schließlich noch die Pausenregelungen des § 4 und das Nachtarbeitsverbot des § 5 zu nennen, wogegen sich ein Widerstand aus naheliegenden Gründen nicht formiert hat.

Alles in allem steht damit aber auch fest, daß das Regulativ die Arbeits- und Lebensverhältnisse der preußischen Fabrikkinder in einem wenn auch noch bescheidenen Rahmen zum Günstigen hin verändert hat. Das wurde in der zeitgenössischen Literatur durchaus anerkannt. (94)

Der Einwand einer nicht hinreichend überzeugenden Beweisführung ist sodann auch gegenüber LUDWIG zu erheben, der aufgrund ganz anderer Überlegungen ebenfalls den Standpunkt vertritt, es habe sich bei den frühen preußischen Jugendschutzgesetzen nur um Scheinerfolge gehandelt. Das Regulativ von 1839 hat nach LUDWIGS Meinung zwar noch eine gewisse, wenn auch nur vorübergehende Wirkung entfaltet, (95) das in den Anforderungen auch von LUDWIG als beachtlich anerkannte Fabrikgesetz von 1853 dagegen sieht dieser als eine verspätete Maßnahme des Gesetzgebers an, die wegen veränderter Verhältnisse in der Industrie nicht mehr habe greifen können. (96) Um den Nachweis dieser letzten These geht es LUDWIG in seinem Aufsatz. Da die Verwendung moderner Maschinen, so führt er aus, die Beschäftigung von Kindern und Jugendlichen in der Industrie bereits Ende der ersten Hälfte des 19. Jahrhunderts entbehrlich gemacht habe, seien die noch nicht 14 Jahre alten Arbeiter zu dieser Zeit schon wieder aus den Fabriken entlassen worden, und damit habe sich dieser Teil der sozialen Frage bis 1855 - noch vor Ablauf der Übergangsregelungen des Gesetzes von 1853 - nahezu allein durch den tech-

---

91) Vgl. MLV Jg. 3, 1851, S. 16.
92) A. M. 32, S. 104.
93) Carnot, 1841, S. 21.
94) Carnot, 1841, S. 21; Reichensperger, 1847, S. 250, Anm.2.
95) Ludwig, aaO S. 66, 81.
96) Ludwig, aaO S. 88.

nischen Fortschritt erledigt. (97) Für seine Meinung verweist LUDWIG auf verbesserte Maschinen speziell in der Textilindustrie und ferner auf Veröffentlichungen des Statistischen Bureaus in Berlin, denen er entnimmt, daß die Gesamtzahl der Fabrikarbeiter unter 14 Jahren in Preußen von 31.035 im Jahre 1840 über 29.149 im Jahre 1849 auf 21.945 im Jahre 1852 zurückgegangen sei. (98) Für die darauf folgende Zeit unterstellt LUDWIG, daß die Entlassungen der jüngeren Arbeiter auch ohne das Fabrikgesetz von 1853 sich Jahr um Jahr im gleichen Umfang fortgesetzt hätten und daß auch ohne das Gesetz Neueinstellungen durch die Fabriken unterblieben wären. (99)

Gegen die von LUDWIG vorgenommenen Berechnungen bestehen jedoch, was die genauen Zahlen anlangt, schon gewisse Bedenken insoweit, als dieser die Einzeldaten nach anderen Kriterien ausgewählt und zusammengezählt hat, als es in der zeitgenössischen Fachliteratur üblich gewesen ist. Während LUDWIG für das Jahr 1849 29.149 Arbeitskinder in der Industrie ermittelt hat, wird sonst immer die Zahl 32.017 angeboten. Diese Abweichung mag damit in Verbindung stehen, daß LUDWIG dem auf dem Preuß. ALR aufbauenden Fabrikbegriff der amtlichen Statistik nicht nachgegangen ist. (100) LUDWIG hat dadurch übersehen, daß das ALR (anders als die Verordnung vom 9. Februar 1949 und das Gesetz vom 16. Mai 1853) unter einer Fabrik eben jede Produktion "im Großen" verstanden hat, womit nicht nur der eigentliche Großbetrieb gemeint war, auf den LUDWIG sich mit dem Maschinenargument beziehen will, sondern auch die für Verleger arbeitende Heimarbeit. (101) Die statistischen Daten sind also so eindeutig nicht.Hinzu kommt weiter das Problem, daß die von LUDWIG verwandten Zahlen gerade die Jahre der Wirtschaftskrise betrafen. Deswegen wird es kaum möglich sein, die statistisch ausgewiesene Abnahme der Kinderarbeit dem technischen Fortschritt exakt zuzuordnen. Gleichwohl können diese Einwände aber auf sich beruhen. Denn diese betreffen nur das genaue Ausmaß der Kinderarbeit in der Industrie und nicht die Feststellung, daß die frühe Erwerbstätigkeit in den Fabriken sich in diesem Zeitraum überhaupt vermindert hat. Das steht letztlich außer Zweifel. Andererseits ist jedoch gegen LUDWIGS Ansicht einzuwenden, daß an diesen Rückgang nicht die These angeknüpft werden kann, die Kinderarbeit habe "ohne irgendwelche Eingriffe von außerhalb", das heißt ohne Schutzgesetzgebung, allein aufgrund der technischen Entwicklung auch weiterhin mit Sicherheit abgenommen.

---

97) Ludwig, aaO S. 81, 83 (Aufhören der Kinderfabrikarbeit Ende der 40er und Anfang der 50er Jahre).
98) Ludwig, aaO S. 78, Tafel V.
99) Ludwig, aaO S. 79 f.
100) Ludwig, aaO S. 71, Anm. 22.
101) Ludwig nimmt aaO S. 71, Anm. 22 zu Unrecht an, daß der Fabrikbegriff nicht definiert gewesen sei. - Vgl. zum Verlagssystem den instruktiven Hinweis bei Ludwig, aaO S. 71: Nachdem die Verleger ihre Webstühle an die Weber veräußert hatten und diese nicht mehr gegen Lohn, sondern als "freie

Um den hier vertretenen Gegenstandpunkt zu veranschaulichen, sei zunächst auf ein Gutachten verwiesen, das der westfälische Unternehmer Harkort im Jahre 1853 für das preußische Abgeordnetenhaus erstellt hat (102) und das zwei Fabriktabellen verwendet, die die in der Industrie beschäftigten Kinder und Jugendlichen im Alter bis 14 Jahren und über 14 Jahren nach den einzelnen Fabrikabteilungen wie folgt aufgeschlüssel haben:

TABELLE A (Angaben vom Jahre 1849)

Fabrikabteilungen	Anzahl der Arbeiter unter 14 Jahre	Anzahl der Arbeiter über 14 Jahre
1. Teppichfabriken	9	558
2. Stückbleichereien	63	1.927
3. Garnbleichereien	27	1.099
4. Türkischrotfärbereien	5	826
5. Seidenfärbereien	-	701
6. Sonstige Färbereien	73	3.797
7. Eisenwerke	221	18.466
8. Drahtwerke	47	1.390
9. Eisen- und Blechwarenfabriken	438	9.523
10. Stahlfabriken	1	1.708
11. Stahlwarenfabriken	12	1.072
12. Kupferhammer	-	287
13. Messingwerke	7	445
14. Hüttenwerke	57	4.498
15. Bronzewarenfabriken	55	1.309
16. Maschinenfabriken	16	6.182
17. Schleiferei und Polierwerke	5	577
18. Porzellanfabriken	-	2.214
19. Irdenwarenfabriken	48	2.151
20. Papierfabriken	201	6.031
21. Leder- und Lederwarenfabriken	6	3.355
22. Zuckerraffinerien	1	2.851
23. Rübenzuckerfabriken	387	14.668
24. Stärke- und Kraftmehlfabriken	30	1.149
25. Appreturanstalten	80	4.943
	1.789	91.727

Webermeister" auf eigene Rechnung arbeiteten, wurden die Webstühle nicht mehr in der Fabrikstatistik berücksichtigt. - Ein Auszug aus den Erläuterungen des Statistischen Bureaus zur Gewerbetabelle findet sich bei Emsbach, 1982, S. 81 in Anm. 256. Erst ab 1861 wurde für die Gewerbestatistik zwischen Haus- und Fabrikindustrie (im engeren Sinne) unterschieden. Vgl. Emsbach, 1982, S. 64.

102) Das Votum Harkorts als Anlage II des Berichts der Kommission für Handel und Gewerbe in GA. Pr. 2, S. 35.

TABELLE B (Angaben vom Jahre 1849)

Fabrikabteilungen	Anzahl der Arbeiter unter 14 Jahre	Anzahl der Arbeiter über 14 Jahre
1. Seidenmoulinagen-, Haspel- und Zwirnanstalten	131	827
2. Zwirn-, Stick-, Strick- und Nähgarnfabriken	196	1.870
3. Tuchfabriken	1.919	28.287
4. Fabriken für wollene und halbwollene Zeuge	1.748	10.027
5. Baumwollwarenfabriken	8.201	48.896
6. Fabriken für seidene und halbseidene Zeuge	3.470	20.385
7. Schalfabriken	50	174
8. Bandfabriken	921	5.494
9. Posamentierwarenfabriken	59	908
10. Strumpfwirkereien	82	1.088
11. Spitzenfabriken	36	185
12. Druckereien	573	4.283
13. Maschinenspinnereien	2.312	23.105
14. Kerzenfabriken	135	294
15. Nähnadelfabriken	1.250	2.786
16. Stecknadelfabriken	259	365
17. Glashütten	607	3.382
18. Chemikalienfabriken	393	3.156
19. Fabriken, dem Bergbau angehörend	3.451	91.404
20. Tabak- und Zigarrenfabriken	1.645	9.975
21. Fabriken für Knöpfe	559	1.700
22. Schokoladen-, Zichorien-, Mostrichfabriken	274	2.925
23. Diverse kleine Fabriken	1.957	21.404
	30.228	282.965

Harkort merkte zu den in der Tabelle A aufgelisteten Industrieabteilungen an, daß in ihnen nur eine geringfügige Arbeiterzahl, nämlich etwa 2%, jünger als 14 Jahre alt sei und daß sich diese Zahl ohne Schwierigkeiten noch herabsetzen lasse, weil die Papier- und Rübenzuckerfabriken nach den eigenen Angaben der Fabrikbesitzer die Mithilfe der jüngeren Arbeitskräfte entbehren könnten. Bei den Betrieben der Tabelle B aber, in denen 9% der Arbeiter unter 14 Jahre alt waren, sei leicht ein ähnlich niedriger Anteil an jüngeren Arbeitskräften zu erreichen, weil die Maschinenspinnereien und Tuchfabriken nach Auskunft der Unternehmer auf die Kinder nicht wirklich angewiesen seien. (103) Die letztere Bemerkung bestätigt also LUDWIGS Feststellungen jedenfalls für die Textilindustrie.

In Hinblick auf die Bedeutung des Jugendarbeitsschutzes aber legen die vorstehenden Tabellen andere Schlußfolgerungen nahe als die, zu denen LUDWIG gelangt ist. Eine erste Überlegung betrifft insoweit die Frage, ob denn der Einsatz von neuen Maschinen, durch die die Kinderarbeit überflüssig werden konnte, auch eine wirtschaftlich überzeugende Maßnahme gewesen ist. Wenn der Fabrikant durch die Beibehaltung der Kinder- und Jugendarbeit billiger produzieren konnte, bestand vom unternehmerischen Standpunkt aus geurteilt gar kein Grund, neue Maschinen zu kaufen, und das bezog sich vor allem auf die von Harkort erwähnten Maschinenspinnereien und Tuchfabriken. Dazu steuert auch LUDWIG selbst einen Beleg bei, wenn er erwähnt, daß die im Gesetz von 1853 vorgesehene Verkürzung des Arbeitstages für die Jugendlichen im Alter von 12 bis 16 Jahren auf 6 Stunden sich in der Industrie häufig wie ein absolutes Arbeitsverbot ausgewirkt habe, weil viele Arbeitgeber - statt in zwei 6stündigen Schichten arbeiten zu lassen - lieber auf die Beschäftigung von Jugendlichen verzichtet hätten. (104) Offenbar ist in diesen Fällen erst die Verschärfung der Schutzbestimmungen die Ursache gewesen, moderne Produktionsmittel einzusetzen, für die die jüngeren Arbeitskräfte, und darunter auch die unter 14 Jahre alten Jugendlichen, nicht mehr benötigt wurden. Die Ausübung eines Zwangs zum Ankauf der neuen Maschinen war demnach sicherlich noch eine wichtige Aufgabe, die das Fabrikgesetz von 1853 übernommen hat.

Gegen LUDWIGS These läßt sich nun aber nicht nur vorbringen, daß die verbesserten, die Kinderarbeit ablösenden Maschinen aus ökonomischen Erwägungen ohne das Gesetz nicht immer eingesetzt worden wären, sondern vor allem auch, daß solche Maschinen in dieser Frühzeit der Industrialisierung gar nicht in der von LUDWIG stillschweigend vorausgesetzten Vielfalt und Qualität zur Verfügung gestanden haben können. Das galt - die Spinnereien und Tuchfabriken ausgenommen - ersichtlich für die meisten der in der Tabelle B aufgeführten Fabrikarten. Hier war dem Gesetz die weitere Aufgabe zugewiesen, die Beschäftigung jedenfalls der jüngeren Kinder auch um den Preis der Produktionserschwernisse zurückzudrängen und für die Zukunft eine erneute Einbeziehung der jüngeren Kinder in die Produktion zu verhindern.

Weniger aktuell, aber letztlich nicht weniger wichtig war schließlich der Arbeitsschutz auch für die Unternehmensbereiche, in denen die Kinderarbeit um 1850 noch ausgeschlossen war,

103) Harkort, aaO S. 42, 44.
104) Ludwig, aaO S. 74 mit Anm. 37.

weil die Schwere der Arbeiten oder die Kompliziertheit der Herstellungsverfahren den Einsatz erwachsener Arbeiter verlangten. Das traf insbesondere bei den in der Tabelle A zusammengestellten Fabriken zu, bei denen erst eine Verbesserung der Technik wesentliche Produktionsabschnitte auf die Maschine verlagern konnte, mit der Folge, daß dann Kinder als billige Arbeitskräfte für leichte Aufsichts- und andere Hilfsarbeiten verwendungsfähig geworden wären. Für das industriell hochüberlegene England wurde eben dieser Trend, die Männer in den Fabriken durch Frauen und Kinder zu ersetzen, als charakteristisch für die moderneren Produktionsverhältnisse beschrieben. (105) Eine entsprechende Entwicklung in Preußen von vornherein abzuschneiden war also eben falls noch eine wichtige Funktion, die das novellierte Fabrikrecht auch nach 1850 zu erfüllen hatte.

Angesichts dieser Sachlage aber wurde bei Erlaß des preußischen Fabrikgesetzes denn auch nicht die Auffassung vertreten, daß der in den Statistiken erfaßte gewisse Rückgang der Kinderfabrikarbeit während eines kurzen Zeitraums bereits eine das Problem erledigende Gesetzmäßigkeit erkennen lasse. Vielmehr wurde ganz im Gegenteil angenommen, daß die frühe Erwerbstätigkeit genauso wie in England ohne ein Eingreifen des Gesetzgebers mit der fortschreitenden Industrialisierung stark zunehmen würde. (106) Die konkrete Situation sah man allerdings um 1850 als für eine Verschärfung des Fabrikrechts besonders günstig an. Denn noch war die Zahl der Fabrikkinder in Preußen verhältnismäßig klein, und außerdem wurden - wie LUDWIG zutreffend hervorhebt - gerade für die Textilindustrie neue Arbeitskräfte einsparende Maschinen angeboten, so daß hier eine Umorganisation der Betriebe erleichtert wurde. Selbst diese Meinung aber war nicht unbestritten. Die Fabrikexperten des Abgeordnetenhauses haben den Gesetzentwurf als die Industrie zu sehr belastend abgelehnt, und genauso reagierte ein Großteil der Industrie. Schon unter der Geltung der Übergangsregelungen wandten sich viele Unternehmer mit Petitionen gegen das neue Recht, und auch später haben die in den Regierungsbezirken Aachen, Düsseldorf und Arnsberg eingesetzten Fabrikinspektoren das Gesetz nicht in angemessenem Umfang durchgesetzt. (107) Die Tätigkeit der preußischen Fabrikinspektoren aber hat LUDWIG nur ganz am Rande gestreift, ohne auf die Schwierigkeiten bei der Verwirklichung des Fabrikgesetzes in dem Zeitraum nach 1855 im einzelnen einzugehen. (108)

---

105) Engels, 1964, S. 209 f.
106) Vgl. Harkort, aaO S. 46. Vgl. auch Ludwig, aaO S. 77: außerhalb der Textilindustrie Erhöhung der Fabrikkinderzahl von 1846 bis 1852.
107) Vgl. Thun, aaO S. 62; Anton, aaO S. 104 ff.
108) Vgl. Ludwig, aaO S. 82, Anm. 72.

Als abschließendes Ergebnis ist nach alledem aber festzuhalten, daß der preußische Jugendarbeitsschutz um 1850 keineswegs zu der überlebten Vergangenheit gehört hat. Das Gesetz mußte vielmehr bei fortschreitender Industrialisierung eine wachsende Bedeutung erlangen, die auch nicht entfallen konnte, solange die frühe Erwerbstätigkeit in der Hausindustrie und in der Landwirtschaft verbreitet und zugleich gesellschaftlich anerkannt war.

1. Teil
ZEITGEIST UND PROBLEMBEWUSSTSEIN

1. Abschnitt
DIE EPOCHE DES RATIONALISMUS

DIE AUSGANGSLAGE

Die Anfänge des industriellen Jugendarbeitsschutzes haben sich in einer für die heutigen Betrachter sehr fernen Bewußtseinswelt herausgebildet, zu der sowohl Mangel und Armut als auch eine möglichst zeitige Erwerbsarbeit als selbstverständliche Lebensbedingungen gehört haben. Um diese Aussage zumindest als vorläufige Behauptung zu verdeutlichen, sei an dieser Stelle aus zwei Büchern zitiert, die um 1800, also etwa zu Beginn der industriellen Revolution, gedruckt worden sind. In der ersten Veröffentlichung - es handelt sich um Aufzeichnungen während einer Reise durch Großbritannien vom Jahre 1792 - teilte der Verfasser mit, daß man in der Industriestadt Manchester nunmehr dazu übergegangen sei, in den Fabriken Minderjährige zu beschäftigen, die dank der Maschinen um ein Mehrfaches billiger als Erwachsene Arbeiten verrichten würden, für die man früher Männer benötigt habe. (1) Der deutsche Reisende begrüßte diese Entwicklung, die der technische Fortschritt eröffnet hatte, und notierte: "Kinder, weit entfernt, den Eltern eine Last zu sein, sind hier ein Segen: denn vom vierten und fünften Jahre an kann man sie brauchen." Die zweite Schrift, mit der sich die fremdartige. Härte der alten Auffassung zur Berufstätigkeit von Kindern und Jugendlichen gut zeigen läßt, ist eine im Jahre 1802 erschiene Broschüre aus dem Gebiet der Armenpflege. Der Verfasser erörterte die Frage, auf welche Weise sich die gegebenen Erwerbsmöglichkeiten besser nutzen ließen und schlug dazu unter anderem vor, man sollte die Kinder im Alter vom dritten bis zum zwölften Lebensjahr in Industrie- und Arbeitsschulen unterrichten, damit die Jugend beizeiten die Tätigkeiten ihres künftigen Berufs erlernten sowie sich etwas verdienen könne. (2)

Nun wird man annehmen dürfen, daß solche Äußerungen auch bei ihrem Erscheinen nicht jedermanns Beifall gefunden haben. Vermutlich werden viele Eltern es abgelehnt haben, die noch schwachen Kräfte ihrer Kinder mit anstrengenden Arbeiten wirtschaftlich zu verwerten. Aber ganz bezeichnend ist andererseits doch, daß der Pädagoge Sextroh den Widerstand gegen eine frühzeitige Arbeitserziehung schon im Jahre 1785 ein Vorurteil genannt hat (3) und daß in diesen Jahren auch wiederholt von Übertreibungen bei den Tätigkeiten der Kinder gewarnt worden ist. (4) Die Befürwortung der frühen Arbeit entsprach ohne

1) Beyträge, St. 2, 1792, S. 49 f.
2) v. Spauer, 1802, S. 60.
3) Vgl. Sextroh, 1785, S. 45.
4) Frank, Bd. 6, 1792, S. 22; vgl. auch Gothein, Schlosser,1899, S. 58.

Zweifel dem ganz herrschenden Standpunkt, wobei nicht zu verkennen ist, daß gerade die meinungsbildende und politisch entscheidende Führungsschicht die Kinderarbeit ganz ohne ein schlechtes Gewissen mit allen Mitteln gefördert hat.

Damit wird aber zugleich auch deutlich, daß die in vielen Ländern mit der industriellen Revolution aufkommende Praxis, Kinder und Jugendliche in den Fabriken zu beschäftigen, nicht einfach als unverhüllte Ausbeutung der ärmeren Schichten durch die Fabrikanten verstanden werden darf. Das Problem war sehr viel verwickelter, weil diese Arbeitsform für das allgemeine Bewußtsein in keiner Weise anstößig gewesen ist, vielmehr von den älteren vorindustriellen Erwerbstätigkeiten der Kinder sich kaum unterschieden hat.

Geht man den Ursprüngen dieser Arbeitsethik nach, so stößt man zum einen auf Bevölkerungsgruppen, deren Lebensführung stark religiös bestimmt war und die die Kinderarbeit unter pädagogischer Zielsetzung systematisch angestrebt haben, wie das für die kalvinistische Schweiz oder auch von den Herrnhuter Gemeinden gesagt werden kann. (5) Daß solche vorgelebten Gesinnungen in die übrige Gesellschaft hineingewirkt haben, liegt nahe und wird auch an späterer Stelle noch belegt werden.

Vielleicht noch wesentlicher war jedoch eine Eingewöhnung der Kinderarbeit, die auf mehr alltäglich-pragmatischen Gründen beruht hat. Eine erzwungene frühe Erwerbstätigkeit gab es überall auch bei den ganz armen Schichten: Bei diesen kam es häufig vor, schon sehr kleine Kinder, selbst von 6 Jahren, gezielt Handarbeiten erledigen zu lassen, teils weil die Not oft keine andere Wahl zuließ, teils aber auch, weil die staatlichen und kirchlichen Behörden darauf gedrängt haben. Der letztere Sachverhalt, dessen gesellschaftliche Bedeutung stetig zugenommen und am Ende auch zu einem Eingreifen des Gesetzgebers geführt hat, soll im folgenden in seinem historischen Zusammenhang nachgezeichnet werden.

I. Die Arbeitserziehung im 16. und 17. Jahrhundert

Fest steht, daß jedenfalls die Armenverwaltungen schon von alters her ein Interesse daran gehabt haben, die Kinder der Unterstützungsbedürftigen nützliche Tätigkeiten erledigen zu lassen, und zwar vor allem, um einer Verwahrlosung vorzubeugen. Württembergische Reskripte schon der Jahre 1562 und 1573 forderten dazu auf, nicht nur Almosen unter den Hausarmen zu verteilen, sondern auch deren Kinder "zur Arbeit anzuhalten." (1) Aber auch die Eltern wurden zu einer solchen Erziehung

---

5) Vgl. Pestalozzi, 1777, in: Werke, Bd. 1, 1927, S. 148 (über die Schweizer Baumwollindustrie) und S. 160 (über die Herrnhuter Fabrikanstalten in der sächsischen Oberlausitz); vgl. auch Frank, Bd. 6, 1792, S. 22 (für die Schweizer Landwirtschaft überhaupt).

verpflichtet: Da der Müßiggang eine Wurzel alles Bösen, "gleichsam ein Kissen des Satans" sei, bestimmte die badische Landesordnung vom Jahre 1715, daß "Söhne und Töchter fleißig mit Arbeiten betraut" werden müßten. (2) Derartige Regelungen finden sich wohl in allen Polizeiordnungen dieser Zeit. (3)

Über das Alter, ab dem die Arbeitserziehung einsetzen sollte, gibt § 13 einer Oberfälzer Landespolizeiverordnung von 1658 wie folgt Auskunft: "Sie (die Eltern) sollen nicht zulassen, daß die über 7 Jahre alten Kinder müßiggehen und an Werktagen auf den Gassen liegen, sondern sie anhalten, daß sie zur Schule gehen oder bei Handwerkern, Bauern oder sonstwie Dienste leisten. Sind sie darin säumig, so werden sie vorgeladen und von Fall zu Fall mit einer jedesmal höheren Geldstrafe belegt." (4)

Charakteristisches Merkmal dieser obrigkeitlichen Fürsorge war ersichtlich, daß die Behörden zwar eine frühe Gewöhnung an die Arbeit forderten, diese Tätigkeiten aber noch nicht selbst organisiert haben. Die Kinder arbeiteten überwiegend in der Landwirtschaft und auch im Hausgewerbe mit und dabei zumeist, wie man annehmen darf, im eigenen Familienverband. (5) Bei solchen Hilfstätigkeiten konnten Alter, Fähigkeiten und gewiß auch die Neigungen der Kinder berücksichtigt werden, und außerdem standen diese mehr oder weniger unter der Aufsicht der Eltern. (6) Die zu erledigenden Aufgaben waren naturgemäß auch unterschiedlich und wechselten bei den Landwirten im Tages- und Jahresrhythmus. Lediglich im Hausgewerbe werden eintönigere Beschäftigungen unvermeidlich gewesen sein. Daneben wird es aber wohl auch hier immer Gelegenheiten zum Spielen gegeben haben. Man darf als sicher unterstellen, daß die persönlichen Beziehungen zwischen den Kindern und ihren Eltern einen nicht unwichtigen Schutz vor Überanstrengungen und anderen Übertreibungen gebildet haben.

Die geschilderte Kindererziehung erwies sich jedoch aufgrund von Erfahrungen, die in Großbritannien gemacht worden sind, als verbesserungsfähig. Dort begann man in der zweiten Hälfte des 16. Jahrhunderts damit, Zwangsarbeitshäuser unter pädagogischer Zwecksetzung zu gründen. (7) Das englische Armenrecht vom Jahre 1601 räumte den örtlichen Stellen dann

---

1) Schmidlin, 1821, S. 5.
2) Schmelzeisen, Gustav Klemens, Polizeiordnungen und Privatrecht, Münster/Köln 1955 (Forschungen zur neueren Privatrechtsgeschichte, Bd. 3), S. 317, Anm. 12.
3) Vgl. Schmelzeisen, aaO S. 72, Anm. 14 u. S. 317, Anm. 12 m.w.N.
4) Schmelzeisen, aaO S. 72, Anm. 14.
5) Die ärmeren Leute mußten ihre Kinder aber bei fremden Leuten tagelöhnern lassen oder etwa als Hütejungen verdingen.
6) Vgl. dazu Schlumbohm, Jürgen (Hrsg.), Kinderstuben. Wie Kinder zu Bauern, Bürgern, Aristokraten wurden, 1700-1850, München 1983 (dtv dokumente, Bd. 2933), S. 69 ff., 218 ff.
7) Sachße-Tennstedt, 1980, S. 113; Traphagen, Wilhelm, Die

schon ganz erhebliche Verfügungsbefugnisse über die ärmeren Gemeindemitglieder ein: Das Gesetz ermächtigte die Friedensrichter, arbeitsfähige Arme, die ihren Unterhalt nicht selbst bestreiten konnten, in öffentlichen Werkhäusern zu beschäftigen, und Armenkinder, wenn sie nicht ebenfalls dort arbeiten würden, zwangsweise als Lehrlinge, regelmäßig ab dem 6. und 7. Jahr, in den Gewerbebetrieben unterzubringen. (8) Dabei galt für männliche Lehrlinge eine Ausbildungszeit bis zum 24. und für weibliche Lehrlinge bis zum 21. Lebensjahr. (9) Auch auf Schiffe durften diese sogenannten Kirchspiellehrlinge vermittelt werden. Daß die Gemeinden sich auf diese Weise ihrer unmittelbaren Verantwortung wenn möglich schon für die kleinen Kinder entledigt haben, läßt sich aus einer Bemerkung Daniel Defoes schließen, der im Jahre 1727 beifällig erwähnte, (10) in den Tuchmanufakturen von West Riding (11) seien bereits vierjährige Kinder tätig.

Zu eben dieser Zeit, Anfang des 18. Jahrhunderts unter der Regierung Georgs I., (12) verfiel man in Großbritannien auch auf die Idee, die von den Behörden geleiteten Werkhäuser an Unternehmer zu verpachten, die sich vertraglich verpflichten mußten, die Armen aufzunehmen, zu kleiden und zu ernähren. (13) Damit hatte sich auf dem Gebiet der sozialen Fürsorge das Prinzip der Gewinnerzielung weitgehend durchgesetzt.

In Deutschland wurden diese Versuche, die Armut zu bekämpfen, sehr aufmerksam beobachtet. Die traditionelle Unterstützung der Bedürftigten mit milden Gaben blieb zwar erhalten, (14) jedoch begann die Armenpflege auch hier in der ersten Hälfte des 17. Jahrhunderts erst vereinzelt und später im zunehmenden Maße, die in England und mittlerweile auch in Holland erprobten Methoden anzuwenden. (15) Die Hansestädte und ebenso die absolutistischen Landesverwaltungen richteten insbesondere Gefängnisse und Arbeitsanstalten ein, in denen sie die dem Staat aus verschiedenen Gründen zu besonderer Aufsicht oder Betreuung überantworteten Personen einfache Handarbeiten ausführen ließen, und das betraf nicht nur Strafgefangene und Bettler, sondern vor allem auch die Waisenkinder. Basel schuf sich im Jahre 1666 ein diese Zwecke erfüllendes Waisen- und Zuchthaus, ebenso Jena (16) im Jahre 1693; es ließen sich noch mehr solcher Beispiele anführen. (17)

---

ersten Arbeitshäuser und ihre pädagogische Funktion, Phil. Diss., Göttingen 1935, S. 62 ff.

8) Vgl. Simon, 1905, S. 9 f.; Brentano, 1928, S. 312 f. Vgl. auch Webb, 1963, S. 196 ff., 215 ff.; Poynter, 1969, S. 14 ff.

9) Kleinschrod, Großbritannien, 1836, S. 18, 83; BlP Bd. 1, 1801, S. 481.

10) (Anonym), A Tour Thro' the Whole Island of Great Britain, Bd. 3, London 1727, S. 101.

11) Westteil der Grafschaft York.

12) 1714-27.

13) BlP Bd. 1, 1801, S. 480 f.

14) Sachße-Tennstedt, 1980, S. 107.

Die von den Behörden unter eigener Regie betreuten Kinder, die in der Regel zwischen 10 und 15 Jahren alt waren, (18) wurden allerdings nicht nur in Gefängnissen untergebracht. Das Friedrichs-Hospital, das 1702 in Berlin eröffnet worden ist, war mit mehreren Abteilungen für "Waisen, Invalide, Arme, Bettler, Kranke, Krüppel, Bresthafte und Irre" geschaffen worden; (19) und es existierte daneben auch schon an manchen Orten, so seit 1685 in Dresden, (20) eine abgesonderte Unterbringung der Waisen- und Fürsorgekinder.

Die Hausordnung dieses Dresdener Waisenhauses gibt einen gewissen Aufschluß darüber, welche Vorstellungen über die zweckmäßige Behandlung der Kinder verbreitet waren. Als Aufgabe war hier formuliert, daß die Waisen mit strenger Arbeit und Bußübungen zur Ordnung und Gottesfurcht erzogen werden sollten. Die Tätigkeiten bestanden - vor 1700 schon - für die Jungen im Wollekrempeln, (21) Spinnen, Spulen, Tuch- und Zeugmachen und für die Mädchen in häuslichen Verrichtungen, weiter im Stricken, Nähen, Klöppeln und Wollespinnen. Der Werktag der Kinder erstreckte sich im Sommer von 4 Uhr morgens bis 21 Uhr abends, wovon eine Stunde Unterricht sowie häufige religiöse Andachten und einige knapp bemessene Freizeiten zum Anziehen, zum Waschen und für die Mahlzeiten abzuziehen sind. (22) Die den Tag ausfüllende und mittels strenger Strafen erzwungene Arbeit und die zahlreichen Gebetsübungen bestimmten mithin das Bild dieser Erziehung, deren einer Zweck aber ganz offensichtlich auch darin bestand, die Armenbehörden finanziell zu entlasten. (23)

Die den ganzen Tag ausfüllende gewerbliche Tätigkeit der Kinder hatte also bereits vor dem 18. Jahrhundert - soweit die spärlich überlieferten Nachrichten darüber ein Urteil zulassen - in den staatlichen Waisen- und Zuchthäusern einen festen und auch wohl unbestrittenen Platz. Diese Arbeitsverhältnisse außerhalb der familiären Bindungen waren geprägt von einem versachlichten unpersönlichen Erwerbscharakter. Wie nicht näher ausgeführt zu werden braucht, waren die Kinder dabei auch erheblichen Risiken ausgesetzt. Wegen der geringen Zahl der vorhandenen Anstalten kam dieser Arbeitsform jedoch noch keine große Bedeutung zu. Das sollte sich jedoch ändern.

---

15) Vgl. die Nachweise bei Sachße-Tennstedt,1980,S.113,123ff.
16) Jacobs, 1931, S. 75, 93.
17) Vgl. dazu Jacobs, aaO S.18, 38, 77, 84, 87, 89, 92. 94.
18) Vgl. Eichler, Helga, Zucht-und Arbeitshäuser in den mittleren und östlichen Provinzen Brandenburg-Preußens, in: JWG 1970, Teil I.,S. 127, 131, 139.
19) Jacobs, aaO S. 87.
20) Jacobs, aaO.
21) Bearbeiten kurzer Fasern (Baumwolle, Wolle usw.),um diese zu ordnen und um Unreinlichkeiten zu entfernen (auch als "Kratzen" bezeichnet).
22) Jacobs, 1931, S. 88.
23) Zum Vergleich: Ludwig XIV. ließ, um Paris von Almosenempfängern freizuhalten, die Bettler auspeitschen, an Halseisen schließen oder brandmarken. Ludwig XVI. verurteilte 1777 alle unterstützungsbedürftigen Personen im Alter von 16 bis 7o Jahren, die ein halbes Jahr erwerbslos waren,zu den Galeeren,vgl.Kröger,1852,S.254;ferner Hufton,Olwen H., The Poor of eighteenth-century France,1750-1789,Oxford 1974, S. 226 f.

II. Die Arbeitserziehung im 18. Jahrhundert

1. Die Waisenversorgung

Eine deutliche Aufwertung der gewerblichen Kinderarbeit und gleichzeitig eine Intensivierung dieser Arbeit setzte in Deutschland im 18. Jahrhundert ein, wobei diese Entwicklung von den eine Hochblüte erlebenden Waisenanstalten ausgegangen ist. Das die Epoche prägende Beispiel bildete das Hallesche Waisenhaus, im Jahre 1695 von dem Pietisten Francke in Glaucha bei Halle gegründet (1) - die Keimzelle eines um ein Internat, ein Lehrerseminar und Wirtschaftsbetriebe erweiterten regelrechten Schulstaates, (2) der sich im wesentlichen aus eigenen Einkünften finanzierte. Diese Einrichtungen waren es, die die Volkspädagogik und das Armenwesen nachhaltig beeinflußt haben. (3)

Franke strebte bei seiner Erziehung ein verinnerlichtes Christentum an, verbunden mit einer dem tätigen Leben gewidmeten Gemeinnützigkeit, (4) Zielvorstellungen also, die beide eine frühe Erwerbsarbeit begünstigen mußten. Der religiöse Ernst vertrug sich nicht mit einem Müßiggang, der "allezeit Sünde" war, (5) weswegen ein Spielen für Kinder nicht in Frage kam; zur Erholung sollten vielmehr erbauliche Gespräche und leichte Arbeiten dienen. Die Erziehung zur Lebenstüchtigkeit aber lenkte den Blick nicht nur auf ein im Alltag verwertbares Sachwissen, sondern - was die unteren Schichten anging - auch auf eine Vorbereitung für den künftigen die Handarbeit in den Mittelpunkt stellenden Beruf. Francke ließ denn auch von Anfang an Manufakturarbeiten in seinem Waisenhaus betreiben, nicht nur um im traditionellen Sinne einen Unterhaltsbeitrag zu erwirtschaften, sondern auch in der oben beschriebenen Absicht, um die Kinder an eine Arbeitshaltung, an Geschicklichkeit, Fleiß und Geduld zu gewöhnen.

Die finanziellen Hoffnungen, die Francke an die von den Kindern betriebene Strickereimanufaktur und das Strümpfestricken geknüpft hatte, erfüllten sich allerdings nicht. Die Manufakturprodukte fanden einen zu geringen Absatz oder erforderten zu hohe Investitionen, als daß sie sich als Nebenbeschäftigung auf Dauer gelohnt hätten. (6) Ein Versuch der Anstalt, die Arbeitsleistung der Waisen zu steigern, stieß bei den Kindern auf Widerstand, (7) woraufhin Francke im Jahre 1706 den Gedanken der ökonomisch gerechtfertigten Erwerbsarbeit wieder fallenließ und die - übrigens auf vier Stunden pro Tag beschränkte - Kinderarbeit nur noch als ein den Hausbedarf deckendes Erziehungsmittel weiterführte. (8)

---

1) Oschlies, 1969, S. 228.
2) Gothein, Wirtschaftsgeschichte, 1892, S. 699. Vgl. dazu auch Iven und Gans bei Koneffke, 1982, S. 61 und 252.
3) Hinweise bei: Oschlies, aaO S. 41 (für Preußen): Aigner, 1867, S. 39 (für Böhmen); Gothein, Schlosser, 1899, S. 46 (für Baden).

Wichtig ist nun, daß das Beispiel des pietistischen Waisenhauses in Deutschland eine ganze Reihe von Neugründungen hervorgerufen hat, (9) in denen der Arbeitsunterricht in aller Selbstverständlichkeit nachgeahmt worden ist. In diesen aber mit sehr viel weniger Verantwortungsbewußtsein als in Halle geführten jüngeren Waisenhäusern hat sich die Idee der Erziehung der Arbeit sehr zum Schaden der Kinder ausgewirkt: Der an sich menschenfreundliche Gedanke der praktischen Lebensvorbereitung ist um der Gewinnsteigerung willen in den neuen Anstalten maßlos übertrieben worden.

Damit ist ein Sachverhalt angesprochen, für dessen Verständnis man jedoch auch die verbreitete Armut in Deutschland während des 18. Jahrhunderts nicht übersehen darf. Die Mehrheit der Bevölkerung lebte in dürftigsten Verhältnissen. Nicht selten wohnten mehrere Familien mit ihren zahlreichen Kindern dicht gedrängt in kleinen Behausungen zusammen. (10) Traten Mißernten ein oder überzogen Kriege das Land, so kam es zu verheerenden Hungersnöten. In diesen Notzeiten ernährten sich etwa die schlesischen Weber vom Fleisch verendeter Pferde, die sie sich aus der Schindergrube holten, und aßen ein aus isländischem Moos gebackenes Brot. (11) In Hamburg zählte man im Jahre 1788 rund 8.000 unterstützungsbedürftige Personen, (12) von denen 5.000 im Winter noch nicht einmal eine Decke hatten. (13)

Bei dem allgemein nur niedrigen Lebensstandard war auch die Ausstattung der Waisenhäuser entsprechend dürftig. Die Kinder hielten sich in engen, unhygienischen Räumen auf, in denen sie sowohl arbeiteten als auch ihre Mahlzeiten einnahmen; für die Nacht stand für mehrere Kinder häufig nur ein Bett zur Verfügung. (14) Um den Appetit nicht anzuregen und das Schuhwerk zu

---

4) Oschlies, aaO S. 49, 53.
5) Oschlies, aaO S. 196 f.
6) Oschlies, aaO S. 64.
7) Oschlies, aaO S. 65.
8) Oschlies, aaO S. 66.
9) Riecke, 1806, S. IX.
10) So Buschick, 1821, S. 6 (für das Erzgebirge); NHM Jg. 22, 1784, S. 1264 (für Niedersachsen).
11) Zimmermann, 1892, S. 211, 274, 276. Vgl. auch Abel, Wilhelm Massenarmut und Hungerkrisen im vorindustriellen Europa, Berlin 1974, S. 252, 257.
12) Trotz 100.000 Einwohnern (GM Bd. 2, 1791, Abth. 2, S. 193) eine sehr hohe Zahl, weil das heute übliche Steueraufkommen fehlte. Vgl. auch Kraus, Antje, Die Unterschichten Hamburgs in der ersten Hälfte des 19. Jahrhunderts, Stuttgart 1965, (Sozialwiss. Studien, Heft 9), S. 46 ff.
13) NHM Jg. 8, 1798, S. 627.
14) Jacobs, 1931, S. 57.

schonen, untersagte man mitunter den Waisen alle Leibesübungen, wie ein zeitgenössischer Fachschriftsteller berichtete.(15)

Bei der normalerweise nur kärglichen finanziellen Ausstattung der Anstalten war es daher nur zu natürlich, daß die Anstaltsverwaltungen versuchten, die brachliegende Arbeitskraft der Kinder ökonomisch zu verwerten, und so kam es, daß die Heimleitungen den Arbeitsunterricht zu einer echten Berufstätigkeit ausgestalteten, ohne noch auf den pädagogischen Nutzen Wert zu legen. Die den Kindern aufgenötigten Handarbeiten, die in den verschiedenen Waisenhäusern zwischen 7 und 12 Stunden täglich dauerten, begannen mit dem 6. Lebensjahr, dem Alter, in dem die Waisen normalerweise in die Anstalt aufgenommen wurden. Nicht zu verkennen ist dabei auch das Bestreben, tunlichst noch jüngere Kinder zu Arbeiten heranzuziehen. Der Armenschriftsteller Rulffs empfahl im Jahre 1787, auch schon Vier- und Fünfjährige an das Spinnrad zu setzen. (16)

Von der Wirtschaftspolitik der Zeit hing es ab, welchen organisatorischen Rahmen man für diese Anstaltsarbeiten wählte. Die Armenpflege fand bei den Kameralisten die vollste Unterstützung für ihre Pläne. Der um die Steigerung des Nationaleinkommens bemühte aufgeklärte Absolutismus wollte die Verbreitung bestimmter Handwerksberufe fördern und noch fehlende Gewerbe einbürgern, insbesondere aber, den Forderungen der merkantilistischen Lehre folgend, Manufakturen ansiedeln. (17) Im Waisenhaus aber fand die Wirtschaftsverwaltung für solche Pläne geradezu ideale Ausgangsbedingungen vor, weil hier Arbeitskräfte in beträchtlicher Zahl vorhanden waren sowie nach Belieben ausgebildet und eingesetzt werden konnten. Man entschied sich manchmal für handwerkliche oder auch für landwirtschaftliche Tätigkeiten, zumeist aber - in den in Hamburg, Frankfurt, in Altona und den in vielen Kleinstädten gelegenen Anstalten - für Textilarbeiten aller Art, die geringe sachliche und personelle Anforderungen voraussetzen: so für das Aufbereiten der Wolle, der Baumwolle, des Hanfes, dann für das Spinnen, das Stricken, das Stopfen und Flickschneidern und mitunter auch das Weben. Seit 1744 ließ Friedrich der Große in den Waisenhäusern Maulbeerbäume anpflanzen, um die in Preußen auch sonst bevorzugt unterstützte Seidenindustrie mit Garn zu versorgen. (18) Die bedeutenden Waisenhäuser vermochten auch noch ehrgeizigere Projekte zu verwirklichen. Sie gewannen Unternehmer, die ihre Produktionsstätten entweder unmittelbar in den Anstalten einrichteten oder aber Waisen für ihre in der Nähe gelegenen Fabriken unter Vertrag nahmen. (19) Friedrich II. hat im Jahre 1766 Hirschberger Textilverlegern 1.000 Kinder als Arbeitskräfte angeboten. (20) Namentlich das Potsdamer Militär-

---

15) Zarnack bei Jacobs, aaO S. 45.
16) Kröger, 1852, S. 111.
17) Vgl. Gothein, Wirtschaftsgeschichte, 1892, S. 704 f.; Hinze, 1927, S. 169.
18) Oschlies, 1969, S. 61; Matschoß, 1912, S. 322.
19) Vgl. die Beispiele bei Hinze, 1927, S. 168 ff.
20) Hinze, 1927, S. 138.

waisenhaus ist wegen seiner auf gewerblichem Gebiet entwickelten vielfältigen Initiativen hervorgetreten. Innerhalb der Anstalt betrieb man neben den gängigen Arbeiten die Spitzenherstellung, (21) weiter das Gold- und Silberdrahtziehen, (22) den Seidenbau, das Tuchweben, das Korb- und Strohflechten sowie das Bürstenbinden. Außerhalb des Waisenhauses arbeiteten die Kinder in Watten- und Sammet-, Kanten-, Spitzen-, Leinwand- und Strohhutfabriken und den anderen Manufakturen der unter staatlicher Protektion aufblühenden Industriestadt. (23) - In dem im Jahre 1718 als zentrale Armenversorgungsanstalt eröffneten Pforzheimer Waisenhaus begann man ebenfalls mit Industrieversuchen größeren Stils. (24) Der Markgraf von Baden ließ hier zunächst eine Zeugmacherei anlegen, später kamen eine Seidenfabrik sowie eine Strumpf- und Hosenstrickerei dazu. Im Jahre 1767 gründete man dann die stadtgeschichtlich bedeutsam gewordene Uhrenmanufaktur, deren Produktion noch im selben Jahr um "Bijouterie- und Galanteriewaren" erweitert wurde. (25)

2. Gewerbliche Erziehung der Landbevölkerung und Industrieansiedlung in den Städten

Die verstärkten ökonomischen Bestrebungen den Kindern gegenüber blieben keine auf die Waisenhäuser beschränkte Erscheinung. Nach den gleichen Grundsätzen entschieden die Behörden auch, wenn es um die "freien", bei ihren Eltern lebenden Kinder ging. Mit gutem Grund pflegten die in Süddeutschland um Privilegien für den Aufbau einer Hausindustrie nachsuchenden Fabrikverleger spätestens seit 1740 auf den Gesichtspunkt hinzuweisen, daß durch ihre Aufträge schon sechsjährige Kinder sich ihr Brot verdienen könnten. (1) Die Behörden wollten mit der Erteilung der Konzessionen nicht zuletzt auch eine frühe häusliche Berufstätigkeit begünstigen. Die Verwaltung legte deshalb auch besonderen Wert darauf, daß die Fabrikanten die unentgeltliche Ausbildung der Kinder - etwa im Spinnen - übernahmen und erteilten ihre Gewerbegenehmigung unter entsprechenden Auflagen. (2) Diese berufliche Schulung von privater Seite erreichte mit-

---

21) Anstaltsfabrik (37-Stunden-Woche) der Unternehmer Ephraim und Gumpertz, vgl. Boschan, 1912, S. 27.
22) Von 1764 bis 1787 durch den Hofjuwelier Ephraim, vgl. Boschan, aaO S. 54; vgl. auch Gans bei Koneffke, 1982, S. 310.
23) Vgl. Kröger, 1852, S. 101; Boschan, aaO S. 46; JFM Bd. 2/3, 1792, 2. Aufl. 1797, S. 338. Vgl. ferner Hinze, 1927, S. 164; Sachße-Tennstedt, 1980, S. 119.
24) Rummer, Jolande Elisabeth, Die Uhren- und feine Stahlwarenfabrik im Pforzheimer Waisenhaus, in: Pforzheim, 1967, S. 71 ff.
25) Vgl. für Österreich: Heiß, Gernot, Erziehung der Waisen zur Manufakturarbeit, in: MÖG Bd. 85, 1977, S. 316 ff.

---

1) Gothein, Wirtschaftsgeschichte, 1892, S. 728, 742.
2) Gothein, aaO S. 727.

unter ein beträchtliches Ausmaß. Im oberen Albthal im Badischen zum Beispiel ließ ein Fabrikant Kilian 1.000 Frauen und 200 Jungen im Weben unterrichten. (3) Als der Emmendinger Amtmann Schlosser (4) sich im Jahr 1784 um die Gründung einer Manufaktur bemühte und die Landbevölkerung aufforderte, ihre Kinder zum Spinnen zu schicken, erhielt er aus 20 Dörfern die für ihn selbst überraschend hohe Zahl von 870 Anmeldungen (5) - ein Beweis für die Armut im Lande wie aber auch für die hier als ganz selbstverständlich angesehene Kinderarbeit. Darauf konnte aufgebaut werden. Preußen versuchte die Hausindustrie auf noch breiterer Grundlage fortzuentwickeln, indem der König nicht nur die Soldaten zum Spinnunterricht verpflichtete, sondern durch Reskripte von 1764 und 1765 in ganz Schlesien den obligatorischen Spinnunterricht für die Landjugend eingeführt hat. (6) Die Bauernkinder, für die Spinnprämien ausgesetzt wurden, (7) die Mägde und die Knechte hatten in ihrer von Schulunterricht bzw. Landarbeit freien Zeit die Spinnstuben zu besuchen, wie es sie, nebenbei bemerkt, auch in nichtpreußischen Gebieten gegeben hat. (8) Weiterhin ist hier noch für die Städte die Gründung von Manufakturen und Fabriken zu erwähnen, deren Konzessionierung häufig von vornherein eine Fertigung durch Kinder vorgesehen hat. Für Berlin beispielsweise sind dazu mit dem Gründungsjahr zu nennen: eine Kantenmanufaktur vom Jahre 1770, zwei Seidenbandfabriken, nach 1784, eine Schmuckfabrik, 1790, sowie eine optische Schleifanstalt vom Jahre 1800, mit den dazu gehörenden Nebengewerben. Die dabei verwendeten Arbeitskräfte waren bei der Bandfabrikation Mädchen im Alter von 7 bis 12 Jahren und sonst überwiegend Jungen im Alter von 8 bis 14 Jahren. (9)

3. Die kommunale und staatliche Armenpflege

Parallel zu der Wirtschaftsförderung, bei der durch die Ausweitung der gewerblichen Kinderarbeit die Industrieansiedlung begünstigt werden sollte, liefen ganz ähnliche Bestrebungen der Armenpflege, die ihrerseits die gewerblichen Produktionsformen benutzen wollte, um bestehende Not zu lindern und erzieherisch auf die Bevölkerung einzuwirken. Die Gemeinden kämpften mit einem zunehmenden Bettelunwesen, und dabei setzte man im

3) Gothein, aaO S. 746.
4) Der Schwager Goethes.
5) Gothein, Schlosser, 1899, S. 30.
6) Brentano, ZSWG Bd. 1, 1893, S. 325, 332; Roemer, 1914, S. 24; Hinze, 1927, S. 177, 190.
7) Roehl, SF Bd. 17, 1900, H. 4, S. 71; Matschoß, 1912, S. 326.
8) Für Österreich vgl. Preusker, 1835, S. 63: Spinnschulenpatent von 1765/66, Spinn-, Weber- und Spitzenklöppelschulen gab es seit 1755.
9) Hinze, 1927, S. 138 ff., 142.

18. Jahrhundert verstärkt auf die Idee, Fabriken und Manufakturen anzulegen, um bedürftigen Personen einen Unterhalt zu verschaffen. (1) Das Arbeitsprogramm der Waisen-, Zucht- und Arbeitshäuser bot sich zur Verallgemeinerung an. Die Zahl der staatlichen Gründungen nahm ganz erheblich zu. (2) Aber auch eine Reihe von Städten ergriffen solche Initiativen. In Nürtingen in Württemberg etwa wurde im Jahre 1761 eine Baumwollen-Spinnerei und Weberei "auf öffentliche Rechnung" gegründet. Die hinter diesen Projekten stehende Konzeption, zum Besten der arbeitssuchenden Armen Regiebetriebe zu errichten oder in den Industrieorten um die Ausdehnung der vorhandenen Manufakturen sich zu bemühen, fand im Verlauf der 70er Jahre mehr und mehr Zuspruch. Die Stadt Hirschberg beispielsweise verpachtete ein im Jahre 1775 für 100 Personen erbautes Armenhaus an einen Unternehmer, der die Armenfamilien - Eltern mit ihren Kindern - Flachs und Baumwolle spinnen ließ. (3) Von dem Gewinn, den eine im Breslauer Arbeitshaus angelegte Baumwollenfabrik abwarf, erhielt die städtische Armenkasse einen 5%igen Anteil. (4) Ähnliche Beispiele lassen sich aus allen Gegenden Deutschlands nachweisen, und regelmäßig stößt man bei den einschlägigen Berichten auch auf eine amtlich verordnete und durch die Beihilfevergabe auch tatsächlich durchgesetzte Kinderarbeit. (5) In Stuttgart wurde im Jahre 1776 eine Spinnanstalt eröffnet, in der jeder Arme vom 7. Jahre an Spinn- und Strickunterricht und "Gelegenheit zu einem täglichen Verdienste" finden sollte. An der 1795 in Marbach gegründeten Wollspinnanstalt mußten alle Kinder "Anteil nehmen", die beim Betteln aufgegriffen oder deren Eltern in der Gemeinschaftsküche verpflegt oder bei Krankheiten und Unglücksfällen unterstützt wurden. (6)

Die speziell für Kinder eingerichteten Werkhäuser - deren Gründung übrigens sehr früh von John Locke empfohlen worden ist (7) und von denen auch Pestalozzi sich eine zweckmäßige Armenerziehung erhofft hat (8) - sahen einen Arbeitstag vor, der in sei-

---

1) So der Vorschlag des Oberamtmanns in Sulz, 1762, Hinweis bei Schmidlin, 1821, S. 26; vgl. auch Spranger, 1949, S. 28.
2) Vgl. für das 18. Jahrhundert: Sachße-Tennstedt, 1980, S. 113 ff.; Hinze, 1927, S. 156 ff.
3) Roemer, 1914, S. 70.
4) Roemer, aaO S. 65.
5) EdM Bd. 1, 1786, S. 696 (Nürnberg); HM Jg. 22, 1784, S. 1263, 1310 und NHM Jg. 10, 1800, S. 1859 (Hannover, Braunschweig, Berlin, Bremen).
6) Schmidlin, aaO S. 27; im Königsberger Spinn- u. Arbeitshaus durften im Jahre 1756 Kinder unter 10 Jahren noch nicht arbeiten, Hoppe, 1969, S. 37.
7) BlP Bd. 1, 1801, S. 486 f.; vgl. dazu: Brödel, Die Kunst- und Werkhäuser des 17. Jahrhunderts, bei: Koneffke, 1982, S. 1.
8) EdM 1777, St. 4, S. 3: frühe Übung in den Beschwerlichkeiten des Lebens. P. sprach sich aber gleichzeitig gegen eine Verwendung der Kinder in den Manufakturen aus, vgl. aaO S. 33 ff.: "Mißbrauch der Menschheit". P. hielt eine frühe Arbeit als solche nicht für schädlich, vorausgesetzt, die Anstalt würde im

ner Ausgestaltung dem der Waisenanstalten glich: In Bremen wurden die Kinder vormittags 4 und nachmittags 3 Stunden, bis 16 Uhr, mit Handarbeiten beschäftigt und gingen anschließend zur Schule. (9) In der Hamburger Armenanstalt, der damals vielleicht bedeutendsten Armenorganisation Deutschlands mit zeitweilig bis zu 8.000 arbeitenden Kindern, erstreckte sich der sogenannte Arbeitsunterricht über zwei Drittel des Tages. (10) Gleiches dürfte für die vielen anderen als Spinn-, Strick-, Wirk-, Näh- oder einfach als Arbeitsschulen bezeichneten Werkhäuser der Zeit gegolten haben. (11)

4. Die Industrieschulpädagogik

Hatten Wirtschaftsverwaltung und Armenpflege bereits ganz beträchtliche Teile der Jugend in die Erwerbswelt der Erwachsenen mit eingegliedert, so bot sich der Arbeitsideologie gegen Ende des 18. Jahrhunderts noch eine weitere Chance, ihren Einflußbereich auszudehnen, als sich nunmehr auch die Volksschulpädagogik für diesen Gedanken erwärmte. (1)

Der Anfang ging von Böhmen aus. In das Pfarramt einer in der Nähe von Prag gelegenen Kleinstadt wurde im Jahre 1771 ein junger Geistlicher namens Kindermann berufen, der mit dem von Francke gegründeten Pädagogium in Halle vertraut war und die dort vertretene volkserzieherische Überzeugung völlig teilte.(2) Die von Kindermann in seiner Gemeinde vorgefundene Schulsituation bot hierfür ein reiches Betätigungsfeld. Wie überall in den deutschen Landschulen fehlte es an der allernotwendigsten Sachausstattung. (3) Die Eltern hielten häufig ihre Kinder vom Unterricht fern, und der Lehrer wandte - für diese Zeit durchaus typisch - ein mechanisches Paukverfahren an, mit dem den Schülern rein gedächtnismäßig Lehrsätze der christlichen Dogmatik beigebracht wurden, ohne daß diese Kenntnisse einen Bezug zum täglichen Leben gehabt hätten und ohne daß die Kinder mit der Mehrzahl der ihnen vermittelten Begriffe einen Sinn hätten verbinden können. Davon, "was den Menschen aufklären und moralisieren kann", so urteilte Kindermann, erfuhren die Schüler nichts. Um diesen Zustand abzuhelfen, erarbeitete sich der Geistliche zunächst eine neue, auf Anschauung beruhende Lehrmethode mit praktischer Zielsetzung und entwickelte dann wenig später ein Unterrichtsverfah-

---

pädagogischen Sinne geführt und nicht um der Gewinnerzielung willen.

9) HM Jg. 22, 1784, S. 1311.

10) NHM Jg. 8, 1798, S. 625 ff., 636. - Vom 6. Jahre an, vgl. Weber, Friedrich Benedict, Staatswirthschaftlicher Versuch über das Armenwesen und die Armenpolicey, Göttingen 1807, S. 242.

11) Vgl. auch Spranger, 1949, S. 25; zu den Spinnschulen noch Hinze, 1927, S. 189 ff.

---

1) Vgl. zur Geschichte der Industrieschule: Spranger, 1949, S. 28 ff., 101 ff.; die Quellensammlung Koneffke, 1982 (mit mehreren Schriften von Hermann Brödel, 1926 bis 1933; Iven, Kurt,

ren, das mit dem traditionellen Schulbetrieb völlig gebrochen hat. Zusätzlich zu den Lernstunden richtete Kindermann im Jahre 1776 eine Arbeitsklasse ein, in der die Schüler mit Stricken, Nähen, Klöppeln, Spinnen, Wollekrempeln und Gartenarbeiten beschäftigt wurden. (4) Wo der Maurer und der Tagelöhner, der Knecht und die Magd zur Erkenntnis ihrer Pflichten kommen würden, sollten sie auch erfahren, wie man mit Vergnügen und Geschicklichkeit der Arbeit nachgehen könne.

Das Erziehungsziel des arbeitsamen, mäßigen, häuslichen, klugen und wirtschaftlichen Landmannes, das Kindermann erreichen wollte, entsprach voll und ganz den Vorstellungen Franckes: Die Kinder sollten frühzeitig an Fleiß gewöhnt, von dem ebenso "schädlichen" wie "sträflichen Müßiggang" abgehalten werden und "um einige Jahre eher ihr Brot verdienen" lernen. (5) In der Annahme, daß die fleißigen Menschen regelmäßig auch moralisch gut seien, erhoffte Kindermann sich auch, daß er mit seiner Arbeitsschule Sitte und Tugend unter dem Landvolk verbreiten könnte. Im übrigen kam aber auch dem Gewinn, der durch die Arbeit der Kinder in der Schule erwirtschaftet werden konnte, eine wichtige Aufgabe zu. Vordringlich sollte er dazu verwendet werden, sowohl dem Lehrer das notwendige Auskommen zu sichern als auch die Schulausstattung zu verbessern. (6) Der dann noch verbleibende Erlös aber sollte den Eltern zufallen, um diesen einen Ausgleich dafür zu bieten, daß sie die Kinder in die Schule schickten und nicht zu Hause arbeiten lassen konnten.

Die Idee der hier angestrebten Schulverbesserungen ist, noch bevor das böhmische Modell allgemein bekannt wurde, in Norddeutschland ein weiteres Mal entwickelt worden. Seit 1785 traten die Theologen Sextroh und Wagemann in Göttingen sowie Campe in Hamburg - alle Anhänger der philanthropischen Aufklärungspädagogik - mit dem Vorschlag an die Öffentlichkeit, in den Schulen einen Arbeitsunterricht einzuführen. (7) Campe schrieb dazu im Jahre 1786, er kenne keine andere Tugend, "welche in unseren Tagen gepredigt und auf alle Weise gefördert zu werden mehr

---

Die Industriepädagogik des 18. Jahrhunderts, 1929; Gans, August, Das ökonomische Motiv in der preußischen Pädagogik, 1930 und Alt, Robert, Die Industrieschulen, 1948), weitere Literaturhinweise auf S. XXX f.; vgl. ferner Leschinsky-Roeder, 1976, S. 302 ff.; Marquardt, Wolfgang, Geschichte und Strukturanalyse der Industrieschule, Phil. Diss., TH Hannover 1975.

2) Aigner, 1867, S. 7, 39.

3) Aigner, aaO S. 43, 46, 52. Das Schulgebäude war zu klein; es gab weder genügend Tische, noch hatte man Holz, um im Winter zu heizen, und es fehlte an Geld, um den Lehrer zu bezahlen.

4) Aigner, aaO S. 38 f., 85.

5) Aigner, aaO S. 39, 80, 84, 101.

6) Aigner, aaO S. 31, 39, 80.

7) Aigner, aaO S. 37 f.

verdiente, als Sparsamkeit, Fleiß, Industrie und wohlgeordneter Erwerbungstrieb...Da es nicht mehr bei uns steht, die Menschen wieder simpel, frugal und bedürfnisfrei zu machen: so bleibt uns nichts mehr übrig, als zu versuchen, ob wir sie nicht emsiger, industriöser und erwerbsamer machen können". (8) Industriosität oder kürzer "Industrie" nannte man die angestrebte aktive, erfinderische Arbeitshaltung, von der man sich die Lösung der materiellen Probleme der Zeit versprach. (9) Frühe Handarbeiten aber galten als das sichere Erziehungsmittel, durch das der Körper Kraft und der Charakter Ordnung, Ernst und Genauigkeit erwerben würde. Die Kinder sollten schon möglichst zeitig, gleich bei Eintritt in die Schule, an das Arbeiten herangeführt werden, anstatt dort mit Stillsitzen nur den Müßiggang zu lernen. (10) Zunächst sollten für die Ausübung einfacher Tätigkeiten Arbeitsschulen gegründet werden, an deren Stelle dann später für eine vielseitige, qualifizierte Ausbildung sogenannte Industrieschulen treten sollten. (11) Die Kinder sollten hier ihren Eltern auch Geld verdienen können und "als nützliche Werkzeuge schon beizeiten mit in das Geschäftsrad der Welt...passen." (12) - Die praktische Verwirklichung dieses Planes hat Wagemann im Jahre 1784 mit einer Arbeitsschule in Göttingen begonnen, wo die ärmeren Kinder - anders als in den böhmischen Schulversuchen - nicht nur einige Stunden, sondern ganztägig beschäftigt wurden.

Diesem neuen Industrieschulideal war eine breite Unterstützung sicher. Pädagogisch schien die vorgeschlagene Umorganisation der Schulen schon deswegen einen Fortschritt mit sich zu bringen, weil nunmehr in den in der Regel einklassigen niederen Elementarschulen nur noch ein Teil der Kinder dem Lernunterricht zu folgen brauchte, während die anderen mit Handarbeiten beschäftigt waren. (13) Kleinere Klassen bedeuteten einen größeren Lernerfolg, und somit hielt man es für vertretbar, die für den herkömmlichen Unterricht vorgesehene Zeit nicht unerheblich abzukürzen. Auch war ein wichtiger Gesichtspunkt, daß

---

8) Campe, Mittel, 1786, S. 4.

9) Harl, 1811, S. 300 ff.; vgl. auch Leschinsky-Roeder, 1976, S. 284 ff.

10) Sextroh, 1785, S. 46 f.

11) Sextroh, aaO S. 76, 84.

12) Herzer, Gesammelte Nachrichten und Selbsterfahrungen von Industrie-, Arbeits- und Oekonomie-Schulen, Regensburg 1793, S. 9; Herzer versprach, Produkte bekannt zu machen, durch die schon Fünfjährige Geld verdienen könnten.

13) Kohler, M. Friedrich Wilhelm, Gedanken über Einführung der Indüstrieschulen, Leipzig 1801, S. 3 f.; Hoogen, Jacob, Über die einzigen Mittel, die Quellen der Armuth zu verstopfen, Dortmund 1803, S. 48; ASK Bd. 1, 1800, S. 42, 47 f.

das Erziehungsziel, die Bildung der betriebsameren Hausväter, der erwerbenderen Hausfrauen und der brauchbareren Dienstboten, (14) ständestaatlich geprägt war. Da sich die Kenntnisvermittlung allein auf die Erfordernisse der Berufswelt richten sollte, schien gewährleistet, daß keine mit ihren Lebensverhältnissen unzufriedenen "gelehrten Bauern" erzogen würden. (15)

Wichtig war im übrigen auch die Übereinstimmung der pädagogischen Forderungen mit dem neuesten Stand der Volkswirtschaftslehre. Im Jahre 1776 war in England das epochemachende Werk Adam Smiths über den Nationalreichtum erschienen, (16) in dem der schottische Gelehrte die These vortrug, daß der Volkswohlstand weder einseitig nur auf dem Gewerbewesen beruhe, wie die Merkantilisten es behaupteten, noch auf dem Ackerbau, wie die Physiokraten meinten. Beide Ansichten, so lehrte Smith, (17) träfen erst in ihrer Verbindung das Richtige, denn es sei letztlich allein die produktive Arbeit, die - in welchem Wirtschaftszweig auch immer - den Reichtum hervorbringe. An diesen Gedanken konnte die Reformpädagogik unmittelbar anschließen. (18) Wenn es galt, die Arbeitsleistung in den Gewerben und in der Landwirtschaft zu steigern, so war der industriöse Mensch, den die Philanthropen heranbilden wollten, ein wichtiger Produktionsfaktor, weswegen dann auch die Wirtschaftsverwaltungen, die mit den Ergebnissen der durch Prämien begünstigten Hausspinnerei nicht zufrieden waren, die Gründung von Industrieschulen um der Gewerbeförderung willen begünstigten oder sogar selbst veranlaßten. (19) Namentlich die Bauern sollten dazu gebracht werden, ihre von der Landbestellung nicht beanspruchte Zeit für nebenberufliche Arbeiten zu verwerten. (20)

In derbeschriebenen Schulreform spiegelte sich deutlich der Geist der Epoche wieder. Charakteristisch waren das Überprüfen der bestehenden Institutionen auf ihre Brauchbarkeit hin sowie der tatkräftige Wille zur Veränderung, der zu Privatinitiativen führte, ohne auf Maßnahmen des Staates zu setzen. Typisch waren weiter der pädagogische Eifer, die Hochschätzung der Handarbeit sowie auch-im Hinblick auf den rationalistisch und materialistisch gedeuteten Menschen, der in seiner Berufstätigkeit aufgehen sollte - eine nicht zu übersehende Geistfeindschaft. Hinsichtlich des von der Aufklärung so betonten Arbeitsideals

14) Harl, 1811, S. 320 f., 332.
15) Kohler, aaO S. 33; Harl, aaO S. 334.
16) "Inquiry into the nature and causes of the Wealth of Nations".
17) Vgl. Smith, Bd. 3, 1906, S. 241.
18) Lachmann, 1802, S. 15, 31.
19) Vgl. dazu die Einstellung des preuß. Generaldirektoriums in: ASK Bd. 1, 1800, S. 39 ff.; ferner Roehl, SF Bd. 17, 1900, H. 4, S. 71.
20) ASK Bd. 1, 1800, S. 39 ff., 395.

gilt freilich, daß hierbei nur vorhandene Traditionen ausgebaut und verbreitet zu werden brauchten. Der Lebensernst des orthodoxen Luthertums und des Pietismus ist in der bisherigen Darstellung schon angeklungen. Nachzutragen ist in diesem Zusammenhang ein Hinweis auch auf kalvinistische Einflüsse, für die man beispielsweise den im Jahre 1761 erschienenen Schweizer Erziehungsroman "Die Wirtschaft eines philosophischen Bauers" heranziehen kann. (21) Der Verfasser, der Schweizer Arzt, Schriftsteller und Philanthrop Hirzel, schilderte in diesem Buch - vom physiokratischen Standpunkt aus argumentierend - als Vorbild einen in steter Reflektion, eiserner Sparsamkeit und unermütlichem Fleiß seine Landwirtschaft immer weiter verbessernden Bauern, der sich seiner Angabe nach niemals glücklicher fühlte, als wenn er seiner Arbeit nachgehen konnte. (22) Bemerkenswert ist die in diesem Buch empfohlene Kindererziehung, für die etwa die folgende Tatsache kennzeichnend ist: Der philosophische Bauer - der Held des Buches - ließ, solange seine Kinder auf dem Felde noch nicht mitarbeiten konnten, diese nicht mit am Mittagstisch der Eltern, sondern auf dem Fußboden essen, um ihnen zu verstehen zu geben, "daß ein Mensch, solange er nicht arbeitet und der Gesellschaft keinen Nutzen schafft, noch als ein Tier anzusehen sei, welches wohl auf die Ernährung, aber nicht auf die Ehre eines Hausgenossen ein Recht hat". (23) In welchem Maße die Nützlichkeitspädagogik solchen Überzeugungen zuneigte, beweist der in vielen Stücken mit Hirzels Werk vergleichbare, im Jahre 1790 gedruckte Erziehungsroman "Sebastian Kluge", mit dem der Pädagoge Salzmann den Eltern unter anderem riet, ihre Kinder bei der häuslichen Erziehung als "Kapitale" aufzufassen, von denen sie "die Interessen ziehen" sollten. (24)

Vor diesem Hintergrund leuchtet ohne weiteres ein, daß die Arbeitsschulidee, wenn auch ihrer allgemeinen Verwirklichung erhebliche organisatorische Schwierigkeiten entgegenstanden, verhältnismäßig ungehindert sich ausbreiten konnte. Kindermann wurde bereits im Jahre 1775 Oberaufseher des deutschen Schulwesens in Böhmen, dann 1777 geadelt, 1790 Bischof (25) und konnte so seine Konzeption von Amts wegen durchsetzen. Im Jahre 1787 gab es in Prag 19, in Böhmen mehr als 100 Industrieschulen.(26) Aber auch die in Göttingen im Jahre 1784 errichtete In-

---

21) Hier zit. n. d. Aufl. v. 1774.
22) Hirzel, 1774, S. 106.
23) Hirzel, aaO S. 123 f.
24) Salzmann, C. G., Sebastian Kluge, Leipzig 1790, S. 185, vgl. ferner S. 183 über die 5jährige Tochter: "hier, liebe Frau, hast du ein Kapital erworben, das dir reichliche Zinsen einbringen wird...Was du tust - denke nur immer darauf, wie du dem Kinde etwas zu tun schaffst."
25) Aigner, 1867, S. 11 ff.
26) Aigner, aaO S. 38; nach Harl, 1811, S. 334, gab es 20 Jahre später 674 Industrieschulen in Böhmen.

dustrieschule wurde über eine von Wagemann herausgegebene Zeitschrift weithin bekannt, (27) zunächst im Raum Hannover nachgeahmt (28) und in den 90iger Jahren auch behördlich empfohlen. (29) Die Schulreform gewann rasch auch in anderen deutschen Ländern an Boden. Im Jahre 1789 begann das Hochstift Würzburg, seine Elementarschulen umzuorganisieren, (30) und 1793 folgte dann auch Preußen nach, zuerst in Elbing bei Breslau, später in Berlin, Potsdam, Magdeburg usw.. Im Jahre 1798 stellte der preußische König jährlich 1.000 Taler zur Verfügung, damit in der Kurmark auf dem Lande Industrieschulen eingerichtet würden.(31) In den übrigen deutschen Staaten, (32) in Sachsen, Württemberg, Bayern, Westfalen usw., verlief die Entwicklung durchaus ähnlich. (33) - Um sich mit einer sozialen Tat zugunsten ihres Konferenzortes zu schmücken, haben die Teilnehmer des Friedenskongresses von Rastatt (34) für die ärmere Jugend 1798 eine Spinnstube gestiftet (35) - ein beredtes Zeugnis dafür, wie sehr die alten Mächte auf die hier beschriebene Schulreform gesetzt haben.

---

27) GM 1787 ff.
28) HM Jg. 27, 1789, S. 1405 ff.
29) Vgl. ASK Bd. 1, 1800, S. 43.
30) Aigner, aaO S. 136 (Verordnung im Auszug).
31) KaO. vom 8. Dez. 1798, in: ASK Bd. 1, 1800, S. 61. Vgl. auch das preuß. Reskript vom 22. März 1791, aaO S. 49: "daß die Kinder auf dem platten Lande, sobald als sie einer Beschäftigung fähig sind, zur Arbeit gewöhnt, dadurch vom Müßiggang abgehalten werden und auf solche Weise nach und nach eine allgemeine Arbeitsamkeit unter die Untertanen des platten Landes eingeführt werden kann."
32) Vgl. Schmidlin, 1821, S. 28 f.; Harl, 1811, S. 335; Hauser, Joseph; Franz Joseph Müller, ein Volksschulpädagoge, Phil. Diss., Würzburg 1916, S. 72, Anm. 2. Für die Schul-Arbeiten aufschlußreich ein Verzeichnis der Schul-Industrie-Produkte im Herzogtum Westfalen, 1811/1812, in A.M. 8, S. 4: Baumkultur, Strickerei, Näherei, Stickerei, Spinnerei und Lokalindustrie (Fertigung von Körben, Besen, Mausefallen usw.).
33) Mit Spranger, 1949, S. 101, Anm. 22 kann man 5 Typen von Arbeitsschulen unterscheiden: I. Die Industrieschule als Armenschule und gleichzeitig Erwerbsanstalt für arme Kinder. II. Der dualistische Typus: vormittags Lernschule, nachmittags Arbeitsschule, für alle Kinder gedacht. III. Die Industrieschule als Vorbereitungsanstalt für eine industrielle Betätigung. IV. Die Arbeitsschule im modernen rein erziehenden Sinne. V. Unterricht in Feierabendarbeiten als Schulfach.
34) Dez. 1797 bis April 1799.
35) Gothein, Wirtschaftsgeschichte, 1892, S. 713.

5. Weitere Förderung im Rahmen der modernen Technik

Mit dem Einzug der Erwerbsarbeit in die Schule hatte die ökonomische Verplanung der Kinderjahre ein Ausmaß erreicht, mit dem die Möglichkeiten der vortechnischen Gesellschaft weitgehend ausgeschöpft waren. In der Sache trat damit jedoch noch kein Stillstand ein. Der wissenschaftliche und technische Fortschritt konnte die den Reformbemühungen entgegenstehende natürliche Grenze, die sich aus den geringen Kräften der Kinder ergab, noch einmal deutlich zurückverlegen. Als die industrielle Revolution einsetzte, die sich allerdings abweichend von dieser Benennung nur sehr allmählich vollzogen hat, steigerte sich das Ausmaß der Kinderarbeit noch einmal erheblich, und es bildete sich gleichzeitig ihre gefährlichste Form heraus.

Zwei Neuerungen standen im Mittelpunkt dieser wirtschaftlichen Veränderung: einmal die Durchrationalisierung der gewerblichen Produktion und zum andern der Einsatz von technischen Neuentwicklungen. Diese beiden bahnbrechenden Grundeinsichten erkannt und wissenschaftlich durchgesetzt zu haben ist das Verdienst von Adam Smith, der in seinem oben genannten Werk als erster die Idee der Arbeitsteilung als die wesentliche Voraussetzung der Massenproduktion beschrieben hat. Je mehr die Fertigungsvorgänge, so erkannte Smith, in einzelne Teilabschnitte zerlegt und mit diesen je verschiedene Arbeiter betraut würden, desto mehr werde sich durch vergrößerte Geschicklichkeit, durch Zeitersparnis und durch den nunmehr möglichen Einsatz neuer Maschinen die Arbeitsleistung steigern lassen. (1) - Der moderne Großbetrieb war aufgrund dieser Konzeption möglich geworden.

Wenn Smith hierbei auch, wenn auch mehr beiläufig, auf die Maschinen hingewiesen hat, so war diese Einsicht wohl von einer Entwicklung abstrahiert, mit der die Grafschaft Lancashire im mittleren England zunehmend von sich reden machte. Seitdem John Kay im Jahre 1733 das "fliegende Weberschiffchen" erfunden hatte, wurde der Webstuhl laufend weiter verbessert, eine mechanische Spinnmaschine entwickelt, dann eine Wollenkrempelmaschine gebaut und im Jahre 1782 die erste mechanische Baumwollmanufaktur gegründet. (2) Zehn Jahre später verwandte Arkwright anstelle der traditionellen Antriebsmittel Wasser- und Pferdekraft erstmals auch eine Dampfmaschine in der Fabrik. (3) Durch die technischen Erfindungen und auch durch die frühe Ver-

---

1) Smith, Bd. 1, 1905, S. 11 ff.; ausführlich Babbage, 1833, S. 171 ff.

2) Einzelne Erfindungen: die "Jenny" 1767 durch Hargreaves; die "Mule" um 1780 durch Crompton; die "Mulejenny" 1790 durch Strutt; das Prinzip der Maschinenweberei, 1785 durch Cartwright entwickelt, 1803 durch Horrocks ausgeführt; die Dampfmaschine 1785 durch Watt; vgl. mit z.T. voneinander abweichenden Zahlenangaben Faucher, Bd. 1, 1846, S. 254; Kleinschrod, Großbritannien, 1836, S. 165; Beyträge, St. 2, 1792, S. 46 f.; St. 3, S. 46; vgl. Emsbach, 1982, S. 55 ff. m.w.N.;

wendung der Steinkohle (4) gelang es England, eine schnell wachsende Industrie aufzubauen und in vielen Gewerbezweigen, vor allem in der Textilherstellung, eine in der damaligen Welt unangefochtene Spitzenstellung sich zu sichern.

Was nun die Kinder betrifft, so wurden diese aufgrund der sich ändernden Produktionsbedingungen jetzt häufig auch in solchen Gewerbezweigen verwendbar, die früher allein Erwachsenen vorbehalten waren. Wenn etwa die Herstellung von Stecknadeln, wie Smith beispielhaft dargelegt hat, in 18 und mehr Teilarbeiten zerlegt wurde, (5) fielen Aufgaben an, für die die bescheidenen Fähigkeiten von Kindern ohne weiteres ausreichten. Mehr denn je konnte man daher bei einer solchen Arbeitsorganisation Handlanger und sonstige Hilfskräfte gebrauchen. (6) Und auch bei der Bedienung der Maschinen selbst wurden regelmäßig Kinder und Jugendliche eingesetzt, (7) wie denn auch Smith schon einen Jungen erwähnte, der das Ventil einer Dampfmaschine überwacht und die Mechanik dabei noch verbessert hat. (8) Daneben gab es auch eine Reihe von Tätigkeiten, in denen sich gerade Kinder als besonders geschickt erwiesen, so etwa im Anknüpfen von Fäden in den Maschinenspinnereien.

Es leuchtet somit ein, daß in den um das Jahr 1782 und später gegründeten englischen Fabriken (9) ein gewaltiger, stetig zunehmender Bedarf entstand an noch minderjährigen Arbeitskräften, die deswegen besonders geschätzt wurden, weil sie wenig Lohn erhielten und leicht zu lenken waren. Allein der Großunternehmer Robert Peel beschäftigte ungefähr 1.000 Kinder in seinen Fabriksälen. In Karrenladungen brachte man die Kirchspiellehrlinge aus den öffentlichen Armenhäusern zu den Industriellen, denen die Armenpflege nunmehr die Vertragsbedingungen diktieren

---

vgl.: zur Industrialisierung überhaupt Cipolla, Carlo M., (Hrsg.), Europäische Wirtschaftsgeschichte in 4 Bänden = The Fontana economic history of Europe, Deutsche Ausgabe hrsg. v. K. Borchardt, Bd. 3: Die Industrielle Revolution, Stuttgart usw. 1976, S. 122 ff., 343; Bd. 4: Die Entwicklung der industriellen Gesellschaften, Stuttg. usw. 1977, S. 12 ff.; Kriedte u.a., 1977, S. 276 ff.; Hobsbawn, Eric, J., Industrie und Empire 1, Britische Wirtschaftsgeschichte seit 1750, Frankfurt a.M. 1969 (edition suhrkamp, Bd. 315), S. 57 ff.

3) Faucher, aaO.
4) Beyträge, St. 2, 1792, S. 46.
5) Smith, Bd. 1, 1905, S. 8.
6) Beyträge, St. 2, 1792, S. 49.
7) Faucher, Bd. 1, 1846, S. 261: Der Erfinder der Maschinenspinnerei Wyatt beschäftigte 10 Mädchen. Auch bei Arkwrights arbeiteten zunächst nur Kinder.
8) Smith, Bd. 1, 1905, S. 14.
9) ABG Bd. 1, 1788, S. 177: 143 Woll-, Baumwoll- und Spinnfabriken (davon 86 nach 1782 gegründet) in 27 Grafschaften mit 350.000 Beschäftigten im Jahre 1787. Vgl. dazu Chapman, Stanley D., The early Factory masters, Newton Abbot 1967, S. 174 ff.

konnte. Wer nicht sechs- und fünfjährige, ja zum Teil auch noch jüngere Kinder und auch Geistesschwache mit annahm, erhielt überhaupt keine Lehrlinge. (10) Die Fabriken selbst standen, weil sie vor 1800 überwiegend noch als Antriebskraft das Wasser benutzten, abseits von den Städten an den Ufern der Flüsse - das gilt gerade für Manchester (11) -, und so wurde es nötig, die Fabriklehrlinge in sogenannten Kinderhäusern unterzubringen. Diese Praxis war verhängnisvoll. Da eine staatliche oder kommunale Verwaltung in England nicht existierte, (12) und in der Einsamkeit der Täler auch die Öffentlichkeit kaum einen Einblick in die Verhältnisse der Fabriken gewann, konnten die Fabriklehrlinge ungehindert ausgebeutet werden, in einem Maß, wie es selbst in dem um harte Arbeitsbedingungen sich nur wenig sorgenden 18. Jahrhundert noch nicht geschehen war: Die Kinder arbeiteten oft bis zu 16 Stunden am Tag und auch nachts; sie wurden geschlagen; sie erhielten keinerlei Unterricht und vegetierten ohne Pflege und Betreuung, schmutzig und verwahrlost in diesen Kinderhäusern, in denen aufgrund der Schichtarbeit die Betten niemals "kalt wurden". (13) Vor 1785 blieben diese Zustände jedoch auch in England, wie es scheint, verborgen.

In Deutschland, wo vor allem Reiseberichte über die neuartigen britischen Erfindungen informierten, erregte die sich anbahnende Industrialisierung schon in den 80er Jahren Staunen und Bewunderung. Man reiste nach England der modernen Fabriken wegen. (14) Bestechend waren die hohen und immer weiter wachsenden Produktionsziffern der britischen Industrie, (15) deren beherrschende Stellung im internationalen Wettbewerb sowie der große Wohlstand, den man während der Friedensjahre in den Fabrikstädten, namentlich in Manchester, feststellen konnte. (16) Im Straßenbild, so hieß es, würden die Armen fehlen, weil es bei dem großen Arbeitskräftebedarf nicht schwer falle, eine Anstellung zu finden. Frauen und Greise, ja selbst vierjährige Kinder könnten sich in den Fabriken ihr tägliches Brot verdienen.

---

10) Simon, 1905, S. 9 f.; Owen, Auffassung, 1900, S. 25.
11) Beyträge, St. 1, 1791, S. 92, Anm.
12) Vgl. für Manchester: Beyträge, aaO S. 107 (Verwaltung der Stadt durch Privatinitiativen).
13) Vgl. Brentano, 1928, S. 314 f.; vgl. auch Owen, aaO S. 24 ff., der die humane Behandlung der Armenkinder durch den Unternehmer Dale (Arbeit von 6 bis 19 Uhr u. Abendschule) gegenüber den schlechten Einrichtungen anderer Unternehmer hervorhebt.
14) EdM Bd. 1, 1786, S. 252.
15) Wert der Produktion in den englischen Baumwollmanufakturen im Jahre 1788: 960.000 Pf. St. und im Jahre 1804: 56 Mill. Pf. St., vgl. Lotz, Begriff, 1807, S. 485, Anm.
16) Beyträge, St. 1, 1791, S. 33, 93; St. 2, 1792, S. 49; Goede, 1805, S. 257 (Bedenken aber auf S. 76 ff.).

Freilich sah man diese Entwicklung in Deutschland auch nicht ganz ohne Bedenken, zu denen die unmittelbaren Auswirkungen der Arbeitsteilung auf die Beschäftigten selbst und noch mehr die materielle Zukunft der Hausgewerbetreibenden Anlaß gaben. Auf die letztere Frage soll hier näher eingegangen werden: Daß die Maschinen der Hausindustrie gefährlich werden mußten, war den Wirtschaftlern schon früh klar geworden. Im 17. und zum Teil auch noch im 18. Jahrhundert hatten viele europäische Staaten gewerbliche Maschinen verboten, wenn diese den Auftragsstand des Handwerkes und der Hausindustrie spürbar beeinträchtigen konnten. (17) In England war es, weil der Staat die Heimarbeit in keiner Weise vor der Fabrikkonkurrenz beschützte, wiederholt zu Maschinenzerstörungen gekommen, so etwa im Jahre 1779 und auch Anfang des 19. Jahrhunderts noch. (18) Befürchtungen erweckte ferner auch die hohe Krisenanfälligkeit der auf den Export angewiesenen britischen Industrie: Das Auftreten einer durch die Kriege mit Frankreich bedingten größeren Arbeitslosigkeit - zum Beispiel in den Jahren 1792/93 - zeigte, daß Konjunkturschwankungen vor allem die gewerblichen Arbeiter trafen. Ab der Jahrhundertwende schließlich wurde daher auch die deutsche Literatur gegenüber der Großindustrie kritischer, (19) ein Punkt, auf den später noch eingegangen wird. Im großen und ganzen aber gilt gleichwohl, daß in dem Zeitraum etwa bis 1810 eine überwiegend optimistische Beurteilung der britischen Industrie in der deutschen Öffentlichkeit verbreitet war. (20) Die Schwierigkeiten des Hausgewerbes faßte man weithin als Übergangserscheinungen auf und erkannte zwischen Unternehmer und Fabrikarbeitern noch keinen Interessengegensatz, der besondere Probleme aufwerfen würde. Die Fabriklöhne waren in England verhältnismäßig hoch, (21) und es steht wohl auch fest, daß die erste in den mechanischen Fabriken tätige Arbeitergeneration, die sich aus Landarbeitern, ehemaligen Handwerkern und zum Teil auch aus Landstreichern zusammensetzte, in ihrem Erscheinungsbild noch nicht auf ernste Gesundheitsschäden oder Zeichen ungewöhnlicher Verwahrlosung schließen ließ. (22) Etwas anderes galt sicherlich für die in der Industrie beschäftigten Kirchspiellehrlinge; über deren Schicksal aber wurde vorerst nur selten gesprochen, zumeist nur im Zusammenhang mit der Schulbildung der unteren Schichten; darauf wird noch einzugehen sein. Daß die Literatur die gesundheitliche Seite der Kin-

---

17) Beckmann, Johann, Beyträge zur Geschichte der Erfindungen, Bd. 1, St. 1, Leipzig 1782 (80), S. 129; Gothein, Wirtschaftsgeschichte, 1892, S. 757 ff.; VVG, Jg. 3, 1824, S. 79.
18) Faucher, Bd. 1, 1846, S. 256.
19) Vgl. etwa Goede, 1805, S. 78; BlP Bd. 1, 1801, S. 517.
20) Vgl. Pischke, Hildegard, Die englische Industrierevolution im Spiegel der deutschen Reisebeschreibungen 1780-1825, Phil. Diss., Breslau, 1935, S. 33, 53.
21) Vgl. Mommsen, Wolfgang, J., Die Lage der Unterschichten in der Durchbruchkrise der industriellen Revolution in England 1825-1847, bei Mommsen, 1981, S. 274, 280 f.
22) Faucher, Bd. 1, 1846, S. 302.

derarbeit, soweit ersichtlich, auch erst nach 1795 erwähnte, (23) ist an sich merkwürdig, läßt sich jedoch mit den unzugänglichen Standorten der Kinderhäuser erklären. Hinzu kam, daß es sowohl den Fremden wie auch den Einheimischen verwehrt war, in den Fabrikgebäuden eingehendere Beobachtungen anzustellen, nachdem die Unternehmer von Birmingham und Manchester im Jahre 1785 beschlossen hatten, zur Abwehr der Industriespionage keine Fabrikbesichtigungen mehr zu gestatten. (24) Ob dieses Motiv, die Nachahmung der technischen Erfindungen zu unterbinden, allein hinter dieser Verabredung stand, ist allerdings zweifelhaft; denn 1784 war das Jahr, in dem in den Baumwollspinnereien aufgrund der mörderischen Arbeitsbedingungen zum ersten Mal Epidemien ausgebrochen sind. (25) .

Der Optimismus, der in der Einschätzung der britischen Wirtschaftsentwicklung lange Zeit vorherrschend war, hatte zur Folge, daß Deutschland sich am Ende des 18. Jahrhunderts gleichfalls anschickte, die neue Technik anzuwenden. Dabei wirkte sich auch die große Garnknappheit dieser Zeit als sehr fördernd aus: Mit der Einführung der Spinnmaschine sollte dieser Engpaß überwunden werden. (26)

So wie man in den vorangegangenen Jahrzehnten ausländische Facharbeiter ins Land gezogen hatte, so begünstigten jetzt Preußen und andere deutsche Staaten den Ankauf und Nachbau der englischen Maschinen (27) sowie die Einrichtung von Fabrikanlagen. Eines der hierbei immer wieder genannten Werbeargumente war, daß schon kleine Kinder beim Einsatz der Technik ihren Eltern ein wahrer Segen sein würden. (28) Ein weiter Gesichtspunkt war, daß eine möglichst frühe Gewöhnung der Kinder an bestimmte Tätigkeiten die Geschicklichkeit in den gewerblichen Leistungen auf

---

23) Z.B. Ferriar, Bd. 2, 1795, S. 198 über die Nachtarbeit: "grausame und schädliche Sitte".
24) EdM Bd. 1, 1786, S. 253 ff.
25) Brentano, 1928, S. 315 f.
26) JFM Bd. 5, 1793, 2. Aufl. 1797, S. 216; JFM Bd. 12, 1797, S. 218. - Vgl. dazu die Nachweise bei Ubricht, Otto, Rationalisierung und Arbeitslosigkeit...in: VSG Bd. 68, 1981, S. 153, 154, Anm. 4.
27) Vgl. für Preußen: Roemer, 1914, S. 41 f.; Roehl, SF Bd. 17, 1900, H. 4, S. 72 ff., 75; Matschoß, 1912, S. 331; für Baden: Gothein, Wirtschaftsgeschichte, 1892, S. 713.
28) Vgl. Roemer, aaO; Gothein, aaO; Lueder, August Ferdinand, Ueber Nationalindustrie und Staatswirthschaft, Th. 1, Berlin 1800, S. 9; Murhard, Karl, Ideen über wichtige Gegenstände aus dem Gebiete der National-Oekonomie und Staatswirthschaft, Göttingen 1808, S. 318; Lotz, Johann Friedrich Eusebius, Revision der Grundbegriffe der Nationalwirthschaftslehre, in Beziehung auf Theuerung und Wohlfeilheit, und angemessene Preise und ihre Bedingungen, Bd. 3, Koburg und Leipzig 1813, S. 393.

die Höhe des britischen Vorbildes steigern werde. (29) Insbesondere das Schrifttum der Technologie und der Staatswirtschaftslehre neigte dazu, eine ausgedehnte Verwendung der Kinder im Interesse der Industrie zu begrüßen, (30) und zwar auch später noch, als die durch die Fabrikarbeit verursachten Schäden nicht mehr zu leugnen waren.

III. Erwerbsarbeit der Kinder um 1800

Gegen die beschriebene Arbeitsgesinnung trat vor 1800 keine nennenswerte literarische Opposition auf, sofern man von einer gewissen Kritik in Einzelpunkten absieht, auf die noch zurückzukommen ist. Die überwiegende Meinung, das heißt die wesentlichen gesellschaftlichen Kräfte, Staat und Kirche, Schule, Wirtschaft und Armenverwaltung, sahen die Kinderarbeit - um die Situation noch einmal kurz zusammenzufassen - als nützlich, bildend und förderungswürdig an. Sicherlich war die Arbeitserziehung auch in früheren Zeiten stets empfohlen worden, und gewiß hatten die Kinder auch schon immer bei ihren Eltern oder manchmal auch außer Haus einen Arbeitsbeitrag zur wirtschaftlichen Sicherung der Familie leisten müssen. Aber die alte Kinderarbeit hatte sich doch noch in einem vertretbaren, das Spielen nicht ausschließenden Rahmen gehalten.(1) Das Arbeitsalter hatte herkömmlicherweise das 7. Lebensjahr nicht unterschritten, und die Handwerkslehrlinge waren von vornherein nicht jünger als 13 oder 14 Jahre. (2) Auch waren den Kindern die Arbeiten früher zumeist von den eigenen Eltern zugeteilt worden; darin lag ohne Frage ein Schutz vor Überbeanspruchungen. Diese traditionellen Arbeitsformen und auch die dahinter stehende Arbeitsethik selbst hatten dann jedoch im Verlauf der letzten Jahrzehnte des 18. Jahrhunderts ihren Charakter stark verändert.

---

29) JFM Bd. 6, 1794, S. 207: Knaben und Mädchen vom 6. Jahre an; vgl. auch - im Jahre 1791 - Forster, 1965, S. 46: Das Spinnen sollte hauptberuflich vom 7. Lebensjahr an betrieben werden.

30) Vgl. (Pfeiffer, Johann Friedrich von) Die Manufakturen und Fabriken Deutschlands, Bd. 2, Frankfurt a. M. 1780, S. 248 f.; Poppe, Johann Heinrich Moritz, Geist der englischen Manufakturen, Heidelberg 1812, S. 13, 14; ders., Deutschland auf der höchst möglichen Stufe seines Kunstfleißes, Frankfurt a.M. 1816, S. 57 f.

---

1) Vgl. v. Justi, 1758, S. 181: "In Holland und England sieht man schon Kinder von 4 bis 6 Jahren allerlei ihrem Alter gemäße Arbeit verrichten. In anderen Staaten...sieht man sie unter Spielen und Müßiggang aufwachsen." Ebenso Justi, Johann Heinrich Gottlob von, Die Grundfeste in der Macht und Glückseeligkeit der Staaten, Bd. 1, Königsb. u. Leipzig 1760, S. 697 und Bd. 2, 1761, S. 117.

2) Vgl. etwa Riedl, Walter, Die rechtliche Stellung der Lehrjungen und Gesellen des Nürnberger Handwerks, Jur. Diss., Erlangen 1948, S. 27.

Der Arbeitsgedanke war, wie nachgewiesen, entschiedener, unduldsamer und gleichzeitig gesellschaftlich wirksamer geworden. Die vielstimmige Arbeitspropaganda hielt der Öffentlichkeit immer wieder von neuem vor, wie schädlich ein Müßiggang und das Spielen der Kinder seien und daß die Eltern im eigenen wie im allgemeinen Interesse ihre Kinder beizeiten an eine Erwerbshaltung gewöhnen müßten. Dabei wurden - und das ist bezeichnend - auch die jüngeren Kinder, das Alter von 5, 6 und manchmal sogar von 4 Jahren, für die Arbeit bereits freigegeben.

Wichtig war weiter, daß diese auf die Steigerung des Sozialprodukts abzielenden Vorstellungen nicht nur auf die Sphäre der Theorie beschränkt geblieben sind, sondern in den nunmehr schon zahlreichen Waisenanstalten, Arbeitshäusern, Werk- und Industrieschulen als öffentliche Einrichtungen sich haben verwirklichen können; denn dadurch wurde der praktische Vollzug der systematischen Arbeitserziehung in nachahmbaren Beispielen vorgelebt.

Mit Rücksicht auf diese immer gegenwärtige Anschaulichkeit des neuen Denkens aber kann nun nicht überraschen, daß das erwerbstätige Kind jetzt auch in den privaten Haushalten und den Gewerben, die dem staatlichen Zugriff nicht unmittelbar unterlagen, eine größere Rolle spielte als in den vorangegangenen Epochen. Infolge der fortgesetzten Aufforderungen zur zeitigen Arbeitserziehung wurden auch hier ohne Bedenken jüngere Jahrgänge in den Erwerbsprozeß mit einbezogen als früher, waren ferner in allen Altersgruppen mehr Kinder als ehedem mit Arbeiten betraut und war die Inanspruchnahme der Kinder, verglichen mit früher, ersichtlich auch umfangreicher und härter geworden. (3) Eine Übersicht über die wirtschaftlichen Möglichkeiten, die in der Privatwirtschaft für den Einsatz von Kindern zu Gebote standen, soll im folgenden zugleich die Verbreitung der Kinderarbeit zu Beginn der Industrialisierung verdeutlichen.

1. Der Bergbau

Der einzige Wirtschaftsbereich, in dem in Deutschland von alters her regelmäßig nur Erwachsene Beschäftigung fanden, war der unter obrigkeitlicher Aufsicht stehende Bergbau,(1) doch gilt auch

3) Vgl. Frank, Bd. 6, 1792, S. 22; Der früher zu beobachtende Mißbrauch einer zu frühen Verwendung der Kinder bei zu schweren Arbeiten sei nunmehr in allen europäischen Staaten zu beobachten. Vgl. auch Stephani, 1805, S. 102: infamer Mißbrauch aus kameralistische Habsucht in den Industrieschulen sowie Schädigung der Kinder durch die Eltern und Handwerksmeister.

Vgl. zur anfänglichen Sondersituation in der Schweiz: Braun, 1960, S. 85, 183.

1) Karsten, 1828, S. 315.

dieser Satz nicht ohne jede Einschränkung. Die Kinder fuhren zwar nicht mit in die Gruben ein, wurden aber über Tage beschäftigt, so vor allem in den Scheidewerken bei der Trennung des Erzes vom Gestein. "Mit dem achten Jahr", so berichtet eine Schrift vom Jahre 1783, (2)"wird der Knabe (auf dem Harz) schon in die Pochwerke geschickt, wo er sich täglich früh um 4 Uhr einfinden muß. Hier wird der Anfang mit Gesang und Gebet gemacht ... . Um 5 Uhr fangen die Knaben an zu arbeiten, und gegen Mittag haben sie noch eine Lehrstunde... Es ist seit undenklichen Zeiten eingeführt, daß diese Pochjungen jahraus, jahrein von 4 Uhr des Morgens bis 4 Uhr nachmittags arbeiten."

Die im Bergbau beschäftigten Kinder bildeten freilich nur eine verhältnismäßig kleine Gruppe, die kaum in Erscheinung getreten ist.

2. Die Landwirtschaft

Die bei weitem größte Anzahl der erwerbstätigen Kinder und Jugendlichen war ohne Frage in der Landwirtschaft tätig, in der, durch die volkswirtschaftlichen Reformbemühungen gefördert, nunmehr regelmäßig auch gewisse grobe Textilarbeiten betrieben wurden. Aufgrund dessen boten sich hier für die Kinder, sobald sie nur einigermaßen Hände und Füße zu gebrauchen wußten, (1) eine ganze Reihe von Aufgaben an: das Spulen ab dem 5. oder 6. Lebensjahr; das Spinnen, sobald die Kinder die Spindel "regieren" konnten; das Viehhüten ab dem 6. bis zum 8. Lebensjahr; das Dreschen sowie das Versorgen des Viehes vom 8. oder 9. Jahre an und das Pflügen sowie andere Feldarbeiten mit dem 12. Jahre. (2) Für das Brennholzsammeln schließlich mögen die genannten Altersstufen wohl sämtlich in Betracht gekommen sein. (3)

Bei der Armenbevölkerung setzte die Erwerbstätigkeit der Kinder oft noch früher ein. Wie es hieß, hatten viele Familien nur bei größter Sparsamkeit und Mitarbeit auch schon der Vier- bis Fünfjährigen ihr Auskommen. (4) Konnten die Eltern ihre Kinder

---

2) Ramazzini, Bd. 2, 1783, S. 68, Anm. m.w.N. - Die in den Schmalkaldener Hüttenwerken tätigen Pochjungen waren 10-12 Jahre alt, vgl. NHM Jg. 7, 1797, S. 188.

---

1) Schmidlin, 1821, S. 15.
2) So Schmidlin, aaO; Aigner, 1867, S. 29; v. Massow, ASK Bd. 1, 1800, S. 193; Lamers, Johannes, Die Industrieschulen des Herzogtums Westfalen um die Wende des 18. Jahrhunderts in ihrer geschichtlichen Entwicklung und Bedeutung, Phil. Diss.,Münster i. W., Paderborn 1918, S. 71.
3) Vgl. ASK Bd. 1, 1800, S. 298.
4) v. Massow, ASK Bd. 1, 1800, S. 193.

in der eigenen Wirtschaft entbehren, so verdingten sie diese als Hütekinder oder ließen sie sie nach Erreichen des 8. Lebensjahres bereits "tagelöhnern". (5) Auch die Behörden paßten sich diesen Gegebenheiten an und stellten den Besuch der Sommerschule, indem sie sich auf Empfehlungen beschränkten, mehr oder weniger frei. (6)

3. Die Hausindustrie

Den zweiten großen Bereich verbreiteter Kinderarbeit neben der Landwirtschaft bildeten die hausgewerblichen Berufe. Die Strikker verwendeten die Kinder zum Krempeln der Wolle oder zum Handschuhenähen, (1) die Weber zum Spulen und der "Innmann" zum Spinnen. Das ärmliche Hausgewerbe fand in der Regel nur bei einem langen Arbeitstag sein Auskommen: Ein fleißiger Weber, so hieß es, war von 4 Uhr morgens bis 22 Uhr abends tätig; (2) nach einem Aufsatz eines Einbecker Garnkaufmanns vom Jahre 1784 erstreckte sich die Arbeitswoche des "Spinnemädchens" sogar auf 119 Stunden. (3) Nun wird es sich dabei wohl um eine übertriebene Angabe handeln, (4) die vielleicht in Notzeiten zugetroffen haben mag; gleichwohl ist aber doch der Schluß gerechtfertigt, daß die Erwachsenen und ebenso die Kinder in diesen Familienbetrieben häufig genug beruflich sehr stark beansprucht wurden. (5) - Auch die Zahl der in der Hausindustrie tätigen Jugendlichen, die mit Nebenarbeiten beschäftigt waren und ihre Lehrzeit im Elternhaus aufgenommen haben, sobald die Kräfte dazu reichten, wird man hoch einschätzen müssen. Von der "Calwer Compagnie" in Württemberg waren etwa 1.000, wenn nicht noch mehr, verlegte Weber unter Vertrag genommen, bei denen wiederum "viele Tausend" Kinder, in der Regel als Garnspinner, mitgearbeitet haben. (6) Im größten Dorfe Schlesiens, in Langenbielau, wohnten sogar 8.000 Weber. (7) Jeder zwölfte Einwohner Preußens, insgesamt über eine Million Menschen, war um 1820 im Hausgewerbe tätig. (8)

---

5) Lamers, aaO S. 71.
6) v. Massow, aaO.

---

1) Aigner, aaO S. 29.
2) Gothein, Wirtschaftsgeschichte, 1892, S. 758.
3) Sonntags von 6 bis 23 Uhr; in der Woche Nachtruhe bis 3 Uhr und Spinnen bis 23 Uhr; abzüglich der Essenszeiten, so HM Jg. 22, 1784, S. 1221 f.
4) Vgl. die Klagen über den mangelnden Arbeitseifer der Gesellen und Dienstmädchen in: NHM Jg. 8, 1798, S. 557.
5) Vgl. Kriedte u.a., 1977, S. 121.
6) Gothein, Wirtschaftsgeschichte, 1892, S. 704, Troeltsch, Walter, Die Calwer Zeughandlungskompagnie und ihre Arbeiter, Jena 1897, S. 108.
7) Brentano, ZSWG Bd. 2, 1894, S. 313.
8) Goldschmidt, 1881, S. 135 (Generalbericht von 1828). Eine Übersicht über die deutsche Tuchfabrikation in: NHM Jg. 5, 1795, S. 344.

Die hier übliche Kinderarbeit hat unter der napoleonischen Herrschaft noch einmal kräftig zugenommen, als die Hausindustrie durch den Kriegsbedarf und infolge der Auswirkungen der Kontinentalsperre mit manchen Produkten sich stark ausdehnen konnte. Vor allem die Baumwollweberei erlebte einen steilen, wenn auch letztlich nur künstlich forcierten Aufstieg. (9)

Auch die neue Technik förderte diese Entwicklung. Zwar litten die Handspinner schon unter der Konkurrenz des Maschinengarns. (10) Aber ohne die modernen mechanischen Spinnfabriken, die, durch die Blockade Englands begünstigt, an vielen Orten entstanden, hätte es auch den selbständigen "Professionisten", den Tuchmachern, Zeuchwebern, Färbern und Kattundruckern, an den von ihnen benötigten Rohstoffen und Halbfabrikaten gefehlt. (11)

4. Die Fabrikindustrie

Mit der letzten Feststellung ist bereits die Kinderarbeit mit angesprochen, die in den eigentlichen Fabriken geleistet wurde. Die herkömmliche, im handwerklichen Stil betriebene Manufaktur hatte, wie oben im Zusammenhang mit den Armenanstalten gezeigt, schon eine beträchtliche Anzahl Jugendlicher aufgenommen. Nachzutragen ist noch ein Hinweis auf andere Fabriken, etwa auf die Tabakindustrie, in der bereits sehr kleine Kinder - erwähnt werden schon Vierjährige (1) - tätig waren.

Über die Zahl der hier beschäftigten Kinder sind allerdings frühe Angaben nicht vorhanden. Solche Statistiken aufzustellen wäre auch nicht sehr sinnvoll gewesen, weil es aus verschiedenen Gründen noch keine in der Praxis übliche Abgrenzung zwischen der eigentlichen Fabrik und und der bloß handwerklich betriebenen Werkstätte gab. Nicht nur der Fabrikbegriff war sehr viel weiter als heute, indem er das durch Dauerverträge ge-

---

9) Schmoller, 1870, S. 454, 560, 574; Dilthey, Friedrich Otto, Die Geschichte der niederrheinischen Baumwollindustrie, Jena 1908, S. 8 ff.

10) Klagen im Vogtland über das englische Maschinengarn in: NZT 1805, S. 781.

11) Vgl. Buschick, 1821, S. 6; Dilthey, aaO S. 10.

---

1) Schwann, 1906, S. 67 (Kölner Denkschrift v. 1798); 5jährige schon um 1730 in den Kölner Fabriken: Boerner, Aug., Kölner Tabakhandel und Tabakgewerbe 1628-1910, Essen-Ruhr 1912 (Veröff. d. Archivs für Rh.-Westf. Wirtschaftsgeschichte, Bd. 2), S. 75; ebenso im Reg.-Bez. Potsdam i. J. 1818, vgl. Kuczynski, Umfrage, 1960, S. 56.

bundene Hausgewerbe mit einschloß, (2) sondern auch das gewerbliche Leben selbst entzog sich in diesem Entwicklungszustand einer entsprechenden Kategorisierung. Den Charakter der Industrie bestimmten vorläufig noch die Zwischenformen: die

---

2) Fabrik war im 18. Jahrhundert eine Werkstätte, in der Waren von mehreren Personen hergestellt wurden, wobei sich die Bezeichnung allmählich unter Ausgrenzung des Handwerksbetriebes auf die Fertigung "in großer Menge" bzw. "im Großen" verengte (Definition des Preuß. ALR Th. 2 Tit. 8 § 407: "Verarbeitung im Großen"; vgl. auch Danz, Wilhelm August Fried., Handbuch des heutigen deutschen Privatrechts, Bd. 5, Stuttgart 1799, S. 2). Diese Voraussetzung erfüllte als Fabrik "im weiteren Sinne" auch das Verlagsgeschäft (Bergius, 1780, S. 161; JFM Bd. 5, 1793, 2. Aufl. 1797, S. 196), bei dem ein "Kaufmann" die Arbeit der fest verpflichteten Hausgewerbetreibenden vorfinanzierte, etwa die Weber mit Garn verlegte und diese bei der Ablieferung der bestellten Ware entlohnte. Die "eigentliche" Fabrik oder Fabrik "im engeren Verstande" war demgegenüber die Produktion in der "geschlossenen" Anstalt (vgl. für 1853 GA. Pr. 3, S. 1461: "geschlossene Fabrik"). Die Unterscheidung zwischen Fabrik und Manufaktur war ungesichert, weil der alltägliche Sprachgebrauch die Ausdrücke als synonym ansah. Anders die Fachwissenschaft: Danach war die Produktion mit Hilfe des Feuers oder mit Feuer und Hammer eine Fabrik (Bearbeitung von Metall), dagegen die Fertigung von Hand oder auch mittels der Maschine, aber ohne das Feuer (Verarbeitung von Seide, Wolle, Haaren, Holz usw.) eine Manufaktur (v. Justi, 1758, S. 5; Künitz, Th. 12,1777, S. 3; Th. 84, 1801, S. 10; JFM Bd. 2/3, 1792, 2. Aufl. 1797, S. 324 f.; Bd. 5, 1793, 2. Aufl. 1797, S. 195). Eine Zeitlang hielt sich auch der Ausdruck "Mühle"(heute noch im Begriff (Sägemühle) für die die Wasserkraft verwendenden Fabriken (vgl. z.B. ABG Bd. 1, 1788, S. 177).Nach Beginn der industriellen Revolution hob man für den Fabrikbegriff zunehmend auf die Arbeitsteilung bzw. auf diese und die Verwendung von Maschinen ab, so daß die Bezeichnung Manufaktur an Bedeutung verlor (vgl. Lotz, Begriff, 1807, S. 527 f.; Ersch-Gruber, 1845, "Fabrik", S. 1; zur Entstehung der Definition des ALR vgl. Roehl, SF Bd. 17, 1900, H. 4, S. 36 ff.; wie hier: Fischer, Wolfram, Der Staat und die Anfänge der Industrialisierung in Baden. 1800-1850, Berlin 1962, S. 28 ff.).
Dem Fabrikbegriff ähnlich wurde auch der Ausdruck Fabrikant mit verschiedener Bedeutung verwendet. Die Fabrikanten waren ursprünglich die "Klasse" oder der "Stand von Bürgern", die in Werkstätten tätig waren und dabei das Geschäft betrieben, die Rohstoffe "für die verschiedenen Bedürfnisse der Menschen ...umzuformen oder zu verarbeiten" (so die allg. Auffassung, vgl. z.B. Stephani, 1805, S. 142). Dieser Begriff fand auch auf die Hausgewerbetreibenden Anwendung, diese wurden aber auch als (selbständige) Fabrikarbeiter, Handwerker, Professionisten und Manufakturisten bezeichnet (JFM Bd. 5, 1793, 2. Aufl. 1797, S. 196). In der Fabrik i.e.S. wurde der Meister Fabrikant genannt (Krünitz, Th. 12, 1777, S. 3),

ausgedehntere Hausindustrie und die größeren Handwerksbetriebe. (3) In den Kölner Wirkstuben zum Beispiel, zeitweilig 50 ihrer Art, in denen Spitzen gefertigt wurden, waren bis zu 1.000 Mädchen im Rahmen regulärer Arbeitsverträge tätig (4) - eine jedenfalls teilweise auch fabrikmäßige Produktion. Wenn ein Kaufmann mehrere Webstühle in seinem Hause aufstellte oder ein Meister mehrere Gesellen und Lehrlinge beschäftigte, (5) konnte die Hausindustrie ohne weiteres den Charakter kleiner Fabriken annehmen. Insbesondere die vertraglich gebundenen Zulieferbetriebe der bedeutenden Verlagsgeschäfte - vor allem die der Weber, Schmiede, Schleifer und Gießer - haben oft einen größeren der Fabrik im engeren Sinne sich annähernden Zuschnitt gehabt. (6) Übrigens unterhielten auch die Verleger selbst oft noch eigene fabrikartige Werkstätten, in denen sie die von den Hausgewerbetreibenden gefertigten Teilprodukte für den Verkauf noch weiter herrichten ließen. (7)

Die große"geschlossene" Fabrik kam selbst in dem bedeutendsten Gewerbezweig des 18. Jahrhunderts, der Textilindustrie , noch ausgesprochen selten vor. Die Regel bestand hier in der in Heimarbeit dezentralisiert betriebenen Fertigung. Ein damals berühmtes Ausnahmebeispiel bildete das königliche Lagerhaus in Berlin, eine Tuch- und Zeuchmanufaktur mit gegen 1.000 Arbeitern. (8)

---

teils aber auch der Fabrikarbeiter im Gegensatz zum Fabrikunternehmer (so die Sprachregelung des Preuß. ALR Th. 2 Tit. 8 § 408 für den außerhalb der Zunft stehenden Arbeiter). Aber auch den Unternehmer nannte man Fabrikant (JFM Bd. 6, 1794, S. 376), häufiger wurden jedoch für ihn die Ausdrücke Fabrikbesitzer, Fabrikinhaber, Fabrikherr, Fabrikunternehmer und (beim Verlagsgeschäft) Fabrikverleger gewählt (vgl. die Aktenstücke bei Kuczynski, aaO S. 23 ff.; vgl. auch die älteren Bezeichnungen Entreprenneur und Manufakturherr bei Bergius, 1780, S. 161). Der Begriff "Künstler" schließlich wurde für solche Gewerbe angewendet, deren Ausübung besondere Fertigkeiten verlangte (Roehl, aaO S. 36, Anm. 1 m.w.N.).
Vgl. noch Forberger, Rudolf, Zu den Begriffen der "Manufaktur" und "Fabrik" in technischer und technologischer Sicht, in: Technologischer Wandel im 18. Jahrhundert.Hrsg. v. Ulrich Troitzsch, Wolfenbüttel 1981 (Wolfenbütteler Forschungen, Band 14),S. 175 ff.; Kriedte u.a., 1977, S. 276,Anm. 9 m.w.N.; Kermann, 1972, S. 81; Forberger, 1982, S. 41 ff.,46 ff., 51.

3) Zum Tatbestand des langsamen Überganges des Handwerkbetriebes zur Fabrik vgl. Hoffmann, J.G., Gewerbebetrieb, 1841, S. 396 f.
4) A. Kö. 2, S. 168. Als Gewerbezweig aber wohl nicht von überregionaler Bedeutung, vgl. Goldschmidt, 1881, S. 197.
5) Bergius, 1780, S. 306.
6) Goldschmidt, aaO S. 223 f.
7) Vgl. JFM Bd. 12, 1797, S. 30 (Zeugmanufaktur in Calw); Roehl, SF Bd. 17, 1900, H. 4, S. 55 (Zwirnerei, Färberei, Appretur).
8) Bergius, aaO S. 161: NHM Jg. 5, 1795, S. 364. Vgl. auch Gothein, Schlosser, 1899, S. 43 über eine Textilfabrik in Emmendingen; vgl. Emsbach, 1982, S. 261,Anm. 926.

Der Trend zum größeren Betrieb wurde erst mit der zunehmenden Mechanisierung spürbar, eine Entwicklung, die in Deutschland etwa in der Zeit ab 1800 verstärkt eingesetzt hat. (9) Immerhin heißt es aber von der Gegend um Elberfeld und Barmen bereits im Jahre 1795, daß der dort verbreitete Wohlstand schon ganz das Werk der Maschinen sei, von denen man in den aufstrebenden Band- und Spitzenfabriken für das Auftragen der Muster und Zeichnungen Gebrauch gemacht hat. (10) Eine neue Art der großen Fabrik entstand dann - mit gewissen Vorläufern seit 1780 - zur Zeit der Kontinentalsperre mit den oben schon erwähnten Woll- und Baumwollspinnereien, (11) in denen die Maschinen namentlich der belgischen Unternehmer William und John Cockerill aufgestellt wurden. (12) Neben den Arbeitsmaschinen, die jetzt bereits"allgemein" verwandt wurden, (13) setzten sich weiter die mechanischen Antriebswerke für Pferde, für Dampf- und vor allem für Wasserkraft durch. (14) Die Großfertigung gewann damit einen anspruchsvolleren Charakter als früher. War sie zuvor vornehmlich Armenversorgungsanstalt gewesen, so zeichnete sie sich jetzt vor allem dadurch aus, daß der Unternehmer gründliche Kenntnisse in den Naturwissenschaften und einen an der internationalen Konkurrenz geschulten Geschmack besitzen mußte. (15)

Mit dem Aufkommen der größeren Betriebe (16) nahm - wie in England schon eher - auch in Deutschland die Zahl der Fabrikkinder zu; die Maschinen brachten regelmäßig einen vermehrten Bedarf an Hilfskräften mit sich. Dank einer Umfrage, die das um die Rheinprovinz erweiterte Preußen im Jahre 1817 in seinen In-

---

9) Goldschmidt, 1881, S. 220 (Maschinenausstattung im Rheinland aus der Zeit kurz nach 1800). Vgl. für das Rheinland noch: Kermann, 1972, S. 605 ff. sowie die Einzelnachweise S. 103 ff. usw. Für Sachsen vgl. Forberger, 1982, S. 479 sowie die Einzelnachweise S. 105 ff., 109 ff. usw.

10) JFM Bd. 8, 1795, S. 264 ff.; erwähnt werden hier auch Drehmaschinen für die Fertigung der Schnürriemen. Vgl. zum Band-Gewebe Emsbach, 1982, S. 26, Anm. 34.

11) Dael, 1846, S. 27 f.; Ersch-Gruber, 1857, S. 381 f. Vgl. ferner Emsbach, 1982, S. 27: die erste Spinnerei 1783/84 bei Ratingen, im J. 1800 in Elberfeld und Barmen bereits je 5 Baumwollspinnereien; auf S. 59 w.N.

12) Kunth, 1816, bei Goldschmidt, 1881, S. 203: "Anwendung... der trefflichen Maschinen, wodurch Cockerill ... die Tuchfabrikation so durchaus verändert und gehoben hat." Vgl. zu Cockerill: Beiträge zur Geschichte der Technik und Industrie, Bd. 10, Berlin 1920, S. 103 ff., Aufs. von H. Lotz; ferner Kisch, Herbert "Die hausindustriellen Textilgewerbe am Niederrhein vor der industriellen Revolution, Göttingen 1981 (Veröffentlichungen des Max-Planck-Instituts für Geschichte, Band 65), S. 337 m.w.N.

13) Kunth, 1816, aaO S. 214: "Maschinenspinnerei und sonstige Maschinerie wird immer allgemeiner"; Beispiele auf S. 204: Ölungs-, Rauh- und Bürstenmaschine, auf S. 217: Wickelmaschine für 50 Frauen und Mädchen; Lotz, aaO S. 105, Anm. 1:

dustriebezirken durchgeführt hat, (17) lassen sich auch Feststellungen darüber treffen, in welcher Richtung sich die fabrikmäßige Kinderarbeit ausgebreitet hat. Die Möglichkeit, Kinder gewinnbringend einzusetzen, war keineswegs in allen Gewerbezweigen in gleicher Weise gegeben. (18) Die auf eine alte Berufstradition zurückblickenden Werkstätten des Sauerlandes etwa, in denen Eisen, Kupfer, Messing und andere Metalle gewonnen und verarbeitet wurden, nahmen Jugendliche normalerweise erst mit 14 bis 16 Jahren auf. Die Berufe der Sensen-, Blech- und Messerschmiede, Feilenhauer, Drahtzieher und Bronzearbeiter waren handwerklich zu anspruchsvoll und erforderten auch zu viel Körperkraft, als daß man in diesen Gewerben schon zahlreiche Kinder hätte verwenden können. (19) Eine Sonderstellung in der Metallindustrie nahmen allerdings die Fabriken für Näh-, Strick- und Stecknadeln sowie Drahtwaren und Drahtgeflechte ein, wie sie beispielsweise in Altena und Iserlohn zu finden waren. Hier wurden Kinder schon ab dem 7. Lebensjahr mit oft einförmigen und ungesunden Arbeiten beschäftigt, z.B. mit dem Einschlagen der Öhre in die Nähnadeln. (20) Die eigentliche Domäne der Kinder-

---

Maschinen zum Wollkämmen, Farbenmischen, Kardieren, Aufkratzen sowie zum Grob- und Feinspinnen; vgl. auch Blumberg, 1965, S. 25, 73 ff.

14) Kunth, aaO S. 204, erwähnt 1816 Dampfmaschinen sowie Roß- und Dampfwerke.

15) Kunth, 1817, aaO S. 290; vgl. Emsbach, 1982, S. 261, Anm. 926.

16) Vgl. Goldschmidt, 1881, S. 216: die Vor- und Nacharbeiten bei der Weberei in Krefeld in großen Fabrikgebäuden, die Weberei nur zum Teil; ferner Carnot, 1841, S. 20 f.: in Elberfeld die Arbeiten gewöhnlich in ausgedehnten Gebäuden; in Vierßen dagegen "bei den ... auf dem Lande umher zerstreuten Arbeitern"; Diergart (Vierßen) beschäftigte 3.000 Arbeiter, davon 60 in einem Etablissement. Vgl. auch die Angaben bei Emsbach, 1982, S. 80 ff., 96, 261 ff.

17) Gedruckt bei Kuczynski, Umfrage, 1960.

18) Bei Goldschmidt, 1881, S. 233 eine Übersicht über die bedeutenderen Industriezweige des Rheinlands und z.T. der Provinz Sachsen: Messingwerke, Fabriken für Näh- u. Stecknadeln, Kupfer-, Eisen- u. Stahlwaren, Glashütten, Fabriken für Töpferwaren, für Papier, Leinwandfarben, Baumwollspinnereien und Baumwollwebereien, Wollspinnereien, Fabriken für Seidenzeugband, Tücher, Lederwaren usw.

19) Vgl. Kuczynski, aaO S. 50.

20) Kuczynski, aaO S. 51.

arbeit aber bildete die Textilproduktion mit ihren für die damalige Industrie überhaupt repräsentativen Fabrik- und Verlagsanstalten. Hier arbeiteten Kinder im Alter ab 7 Jahren, oft aber auch jüngere, bei einem Arbeitstag von in der Regel 12 Stunden. In den Wollspinnereien gebrauchte man die Kinder zum Haspeln, (21) zum Spulen (22) und an der Streich- und der Vorspinnmaschine zum Abnehmen oder Auflegen der "Woll-Locken". (23) In den Seidenwirkereien verwendete man sogenannte Ziehjungen beim Weben. (24) In den Stoffdruckereien waren die Kinder mit dem Aufstreichen der Farben auf die sogenannten Farbenbehälter betraut, in einer Zahl, von der die Angaben über Berlin eine gewisse Vorstellung vermitteln: In der preußischen Hauptstadt standen im Jahre 1818 ungefähr 600 Drucktische, für die in Zeiten der Vollbeschäftigung eine gleich große Zahl an "Streichjungen" benötigt wurden. (25) Eine Stecknadelfabrik, im Jahre 1813 in Köln gegründet, beschäftigte drei Jahre später 70 Personen, von denen die meisten Kinder waren. (26) In den Krefelder Samt- und Seidenbetrieben - überwiegend hausgewerbliche Webereien - wurden im Jahre 1815 insgesamt 455 Kinder gezählt, die im Alter bis zu 13 Jahren mit dem Spulen, dem Säubern, Abhaspeln und Winden der Seide, dem Spulen von Wolle und anderen untergeordneten Diensten beschäftigt waren. Im Jahre 1824 hatte der größte Krefelder Betrieb allein schon 390 Kinder angestellt. (27) Aus Köln sind vom Jahre 1811 Zahlen aus der Maschinenweberei des Fabrikanten Schieffer bekannt. Dieser beschäftigte 117 Weber mit 172 Stuhlkindern, 4 Kettenschärer mit 168 Stuhlkindern sowie 14 Maschinisten mit 96 teils jugendlichen und teils erwachsenen Hilfspersonen. (28) Von diesen 571 Arbeitern waren mithin die meisten Kinder. (29)

Beachtung verdient, daß in den rationell organisierten neuen Fabriken notwendig ein schärferes Arbeitstempo herrschte als in den Handwerkerbetrieben herkömmlicher Art. Dazu ein Zitat des Pädagogen Niemeyer, der im Jahre 1806 eine Elberfelder Fabrik besichtigte, in der die "vom Morgen bis in die Nacht arbeitende Klasse...fast ganz mit den Dreh- und Spinnmaschinen in eine Linie trat". "Uns gab", so beschrieb Niemeyer seine Eindrücke, (30) "besonders die unbeschreibliche Tätigkeit und Betriebsam-

21) Aufwickeln von Garn auf Achtkant zum Strähnen.
22) Aufwickeln von Fäden auf Rollen oder Walzen.
23) Kuczynski, aaO S. 67, 77, 91; Emsbach 1982, S. 293.
24) Für das Ziehen der Schnüre beim Weben gemusterter Stoffe. Diese Arbeit wurde aber schon früh von Maschinen übernommen, Kuczynski, aaO S. 92; vgl. auch Emsbach, 1982, S. 115, Anm. 341, S. 133, Anm. 374.
25) Kuczynski, aaO S. 77.
26) Goldschmidt, 1881, S. 195.
27) Rotthoff, DH Jg. 30, 1959, S. 93 f.
28) Schwann, 1906, S. 300; vgl. dazu Emsbach, 1982, S. 85, Anm. 267 u. S. 119.
29) Instruktiv auch die von Anton, 1891, S. 9 ff. für den Bez. Arnsberg nachgewiesenen Tätigkeiten; vgl. auch die Angaben bei Emsbach, 1982, S. 330 f. und Forberger, 1982, S. 79 f.,

keit, zu welcher selbst die kleinsten Kinder, wär es auch nur zum Auflesen der Flocken, gewöhnt werden, zu manchen Betrachtungen Anlaß. Ein rechter Ameisenfleiß begegnete uns auf jedem Schritte. Man versicherte uns, daß Fünfjährige schon täglich einige Groschen verdienen könnten."

IV. Vorläufer eines Mißbrauchsschutzes am Ende des 18. Jahrhunderts

1. Kritik an der gewerblichen Arbeit

Die um sich greifende Arbeitsidee traf in Deutschland auf gewisse gegenläufige Strömungen, die zwar ersichtlich nicht kräftig genug waren, die beschriebene Ausuferung der Kinderarbeit aufzuhalten, die aber, wenn sie sich verstärkten, nachträglich noch eine Einschränkung des Arbeitsgedankens herbeiführen oder zumindest befördern konnten.

Einen dieser geistigen Widerstände bildete die in der Landbevölkerung verbreitete Abneigung gegen die gewerblichen Berufe, wobei diese Haltung sich auf negative Erfahrungen mit der Hausindustrie berief und wissenschaftlich durch die physiokratische Lehre gestützt wurde. (1) Eine zweite, speziell gegen die moderne Technik selbst gerichtete Front entstand unter den Hausgewerbetreibenden, bei denen die Konkurrenz der Maschinen eine verständliche Beunruhigung ausgelöst hat. (2) Ende des 18. Jahrhunderts sah man im Grunde schon recht genau, daß die Ausbreitung der gewerblichen Produktion mit gesellschaftlichen Schäden bezahlt werden mußte. (3) Gewarnt wurde vor der Zunahme der Landflucht, (4) vor der Wettbewerbsunfähigkeit der Handarbeit gegenüber der Maschine sowie der daraus sich ergebenden gedrückten Lage des gewerblichen Arbeiters. Der letzte Punkt interessiert hier näher. Man verwies darauf, daß die Tätigkeit im "dumpfigen" Fabrikhaus nur ein "kärgliches Brot" unter Fremden gewähre; (5) daß der Arbeiter bei einem Konkurs der Fabrik ohne Verdienst bleibe; daß bei einer Überproduktion die Preise fallen müßten; daß der Unternehmer sich dann durch Lohnkürzungen "auf dem Arbeiter erhole" und daß dieser sich aus seinem Elend nicht"herauswickeln" könne, weil er weder Gelegenheit noch Kräfte habe, durch eine Feldarbeit sich zu ernähren. (6) Die gewerbliche Bevölkerung sei für den Staat höchst

385, 392, 397 ff.
30) Niemeyer, Bd. 3, 1823, S. 242 f.

1) Jacobi, Andreas Ludolph, Betrachtungen über einige neuere Zweifel, wider den Nutzen der Fabriken und Manufacturen in fruchtbaren Staaten, Hannover 1779, S. 5, Vgl. Kriedte u.a., 1977, S. 13, Anm. 2.
2) Vgl. JFM Bd. 8, 1795, S. 262; Bd. 9, 1795, S. 368; Bd. 13, 1797, S. 49, 82.
3) Hirzel, 1774, S. 396 ff.; vgl. auch Patje, 1796, S. 28 ff.; Schram, 1803, S. 153, Anm.

schädlich, meinten namentlich die Physiokraten: Diese Arbeiter seien ein durch die sitzende Lebensweise schwächliches, kränkliches, auch ungesittetes Volk, das weder Stärke und Mut habe zu einer anstrengenden Tätigkeit noch zur Verteidigung des Vaterlandes. "Wer möchte",so pries man die Vorzüge des Landlebens an,(7) "den wohlgenährten, gesunden, knochigen Arbeitsmann, der einem hohen Alter und einer sicheren Zukunft unter dem bemoosten Dache seines Ahnen und im Schatten der Bäume, unter denen er seine Jugendjahre verspielte, entgegensieht, für den bleichen, verkrüppelten, halbbekleideten Fabrikanten vertauschen...?"

Diese Argumente hatten an sich nur zum Ziel, den Wert der Landwirtschaft gegenüber den von den Regierungen meist bevorzugt unterstützten Fabrik- und Hausgewerben zu betonen, trugen aber doch auch mit dazu bei, die mit der Industrie verbundenen Schädigung beim Namen zu nennen und Bestrebungen zu ermutigen, die eine vom Gemeinwohl gebotene Einschränkung des Fabrikbetriebes befürworten wollten. (8)

Als Träger einer solchen Gegenbewegung kam zunächst die sich gezielt mit den Gesundheitsschäden befassende Arbeitsmedizin in Betracht. Gegen Ende des 18. Jahrhunderts erfuhr dieser Wissenschaftszweig einen kräftigen Aufschwung, als die medizinische Literatur sich mit Rousseaus "Emil" und einschlägigen antiken Schriftstellern auseinandersetzte und auf vielen Gebieten Gesundheitsproblemen nachging. Man überdachte die physische Erziehung der Kinder und Jugendlichen, die allgemeine Krankenversorgung, die staatliche Medizinalaufsicht und andere verwandte Fragen. (9) Das Schrifttum der mit den Berufskrankheiten vertrauten Ärzte wandte sich früh auch gegen die Übertreibungen, deren man sich bei der Kinderarbeit so häufig schuldig machte. Frank, ein seinerzeit berühmter Verfasser eines medizinal-polizeilichen Werkes, verwies auf die in der Landwirtschaft gebräuchliche zu zeitige Verwendung der Kinder bei zu schweren Arbeiten und merkte dazu an, daß dieser früher nur in der Schweiz übliche Mißbrauch nunmehr in allen europäischen Staaten zu beobachten sei. (10) Die Kinder würden durch die Überan-

---

4) Vgl. auch JFM Bd. 13, 1797, S. 273.
5) Patje, aaO S. 28 f.
6) Hirzel, aaO S. 400.
7) Hirzel, aaO S. 398.
8) Vgl. Schramm, 1803, S. 153,Anm.
9) Brinckmann, Johann Peter, Patriotische Vorschläge zur Verbesserung der Medicinal-Anstalten hauptsächlich der Wundarznei und Hebammenkunst auf dem platten Lande, Düsseldorf 1778; vgl. Schwartz, Friedrich-Wilhelm, Idee und Konzeption der frühen territorialstaatl. Gesundheitspflege in Deutschland, Med. Diss.,Frankfurt 1973, S.186, 266, 277.
10) Frank, Bd. 6, 1792, S. 22; so 1815 auch der Erziehungsrat des Kantons Zürich, JSG Jg. 2, 1911, S. 139 (hier der Hinweis, daß auch in der Schweiz die Inanspruchnahme der Kinder unangemessen gesteigert worden sei).

strengung "vor den Jahren" entkräftet und erreichten niemals ein normales Wachstum und ihre normale Stärke: Man sehe deswegen oft "die Gesichtszüge von 20 Jahren mit der Größe des Leibes von 12 und 13 Jahren vereinigt"; oft würden die Kinder, so warnte Frank, auch unter der Last der Arbeit in einer Art "tödlicher Auszehrung" oder "Ausdörrung des Leibes" völlig verfallen. - In ähnlicher Weise äußerte Frank sich auch über die gewerbliche Arbeit. (11) Durch nichts sei die Gewohnheit zu entschuldigen, so mahnte er, im Handwerk und in der Fabrik schon "sehr zarte" Kinder arbeiten zu lassen, denn es könne nicht ausbleiben, daß diese krank und siech würden, weil in vielen Gewerben unnatürliche Körperstellungen unvermeidlich seien, durch die auch Erwachsene sich Schäden zufügen würden. Zwangsläufig werde durch eine solche Arbeit "die gute Bildung des Körpers, die gesunde Beschaffenheit der so verschiedentlich in einen engeren Raum gedrückten Eingeweide, die Absonderung der nötigsten Säfte und die regelmäßige Ansetzung des neuen Nahrungsstoffes" verhindert. - Frank beließ es nicht bei diesen allgemeinen Warnungen, sondern forderte den Staat dazu auf, aus gesundheitlichen Gründen für die Ausübung bestimmter Berufe ein Mindestalter festzusetzen. (12)

Mit der Meinung von der Gefährlichkeit der frühen Erwerbsarbeit stand Frank keineswegs allein. Auch der Arzt Georg Adelmann erhob im Jahre 1803 in seinem Buch: "Über die Krankheiten der Künstler und Handwerker" (13) Anklage gegen die mißbräuchliche Verwendung der Kinder in den gewerblichen Berufen. Zu einer Zeit, so führte er aus, da die Knochen der Kinder noch nicht genügend entwickelt seien und die Kinder auch noch nicht über die nötigen Kräfte verfügen würden, strenge man sie schon über die Maßen an und entziehe sie der für ihr gesundes Wachstum unverzichtbaren Heiterkeit des Spielens und den damit verbundenen vielseitigen Bewegungen.

Für die Manufaktur, die zur damaligen Zeit oft nicht mehr als ein vergrößerter Handwerksbetrieb war, galten diese Sätze selbstverständlich auch. Ein Wunder sei es, so stellte im Jahre 1784 der Mediziner Brinckmann fest, (14) wenn die Kinder in den Spinnereien nicht "krüppelig" und "siech" würden, da sie am Spinnrad nichts als einförmige Bewegungen auszuführen hätten. Andere Nachteile der "Fabrik" wurden ebenfalls erwähnt: die beim Weben mit Wolle, Seide und Baumwolle auftretende Bildung von

---

11) Frank, Bd. 5, 1791, S. 388 f.
12) Frank, Bd. 5, 1791, S. 389; Bd. 6, 1792, S. 61, 67.
13) Würzburg 1803, S. 53 ff.; vgl. über die Mißhandlung der Lehrlinge: Handwerksbarberei, oder Geschichte meiner Lehrjahre (von J.G.A. Probst) Halle und Leipzig 1790, Neudruck: Leipzig 1923, S. 7 ff., 38, 45 ff., 58 ff.
14) Brinckmann, Johann Peter, Vergleichung der Erziehung der Alten mit der heutigen ..., Deßau und Leipzig 1784 u. 2. Aufl. Düsseldorf 1788, jeweils S. 298.

Staub, den die Arbeiter zusammen mit anderen Luftverschmutzungen einatmen würden; ferner die Unreinlichkeit, die sich bei einem mit Menschen "vollgestopften Ort" notwendig einstelle; dann die Verwahrlosung, die unter den Arbeitern regelmäßig einreiße; weiter die Ernährung mit kalter Kost und schließlich die Neigung der Arbeiter zur Trunksucht und zu unsittlichem Lebenswandel. Gewisse Krankheiten - Verdauungsbeschwerden, Wasser, das Wechselfieber, die Krätze und die Lustseuche - würden sich deshalb bei den in der Fabrik beschäftigten Personen sehr häufig finden. Die Arbeiter sähen fahl, aufgedunsen, abgezehrt und schwächlich aus. Besonders gefährlich sei im übrigen, daß in den Fabriken leicht Seuchen entstehen würden, die sich durch Ansteckung rasch ausbreiten könnten. (15)-In diesem Zusammenhang gehört auch eine Schrift über die Berufskrankheiten der Bergleute, dessen Verfasser Henkel beklagte, daß der Bergmann "in der Zartheit seiner Jahre" bereits "verdorben" werde, wenn auch nicht in der Grube, so doch in den Werkstätten, in denen man das taube Gestein von dem metallhaltigen trenne. (16) Das in den Bergwerken gewonnene Haufwerk sei in der Regel so trocken, daß es in den Arbeitsräumen, den beengten und niedrigen Scheidestuben, von Staub nur so nebeln würde. Die Scheidejungen säßen dort in Gruppen von zehn bis fünfzig und mehr Personen beisammen und würden aus allen Leibeskräften auf Erz, Horn und Knauer loskeilen. Dabei gehe es aber den Jungen nicht anders als den erwachsenen Bergleuten selbst: Steinmehl, Erzstaub, Schwefeldampf, Arsenikrauch müßten sie "stets und häufig in sich schlucken".

Henkel beschloß seinen Bericht über die in den Erzhütten für ihr ganzes Leben sich etwas "einbrockenden" Jugendlichen mit einer resignierenden Feststellung, in der die große Schwierigkeit zum Ausdruck kommt, vor der die Arbeitsmedizin bei all ihren Beobachtungen stand. Was bleibe dem Vater, so notierte er, aber letztlich anderes übrig, als seine Söhne so bald wie nur möglich arbeiten zu lassen,"wenn das Brot zulangen solle".(17)
In der Tat war die verbreitete Not eine entscheidende, allen durchgreifenden Verbesserungsvorschlägen im Wege stehende Schranke, und noch ein zweites Hindernis, so muß man ergänzen, bildete die den Zeitgeist beherrschende Arbeitspädagogik. Daß der Mediziner durch diese Sachlage überfordert wurde, die außerhalb seines Wissenschaftsbereiches in den gesellschaftlichen Verhältnissen wurzelte, zeigt sehr deutlich ein 1798/99 erschienenes Buch des Arztes Struve, der in seinen Ausführungen sowohl gegen die Unsitte sich aussprach, Kinder mit zu schweren Arbeiten zu überlasten, als auch dafür eintrat, die Jugend mit möglichst frühen und auch anstrengenden Tätigkeiten zur Arbeit zu erziehen.(18) Wo die Grenze zwischen dem Zulässigen und

15) Ramazzini, Bd. 1, 1780, S. 272 ff.
16) Henkel, 1745, S. 42; zit. bei Ramazzini, Bd. 2, 1783, S. 69.
17) Henkel, aaO S. 44.
18) Struve, Christian August, Erklärung teutscher Sprichwörter, Th. 1, Glogau 1798, S. 33 ff., 79, 192 ff., 212 f.; Th. 2, 1799, S. 65f.

und Schädlichen zu ziehen sei, ließ Struve offen, und diese Frage wurde auch von anderen Ärzten nicht beantwortet. Die Medizin vermochte unter den gegebenen Umständen nicht mehr zu tun, als die allergröbsten Mißstände, wenn sie eingerissen waren, zu bekämpfen, nicht aber konnte sie vorbeugend von den Kindern die anstrengende Berufsarbeit an sich fernhalten.

2. Maßnahmen der Verwaltung

Immerhin erwuchs auf dem Boden dieses engen Handlungsspielraumes, unterstützt auch durch die Vertreter der auf die Förderung der Kinder bedachten Arbeitspädagogik, eine erste konkrete Auseinandersetzung mit der "fabrikmäßigen" Erwerbsarbeit der Kinder. Hierbei handelt es sich um den in den Jahren nach 1780 im deutschen Schrifttum ausgetragenen Waisenhausstreit, (1) bei dem es um Mißstände in den öffentlichen Armenanstalten ging. Die Waisenhäuser, in denen immer schon Krankheiten aller Art gehäuft auftraten, namentlich die Krätze fand sich fast überall, (2) machten jetzt durch eine hohe Kindersterblichkeit von sich reden und gerieten dadurch in den Ruf von Mördergruben. (3) Ein zweiter Anklagepunkt, dem noch allgemeinere Berechtigung als dem ersten zukam, war die dürftige Erziehung, die die Waisen erhielten. Immer nur mit ihresgleichen zusammen und mit einfachen Arbeiten betraut, wurden die Kinder lebensungewandt, charakterlich verdorben, entwickelten auch als Erwachsene keinen Familiensinn und zeigten sich vor allem in den meisten Gewerben nicht anstellig genug, weswegen die Waisenkinder, was die Armenpflege empfindlich traf, nur ungern als Dienstboten oder Handwerkslehrlinge angenommen wurden. (4) Welch großer Einfluß Unsauberkeit, fehlende Bewegung in frischer Luft, eine eintönige Ernährung, die Ansteckungsgefahr bei Krankheiten und auch mangelnder Unterricht, die sittliche Gefährdung sowie eine unzulängliche Aufsicht für die Entwicklung der Waisenkinder hatten, diese Punkte klärten sich jetzt in der öffentlichen Meinung. Wichtige Erfahrungen waren das auch in Hinblick auf die Fabrikkinder, weil das Leben in der Waisenanstalt in vielen Beziehungen dem Aufenthalt in den Fabrikräumen glich und weil, wie gezeigt, in den Waisenhäusern oft ganztägig Manufakturarbeiten betrieben wurden. Übrigens richtete sich auch dagegen ein wesentlicher Teil der jetzt erhobenen Kritik. Daß die Arbeit des Spinnens eine für die Kinder nützliche Tätigkeit sei, gegen diese Grundüberzeugung der Armenverwaltung wandte sich etwa der Philanthrop Salzmann:

---

1) Vgl. Struve, BJ. Bd. 1, 1788, S. 92 ff.; Wagemann, GM Bd. 2, 1791, H. 3, S. 68 ff.; Koch, 1933, S. 173 ff.
2) Versuch, 1795, S. 11; Frank, Bd. 5, 1791, S. 389.
3) Riecke, 1806, S. IV. In Stuttgart z.B. waren in dem Jahrzehnt nach 1754 von etwa 150 Waisen 108 verstorben; danach Rückgang der Sterblichkeit; von 1784 bis 1793 dann wieder 78 Todesfälle auf 180 Kinder, Riecke, aaO S. VIII; in Potsdam waren von etwa 1400 Kinder 300 bis 400 dauernd krank, jährlich verstarben 200, Hinze, 1927, S. 165,Anm. 4); vgl.Koch, 1933, S. 174 m.w.N.
4) Versuch, 1795, S. 10, 12.

Geschwätz sei das, ließ er in dem Erziehungsroman Carl von Carlsberg (5) einen Bauern sich über die Ausbildung seines Patenjungen beklagen:"Gelernt?" Er wisse ja von nichts etwas als vom Wollrade und von der Krempel. (6) - Allenfalls "Fabrikarbeiter" konnte man mit dem einfachen Arbeitsunterricht heranziehen, für die Mädchen gab es überhaupt keine passenden Berufe. (7)

Und noch etwas zeichnete sich bereits im 18. Jahrhundert in der Auseinandersetzung um die Versorgung der Waisen ab, nämlich wie nahe die Versuchung lag, die arbeitenden Kinder aus finanziellen Gründen im Übermaße auszubeuten. Der Pädagoge Struve berichtete nach einer Besichtung eines "sehr berühmten" Waisenhauses, die Kinder hätten kein heiteres und frohes Aussehen gehabt und seien durch körperliche Arbeit zu sehr angestrengt worden. (8) Sogar während des Religionsunterrichtes hätten die Waisen arbeiten müssen mit der Begründung, sie würden dadurch ihre Gedanken besser beieinander behalten. Noch eindringlicher findet sich dieser Tatbestand bei Salzmann beschrieben: Die in den Arbeitssälen angetroffenen Waisenkinder, heißt es in dessen oben genannten Roman, seien durch matte, triefende Augen aufgefallen und hätten bleich wie Leichen ausgesehen. "Mein Herz hätte ... springen mögen", ließ Salzmann einen Waisenhausbesucher erzählen, (9) "wie ich sahe, daß ... diese Elenden in so schreckliche Lagen versetzt wurden, daß sie am Geist und Leibe gebrechlich und klein werden mußten." Als der Waisenhausbesucher beobachtete, daß die Kinder sich nach Tätigkeiten geradezu drängten, erkundigte er sich bei dem Aufseher nach der angewandten Erziehungsmethode. Daraufhin öffnete dieser die Tür zu einem Raum, in dem fünf Kinder auf eine Art Folter gespannt waren; dreien waren die Arme ausgedehnt und die Hände in einer Kranzstellung gebunden, während die zwei anderen so auf der Erde lagen, daß der vordere Teil des Körpers durch das entblößte Knie unterstützt wurde; auf dem nackten Rücken war ein schweres Stück Holz gelegt. Der Anlaß für die Strafen: Die Kinder hatten die ihnen aufgetragenen Gewichte an Wolle und Baumwolle nicht gesponnen. - Dazu Salzmann:"Könnten die Kinder unserer entschlafenen Mitbürger barbarischer behandelt werden?"

Tiefgreifende Folgen hatte der Waisenhausstreit für die Häuser selbst, deren Nutzen jetzt häufig bestritten wurde. Anstelle der Anstaltsunterbringung wurde eine Familienpflege empfohlen, die zudem noch weit weniger Kosten zu verursachen versprach, als die geschlossenen Heime. Da auch die merkantilistische Gewerbepolitik herkömmlichen Stils viel von ihrer Suggestionskraft verlor, löste man in den 80er und 90er Jahren an zahlreichen Orten die

---

5) Salzmann, Christian Gotthilf, Carl von Carlsberg oder über das menschliche Elend, Th. 1, Leipzig 1783, S. 333 ff.
6) Die Krempel ist eine Maschine der Spinnereivorbereitung, um Faserflocken in Einzelfasern aufzulösen, zu parallelisieren und um Verunreinigungen sowie ganz kurze Fasern von dem Arbeitsmaterial zu trennen.
7) Wagemann, A., GM Bd. 2, 1791, H. 3, S. 68 f., 81; vgl. auch Stephani, ZfP Bd. 2, 1807, S. 324 ff.; v. Spauer, 1802, S. 320.

Waisenhäuser auf, so in Pforzheim, in Memmingen, in Heidelberg, in Kopenhagen, um einige Städte herauszugreifen, und brachte die Kinder bei Pflegeeltern unter. (10) Wo diese Anstalten bestehen blieben, führte die Verwaltung Reformen durch. Potsdam zum Beispiel, das mit der privaten Unterbringung der Kinder schlechte Erfahrungen gemacht hatte, (11) verbesserte ab 1779 den Unterricht für die Kinder und stellte die Arbeitserziehung weitgehend um. Die einfache "Fabrikarbeit" wurde nunmehr auch hier als unzweckmäßig für die Waisenerziehung angesehen. (12) Im Interesse des Gesundheitsschutzes wurde die Arbeitszeit verkürzt. (13) Ferner schaffte man im Zuge der Abkehr Preußens von der wesentlich auf direkten Subventionen beruhenden Gewerbeförderung nach Friedrich des Großen Tod auch hier eine Reihe von Manufakturarbeiten ab. Die in der Anstalt betriebene Drahtzieherei bestand nur bis 1787; die Verträge mit Potsdamer Fabrikanten ließ man im Jahre 1795 auslaufen. (14) Der Seidenbau ging zurück. Das bedeutete aber freilich noch nicht, daß auf die Arbeit überhaupt verzichtet wurde, vielmehr richtete man jetzt Erwerbsschulen ein, in denen landwirtschaftliche und handwerkliche Tätigkeiten, soweit möglich, bevorzugt wurden. (15)

Damit ist der Sachverhalt bereits umrissen, mit dem die Reformdiskussion sich auseinandergesetzt hatte. Die Erfahrungen der Armenpflege strahlten jedoch in einem gewissen Umfang auch auf andere Bereiche aus, in denen die Kinderarbeit eine Rolle spielte. Wie es scheint, zogen auch die Gewerbetreibenden Konsequenzen aus den Waisenhauserfahrungen. Aus der Stadt Krefeld zum Beispiel ist ein Reglement für die Sammetband- und Posamentierarbeiter vom 8. Januar 1788 bekannt, mit dem die Fabrikverleger den Beginn der Lehrzeit an das 13. Lebensjahr gebunden hatten. Diese Vorschrift sollte nicht nur die Arbeitsqualität steigern, sondern verfolgte ausdrücklich auch den Zweck, die Gesundheit der Lehrlinge zu schüt-

---

8) Stuve, BJ Bd. 1, 1788, S. 332 f.
9) Salzmann, aaO S. 342 ff., 352.
10) Kröger, 1852, S. 26; Jacobs, 1931, S. 20, 69, 72, 74 f.; vgl. auch Sachße-Tennstedt, 1980, S. 125: Zwangsarbeit in der offenen Armenpflege; vgl. auch Hinze, 1927, S. 165, Anm. 4: 1779 wurden in Potsdam 400 Jungen zu Bauern aufs Land gegeben; vgl. auch Koch, 1933, S. 178.
11) Jacobs, aaO S. 47 f.
12) Vgl. auch Niemann, Johann Friedrich, Handbuch der Staats-Arzneiwissenschaft, Th.2 (M-Z), Leipzig 1813, S. 623: "sollte man mehr Flachs als Wolle verarbeiten".
13) Hinze, 1927, S. 167.
14) Vgl. auch Leschinsky-Roeder, 1976, S. 319, Anm. 57. Hinze, 1927, S. 167, Anm. 1.
15) Boschan, 1912, S. 30, 54 f. Für diese Lösung auch Stuve, BJ Bd. 1, 1788, S. 330 f.

zen. (16) Die arbeitsrechtliche Bestimmung, mit der ein Mindestalter in einem bestimmten Hausgewerbe eingeführt wurde, war kein Ausnahmefall. (17) Bemerkenswert ist ferner auch, daß der Pädagoge Gutsmuths im Jahre 1793 die Frage der Gesundheitsgefährdung in Übereinstimmung mit den Arbeitsmedizinern von den einzelnen Berufszweigen abgelöst erörterte und gegen die Verfrühung selbst sich wandte. Mit eindeutig sozialer Zielsetzung machte er geltend, daß zu einer "völligen Entwicklung" des menschlichen Körpers unter anderem sorgloser Frohsinn, gesunde Jugendjahre und zweckmäßige Bewegung gehören würden. (18) Kein Staat sollte daher zulassen, so forderte der über das wahre Ausmaß der Kinderarbeit noch gar nicht einmal informierte Gutsmuths, daß die Kinder der ärmsten Stände schon mit dem 10. und 12. Lebensjahr durch eine "niederdrückende Sklavenarbeit" um ihr gesundes Wachstum gebracht würden.

Es gab weiter auch vereinzelte Bemühungen, die Umwandlung der Volksschule in einen Industrieunterricht unter Hinweis auf die nachteiligen Erfahrungen mit der Kinderarbeit abzuwehren. Mit dem Argument: Unsere Kinder müßten alle verkrüppeln unter der Arbeit, wenn sie sich nicht in der Schule erholen könnten, hatte die badische Schulverwaltung in den 80er Jahren versucht, den alten Lernunterricht zu verteidigen. (19) Jetzt konnte man unter Hinweis auf die Waisenhauserfahrungen die Handarbeiten selbst gesundheitsgefährlich nennen, und zwar die Tätigkeiten sowohl als auch das lange Sitzen und die Tatsache der erhöhten Infektionsgefahren. (20)

Die Art und Weise aber, in der die Industrieschulbewegung auf solche Angriffe reagierte, zeigt jedoch, daß von der Kinderarbeit noch keine allzu große Beunruhigung ausging: Gewiß, die Gesundheit dürfe in der Schule keinen Schaden leiden, schrieb im Jahre 1802 der Prediger Lachmann, (21) einer der führenden Industrieschulpädagogen der Zeit. Lachmann wies auch auf Augen- und Lungenkrankheiten hin, die bei den staubigen Wollarbeiten auftreten würden, weswegen diese nicht in den Räumen, sondern nur außerhalb verrichtet werden sollten. Vorsicht sei auch beim Glasschleifen und weiter beim Färben der Kattunstoffe geboten. Im Wiener Waisenhaus hätten die Kinder beim Auftragen der Grünspanfarben die Pinsel angeleckt, anstatt sie ins Wasser zu tau-

---

16) Ebel, Wilhelm, Quellen zur Geschichte des deutschen Arbeitsrechts (bis 1849), Göttingen 1964 (Quellensammlung zur Kulturgeschichte, Band 16), S. 249 f.
17) Vgl. für Neuß: Botzet, aaO S. 48; ähnliche Bestrebungen auch in Prag und Wien, vgl. v. Mises, 1905, S. 222 u. 232, Anm. 4.
18) Gutsmuths, Gymnastik für die Jugend, Schnepfenthal 1793, S. 52, Anm. u. S. 18 f. (hier zit. n.d. Neudruck: Quellenbücher der Leibesübungen, Bd. 1, Dresden 1928); vgl. auch die 2. Aufl., 1804, S. 126, 165.
19) Gothein, Schlosser, 1899, S. 58.
20) Vgl. HM Jg. 27, 1789, S. 1397; GM Bd. 3, 1793, S. 317; so auch - unter Hinweis auf engl. Erfahrungen - BlP Bd. 1, 1801, S. 487 (Gesundheitsgefahr u. Verweichlichung).

chen. Aber Lachmann wollte nicht etwa diese bedenklichen Arbeiten aus der Schule verbannt wissen. Im Gegenteil: Gerade normalerweise gefährliche Tätigkeiten, wie sie ja auch im Leben vorkämen, sollten unter der besonderen Aufsicht des Lehrer betrieben werden. Wenn nicht zu viele Stunden am Tag gearbeitet und eine gewisse Vorsicht gewahrt bleiben würde, so meinten die Arbeitspädagogen, 22) dann könnten den Kindern in der Schule auch keine gesundheitlichen Nachteile drohen.

Als Ergebnis ist somit festzuhalten, daß die in Maßen betriebene Erwerbsarbeit der Kinder noch ganz überwiegend für unbedenklich gehalten wurde. (23) Es mußten schon besondere Umstände vorliegen, um ein anderes Urteil zu begründen. Ein solcher als nachteilig anerkannter Sachverhalt war die Beschäftigung der Waisenkinder mit einfacher Manufakturarbeit in Verbindung mit einer Heimunterbringung, weil dabei verschiedene schädliche Einwirkungen gleichzeitig auftraten. Freilich ist hier ein gesetzlicher Schutz noch nicht entstanden, aber ein Regelungstatbestand hatte sich doch schon klar abgezeichnet.

3. Maßnahmen des Gesetzgebers

Wenn man - wie gezeigt - in der Waisenhausfrage verhältnismäßig zügig auf die bekannt gewordenen Mängel reagiert hat, so war eine der Voraussetzungen dafür, daß die Problematik im unmittelbaren Zuständigkeitsbereich einer selbständig handelnden Fachverwaltung entstanden war und durch Veränderung bloß der Armenorganisation sich lösen ließ. So einfach lagen die Dinge aber nicht immer. Wie früher schon erwähnt wurde, existierten zu Beginn der Industrialisierung in England und übrigens auch in Österreich Fabriken, deren Inhaber für ihre Arbeitskinder Gemeinschaftsunterkünfte errichtet hatten. (1) Da die in diesen Häusern untergebrachten Jugendlichen sowohl zusammen arbeiteten als auch zusammen wohnten, ergaben sich dabei notwendig ganz ähnliche Gesundheitsgefahren wie in den Waisenanstalten, ohne daß die Behörden aber mit einer Auflösung der Heime oder mit internen Richtlinien der Angelegenheit Herr werden konnte. Hier mußte schon das Mittel des Gesetzes angewandt werden, wenn eine Gesundheitsvorsorge getroffen werden sollte.

---

21) Lachmann, 1802, S. 178 f., 261.
22) Vgl. Dinglinger, HM Jg. 27, 1789, S. 1404; auch GM Bd. 3, 1793, S. 320.
23) Wie sehr das Urteil schwankte, geht daraus hervor, daß man in der 1784 in Emmendingen errichteten Spinn- und Webfabrik wieder Waisenkinder unterbrachte, vgl. Gothein, Schlosser, 1899, S. 68.

---

1) In Österreich bis 1820 in Pottendorf bei Wien sowie in Testorf und Schönau, vgl. Carnot, 1841, S. 35 f.; Otruba, Gustav, Zur Geschichte der Frauen- und Kinderarbeit im Gewerbe und den Manufakturen Niederösterreichs, in: JNÖ N.F.

Eine im Hinblick auf die gesteigerte Gesundheitsgefahr vergleichbare Situation entstand zweitens auch in den Fällen, in denen zunächst eine staatliche Aufsicht überhaupt nicht bestanden hat, weil dann nämlich die Bedingungen, die das Auftreten von Krankheiten hervorriefen, ungehindert sich herausbilden konnten. Ein solches Fehlen einer Fachverwaltung ist nun zwar nicht für Deutschland zu verzeichnen, wohl aber für Großbritannien, das zu jener Zeit ein öffentliches Gesundheitswesen und damit einen vorbeugenden Gesundheitsschutz überhaupt noch nicht kannte. Die schlecht geführten Werkhäuser, dann aber auch die neu entstehenden Industriestädte mit ihren unsauberen Fabriken, unhygienischen Wohnungen und der verhältnismäßig großen Zahl entwurzelter Familien mußten sich daher zwangsläufig zu Nährböden für Infektionskrankheiten entwickeln.

Zu den genannten beiden Lebensbereichen sind die ersten Schutzgesetze entstanden, für die die frühindustriellen Arbeitsbedingungen den Anlaß gegeben haben.

Für den Kontinent ist, was diese Gesundheitsgesetzgebung anlangt, Österreich (2) anzuführen: Kaiser Josef II. besichtigte im Jahre 1785 eine in Niederösterreich gelegene Manufaktur, in der ihm die unsauberen, mit Krätze bedeckten Arbeitskinder auffielen. Als ihm später berichtet wurde, daß in dieser Fabrik ein "epidemisches Faulfieber" ausgebrochen sei, welches mehrere Todesopfer gefordert habe, unterzeichnete der Kaiser am 20. November 1786 ein Kabinettsschreiben, mit dem er sowohl eine verbindliche Hausordnung für die Kinderhäuser als auch eine medizinal-polizeiliche Aufsicht über die Fabriken befohlen hat. In der daraufhin erlassenen Verordnung (3) finden sich im einzelnen die folgenden Vorschriften:

"1. Müssen die Mädchen und Knaben in den Schlafzimmern gänzlich abgesondert werden.

2. In Einem Bette niemals mehr als Ein Kind liegen und nicht, wie es bisher geschehen ist, vier, auch fünf zusammen gelegt werden.

3. Sind die Kinder alle Wochen wenigstens Ein mal durch Waschen und Kämmen zu reinigen und zu säubern.

4. Müssen den Kindern alle acht Tage neugewaschene Wäsche, Hemden u.s.w. gegeben werden.

5. Alle Monate müssen die Bettstätten gereinigt und die Leintücher mit neu gewaschenen gewechselt werden.

Bd. 34, 1960, S. 143 ff., 173.

2) Otruba, aaO S. 174 f.

3) Regierungsverordnung v. 21. Nov. 1786, zitiert bei Schauenstein, Adolf, Handbuch der öffentlichen Gesundheitspflege in Österreich, Wien 1863, S. 128; leicht abweichender Text in der Originalverfügung bei v. Mises, 1905, S. 230 und in: ZÖR Bd.3, 1841, S. 362; auch bei Otruba, JNÖ N.F. Bd. 34, 1960, S.174.

6. Zwei Mal des Jahres, nehmlich im Frühjahr und Herbste, hat der Kreisphysikus diese Kinder zu visitiren und das Nöthige zu verordnen und endlich

7. Haben über alle vorstehenden Punkte das Kreisamt, die Ortsobrigkeit und die betreffenden Seelsorger die Aufsicht und Obacht zu tragen und darüber vierteljährig unter eigener Dafürachtung den Bericht zu erstatten."

Beachtung verdient, daß die in Ziffer 6 vorgesehenen regelmäßigen Revisionen die Möglichkeit für einen weiteren Ausbau des Gesundheitsschutzes geboten haben. Die Wiener Hofkammer hat diese Prüfungspflicht allerdings nachträglich wieder abgeschwächt, indem sie schon im Jahre 1791 die Fabriküberwachung wieder dem Ermessen der Bezirksbehörden anheimgestellt hat. (4)

Bei dieser frühen österreichischen Verordnung stand noch eindeutig die Unterbringung der Kinder außerhalb der Arbeitszeit im Vordergrund der amtlichen Fürsorge. Und genau an diesem Punkt setzte auch das erste englische Gesetz an, das insoweit einschlägig ist. Die Werkhäuser, in denen die Gemeindearmen untergebracht wurden, hatten Mitte des 18. Jahrhunderts so viele Todesopfer unter den dort beschäftigten Kindern gefordert und auch der Verwahrlosung so stark Vorschub geleistet - namentlich wenn die Einrichtungen verpachtet waren -, daß ein Londoner Gesetz vom Jahre 1767 anordnete, Kinder unter 6 Jahren seien mindestens 3 Meilen von der Stadt entfernt unterzubringen. (5) Vermutlich wollten die Behörden mit dieser Regelung für die kleineren Kinder auf dem Lande eine Familienpflege erreichen. Als dann im Jahre 1784 in den Baumwollspinnereien Lancashires Seuchen ausbrachen und auf die Stadtbevölkerung übergriffen, stießen die Behörden auch auf das in der Regel trostlose Schicksal der Kirchspiellehrlinge, die in den abgelegenen, an den Flüssen errichteten Kinderhäusern lebten. Um weiteren Epidemien vorzubeugen, beschlossen die Magistrate der Grafschaft, künftig keine Armenkinder mehr an solche Unternehmer zu vermitteln, (6) die die Kinder nachts oder am Tage länger als zehn Stunden arbeiten ließen. Nun konnte diese Maßnahme auch manche Fabrikanten zum Verzicht auf die Schichtarbeit bewegen, (7) die Seuchengefahr wurde damit aber nicht endgültig gebannt. In den Jahren 1789 bis 1791 und vor allem 1794/95 kam es in Manchester erneut zu Massenerkrankungen und in Reaktion hierauf zu einer starken Beunruhigung unter der Bevölkerung. Auch fremde Reisende äußerten Angst davor, durch die Industriestadt zu fahren. (8) In dieser Situation wandte sich der Krankenhausarzt von Manchester, John Ferriar, mit einem Aufruf

---

4) Mises, aaO S. 232.
5) BlP Bd. 1, 1801, S. 481 f.
6) Brentano, 1928, S. 316.
7) Ferriar, Bd. 2, 1795, S. 198: "die grausame und schädliche Sitte hört auf."
8) Ferriar, Bd. 3, 1798, S. 44.

an die Öffentlichkeit, (9) in dem er die Einrichtung eines örtlichen Gesundheitsamtes und gewisse materielle Vorkehrungen gegen die Infektionsgefahren anregte. Unter Hinweis darauf, daß bei Typhus- und Scharlachepidemien nicht nur die ärmere Bevölkerung erkranke, sondern auch die Begüterten angesteckt würden, entwickelte Ferriar einen detaillierten Plan gegen die hauptsächlichen Infektionsherde der Stadt. Die Seuchengefahren lokalisierte Ferriar vor allem in den schmutzigen Absteigen, dann in den feuchten Kellerwohnungen sowie auch in den Fabriken, soweit dort durchgehend gearbeitet würde und mithin nicht für Sauberkeit und Frischluftzufuhr gesorgt werden könnte.

Festzuhalten ist jedoch, daß Ferriar an sich nur die Auswirkungen der Nachtarbeit für bedenklich hielt, nicht aber die Fabriken selbst. Wenn in diesen erst einmal eine gewisse Hygiene gesichert sei, so meinte Ferriar, dann seien die Tätigkeiten dort, ausgenommen die in den Spinnereien wegen der durch das Fertigungsverfahren bedingten Hitze, letztlich nicht ungesünder als andere Berufe auch. (10)

Nach Ferriars Vorschlag sollte mit Hilfe von Prämien auf mehr Sauberkeit unter den Arbeitern hingewirkt und weiter dafür geworben werden, daß die Fabriklehrlinge nicht mehr in Nachtschichten eingesetzt würden. Den letzteren Punkt allerdings stellte Ferriar besonders heraus. Die durch die Nachtarbeit überanstrengten Kinder, so schrieb der Arzt, würden sich auch in ihrer Freizeit nicht erholen, weil sie in ihrem Hunger nach frischer Luft am Tage lieber in die Felder laufen würden als zu schlafen. (11) Ferriar regte an, daß andere Städte sich ebenfalls einer öffentlichen Gesundheitsvorsorge widmen sollten und daß überhaupt der Gesetzgeber sich dieser Frage annehmen möge. (12)

Wegen des Seuchenrisikos, aber auch in Anbetracht der bei den Untersuchungen in Manchester aufgedeckten Mißhandlungen der Fabriklehrlinge zeigte das englische Parlament in den folgenden Jahren erstmals ein Interesse an der Lage der nicht erwachsenen Arbeiter in der Industrie. Im Jahre 1802 legte Robert Peel, einer der Großindustriellen der Zeit, der selbst wohl über 1.000 Kinder in seinen Fabriken beschäftigte, dem britischen Unterhaus einen Gesetzentwurf vor, mit dem die völlige Verwahrlosung der Kinder unterbunden werden sollte. (13) Die Vorschläge glichen in vielem der oben genannten österreichischen Verordnung: Die Lehrlinge sollten in Zukunft zwei Anzüge besitzen, von denen einer im Jahr zu erneuern sei; weiter sollten sie in den ersten

9) Ferriar, Bd. 2, 1795, S. 177 ff.; Bd. 3, 1798, S. 43 (Bericht); Brentano, 1928, S. 316, schreibt den Bericht Percival zu, der Mitglied des städt. Gesundheitsamtes war, vgl. dazu Ferriar, Bd. 3, S. 46; vgl. auch Thomas, 1948, S. 8.
10) Ferriar, Bd. 2, 1795, S. 199; Bd. 3, 1798, S. 79.
11) Ferriar, Bd. 2, 1795, S. 198.
12) Ferriar, aaO S. 201.
13) Vgl. Brentano, 1928, S. 318 f.; Alfred,Bd. 1, 1966, S. 30 f.

vier Lehrjahren einen Unterricht erhalten, sie sollten in den Schlafräumen der Kinderhäuser nach Geschlechtern getrennt untergebracht werden und ferner höchstens zu zweit ein Bett sich teilen müssen. Der englische Entwurf beschritt dann aber auch Neuland, insofern als er in seinen Schutzbereich auch die Fabrikarbeit selbst mit einbezogen hat. Für die Lehrlinge sollte die Nachtarbeit verboten und die Arbeitszeit auf zwölf Stunden begrenzt werden. Außerdem war vorgesehen, daß die Fabrikräume eine ausreichende Anzahl Fenster haben und zweimal im Jahr geweißt werden müßten. (14)

Diese in ihren Anordnungen zweifellos noch sehr bescheidenen Vorschriften fügten sich nahtlos in das bestehende Armen- und Handwerksrecht ein, (15) und auf diesen Umstand darf man wohl zurückführen, daß das englische Parlament den Entwurf am 22. Juni 1802 unter der Bezeichnung "Gesetz zum Schutz der Moral und Gesundheit der Lehrlinge in Baumwoll- und anderen Fabriken" mit breiter Unterstützung angenommen hat. (16) An dieser Stelle ist freilich noch anzumerken, daß weder die österreichische Verordnung vom Jahre 1786 noch das britische Gesetz von 1802 die spätere Rechtsfortbildung wesentlich beeinflußt haben.

V. Das Verhältnis von Schule und Erwerbsarbeit und die Schulsituation am Ende des 18. Jahrhunderts

Neben den geschilderten Bestrebungen, die die offenkundigen Gesundheitsschädigungen der Kinder gezielt mit einem Arbeitsschutz beantworten wollten, ist noch eine andere, letztlich noch wichtigere Beziehung zu erörtern, die geeignet war, die Kinder auf mittelbare Weise bei ihrer Erwerbsarbeit zu schützen. Hierbei handelte es sich um die Auswirkungen der Schulbestimmungen, die ebenfalls den Umfang der Kinderarbeit begrenzen konnten, weil es den Schülern zu der Zeit, in der sie einen Lernunterricht besuchten, zwangsläufig verwehrt war, eine Erwerbstätigkeit auszuüben. Möglich war, daß ganze Jugendjahre für die jüngeren Kinder und für die älteren immerhin einige Stunden am Tage arbeitsfrei blieben, falls die Schulpflicht nur so weit reichte. In der letzteren Bedingung lag allerdings der entscheidende Punkt, denn eine solche Freistellung von der Arbeit ergab sich nicht als Selbstverständlichkeit. Wurde dem Unterricht nur geringe Bedeutung beigemessen, so konnte er für die erwerbstätigen Jugendlichen auf den Sonntag oder auf den Feierabend gelegt werden mit der Folge, daß er dann die physische Belastung der Kinder noch vermehrte. Bei einer sachgerechten Auffassung von den Erfordernissen einer Schulbildung aber mußte der Unterricht während der Woche stattfinden und auch zu einer Tageszeit, zu der die Kin-

14) Weyer, 1888, S. 4 f.
15) Vgl. Brentano, 1928, S. 312 f.
16) Brentano, aaO S. 319; Simon, 1905, S. 11. Vgl. auch Smelser, 1967, S. 269 f.; Thomas, 1948, S. 9 f.

der noch hinreichend aufnahmefähig waren. In einem solchen Falle also, bei dem sich die Schule in der Konkurrenz mit der Erwerbsarbeit behaupten konnte, wuchs dem Unterricht eine doppelte Aufgabe zu. Er gewährleistete, soweit in dem vorgesehenen Rahmen möglich, sowohl die geistige als auch die physische Entwicklung der Kinder.

Diese Überlegungen führen wieder zur Schulorganisation in Deutschland zurück, die im 18. Jahrhundert allerdings nur in einem ganz bescheidenen Umfang die eben geschilderte einschränkende Wirkung auf die Erwerbstätigkeit der Kinder hat haben können. Denn noch war die allgemeine Volksschule erst im Anfangsstadium ihrer Entwicklung begriffen. In den meisten deutschen Ländern galt zwar die allgemeine Schulpflicht, (1) ihrem Inhalt nach bedeutete diese aber für die breite Bevölkerung, die hörigen Bauern, die ärmlichen Handwerker und Tagelöhner, nicht mehr als eine lässig gehandhabte Schulbenutzungspflicht, der nachzukommen war, soweit dafür Gelegenheiten vorhanden waren. (2) Die "Unterobrigkeiten und Patrone", der Adel auf dem Lande und die Magistrate in der Stadt, denen die Schulträgerschaft oblag, sowie die mit der Schulaufsicht betrauten Kircheninspektoren und Prediger widmeten dem Elementarschulwesen regelmäßig nur geringe Aufmerksamkeit. (3) - Immerhin bemühten sich aber die Aufklärungspädagogen unter reger Anteilnahme auch der interessierten Öffentlichkeit um eine Verbesserung des Erziehungswesens, wobei sich die Kritik zu allererst an der veralteten, völlig unzulänglichen Methodik und dem geringen Bildungsnutzen des Unterrichts entzündete. (4) Anstelle des als Formalismus empfundenen Unterrichtes sollte eine das praktisch verwertbare Sachwissen in den Mittelpunkt stellende "Nationalerziehung" treten, bei der mittels einer starken Differenzierung in den Schultypen die ständestaatliche Gliederung durchaus gewahrt

---

1) Durch Gesetze und Verordnungen in Preußen von 1717, 1736, 1763; in Sachsen von 1766, 1769, 1773; in Österreich von 1774, 1778, 1787, vgl. Meyer, ZGE Jg. 27, 1937, S. 78, Anm.1 m.w.N.; ZÖR Bd. 3, 1841, S. 323.

2) Vgl. Spranger, 1949, S. 51: Schulpflicht in Preußen, "wo Schulen sein."

3) Clausnitzer, 1902, S. 52, 59; vgl. auch aaO S. 87 ff. das Sendschreiben Heckers vom 30. Jan. 1764, das ebensogut um 1800 hätte verfaßt sein können: "Viele halten eine vernünftige und christliche Erziehung ... für überflüssig und unnötig... Man glaubt, je dümmer ein Untertan ist... desto eher wird er sich alles, wie ein Vieh, gefallen lassen..."

4) Die Elementarschulen begnügten sich mit einem mechanisch beigebrachten Rechnen, Lesen, vielleicht auch etwas Schreiben und einer Katechismuslehre, während die höheren Lehranstalten, die sog. Gelehrtenschulen, im wesentlichen nur die Anfangsgründe der alten Sprachen vermittelten, vgl. Resewitz, 1773, Vorbericht; Niethammer, 1808, S. 164. Vgl. auch Leschinsky-Roeder, 1976, S. 303.

bleiben sollte. (5) Die philanthropische Schultheorie vertrat dabei das Erziehungsziel, die Jugendlichen eine auf ihre Berufs- und Lebenssphäre zugeschnittene Ausbildung durchlaufen zu lassen, damit sie in ihrem Kreise zu einer möglichst großen gesellschaftlichen Brauchbarkeit befähigt würden.(6) Hierzu entwickelten die Pädagogen neue Lehrverfahren - wozu auch die schon vorgestellte Arbeitserziehung gehört hat - und sprachen sich für eine Umorganisation der Unterrichtsverwaltung aus. Man brauchte eine bessere Aufsicht über die Schulen als bisher, (7) Seminare für die Lehrer, die bislang oft nur Gemeindehirten, invalide Soldaten oder gescheiterte Handwerker waren; (8) man brauchte einen wirkungsvollen Schulzwang, die Abschaffung der privaten Winkelschulen, eine angemessene Besoldung der Lehrkräfte und sachgerecht ausgestattete Gebäude. Damit solche Vorschläge geprüft und im Falle ihrer Eignung auch durchgesetzt würden, schlug der Pädagoge Basedow bereits im Jahre 1768 vor, daß eine selbständige, aus der allgemeinen Kirchenverwaltung herausgelöste staatliche Oberbehörde gebildet würde, der auch das Vortragsrecht beim Monarchen zustehen sollte. Der Trend ging ersichtlich dahin, aus dem von den Kirchen getragenen Unterricht eine Staatsschule werden zu lassen. (9)

Die um eine größere Leistungsfähigkeit des Landes bemühte preußische Verwaltung, vor allem der Justizminister von Zedlitz, (10) teilte diese Auffassung, doch erhielt Preußen erst im Jahre 1787 in dem Berliner Oberschulkollegium die gewünschte Zentralinstanz. (11) Wenige Jahre später wurden jedoch die Befugnisse der neuen Verwaltungsbehörde ganz augenfällig aufgewertet, indem das am 1. Juni 1794 in Kraft getretene Allgemeine Landrecht die Absicht des preußischen Königs unterstrich, sich künftig verstärkt der Volkserziehung anzunehmen. Das Preuß. ALR erklärte die Schulen zu "Veranstaltungen des Staats" und ordnete für grundsätzlich jedes Kind an, ab dem

---

5) Resewitz, aaO (grundlegend); v. Zedlitz, BM Bd. 10, 1787, S. 97 ff.; Campe, BJ Bd. 1, 1788, S. 338; vgl. dazu König, Helmut, Zur Geschichte der Nationalerziehung in Deutschland im letzten Drittel des 18. Jahrhunderts, Berlin 1960 (Monumenta Paedagogica, Bd. 1).

6) Trapp, BJ Bd. 2, 1788, S, 277: "das Praktische zum Hauptgesichtspunkt".

7) Vgl. Kämpfe, Emil, Der Streit um die Schulaufsicht,Phil. Diss., Würzburg 1916.

8) Lueder, Kritik, 1812, § 543; Clausnitzer, 1902, S. 62, 99.

9) Vgl. Schwartz, 1925, S. 48; auch Spranger, 1949, S. 31.

10) Zentralbehörden für (lutherische und reformierte) Kirchen- und Schulsachen waren unter Friedrich II. das "Geistliche Departement" (unter der Leitung zweier Justizminister) und das Oberkonsistorium in Berlin; Mittelinstanz waren die Provinzialkonsistorien bei den Regierungen und untere Behörden die Inspektoren (Superintendenten) und die Geistlichen, vgl. Clausnitzer, aaO S. 5 f.; vgl. Jeismann, 1974, S. 75 ff., 81 ff.; Iven und Gans bei Koneffke, 1982, S. 74 f., 338 ff.; Heinemann, 1974, S. 43 ff., 62 ff.; Michalsky, 1978, S. 19 ff.

11) Vgl. Jeismann, 1974, S. 97.

5. Lebensjahre den Unterricht zu besuchen, solange bis es die "einem jeden vernünftigen Menschen seines Standes notwendigen Kenntnisse" erlangt habe. (12) Damit war als Grundprinzip bindend festgelegt, daß eine gewisse Mindestbildung allen Jugendlichen, auch den berufstätigen, vermittelt werden sollte, wobei aber das Kriterium des für den jeweiligen Stand Angemessenen im Auge behalten werden muß. Immerhin stellte sich spätestens jetzt das Problem der miteinander kollidierenden Ansprüche der Schule und der Arbeitswelt.

Das Jahr 1794 markiert denn auch ungefähr den Zeitpunkt, ab dem sich sinnvollerweise fragen läßt, wie der Gesetzgeber den Unterricht für die Fabrikkinder geregelt hat.

Auf das Verhältnis Schule und Erwerbsarbeit ist das Preuß. ALR in mehreren Bestimmungen eingegangen, die aber nicht die Fabrikarbeit im engeren Sinne betreffen. Preußen hatte wohl auch noch zu wenige Großbetriebe, als daß diese Frage tatsächlich dringlich gewesen wäre. Das ALR erwähnt allein die Mitarbeit der Kinder in der Landwirtschaft, in den Hausgewerben sowie in den handwerklichen Berufen. Insoweit war vorgeschrieben, daß für die Kinder, die zu Hause beim Spinnen, Viehhüten usw. benötigt wurden, der Schulunterricht seinem Umfang nach beschränkt und zudem auf andere "schickliche" Zeiten, als normalerweise üblich, verlegt werden sollte, womit als allgemeine Richtlinie ausgesprochen war, daß der Erwerbstätigkeit grundsätzlich der Vorrang gegenüber dem Unterricht gebührte - die Schule hatte sich anzupassen. Immerhin legte das ALR außerdem noch fest, daß Handwerksmeister, die schulpflichtige Lehrlinge beschäftigten, verpflichtet waren, diese bis zu ihrer Entlassung "zur Schule zu halten". (13) Diese Vorschrift stand wiederum im Zusammenhang mit den in

---

12) ALR Th. 2 Tit. 12 §§ 1,43 u. 46; vgl. Schwartz, 1925, S. 48 ff.; vgl. zum Veranstaltungsbegriff und zum preuß. Schulrecht überhaupt: Meyer, 1971, S. 35 ff.; für Österr. vgl. ZÖR Bd. 3, 1841, S. 323. - Vgl. zu den arbeitsrechtlichen Regelungen des Preuß. ALR: Bernert, 1972, S. 59 ff.

13) Die Schulbestimmungen des Preuß. ALR lauteten insoweit:
<u>Theil 2 Titel 12</u>
<u>§ 43</u> Jeder Einwohner, welcher den nöthigen Unterricht für seine Kinder in seinem Hause nicht besorgen kann oder will, ist schuldig, dieselben nach zurückgelegtem fünften Jahre zur Schule zu schicken.
<u>§ 44</u> Nur unter Genehmigung der Obrigkeit und des geistlichen Schulvorstehers kann ein Kind länger von der Schule zurückgehalten, oder der Schulunterricht desselben, wegen vorkommender Hindernisse für einige Zeit ausgesetzt werden.
<u>§ 45</u> Zum Besten derjenigen Kinder, welche wegen häuslicher Geschäfte die ordinairen Schulstunden, zu gewissen nothwendiger Arbeit gewidmeten Jahreszeiten, nicht mehr ununterbrochen besuchen können, soll am Sonntage, in den Feierstunden zwischen der Arbeit, und zu anderen schicklichen Zeiten, besonderer Unterricht gegeben werden.

den Generalinnungsprivilegien häufig aufgenommenen Bestimmungen, wonach Lehrlinge nur ausgebildet werden sollten, wenn sie einen gewissen - regelmäßig zweijährigen - Schulbesuch nachweisen konnten. (14) Für gewöhnlich ließ sich diese Bedingung auch ohne weiteres erfüllen, weil die Lehrzeit, die zumeist zwei bis drei Jahre betrug, erst mit dem 13. oder 14. Lebensjahr begann, (15) so daß der davor liegende Schulbesuch ohnehin unbeeinträchtigt blieb. Nur in manchen Handwerken mit gesteigerten Fachanforderungen, etwa bei den Goldschmieden, Seidenwirkern und Wollenfärbern, galt eine Lehrzeit von 4 bis 6 Jahren, und dementsprechend wurden die Kinder hier eher "aufgedungen." In diesen Fällen waren dann, wie erwähnt, die Lehrherren verpflichtet, für eine fortgesetzte Teilnahme der Lehrlinge am Schulunterricht zu sorgen. (16) Im Gesinderecht galt übrigens eine ähnliche Regelung. (17)

---

§ 46 Der Schulunterricht muß so lange fortgesetzt werden, bis ein Kind, nach dem Befunde seines Seelsorgers, die einem jeden vernünftigen Menschen seines Standes nothwendigen Kenntnisse gefaßt hat.
Theil 2 Titel 8
§ 294 Wer einen Lehrling annimmt, welcher im Lesen und Schreiben, und in der Religion, den nöthigen Unterricht noch nicht erhalten hat, ist schuldig, denselben bis zur Erlangung dieser Kenntnisse zur Schule zu halten.
Vgl. die ähnliche Regelung im General-Landschul-Reglement v. 12. Aug. 1763, §§ 1 bis 5 bei Clausnitzer, 1902, S. 65 ff. - Das Ausweichen auf geeignete Zeiten (§ 45) schon in einem Breslauer Erlaß v. 26. Apr. 1759, bei Clausnitzer, aaO S. 54 f., vgl. auch Roehl, SF Bd. 17, 1900, H. 4, S. 32.

14) Vgl. den (dem Preuß. ALR Th. 2 Tit. 8 § 294 nachgebildeten) § 11 des Reglements für die Buchdruckereien in Berlin v. 29. September 1802, zit. in A.M. 28, S. 37; vgl. auch ZÖR Bd. 3, 1841, S. 320, 324; Rüffer, 1903, S. 180; Carnot, 1841, S. 31.

15) Roehl, SF Bd. 17, 1900, H. 4, S. 32; Emsbach, 1982, S. 220; Otruba, JNÖ N.F. Bd. 34, 1960, S. 157, 166.

16) Vgl. auch Schram, 1803, S. 337; für Österreich Carnot, 1841, S. 31 m.w.N.

17) Die Kinder durften nach älterem preuß. Recht erst dann in Dienste vergeben werden, wenn sie "im Lesen fertig, im Christentum einen guten Grund gelegt, auch im Schreiben einen Anfang gemacht" hatten, so schon das (nicht in Städten geltende) General-Landschul-Reglement v. 1763, zit. n. Meyer, ZGE Jg. 27, 1937, S. 79; vgl. auch das schles. Regl. v. 3. Nov. 1765: "36. Wenn Bauern armer Leute Kinder vor dem 13ten Jahre miethen, so sollen sie schuldig seyn, solche von Andreä bis Fastnacht jeden Tag einmahl, entweder Vor- oder Nachmittags, in die Schule zu schicken", zit. bei v. Rönne, Unterricht, 1855, S. 137.

Vergleicht man nun das Schulrecht anderer Länder, so findet sich zu dieser Zeit nur für einen Sonderfall, bei dem Kinder mit einem eigenen Einkommen leicht der Verwahrlosung ausgesetzt waren, ein absolutes Arbeitsverbot. Hierbei handelt es sich um ein Züricher Mandat vom 25. März 1779, welches vor dem Alter der Schulentlassung das sogenannte Rastgeben untersagte, eine im Züricher Kanton heimische Sitte, fremde und wohl auch eigene Kinder gegen freie Kost mit einem bestimmten Arbeitspensum zu betrauen. (18) Da der Mehrverdienst den Kindern verblieb, konnten sich diese sehr zu ihrem Schaden häufig vorzeitig aus den familiären Bindungen herauslösen. Allein deswegen wurde diese hausindustrielle Arbeitsform verboten. Normalerweise ging der Gesetzgeber jedoch, genauso wie in Preußen, auch sonst überall auf das Bestreben unbemittelter Eltern ein, ihre Kinder unter Einschränkung der Schulbildung zur Erwerbsarbeit zu benutzen. (19) Daß manche Kinder sich noch vor gänzlich beendeter Schulzeit bei "Herrschaften aller Art" vermieteten, war zum Beispiel auch im kursächsischen Gesetz vom 8. Oktober 1804 ausdrücklich erlaubt, (20) unter der Voraussetzung allerdings, daß ein "fleißiger Schulbesuch" vorausgegangen sei.

Auch daß Handwerker bereits schulpflichtige Kinder annahmen, war in den anderen europäischen Ländern unbestrittenes Recht, (21) wobei zusätzlich zu dem Erfordernis des ersten Elementarschulbesuches für Lehrlinge manchmal noch der Besuch einer "Nachschule" vorgesehen war. (22)

---

18) Definition von 1812 bei Auer, 1955, S. 20: "Eltern oder Leute, welche fremde Kinder in Kost nehmen, geben ihnen täglich oder wöchentlich eine größere Manufakturarbeit auf. Ist diese vollendet, so sind die Kinder dann jeder anderen Arbeit entledigt, oder wollen sie ihre Arbeit fortsetzen, so können sie den Gewinn für sich behalten." - Ausführlich JSG Jg. 12, 1911, S. 142 sowie Braun, 1960, S. 81 ff., 86 ff.

19) Vgl. § 2 der oberlaus. Schulordnung v. 1770, Cap. V: "Wenn Aeltern ihre Kinder mit dem achten Jahre selbst zu Hause brauchen, daß sie ihnen im Haus selbst beistehen, als bei den Webern im Spinnen, Spuhlen und sonst, so müssen diese Kinder im Sommer und im Winter in die Vormittagsstunden gehen; brauchen sie ihre Kinder aber zum Viehhüten, oder sie müssen zu Hause seyn, weil die Aeltern doppelt zu Hofe gehen müssen, so haben sie die Kinder in die Nachmittagsstunden zu schicken", zit. n. A.Sa. 1, S. 397: Zu § 64 a; ferner: Regl. v. 10. Mai 1782 von Kleve u. Mark, § 4: Im Fall Aeltern ... sich genöthigt finden, ihre Kinder ... zu einem Handwerck frühzeitig zu gebrauchen, ... so liegt denselben ob, für die Lernenden gewisse Stunden in der Woche außzubehalten, in welchen sie zur Tags- oder Abendschule gehalten werden können und sollen", zitiert nach v. Rönne, Unterricht, 1855, S. 182.

20) Zit. n. Buschick, 1821, S. 12.

21) Die sächs. Mandate v. 8. Juni 1770 u. 8. Jan. 1780 verlangten für den Eintritt in die Lehre im allgemeinen ein Schulzeugnis und Erreichung des 12. Lebensjahres, Carnot, 1841, S. 25;

Was die Fabrikkinder betrifft, so hat soweit ersichtlich die erste eigenständige Schulbestimmung Österreich geschaffen. Ein Erlaß vom 18. Februar 1787 empfahl den Unterbehörden, für die Fabrikkinder eine Unterrichtsorganisation einzurichten, wie sie für die zünftigen Lehrlinge bestehe. (23) Auf dieser Anordnung fußend, ist durch das österreichische Gesetz von 1805, die politische Verfassung der deutschen Schulen betreffend, dann erstmals auch in einem Unterrichtsgesetz selbst eine Regelung über die Fabrikarbeit getroffen worden. Im Hinblick auf den frühesten Zeitpunkt einer Arbeitsaufnahme findet sich hier eine Verbotsbestimmung mit einer beinahe festen Altersgrenze: Die Kinder, die vom 6. Lebensjahr an die Schule besuchen würden, sollten "vor dem Antritt des 9. Jahres nicht ohne Noth zur Fabriksarbeit aufgenommen werden". (24) Weiter war zugunsten der älteren Kinder angeordnet, daß die Schulverwaltungen eine Einrichtung schaffen sollten, durch die die Fabrikkinder neben ihrer Arbeit den "unentbehrlichen Unterricht" erhalten könnten.

Auch wenn diese österreichische Bestimmung noch eine vereinzelte Regelung eines Gesetzgebers bedeutete, so darf man jedoch nicht unterstellen, daß diese Frage allgemein völlig vernachlässigt worden wäre. In der Praxis war man vielmehr auch ohne gesetzliche Ermächtigung bemüht, einen wenn auch bescheidenen Unterricht für die Fabrikkinder zu organisieren. Für diese Annahme spricht, daß bereits im 18. Jahrhundert hier und da sogenannte Fabrikschulen gegründet worden sind, und zwar nicht nur in Österreich. Die früheste Schule dieser Art ist für die Schweiz nachgewiesen, wo im Jahre 1761 der Züricher Ratsschreiber Iselin in einem Schulplan empfohlen hat, eine "Fabrikschule" anzulegen. Dieser Vorschlag ist dann im Jahre 1769 in der Form eines Religions- und Leseunterrichtes von einer Stunde am Tag verwirklicht worden. (25) In den anderen europäischen Ländern sind solche Spezialschulen allerdings erst wesentlich später, zum Teil nach 1785, zumeist aber erst um 1800, im Zuge der verstärkten Volksbildungsbemühungen und der gleichzeitigen Ausbreitung der Fabrikindustrie entstanden. Belegt sind sie für England, (26) wo die Gemeindeschule noch unbekannt und der Unterricht ganz der Privatinitiative überlassen war, dann für Dänemark (27) und,

---

v. Patruban, ZÖR Bd. 3, 1841, S. 326; ähnlich das österr. Hofdekret v. 27. Aug. 1787, Patruban, aaO S. 324: v. Mises, 1905, S. 223.

22) Vgl. f. Österreich Patruban, aaO S. 323; Carnot, aaO S. 31.

23) Mises, aaO S. 224 f.; Otruba, JNÖ N.F. Bd. 34, 1960, S. 175.

24) § 10 des 15. Abschnittes, zit. n. Mises, aaO S. 227; vgl. auch Carnot, aaO S. 30.

25) Schuler, 1933, S. 54, 59; weitere Hinweise für die Schweiz in: JSG Jg. 12, 1911, S. 144.

26) Regelmäßig als Sonntagsschule, erstmals 1784 in Gloucester, vgl. Macaulay, 1794, S. 3; Lueder, Nationalindustrie, 1804, S. 272 f.; Pölitz, Erziehung, Th. 2, 1806, S. 147.

27) Nach Pölitz, aaO S. 147 in Kopenhagen seit 1800, in Helsingör seit 1803.

wie gesagt, für die Schweiz (28) und Österreich, (29) ferner auch für Baden, (30) für Bayern, (31) für Sachsen, (32) für Preußen, (33) für Hamburg (34) sowie für manche Städte des Rheinlandes. (35) Da dieser Unterricht für die Kinder der allerärmsten Klasse bestimmt war, handelte es sich um ganz einfache Armenschulen, die der Tatsache Rechnung trugen, daß die arbeitenden Kinder wegen der Eingliederung in die Fabrikorganisation ihren Arbeitsplatz nicht beliebig verlassen konnten, um zur Schule zu gehen, wie es etwa im Handwerk und auch im Hausgewerbe durchaus möglich war. Deswegen richtete man diesen Unterricht häufig so ein, daß er in der Nähe der Fabriken abgehalten wurde oder mit diesen in einem noch engeren, zeitlich abgestimmten Zusammenhang stand.

Die Gründung solcher Fabrikschulen hatte jedoch ihre eigene Problematik und erwies sich in allen Industriegegenden übereinstimmend als schwierig, weil die Schulbehörden hierbei auf die Mitwirkung der Fabrikanten angewiesen waren. (36) Lehnten diese einen Unkostenbeitrag ab, so richtete die Armenpflege für gewöhnlich bloß eine ganz einfache Sonntagsschule ein, wie sie in Großbritannien überhaupt nur die Regel bildete. Bei einer finanziellen Beteiligung der Fabrikanten dagegen - in Österreich seit 1805 gesetzliche Pflicht (37) - stellte sich der Fall schon günstiger. Wenn genügend Geldmittel zur Verfügung standen, ließen sich eher Interessenten für einen auch den Lehrer zusätzlich belastenden gehobenen Feiertags- und Abendunterricht gewinnen. Das angestrebte Ideal aber war eine Fabrikschule, die der Unternehmer selbst aufrechterhielt, indem er den Lehrer bezahlte und die Kinder für mehrere Stunden am Tage - in Unterbrechung der Arbeit -

---

28) Vgl. noch GM Bd. 2, 1791, Abt. 1, S. 127: in Basel 1784 eine Freischule für die "armen Papiererskinder".
29) v. Mises, 1905, S. 224 (offenbar erst nach 1787); Otruba, JNÖ N.F. Bd. 34, 1960, S. 177.
30) 1784/85 in Emmendingen mit einem 1 1/2 stündigen Morgen- und Abendunterricht, von Schlosser gegen die - hier - schulfreundliche Geistlichkeit durchgesetzt, Gothein, Schlosser, 1899, S. 68 f.
31) Seit 1793 in München, Krünitz, Th. 149, 1828, S. 154.
32) v. Welck, JGV N.F. Jg. 23, 1899, S. 57 f.: in Frankenberg 1792, wahrscheinlich aber auch noch ältere Schulen; Kreyßig, 1849, S. 80, erwähnt für 1809 (?) die dreiklassige Abendschule einer Chemnitzer Zeugdruckfabrik.
33) Vgl. Niemeyer, Bd. 3, 1823, S. 243; Lachmann, 1802, S. 54 f., Pölitz, aaO.
34) Abend- und Sonntagsschulen, vgl. NHM Jg. 8, 1798, S. 637; Koch, 1933, S. 263.
35) Niemeyer, aaO erwähnt die Elberfelder Fabrikschule der Gebrüder Engels; nach Schumacher, 1923, S. 36 gingen i.J. 1798 in Köln 798 Arbeitskinder in die Sonntagsschulen. Zu den Sonntags- und Abendschulen im Großherzogtum Berg i.J. 1809 vgl Willemsen, MGEG Jg. 18, 1908, S. 178.
36) Vgl. Buschick, 1821, S. 14 f.
37) v. Mises, 1905, S. 227.

unterrichten ließ. (38) Dieser letzte Schultyp, der für die in den Hüttenbetrieben des Bergbaues tätigen Jugendlichen in Deutschland, wie es scheint, seit eh und je üblich gewesen ist, (39) dürfte jedoch für die Fabrikkinder um 1800 noch nicht allzu häufig vorgekommen sein. (40) Das österreichische Schulgesetz von 1805 empfahl von vornherein nur die Abend- und die Sonntagsschule, (41) und ähnlich wird die Schulwirklichkeit in Deutschland und vor allem auch in Preußen (42) ausgesehen haben, weil der Unterricht der Fabrikkinder sich notwendigerweise an dem allgemeinen, noch immer unzulänglichen Standard des niederen Schulwesens ausgerichtet hat. (43)

---

38) Buschick, 1821, S. 14 f.
39) Ramazzini, Bd. 2, 1783, S. 68, Anm. 2: Religion von 4 bis 5 Uhr morgens, eine weitere Lehrstunde im Lesen, Schreiben, Rechnen gegen Mittag. Karsten, 1828, S. 312: Finanzierung zuweilen durch die Knappschaft.
40) Schram, 1803, S. 151: "rühmliche Ausnahmen".
41) Mises, aaO S. 227.
42) Vgl. Lachmann, 1802, S. 54 f.
43) Vgl. über die Landschulen: Lachmann, aaO S. 74 ff. (oft kein Gebäude, daher Reihenschule bei den Bauern, Unterricht durch gescheiterte Handwerker, die Lehrer ohne Gehalt usw.). Über den noch schlechteren Armenunterricht instruktiv Zöllner ASK Bd. 1, 1800, S. 294 ff. (Spandauer Schulen); ferner WA Bd. 2, 1799, S. 341 ff. (Analphabetentum in Westfalen).

2. Abschnitt
DIE EPOCHE DES IDEALISMUS
DIE WESENTLICHEN REFORMANSÄTZE

Angesichts der beschriebenen Verhältnisse konnte ein industrieller Jugendarbeitsschutz, so könnte man meinen, innerhalb zweier Rechtsgebiete sich herausbilden: als Medizinalrecht oder auch als Schulrecht. Genauer betrachtet war jedoch nur die letztere Möglichkeit wirklich gegeben, denn die Ärzte besaßen eine zu geringe Autorität gegenüber den anderen gesellschaftlichen Gruppen, deren Interessen durch eine Einschränkung der Kinderarbeit berührt wurden. Dieser Umstand ist oben bereits im einzelnen behandelt worden. Hinzu kamen aber auch noch die Schwierigkeiten, die sich im Bereich der Arbeitsmedizin selber ergaben. Zu viele in ihren Wirkungen schwer zu erkennende und einer genauen Feststellung sich entziehende Tatbestände waren im Hinblick auf die Gefährdung des jugendlichen Menschen in der Industrie zu würdigen: die zu bearbeitenden Materialien; die neuen Herstellungsverfahren; der Stand der technischen Entwicklung; dann die jeweils vorhandene Betriebsausrüstung; der den Kindern konkret übertragene Abschnitt im Produktionsprozeß; die Länge des Arbeitstages; die Konstitution der Kinder; der Einfluß der häuslichen Verhältnisse; das Alter der Kinder und so fort - eine Fülle von Einzelumständen mithin, die sich wechselseitig beeinflußten, erst in einer Reihe von notwendig subjektiven Wertungen zu erfassen waren und die naturgemäß auch wieder verschiedene Lösungsmöglichkeiten zuließen, falls ein Arbeitsschutz entworfen werden sollte.

Ganz anders dagegen stand es mit dem Unterrichtsproblem. Für dessen praktische Bewältigung gab es nur eine denkbar einfache Lösung, deren Berechtigung überdies pädagogisch ganz außer Zweifel stand, nämlich das Arbeitsverbot für Kinder und Jugendliche während eines bestimmten Alters und während bestimmter Tageszeiten.

In Anbetracht dieser Gegebenheiten liegt es auf der Hand, daß die Schulfrage zum Angelpunkt eines Jugendarbeitsschutzes werden mußte, wenn die Staatsregierungen sich der Frage einer Volksbildung wirklich ernsthaft zuwenden würden.

Dieser Entwicklungsprozeß soll im folgenden aufgehellt werden.

I. Aufwertung des Volksbildungsgedankens an der Wende zum 19. Jahrhundert

In den letzten Jahrzehnten des 18. Jahrhunderts war die Verbesserung des Elementarschulwesens, wie oben schon gezeigt, zu einem immer stärker beachteten Thema der öffentlichen Meinung in Deutschland geworden. Als nun ein neues Bildungsideal sich durchzusetzen begann, nahm das Gewicht dieser Forderung weiter zu.

1. Die Idee der Menschenbildung

In Abwehr der gegen Ende des 18. Jahrhunderts herrschenden philanthropischen Pädagogik mit ihren auf praktische Nützlichkeit gerichteten Zielen gewannen verschiedene Mindermeinungen an Boden, deren Bildungsvorstellungen darin übereinstimmten, daß sie die Erziehung - auf die kürzeste Formel gebracht - nicht nur zum Bürger, sondern, wie man damals sagte, auch zum Menschen für erstrebenswert hielten. (1) Verbreitung von Humanität und Weltbürgertum, (2) die Teilnahme an den Erkenntnissen der Wissenschaften und noch mehr die Pflege der schönen Künste und der Philosophie waren die Ideale, denen sich die Epoche Goethes und Kants weithin verpflichtet fühlte. (3) Die Mahnung Rousseaus, bei der Erziehung die immer verschiedene Individualität der Kinder in ihrer Entfaltung zu unterstützen, (4) war von den höheren Schichten angenommen worden. Dafür mag etwa die Auffassung des jungen Wilhelm von Humboldt stehen, wonach der wahre Zweck des Menschen, welchen die ewig unveränderliche Vernunft ihm vorschreibe, die "höchste und proportionierlichste Bildung seiner Kräfte zu einem Ganzen" sei. (5)

Dieser Gedankengang führt nur scheinbar von der Frage der Volksbildung ab. Tatsächlich zeichnete sich, wer das Ideal menschlicher Vervollkommnung bejahte, häufig durch ein soziales Verantwortungsbewußtsein aus, wobei der idealistische Standpunkt diese Haltung zunehmend deutlicher herausarbeitete. (6) Kant formulierte im Jahre 1784 anläßlich einer Auseinandersetzung mit dem Aufklärungsbegriff, daß jeder Mensch die Aufgabe habe,

---

1) Die Formel "Mensch und Bürger" wurde allerdings z.T. mit völlig abweichendem Bedeutungssinn verwendet. Wenn Rousseau (Emil, 1958, S. 16) die Erziehung zum "Bürger" ablehnte, so verwarf er in erster Linie die Erziehung zum Patriotismus, nicht aber eine gewisse praktische Schulung, wie sie in Deutschland dem Begriff Bürgererziehung zugeordnet wurde. Trapp wiederum (BJ Bd. 2, 1788, S. 279) interpretierte die Erziehung des Menschen in die des Bürgers hinein ("als Bürger ist er ein bestimmter Mensch"). Die übliche Unterscheidung etwa bei Iselins Bildungsideal: allgemeines Menschentum, staatsbürgerliche Erziehung und Berufsbildung (vgl. Schuler, 1933, S.105) und Mendelsohn, Moses, BM Bd. 4, 1784, S. 196: " 1) Bestimmung des Menschen als Mensch und 2) Bestimmung des Menschen als Bürger betrachtet". Vgl. auch Spranger, 1949, S. 33.
2) EdM St. 1, 1777, S. 10 ff. (S. 41: "Jeder ist mein Nächster", die "Welt mein Vaterland"); vgl. dazu PhJ Bd. 5, 1797, S. 261.
3) Vgl. Herder, Vom echten Begriff der schönen Wissenschaften und von ihrem Umfang unter den Schulstudien, 1788, in: Herders ausgewählte Werke in 6 Bänden, Bd. 3, Stuttgart 1885, S. 255.
4) Rousseau; Emil, 1958, S. 17 f.
5) v. Humboldt, Werke, 1960, S. 64, der Harmoniebegriff schon bei Campe, Revision, 1785, S. 291 ff.
6) Vgl. von Humboldt, Werke, 1960, S. 76; Fichte, 1. Rede, 1955, S. 25 f.

das Joch der Unmündigkeit abzuwerfen, selbst zu denken und sich des eigenen Wertes, der eigenen Würde bewußt zu werden. Diese Selbstbestimmung sei ein heiliges und unveräußerliches Recht der Menschheit. (7) Eine Brücke führte von der idealistischen Philosophie auch zu einer freiheitlichen Gesellschaftstheorie: Die Erziehung zur Eigenverantwortlichkeit sollte nach Kants Meinung ersichtlich auch einen Staat ermöglichen, der das bestehende Bevormundungssystem aufgeben und den Menschen nicht mehr als Maschine, sondern seiner Würde gemäß behandeln sollte. (8)

2. Bildung und Berufswelt

Aus dem anspruchsvollen, die Unterschichten mit einschließenden Menschheitsbegriff ergaben sich notwendigerweise Auswirkungen auf die Entfaltung des in der Schulpflicht angelegten mittelbaren Jugendarbeitsschutzes. Ein erster Bezug bestand darin, daß man in Deutschland bereits vor der industriellen Revolution einen geschärften Blick dafür gewann, welche Bedeutung eine ordentliche Schulbildung gerade für das Leben des gewerblichen Arbeiters haben mußte. Diese Einsicht schälte sich im Verlauf einer literarischen Diskussion heraus, in der es um das Ideal harmonischer Persönlichkeitsentwicklung gegangen ist. Man befaßte sich mit der als Entfremdung empfundenen berufsbedingten Einseitigkeit und stellte bei den höheren Schichten, (1) von denen zunächst die Rede war, nur zu häufig weltfremde Pedanterie oder umtriebige, aber oberflächliche Geschäftstüchtigkeit und zugleich charakterliche Mängel fest. (2) In der Logik dieser Auffassung lag es, die Kritik auf alle Gesellschaftsklassen auszudehnen, (3) zumal auch Kant mit der allgemeinen Maxime der sittlichen Selbstverwirklichung einen verwandten Gedanken unter Absehen von allen ständischen Unterschieden in der Philosophie erörterte. Ersichtlich handelte es sich um eine Leitidee des Zeitalters, die rasch Zuspruch erhalten hat. So viele Menschen seien bloß Bürger, andere wiederum nur "Halbmenschen" und keine Bürger, liest man im Jahre 1795 im Schulplan des Pädagogen Snethlage, (4) und noch zugespitzter formulierte Hölderlin: "Handwerker siehst du, aber keine Menschen, Denker, aber keine Menschen, Priester, aber keine Menschen." (5) Auch und gerade im System der ständestaatlich verfestigten gesellschaftlichen Rollenverteilung erkannte man das abgelehnte Handwerksprinzip wieder, (6) wobei die vorstehenden Formulierungen bereits an-

---

7) Kant, Beantwortung der Frage: Was ist Aufklärung? (1784), Bd. XI, 1964, S. 53, 55, 61. Ähnlich Mendelsohn, Moses, BM Bd. 4, 1784, S. 197: "ohne die wesentlichen Bestimmungen des Menschen sinkt der Mensch zum Vieh herab."

8) Vgl. Kant, aaO S. 54 f., 60 f.

---

1) Traditionsreiches Problem, vgl. Heubaum, Alfred, Geschichte des Deutschen Bildungswesens seit der Mitte des 17. Jahrhunderts, Bd. 1, Berlin 1905, S. 107 f.

2) Vgl. Rousseau, Emil, 1958, S. 12 ff., 14; auch v. Humboldt (Werke, 1960, S. 76) schnitt 1792 die Frage an, ob man aus

deuten, daß man den Tatbestand einer die Selbstverwirklichung vereitelnden Spezialisierung in allen Berufen und dabei auch bei den praktischen Erwerbstätigkeiten für gegeben ansah.

Unter Hinweis auf die Verachtung der Griechen für die Handarbeiten erläuterte der Popularphilosoph Garve den letzteren Sachverhalt, auf den es in dem in Rede stehenden Zusammenhang wesentlich ankommt: Für den Handwerker sei bezeichnend, daß ihm der Kreis seiner Erwerbsarbeit nur wenig Anregungen biete und des bildenden Umganges mit Menschen entbehre. Nur in der Lehrzeit könne er Erfahrungen sammeln, während seine Tätigkeit späterhin nur noch ein routinemäßiges Ausüben des einmal Gelernten sei. (7)

Bei dieser Einstellung war es nun nur noch ein kleiner Schritt bis zur Würdigung auch der beruflichen Situation des Fabrikarbeiters, auf den in- und ausländisches Schrifttum bereits aufmerksam machte. Adam Smith hatte schon im Jahre 1776 die Beobachtung mitgeteilt, daß eine aus gleichförmigen Verrichtungen bestehende Tätigkeit keine Gelegenheit mehr biete, den Verstand zu gebrauchen, weswegen der Fabrikarbeiter bei fortschreitender Arbeitsteilung immer mehr in seinem menschlichen Charakter verstümmelt werde. (8) Je mehr die Lehren Smith' zu dieser Zeit Anklang fanden, desto näher lag es dann

---

Bauern und Handwerkern "Künstler" bilden könne, die ihr Gewerbe um des Gewerbes willen betreiben würden.

3) Vgl. Rehberg, 1792, S. 176 f.; vgl. auch Greiling, 1793, S. 34 ff.

4) A.M. 5, S. 90.

5) Hölderlin, Friedrich, Hyperion, (Reclam) Leipzig o. J., S. 138; ferner Schiller, Friedrich, in: DHo Bd. 1, 1795, S. 28: "Ewig nur an ein einzelnes kleines Bruchstück des Ganzen gefesselt, bildet sich der Mensch selbst nur als Bruchstück aus, ewig nur das eintönige Geräusch des Rades, das er umtreibt, im Ohre, entwickelt er nie die Harmonie seines Wesens, und anstatt die Menschheit in seiner Natur auszuprägen, wird er bloß zu einem Abdruck seines Geschäfts, seiner Wissenschaft." Vgl. auch Jenisch, D., Geist und Charakter des 18. Jahrh., Th. 1, Berlin 1800, S. 98.

6) ALZ Bd. 3, 1808, Nr. 255 (Sept.), S. 6; Niethammer, 1808, S. 127.

7) Garve, 1797, S. 40, wohl in Anschluß an Humboldt (1792), vgl. dazu v. H., Werke, 1960, S. 77.

8) Smith, Bd. 4, 1907, S. 109; vor Smith schon Ferguson, vgl. Marx, MEW, Bd. 4, 1959, S. 146 (Das Elend der Philosophie).

auch, mit den Schattenseiten der modernen Produktionstechnik sich auseinanderzusetzen. Eine eindrucksvolle Formulierung liest man dazu bei dem Franzosen Lemontey, der in einer im Jahre 1801 erschienenen Schrift festgestellt hat, der Fabrikarbeiter verkörpere bei seiner Tätigkeit nur noch einen Hebel oder eine Kurbel und werde somit in seiner menschlichen Existenz auf die Erfahrung einer Minute oder Sekunde reduziert. (9)

Auch in Deutschland fanden sich solche kritischen Stimmen. Garve meinte im Jahre 1797, daß im Vergleich mit dem Handwerker die geistige Situation des Manufakturarbeiters noch unbefriedigender sei, weil er aufgrund des zerlegten Herstellungsprozesses mit noch weniger Kenntnissen bereichert werde. Ein Fortschreiten der unteren Klassen in Einsichten sowie in der Sittlichkeit werde durch das Mechanische und Ungesellige dieser Beschäftigungsart behindert, so daß denn auch in England, wo man die Arbeitsteilung am weitesten getrieben habe, die Manufakturarbeiter an Aufklärung noch mehr zurückstünden als ihresgleichen in Deutschland. (10) Ähnlich betonte im Jahre 1791 Georg Forster nach dem Besuch einiger Fabrikorte am Rhein, daß der in Armut und Unwissenheit lebende Handarbeiter die edelste Bestimmung seines Wesens verfehle. (11) Auch dem Pädagogen Niemeyer, der 1806 in Elberfeld einige Fabriken besichtigt hat, kamen beim Anblick der erwachsenen Arbeiter und noch mehr der Kinder Bedenken,"ob es möglich sei, daß der Geist dieser vom Morgen bis in die Nacht arbeitenden Klasse... bei dem immer wiederkehrenden Mechanismus noch Kraft behalten könne, Ideen zu erzeugen und an innerer Bildung fortzuschreiten". (12)

Aus dem sich abzeichnenden Dilemma gab es nun, wenn man auf die Vorteile der Arbeitsteilung nicht verzichten wollte, nur den einen Ausweg, den durch den Beruf eingeschränkten Erfahrungsbereich des Fabrikarbeiters auf andere Weise wieder zu erweitern, eine Lösung, auf die auch Adam Smith bereits im Jahre 1776 verwiesen hat. Bei einer zivilisierten und gewerbetreibenden Nation, so riet der schottische Gelehrte, sollte der Staat seine Aufmerksamkeit im erhöhtem Maße dem Volksunterricht zuwenden, damit der Bevölkerung während der Jugendjahre ein gewisser, auch später verfügbarer Kenntnisvorrat vermittelt werde. (13)

In Deutschland stellte man genau die gleichen Überlegungen an, wie hier mit Äußerungen der oben schon genannten Autoren belegt werden soll. Garve hob die Notwendigkeit hervor, daß den mechanischen Arbeitern "aus anderen Quellen Ideen zufließen" würden - er dachte möglicherweise an landwirtschaftliche Nebenerwerbsstellen -, erwähnte dabei aber auch den wohltätigen Eifer guter Patrioten, die in England Sonntagsschulen errichtet hätten. (14) Forster unterstrich,daß durch die Industrie häu-

9) Zit. n. der 3. Aufl.: Lemontey, 1816, S. 177.
10) Garve, aaO S. 42, Anm.
11) Forster, 1965, S. 52.
12) Niemeyer, Bd. 3, 1823, S. 243; ferner Blasche, 1804, S. XVIII: durch große Teilung der Arbeiten "moralische Verschlimmerung" der unteren Volksklassen.

fig ein bescheidener Wohlstand auch für die Arbeiterschichten geschaffen werde, mit dessen Hilfe diese sich einen zweckmäßigen Unterricht und eine gute Erziehung leisten könnten. (15) Und auch der Pädagoge Niemeyer überwandt seine anfänglichen Bedenken gegen die Maschinenarbeit mit unter anderem der Erwägung, daß in Elberfeld der Geist der Fabrikkinder jedenfalls nicht gänzlich vernachlässigt werde, weil die Unternehmer Engels eine Schule neben der Fabrik eingerichtet und so für den Unterricht der bei ihnen beschäftigten Kinder gesorgt hätten. Da auf diese Weise der Gewinnsucht solcher Eltern, denen die Kinder nicht genug erwerben könnten, gesteuert werde, fügte Niemeyer hinzu, habe auch die preußische Regierung durch die Einrichtung von Schulen bereits sehr segensreich gewirkt. (16)

3. Die idealistische Reformpädagogik

War durch die Erörterung des Verhältnisses Mensch und Arbeitswelt bereits das öffentliche Interesse zum ersten Male auf die Schulbildung der Fabrikarbeiter und damit auch der Fabrikkinder gelenkt worden, so kam einer Lösung dieses Problems jetzt noch eine zweite Entwicklung zu Hilfe. Das anspruchsvolle Menschenideal der Spätaufklärung stärkte wie erwähnt die Forderung nach einer allgemeinen Volksschule im Hinblick auf deren Notwendigkeit als auch auf Inhalt und Umfang des für angemessen gehaltenen Unterrichtes.

Vor 1790 war die Verwirklichung der preußischen Schulreformpläne freilich noch kaum vorangekommen, teils - das gilt für die Mittel- und Oberschulen - weil die Öffentlichkeit das rationalistische Erziehungsideal des Produktivbürgers inzwischen ablehnte und nach Friedrich des Großen Tod auch eine religiöse Indoktrination befürchtete, (1) teils aber auch, weil die im Feu-

13) Smith, Bd. 4, 1907, S. 111 ff.
14) Garve, 1797, S. 42 f.; zustimmend Niemeyer, August Hermann, Ueber Oeffentliche Schulen, Halle 1799, S. 176 f.
15) Forster, 1965, S. 52 f.
16) Niemeyer, Bd. 3, 1823, S. 243.

1) Die literarischen Kreise, die Träger der neuen Ideen, wiesen den Gedanken einer allgemeinen Staatsschule lange Zeit zurück. Das rationalistische Leitbild des arbeitsamen Bürgers, das den Behörden für ihre Nationalerziehung vorschwebte, vermochte zwar die Kameralisten zufriedenzustellen, konnte in der Goethezeit aber aus verständlichen Gründen keine große Werbekraft entfalten (vgl. PhJ Bd. 5, 1797, S. 272: "technische Bildung").
Hinzu kam, daß Friedrich Wilhelm II. (1786-97) das Prinzip der Geistesfreiheit aufgab und mit einer scharfen, auch die Wissenschaften nicht verschonenden Zensur ein Jahrzehnt lang versuchte, eine orthodoxe Kirchenlehre durchzusetzen. (Vgl. Schwartz, 1925, S. 97 ff.; Jeismann, 1974, S. 119 ff.; Heinemann, 1974, S. 162, 193, 253 ff.). Diese Politik ließ be-

dalstaat politisch bestimmenden Gesellschaftsschichten sich gegen die zunehmend anspruchsvoller formulierte Volkserziehungsidee ausgesprochen haben. (2) Hier leitete erst die Erfahrung

---

fürchten, daß die Vereinheitlichung des Schulwesens durch den Staat der religiösen Gleichschaltung dienen sollte (vgl. PhJ Bd. 5, 1797, S. 272 f.: "Verbildung nach statutarischen Gesetzen"). Auch deshalb mußten öffentliche Meinung und Staatsrechtslehre einem planmäßigen Ausbau der preußischen Schulorganisation ablehnend gegenüberstehen. Die Monarchen könnten sich mit einer Nationalerziehung nur selbst schaden, warnte Wilhelm von Humboldt 1792 in seiner - nach einem Teilabdruck verbotenen - Untersuchung über die Grenzen der staatlichen Befugnisse (Ideen zu einem Versuch, die Grenzen der Wirksamkeit des Staats zu bestimmen, 1792, in: Werke, 1960, S. 109. Vgl. dazu Jeismann, 1974, S. 143). H. verwarf die Staatsschule allerdings nicht schlechthin; bei "schöner Form" sei die Sache "minder schädlich" (aaO S. 107. Die Problematik der Einheitsschule zuerst in BJ Bd. 1, 1788, S. 304, 322).
Das Bemühen des Berliner Oberschulkollegiums, ohne Zwangsmaßnahmen die bestehenden Gelehrtenschulen in einfache Bürgerschulen umzuwandeln, scheiterte denn auch an dem beharrlichen Widerstand der Städte (vgl. v. Massow, ASK Bd. 1, 1800, S. 79; Niethammer, 1808, S. 23; Zöllner, 1804, S. 326).

2) Während die Literatur überwiegend ein stärkeres Engagement für die Volksbildung befürwortete (vgl. Voss, Jürgen, der Gemeine Mann und die Volksaufklärung im späten 18. Jahrhundert, bei Mommsen, 1981, S. 208 ff., 213 f.; Jakob, Policey, Bd. 1, 1809, S. 277 f.; Stephani, 1813, S. 2,Anm.) und in Preußen insbesondere der märkische Domherr von Rochow schon seit 1772 mit Schriften und der Einrichtung einer eigenen Musterschule für eine Verbesserung der ländlichen Bildung sich einsetzte, (vgl.: Vom Nationalcharakter durch Volksschulen, 1779: "Aufklärung, Kultur, Veredelung", in: Rochow, Friedrich Eberhard von, Sämtliche pädagogische Schriften, Bd. 1, Berlin 1907, S. 313, 329; vgl. auch Vollmer, Ferdinand, Die preußische Volksschulpolitik unter Friedrich dem Großen, Berlin 1918 (Monumenta Germaniae Paedagogica, Bd. 56),S. 141 ff.), verharrten die den Absolutismus tragenden politischen Kräfte - Adel und orthodoxe Kirche - in deutlicher Ablehnung. Weite Kreise warfen den Vertretern der Volksaufklärung vor, ihre Absichten würden darauf hinauslaufen, den Bauern "klug zu machen", das hieß, ihn zu einem ihn überfordernden "Räsonieren" zu ermuntern und dadurch Land und Leute in Unglauben und Anarchie zu stürzen (vgl. dazu Voss bei Mommsen, 1981, S. 214, 228, ferner die frühe Kritik an v. Rochow bei Resewitz, 1773, S. 57, 64; anders die 2. Auflage 1776, S. 75).

Die reaktionäre Ansicht hat im Grunde schon Kant im Jahre 1784 zurückgewiesen (Bd. XI, 1964, S. 54 f.; vgl. ferner WA Bd. 2, 1799, S. 117 ff.; Jacob, Policey, Bd. 1, 1809, S. 279 f. Jeismann, 1974, S. 140).

Besonders hervorzuheben ist in diesem Zusammenhang der Pädagoge Villaume; dieser trat im Jahre 1785 dem Nützlichkeitsder französischen Revolution ein gewisses, auf Entscheidungen drängendes Umdenken ein. (3) Der Pädagoge Stephani beispielsweise kommentierte die Ereignisse in Frankreich mit der Feststellung, daß der Haß gegen die Fürsten ja im Grunde von diesen selbst verursacht würde, weil er aus der allgemeinen Unwissenheit erwachse. (4) Die Monarchen könnten daher ihren Thron letztlich nur retten, so führte er aus, wenn sie den berechtigten Anspruch auf ein persönliches Glück des einzelnen kräftig unterstützen würden.

standpunkt in der Volkspädagogik mit einer mutigen Untersuchung entgegen, in der er der Frage nachging, inwieweit die Vervollkommnung des Menschen dem Interesse an seiner gesellschaftlichen Brauchbarkeit geopfert werden dürfe (Villaume bei Campe, Revision, 1785, S. 435, 526). Villaume räumte ein, daß der Staat um des gemeinen Nutzens willen vom einzelnen einen gewissen Verzicht auf seine Selbstverwirklichung verlangen dürfe, betonte aber auch, daß der Mensch ein Recht auf persönliche Entfaltung besitze, das ihm nicht gänzlich genommen werden dürfe, wenn er nicht zur bloßen Arbeitsmaschine, zum Lasttier herabgewürdigt werden solle. Der "Ackermann" und der "Holzhacker" würden in ihrer Berufstätigkeit nicht aufgehen, sie seien auch Ehegatten, Väter, Staatsbürger, hätten Freunde und bedürften gerade für diese vom Staat und von der Kirche gänzlich unbeachtet gelassenen privaten Bereiche einer Erziehung zur Lebensgewandtheit und Rechtschaffenheit. Schon die gesellschaftliche Brauchbarkeit des einzelnen verlange eine gewisse Verstandesbildung. Da der Mensch aber kein Zugtier sei, habe er auch noch einen darüber hinausgehenden Anspruch auf Veredelung, soweit es die Verhältnisse erlauben würden, Villaume, aaO S. 569 ff.
Demgemäß forderte Villaume für die unteren Schichten einen besseren Unterricht, der auf Vernunftbildung, eine auf Einsicht sich gründende Kenntnis der Religion und der Landesgesetze sowie der Vermittlung einiger "Gefühle des Guten und Großen in der Natur" und schließlich des eigenen Wertes sich richten sollte. Auch eine Begabtenförderung regte Villaume an (Villaume, aaO S. 576 ff.; ähnlich v. Rochow, BJ Bd. 1, 1788, S. 55 f. - Vgl. noch zu der Frage, ob der Volksbildung Grenzen zu setzen seien, v. Rochow, Sämtliche pädagogische Schriften, Bd. 1, Berlin 1907, S. 346 ff.; BJ Bd. 1, 1788, S. 45, 55). Vgl. zu Rochow: Leschinsky-Roeder, 1976, S. 344 ff.; Gans bei Koneffke, 1982, S. 327 ff.; Heinemann, 1974, S. 111 ff.; vgl. zu Villaume: Jeismann, 1974, S. 129 f., 133, 135 f.; auch Heinemann, 1974, S. 190.

3) Der schwelende Schulkonflikt verschärfte sich. Die Politiker befürchteten, daß die Verbesserung der Schulbildung die Gefahr des Aufruhrs vergrößern werde (Sabatier i.J. 1793 gegen v. Sonnenfels, zit. n. Lueder, Nationalindustrie, 1804, S. 206; vgl. auch Ewald, 1790, S. 1 f.), während die Gegenpartei eine solche Folge gerade für den Fall des Weiterbestehens der bisherigen Verhältnisse ankündigte (vgl. auch Jeismann, 1974, S. 137 ff.).
Ein wesentliches, wenn auch in Frankreich in der Praxis nicht durchgesetztes Ergebnis der Revolution war, daß das Recht auf gleiche Schulbildung anerkannt wurde, vgl. Franke, Th., Ge-

Im Jahre 1797 veröffentlichte Stephani dann einen umfassenden Volkserziehungsplan, der das Programm des deutschen Idealismus und eine enzyklopädische Schulbildung zu verbinden suchte und alle öffentlichen Bildungsanstalten von der Elementarschule bis zur Universität nach einer einheitlichen Konzeption ausgestalten wollte. (5) Die Volkserziehung sollte nach Stephanis Ansicht als eine der Wirtschaftspolitik und der Finanzwissenschaft gleichrangige Staatsaufgabe anerkannt werden. Als Schultyp schlug der Pädagoge eine allen Bevölkerungsschichten offenstehende Einheitsschule vor, in der die Jugend ohne Rücksicht auf den künftigen Beruf in einer Vielzahl von Fächern "als Mensch und Bürger" erzogen werden sollte. (6) Das Kind des Tagelöhners habe ebensogut wie das Kind des Fürsten einen Anspruch darauf, ihm zu helfen, "dereinst ein vortrefflicher Mensch und ein achtungswürdiges Mitglied der Staatsbürgerschaft zu werden", schrieb Stephani einige Zeit später. (7)

Die Anhänger dieser Kenntnisschule betonten mit ihrem Anspruch auf Teilhabe am Wissen der Zeit und auf berufliche Förderung die Naturwissenschaften und die Notwendigkeit des Realgymnasiums. (8) Daneben wurde aber auch noch ein zweites Schulmodell vertreten, das den Gedanken Rousseaus, nicht den Bürger, sondern den Menschen zu erziehen, im Geiste der kantischen Philosophie interpretierte und die Grundanlagen sowie Hauptfähigkeiten des Menschen - die Körperkraft, den Verstand und die Vernunft mit Betonung vor allem des Zieles der moralischen Vervollkommnung - durch Übung kräftigen und entwickeln wollte. (9) Dieses Ideal

---

schichte des Staatsgedankens in Schule und Erziehung, Leipzig 1912, S. 65; ferner Voss bei Mommsen, 1981, S. 228 ff.

4) Anonym in AE Bd. 1, 1791, S. 11, 59 ff. (Vgl. dazu Stephani, 1805, S. 96,Anm.). Ähnlich Ewald, aaO S. 117 ff.; Lueder aaO S. 299,Anm. 1.

5) Als Übersicht in ASK Bd. 1, 1800, S. 98 ff.

6) ASK Bd. 2, 1801, H.1, S. 123. Unter Bürger verstand Stephani den Staatsbürger.

7) Stephani, 1805, S. 179; ders. in: ASK Bd. 2, 1801, H. 1, S. 122: "Der Sohn des Fürsten, des Geschäftsmannes, des Handwerkers...soll fürs erste nur zu einem gesunden, verständigen, edelfühlenden und gutdenkenden Menschen...erzogen werden." Vgl. auch v. Humboldt, 1809, bei Schweim, 1966, S. 30: "der gemeinste Tagelöhner und der am feinsten Ausgebildete muß in seinem Gemüt ursprünglich gleichgestimmt werden."

8) Vgl. Goldschmidt, 1881, S. 141, 313.

9) Schuderoff, Jonathan, Briefe über Moralische Erziehung in Hinsicht auf die neueste Philosophie, Leipzig 1792; Schmid, Carl Christian Erhard, Empirische Psychologie, Jena 1791, S. 248 ff.; Rehberg, 1792, S. 199 f.; Über den Menschen und seine Verhältnisse, Berlin 1792, S. 11, 258; Greiling, 1793, S. 1 ff.; Heusinger, Johann Heinrich Gottlieb, Beytrag zur Berichtung einiger Begriffe über Erziehung und Erziehungskunst, Halle 1794 und PhJ Bd. 1, 1795, S. 210 ff. (H. verwirft die Zugeständnisse an den Feudalstaat, die sich bei Villaume, Greiling und Rehberg noch finden); Fähse, M. Gottfried, Grundriß der technisch-praktischen Erziehung, Leipzig 1797, S. 1 ff.

einer Erziehungsschule, die eine Wissenvermittlung nur als Nebenzweck berücksichtigen wollte, vertrat die Partei des altsprachlichen Gymnasiums und, als es Pestalozzi gelang, in seiner Elementarmethode ein entsprechendes Lehrverfahren für den Anfangsunterricht zu entwickeln, (10) die schnell wachsende Gemeinde der Idee einer neuen erziehenden Volksschule. (11)

Was die Frage der Arbeitserziehung anlangt, so war bedeutsam, daß bei beiden Schultypen die philanthropische Gewöhnung an Arbeitsamkeit, jedenfalls in der bislang im Vordergrund stehenden Primitivform, überwunden war, sei es, daß man den herkömmlichen einfachen Industrieunterricht in den Elementarschulen entweder ausdrücklich ablehnte oder diese Konzeption stillschweigend fallenließ. (12)

---

10) Pestalozzis Methode (die auf der Selbsttätigkeit der Schüler aufbaute und von der unbewußten Anschauung über bewußte Vorstellungen zu klaren Begriffen führen sollte) versprach, die geistigen, sittlichen und physischen Kräfte der Kinder allseitig auszubilden. Die philanthropische Arbeitserziehung hatte P. zur "Elementargymnastik" umgeformt. Vgl. zum Ganzen: "Wie Gertrud ihre Kinder lehrt", 1801, in Pestalozzi, Werke, Bd. 13, 1932, S. 181; "Über Volksbildung und Industrie", 1806, in: Werke, Bd. 18, 1943, S. 139; ferner Ewald, Johann Ludwig, Geist der Pestalozzischen Bildungsmethode, nach Urkunden und eigener Ansicht, Bremen 1805, S. 28 f., 32 f.; Ith, Johann, Amtlicher Bericht über die Pestalozzische Anstalt und die neue Lehrart derselben, Bern 1802, S. 2, 18; Stein, Arthur, Pestalozzi und die Kantische Philosophie, Tübingen 1927 (Heidelberger Abhandlungen zur Philosophie und ihrer Geschichte, Heft 12), S. 180 ff. (der Schneider soll nicht nur ein bürgerlicher Halbmensch sein) und 202 ff.

11) Der westfälische Pädagoge Natorp, ZfP Bd. 2, 1807, S. 141: "Echte Elementarschulen sind nur die Pestalozzischen und diejenigen, welche ihnen ähnlich sind." Weitere Nachweise über die Pest.-Literatur seit 1801 in: ZGE Jg. 27, 1937, S. 112, Anm. 5; Krünitz, Th. 149, 1828, S. 230 ff.; ZfP Bd.2, 1807, S. 49.
Neben der pädagogischen Aufwertung der Volkserziehung durch die Elementarmethode war auch deren politische Bedeutung beträchtlich. Denn indem die Methode Erziehung und nicht Kenntnisse versprach, schien das Bedenken ausgeräumt zu sein, daß Verbesserungen auf dem Gebiet des Schulwesens zur Überfeinerung und Unzufriedenheit der breiten Bevölkerungsschichten führen würden, vgl. Ith, aaO S. 83; Ewald, aaO S. 70, 72, 75; v. Humboldt, 1809, an den preuß. König, beim Schweim, 1966, S. 47: "lernt auch der Bauer...nichts, was über seinen Kreis hinausginge."

12) Der Elementarunterricht sollte bis zum 12. Jahr ausschließlich die Entwicklung der menschlichen Fähigkeiten anstreben und erst danach die besondere Bildung des Bürgers, so die Forderung Snethlages 1795 unter Hinweis auf Overberg in A.M. 5, S. 92f.; ähnlich Zachariä, Erziehung, 1802, S. 191; Stephani, ASK Bd. 2, 1801, H. 1, S. 122; Niethammer, 1808, S. 64, 338. Die Priorität der Menschenbildung schon bei v.

Wer die Vernunftbildung guthieß und das Recht des einzelnen bejahte, einen seinen Anlagen entsprechenden Beruf zu wählen, konnte die Ausgestaltung des Volksschulunterrichtes zu einer Berufsschule und eine frühe Eingliederung der Kinder in das Erwerbsleben in der Tat nicht unterstützten. (13) Sehr entschieden aber auch die Gesundheitsgefahren betonend, trat insoweit wiederum Stephani hervor, der verschiedene Äußerungen in der Literatur, in der einzelne Auswüchse der Kinderarbeit aufgegriffen worden waren, verallgemeinerte und gegen das Industrieschulwesen einwandte, daß mit dieser Einrichtung ein infamer Mißbrauch getrieben worden sei. (14) Um den Nationalreichtum zu vermehren, habe man in kameralistischer Habsucht selbst kleine Kinder zur Arbeit angehalten und damit gegen die weise Ökonomie der Natur verstoßen; denn zu einer gesunden Entwicklung des Körpers würden sorglose und gesunde Jugendjahre gehören: "auch unsere zarten Bäumchen tragen noch keine Früchte." Für Stephani ist bezeichnend, daß er daneben auch Eltern und Handwerksmeister anklagte, die Kinder allzufrüh zu schweren Arbeiten zu verwenden, wodurch dann schon die Jugendlichen elend und verkrüppelt würden.

4. Die herrschende philanthropische Pädagogik

Die offiziöse Erziehungswissenschaft war zu dieser Zeit durch die idealistische Kritik schon spürbar in Bedrängnis geraten. Aber auch praktische Schwierigkeiten machten den Philanthropen zu schaffen, so die Frage der Finanzierung der Schulen (1) und weiter der Widerstand der Eltern, die ihre Kinder nicht selten vom Industrieunterricht fernhielten, weil sie dessen Nutzen nicht einsahen, weil er als Armeleuteunterricht galt und auch, weil ihm der Ruf der Kinderausbeutung anhaftete. (2) Der Waisenhausstreit dürfte zu dieser Einstellung wesentlich beigetragen haben.

In diesen Umständen wird man auch die Ursache dafür sehen müssen, daß die Industrieschulpädagogen nunmehr ihr Programm gründlich revidierten und auch ihrerseits das Doppelziel der Erziehung zum Menschen und Bürger im Rahmen eines qualifizierten Arbeitsunterrichtes verwirklichen wollten. (3) Allein bildende Arbeiten wurden noch befürwortet, (4) gleichzeitig die

---

Humboldt (1792) in: Werke, 1960, S. 106: "Daher müßte...die freieste, so wenig als möglich schon auf die bürgerlichen Verhältnisse gerichtete Bildung des Menschen überall vorangehen."-(Pestalozzi hatte die Kinderarbeit zur Elementargymnastik weiterentwickelt, vgl. den 12. Brief "Wie Gertrud ..., Werke, Bd. 13, 1932, S. 181 ff.).

13) Vgl. Zachariä, aaO S. 191 f.; Niethammer, aaO S. 61, 161 f., 338.

14) Stephani, 1805,S. 102 mit Hinweis auf Gutsmuths Gymnastik,S.64.

---

1) v. Spauer, 1802, S. 60 ff.; vgl. auch Leschinsky-Roeder, 1976, S. 411 ff. (Die Industrieschule ist aber nicht an den wirtschaftlichen Problemen gescheitert.)

2) Lachmann, 1802, S. 199 ff.

Einrichtung der abgesonderten Armenschule verworfen und zudem auch gefordert, die Kinder nicht länger in die berüchtigten Arbeitshäuser zu schicken. Nicht länger gutgeheißen wurde auch diejenige Industrieschulform, bei der Freischulen mit Arbeitshäusern oder Fabriken in einer nur äußeren Verbindung standen. In den Arbeitsanstalten und Fabriken, so warnte insoweit der einflußreiche Prediger Lachmann, würden den Kindern Tätigkeiten aufgetragen, die pädagogisch ungeeignet und gesundheitsschädigend seien, und außerdem würden die Kinder dort durch die Gesellschaft verdorbener Erwachsener gefährdet. Die Menschenfreunde müßten die Regierungen auf diesen Sachverhalt hinweisen, fügte Lachmann hinzu, denn oft würden die Behörden eine Erwerbsarbeit der Kinder in bester Absicht unterstützen, ohne zu bemerken, daß dabei die "edelsten physischen und moralischen Keime der Mensc̈heit tausendweis...zerdrückt"würden. (5) Daß Lachmann trotz allem aber gesundheitsgefährdende Arbeiten in der Schule unter Leitung des Lehrers befürwortete, darauf ist oben schon hingewiesen worden.

Wichtig war außerdem, daß nicht nur die Arbeit selbst kritisiert wurde. Auch der einfache Lernunterricht, den die Armenkinder gewöhnlich erhielten, wurde jetzt von offizieller Seite als ungenügend bezeichnet. So wandte sich der Berliner Oberkonsistorialrat Zöllner in einem im Jahre 1800 veröffentlichten Aufsatz entschieden gegen die den Schulbesuch auf einen Vormittag pro Woche abkürzenden Sonntagsschule, (6) eine Einrichtung, die aufgrund des britischen Vorbildes bedenklich viel Zuspruch erhielt und die Institution der Wochentagsschule bedrohte. (7) Zöllner hob mit Nachdruck hervor, es werde in Preußen wohl nie soweit wie in England kommen, daß Hunderttausende von Menschen, indem sie von früher Jugend an die Maschinen bedienen müßten, zu eben solchen Maschinen verbildet würden. (8) Diese Stellungnahme verdient Beachtung, denn wo immer die Verwaltung selbst nur wenig Interesse an den Schulen zeigte, ließ auch die Bereitschaft der Bevölkerung nach, ihre Kinder zum Unterricht zu schicken. (9)-In diesem Zusammenhang ist weiter

3) Lachmann, aaO S. 31; Blasche, 1804, S. VIII, 2,4; vgl. Ziegenbein,Johann Wilhelm Heinrich, Nachricht von der Industrie-Töchterschule zu Blankenburg, Blankenburg 1806, S. 46; ders., ZfP Bd. 2, 1807, S. 53 ff. - Vgl. aber auch NHM Jg. 13, 1803, S. 1607: "für Tagelöhner...keinen Palast!"
4) Beispiele für handwerkliche Arbeiten bei Blasche, aaO S. 34 f.
5) Lachmann, aaO S. 57 ff., 59.
6) Zöllner, ASK Bd. 1, 1800, S. 276 ff. (Argumente: zerstört die bestehende Schulmoral, reicht nicht als Lernunterricht, nimmt den Kindern den Ruhetag); ebenso Lachmann, aaO S. 56.
7) Vgl. Ziegenbein bei Macaulay, 1794, S. 19; NHM Jg. 10, 1800, S. 834.
8) Zöllner, ASK Bd. 1, 1800, S. 290. Z. war aber gleichwohl Anhänger der Ständeschule, vgl. Zöllner, 1804, S. 183: 2 Wochenstunden Rechnen genügen in den Erwerbsschulen. "Wie viele Zeit ...dagegen verlangt Pestalozzis Methode!"
9) Vgl. für die Schweiz JSG Jg. 12, 1911, S. 137 ff.

bemerkenswert, daß der oben erwähnte Geistliche Lachmann auch den, wie er sich ausdrückte, Notstall der Abendschule verwarf, in die man die "kleinen ermüdeten Sklaven nach einem verschwitzten Tag" am Feierabend noch für eine Dressur auf eine oder ein paar Stunden zusammentreibe. Lachmann lehnte, wie schon erwähnt, auch die übliche Kindererwerbsarbeit ab. Diese hielt er allenfalls dann für pädagogisch vertretbar, wenn sie den schulischen Erfordernissen untergeordnet blieb, indem sie zwischen oder vor den Schulstunden ausgeübt und unter die Aufsicht der Lehrer gestellt würde. Der Unterricht aber sollte auf jeden Fall am Tage stattfinden. Als Idealform der Industrieschule schwebte Lachmann dabei ein Schultyp vor, bei dem unter Verzicht auf die herkömmliche Erwerbstätigkeit während des Unterrichtes gearbeitet würde, damit so das Lernen erleichtert und gleichzeitig auch eine Arbeitserziehung erreicht werden könnte. (10)

II. Konkrete Schulpläne nach 1800

1. Die preußische und bayerische Schulpolitik um 1800 und die Reaktion der Öffentlichkeit

Die Auffassung, daß dem Bauern eine gewisse, dem Umfang nach begrenzte Aufklärung nicht verweigert werden dürfe, (1) kam nunmehr in der Schulpolitik der deutschen Länder zum Durchbruch - der Grundgedanke hatte sich durchgesetzt. Was Preußen betrifft, so hatte der Regierungsantritt Friedrich Wilhelm III. im Jahre 1797 die Wende gebracht. Der neue Kultusminister von Massow wandte sich sogleich dem Projekt einer Erziehungsreform zu, bei dem Stephanis Vorschläge allerdings nur zugunsten der gehobenen Bürgerschulen in einem im übrigen ständestaatlichen Schulaufbau verwirklicht werden sollten. (2) Ständestaat, das besagte: Neben den höheren Lehranstalten sollten insgesamt drei Volksschularten bestehen mit obligatorischen Industrieklassen sowohl auf dem Lande als auch in der Stadt. (3) - Wesentlich fortschrittlicher dachte dagegen Bayern, das im Jahre 1804 unter französischem Einfluß eine Einheitsschule für alle Bürger plante, ohne noch eine manuelle Arbeitserziehung dabei zu beabsichtigen. (4)

Die zwei auf den ersten Blick so unterschiedlichen Schulentwürfe hatten gleichwohl wesentliche Punkte gemeinsam. Sie zielten bei-

10) Lachmann, aaO S. 61 f., 63 ff.; ebenso Schram, 1803, S. 150 ff., 155.

1) Vgl. etwa Wilberg, WA Bd. 2, 1799, S. 117 ff.
2) Ausführlich Heubaum: Die Geschichte des ersten preußischen Schulgesetzentwurfs (1798-1807), in: MhS Jg.1, 1902, S. 20, 209, 305; Jeismann, 1974, S. 199; Heinemann, 1974, S. 353 ff.; Michalsky, 1978, S. 66, 85, 118 ff.
3) ASK Bd. 1, 1800, S. 125, 194; der gleiche Gedanke in NHM Jg. 8, 1798, S. 1164 ff.
4) Vgl. ALZ Bd.2, 1805, Nr. 153 (Juni), S. 553 ff.

de darauf ab, die altsprachlichen Gymnasien, die sogenannten Gelehrtenschulen, aufzulösen und diese durch neusprachlich-naturwissenschaftliche Oberschulen mit reichem Fächerangebot zu ersetzen, (5) und sie wollten beide eine durch den Staat gewährleistete einheitliche Ausrichtung des Unterrichtes in Lehrstoff und Methode, eine Nationalerziehung neuen Stils, wie sie in Frankreich offen mit dem Ziel der politischen Ausrichtung der Bürger propagiert wurde. (6)

In eben diesem Sinne wurde aber auch das preußische Reformprogramm von der Öffentlichkeit interpretiert. Hatte man früher eine religiöse Beeinflussung der Jugend befürchtet, so vermutete man jetzt, wohl nicht zu Unrecht, daß eine politische Umerziehung beabsichtigt sei. (7)

Die Bekanntgabe des Plans, die kleinen Lateinschulen unter Einsatz staatlicher Mittel weitgehend abzuschaffen und eine überall gleiche, praxisbezogene Schulbildung durchzusetzen, war folgen-

---

5) Vgl. Jeismann, 1974, S. 179, 197; vgl. auch Michalsky, 1978, S. 89 ff.
6) Broussard bei Zöllner, 1804, S. 352, 375. Nach Spranger, 1949, S. 32 geht der Begriff wohl auf die Schrift von Caradeuc de la Chalotais, Essai d'éducation nationale, 1763, zurück.
7) In allen preußischen Schulen werde künftig, so erläuterte der Oberkonsistorialrat Zöllner in Berlin, "derselbe Geist" herrschen, so daß die Staatsbürger sich in den Gesinnungen und Grundsätzen des Stammhauses "völlig ähnlich" würden (Zöllner, 1804, S. 351 f.; vgl. aber auch S. 376 ff.; Bedenken, daß die geplante Schulverbesserung als eine "politische Sicherheitsmaßregel" ausgelegt werden könnte, äußerte auch Gedike in einem Votum an Massow, vgl. Heubaum, MhS Jg. 1, 1902, S. 218; ferner Jeismann, 1974, S. 138 f.
Ein Rezept, wie man ganze Völker zu "Patrioten" umerziehen könne, eine solche "éducation nationale" hatte Rousseau, allerdings in bester Absicht, 1782 in seinen Betrachtungen über die polnische Verfassung entwickelt (Rousseau, Jean-Jacques, Oeuvres complètes, Bd. 3, Dijon 1964, S. 953).
Daß die Volkserziehung politisch mißbraucht und dabei nicht nur die Individualität des einzelnen, sondern auch die ganzer Nationen umgeformt werden könnte, wenn der Staat den Bürger als "Maschine" für seine Zwecke benutzen und nach dem Prinzip "Der einzelne Bürger ist nichts, das Ganze ist alles" (so Jakob, Policey, Bd. 1, 1809, S. 269 f.) in die Privatsphäre der Bürger eingreifen wollte, diese Erwägung war keineswegs fernliegend, wie das Beispiel Spartas und die Erziehungsgedanken Platos zeigten. (Vgl. auch Evers, 1807, bei Joerden, 1962, S. 65 ff.).
Nicht überraschen kann also, daß der naturrechtliche Standpunkt eine Staatsschule nur dann billigte, wenn sie das Programm der allgemeinen Menschenbildung, eine vom Sittengesetz gebotene Erziehung anstrebte (PhJ Bd. 5, 1797, S. 261 ff.; Zachariä, Erziehung, 1802, S. 86), bei der die Individualität, die Würde des Menschen nicht den politischen Zielen geopfert

reich. Das in der humanistischen Tradition stehende Bildungsbürgertum sah sich jetzt zum Handeln gezwungen (8) - in Bayern genauso wie in Preußen - und wehrte sich auch mit einer Polemik, die die unter dem Namen Philanthropinismus zusammengefaßten offiziellen Reformbemühungen geradezu verteufelte. Der Kenntnisschule warf man vor, zugunsten einer Vielwisserei und Bedarfsklugheit die in der klassischen Literatur gegebenen großen Muster sittlichen Menschentums zu verraten (9) und ein stumpfes Wohlleben, eine gesellschaftliche Rückständigkeit sowie eine politische Volksverdummung anzustreben. (10) In geschickter Vereinfachung deutete Niethammer im Jahre 1808 diesen Richtungsstreit der Pädagogen als die Auseinandersetzung zweier historischer Epochen: Die ein halbes Jahrhundert vorher gültige, innerlich aber längst überwundene Aufklärungsphilosophie ringe in einem letzten Aufbäumen mit der vom Idealismus bestimmten Gegenwart. (11)

Obwohl die Diskussion im Kern um die alten Sprachen geführt wurde, war sie trotzdem auch für den Arbeitserziehungsgedanken von erheblicher Bedeutung. Denn die Humanisten, die sämtliche anderen pädagogischen Richtungen unter dem Namen Philanthropinismus als einen und denselben Gegner behandelten, fanden in den geistig anspruchslosen Erziehungszielen der herrschenden Armenpädagogik (12) die besten Argumente, um die Erziehung zur bürgerlichen Brauchbarkeit zu verunglimpfen. Im übrigen war die Erziehung zum Menschen aber eben auch notwendig eine allgemeine Aufgabe. Wenn sie mit Ernst vertreten wurde, mußte sie für das ganze Volk gelten und nicht nur für bestimmte Klassen. "Die unsere deutschen Schulen in sogenannte Real- oder Industrieschulen umschaffen", heißt es in einer Rezension zum bayerischen Schulplan, "beleidigen die Menschheit in den gesamten niedrigen Klassen empfindlicher, als sie vielleicht selbst glauben. Wen sein Geschick dazu bestimmt hat, sein ganzes Leben mit der Materie zu kämpfen, der bedarf um so mehr in der einzigen freien Periode seines Daseins, wo dieser Kampf noch nicht begonnen hat, in seinen Jugendjahren, einer Übung des Geistes, die für sein ganzes übriges Leben nachhalte, und wel-

---

werden konnten. (Das Korrektiv der Menschenwürde als Idee schon bei Kant (1784), Bd. XI, 1964, S. 61; Villaume, bei Campe, Revision, 1785, S. 538; Zachariä, aaO S. 91).

8) Niethammer, 1808, S. 25 f.

9) Rezension des "Lehrplans für alle kurpfalzbayerischen Mittelschulen...", München 1804, in ALZ Bd. 2,1805,Nr. 153 (Juni), S. 553 ff., 561 ff., 569 ff.; Niethammer, aaO S. 53.

10) Evers, Ernst August, Über die Schulbildung zur Bestialität, 1807, bei Joerden, 1962, S. 46; über Stephani vgl. S. 65 (Stephani, der sich dem Neuhumanismus angeschlossen hat, ist in dieser Diskussion wenig Gerechtigkeit widerfahren).

11) Niethammer, 1808, S. 33 f.; vgl. weiter: ALZ Bd. 3, 1808, Nr. 255 (Sept.), S. 1; GGA Bd. 2, 122. St.,1808, S. 1210 (kritisch).Vgl. zu Niethammer: Hojer, Ernst, Friedrich Immanuel Niethammer. In:Sinn und Geschichtlichkeit. Werk und Wirkungen Theodor Litts, hrsg. v. Josef Derbolav u.a.,

che die Menschheit in ihm zu bewähren und zu bewahren allein vermag." (13) - Die Befürwortung der schlichten Industrieschule galt nunmehr als einer der dunkelsten Punkte der Aufklärungskultur. (14)

Für das Volksschulwesen war das Ergebnis nach alledem ein Doppeltes: Die Idee einer die geistigen Fähigkeiten des Menschen entwickelnden Schulbildung war weiter aufgewertet worden, und gleichzeitig hatte der Gedanke an Boden verloren, daß die bloße Erziehung zur Handfertigkeit pädagogisch von Nutzen sei. Wenn die Arbeitserziehung dennoch ihren öffentlichen Kredit in gewissem Umfang sich erhielt, so hatte das seinen Grund darin, daß der anspruchsvollere moderne Philanthropinismus, wie ihn vor allem Pestalozzi vertrat, trotz des Festhaltens an der Handarbeit das gleiche Bildungsideal anstrebte wie die Neuhumanisten. (15)

Für die Situation speziell der Fabrikkinder aber ergab sich aus dieser Entwicklung, daß die Erwerbsarbeit der Kinder nunmehr weniger denn je unter Erziehungsgesichtspunkten zu rechtfertigen war und daß auch der notdürftige Unterricht, an dem die Fabrikkinder für gewöhnlich nur teilnahmen, den gesteigerten schulischen Ansprüchen der Zeit nicht mehr genügen konnte. Werde das öffentliche Schulwesen erst einmal gut organisiert sein, so führte der Pädagoge Natorp im Jahre 1807 aus, dann würden auch die Sonntagsschulen für die schulpflichtigen Kinder ganz überflüssig werden. (16)

2. Umschwung in Preußen

Die in diesem Streit auf dem Feld der pädagogischen Theorie siegreiche Idee einer neuen Schule fand in Preußen ihre Chance, sich auch politisch durchzusetzen, als der ständestaatliche Absolutismus durch die Katastrophe von Jena und Auerstädt an den Rand des Ruins geriet. Wollte der bis dahin nur auf eine dünne Oberschicht gestützte Staat seine frühere Souveränität wieder erlangen, so mußte er die zwischen ihm und der Nation bestehende

---

Stuttgart 1980, S. 306 ff.; Jeismann, 1974, S. 231; Heinemann, 1974, S. 196 f.

12) "Emsigkeit", "Industriosität", "Erwerbsamkeit", vgl. Evers bei Joerden, 1962, S. 60; vgl. Jeismann, 1974, S. 233.

13) Anonymer Verfasser in: ALZ Bd. 2, 1805, Nr. 155 (Juni), S. 573 f.; vgl. auch Evers, 1807, bei Joerden, 1962, S. 66: "Industrieschulen ..., damit der jugendliche Verstand...nie zu sich selbst komme"; auch Natorp sprach sich in ZfP Bd. 2,1807, S. 258 gegen den Industrieunterricht aus, weil dieser die Kinder nur vom Lernen ablenke; im übrigen sei die Zeit des Jugendunterrichts ohnehin schon viel zu beschränkt.

14) Vgl. Schwarz, Friedrich Heinrich, Geschichte der Erziehung, Bd. 1, Leipzig 1813, S. 417.

15) Vgl. GGA Bd. 2, St. 122, 1808, S. 1214; vgl. auch Spranger, 1949, S. 34 f., 37.

16) ZfP Bd. 2, 1807, S. 258, Anm.

Entfremdung und Gleichgültigkeit zu überwinden suchen, und hierbei spielte die Schulfrage eine gewichtige Rolle.

Preußen schlug diesen Weg ein. Die Stein-Hardenbergschen Reformen, die die Untertanen zu Staatsbürgern erziehen wollten, sahen von Anfang an auch eine Verbesserung des Unterrichtswesens vor. (1) Dem Freiherrn von Altenstein, dem späteren Kultusminister, sowie den Schulverwaltungsbeamten Nicolovius, Süvern und Natorp gelang es, diesen Reformwillen, was die Gymnasien betraf, auf die Idee des Neuhumanismus festzulegen und zur Verbesserung des Elementarunterrichtes auf die Pestalozzische Methode zu verpflichten. Fichte stellte in den Jahren 1807/08 die neue Volkserziehung in den Mittelpunkt seiner "Reden an die Deutsche Nation" und feierte Pestalozzis Erziehungsweise als einen sicheren Weg, um das deutsche Volk aus seinem Materialismus herauszuheben und zu einer patriotischen Nation umzuformen. (2) Dieser politische Akzent der Reform muß festgehalten werden.

Das Programm, welches Preußen für die Volksbildung in den Jahren nach 1809 anstrebte, war die Einheits- und Erziehungsschule mit einem deutlichen Einschlag auch zugunsten des Kenntnisunterrichtes. (3) Die pädagogisch motivierte Kinderarbeit behielt im Zeichen Pestalozzis zwar noch einen festen Platz in den preußischen Schulentwürfen, sollte der Idee nach aber nur noch aus Nebenarbeiten bestehen, nicht aber auf die Tätigkeiten des künftigen Berufes vorbereiten. (4) Der Sachbearbeiter für das Elementarschulwesen, Natorp, erreichte es, die Handarbeit schließlich als ein Fach unter anderen fest einzugrenzen und damit auch dem Umfang nach zu beschränken. (5) Darauf wird an späterer Stelle noch zurückzukommen sein. Preußen besaß jetzt jedenfalls

---

1) Vgl. die Denkschrift Steins (Juni 1807), Altensteins (September 1807) sowie Hardenbergs (Sept. 1807) bei Winter, Georg, Die Reorganisation des Preussischen Staates unter Stein und Hardenberg, Teil 1, Bd. 1, Leipzig 1931 (Publikationen..., Bd. 93), S. 204, 336, 457 ff., 500; ferner Fischer, 1939, S. 258, 277; Müsebeck, 1918, S. 93 ff.; Stübig, Heinz, Pädagogik und Politik in der preußischen Reformzeit (Studien und Dokumentationen zur deutschen Bildungsgeschichte, Bd. 21), Weinh. u. Basel 1982, S. 27 ff., 53 ff.; ferner Jeismann, 1974, S. 258 ff., 273 ff., 282 ff., 295 ff., 324 ff.; Menze, 1975, S. 72 ff.
2) Fichte, 9. u. 10. Rede, 1955, S. 171 ff., 190; über den Einfluß der Philosophie auf die Reformen vgl. Spranger, HZ Bd. 104, 1910, S. 278; vgl. zu Fichte: Jeismann, 1974, S. 224 ff.
3) Vgl. die Schulpläne Humboldts bei Schweim, 1966, S. 13, 29, 36.
4) Vgl. bei Schweim, aaO S. 117, 122 den Standpunkt Schleiermachers und Süverns v. J. 1814; ferner Fichte, 10. Rede, 1955, 196 f.; vgl. auch Spranger, 1949, S. 29.
5) Natorp zum Industrieunterricht in: ZfP Bd. 2, 1807, S. 258. Über die abweichende Auffassung Schleiermachers vgl. Schweim, aaO S. 115 ff.; Süvern dazu S. 121 f., Ziffern 66-75.

ein Erziehungsideal, das sich mit der üblichen, den ganzen Tag der Kinder in Anspruch nehmenden Fabrikarbeit schlechthin nicht vereinbaren ließ. Als mit dem Ausgang der Freiheitskriege die westlichen, industriereichen Gebiete Deutschlands an Preußen fielen, (6) mußte daher der Gegensatz Schule und Fabrik zwangsläufig aufbrechen.

3. Exkurs: Der Standpunkt der Wirtschaftswissenschaft

Da bei allen die Fabrikkinder betreffenden Fragen nicht nur die Pädagogen, sondern auch die Wirtschaftler fachlich zuständig waren, ist es nicht unwichtig, an dieser Stelle noch einmal die Ansicht der Staatswirtschaftslehre mit in die Betrachtung einzubeziehen, zumal sich insoweit auch gewisse Unterschiede zur Erziehungswissenschaft ergeben.

Eine Begeisterung für die alten Sprachen und eine Allgemeinbildung des "großen Haufens" fand sich bei den Volkswirtschaftlern im allgemeinen selten; (1) die Dinge wurden hier nach Nützlichkeitserwägungen beurteilt. Der Nationalökonom Rau beispielsweise war der Auffassung, man sollte doch den allgemeinen Lernunterricht der Handwerker zugunsten einer beruflichen Ausbildung abkürzen, weil die Methode in der Schule entscheidend verbessert worden sei. (2) Doch ist mit einem solchen Zitat noch nicht alles gesagt. Die Staatswirtschaftler hatten zwar Vorbehalte gegen das Bestreben der neueren Pädagogen, den Unterrichtsstoff zu erweitern, (3) traten gleichwohl aber zugunsten der Fabrikkinder für eine bessere Schulbildung ein.

Diese Haltung hatte nicht zuletzt in der wachsenden Kritik an der Industrie ihre Wurzeln, wobei es sich in dem überwiegend agrarischen Deutschland um eine im Grunde erst theoretische Auseinandersetzung handelte, die aber zu einer Zeit geführt wurde, als unter dem Einfluß Kants und Fichtes der Schutz des Individuums stärker beachtet wurde als in späteren Jahrzehnten. Diese Behauptung soll näher belegt werden.

Durch die Schriften vornehmlich des Engländers Malthus war die Fachdiskussion nachdrücklich auf die sprunghafte Bevölkerungsvermehrung in Großbritannien und in diesem Zusammenhang auch auf die gerade durch die Fabrikindustrie bedingten gesellschaft-

---

6) Vgl. Emsbach, 1982, S. 31 m.w.N. in Anm. 55.

---

1) Vgl. Goldschmidt, 1881, S. 141, 313.
2) Rau, Zunft, 1816, S. 160; vgl. auch S. 93: "Die Bildung wird fehlerhaft, wenn sie zu sehr nach Allseitigkeit strebt." - Ähnlicher Meinung: v. Cölln, 1812, S. 436; vermittelnde Ansicht: Jakob, Policey, Bd. 1, 1809, S. 287 f., aber auch S. 286: "Immer bleibt es schwer, für die ganz Armen einen zweckmäßigen Unterricht auszusinnen. Denn Brot ist nötiger als Ausbildung des Verstandes."
3) Jakob, aaO S. 287.

lichen Schäden hingewiesen worden. (4) Hinzu kam, daß die Kriege Napoleons und die Kontinentalsperre große Bereiche des Handels gelähmt haben. Die dadurch ausgelösten Schwierigkeiten trugen ebenfalls dazu bei, daß man die Industrie jetzt kritischer beurteilte als früher. Die Staatswirtschaftslehre sah sich der Tatsache gegenüber, daß nur einige wenige Unternehmer durch die Industrialisierung enorme Reichtümer gewannen, während die arbeitende Bevölkerung ihre Lage keineswegs verbessern konnte, ja oft genug noch nicht einmal das Nötigste zum Leben verdiente. (5) Vierfünftel der unterstützungsbedürftigen Armen Großbritanniens sollten ehemalige Manufakturarbeiter sein. (6) Die britische Armensteuer wuchs laufend zu immer riesigeren Beträgen an, und vor allem in den Jahren 1800 und 1812 kam es in England zu ernsten Wirtschaftsstörungen. (7) Unter den Strumpfwirkern in Nottinghamshire brachen im Jahre 1811 Revolten aus, in deren Verlauf die Aufständischen auch Fabriken stürmten. Die britische Regierung wußte sich in dieser Situation nicht anders zu helfen, als gegen Maschinenzerstörungen die Todesstrafe zu verhängen. (8)

Aufgrund dieser Erfahrungen begann die Gefahr zeitweiliger Massenarbeitslosigkeit auch die liberale Fachwissenschaft zu beunruhigen. (9) Es ließ sich nicht ernsthaft bestreiten, daß die Hausindustriellen durch die Verwendung der Maschinen häufig ihr Auskommen verloren und daß die Fabrikarbeiter das gleiche Schicksal erlitten, wenn Krieg, Konkurrenz, modische Strömungen oder Fehlentscheidungen der Unternehmer den Absatz beeinträchtigten. (10) Zu den alten Bedenken der geistigen Kümmerexistenz des Fabrikarbeiters und den Gesundheitsschädigungen durch die Arbeit kam ganz unübersehbar das die Gesellschaft stärker bedrängende Problem des immer ungewissen Konjunkturverlaufs hinzu.

In diesem Zusammenhang wurde die Bedeutung einer Vorbildung des Arbeiters als wesentlicher Faktor für die Existenzsicherung des einzelnen anerkannt. Man wies darauf hin, daß der Handwerker, der in seinem Arm ein ganzes Gewerbe trage und überall sein Brot verdienen könne, beruflich beweglicher und selbständiger sei als der Fabrikarbeiter, der nur noch ein Zubehörteil zur Maschine bilde und allein über die Kenntnis verfüge,

---

4) Malthus, 1803, 3. Buch, S. 422 ff.; Say, Traité, 1803, S. 78 ff.
5) Say, aaO S. 81; vgl. auch Luden, 1811, S. 285; v. Cölln, 1812, S. 18, 250; Müller, Adam, 1812 und 1816 bei Müller, 1931, S. 43 ff., 141; Lemontey, 1816, S. 188; Lawätz, 1815, S. 174.
6) BlP Bd. 1, 1801, S. 477 (jeder fünfte bezog Unterstützung), vgl. auch Rau, Zunft, 1816, S. 131.
7) Simon, 1905, S. 123.
8) Gesetz v. J. 1812, vgl. Brentano, 1928, S. 121.
9) Lawätz, 1815, S. 171 ff.; vgl. auch Zachariä, Bücher,Bd. 5, 1832, S. 93 m.w.N.; Lemontey, 1816, S. 183.
10) Jakob, Policey, Bd. 2, 1809, S. 672; v. Cölln, 1812, S. 18.

wie "der 18. Teil einer Stecknadel" verfertigt werde. (11) Die dadurch bedingte Abhängigkeit des Arbeiters könne der Fabrikant ungehindert ausnutzen, um den Lohn zu drücken. (12)

Der letzte Gesichtspunkt führt bereits auf das Thema Volksschulbildung hin und damit mittelbar auch auf die Tatsache der Kinderarbeit. Es gab aber auch noch einen direkteren Bezug zu dieser Fragestellung.

Nachdem Mediziner und Pädagogen als erste auf die nachteiligen Auswirkungen der Fabrikarbeit der Kinder hingewiesen hatten, (13) wurden gewisse Erscheinungsformen dieser Erwerbstätigkeit jetzt auch von den Nationalökonomen als bedenklich empfunden. Unter den Volkswirtschaftlern räumte sehr früh Malthus dieser Frage breiten Raum ein (14) mit einem dem Buch des Arztes Aikin entnommenen Zitat, (15) in dem die Fabrikbetriebe der Stadt Manchester wie folgt kritisiert wurden:

> "Man wendet in unseren Baumwollgewerken vornehmlich Kinder an, die, in den Werkhäusern von London erzogen, scharenweise zu uns gebracht werden, wo sie die einförmigsten Arbeiten verrichten müssen. Niemand kennt sie, niemand nimmt sich ihrer im mindesten an. In engen Zimmern, in einer Luft, die durch die Ausdünstungen und das Öl der Lampen und Maschinen verdorben ist, werden sie den ganzen Tag und oft bis in die Nacht angestrengt. Dazu kommt die Unreinlichkeit und der häufige Wechsel des Wärmegrades beim Aus- und Eingehen. Daher rührt eine Menge von Krankheiten und besonders das in solchen Häusern sehr gewöhnliche Nervenfieber. Nach dem Ende der Lehrzeit sind die Kinder gewöhnlich schwach und zu anstrengender Arbeit unfähig; die Mädchen können nicht nähen und stricken und besitzen keine der Eigenschaften, die eine gute Hausfrau ausmachen. Um sich davon zu überzeugen, braucht man nur das Hauswesen der Landwirte und Werkleute zu vergleichen; bei jenen kündigt alles Reinlichkeit, Behaglichkeit und Zufriedenheit an, bei diesen sieht man nichts als Schmutz, Lumpen und Elend, obgleich sie fast doppelt soviel Lohn einnehmen, als die ersteren."

---

11) Say, Traité, 1803, S. 79 f.; Lemontey, 1816, S. 180 f.; Storch, Bd. 1, 1819, S. 104.
12) v. Cölln, 1812, S. 13, 251.
13) Vgl. Ferriar, Bd. 2, 1795, S. 189, 198: die während der Nacht arbeitenden Kinder liefen tagsüber aus Hunger nach frischer Luft lieber in die Felder als zu schlafen; so auch, gerade diese Beobachtungen erwähnend, GGA Bd. 1, 1800, St. 28, S. 276; BlP Bd. 1, 1801, S. 518.
14) Malthus, 1803, 3. Buch, S. 423.
15) Aikin, J., A Description of the Country from thirty to forty miles round Manchester, London 1795, S. 219, hier zit. n. Storch, Bd. 2, 1819, S. 394.

Die Verwahrlosung der britischen Fabrikbevölkerung, wie sie jetzt bekannt wurde, löste verständlicherweise eine zusätzliche Beunruhigung aus. England besitze viele Maschinen, aber auch viele Verbrecher, schrieb im Jahre 1815 der Armenrechtler Lawätz (16).

Die in Großbritannien beobachteten Nachteile der Industrialisierung aber bereiteten in Deutschland ganz unverkennbar die Auffassung vor,daß die Entwicklung der Fabrikgebiete nicht sich selbst überlassen bleiben dürfe, zumal auch die in den inländischen Gewerbe- und Fabrikbezirken ansässigen Arbeiter in ihrem Erscheinungsbild einen Vergleich mit der auf dem Land wohnenden Bevölkerung offensichtlich nicht aushielten. Den preußischen Generälen fiel schon im Jahre 1815 der verkümmerte Menschenschlag auf, der in den niederrheinisch-westfälischen Bezirken siedelte. (17) In welchem Maße dabei gerade die Fabrikkinder Zweifel am Nutzen der Großindustrie geweckt haben, läßt sich sehr gut auch mit einer preußischen Akte belegen. Der Aachener Oberpräsident Sack führte in einem Bericht vom Jahre 1815 aus, zu den siegreichsten Argumenten gegen das Industriesystem zähle die Tatsache, daß mit den großen Fabrikanlagen "unzertrennlich eine moralische Verkrüppelung der Kindheit und Jugend" verbunden sei. (18) Wenn solche Urteile geäußert wurden, dann war auch die Verunsicherung der Staatswirtschaftler nicht unbeträchtlich.

Um 1815, so darf man somit aber annehmen, war ein breites Verständnis für die Lage der Fabrikkinder geweckt worden, so daß für gewisse Fürsorgemaßnahmen der Verwaltung oder des Gesetzgebers nicht nur ein Anlaß bestand, sondern dafür auch mit einer Unterstützung der Staatswirtschaftslehre gerechnet werden konnte.

III. Die rechtlichen Grenzen der Gewerbefreiheit in der Epoche des Vernunftsrechts

Soweit die vorgestellten Standpunkte auch im Interesse der Erwerbskinder einen Ausbau des allgemeinen Schulwesens befürwortet haben, nahmen sie ganz zwangsläufig in Kauf, daß die übliche Kinderarbeit zur Ermöglichung eines Unterrichtsbesuchs zurückgedrängt werden sollte. Damit stellt sich aber in Hinblick auf die preußischen Verhältnisse noch die Anschlußfrage, wie sich entsprechende Schulbestimmungen oder auch noch weitergehende Maßnahmen zugunsten der Erwerbskinder in die bestehende Wirtschaftsverfassung einfügen konnten. Für die Verwirklichung solcher

16) Lawätz, 1815, S. 174.
17) Meinecke, 1899, S. 431.
18) Bericht v. 9. Juli 1815, A.D. 1, S. 30. Ferner: Luden, 1811, S. 220: "Vernichtung dieser Kinder, denn auch Kinder werden in die dumpfe tötende Luft der geölten Maschinen gesperrt." Vgl. auch Hufeland, 1807, S. 208; v. Cölln, 1812, S. 14; Rau, Zunft, 1816, S. 94.

Rechtsvorschriften war ohne Zweifel von erheblicher Bedeutung, ob die bestehende staatliche Ordnung und insbesondere das Verwaltungsrecht der Zeit sich gegenüber dem Erlaß von Normen mit sozialer Zielsetzung sperrig verhalten oder umgekehrt dafür Hilfestellungen angeboten haben.

Mißt man die Aussage, daß ein Schulbesuch der Fabrikkinder gegen die gewerblichen Interessen durchgesetzt werden sollte, an den Begriffen des idealistischen Vernunftsrechts - das heißt der naturrechtlichen Staatslehre und der Rechtsphilosophie der Zeit -, so lief der Vorschlag auf eine Einschränkung der natürlichen Handlungsfreiheit (1) einmal der Fabrikkinder hinaus, in deren Namen die Eltern Arbeitsverträge abschlossen, und zum anderen der Unternehmer, die die Kinder in ihren Betrieben beschäftigt haben. Mit Blick auf die konkreten Auswirkungen ging es, noch genauer gesagt, um einen Eingriff (2) in die Vertragsfreiheit und in das Eigentum, dann auch in das Elternrecht sowie um eine Begrenzung der Gewerbefreiheit. Von diesen verschiedenen Rechten verkörperte die Gewerbefreiheit wegen ihres umfassenden Schutzbereichs und ihres hohen gesellschaftlichen Stellenwertes in dem angesprochenen Zusammenhang das stärkste Individualrecht, das deshalb für die Beurteilung letztlich maßgebend sein mußte.

Der Inhalt dieses Rechtsbegriffs, der in Preußen nach 1811, also nach den Stein-Hardenbergschen Reformen, (3) als positives Recht gegolten hat, besagte, daß die Einwohner in den meisten Provinzen grundsätzlich jede Erwerbstätigkeit nach eigenem Belieben aufnehmen konnten. (4) Nicht nur für den Abschluß und den Inhalt der Arbeitsverträge bestanden keine zwingenden Vorschriften, (5) auch für den Betrieb der Unternehmer brauchten kaum Auflagen erfüllt zu werden. (6)

---

1) Vgl. zum Freiheitsbegriff der Naturrechtssysteme des 18. und beginnenden 19. Jahrhunderts Klippel, 1976, S. 59 ff., 113 ff., 144 ff.; ferner Scheuner, Ulrich, Die Verwirklichung der Bürgerlichen Gleichheit, bei Birtsch, 1981, S. 376, 380, 383. Vgl. zum Freiheitsbegriff des Preuß. ALR Kleinheyer, 1959, S. 65 ff., 118 f., 122; vgl. weiter zur Herausbildung des Vernunftsrechts Wieacker, 1967, S. 301 ff., 318 ff., 322 ff.
2) Der Begriff Eingriff wird hier im weitesten Sinne verstanden; letztlich handelte es sich nicht um einen Eingriff in die Freiheitssphäre, sondern um die Untersagung, das Zurückdrängen eines Rechtsmißbrauchs.
3) Aufgrund der Edikte v. 9. Okt. 1807, v. 2. Nov. 1810 und 7. Sept. 1811, vgl. Rüffer, 1903, S. 282, 288, 315; Vogel, 1983, S. 165 ff.; Huber, 1957, S. 206.
4) Vgl. Vogel, 1983, S. 137.
5) Vgl. v. Vietinghoff-Scheel, Eckhart, Gewerbliches Arbeitsvertragsrecht in Preußen während des 19. Jahrhunderts, Jur. Diss., Göttingen 1972, S. 34.
6) Huber, 1957, S. 207.

Hinter der Weite dieser privaten Rechtsmacht stand indes kein in seinem Regelungsbereich ausdiskutiertes Recht: Dafür lag die Gewerbereform nicht lange genug zurück, und dafür war sie auch in Deutschland nicht allgemein genug durchgeführt worden. Selbst Preußen hatte das liberale Prinzip nach 1815 in den neu gewonnenen Gebieten nicht mehr eingeführt. (7) Andere deutsche Länder, Sachsen und Österreich etwa, versuchten, an dem System der Zunftordnung, wenn auch unter Abänderungen, auf Dauer festzuhalten. Zur angemessenen Einschätzung der rechtlichen Situation in Preußen muß jedoch beachtet werden, daß die liberalen Reformgesetze der Jahre 1807 bis 1811 einen radikalen Bruch mit der alten ständisch gegliederten Wirtschaftsordnung verwirklicht hatten (8) und zugleich der Idee nach den vollen Rückzug des Staates aus dem Bereich der Wirtschaft. Der inneren Verwaltung - in der damaligen Terminologie der Polizei (9) - waren zwar die weitgehenden Ermächtigungen verblieben, die das Preuß. ALR zur Schadensabwehr und zur Förderung der allgemeinen Wohlfahrt vorgesehen hatte, (10) gänzlich ungeklärt war aber, welche konkreten Befugnisse den Behörden im Bereich der Wirtschaft nach den Reformen eigentlich noch zustehen konnten. Soweit die Rechtsordnung Ermächtigungsgrundlagen für ein Tätigwerden der Verwaltung angeboten hat, ist mithin zu diskutieren, in welchem Rahmen sich die theoretische Begründung des neuen Gewerberechts mit Begrenzungen der Privatinteressen vereinbaren ließ. Dazu ist hier die Grundkonzeption der herrschenden, auf Adam Smith (11) und andererseits auf Immanuel Kant (12) zurückgehenden Wirtschafts- und Rechtstheorie der Zeit zu erörtern.

---

7) Vgl. Huber, 1957, S. 208.

8) Das Preuß. ALR von 1794 hatte die feudale Gliederung der Gesellschaft noch bestehen lassen und daher auch die ständestaatliche Wirtschaftsordnung mit ihrer auf der Erbuntertänigkeit beruhenden Gutsverfassung, der durchnormierten Zunftordnung und der an das staatliche Konzessionssystem gebundenen Fabrikindustrie nicht angetastet. Der Gutsuntertan bedurfte einer Erlaubnis des Gutsherrn, um sich als gewerblicher Arbeiter einstellen zu lassen; den Handwerksgesellen wurden die Arbeitsplätze von der Zunft zugewiesen und bei den Fabriken und Manufakturen konnten die Behörden über die Privilegien Auflagen für die Verträge zwischen den Unternehmern und Arbeitern aussprechen.
Diese ständischen Bindungen sind erst durch die Reformen der Jahre 1807 bis 1811 beseitigt worden. Vgl. dazu v. Vietinghoff-Scheel, aaO , S. 7, 17, 26, 32 ff.

9) Vgl. Mohl, Polizei-Wissenschaft, 1832, S. 10; ferner Kleinheyer, 1959, S. 115.

10) Vgl. Rosin, Der Begriff der Polizei und der Umfang des polizeilichen Verfügungs- und Verordnungsrechts in Preußen, in: VA Bd. 3, 1895, H. 3/4, S. 249, 258, 277 ff., 311 ff.; Kleinheyer, 1959, S. 117 ff., 122 ff.; ferner Klippel, 1976, S. 169 f.

11) Vgl. Recktenwald, 1976, S. 278.

12) Die Rechtstheorie Kants war die herrschende Lehre, auch unter den Juristen, so Maurenbrecher, 1843, S. 28, Anm. a).

Zunächst zu Smith. Dieser hatte für seine Wirtschaftslehre die Auffassung der Physiokraten übernommen, (13) daß der Staat die traditionellen Bindungen des Wirtschaftslebens soweit irgend möglich beseitigen müsse. Das bezog sich auf das durchreglementierte Zunftwesen und andere feudale Abhängigkeiten, dann aber auch auf die Steuerprivilegien, Preiskontrollen, Import- und Produktionsverbote des merkantilistischen Systems.

An die Stelle solcher Interventionen des Staates in den Wirtschaftsablauf trat bei Smith ein freier Wettbewerb des Marktes bei dem - basierend auf der Garantie des Eigentums und der Vertragsfreiheit - die wirtschaftliche Entwicklung den privaten Entscheidungen völlig überlassen sein sollte. Im Mittelpunkt dieser Theorie stand die Überzeugung, daß der Mensch, wenn ihm die Rechtsordnung keine Fesseln anlegen würde, von Natur aus immer danach streben werde, eine möglichst große Menge Sachgüter zur Verbesserung seiner Lage zu erringen, wobei Smith für eine solche freie Entfaltung weiter geltend machte, daß jedermann seinen persönlichen Wirkungskreis auch selbst am besten überschaue. Im privaten Wettbewerb aber, so lehrte Smith, würde ein von den Gesetzen nicht behindertes natürliches Gewinnstreben auch den anderen Mitgliedern der Gesellschaft von Vorteil sein, weil sich dabei die Warenproduktion erhöhen werde, gegebenenfalls auch die Preise fallen würden und weil unter dem Druck der Konkurrenz unter Umständen auch die Produktionsqualität verbessert werde. (14)

Daß dieses Erwerbsstreben Schäden mit sich bringen könne, hatte Smith beiläufig erwähnt, diese aber für so erheblich nicht gehalten, um deswegen eine prinzipielle Begrenzung der Gewerbefreiheit zu diskutieren. (15) Der Staat sollte außer dem Rechtsschutz allenfalls noch solche Gemeinschaftsaufgaben wahrnehmen, die außerhalb der Interessensphäre des einzelnen Bürgers liegen würden. (16)

Von der von Smith ökonomisch begründeten Befugnis des einzelnen, bei seinem Erwerbsstreben nach eigenem Gutdünken zu handeln, läßt sich zwanglos eine Verbindung ziehen zu der von Kant gegebenen Definition des Ideals einer gerechten bürgerlichen Verfas-

---

13) Vgl. Oswalt, Irene, Das Laissez-faire der Physiokraten, Jur. Diss., Freiburg i. Br. 1964, S. 13, 115 f.; ferner Klippel, Diethelm, "Libertas commerciorum" und "Vermögens-Gesellschaft", bei Birtsch, 1981, S. 313, 324 ff.
14) Smith, Bd. 2, 1906, S. 227 ff.; Bd. 3, 1906, S. 49, 241; vgl. dazu Recktenwald, 1976, S. 107.
15) Z.B. Smith, Bd. 1, 1905, S. 92; Sartorius, 1806, S. 207.
16) Der Staat sollte sich auf die Landesverteidigung, die Rechtspflege und auf die Unterhaltung gewisser öffentlicher Anstalten beschränken, für die die Einwohner selbst kein Interesse haben könnten (Straßenbau und Schulen), Smith, Bd. 3, 1906, S. 242; Bd. 4, 1907, S. 40.

sung, in der jeder Bürger im Interesse seiner Selbstverwirklichung die Freiheit haben sollte, das zu tun, was die gleichen Rechte der anderen nicht verletze. (17) Auch hier sollte der Staat die Funktion wahrnehmen, die Rechtsnormen gegen Übergriffe zu verteidigen. (18)

Nun wäre es aber sicherlich zu einfach, wegen des freiheitlichen und individualistischen Charakters, der den beiden Auffassungen zugrunde liegt und der das Smithsche System als eine Anwendung des Rechtsstaatsprinzips Kants auf die Wirtschaftslehre erscheinen läßt, (19) überhaupt auf eine völlig gleichgerichtete Struktur der beiden Ansichten zu schließen. Da bei Kant die individuelle Freiheit eine persönliche Entfaltung unter Beachtung der Sittenordnung ermöglichen sollte, (20) mußte auch die Rechtsordnung davon geprägt sein.

In der Tat gelangt man bei Weiterführung dieses Gedankens zu einem von Smith' Vorstellungen abweichenden Staatsverständnis. Kant hat das Verhältnis zwischen Staat und Bürger zwar nicht in seinen Einzelheiten erörtert; fest steht aber, daß der Staat Kants letztlich nicht die Aufgabe wahrnehmen sollte, den Bürger in einem allein durch die Rechte der anderen definierten und damit in einem gewissen Rahmen beliebig festgelegten Handlungsbereich zu schützen. Die staatliche Rechtsordnung sollte vielmehr einen Freiheitsraum gewährleisten, dessen Grenzen im Einklang mit der Sittenordnung standen. (21) Aus der Logik der Grundthesen Kants, die die ethischen Pflichten betonten, ist zu folgern, daß das Gemeinwesen, welches der Persönlichkeitsverwirklichung und der Menschenwürde dienen sollte, auch der privaten Handlungsfreiheit engere Schranken ziehen mußte als ein Staat, der - wie von Adam Smith empfohlen - in erster Linie am Nützlichkeitsdenken sich orientierte. (22)

---

17) Kant, Bd. VIII, 1956, Die Metaphysik der Sitten, Theil 1, Einleitung in die Rechtslehre, § B, S. 337: "Das Recht ist also der Inbegriff der Bedingungen, unter denen die Willkür des einen mit der Willkür des andern nach einem allgemeinen Gesetze der Freiheit zusammen vereinigt werden kann." Vgl. dazu Metzger, 1917, S. 83, 87; Walz, 1928, S. 193, 202 f.; Larenz, 1934, S. 101; Dietze, 1982, S. 23, 41 f.
18) Vgl. Metzger, 1917, S. 100 f., 104; Walz, 1928, S. 211 f., 214; Larenz, 1934, S. 101 f.
19) So Mohl, DVjS 1840, H. 3, S. 21; vgl. Dietze, 1982, S. 50, 59.
20) Vgl. Kant, Grundlegung, 1970, S. 79.
21) Larenz, 1934, S. 100 f.
22) Vgl. die allgemein gehaltenen, für weitreichende Befugnisse des Staates auf den Gebieten der Staatswirtschaft und des Polizeirechts sprechenden Bemerkungen bei Kant, Bd. VIII, 1956, Die Metaphysik der Sitten, Der Rechtslehre 2. Theil, Abschnitt 1, Allgemeine Anmerkung nach § 49, B, S. 445 ff. - Der Kantschüler Erhard forderte 1795, daß man die Notwendigkeit des Gesetzes einsehen können müsse; die Menschenrechte dürften durch das Gesetz nicht verletzt werden.

Die im kantischen Sinne verstandene gesetzliche Freiheit endete notwendigerweise dort, wo sie die Möglichkeit der Persönlichkeitsentfaltung der anderen einzelnen ernstlich beeinträchtigen konnte. (23)

Mit dem dargelegten Bedeutungsgehalt ist die Lehre Kants zu seiner Zeit auch verstanden worden, (24) und zwar auch bei den deutschen Nationalökonomen und Staatswirtschaftlern. Wohl übernahmen diese an der Wende des 18. zum 19. Jahrhundert einhellig Adam Smith' System, weil sie das Prinzip des Laissez-faire als Ansporn im Erwerbsleben begrüßten. (25) Gleichzeitig befürworteten sie aber auch den idealistischen Standpunkt Kants mit den Grundsätzen, daß in der allseitigen Ausbildung der Anlagen und der Vervollkommnung der Vernunfttätigkeit der Zweck des Menschen liege, (26) wobei es die Verpflichtung des Staates sein sollte, diese Selbstverwirklichung zu verbürgen.

Die praktischen Konsequenzen dieses Standpunkts zeigten sich bei der Frage, in welchem Umfang die individuelle Entfaltung staatlich gesichert werden sollte. In der Literatur fanden sich dazu im wesentlichen zwei Auffassungen. Nach der einen bereits erwähnten Lehre, von Kant und vor ihm auch schon von anderen vertreten, (27) sollte das öffentliche Gemeinwesen eine negativ-schützende Rechtsanstalt sein, während die andere, stärker an der historischen Erscheinungsform des Staates festhaltende Ansicht, die deutlich von Fichtes sozialistischen Lehren (28) abgestützt wurde, (29) dem Staat einen erweiterten Handlungsrahmen zuwies und auch die positive Förderung der menschlichen Zwecke zu den öffentlichen Pflichten zählte, falls die Kräfte des einzelnen nicht ausreichen würden, um die sich ihm stellenden äußeren Hindernisse zu überwinden. (30)

Unter Anlegung dieses Maßstabes hielt Erhard die Einführung etwa des Innungszwangs und der Bannrechte für gerechtfertigt. Da dabei aber ursprüngliche Rechte eingeschränkt würden, müßten solche Einrichtungen zum Wohle der Gesellschaft wirklich erforderlich sein (Erhard, Johann Benjamin, Über das Recht des Volks zu einer Revolution und andere Schriften, München 1970, S. 16 f., 33).

23) Vgl. Dietze, 1982, S. 29, 38.

24) Vgl. dazu die Definition Forsters v.J. 1791 in: Forster, 1965, S. 79: Der Begriff des Rechts "ist...auf die uns bewußten Formen der Sittlichkeit gegründet, nach welchen wir Befugnis zu allen Handlungen haben, die zu unserer sittlichen Vollkommenheit unentbehrlich sind, ohne der Vervollkommnung anderer im Wege zu stehen".

25) Vgl. dazu Treue, Wilhelm, Adam Smith in Deutschland. In: Deutschland und Europa, Festschrift für Hans Rothfels, Düsseldorf 1951, S. 101 ff.; ferner Mayer, Georg, Die Freihandelslehre in Deutschland, Jena 1927 (Deutsche Beiträge zur Wirtschafts- und Gesellschaftslehre, Bd. 4), S. 35 ff.; Recktenwald, 1976, S. 278.

26) Lotz, Begriff, 1807, S. 9 f.; Sartorius, 1806, S. 203 f.; Behr, Abt. 1, 1810, S. 71 f. (Aufschwung im Geistigen wie im Physischen; Selbsttätigkeit, Selbstbestimmung; vgl. auch

Diesem theoretischen Gegensatz kam gleichwohl eine geringere Bedeutung zu, als man auf den ersten Blick vielleicht annehmen möchte. Wer einem anspruchsvollen Menschheitsbegriff zugeneigt war, konnte auf den Gedanken einer über das Sicherheitsinteresse hinausgehenden Unterstützung der Bürger im Rahmen staatlicher Verwaltungstätigkeit, auf eine öffentliche Wohlfahrtspflege also, nicht verzichten, und dieser Notwendigkeit verschlossen sich in der Regel auch diejenigen Staats- und Verwaltungsrechtler nicht, die das Gemeinwesen als Rechtsschutzanstalt auffassen wollten. Diese überwanden einen Großteil der dogmatischen Schwierigkeiten, die mit dem zu eng entworfenen Staatsbegriff verbunden waren, indem sie die unterstützenden Maßnahmen des Staates in einen der Schadensentstehung vorbeugenden Rechtsschutz umdeuteten. (31)

Nach alledem ergibt sich aber bereits aus der Grundauffassung der vom Vernunftrecht geprägten freiheitlichen Rechtstheorie, daß der Staat auf jeden Fall die Abwehr von Rechtsverletzungen zu übernehmen hatte, aber nicht nur auf diese Sicherungsfunktion eingeschränkt werden sollte, sondern auch fördernde Aufgaben zu erfüllen hatte. Das Fachschriftentum wollte das vom Absolutismus in Deutschland reich ausgebildete Sonderpolizeirecht mit seinen schützenden und leitenden Zuständigkeiten,

---

v. Cölln, 1812, S. 247 f.: Smith habe sein Modell dem Meierhof abgesehen, "wo man die Kühe gut futtert", damit sie Milch geben würden. Jedoch: "Unser Ideal der Staats-Wirthschaft hat es mehr mit Köpfen als mit milchenden Kühen zu tun." - Weitere Literatur bei Grünfeld, Judith, Die leitenden sozial- und wirtschaftsphilosophischen Ideen in der deutschen Nationalökonomie und die Ueberwindung des Smithianismus bis auf Mohl und Hermann, Jur. Diss., Tübingen, Wien 1913.

27) Vgl. z.B. (im Anschluß an Kant, Böhmer und Pufendorf) Behr, Abt. 1, 1810, S. XV, 49, 70.; Rau, Beschränkungen, 1847, S. 8; vgl. ferner Klippel, 1976, S. 132 ff., 143 ff.

28) Fichte, Johann Gottlieb, Der geschloßne Handelsstaat, Tübingen 1800, S. 18, 57, 61; Johann Gottlieb Fichte's nachgelassene Werke, hrsg. v. J.H. Fichte, Bd. 2, Bonn 1834, Das System der Rechtslehre, vorgetragen...1812, Nachdruck Berlin 1962, S. 531 ff., 535 ff., 544, 568; vgl. dazu Metzger, 1917, S. 171, 173; Walz, 1928, S. 527 ff.

29) Die Wohlfahrtstheorie hatte durch Fichte einen neuen Aufschwung erhalten, wurde aber mehr von Politikern als von Juristen vertreten, so Maurenbrecher, 1843, S. 30, Anm a).

30) So ebenfalls unter Hinweis v.a. auf Kant: Lotz, aaO. S. 10; Pöhlmann, Friedrich Gottlieb, System der Staatsthätigkeit zum Schutz der Privatrechte, Bayreuth 1829, S. 21, 23 ff.; Maurenbrecher, 1843, S. 349 f.; Mohl, Polizei-Wissenschaft, 1832, S. 9, 38.

31) Vgl. Behr, Abt. 3, 1810, S. 19, 64 ff., 72, 100, 123 ff., 153, 166, 246 ff.; zusammenfassend Lotz, Begriff, 1807, S. V f.; vgl. auch Fichte, Johann Gottlieb, Grundlage des

durch welche zahlreiche Aufgaben der Daseinsvorsorge wahrgenommen wurden,(32) im wesentlichen bestehen lassen. Lediglich die Fremdbestimmung, die die Bürokratie des absolutistischen Staates häufig über Gebühr für sich in Anspruch genommen hatte, sollte künftig ausgeschaltet werden, und dieses Ziel schien auch erreichbar zu sein, wenn die vorhandenen öffentlich-rechtlichen Institutionen im Lichte der vorrangigen Individualfreiheit interpretiert wurden. (33)

Somit wurden aber in der maßgeblich von Kant geprägten wissenschaftlichen Theorie, wofür etwa das Polizeirecht Mohls stehen mag, (34) neben der Rechtsfigur der allgemeinen Sicherheitspolizei weiterhin auch die bereits ausgebildeten verwaltungsrechtlichen Sonderbereiche mitgeführt. Es finden sich hier eine Medizinal- und Baupolizei,die Sittenpolizei, das Armenwesen, die Teuerungspolizei, eine das Elternrecht überwachende Obervormundschaft, eine Bildungspolizei, eine auf Statistik beruhende Bevölkerungspolitik und andere öffentlich-rechtliche Kontroll-, Eingriffs- und Leistungsbefugnisse - konkret etwa die Untersagung des gewerblichen Bettelns, die Lebensmittelprüfung, den Feuer- und Wasserschutz, das Verbot der Quacksalberei, die Leichenschau usw. Nicht zu verkennen ist dabei, daß das Vernunftrecht die staatliche Verwaltungstätigkeit ihrem Umfang nach nicht nur beschnitten, sondern auf manchen Gebieten auch erweitert hat,und zwar vor allem um Elemente einer Kultur- und Sozialpolitik. Dazu ist auf die Erneuerung der deutschen Universitäten zu verweisen (35) sowie auf das Erstarken des ursprünglich umstrittenen staatlichen Erziehungsrechts. Wie früher erwähnt, herrschte in der Literatur fast einhellig die Überzeugung vor, daß der Staat Schulen zumindest für die ärmeren Schichten zur Verfügung zu stellen habe, weil eine Volksbildung sonst überhaupt scheitern würde. (36) Der alte absolutistische Staat hatte sich diesen kulturellen Aufgaben nicht im gleichen Maße gewidmet.

---

des Naturrechts nach den Prinzipien der Wissenschaftslehre, Jena und Leipzig 1796, Neudruck Hamburg 1960 (Philosophische Bibliothek, Bd. 256), S. 286, 288; Pöhlmann, aaO S. 23, 26 ff.

32) Vgl. die öffentlich-rechtlichen Einzelregelungen des Preuß. ALR bei Rosin, VA Bd. 3, 1895, H. 3/4, S. 280, Anm. 80.

33) Vgl. Behr, Abt. 1, 1810, S. 78; Abt. 3, 1810, S. 19 f.; vgl. auch Dietze, 1982, S. 52; Klippel, 1976, S. 180 f.

34) Mohl, Robert, Die Polizei-Wissenschaft nach den Grundsätzen des Rechtsstaates, 2 Bde., Tübingen 1832/33.

35) Vgl. Schelsky, Helmut, Einsamkeit und Freiheit, Düsseldorf 1971 (Wissenschaftstheorie, Wissenschaftspolitik, Wissenschaftsplanung, Bd. 20), S. 41 ff., 102 ff.

36) Der Schulzwang wurde unterschiedlich begründet: als gegen die Eltern ausgeübtes Schutzrecht der Kinder, als vorbeugender Schutz der Rechtsordnung und aus dem Gesichtspunkt der Armenpolizei, vgl. Behr, Abt. 3, 1810, S. 140; Lotz, Begriff, 1807, S. 246; Lueder, Kritik, 1812, § 526; Mohl, Polizei-Wissenschaft, 1832, S. 421, 443, 451.

Wesentlich anders sah die Lage allerdings im Bereich der Wirtschaft aus, für die Adam Smith' "Industriesystem" übernommen war, das heißt die auf dem freigesetzten Gewerbefleiß beruhende Wirtschaftsverfassung, in der Produktion und Handel entsprechend den Bedürfnissen des Marktes sich selbst steuern sollten. Hier war nun in der Tat eine Umwertung der alten Rechtsbegriffe zu verzeichnen: Das Rechtsinstitut der merkantilistischen Förderung des Volkswohlstandes, die sogenannte Volkswirtschaftspflege oder Wirtschaftspolizei, gewährleistete jetzt die Freiheit des privaten Wettbewerbes. (37)

Jedoch gilt auch diese Feststellung keineswegs absolut. Sogar in den deutschen Ländern, in denen man wie in Preußen die Smithsche Lehre mit radikalen, tief in die gesellschaftlichen Verhältnisse einschneidenden Entscheidungen durchgesetzt hatte, war die staatliche Zuständigkeit auf dem Erwerbssektor nicht vollständig entfallen. Soweit grundsätzliche oder praktisch-politische Erwägungen es erforderten, erhielten sich inmitten der liberalisierten Wirtschaft systemfremde Inseln einer Aufsicht oder Mitwirkung durch die öffentliche Verwaltung. Als solche Reste einer staatlichen Interventionsbefugnis gab es Verbots- und Gebotsnormen im Bergbau und Forstwesen, bestanden in manchen Berufen Lohntaxen, waren die landwirtschaftlichen Grundstücke zum Teil gesetzlich gebunden, wurde das staatliche Enteignungsrecht beibehalten, blieb der Staat zur Flurbereinigung befugt, gab es das Wucherverbot und wurden Schutzzölle befürwortet. (38) Die Behörden sicherten sich also, wenn es zweckdienlich erschien, durchaus noch gewisse in die Gewerbe eingreifende Zuständigkeiten, wenn auch bei weitem nicht mehr in dem Umfang, wie das im 18. Jahrhundert üblich gewesen war. (39) Allgemein anerkannt waren aber auch, selbst bei den liberalen Nationalökonomen, bestimmte die wirtschaftliche Betätigung des einzelnen beeinträchtigende oder verdrängende Gemeinschaftseinrichtungen, so die durch "gesellschaftliche Anordnungen" geschaffene Anstalten wie die Post oder aber der Straßenbau. (40)

Nicht zu übersehen ist ferner der im Ansatz sich hier schon andeutende Konflikt zwischen der ökonomischen Freiheit und dem idealistischen Menschenideal. Fichte befürwortete in seinem im

---

37) Vgl. Rau, Volkswirthschaftspolitik, 1844, S. 1, 4 f.

38) Allgemeine Übersicht bei Rau, Beschränkungen, 1847, S. 20 ff.; die Rechtslage in Preußen ausführlich bei Rüffer, 1903, S. 27, 286 ff., 289 f., 297 ff., 311; vgl. auch Roehl, SF Bd. 17, 1900, H. 4, S. 203, 209 f.; vgl. auch Klippel bei Birtsch, 1981, S. 330 f.

39) Vgl. die Kasuistik bei Lotz, Begriff, 1807, S. 421, 429. Beispiele für staatliche Subventionen unter Friedrich d. Gr. für die schlesischen Gebirgsweber bei v. Cölln, 1812, S. 256 (Woll-, Garn-, Getreidemagazine, Wirkstuhlgelder und Bau-Benefizen); vgl. auch Hinze, 1927, S. 116 ff.

40) Hermann, Friedrich Wilhelm, Staatswirthschaftliche Untersuchungen, München 1832, S. 12 ff. Der Standpunkt ließ sich aber auch mit der Lehre Adam Smiths vereinbaren, vgl. Smith, Bd. 3, 1906, S. 242.

Jahre 1800 erschienenen "Geschloßnen Handelsstaat" die Arbeitsteilung als einzigen Weg zur Schaffung eines Nationalreichtums und merkte dazu an, daß dieser Wohlstand nicht nur einigen Individuen zufallen dürfe, vielmehr "so ziemlich über alle in demselben Grade sich verbreiten" müsse, damit die Bestimmung des Menschen, seine geistige und sittliche Entfaltung, sich erfüllen könne. (41) Diese programmatische Forderung fand auch bei den liberalen Staatswirtschaftlern Anklang. (42) Daß dieses Ziel aber die Grundlage für eine Weiterentwicklung in sich barg, durch die die Smithsche Doktrin zum Teil wieder außer Kraft gesetzt werden konnte, dieser Gedanke bietet sich an. (43)

Im Hinblick auf die eingangs aufgeworfene Frage nach der Möglichkeit, die Gewerbefreiheit unter dem Gesichtspunkt des sozialen Schutzes zu beschränken, ergibt sich somit aber auf dem Boden der vorstehend geschilderten Rechtssituation das Folgende: Zunächst einmal ist festzuhalten, daß der Gedanke einer Begrenzung der wirtschaftlichen Betätigung mit dem Instrument des Rechts von der liberalen Theorie lange Zeit überhaupt nicht erwogen wurde. Die Staatswirtschaftler rechneten in ihrer Mehrheit nicht damit, daß die Gewerbefreiheit zu ernsten Wirtschaftsstörungen führen könnte - zu Dauerkrisen etwa oder anderen Nachteilen, die nicht durch die Vorteile der freien Konkurrenz reichlich aufgewogen würden. (44) Um der Steigerung des Volkswohlstandes willen befürworteten zudem große Teile der öffentlichen Meinung, gewisse aus dem wirtschaftlichen Wettbewerb sich ergebene Härten hinzunehmen. Langjährige Erfahrungen mit Zunftmißbräuchen und der Bevormundung durch den merkantilistischen Polizeistaat hatten das System der staatlichen Wirtschaftsordnung völlig in Verruf gebracht. (45) Es liegt auf der Hand, daß die Rechtsvorstellungen von diesen Überzeugungen stark geprägt worden sind.

---

41) "Der Mensch soll arbeiten; aber nicht wie ein Lasttier, das unter seiner Bürde in den Schlaf sinkt ... Er soll...Zeit übrig behalten, seinen Geist und sein Auge zum Himmel zu erheben, zu dessen Anblick er gebildet ist ... Dies ist sein Recht, darum weil er nun einmal ein Mensch ist", Fichte, Johann Gottlieb, Der geschloßne Handelsstaat, Tübingen 1800, S. 66 ff.

42) Sartorius, 1806, S. 279; v. Cölln, 1812, S. 250 f.

43) Vgl. Jakob, Policey, Bd. 2, 1809, S. 428: "daß jeder Klasse der Einwohner die Möglichkeit, ihren Unterhalt durch ihren Fleiß zu gewinnen, verbleibe, sind weit höhere Zwecke als die größtmöglichste Bereicherung einzelner Personen."

44) Typisch Lueder, Kritik, 1812, §§ 460 ff., der ernste Konflikt für wenig wahrscheinlich, jedenfalls für weniger schädlich hielt als eine staatliche Bevormundung der Bürger. Vgl. auch Rau, Zunft, 1816, S. 131 ("...das kleinere Übel").

45) Vgl. Behr, Abt. 1, 1810, S. XVI, 74 f.; Kleinschrod, Beiträge, 1840, S. 41.

Indessen betonte doch eine Mindermeinung in der Literatur von Anfang an auch die mit ökonomischer Macht verbundene Mißbrauchsgefahr, wofür die Getreidehortung in Notzeiten, dann die Schutzlosigkeit der kleineren Gewerbetreibenden im Wettbewerb mit den Großkapitalisten, die Abhängigkeit der armen Weber von den reichen Kaufleuten und der Fabrikarbeiter von den Unternehmern sowie der Käufer von den Produzenten erste Warnungen darstellten, für diejenigen jedenfalls, die sie sehen wollten. (46)

In welchen Fällen jedoch der Staat eingreifen sollte und mit welchen Anordnungen, waren freilich gänzlich unbeantwortete Fragen; aber immerhin hielt die Theorie an dem am alten Recht sich orientierenden Grundsatz fest, daß der Staat befugt sei, in Fällen der Gemeinschädlichkeit die Gewerbefreiheit einzuschränken. (47) Die oberste Gewalt hat das Recht und die Pflicht, so formulierte der liberale Staatswirtschaftler Sartorius im Jahre 1806, (48) "da, wo das Streben der einzelnen nach Wohlstand, nach eigenem Vorteile allen übrigen oder den meisten anderen nachteilig wird, diesem bestimmt entgegenzuwirken, wenn diesen Gebrechen nicht durch das freie Streben oder die Konkurrenz anderer abgeholfen werden kann".

Zu diesem Prinzip bekannte sich in § 34 auch die preußische Geschäftsinstruktion vom 26. Dezember 1808, auch wenn sie, der herrschenden Zeitauffassung gemäß, die persönliche Freiheit besonders betont hat. Die Verordnung formulierte als Leitmaxime, daß niemand im Genuß seines Eigentums und seiner Freiheit weiter eingeschränkt werden dürfe, als zur Beförderung des allgemeinen Wohles erforderlich sei. (49)

Faßt man dieses Prinzip näher ins Auge, so wird eine mögliche Begrenzung der Gewerbefreiheit unter doppeltem Aspekt erkennbar. Zum einen war der Staat aufgerufen, auf dem wirtschaftlichen Sektor eine rechtliche Ordnung zu schaffen oder auch mit anderen Mitteln Schäden zu verhindern, falls erhebliche Wirtschaftsbelange auf dem Spiel standen, so bei der Ausschaltung der Konkurrenz durch faktische Monopole oder wenn der private Wettbewerb Konflikte herausbildete, ohne von sich aus angemessene Lösungen zu entwickeln. Die Befugnis des Staates, hier schlichtend einzugreifen, trat Anfang des 19. Jahrhunderts

---

46) JFM 1793, Bd. 5, 2. Aufl. 1797, S. 201; Sartorius, 1806, S. 211 ff., Luden, 1811, S. 219 f., 285; v. Cölln, 1812, S. 13, 18, 251, 256, 265.

47) Vgl. für das Preuß. ALR Kleinheyer, 1959, S. 120 f.; Roehl, SF Bd. 17, 1900, H. 4, S. 21.

48) Sartorius, 1806, S. 221, ähnlich S. 231 f.; ebenso Pölitz, Staatswissenschaften, Th. 2, 1827, S. 141 ff. (die freie Konkurrenz ist die Regel, die Beschränkung die Ausnahme); Zachariä, Bücher, Bd. 5, 1832, S. 327, 331; Rau, Volkswirthschaftspolitik, 1844, S. 5 und Beschränkungen, 1847, S. 20.

49) Zit. bei v. Rönne, Gewerbe, Bd. 1, 1851, S. 11, Anm. 2.

allerdings noch sehr wenig hervor. (50) In den Ministerien wurden jedoch solche Fragen durchaus erörtert. Immerhin zeichnete sich in der Wirtschaftskrise am Ende der Befreiungskriege auch bereits ab, daß auf Stützungsmaßnahmen des Staates nicht verzichtet werden konnte, was zu einer ersten Erschütterung der liberalen Lehre geführt hat. (51)

Unabhängig von dieser Erfahrung aber wurde in der staatswirtschaftlichen Diskussion trotz der Forderung auf Liberalisierung der Wirtschaft immer auch auf eine weitere, im Grunde selbstverständliche Grenze verwiesen, die der Gewerbefreiheit gezogen sei. Diese Beschränkung ergab sich aus der Tatsache, daß dem Staat in seiner geschichtlichen Gestalt noch andere Aufgaben zugeordnet wurden, als die größtmögliche Bereicherung der Bürger zu gewährleisten. Dem Sicherheits- und Wohlfahrtszweck des Staates lag erkennbar das Leitbild zugrunde, der Bevölkerung ein auf ein zureichendes Einkommen gestütztes eigenverantwortliches und gesetzestreues Leben zu ermöglichen. Daran gemessen leuchtete ein, daß eine preußische Umfrage aus dem Jahre 1817, die noch ausführlicher vorgestellt wird, die negativen Auswirkungen der Kinderarbeit auf den Charakter und die Lebensbedingungen der gewerblichen Arbeiter als Eingriff in höhere Staatszwecke bezeichneteund die Beeinträchtigung öffentlicher Belange darin sah, daß die Arbeiter die moralische Freiheit verlören, ihre Berufsentscheidungen vernünftig zu treffen, ferner daß die Bevölkerung der Industriegebiete immer mehr verarme, daß sich dort zugleich ein Hang zur Kriminalität herausbilde

---

50) Neben der Forderung nach staatlicher Unterstützung in Notzeiten wurde aber schon früh auch der Wunsch nach einem die wirtschaftliche Gestaltungsfreiheit ergänzenden (subsidiären, abdingbaren) Normensystem erhoben. Seit 1816 befaßten sich die Berliner Ministerien mit dem Erlaß einer Fabrikordnung für Berlin (Regelungen über Entlassungsscheine, Zeugnisse, Vorschußgewährung, Kündigungsfristen, Lehrzeit usw.), ein Fragenkomplex, der dann ab 1820/22 im Rahmen einer Revision des allgemeinen Gewerberechts weiterberaten wurde (vgl. A.M. 35, S. 1 ff.; Roehl, SF Bd. 17, 1900, H. 4, S. 170 ff.). Das Wesen der Gewerbefreiheit deutete man dabei so, daß durch dieses Prinzip das Verhältnis der Verwaltung zum Bürger inhaltlich bestimmt worden sei, nicht aber die privatrechtlichen Beziehungen der Bürger untereinander.
Im Laufe der Zeit verstärkte sich diese Tendenz, das Ergebnis der liberalen Gewerbereform partiell wieder rückgängig zu machen, in dem Maße nämlich, wie der Gedanke der Handwerkerinnung mehr und mehr Zuspruch erhielt, wobei man sich von der genossenschaftlichen Berufsorganisation erhoffte, daß sich die gewerbliche Wirtschaft stabilisieren würde. Bei Erlaß der preuß. Gewerbeordnung v. 1845 war diese Entwicklung, was die grundsätzliche Frage betrifft, im wesentlichen abgeschlossen. Die preuß. Ministerien definierten die Gewerbefreiheit 1845 als gerichtet gegen die Privilegien einzelner Bürger, etwa durch Monopole, Bannrechte usw. (vgl. Roehl,

und schließlich, daß die Wehrtauglichkeit der Männer herabgesetzt werde. (52) Ersichtlich handelte es sich bei den staatlichen Interessen, auf die die Umfrage hingewiesen hat, um Schutzgüter der allgemeinen Sicherheitspolizei, deren Abwehrbefugnisse insoweit völlig unbestritten waren. Aus dem Bestehen eines anerkannten Katalogs solcher staatlicher Aufgabenstellungen aber folgte notwendigerweise, daß das Erwerbsstreben im Falle eines Konflikts mit den anderen Rechtsprinzipien zurückgedrängt werden konnte. Die moralische Bildung des einzelnen, auch die Vervollkommnung der geistigen Kultur oder die Verteidigung des Staates waren wichtige und jedenfalls in bestimmten Bereichen vorrangige Rechtsgüter, die dem privaten Nutzen auch unter der Geltung der Gewerbefreiheit nicht zu weichen brauchten. (53) Das Höhere dürfe dem Niedrigen nicht untergeordnet werden, so lautete die allgemeine Ansicht. (54)

Nach alledem ist jedoch als abschließendes Ergebnis festzuhalten, daß die Idee der Gewerbefreiheit zwar auch als rechtlicher Gesichtspunkt sich allen Maßnahmen in den Weg stellte, die auf Einschränkung der gewerblichen und industriellen Betätigung hinausliefen. Andererseits eröffnete aber vor allem der Gegensatz einander widerstreitender Rechtsgüter durchaus die Möglichkeit, gegenüber den Interessen der Wirtschaft andere Zwecke durchzusetzen, unter der Bedingung freilich, daß ein gefährdeter schutzwürdiger Belang nachgewiesen wurde.

Da die Zeitforderungen auf den Aufbau eines allgemeinen Unterrichtswesens drängten und insbesondere die preußischen Reformer von Anfang an den Plan verfolgt haben, das bestehende Schulsystem neu zu ordnen und inhaltlich umzugestalten, bot der Gedanke des staatlichen Erziehungsrechts zu dieser Zeit auch eine echte Chance, die Kinderarbeit in der Industrie spürbar zurückzudrängen. Rechtliche Schwierigkeiten waren dafür nicht zu überwinden; die Probleme lagen auf der Ebene der praktischen Durchführung, was in Preußen vor allem für das Rheinland gegolten hat.

---

aaO S. 233), nicht aber mehr gegen den Gedanken der staatlichen Ordnungsfunktion auf dem wirtschaftlichen Sektor.

51) Vgl. S. 149 ff., 156 ff. der Arbeit.

52) Vgl. Kuczynski, Umfrage, 1960, S. 24.

53) Krug, 1808, S. 14 f.; vgl. speziell für Preußen Rüffer, 1903, S. 286 ff., 290, 297.

54) So z. B. Rau bei Storch, Bd. 3, 1820, S. 289. - Vgl. zum heutigen Stand der Staatszweck-Diskussion Scheuner, Ulrich, Die Staatszwecke und die Entwicklung der Verwaltung im deutschen Staat des 18. Jahrhunderts. In: Beiträge zur Rechtsgeschichte, Gedächtnisschr. für Hermann Conrad, Paderborn usw., 1979 (Rechts- und staatswissenschaftliche Veröffentlichungen der Görres-Gesellschaft, N.F. H. 34), S. 467, 485 f.

IV. Die Situation der Fabrikkinder am Ende der Befreiungskriege

1. Konkrete Maßnahmen im Rheinland bis zum Jahre 1816

Die rheinischen Volksschulen, die nach Zahl und Leistungsfähigkeit sowie wegen des fehlenden Schulzwangs einem Vergleich mit dem Unterrichtswesen der meisten anderen Länder Deutschlands von vornherein nicht gewachsen waren, hatten während der Herrschaft Napoleons einen zusätzlichen Rückschlag hinnehmen müssen, weil die französische Besatzungsmacht die Kirchenvermögen und Schulfonds enteignet hatte. Die Versuche der Behörden, den gestörten Schulbetrieb trotzdem fortzusetzen, erbrachten nur sehr allmählich einige Erfolge. Am geordnetsten waren noch die Verhältnisse in dem von dem Grafen Beugnot verwalteten Großherzogtum Berg, wo der Unterrichtsbesuch, der 1806/07 bei den Katholiken 5o % und bei den Protestanten 85 % betragen hatte, bis zum Jahre 1811 jedenfalls auf dem Lande im allgemeinen wieder gewährleistet war. (1) Dabei setzte man sich ersichtlich auch für die Arbeitskinder ein; denn mit Erlaß vom 14. Juli 1810 ordnete das Düsseldorfer Innenministerium an, daß für die Fabrikjugend in Elberfeld eine Abend- und Sonntagsschule eingerichtet werden müsse, damit die Armenkinder dem Unterricht nicht gänzlich entzogen würden. (2)

In den nichtbergischen Gebieten am Rhein war die Lage dagegen trostlos. In Köln zum Beispiel hatte man die meisten der ursprünglich bestehenden Sonntagsschulen geschlossen, (3) und so waren hier im Jahre 1812 noch 3.749 Fabrikkinder ohne jeglichen Unterricht. (4) Erst als die französische Herrschaft endgültig beseitigt war, begann man wieder, etwas für die Bildungseinrichtungen der ärmeren Bevölkerung zu tun. (5) Die Hindernisse, die überwunden werden mußten, waren jedoch groß. Im Gebiet der Städte Köln, Aachen, Kleve, Krefeld, Neuß, Düren usw. besuchten im Jahre 1814 von 120.000 schulpflichtigen Kindern nur 50.000 den öffentlichen Unterricht. (6) Um nur den Mindestanforderungen genügen zu können, mußten in den linksrheinischen Bezirken 377 Elementarschulen eingerichtet und 700 Junglehrer ausgebildet werden. (7) Von 921 vorgesehenen Planstellen waren aber nur 307 mit einem festen Gehalt ausgestattet.

Aus dieser Zeit, gegen Ende der Freiheitskriege, als die provi-

1) Vgl. Willemsen, MGEG Jg. 18, 1908, S. 65, 153.
2) Der Innenminister an den Präfekten des Rheindepartements, A.D. 5, S. 104 ff. Dazu die Verfügung des Unterpräfekten v. 27.7.1810 an den Bürgermeister von Elberfeld, A.W. 1, S. 1.
3) Schumacher, 1923, S. 81; vgl. Kuczynski, Umfrage, 1960, S. 37.
4) Schumacher, aaO S. 127.
5) Über die französische Schulpolitik vgl. Heuser, 1930, S. 57 ff., 60: "erschreckende" Erbschaft.
6) Heuser, aaO S. 35.
7) Heuser, aaO S. 44.

sorische Verwaltung noch im Begriff war, sich über die bestehenden Verhältnisse zu orientieren, stammt die erste Gesetzesvorschrift des Rheinlandes, die mit dem Mittel des Unterrichtsbesuches auf die Erwerbsarbeit der Kinder Einfluß nehmen wollte. Am 15. Juli 1814 erließ der Generalgouverneur des Großherzogtums Berg, Justus (von) Gruner, eine das Schulwesen betreffende Organisationsverordnung, in der der unteren Schulbehörde, dem für jede Gemeindeschule gebildeten Schulvorstand, unter anderen die folgende die Erwerbsarbeit betreffende Aufgabe übertragen wurde: (8)

> "35) Der Vorstand hat indessen nicht bloß das Wohl der Kinder in der Schule zu befördern, sondern er muß auch darauf sein Augenmerk richten, daß die Kleinen weder von ihren Aeltern noch andern über ihre Kräfte zu körperlicher Arbeit angestrengt werden, damit sie hierdurch nicht schon in ihrer frühen Jugend verkrüppeln und ein freudenloses Leben von der Wiege bis zum Grabe ihr Loos werde. Je größer die Schwierigkeiten sind, desto angestrengter müssen seine Bemühungen, aber auch desto schonender und besonnener seine Schritte seyn, um das vorgesetzte Ziel in der Güte zu erreichen. Sollte dabey gleichwohl seine Vermittlung durchaus fruchtlos bleiben, so wird er darüber höhern Orts Bericht erstatten."

Die leitenden Schulbehörden der Fabrikbezirke bemühten sich zudem, für den Schulbesuch der Fabrikkinder eindeutige gesetzliche Tatbestände zu schaffen, um Umfang und Leistung des Unterrichts festzulegen und zu steigern. Hier ist auch wieder das Bergische Land zu erwähnen, das zu dieser Zeit noch als Herzogtum selbständig war. Der Neuhumanist Jacobi, der im Januar 1814 an die Spitze des Schulrates berufen worden war, veranstaltete schon wenig später bei den Orts- und Gemeindebehörden eine Umfrage mit dem Thema, wie dieses Problem ohne erhebliche Benachteiligung der Fabriken gelöst werden könne. (9) - Die Antworten auf diese Erhebung fielen allerdings nicht sehr kinderfreundlich aus. Durchgängig wurde die Meinung vertreten, daß die Kinder einen Unterricht nur neben einer 12stündigen Arbeit in der dann noch verbleibenden Freizeit erhalten sollten, nämlich morgens, mittags oder abends; manche Gemeinden rieten auch zur Sonntagsschule.

Jacobi selbst strebte eine Regelung an, die das Grundmuster des frühen Jugendarbeitsschutzes typischerweise wiedergibt: Bis zum 8. Lebensjahr, so sah sein Plan vor, sollte die Kinderarbeit untersagt werden, damit diese Zeit für die Schule ausschließlich zur Verfügung stünde, und für die älteren Kinder bis zum 13. Lebensjahr sollte die Beschäftigungsdauer während des Winters am Tag auf 11 Stunden und im Sommer auf 12 Stunden beschränkt werden, um noch einen gewissen Ergänzungsunterricht zu ermöglichen. Eine Alternativlösung, die Jacobi erwog, ging dahin, die Fabrikanten zur Einstellung der doppelten Anzahl von Kindern zu ver-

8) Neigebaur, 1834, Nr. 144, S. 208 (irrtümlich dem Gen.-Gouv. v. Nieder- und Mittelrhein, Sack, zugeschrieben); Scotti, J.J., Provinzial-Gesetze, 1. Sammlung, Jülich-Bergische... Verordnungen, Th. 3, Düsseldorf 1822, S. 1694, 1698, 1710 f.

9) Schäfer, Walter, Die ideengeschichtl. Grundlagen der Reform des Volksschulwesens im Großherzogtum Berg und in d. Stadt Düsseld. v. 1799-1816, Phil. Diss., Köln 1929, S. 71 ff.

pflichten, damit immer jeweils die Hälfte von ihnen ohne Nachteile für den Geschäftsgang einen halben Tag lang zur Schule gehen könnte. - Der Einspruch der zu diesen Vorschlägen gehörten Fabrikunternehmer und Handelsvorstände - vor allem Düsseldorfs - bewog Jacobi allerdings, die Verwirklichung seiner Absichten zunächst zurückzustellen.

In der zweiten Industriehochburg, dem linksrheinischen Gebiet Aachen und Köln, versuchte der dortige Schuldirektor Grashof eine ähnliche Lösung unter allerdings noch ungünstigeren schulischen Ausgangsbedingungen. (10) Am 5. Juli 1815 unterbreitete Grashof dem Generalgouverneur Sack einen aus vier Vorschriften bestehenden Entwurf einer Verordnung, um deren Genehmigung der Gouverneur dann kurze Zeit später beim zuständigen Berliner Innenministerium nachgesucht hat. (11) Danach sollte gelten:

"1. Für alle in den Fabriken und Manufakturen gegen Tagelohn beschäftigten Kinder vom 8. bis 15. Jahre muß wegen der Unvereinbarkeit ihres Erwerbs mit dem gewöhnlichen Schulbesuch ein besonderer öffentlicher Unterricht stattfinden.

2. Der Lektionsplan dieses Unterrichts wird wegen der engeren Grenzen der ihm zu widmenden Zeit auf die allgemein notwendigsten Gegenstände, Lesen, Schreiben und Rechnen beschränkt. Der Religionsunterricht bleibt wie bisher den Pfarrern überlassen. Auf eine zweckmäßigere und fruchtbarere Einrichtung desselben wird, wo es nötig ist, durch andere Mittel und auf anderen Wegen hingewirkt.

3. Der besondere Unterricht der in den Fabriken beschäftigten Kinder muß, weil es hier darauf ankommt, in möglichst kurzer Zeit möglichst ergiebige Resultate zu liefern, immer dem geschicktesten Lehrer anvertraut werden, welcher an jedem einzelnen Orte zu haben ist.

4. Dieser Lehrer muß entweder eigens für diesen Zweck angesetzt oder aber, wenn er den gedachten Unterricht neben einem ihm obliegenden gewöhnlichen Schulunterricht erteilen soll, für diese ihm zugemutete Aufopferung eines großen Teils seiner Muße- und Erholungsstunden durch angemessene und reichliche Besoldungszulage entschädigt werden."

Hinter diesem Verordnungsentwurf stand das Ziel, für den Unterricht der Fabrikkinder je nach den Verhältnissen der verschiedenen Orte spezielle Regelungen in Kraft zu setzen und die dafür notwendige Finanzierung zu sichern. Grashof wollte im Regel-

---

10) A.D. 1, S. 25. Für die vorbereitenden Verhandlungen Grashofs vgl. das Protokoll der Schulkonferenz in Aachen vom 19.-30. Dez. 1814 sowie den Reisebericht G.s. durch den wallonischen Teil des Gen.-Gouv.s. v. 16. Jan. 1815 in: A.M. 7, S. 76, 191; der Reisebericht im Auszug bei Meyer, 1971, S.70; vgl. A. D. 2, S. 1 ff.; A.Kö. 1, S. 258 ff., 264 ff., 274 ff.; A.Ko. 1, S. 1 ff.; A.D. 3, S. 1 ff.

11) V. v. 9. Juli 1815, A.M. 7, S. 269; A.D. 1, S. 3o.

fall die Früh- und Abendstunden für den Schulbesuch verwenden und variable, sogar den Beschäftigungsstand der Fabrikorte berücksichtigende Anordnungen treffen. (12) Der freie Sonntag sollte dabei aber nur ausnahmsweise in Anspruch genommen werden und dies auch nur, falls noch ein weiterer halber Unterrichtstag während der Woche gewährleistet wäre. Für die Kosten dieser besonderen Schuleinrichtungen sollte auf Schulstiftungen, auf die Kommunalkassen, auf Beiträge der Kinder sowie auf Zuschüsse der Fabrikanten zurückgegriffen werden.

Dieser Plan scheint auf den ersten Blick eine beträchtliche Anpassungsbereitschaft der Schulverwaltung und der Behörden überhaupt zu beweisen. Indes blieb der Verwaltung, wenn die Fabriken nicht stillgelegt oder schwer geschädigt werden sollten, vorerst gar kein anderer Weg, als auf der Grundlage der wirtschaftlichen und schulischen Gegebenheiten am einzelnen Ort die jeweils günstigste Lösung durchzufechten.

Daß diese Auffassung der Sache gerecht würde, räumte denn auch das Berliner Ministerium in seinem Antwortschreiben vom 30. September 1815 ein. (13) Der Innenminister von Schuckmann, beraten von Süvern, dem Referenten für das Elementarschulwesen, (14) lehnte es aber trotzdem ab, die von Sack beantragte Verordnung zu sanktionieren: Berlin wünschte eine aufwendigere Organisation des Unterrichtes. Die Grundnorm, so schrieb Süvern, von der die Verwaltung bei dem anstehenden Problem auszugehen habe, sei die im Preuß. ALR Theil 2 Titel 8 § 294 ausgesprochene Verpflichtung des Lehrherrn, seine Lehrlinge bis zum ordnungsgemäßen Abschluß zur Schule zu schicken. Diese Vorschrift könne hier zwar nur mit Modifikationen gelten, aber es gehe nicht an, den Fabrikkindern auch noch den freien Sonntag zu schmälern. Der Unterricht müsse vielmehr ausschließlich am Wochentage stattfinden und nicht nur in Form einer Ersatzschule am Feierabend, sondern der Sache nach als eine dem normalen Unterricht angenäherte Unterweisung. Als Modell schwebte Berlin dabei die qualifizierte Industrieschule vor. Genau wie in dieser die Arbeit und das Lernen miteinander abwechseln würden - in bestimmten Zeitabschnitten oder bei Schichtunterricht zwischen mehreren Klassen -, genauso sollte auch für die Fabrikkinder ein Schulbesuch während der Wochentage neben der Arbeit eingerichtet werden. Soweit möglich, sollte der angebotene Stoff dabei auch über die Fächer Lesen, Schreiben und Rechnen hinausgehen.

---

12) Der Text einer (2.) ergänzenden Regelung in A.D. 1, S. 26 ff. Weitere Einzelheiten über Grashofs Tätigkeit bei Schagen, Alfons, Josef Görres und die Anfänge der Preussischen Volksschule am Rhein 1814-1816, Bonn 1913 (Studien zur Rheinischen Geschichte, Heft 7), S. 1 ff., 83 ff. - der Entwurf vom 9. Juli 1815 auf S. 86 f.
13) A.M. 7, S. 273 ; A.D. 1, S. 37.
14) Vgl. Heuser, 1930, S. 55.

Dieses Projekt zu verwirklichen erforderte mehr Mittel als der Vorschlag Grashofs, aber auch diesen Punkt hatte das Berliner Ministerium mitbedacht. Schuckmann (oder richtiger wohl : Süvern) befürwortete zwar, daß staatliche Fonds zur Finanzierung mit herangezogen werden sollten, betonte aber gleichzeitig auch, daß die besondere Einrichtung vor allem um des Vorteils der Fabrikanten willen geschaffen werden müsse, die zu Beiträgen heranzuziehen daher nicht unbillig sei. Die Behörden sollten auf dieser Basis mit den Handelskammern in Verhandlungen treten.

Diese Kritik ist zwar auf dem Boden des Neuhumanismus gewachsen, doch ergab sich letztlich nicht daraus der Gegensatz zu den rheinischen Vorschlägen; auch Grashof ist zu den Anhängern der modernen Erziehungsschule zu zählen. (15) Wenn man überhaupt einen äußerlichen Grund für die voneinander abweichenden Standpunkte Berlins und Aachens heranziehen will, so wird man diesen wohl in der Frage des Abstandes von den rheinischen Verhältnissen suchen müssen. Grashof, der die bestehenden Zustände unmittelbar vor Augen hatte, wollte das Mögliche sofort in Angriff nehmen, während Süvern sich mit Plänen trug, die sich allenfalls langfristig verwirklichen ließen. (16) Höchst zweifelhaft war aber, ob über den von Berlin empfohlenen Verhandlungsvorschlag eine hinlänglich leistungsfähige Schulorganisation aufgebaut werden konnte. Denn ohne die Bewilligung der Verordnung standen den rheinischen Behörden gegenüber der Wirtschaft keinerlei Druckmittel zu Gebote.

2. Die europäischen Staaten ohne Preußen und England

Um einen Maßstab zu gewinnen, mit dem sich die Schulbestrebungen Preußens für die Zeit nach den Freiheitskriegen beurteilen lassen, ist eine rechtsvergleichende Übersicht der Anordnungen anderer Länder während der in Rede stehenden Jahre von Wert. Insoweit ist zunächst festzustellen, daß ein schulpolitischer Nachholbedarf zugunsten der Fabrikkinder jetzt in mehreren europäischen Staaten empfunden wurde, jedenfalls soweit diese den Krieg gewonnen hatten. Der Schutz, den man den jugendlichen Fabrikarbeitern zuteil werden ließ, war dabei aber sehr unterschiedlich. Ein kleines Land wie Hessen-Nassau bestimmte im Jahre 1815 für die Fabrikkinder in Ehrenbreitstein einen zweistündigen Sonntagsunterricht. (1) Österreich erneuerte im Jahre 1816 den Gesetzesbefehl vom Jahre 1786 über die Hygiene in den Kinderhäusern und ordnete aus diesem Anlaß noch einmal eine regelmäßige medizinal-polizeiliche Überprüfung der Fabriken an. (2) Ein österreichisches Dekret vom 27. September 1816 und eine Ver-

---

15) Heuser, 1930, S. 20, 115.
16) Vgl. Heuser, aaO S. 146.

---

1) Am 23. April 1815, vgl. A.Ko. 2, S. 1.
2) Am 12. März 1816, vgl. v. Mises, 1905, S. 232 f.; Carnot, 1841, S. 31 f.; ZÖR Bd. 3, 1841, S. 324, 362.

ordnung vom 2. Dezember desselben Jahres sahen ferner vor, (3) daß Kinder und Jugendliche im Alter von 12 bis 15 Jahren verpflichtet waren, an einem "Wiederholungsunterricht" am Sonntag und - dies für die Lehrlinge bis zum 18. Lebensjahr - an einer "Christenlehre" teilzunehmen. Den Versuch eines verhältnismäßig ausgestalteten Arbeitsschutzes unternahm weiter der Schweizer Kanton Zürich. Eine Verordnung aus dem Jahre 1815 verbot die Fabrikarbeit der Kinder bis zum 10. Lebensjahr, untersagte die Nachtarbeit und beschränkte den Arbeitstag auf 12 bis 14 Stunden. (4) Weniger entschieden war eine Verlautbarung des Kantons Thurgau, ebenfalls vom Jahre 1815, wodurch die Unternehmer nur ganz allgemein verpflichtet wurden, die Fabrikkinder zum Schulbesuch anzuhalten. (5) Der Maximalarbeitstag war hier auf 12 bzw. 14 Stunden begrenzt.

Von den anderen Industriestaaten des europäischen Festlandes gibt es in diesem Zusammenhang wenig zu berichten. Das Königreich Sachsen hielt - wie es scheint - ohne öffentliche Diskussion an der bestehenden Regelung fest, wonach es für die Fabrikkinder ausreichte, wenn sie in Abendschulen unterrichtet wurden. (6) Erst einige Zeit später wurden die Mängel dieser Verwaltungspraxis öffentlich erörtert. Im Jahre 1821 erschien eine Schrift des Diakons Buschick aus Zschopau - die wohl erste nichtamtliche deutsche Veröffentlichung dieser Art -, in der der Geistliche auf die schlechte Schulversorgung der Fabrikkinder und die darunter leidenden allgemeinen Unterrichtsverhältnisse hinwies. (7) Buschick beklagte die zu großzügige Befreiung der Kinder armer Eltern vom Besuch des Unterrichtes und trat zur Abwehr einer Volksverwahrlosung dafür ein, die Lehrerzahl zu vermehren, die Schulen zu vergrößern sowie die Kinderarbeit nur halbtags zu erlauben, und zwar jeweils nach erfolgtem Unterrichtsbesuch. Es ist indes nicht ersichtlich, daß diese Anregungen vom Dresdener Ministerium aufgegriffen worden wären.

Von Frankreich und Belgien schließlich liegen für die Zeit um und nach 1815 überhaupt keine einschlägigen Nachrichten vor - sicherlich vor allem infolge der fehlenden Schulpflicht. Frankreich erließ im Jahre 1814 ein Gesetz nur über die Beachtung der Sonntagsruhe (8) und ein weiteres, durch das im Bergbau unter Tage die Beschäftigung noch nicht 10jähriger Kinder verboten wurde. (9)

---

3) v. Mises, aaO S. 228; Carnot, 1841, S. 30.
4) Text in: JSG Jg. 12, 1911, S. 146 f.
5) Auer, 1955, S. 23.
6) Vgl. v. Welck, JGV N.F. Jg. 23, 1899, S. 57, 61.
7) Buschick, 1821.
8) Mataja, ZVSV Bd. 5, 1896, S. 390.
9) Karsten, 1828, S. 315 (Decret v. 3. Jan. 1813).

3. Das englische Fabrikgesetz vom Jahre 1819

Eine Sonderentwicklung, die es verdient, ausführlicher beschrieben zu werden, vollzog sich zu dieser Zeit jedoch in Großbritannien. Da auch hier überwiegend der Volksunterricht als nichtstaatliche Angelegenheit aufgefaßt wurde, die in den Händen der Kirchen lag, (1) kam es im Verlauf der fortschreitenden Industrialisierung zu einem gezielt nur die Arbeitsverhältnisse ordnenden reinen Arbeitsrecht, für dessen Entstehung die Unterrichtsfrage aber das treibende Motiv gewesen ist.

Den entscheidenden Anstoß zu dieser Rechtsentwicklung leisteten - bei den Gegebenheiten verständlich - nicht die Behörden; die Initiative ging vielmehr von privater Seite aus. Die Bestrebungen nahmen ihren Ausgang von dem schottischen Dorf New Lanark, wo Robert Owen, einer der führenden Textilfabrikanten der Gründergeneration, der von der philanthropischen Gesellschaft Percivals in Manchester und den Schulreformern Bell und Lancaster beeinflußt war, (2) in den Jahren nach 1800 ein in der damaligen Zeit einzigartiges Sozialwerk zugunsten der Fabrikarbeiter verwirklicht hatte. (3) In seiner Garnspinnerei hatte Owen unter anderem die Arbeitszeit von den in der Industrie sonst üblichen 14 oder sogar 16 Stunden auf 11 und später 10 1/2 Stunden verkürzt; weiter nahm er keine Lehrlinge mehr aus den öffentlichen Armenhäusern an (4) und ließ außerdem auch die jüngeren Kinder unter 10 Jahren nicht mehr zur Fabrikarbeit zu - eine noch höhere Altersgrenze scheiterte am Widerspruch der Eltern. Später eröffnete Owen auch einen Betriebskindergarten sowie eine für jene Epoche einmalig großzügig konzipierte Schule, deren Kosten aus den Gewinnen der Fabrik bestritten wurden. (5) Als im Jahre 1813 feststand, daß die Spinnfabrik trotz der betrieblichen Sozialpolitik florierte und die schlechten Lebensgewohnheiten der Arbeiter - Trunkenheit, Diebstahl und Arbeitsscheu - zurückgingen, (6) trat Owen mit mehreren auf dem Boden einer Milieutheorie geschriebenen Aufsätzen an die Öffentlichkeit und warb für die Übernahme seiner Volkserziehungseinrichtungen durch die Fabrikanten, die Gemeinden und den Staat, (7) der außerdem auch eine Arbeitsvermittlung organisieren sollte.

---

1) Silber, Käte, Pestalozzis Beziehungen zu England und Amerika, Zürich 1963, S. 28 f.
2) Simon, 1905, S. 42 f., 67, 74 f.; vgl. auch Morton, A.L., The Life and Ideas of Robert Owen, London 1962.
3) Statt der Kirchspiellehrlinge beschäftigte Owen freie Arbeitskräfte, für die er eine Kranken- und Altersversorgung einrichtete. In dem Ort New Lanark sorgte Owen für hygienische Verhältnisse, schuf eine Arbeitersiedlung, zog die Bevölkerung zur Selbstverwaltung heran und errichtete ein Warenhaus, das zum Selbstkostenpreis verkaufte. Später kamen eine Bibliothek und ein Tanzsaal hinzu, vgl. Simon, aaO S. 55 ff., 64 f.; vgl. auch Thomas, 1948, S. 18.
4) Owen, Auffassung, 1900, S. 31.
5) 1816 eröffnet, Simon, aaO S. 64, Anm. 1.

Diese Schriften Owens, denen er nach 1815 noch weitere folgen ließ, fanden auch außerhalb Englands große Beachtung. Aus vielen Ländern Europas kamen Besucher, vor allem auch die in London akkreditierten Botschafter, um über die schottische Mustersiedlung Näheres zu erfahren. Das Unternehmen fand allgemeinen Beifall. Der sächsische König verlieh Owen eine Verdienstmedaille in Gold, und der preußische König sprach ihm in einem eigenhändigen Schreiben seine besondere Anerkennung aus. (8)

Einen in seiner Thematik hier noch mehr interessierenden Vorstoß zu einer Gesellschaftsreform unternahm Owen dann im Jahre 1815 im Rahmen einer kritischen Analyse der aus der Industrialisierung sich ergebenden Folgen. (9) Owen legte in dieser Abhandlung dar, daß die Fabriken zwar einen vorher nie gekannten Reichtum produzierten, aber auch einen neuen Charakter unter der Arbeiterschaft hervorbringen würden, nämlich die Neigung zu einem übertriebenen Wohlleben bei gleichzeitigem Verzicht auf alle höheren Ansprüche. Die Ursachen für diese Einstellung der Arbeiter lägen im Wesen der Fabriktätigkeit begründet, die sowohl in ihren jeweiligen Anforderungen als auch durch die überlange Dauer der täglichen Arbeitszeit demoralisierend und gesundheitszerrüttend wirke und dem Arbeiter als einzige Erholung nur den Gang ins Wirtshaus lasse. Das Schlimmste aber sei, daß die Eltern nicht davor zurückschrecken würden, schon ihre Kinder in viel zu frühen Jahren an diese Lebensbedingungen zu gewöhnen.

Ein solches System aber, so warnte Owen, bei dem der Arbeiter vom Unternehmer nur noch als Mittel zur Gewinnerzielung angesehen werde, müsse notwendigerweise eine verrohte, körperlich und geistig schwache Menschenklasse hervorbringen, die schließlich auch der Gesellschaft gefährlich werden müsse.

Owen selbst sah den einzigen Ausweg, der aus dieser Entwicklung herausführen könnte, darin, daß man die Arbeitsbedingungen humanisieren und für eine Volksbildung sorgen würde. (10) Als erstes, so lautete sein Vorschlag, sollte daher ein Gesetz erlassen werden, das für alle Fabrikarbeiter den Werktag auf die früher üblichen 12 Stunden einschließlich der Ruhepausen verkürzen sowie die Arbeit für die noch nicht 10jährigen Kinder in den Fabriken überhaupt verbieten und für die noch nicht 12-

---

6) Simon, aaO S. 76, 81.
7) Simon, aaO S. 82.
8) Owen, Life, Bd. 1, 1967, S. 134, 151.
9) Dt. bei Bernstein, 1902, S. 102; Observations on the effect of the Manufacturing System, 1815, in: Owen, Life, Bd. 1 A, 1967, S. 33.
10) Bernstein, aaO S. 109; Owen, Life, Bd. 1 A, 1967, S. 41.

jährigen auf maximal 6 Stunden beschränken sollte. Nach einer Übergangszeit sollte über eine weitere Schulvorschrift gesichert werden, daß die Kinder vor Aufnahme einer Erwerbstätigkeit eine Prüfung im Lesen, Schreiben und Rechnen bestanden haben müßten.

Die parlamentarische Vertretung von Owens Vorschlägen übernahm der englische Fabrikant Robert Peel, der bereits das Schutzgesetz vom Jahre 1802 veranlaßt hatte. (11) Im Jahre 1815 brachte er im englischen Unterhaus einen Entwurf ein, der zwar vorsorglich hinter Owens Anträgen zurückblieb, trotzdem aber auf heftigen Widerstand gestoßen ist. Die allgemeine Stimmung war einer solchen Gesetzesinitiative keineswegs gewogen. Im Jahre 1814 hatte man im Namen des wirtschaftlichen Fortschritts gerade die letzten Zunftschranken, die Lehrlingsgesetze, aufgehoben, (12) und nun sollte die Gewerbefreiheit wieder beschränkt werden.

Mehrere Jahre lang untersuchten Parlamentskommissionen die Verhältnisse in der Industrie und stießen dabei auf einen maßlosen Mißbrauch der Fabrikkinder: In den Spinnfabriken Lancashires wurde, den Sonnabend ausgenommen, an den Wochentagen 13 bis 16 Stunden lang gearbeitet mit einer Stunde Unterbrechnung am Mittag; das Frühstück mußte während der Arbeit eingenommen werden; die Fabrikkinder, zwischen 6 und 9 Jahren alt, zum Teil auch jünger als 5, hatten, solange die Maschinen liefen, durchgehend mitzuarbeiten und noch während der Mittagspause die Fabrik zu reinigen. (13) Viele Kinder wurden geschlagen; viele klagten auch über Gliederschmerzen, weil sie den ganzen Tag über stehen mußten. Auffällig war ferner, daß gewisse Krankheiten gehäuft auftraten: Die Kinder litten an Skrofulose (14), an Kropfleiden und an Schwindsucht. (15) Auch zu Unfällen kam es oft bei der Arbeit.

Zur Aufdeckung dieser Zustände trug nicht zuletzt Robert Owen bei, den die Untersuchungskommission als Sachverständigen gehört hat. Owen, der sich wegen seiner Aussagen den Haß der anderen Fabrikanten zuzog, lernte jetzt die parlamentarischen Interessenverflechtungen näher kennen und verlor darüber seine Überzeugung, daß das Fabrikarbeiterproblem mit dem Mittel der Gesetzgebung sich würde lösen lassen. (16)

Als England dann im Jahre 1816 infolge einer Überproduktion in eine schwere Absatzkrise geriet, die die vorhergegangenen weit übertraf, erkannte Owen, daß die durch die Industriali-

---

11) Simon, 1905, S. 97; Thomas, 1948, S. 19.
12) Simon, aaO S. 6.
13) Froriep, NNH Bd. 1, 1837, S. 283.
14) Tuberkulöse Haut- und Lymphknotenerkrankung.
15) Simon, 1905, S. 102 ff.
16) Simon, aaO S. 106, 110.

sierung entstandene Sachproblematik überdies noch schwieriger lag, als er zunächst angenommen hatte. Jetzt ging es vor allem um die Frage, wie trotz der zunehmenden Technisierung die Arbeitsplätze gesichert werden könnten. Die Lösung des Problems, so meinte Owen, müsse über eine gleichmäßige Verteilung des industriellen Reichtums und der damit verbundenen inneren Marktausweitung gesucht werden, wobei ihm als Mittel das genossenschaftliche Eigentum an den Produktionsstätten vorschwebte. Owen hoffte, daß die konkrete Verwirklichung mit Armenkolonien erreicht werden könne, und für deren Gründung setzte er sich dann ab 1816 ein. (19) Dabei unterlief ihm jedoch ein schwerer Fehler. In einer Propagandakampagne ließ er sich dazu verleiten, die englischen Kirchen auf das Heftigste anzugreifen mit der Folge, daß er in England seinen öffentlichen Kredit restlos verspielte. (18)

Robert Peel gelang es immerhin, das von ihm beantragte Fabrikgesetz vom politischen Schicksal Owens zu trennen und weiter im Gespräch zu halten. (19) Die Wirtschaftskrise förderte diesen parlamentarischen Vorstoß etwas, weil die Öffentlichkeit den Fabrikproblemen jetzt erhöhte Beachtung schenkte. Im Jahre 1816 wurde zugunsten der Kirchspielarmen ein Gesetz verabschiedet, das die Kommunalbehörden verpflichtete, beim Abschluß von Arbeitsverträgen für Armenkinder diese nicht weiter als 40 Meilen von der Heimatgemeinde entfernt unterzubringen und die Eignung der Arbeitgeber sowie den Inhalt der Verträge selbst zu überprüfen. (20) Über den von Robert Peel beantragten Arbeitsschutz aber entschied das britische Parlament erst nach einer weiteren Verzögerung drei Jahre später und mit einem Ergebnis, das nicht mehr als einen Teilerfolg bedeutete: Das am 2. Juli 1819 in Kraft getretene Fabrikgesetz beschränkte zwar zum ersten Mal die sogenannte freie Arbeit, in diesem Fall das Recht der Eltern, Arbeitsverträge mit beliebigem Inhalt im Namen ihrer Kinder einzugehen. (21) Die Bestimmungen galten jedoch nicht in allen Fabriken, sondern allein in den Baumwollspinnereien. (22) Für diese wurde im einzelnen vorgeschrieben: ein Einstellungsverbot für Kinder bis zum 9.Lebensjahr sowie die Beschränkung der Arbeitszeit für die älteren Kinder und Jugendlichen bis zu 16 Jahren auf regelmäßig 12 1/2 Stunden oder bei Verwendung von Wasserkraft auf 13 1/2 Stunden. Während 1 1/2 Stunden täglich mußte die Arbeit unterbrochen werden. Über die Einhaltung der Normen sollten die örtlichen Friedensrichter wachen.

---

17) Simon, aaO S. 127.
18) Simon, aaO S. 133.
19) Vgl. Simon, aaO S. 99.
20) Simon, aaO S. 10,Anm. 1; vgl. noch MHG Bd. 2, 1837, S. 285.
21) Simon, aaO S. 101 f., 107, 110; vgl. auch Smelser, 1967, S. 270 ff.; Thomas, 1948, S. 25 f.
22) Owen hatte lediglich die Heimarbeit vom Geltungsbereich des Arbeitsschutzes ausnehmen wollen, während Peel das Gesetz nur für die Baumwoll-, Woll- und Flachsfabriken beantragt hatte, vgl. Simon, aaO S. 102, 109.

Dieses Gesetz entsprach, wie eben betont, bei weitem nicht dem, was Owen ursprünglich gefordert und was Peel beantragt hatte: Das Parlament hatte sich damit begnügt, allein die schlimmsten Mißbräuche abzustellen, ohne Owens Schulkonzeption zu übernehmen. In England herrschte die von Malthus entwickelte Lehre, daß befriedigende Lebensbedingungen der breiten Volksschichten zu einer überproportionalen Bevölkerungsvermehrung und damit letztlich zu einem Massenelend führen werde, und schon mit Rücksicht darauf meinte man, die Arbeiterverhältnisse nicht entscheidend verbessern zu müssen. Deswegen wurde auch für die Erwachsenen nach wie vor ein Arbeitsschutz für untunlich gehalten. (23)

4. Die Idee eines internationalen Jugendarbeitsschutzes?

Im Hinblick auf die europäische Rechtsentwicklung ist noch eine von Owen im Jahre 1818 auf das Festland unternommene Reise zu erwähnen, in deren Verlauf der englische Sozialreformer dem in Aachen tagenden Kongreß der Heiligen Allianz zwei Denkschriften überreicht hat. In diesen beiden Memoranden legte Owen noch einmal seine gesellschaftspolitischen Vorschläge dar, für die er bereits in England seit längerem geworben hatte, nämlich mit einer allgemeinen, für alle vorteilhaften Verteilung des industriellen Reichtums die sich nunmehr schon abzeichnende soziale Frage zu lösen. (1) Owen trug dabei vor allem auf Erziehungseinrichtungen an sowie auf andere "unverzichtbare Maßnahmen", die er allerdings nicht näher beschrieben hat.

Die Nachkriegsära war jedoch trotz der wirtschaftlichen Schwierigkeiten einer aufklärerischen Weltverbesserung kaum gewogen. Die das ständestaatliche Prinzip vertretenden Oberschichten in den Ländern der Heiligen Allianz hatten politisch wieder an Boden gewonnen und waren wohl auch zuallerletzt bereit, soziale Modelle des nunmehr als kirchenfeindlich (2) geltenden Owen in der Praxis zu erproben. Der Aachener Kongreß dankte dem englischen Sozialreformer zwar offiziell für seine Druckschriften, (3) aber der in österreichischen Diensten stehende Diplomat Gentz erklärte sich ganz unverhüllt gegen die von Owen verfolgten Ziele: "Wir wünschen gar nicht", so äußerte er sich ihm gegenüber, (4) "daß die Massen wohlhabend und von uns unabhängig werden; wie

23) Simon, aaO S. 128.

1) Two Memorials on behalf of the working classes, in: Owen, Life, Bd. 1 A, 1967, S. 207.
2) Vgl. die Vorbehalte des mit Owen befreundeten Pictet gegen die angeblich unzureichende religiöse Erziehung in der Fabrikschule Owens in: BU, Sciences et Arts, Bd. 9, 1818, S. 155.
3) Simon, 1905, S. 144 f.
4) Owen, Life, Bd. 1, 1967, S. 183.

könnten wir sie denn beherrschen?" - Owen reiste enttäuscht von Aachen ab.

Hier ist nun die Frage aufzuwerfen, welche konkreten Pläne Owen bei dem Aachener Kongreß verfolgt haben könnte. In den überreichten Schriften fehlt, wie gesagt, eine nähere Erläuterung seiner Vorstellungen. Aber genau wie früher bei seiner Werbung für die Genossenschaftsidee (5) hatte Owen auch in Aachen schriftlich angeregt, der Kongreß möge eine Kommission nach New Lanark entsenden, um sich über die dort bestehenden sozialen Sicherungen für die Arbeiter ein eigenes Bild zu verschaffen. Die dortigen Wohlfahrtseinrichtungen gehörten also offensichtlich mit zu den "unverzichtbaren Maßnahmen", die den industriellen Reichtum in der Gesellschaft gleichmäßig verteilen sollten, und daher als Teil dieser Organisation auch die von Owen eingeführten Arbeitsschutzbestimmungen zugunsten der Fabrikarbeiter und vor allem zugunsten der Fabrikkinder. Ein nationales Arbeitsrecht hat Owen daher sicherlich mit angestrebt.

Andererseits bestehen aber Bedenken gegen die freilich nicht ganz fernliegende Annahme, (6) Owen habe darüber hinaus in dieser Frage auch noch ein zwischenstaatliches Abkommen herbeiführen wollen. (7) Davon kann in Wahrheit keine Rede sein. Ein Satz der zweiten Denkschrift ist, was diesen Punkt anlangt, zwar mißverständlich formuliert, (8) aber für die hier vertretene Ansicht sprechen sowohl der Textzusammenhang (9) als auch die historische Situation, von der Owen ausgegangen ist. Owen hatte in den vorangegangenen Jahren gerade erfahren müssen, daß das englische Parlament nicht willens war, die Frage einer Fabrikgesetzgebung ernstlich anzufassen. Schon aus diesem Grund, aber auch wegen der zerrütteten Wirtschaftsverhältnisse erwartete Owen eine wirksame Hilfe nur noch von den genossenschaftlichen Armenkolonien. Schließlich muß auch noch mit bedacht werden, über welch gewaltigen Wettbewerbsvorsprung Großbritannien aufgrund seiner überlegenen Technik gegenüber den anderen europäischen Ländern verfügte. Eine Vereinheitlichung der nationalen Rechtsordnungen,selbst wenn sie damals zu bewerkstelligen gewesen wä-

---

5) Simon, aaO. S. 125 ff., 136.

6) Von einem Großteil der Literatur vertreten, zuerst bei Blanqui, Jér. Ad., Cours d'économie industrielle, Bd. 3, Paris 1839, S. 274.

7) Vgl. Krawtchenko, Nicolas, Robert Owen a-t-il eu véritablement l'ideé d'un droit international ouvrier? in: RDJ Bd. 6, 1910, S. 257.

8) "That your Memorialist is most desirous of cordially uniting the governments und people in those measures which he is ready to prove ought now to be put in practice for the interests of both", zit. n. Owen, Life, Bd. 1 A, 1967, S. 221.

9) Krawtchenko, aaO S. 261,weist zu Recht darauf hin,daß nicht eine internationale Übereinkunft zwischen den Regierungen und den Völkern der verschiedenen Staaten, sondern eine gemeinsame Anstrengung von Regierung und Volk in jedem einzelnen Staat gemeint war.

re, hätte daher in den Jahren der Krise kaum eine angemessene Lösung der Fabrikproblematik bedeutet und sich auch nur wenig zugunsten einer Chancengleichheit in der internationalen Konkurrenz auswirken können.

V. Europäische Wirtschaftskrise und die Frage eines Arbeiterschutzes in der staatswirtschaftlichen Literatur

Das negative Ergebnis, das Owen mit seinen Vorschlägen beim Aachener Kongreß erzielte, darf jedoch nicht zu der Vermutung verleiten, daß die politische Führung in Deutschland dem Fabrikarbeiterproblem schlechthin gleichgültig gegenübergestanden hätte. Dazu waren die Zeiten zu ernst. Nachdem Handel und Gewerbe schon während der Napoleonischen Kriege stark gelitten hatten, trat auch nach dem Friedensschluß nicht die erwartete Verbesserung der wirtschaftlichen Verhältnisse ein. Im Gegenteil, im Jahre 1815 stiegen in Deutschland die Lebensmittelpreise um das Viereinhalbfache, (1) und die Erntejahre 1816, 1817 brachten in Europa dann solch geringe Erträge, wie sie die Bauern seit Jahrzehnten nicht erlebt hatten, mit verheerenden Wirkungen für die unter einer Lebensmittelteuerung naturgemäß am meisten leidenden gewerbereichen Gegenden. Dazu ein Beleg aus der Schweiz: An den Auswirkungen des Hungerjahrs 1817 verstarben im Kanton Appenzell 3425 Menschen, das waren 6 % der Bevölkerung. (2)

An diese Agrarkrise schloß sich eine Handelskrise an. Deutschland verlor einen Großteil seines ausländischen Absatzes, namentlich in Frankreich und Holland, öffnete gleichzeitig aber mit der Aufhebung der Kontinentalsperre seinen Inlandmarkt für britische Importe. Die Folgen waren verheerend. Konkurrenzlos billig veräußerten die Engländer in einer "Baumwollen-Stoff-Sündflut" (3) ihre auf Lager gefertigten Textilien und verdrängten damit die einheimischen Produkte. (4) Eine in dieser Zuspitzung neue Erfahrung ergab sich damit, das Phänomen der arbeitswilligen "künstlich" (5) Armen im eigenen Lande. Früher hatte man dem Bettler häufig noch eine Tätigkeit zuweisen können, jetzt fehlte es für ganze Gewerbezweige an Arbeitsgelegenheiten. (6) Be-

---

1) v. Soden, 1817, S. 3.
2) Rau, Volkswirthschaftslehre, 1847, S. 517 (d); vgl. für die Schweiz Braun, 1960, S. 239. Vgl. ferner Abel, 1974, S. 317 ff.
3) AHZ Jg. 25, 1818, S. 37.
4) Ausführlich Treue, Wilhelm, Wirtschaftszustände und Wirtschaftspolitik in Preußen 1815-1825, Stuttgart 1937 (VSG Beiheft 31), S. 65 ff., 73 ff.; Einzelheiten auch bei Kuczynski, Umfrage, 1960, S. 31, 46, 60, 72.
5) Müller, 1819, in: Müller, 1931, S. 126; für England vgl. Rau, Zunft, 1816, S. 132. Vgl. aber auch Kriedte u.a., 1977, S. 252: Weberunruhen in Schlesien im Jahre 1793. Vgl. zu der Absatzstockung 1799-1804 in Preußen: Kaufhold, 1978, S. 343 ff.
6) AHZ Jg. 25, 1818, S. 34.

sonders das sächsische Vogtland und Schlesien wurden durch den stockenden Absatz betroffen, (7) aber auch etwa in Berlin waren 5.000 Weber und 16.000 Webergesellen auf öffentliche Unterstützung angewiesen. (8) "Die wichtige Frage, wie der Armut abzuhelfen sei", schrieb Hegel 1820/21 in seiner Rechtsphilosophie, (9) "ist eine vorzüglich die modernen Gesellschaften bewegende und quälende."

England befand sich infolge seiner Überproduktion anfänglich in einer vielleicht noch schwierigeren Lage als Deutschland. Riesige Summen mußten in den Jahren 1818/19 über die Armensteuer für den Unterhalt der Arbeitslosen aufgebracht werden. (10) Nur zu natürlich war daher, daß die sozialen Zustände Großbritanniens nun auch in Deutschland noch stärker als früher in den Blickpunkt des öffentlichen Interesses gerieten. Die liberalen Volkswirtschaftler registrierten getreulich die bitteren Folgen der Industrialisierung: das "halbe Dasein", das die durch die einseitige Inanspruchnahme verbildeten Arbeiter führen würden; (11) die bei ihnen infolge der gesundheitsgefährdenden Tätigkeit unverhältnismäßig große Zahl an Krankheiten und Gebrechen sowie die hohe Sterblichkeitsrate; (12) ferner die regelmäßig am Rande der Armut geführte Existenz der Arbeiter; ihre Hilflosigkeit bei Ansteigen der Lebensmittelpreise, bei konjunkturbedingtem Schwanken der Löhne oder bei einer Entlassung; weiter die Zunahme dieser Bevölkerungsschicht mit fortschreitender Industrialisierung und schließlich das Elend auch der Fabrikkinder, die von ihren Eltern notgedrungen so früh wie möglich in die Fabriken geschickt würden, wo sie nicht nur die Löhne der Erwachsenen drücken, sondern auch selber, wie es hieß, um das Glück

---

7) Rau bei Storch, Bd. 3, 1820, S. 289; über Schlesien ausführlich Meyer, 1971, S. 75 ff.
8) AHZ Jg. 25, 1818, S. 464.
9) Hegel, 1970, §§ 244 f. mit Zusätzen.
10) Rodbertus, 1. Brief, 1850, S. 17, 23.
11) "Solche Menschen scheinen als lebende Maschinen nur da zu sein, um anderen Genuß und Nutzen zu verschaffen, ohne etwas für sich zu gelten, ... haben denn nur die Zehrer das Recht, ein menschliches ... Leben zu fordern? Das Fabrikwesen in dieser Gestalt ist die Folge einer ungeheuren Ungleichheit des Vermögensbesitzes, die dadurch noch immer vergrößert wird", so Rau bei Storch, Bd. 3, 1820, S. 278 f., von Owen beeinflußt, vgl. S. 290. Vgl. auch Say, Nationalökonomie, Bd. 1, 1818, S. 177 f.
Vgl. auch Müller, Adam, 1816, in: Müller, 1931, S. 40 ff. 95, 100 u. Lemontey, 1816, S. 177 ff.
12) Vgl. zum Folgenden: Nebenius, Friedrich, Bemerkungen über den Zustand Großbritanniens in staatswirthschaftlicher Hinsicht, Karlsruhe und Baden, 1818, S. 64 ff., 69 ff., 73 ff., 83; zusammenfassend: Pictet, BU, Sciences et Arts, Bd. 9, 1818, S. 63 ff.

ihrer Jugend gebracht würden. Die Kinder würden an Geist und Körper verkrüppeln und noch vor ihrem 20. Lebensjahr an Schwindsucht zugrunde gehen - ein Verbrechen, so schrieb der Schweizer Volkswirtschaftler Sismondi im Jahre 1819, (13) werde hier täglich an den Kindern der Armen begangen. Solche Feststellungen fanden sich in der Literatur dieser Jahre schon recht häufig. (14)

Die europäischen Staaten sahen sich jetzt erstmals der Tatsache gegenüber, daß die Industrialisierung auch die eigene Wirtschaft ernsthaft bedrohen konnte. Die Liberalen freilich neigten dazu, den beschriebenen Sachverhalt in seinem extremen Ausmaß als ein englisches Problem auszugeben und für die anderen Länder eine ähnliche Zukunft zu leugnen. (15) Aber die breite öffentliche Meinung stand nicht mehr hinter dieser Auffassung. Der Schweizer Naturwissenschaftler Pictet verwies im Jahre 1818 darauf, daß die neuen Erfindungen eine stete Quelle menschlicher Not, der Unsicherheit und der Armut in der Gesellschaft bedeuten würden für diejenigen, die sich andere Berufe suchen müßten, und für die ärmere Bevölkerung überhaupt, weil die Löhne für die Handarbeit infolge der zunehmenden Verwendung der Maschinen sinken würden. So vorteilhaft der industrielle Reichtum auch scheine - für das Gemeinwohl aber, die Gesellschaft insgesamt, sei die neue Technik angesichts der gleichfalls zu verzeichnenden Schädigungen letztlich von Nachteil. (16)

Der weit überwiegende Teil der Bevölkerung, (17) vor allen das Hausgewerbe, das sich seinem sicheren Untergang entgegengehen

---

13) Sismondi, Bd. 1, 1819, S. 354, auch S. 198, 367 (Sismondi stand mit Owen in Verbindung).
14) Rau bei Storch, Bd. 3, 1820, S. 278; AHZ Jg. 18, 1818, S. 1023, zit. den "Morning-Chronicle": "Wir sehen die Kinder der Armen in den Fabriken zu Grunde gehen"; Pictet, aaO S. 64: "man macht aus den Kindern bösartige Maschinen"; ebenso Nebenius, aaO S. 83: allein in London weit über 100.000 Kinder ohne Unterricht; BU, Littérature, Bd. 3, 1816, S. 206; ferner Fabriken-Kommissionsrat Weber, 1819, bei Kuczynski, Umfrage, 1960, S. 90: in Berlin andere Verhältnisse als in England.
15) Gewiß würde die Industrieförderung, so hieß es, für die lebende Generation wie bei jeder gesellschaftlichen Verbesserung schmerzhafte Umstellungen mit sich bringen, aber die Übel seien vorübergehend und der Gewinn bleibend. Die Maschinen würden nur in einigen Gewerbezweigen und auch nur langsam eingeführt werden, so daß die entstehenden Nachteile sich im Rahmen halten würden, vgl. Nebenius, aaO S. 70 (Anm. 2), 71; Rau, Karl Heinrich, Malthus und Say, über die Ursachen der jetzigen Handelsstockung, Hamburg 1821, S. 250 ff.; Kunth, 1820, Über Nutzen oder Schaden der Maschinen, besonders in Fabriken, VVG Jg. 3, 1824, S. 55 ff.
16) Pictet, BU, Sciences et Arts, Bd. 9, 1818, S. 63 ff.
17) Vgl. Rau bei Storch, Bd. 3, 1820, S. 288 f., 290; ferner

sah, wird ebenso geurteilt haben. "Das überhandnehmende Maschinenwesen quält und ängstigt mich", schrieb Goethe im Jahre 1821 im "Wilhelm Meister", (18) "es wälzt sich heran wie ein Gewitter, langsam, langsam, aber es hat seine Richtung genommen, es wird kommen und treffen." Ein anonymer Autor aus der Schweiz (19) im Jahre 1817: "Spinnmaschinen, Schnellschuß der Weberei, mechanische Druckerei, chemische Geschwindbleiche und (späterhin) Dampfmaschinen, ... die mechanischen Erfindungen ... das Zeugs, das da Elend verbreitet von Osten bis Westen, von Norden bis Süden."

Am entschiedensten warnten die konservativen Wirtschaftstheoretiker. (20) Unzufrieden schon mit der Bauernbefreiung,(21)nannte Adam Müller im Jahre 1819 die Smithsche Lehre ein Universalverderben; im Namen dieses Systems falscher Freiheit habe man den Menschen aus seinen korporativen Sicherungen herausgelöst, alle natürlichen Berufe und Ämter zu eitlen Geldgewerben herabgewürdigt und eine Vielzahl von Menschen, die in dem neuen System ihre angestammte Arbeit verlieren müßten, der Armenversorgung und damit der persönlichen Erniedrigung anheimgegeben. (22)

Was tun? Die Liberalen plädierten dafür, die notleidenden Bevölkerungsgruppen, so gut es gehe, durch den Staat zu unterstützen, (23) den Kurs der Industrieförderung aber unter Vorsichtsmaßregeln weiter beizubehalten. Ein deutscher Binnenmarkt sollte geschaffen und nach außen durch einen mäßigen Schutzzoll abgeschirmt werden, (24) ein Vorschlag, den Preußen im Jahre 1818 realisierte. (25)

AHZ Jg. 26, 1819, S. 897 (a.A. die Redaktion S. 899); vgl. auch AHZ Jg. 26, 1819, S. 89 (Maschinenstürmer in Verviers).

18) Wilhelm Meisters Wanderjahre, 3. Buch, in: Goethes sämmtl. Werke in vierzig Bänden, Bd. 21, Stuttg.1869, S. 80.

19) Zit. n. AHZ Jg. 25, 1818, S. 29.

20) Vgl. AHZ Jg. 25, 1818, S. 29, 33, 37 (Rezension von: Englands Industrie und die mechanischen Erfindungen sind das Verderben des festen Landes, St. Gallen 1817; ferner noch AHZ Jg. 25, 1818, S. 765.

21) Müller, Ad., 1812, in: Müller, 1931, S. 134.

22) Müller, 1819, aaO S. 126 ff.

23) Rau bei Storch, Bd. 3, 1820, S. 290 f.; vgl. auch Say, Nationalökonomie, Bd. 2, 1819, S. 108.

24) Für Schutzzoll z.B. AHZ Jg. 25, 1818, S. 37; dagegen Pictet, BU, Sciences et Arts, Bd. 9, 1818, S. 64 f.: impft den Staaten die "Krankheit der Maschinen" ein mit den Folgen: Handelskrieg, Schmuggel, Vergiftung der internationalen Beziehungen, Preissteigerungen, Subventionen.

25) Vgl. Roehl, Hugo, Beiträge zur preußischen Handwerkerpolitik vom Allgemeinen Landrecht bis zur Allgemeinen Gewerbeordnung von 1845, SF Bd. 17, 1900, H. 4, S. 87; Rathgen, 1908, S. 23.

Die überwiegende Mehrheit in Deutschland war dagegen anderer Ansicht. Sie befürwortete die Rückkehr zu den alten ständestaatlichen Einrichtungen oder zu einem staatlichen Protektionismus (26) - die wohl populärste Forderung: den Besitzstand mit allen Mitteln zu wahren und die modernen Maschinen zu verbieten. (27) Eine andere Empfehlung: auf die Maschinen, wenn sie die Handarbeit beeinträchtigen würden, eine Sondersteuer zu legen, solange bis die aus ihren Berufen verdrängten Arbeiter eine neue Anstellung gefunden hätten. (28) Für die Sicherung der Fabrikarbeiter sollten, wie von Robert Owen verwirklicht, (29) Spar- und Hilfskassen geschaffen werden, so ein auch mit dem früheren Handwerksrecht im Einklang stehender Vorschlag Adam Müllers, (30) der im übrigen dafür eintrat, die Zünfte und Korporationen wieder zu beleben.

Die politische Wirkung solcher Überlegungen war nicht unbeträchtlich. In Norddeutschland wurde "von Seiten einer Regierung" die Einführung der englischen Flachsspinnmaschine verhindert, (31) und eine Zeitlang ging das Gerücht um, Preußen werde die Gewerbefreiheit wieder aufheben. (32) In der Tat zeigte der König jetzt auch große Sympathie für die Zunftverfassung, (33) die er in den im Jahre 1815 erworbenen, bis dahin sächsischen Landesteilen auch weiter bestehen ließ. (34) Diese Entscheidung eignete sich jedoch nicht als allgemeine Lösung für das in den meisten Provinzen unter dem Prinzip der Gewerbefreiheit lebende Preußen. Besonders das Rheinland war schon zu lange an das liberale System gewöhnt, als daß man dort noch mit Nutzen eine Zunftordnung hätte einführen können. (35)

Trotz der beschriebenen sozialen Schwierigkeiten bestand aber kaum eine Neigung, die bestehenden Rechtsformen weiterzuentwickeln, um den Nachteilen der sich wandelnden wirtschaftlich-gesellschaftlichen Verhältnisse gezielt entgegenzuwirken. Die

---

26) Müller, 1819, aaO S. 130.
27) Vgl. Rau bei Storch, Bd. 3, 1820, S. 289.
28) Lawätz, 1815, S. 181; so schon JFM Bd. 13, 1797, S. 97 f.
29) Vgl. Nebenius, aaO (oben Anm.) S. 75.
30) 1819, in: Müller, 1931, S. 130 f.; ähnlich AHZ Jg. 25, 1818, S. 38; auch Grävell, M.C.F.W., Der Regent, Th. 2, Stuttgart 1823, S. 522 ff.
31) AHZ Jg. 29, 1822, S. 188.
32) Reche, 1821, S. 126 f.,Anm.
33) Fr. W. III., am 14. Mai 1818, in: A.M. 3, S. 98: "Ich habe bereits bei verschiedenen Veranlassungen zu erkennen gegeben, daß Ich es für sehr notwendig halte, angemessene Modifikationen der allgemeinen Gewerbefreiheit anzuordnen." (Verweist auf Aufs. von Dracke, der für die Zünfte plädierte), vgl. auch Roehl, SF Bd. 17, 1900, H. 4, S. 171.
34) Roehl, aaO S. 173 ff.
35) Vgl. Roehl, aaO S. 183.

Idee einer Fabrikgesetzgebung wird man in den einschlägigen Stellungnahmen dieser Jahre regelmäßig vergeblich suchen. Neben Owen war es vorerst nur der bedeutende Schweizer Nationalökonom Sismondi, der neue Wege beschreiten wollte. (36) Sismondi vertrat die Überzeugung, daß unter den gewerblichen Arbeitern (37) im freien Wettbewerb immer wieder Notlagen auftreten würden, weil der Fabrikant Profit sowohl aus dem Warenverkauf als auch aus Lohnsenkungen zum Nachteil der von ihm beschäftigten Arbeiter erzielen könne. (38) Da es aber - so die Kernthese Sismondis - nicht auf die Anhäufung von Reichtum an sich, sondern auf dessen möglichst gleichmäßige Verteilung in der Gesellschaft ankomme und im übrigen zwischen Kapital und Arbeit aufgrund des notwendigen Zusammenwirkens auch eine Gemeinschaftlichkeit bestehe oder doch bestehen sollte, habe der Staat regulierend in den Wirtschaftsprozeß einzugreifen. (39) Der Staat müsse verhindern, daß die Existenz der meisten einem wirtschaftlichen Fortschritt, der nur wenigen zugute komme, geopfert werde. (40)

Lohnerhöhung und Existenzsicherung waren die sozialpolitischen Ziele, die Sismondi zum Gegenstand staatlicher Maßnahmen erheben wollte, (41) wobei der Verdienst der Fabrikarbeiter in einem solchen Maße gesteigert werden sollte, daß er den Familienunterhalt einschließlich der Erziehung der Kinder sowie der Kosten bei Krankheit und Alter decken würde. (42) Damit war der Grundgedanke ausgesprochen, daß eine Sozialgesetzgebung die wirtschaftliche Freiheit ergänzen müsse. (43)

Hier ist allerdings noch die Frage aufzuwerfen, wie Sismondi sich zu dem Thema Jugendarbeitsschutz gestellt hat. Der Schweizer Gelehrte betonte, daß er sich im Hinblick auf die Einzelheiten der von ihm geforderten Gesetzgebung noch nicht festlegen wolle, (44) aber auch wenn man dies mit berücksichtigt, so überrascht an sich zunächst, daß selbst bei Sismondi sich

---

36) Vgl. zu Sismondi: Angermann, 1962, S. 218 ff. m.w.N.
37) Die Lage in der Landwirtschaft bleibt hier außer Betracht.
38) Sismondi, Bd. 2, 1819, S. 358, 361.
39) Sismondi, aaO S. 357 ff.
40) Sismondi, Bd. 1, 1819, S. 54 f., 347 f.
41) AaO S. 408.
42) AaO S. 350; Bd. 2, 1819, S. 343, 361 f.
43) Bd. 2, S. 364.
44) Sismondi erwog gesonderte rechtliche Gestaltungen für die einzelnen Berufszweige und die Möglichkeit, den Unternehmer als Ausgleich für die Unterhaltslast mit dem Recht zu beleihen, Heiratserlaubnisse für seine Arbeiter auszusprechen, vgl. aaO S. 363.

der Vorschlag eines Schutzgesetzes für die Fabrikkinder noch nicht findet, obschon das Einschreiten des Staates, so könnte man wohl meinen, doch gerade auf diesem Gebiet besonders dringlich gewesen wäre. Jedoch zeigt sich auch in dieser Feststellung wieder der große Unterschied in den Produktionsverhältnissen Englands zu denen auf dem Kontinent: In der Schweiz, in Frankreich und in Deutschland fehlte nun einmal noch immer die beunruhigend große Zahl von verwahrlosenden Erwerbskindern. Wenn ein Jugendarbeitsschutz in den industriell rückständigen Ländern erörtert wurde, dann stand der Gesichtspunkt des vereitelten Schulbesuchs noch ganz im Vordergrund.

Deswegen hat das erste Fabrikgesetz Englands im übrigen Europa auch kaum Beachtung gefunden. (45) Ganz typisch ist, daß Bernoulli, ein anderer Schweizer Wissenschaftler, im Jahre 1822 dieses Thema nur kurz mit dem Hinweis streifte, die Unterrichtsfrage in den britischen Fabrikstädten sei schon mehrfach, allerdings ohne nennenswerten Erfolg, dem Parlament vorgelegt worden. (46) Und auch Sismondi zitierte das Gesetz lediglich beiläufig als einen Beleg für die britischen Zustände. (47) Von den wenigen Autoren, die das englische Gesetz erwähnten, setzte sich soweit ersichtlich nur der französische Armenrechtler de Gérando mit der Frage auseinander, ob der englische Fabrikschutz etwa nachgeahmt werden müsse. Aber auch Gérando hat bezeichnenderweise nur eine wenig beunruhigte Stellungnahme abgegeben. Er berichtete über die Leichtigkeit, mit der nunmehr bereits kleinere Kinder in den Fabriken zum Schaden für ihre Gesundheit, ihre Erziehung und ihren Charakter arbeiten könnten und daß man deswegen in England schon habe ein Schutzgesetz erlassen müssen. In Frankreich sei das Übel jedoch noch nicht so weit gediehen, fügte Gérando hinzu, obwohl man jetzt auch hier zu klagen anfange, daß einige Werkstätten ein ähnlich trauriges Schauspiel bieten würden. Doch sei zu hoffen, daß Sitte und öffentliche Meinung einen derartigen Mißbrauch auch ohne Einschreiten des Gesetzgebers verhindern könnten. (48)

Das Bedürfnis nach einem industriellen Arbeitsrecht, so muß man nach allem sagen, wurde selbst angesichts des britischen Beispiels außerhalb Englands so gut wie nicht gesehen. Die konkreten Reformansätze gingen hier in der Regel voll in die Bildungsdiskussion mit ein.

---

45) Daß Owen den Erlaß eines solchen Gesetzes betrieb, erwähnt in: BU, Littérature, Bd. 3, 1816, S. 65, Anm. 1.
46) Bernoulli, 1822, S. 72.
47) Sismondi, Bd. 1, 1819, S. 198.
48) Gérando, Baron von, Der Armenbesucher, (dt.) v. Eugen Schelle, Quedlinburg und Leipzig 1831 (1. Ausgabe Lyon 1820), S. 77 f.

VI. Die Entwicklung in Preußen in den Jahren 1817-19

1. Hardenbergs wirtschaftspolitische Umfrage

Die große Absatzkrise, die beherrschende soziale Tatsache der Nachkriegsjahre, mußte wohl auch andere Probleme aufwerfen als die Forderung nach einer Fabrikgesetzgebung. Und doch führte ein Gedankengang von den schwierigen Zeitumständen hin zu der Idee eines gewissen Jugendschutzes - wenn auch nur in einem besonders gelagerten Fall, der auf seine Weise aber das Denken dieser Epoche ganz typisch zum Ausdruck gebracht hat.

Im September des Jahres 1817 richtete der preußische Kanzler von Hardenberg ein Rundschreiben an die Provinzalbehörden, in dem das staatswirtschaftliche Thema eines Zusammenhangs zwischen Armut, Arbeitslosigkeit und Kinderarbeit aufgenommen wurde. Der Verfasser des Zirkularreskriptes, Hoffmann, (1) einer der führenden preußischen Wirtschaftsbeamten, stellte aus Anlaß der die Bevölkerung drückenden Not, die vor allem die schlesischen Gewerbegebiete betroffen hatte, (2) die Frage, was der Staat außer einer Soforthilfe vorbeugend für die Zukunft tun könne, damit die "Fabriken" nicht eine zahlreiche Menschenklasse erzeugen würden, die in den besten Jahren dürftig und bei jeder Mißernte und jeder Stockung des Absatzes dem tiefsten Elend preisgegeben sei. (3) Unter Fabrik war dabei, das sei noch einmal besonders betont, neben dem Großbetrieb vor allem die dezentralisiert arbeitende Verlagsindustrie gemeint.

Die wesentliche Ursache nun für den niedrigen Lebensstandard des gewerblichen Arbeiters sah Hoffmann in der immer weitergehenden Produktionssteigerung der Industrie ohne Rücksicht auf die Aufnahmefähigkeit des Marktes. Die zwangsläufige Folge, so legte der Runderlaß dar, sei eine scharfe Konkurrenz, die unweigerlich Preissenkungen bedinge und zu einer Herabsetzung der Löhne auf ein viel zu niedriges Niveau führe, und zwar schon unter an sich gesunden ökonomischen Verhältnissen, während bei einer Absatzstockung etwa infolge eines Krieges ein noch viel größeres Elend eintreten würde. Für die Fabrikarbeiter, die in der Stadt für die Lebensmittel überdies mehr bezahlen müßten als auf dem Land, bestehe mithin Anlaß genug, in

---

1) A.M. 2, S. 137, Titel: Wirkl. Geh. Ob.-Reg.-Rat, zugleich Direktor des statistischen Bureaus in Berlin.
2) Vgl. Meyer, 1971, S. 79 f.
3) A.M. 2, S. 1 ff., besproch. bei Schulze, Wally, in: SW Jg. 9, 1958, S. 299 und Kuczynski, Umfrage, 1960, mit Text u. Antworten S. 23 ff.; vgl. dazu auch S. 27 ff.d.Arbeit.

andere lohnendere Berufszweige abzuwandern, wofür nach Hoffmanns Meinung auch genügend Möglichkeiten beständen: In Preußen würden Tagelöhner in der Landwirtschaft, Gesinde und Knechte für häusliche Arbeiten sowie Handwerker in den Baugewerben fehlen. Diese beruflichen Chancen nutze der gewerbliche Arbeiter aber nicht, sondern halte wider alle wirtschaftliche Vernunft an der Tätigkeit fest, die er einmal aufgenommen habe.

Woran lag diese Unbeweglichkeit? Hoffmann fand seine Antwort, indem er die berufliche Situation des Handwerkers zum Vergleich heranzog. Abgesehen von der Tatsache, daß in der Fabrik - anders als im Handwerksbetrieb - Frau und Kinder mitarbeiten könnten, wodurch bereits mittelbar eine gewisse Bindung an den Arbeitsplatz auch für den Mann entstehe, sah Hoffmann den entscheidenden Unterschied der beiden Berufszweige in dem Verlauf der Lehrzeit. Die des Handwerkers beginne regelmäßig erst mit dem 14. Lebensjahr, seine Tätigkeit sei noch relativ vielseitig und bringe ihn während der Wanderjahre mit wechselnden Verhältnissen in Berührung.

Ganz anders dagegen gestalte sich die Ausbildung des Fabrikarbeiters. Von früher Kindheit an, meist ab dem achten Lebensjahr, übe er die einfachen, gleichförmigen Handgriffe seines Berufes aus, in denen er dann Routine und eine erstaunenswürdige Fertigkeit erreichen würde. Hoffmann hielt die langjährige Übung an sich für sachnotwendig, gleichwohl setzte an dieser Tatsache aber auch seine Kritik an. Die frühe Gewöhnung an die gewerbliche Arbeit führe zwangsläufig zu einer Überanpassung, die Hoffmann als Verwöhnung bezeichnete. Durch die unaufhörliche Wiederholung eines Handgriffes werde schon der Jugendliche völlig abhängig von seiner Umgebung, dem Fabrikbetrieb, und er verliere einen großen Teil seiner moralischen Freiheit: die Neigung und häufig auch die Fähigkeit, eine andere als die ihm zur zweiten Natur gewordene Lebensart zu ergreifen mit dem Ergebnis einer letztlich armseligen materiellen Lage schon in normalen Zeiten. (4)

Hoffmanns Analyse des Arbeiterproblems lief nach alledem in den entscheidenden Punkten auf zwei in den Anschauungen der Aufklärungsepoche wurzelnde Grundthesen hinaus, nämlich daß der einzelne Mensch sein wirtschaftliches Schicksal regelmäßig selbst meistern könne und daß der gewerbliche Arbeiter diesem Ideal nur wegen der einseitigen Berufserziehung nicht genüge.

Der Runderlaß hob hervor, daß der Staat gegen diese berufliche Unbeweglichkeit der Fabrikbevölkerung vorgehen wolle. Daß die Staatsregierung dazu rechtlich befugt sei, könne nicht zweifelhaft sein, weil höhere Staatszwecke infolge der einseitigen Ausbildung schon der Arbeitskinder verletzt oder doch zumindest gefährdet würden: Die moralische Freiheit des einzelnen werde

---

4) Vgl. dazu Rau, Zunft, 1816, S. 113.

beeinträchtigt; ganzen Städten und Landstrichen drohe die Verarmung; die Fabrikarbeiter würden in Notzeiten zu Verbrechen neigen und verlören überdies die für den Wehrdienst erforderliche Tauglichkeit.

Die zu klärende Frage sei nun, welche Anordnungen in dieser Situation in Betracht kämen. Den direkten Eingriff zur Verminderung der Überproduktion - dafür wären etwa Beschränkungen der Fabriken in ihrer Fertigungsmenge oder in der Beschäftigungszahl in Betracht gekommen - schlossen Hoffmann und Hardenberg dabei von vornherein als volkswirtschaftlich nicht vertretbar aus. Die Staatsregierung dachte vielmehr an mittelbar wirkende Maßnahmen: Die Kinder, die Jugendlichen und die jüngeren Arbeiter sollten dem "Mechanismus" der Fabrikarbeit mit Hilfe der Schul- und Militärpflicht entzogen werden. Wie dieser Plan konkret ausgestaltet werden könnte, obgleich ihm die Armut der Fabrikarbeiter und die materiellen Interessen der Unternehmer entgegenstünden, darüber sollten sich die Behörden äußern.

Auf diese Umfrage Hardenbergs sind vom Oktober 1817 bis Januar 1820 insgesamt vierzehn Berichte und Gutachten nebst Anlagen eingegangen. Die meisten dieser Stellungnahmen stammten aus Provinzen, in denen es noch verhältnismäßig wenig eigentliche Fabriken gab. Soweit die Behörden über einschlägige Erfahrungen verfügten, schälten sich jedoch zwei Grundpositionen heraus, für deren Charakteristik im folgenden die besonders sachverständigen Voten der Berliner Regierung und des rheinischen Oberpräsidenten vorgestellt werden sollen.

Der Berliner Bericht zeigt deutlich, wie schwierig es war, über die Auswirkungen der erst in den Anfängen begriffenen arbeitsteiligen Fabrikindustrie zu klaren und beweisbaren Aussagen zu gelangen. (5) Die preußische Hauptstadt besaß verglichen mit dem Rheinland erst wenige Großbetriebe; (6) die Fabrikkinder hoben sich denn auch von den Handwerkern noch nicht als selbständige Klasse ab; (7) und weiter wurden in Berlin auch nur zwischen 70o und 900 Kinder gezählt, die in überwiegend handwerksmäßig betriebenen Fabriken und kleinen Werkstätten beschäftigt waren.

Die Annahme, die Kinderarbeit beeinflusse den beruflichen Werdegang der erwachsenen Arbeiter entscheidend, ließ sich daher mit den Berliner Verhältnissen auch nicht belegen. Im Ge-

---

5) Kuczynski, Umfrage, 1960, S. 70.
6) Vgl. Büsch, 1971, S. 56 ff.
7) Ebenso in den metallbearbeitenden Werkstätten und Hüttenbetrieben des Sauerlandes, Kuczynski, aaO., S. 50.

genteil, die in den Fabriken arbeitenden Jugendlichen waren selten die Kinder von Fabrikarbeitern, obwohl sie aus den ärmeren Schichten stammten, und auch die erwachsenen Fabrikarbeiter hatten keineswegs schon seit ihrer Jugend diesen Beruf ausgeübt, vielmehr häufig zunächst als Handwerker gearbeitet. Ebensowenig blieben die Fabrikkinder später bei dieser ersten Erwerbstätigkeit. Trafen die amtlichen Ermittlungen zu, so verließen die Kinder in aller Regel mit dem vierzehnten Lebensjahr wieder die Fabrik, um ein Handwerk zu erlernen oder in private Dienste zu treten. Die These, daß infolge einer Übergewöhnung bereits der Kinder eine unangemessen große Bevölkerungsgruppe an die Fabrik gefesselt werde, war mithin für Berlin nicht richtig.

Der Bericht bestritt aber auch, daß eine frühe Beschäftigung in der Industrie nachteilige Folgen für den Gesundheitszustand der Erwachsenen haben könnte, und diese wie auch andere Feststellungen erwecken Zweifel an der ganzen Darstellung. Die Berliner Regierung stützte sich auf ein Gutachten des Fabrikkommissars Weber, der aufgrund seines Berufes in einem gewissen Bündnis mit den Unternehmern stand. In einer an sich bemerkenswerten, weil nach Kinderzahl, Lebensalter, Arbeitsdauer, Beschäftigungsweise und Lohnhöhe differenzierenden Übersicht versuchte Weber die Kinderarbeit allgemein nicht nur als leicht, sondern auch als unbedenklich hinzustellen. Dazu ein Beispiel: Soweit die zwischen 8 und 14 Jahre alten Fabrikkinder erkrankt waren, führte der Gutachter dies auf eine mangelhafte Ernährung, nicht aber auf die im Durchschnitt 12 Stunden und oft noch länger währende Arbeitszeit zurück.

Die Berliner Regierung bezeichnete diesen Standpunkt als unverkennbar verschönert, sah sich aber auch nicht in der Lage, ihre Ansicht an Hand von nachprüfbaren Tatsachen umfassend zu belegen. Lediglich im Kriterium der Schulbildung besaß die Behörde einen Kontrollmaßstab, mit dem sich ein Teil, und zwar die entfernteren Auswirkungen der Erwerbsarbeit nachweisen ließen. Wie die Regierung darlegte, hatte sie schon einige Zeit vorher anläßlich einer Revision des Berliner Elementarschulwesens die Fabrikkinder auf ihren Kenntnisstand hin befragt und dabei trotz sehr herabgestimmter Anforderungen, so hob die Behörde hervor, ein Resultat zum Erschrecken ermittelt. Von den 715 überprüften Fabrikkindern konnten nicht rechnen: 68 %; nicht schreiben: 52 %; nicht lesen: 37 %; Religionskenntnisse schließlich besaßen fast alle Kinder nicht.

Auf welchen Ursachen dieser Sachverhalt beruhte, konnte nicht streitig sein. In Berlin bestand nur eine völlig unzureichende Schulorganisation, doch auch wenn es um diese besser bestellt gewesen wäre, hätte das Ergebnis nicht anders ausfallen können. Bei einer zwölfstündigen Arbeitszeit hatten die Fabrikkinder keine Gelegenheit mehr, auch nur ein Minimum an Schulkenntnissen zu erwerben.

Aus ihren Beobachtungen schloß die Regierung, daß die Beschäftigung der Kinder in der Fabrik nicht ohne ernste Folgen bleiben könnte. Die Vereitelung des Unterrichts, die zumindest durch die lange Dauer drückende Arbeit und das Fehlen jeglicher Erholung und Freizeit während der Entwicklungsjahre würden notwendigerweise Menschen heranbilden, die abgestumpft, ungeschickt, unwissend, schwächlich und gemütslos seien, und die dann diese Charaktereigenschaften in Berlin zwar nicht in die Fabriken, wohl aber ins Handwerk hineintragen würden. Um dieser Entwicklung entgegenzutreten, so schrieb die Regierung, werde unbedingt erforderlich, das Schulwesen zu verbessern.

Während in Berlin somit in Abweichung von Hoffmanns Analyse allein das Bildungsproblem der Fabrikkinder im Vordergrund stand, glich die Lage im Rheinland schon eher den Vorstellungen der Staatsregierung. Im Kölner, Aachener und Düsseldorfer Raum konzentrierte sich Preußens Industrie, (8)und daher verfügte der rheinische Oberpräsident Graf Solms-Laubach, was die aufgeworfenen Fragen betraf, über eine breitere Erfahrungsgrundlage, die Hoffmanns Denkansatz auch in den wesentlichen Einzelheiten bestätigte.

Die Arbeitsteilung und die Verwendung der Maschinen, so legte der Bericht Solms-Laubachs dar, war in manchen Industriezweigen so weit getrieben, daß die den Kindern übertragenen Tätigkeiten wegen ihrer Einförmigkeit keine berufliche Ausbildung mehr bieten konnten. Da die Fabrikkinder zudem keinen Unterricht erhielten, war eine höchst einseitige Entwicklung, die auch eine berufliche Unbeweglichkeit mit sich brachte, die unvermeidliche Folge.

Aufgrund der Zusammenarbeit der Kinder mit den Erwachsenen wirkte sich die Beschäftigung in der Fabrik ferner demoralisierend aus und ganz offensichtlich auch gesundheitsschädigend, zumal den Kindern tagsüber auch alle Bewegung in der frischen Luft genommen war. Wenn diese Feststellungen des Oberpräsidenten auch nicht für sämtliche Fabrikzweige zutrafen, so galten sie doch zumindest für die Spinnereien und Webereien.(9) Ein Übergang in andere Berufe mußte dem Fabrikarbeiter unter diesen Umständen schwerfallen - allerdings kam hinzu, daß es für die Arbeitslosen oft auch an neuen Arbeitsgelegenheiten fehlte.

Mit diesem letzten Gedanken löste sich der Kölner Bericht von Hoffmanns Überlegungen, denen noch das an der Handwerkerwelt orientierte individualistische Denkmodell zugrunde lag, wonach der Fabrikarbeiter die sozialen Risiken seines Berufes selbst beherrschte und allenfalls einer vom Staat geleisteten pädagogischen Hilfestellung bedurfte. Die Vorkehrungen, die der Oberpräsident als Vorsorge zugunsten der Arbeiter für angebracht hielt, waren vor allem kollektiver Natur - hierin vielleicht von dem jüngst erschienenen Werk des französischen Na-

---

8) Vgl. den Bericht Kunths v. J. 1816 bei Goldschmidt, 1881, S. 181 ff.

9) Vgl. dazu auch Goldschmidt, 1881, S. 223.

tionalökonomen Say beeinflußt. (10)

Notwendig werde in erster Linie, so führte Solms-Laubach aus, der Arbeitslosigkeit durch die Schaffung großer Märkte, eine gleichmäßige Besteuerung und ähnliche Maßnahmen zur Wirtschaftsförderung von vornherein vorzubeugen. Denn solange die Industrie floriere, könne sie mit ihrem Reichtum auch die Unterstützung für die Erwerbslosen leicht aufbringen.

Für den Fall der Produktionseinstellung aber seien dem Arbeiter aus einer anderen Quelle Mittel zur Verfügung zu stellen, damit er ein neues Gewerbe anfangen könne. Die Arbeiter sollten daher Beiträge von ihrem Lohn in Sparkassen einzahlen, ähnlich wie das in den Knappschaftskassen des Bergbaues geschehe, und diese Kassen könnten dann nicht nur bei Arbeitslosigkeit, sondern auch bei Todesfällen wie auch bei Invalidität und Krankheit Unterstützungen an die Arbeiterfamilien leisten. (11) Zusätzlich müsse der Staat, so meinte der Oberpräsident, Arbeitsgelegenheiten für die Entlassenen schaffen, etwa durch die Organisation öffentlicher Bauten, Aufteilung von Domänen und die Hebung anderer Wirtschaftszweige.

Als Gegenmittel gegen die einseitige menschliche Entwicklung der gewerblichen Arbeiter riet der Oberpräsident zu militärischen Übungen und Fortbildungsunterricht für die Erwachsenen, wobei Solms-Laubach auch einräumte, daß die Rohheit, Unwissenheit und Gesundheitsschäden der Arbeiter am sichersten durch den Volksschulbesuch sich würden verhindern lassen.

Aber diese Überlegung bildete nicht zufällig den Beschluß des Berichtes: Der Oberpräsident betonte in diesem Zusammenhang, daß dem Aufbau eines Unterrichtes für Arbeitskinder ganz erhebliche Hindernisse im Wege stünden. In diesem Punkt vertraten der Kölner und der Berliner Bericht wieder die gleiche Überzeugung: Beide wiesen darauf hin, daß sowohl die Eltern als auch die Fabrikanten gegen eine Erschwerung der Kinderarbeit sich energisch zur Wehr setzen würden.

Die Eltern seien häufig so arm, daß sie den Lohn ihrer Kinder bitter nötig hätten. Aber oft würden sie die Kinderarbeit auch aus egoistischen Motiven heraus befürworten. Gleichviel - da die meisten Erwachsenen dieser Schicht nie eine Schule besucht hätten, würden sie auch jeglichen Unterricht für überflüssig halten.

Erst recht aber müsse eine Gegnerschaft der Fabrikanten erwartet werden, und dies ebenfalls vorwiegend aufgrund eigennützi-

---

10) Say, Nationalökonomie, Bd. 1, 1818, S. 157; Bd. 2, 1819, S. 108, 113 f.

11) Vgl. Emsbach, 1982, S. 240 f. Über die (auf das Vorbild zünftiger Einrichtungen zurückgehenden) Kassen vor allem in Barmen und Elberfeld.

ger Zwecke. Nicht um der langen Lehrjahre willen beschäftige die Industrie die Kinder, sondern um diese als billige Arbeitskräfte zu gebrauchen. Allerdings sei die Verwendung der Kinder, so räumten die Behörden ein, für viele Unternehmer gerade in der Wirtschaftskrise auch eine Existenzfrage.

Abgesehen von den finanziellen Folgen stünden der Einschränkung der Kinderarbeit aber auch betriebsorganisatorische Schwierigkeiten entgegen. Denn oft würden die Kinder mit den Erwachsenen Hand in Hand arbeiten, so daß bei einem Schulbesuch am Tage die gesamte Betriebstätigkeit unterbrochen werden müßte. In manchen Gewerbebetrieben liege überdies auch die Arbeitszeit nicht endgültig fest, so wenn die Produktion von einem stark schwankenden Auftragsumfang oder - bei Verwendung von Wasserkraft - vom jeweiligen Wasserstand der Flüsse abhängig sei. In diesen Fällen werde sich eine starre Regelung nicht durchsetzen lassen. Ein Hindernis bilde ferner auch die Tatsache, daß die Kinder nicht selten - so bei den Zuliefererbetrieben der Fabrikverleger - nicht vom Fabrikanten selbst, sondern von den Meistern und Gesellen eingestellt und entlohnt würden.

Genauso wie die Eltern aber hätten im übrigen auch die Unternehmer regelmäßig keinerlei Verständnis für den Schulunterricht. Teils wären sie, so meinte der rheinische Oberpräsident, selbst nicht gebildet genug, (12) teils besäßen sie auch zu wenig Verantwortungsgefühl, (13) als daß sie sich die geistige Entwicklung der Arbeitskinder etwas kosten ließen: Fürsorge liege weder im Verhältnis des Fabrikeigentümers zum Arbeiter noch im Stand des Manufakturisten überhaupt. Die Sorge für den Unterricht der Kinder sei für den Unternehmer "ein fremdes, weitläufiges Detail", für das ihm wenn nicht der Sinn, so doch die Zeit fehle. Noch drastischer formulierte die Regierung in Berlin, (14) die Fabrikherren hätten sich angewöhnt, ihre Arbeiter als zufällige Anhängsel zu den Maschinen zu betrachten, "bei denen es genug sei, wenn sie soviel Geist besäßen, daß der Körper nicht faule und die Hände sich zweckmäßig bewegen könnten".

In Anbetracht des geringen Verständnisses der materiell Betroffenen waren denn auch beide Behörden davon überzeugt, daß in der Frage des Schulunterrichtes der Kinder nicht mit guten Worten, sondern allein mit gesetzlichem Zwang etwas zu erreichen sei.

---

12) Vgl. Goldschmidt, aaO S. 125.
13) Kuczynski, Umfrage, 1960, S. 42; vgl. Goldschmidt, aaO S. 34, 241; aber auch S. 243 (Ausnahmen).
14) Kuczynski, aaO S. 82.

Die schulfreundliche Berliner Regierung hatte hierzu drei Aufgaben herausgearbeitet, die es zu verwirklichen gelte: Zunächst seien die sachlichen Voraussetzungen für einen Unterricht der Kinder zu schaffen; dann müßten feste Zeiten für den Schulbesuch angeordnet werden, und schließlich sei auch eine Aufsicht über diesen Schulbesuch und dessen Einhaltung einzurichten.

Im einzelnen sah dieser Plan wie folgt aus: Den Mädchen und Jungen sollte erst ab dem 9. und 10. Lebensjahr eine Tätigkeit in der Fabrik erlaubt werden, um den Kindern eine ungestörte Teilnahme am Unterricht der ersten Schulklassen zu ermöglichen. Die dann schon älteren Fabrikkinder aber sollten ab dem Zeitpunkt der Arbeitsaufnahme bis zur Konfirmation - also regelmäßig bis zum 14. Jahr - an zwei Nachmittagen in der Woche einen eigens für sie eingerichteten Unterricht besuchen, und während dieser Tageszeiten sollten die Unternehmer ihre Fabriken entweder schließen müssen, oder es sollte ihnen untersagt werden, noch nicht konfirmierte Kinder zu beschäftigen.

Zur Sicherung des Schulunterrichtes aber wollte die Berliner Regierung mehrere Bestimmungen einführen. Die Fabrikanten sollten verpflichtet werden, bei der Schulbehörde die Einstellung von Kindern anzuzeigen, damit deren Alter überprüft und der für sie vorgesehene besondere Schulbesuch angeordnet werden könne. Ferner sollten die Arbeitgeber über die Fabrikkinder Listen führen mit dem Ziel, eine polizeiliche Kontrolle zu gewährleisten. Wenn die Kinder trotz einer Verwarnung ihrer Schulpflicht nicht nachkämen, sei ihnen die Arbeit in der Fabrik zu verbieten. Gleichzeitig seien auch die Unternehmer mit einem entsprechenden Beschäftigungsverbot für diese Kinder zu belegen.

Diese Vorschläge der Berliner Regierung lassen sehr gut erkennen, wie weit der Gedanke eines Kinder- und Jugendarbeitsschutzes im Jahre 1819 in Preußen bereits gediehen war und welch entscheidende Rolle das Schulwesen dabei spielte. (15)

Auch der Kölner Bericht belegt diese Feststellung noch einmal, wenn auch, wie im Grunde nicht anders zu erwarten war, mit einem abweichenden Standpunkt. Der Oberpräsident Solms-Laubach erörterte sehr ausführlich und kenntnisreich die Vor- und Nachteile der verschiedenen bestehenden Schultypen, der Tages-, der Abend- und der Sonntagsschule, und nannte eine Reihe von Vorschriften, die einen Schutz der Fabrikjugend vor geistigen und körperlichen Schäden erreichen könnten: ein Arbeitsverbot während der ersten Schuljahre und für die spätere Zeit einen neben der Fabrikarbeit einzurichtenden Unterricht; ferner ein obligatorisches Turnen; eine Beschränkung des täglichen Arbeitstages der Kinder; ein Mindestalter für die Fabrikarbeit; ein Ver-

---

15) Im Jahre 1819 waren die Berliner Fabrikanten - anders als in späteren Jahren - mit dem von der Regierung vorgeschlagenen Arbeitsschutz im wesentlichen einverstanden, vgl. Kuczynski, aaO S. 104 f.

bot besonders anstrengender Arbeiten für schwächliche Kinder und eine strenge Aufsicht über die Einhaltung entsprechender Vorschriften durch die Schul- und Polizeibehörden sowie die Ortsgeistlichen.

Aber für diese Vorschläge sprach sich der Oberpräsident keineswegs mit Nachdruck aus. Seine Stellungnahme entsprach recht genau der Stimmung in der rheinischen Provinz, in der noch kein Schulzwang galt, die auch nur wenige Volksschulen aufweisen konnte und daher auch keine Traditionen besaß, aufgrund deren eine Volkserziehung als eine Selbstverständlichkeit erschien. Der Unterricht wurde hier nur auf der Grundlage der Freiwilligkeit für gut befunden.

Der Oberpräsident selbst argumentierte bei der Erörterung seiner Vorschläge ganz im Sinne der Arbeitserziehung. Er gab zu bedenken, daß die Fabrikarbeit der Kinder den beachtlichen Vorteil mit sich bringe, diese an steten Fleiß zu gewöhnen, und daß man deshalb bei allem durch die Schule zu stiftenden Nutzen nicht in den Fehler verfallen dürfe, die Kinder von der erzieherisch wichtigen Arbeit abzuhalten. Der Gedanke einer geistigen Ausbildung taucht in diesen Überlegungen kein einziges Mal auf. Die Abend- und Sonntagsschule, die die Berliner Regierung als sicheres Zeichen eines zerrütteten Schulwesens werten wollte, (16) sah der Oberpräsident als völlig hinreichend an.

Solms-Laubach hielt sich dabei genau an die Thematik der Umfrage, die den Unterricht nicht im unmittelbaren Bildungsinteresse erörterte, sondern unter dem an sich schulfremden Gesichtspunkt, wie eine zu große Abhängigkeit der Arbeiter von der Fabrik um der wirtschaftlichen Existenzsicherung willen verhindert werden könnte.

Wenn man diese Fragestellung streng wörtlich auffaßte, so ergab sich ein unbedingter Vorrang der Fabrik vor der Schule, und dies entsprach auch der Überzeugung des Oberpräsidenten. Daß der Unterricht der Arbeitskinder auf die Belange der Fabriken Rücksicht nehmen und den sonstigen örtlichen Verhältnissen Rechnung tragen sollte, verstand sich ohnehin. Solms-Laubach ging aber noch weiter. Die Produktionskosten, so führte er aus, dürften durch die zu ergreifenden Maßnahmen nicht vergrößert und die Einkommen der Familien, deren Kinder mitverdienten, dürften nicht geschmälert werden.

Falls man aber in diesem Umfang an den bestehenden Verhältnissen festhalten wollte, konnte eine klare gesetzliche Regelung, sei es auf dem Gebiet des Schulrechtes oder des Arbeitsschutzes, offensichtlich nicht verwirklicht werden. Die kurzfristig

---

16) Kuczynski, aaO S. 79.

greifenden Vorschläge, die in dem Bericht zugunsten der Fabrikkinder vorgestellt worden waren, verwarf der Oberpräsident denn auch am Ende alle ohne jede Ausnahme, wobei er sich im Grundsatz für ein zurückhaltendes Vorgehen des Staates aussprach. Insoweit regte Solms-Laubach an, daß man mit Schauanstalten und Schauprüfungen für die Schulen werben und den Fabrikanten das Gefühl vermitteln solle, welch gute Sache es doch sei, wenn die Kinder einen Unterricht besuchen würden. Daß der Staat aber zuerst einmal Freischulen einrichten müsse, sei für die Lösung der ganzen Frage die unverzichtbare Voraussetzung. Stünden überall Armenschulen zur Verfügung, dann könne der Schulunterricht im Rahmen einer Generalklausel mit weitem Ermessensspielraum auch tatsächlich durchgesetzt werden. Die Ortsgeistlichen sollten das Alter der Kinder, ihre Gesundheit und ihren Bildungsstand sowie die wirtschaftlichen Verhältnisse berücksichtigen und demgemäß die Befugnis erhalten, je nach den gegebenen Umständen schulpflichtige Jugendliche zur Arbeit zuzulassen, einen besonderen Unterricht anzuordnen sowie gegen mißbräuchliche Bestimmungen in den Arbeitsverträgen der Fabrikkinder einzuschreiten.

Es ist festzuhalten, daß der Oberpräsident mit diesen Darlegungen noch hinter der Konzeption zurückblieb, von der die Vertreter der Unterrichtsverwaltung Süvern und Grashof in den vorangegangenen Jahren sich hatten leiten lassen, obgleich der Schulbesuch für die Fabrikkinder aus der Sicht Solms-Laubach nicht nur der individuellen Bildung dienen sollte, sondern dem gesamtgesellschaftlich bedeutsamen vorbeugenden Krisenschutz.

Setzt man nun dieses rheinische Votum zu dem Berliner Bericht in Beziehung, so zeichnet sich, was die Lage der Fabrikarbeiter anlangt, bereits auf der Grundlage dieses Materials ein sehr uneinheitliches Umfrageergebnis ab. Ob die Berufstätigkeit des Arbeiters notwendig eine Verkümmerung seiner Anlagen nach sich ziehen würde, hatte sich als ebenso streitig erwiesen wie die Frage, ob der Ausbau des Schulunterrichtes in den Industriebezirken eine wesentliche wirtschaftliche Hilfe für die Arbeiterschaft bedeuten könnte.

Wertet man dazu noch die zunächst beiseite gelassenen anderen Berichte aus, die aus den Gebieten mit überwiegender Hausindustrie stammten, (17) so gewinnt man den Eindruck, daß Hoffmanns einfache Formel, die latente Krise der gewerblichen Wirtschaft werde vor allem durch eine vom Unternehmer bewirkte verfrühte Berufserziehung verursacht, auch in diesen Regierungsbezirken nicht hinreichend der Wirklichkeit entsprochen hat. Die Probleme der in Schlesien, in der Mark Brandenburg, im Ravensbergischen, im Münsterland und in den bergischen Gebieten heimischen Textilindustrie, der Garnspinner "von Hand" und der We-

---

17) Vgl. vor allem die Berichte der Oberpräs. v. Münster, Breslau u. der Reg. Potsdam, Kuczynski, aaO S. 50, 56, 106.

ber vor allem der groben und feinen Leinwand, ergaben sich vorrangig nicht aus der Kinderarbeit als vielmehr aus einer durch die Gewerbefreiheit bedingten Übersetzung der Berufe(18) sowie der schrumpfenden Nachfrage infolge des sich verändernden Kaufverhaltens der angestammten Märkte, das heißt also aus wirtschaftlichen Bedingungen. Eine gewisse Rolle spielte dabei freilich auch die zu früh einsetzende Berufstätigkeit. Für die Arbeit am Webstuhl galt, wenn sie von Jugend an ausgeübt wurde, daß dabei eine physische Schwächung der nachwachsenden Generationen eintrat und die "moralische Freiheit" der Berufswahl vereitelt wurde.

Gleichwohl war es in Hinblick auf die Hausindustrie aber doch sehr problematisch, auf eine Einwirkungsmöglichkeit der Fabrikanten bauen zu wollen. Einen Ansatz bot hierfür nur das sog. Verlagssystem, bei dem der Weber fremdes, d.h. vom Kaufmann "vorverlegtes" Garn zu einem genau vorgeschriebenen Gewebe für einen vereinbarten Preis verarbeitete. Auch bei dieser Vertragsform verstanden sich die Weber jedoch nicht als abhängige Arbeiter, sondern als selbständige Handwerker. (19) Deshalb lag die Verantwortlichkeit für den konkreten Arbeitsablauf und damit auch für den Einsatz von Hilfskräften weniger bei den Verlegern als vielmehr bei den Webern selbst, die wegen ihrer Armut die Kinder mitarbeiten lassen mußten und ihnen zudem auf diesem Wege zugleich eine kostenlose Berufsausbildung geboten haben. Immerhin wurden beim Verlagssystem die Einzelaufträge häufig im Rahmen von Dauerschuldverhältnissen abgewickelt, (20) so daß die Verleger, wenn das Gesetz es verlangte, wohl auch einen Jugendschutz durchsetzen konnten. Aber naheliegend war dieses Verhalten keineswegs.

Wie nicht zu verkennen ist, kam eine solche Einmischung durch den Unternehmer jedoch von vornherein nur bei einem Teil des Hausgewerbes in Betracht; denn Unternehmer waren keineswegs immer an der Produktion beteiligt. Viele Weber betrieben ihr Gewerbe nur zur Selbstversorgung oder arbeiteten, wie die Handwerker sonst auch, lediglich auf Bestellung für den örtlichen Bedarf. Aber auch wenn die Produktion auf einen überregionalen Markt hin ausgerichtet war, mußte nicht zwangsläufig ein Fabrikant eingeschaltet sein. Beim sog.Kaufsystem verwendeten die Weber Roh-

---

18) Zu beachten ist dabei aber, daß das ländliche Textilgewerbe schon im 18. Jahrhundert zunftfrei war.

19) Zu den Rechtsverhältnissen der Weber im Rheinland: Emsbach, 1982, S. 73 ff., 150 ff.; vgl. die entsprechenden Feststellungen für Berlin bei: Kaufhold, 1978, S. 316 ff., 327 ff., 349 ff.

20) Vgl. etwa Emsbach, 1982, S. 154,Anm. 444 über den Gladbacher Verleger Diergardt.

stoffe, die ihnen gehörten, und veräußerten die fertigen Produkte an Großhändler. So gab es in Schlesien, in der Provinz mit der ausgedehntesten Hausindustrie Preußens, praktisch keine Verleger, die Einfluß auf den Fertigungsprozeß genommen hätten. Die Hausgewerbetreibenden arbeiteten hier regelmäßig nicht für Lohn, sondern auf eigene Rechnung. (21)

Diese Feststellungen aber entzogen den Plänen des Berliner Staatsministeriums offenbar die Grundlage, wie an dieser Stelle recht genau belegt werden kann. In einer Passage des Umfragetextes hatte Hoffmann ausgeführt, daß die Fabrikherren und Verleger endlich selbst fühlen müßten, welche Anforderungen an sie entstünden, wenn sie bereits die Kinder für ihre Zwecke gebrauchen würden. (22) Zweifelsfrei hatte Hoffmann also mit der Umfrage, wenn auch möglicherweise nur neben anderen Zielen, die Absicht verfolgt, die berufliche Frühspezialisierung zur Begründung einer Fürsorgepflicht heranzuziehen, womit konkreter gesagt gemeint war, daß die Unternehmer einen Schulunterricht für die Fabrikkinder einrichten sollten. Dabei mochte Hoffmann die häufig als Vorbild gepriesene (23) und vor allem auch in Preußen vielbeachtete Fabrikschule Robert Owens als Modell vor Augen gestanden haben. (24)

Das Umfrageergebnis aber erbrachte für diesen Gedankengang die notwendigen Rechtstatsachen nicht. Schon der unmittelbare Ursachenzusammenhang zwischen der Kinderarbeit und der Krisenanfälligkeit der Industriegebiete war nicht überzeugend genug zu beweisen, um daran für allgemeine gesetzliche Verpflichtungen der Unternehmer anknüpfen zu können. Hinzu kam die Struktur der Hausgewerbe, das großenteils auf eigene Rechnung arbeitete.

21) Nach dem Bericht des Breslauer Oberpräsidenten Merckel kam in Schlesien ein "Fabrikverkehr" (vertragliche Bindung zwischen dem Verleger und dem Hausindustriellen) nur bei der "weißgarnigten (Crea-) Leinwand" vor, bei der der Händler das Leinen bei "Lohnwebern" fertigen ließ, die er mit dem nötigen Garn verlegte. Bei der Tuchfabrikation webte der Weber dagegen regelmäßig "auf eigene Rechnung", und der Kaufmann trat nur als "freier Käufer" auf. Merckel nannte die schlesischen Hausgewerbetreibenden "Fabrikarbeiter" oder auch "Fabrikanten und Manufakturisten". Die Kinder arbeiteten hier in dem "Fabrikationsgeschäft, welches der Vater treibt".

22) Kuczynski, aaO S. 25. Ähnlich eine Randbemerkung am Kölner Bericht, zit. bei Kuczynski, aaO S. 41: In den Beratungen der Stände müsse geklärt werden, welche Pflichten die Fabrikanten gegenüber der Gesellschaft übernähmen, wenn sie die Kinder in ihren Fabriken arbeiten lassen und dadurch unfähig zur Erwählung anderer Lebensarten machen würden. Erkläre sich die öffentliche Meinung erst einmal bestimmt für eine solche Verantwortlichkeit, dann könne der Gesetzgeber auch kräftig einschreiten.

23) BU, Littérature, Bd. 3, 1816, S. 55; BU, Sciences et Arts, Bd. 9, 1819, S. 151; Owen,Life, Bd. 1, 1967, S. 138, 143,

Wenn diese gewerblichen Verhältnisse über den Schulunterricht beeinflußt werden sollten, so mußte letzten Endes die öffentliche Hand die dafür erforderlichen Mittel selbst aufbringen, soviel jedenfalls war durch die Regierungsberichte klargeworden.

Im Hinblick auf die Kinderarbeit in der preußischen Hauptstadt schlug der Berliner Oberpräsident von Heydebreck dann auch in der Tat vor, (25) den unbemittelten Familien ein Kindergeld aus dem Armenfonds zu zahlen, damit der durch einen geregelten Schulbesuch entstehende Verdienstausfall ausgeglichen würde. Für maximal einige hundert Kinder mochte eine solche Einrichtung wohl auch tragbar sein. Bei der das Gesicht ganzer Provinzen prägenden Hausindustrie aber mußte ein solcher Plan - jedenfalls aus der Sicht der Gewerbefachleute - als eine Illusion sich darstellen. Der Staat hätte insoweit, so schrieb der Breslauer Oberpräsident Merckel, (26) sich nicht nur tief in die Familienverhältnisse einzumischen, sondern auch für den Unterhalt der in der Hausindustrie tätigen Kinder zu sorgen. Wo aber sollten, fragte der Oberpräsident weiter, bei der großen und gehäuften Masse der Heimarbeiter die dafür erforderlichen Gelder hergenommen werden?

Der gleichen Auffassung war auch der preußische Staatskanzler. Angesichts der Armut unter der Bevölkerung und der Mittellosigkeit des Staates könne er für die arbeitenden Kinder nichts Wesentliches tun, so seine abschließende Stellungnahme, in der er Hoffmann beauftragte, die anderen in den Berichten erwähnten Hilfsmaßnahmen zugunsten der Wirtschaft zu überprüfen. (27)

Die preußische Umfrage ist gleichwohl nicht gänzlich ohne Wirkung geblieben. Die praktische Bedeutung der Enquete ergab sich daraus, daß sie einen Impuls zum Aufbau und zur Verbesserung der Volksschulorganisation geliefert hat, der auch nicht nur auf die Behörden beschränkt geblieben ist. (28) In einem an die Fabrikanten der Gemeinden Rheydt, Süchteln, Gladbach, Viersen und Kaldenkirchen gerichteten Schreiben vom Juni 1818 griff der Staatskanzler die Grundthese Hoffmanns auf, daß der Unternehmer mit der Einrichtung einer Fabrik eine Verantwortung für seine Arbeiter auf sich nehme. In diesem Brief, der mehrfach veröffentlich worden ist, (29) betonte Hardenberg, daß

---

145 ff.

24) Vgl. Owen, aaO S. 134.

25) Kuczynski, aaO S. 55.

26) Kuczynski, aaO S. 107.

27) A.M. 2, S. 137, am 29. Jan. 1820, unterschrieben: "N.S.D." = "Namens seiner Durchlaucht"; Meyer, 1971, S. 90, hält Rother für den Verfasser des Schreibens.

28) Vgl. f. d. Prov. Sachsen: Kuczynski, Umfrage, 1960, S. 27 f.

29) Text bei Benzenberg, Ueber Handel und Gewerbe, Steuren und Zölle, Elberfeld 1819, S. 145 ff.; gekürzt auch in AHZ Jg. 25, 1818, S. 574 (an die Fabrikanten von Düsseldorf und Kleve).

der Staat sich mit Zollschutz und anderen Maßnahmen um den Aufschwung der Industrie bemühen werde. Umgekehrt sei aber auch die Industrie dem Gemeinwesen gegenüber verpflichtet, für die wirtschaftliche Sicherung der Arbeiter sich einzusetzen, wozu namentlich die Sorge für einen ordentlichen Schulbesuch der Fabrikkinder zähle.

Auch der preußische König hat sich in diesem Sinne geäußert. Als die Regierung Düsseldorf im Jahre 1818 berichtete,(30) daß der Viersener Fabrikant Lenssen auf seine Kosten eine Schule für Fabrikkinder gegründet habe, und ein weiterer Fabrikant, Koch aus Grevenbroich, dem Beispiel folgen wolle, trug Friedrich Wilhelm III. der Bezirksregierung auf, den Unternehmer Lenssen in seinem Namen zu belobigen. (31) Bei einer von der Regierung Aachen (32) gemeldeten Schulgründung des Eupener Fabrikanten Hüffer verfuhr der König genauso. Dabei gab er der Regierung auf, die persönliche Anerkennung im Amtsblatt bekannt zu machen, damit "dieses gute Beispiel nicht ohne Nachfolge bleiben" möge. (33)

Diese königlichen Belobigungen waren in der gegebenen Situation ohne Frage bedeutsam. Da der Entwurf der Fabrikschulverordnung vom Jahre 1815 nicht genehmigt worden war, konnte die Verwaltung den auf dem Unterrichtssektor bestehenden Engpaß - es fehlten Schulfonds, Lehrer und Gebäude (34)-nur noch im Einvernehmen mit den Unternehmern in der Form von Schulverträgen überwinden. Die öffentlichen Auszeichnungen waren daher eine Hilfe, die den Abschluß solcher Vereinbarungen fördern konnten.

2. Süverns Entwurf eines Schulgesetzes

Der preußischen Unterrichtsverwaltung kam bei ihren Bemühungen um das Volksschulwesen zunächst auch zugute, daß die Öffentlichkeit mit dem Erlaß eines Schulgesetzes seit längerem fest rechnete. In der Unterrichtssektion des Berliner Innenministeriums trug man sich insoweit schon seit dem Jahre 1812 mit konkreten Plänen. Jedoch fanden diese nicht die Billigung des Innenministers von Schuckmann. Erst als im Jahre 1817 die Staatsregierung umorganisiert und das Kultusressort unter Altenstein verselbständigt wurde, (1) war der Weg für weitere Schritte ge-

---

30) A.M. 26, S. 114 f. - Vgl. über Lenssen: Goldschmidt, 1881, S. 218; vgl. zu Lenssen und Koch auch: Emsbach, 1982, S. 271 f.
31) A.M. 23, S. 20.
32) A.M. 24, S. 7.
33) A.M. 23, S. 36.
34) Vgl. A.M. 25, S. 30, 89 (Reg. Aachen, 1820).

---

1) Verselbständigung der Abteilung für Kultus und Unterricht im Ministerium des Innern zum "Ministerium der geistlichen, Unterrichts- und Medicinal-Angelegenheiten".

ebnet. Wie es scheint, waren es wesentlich die eine vorbeugende Verbrechensbekämpfung betonenden volkserzieherischen Schriften Robert Owens, durch die der preußische König zu der Anordnung einer Schulreform sich hatte bewegen lassen. (2) Die jetzt gebildete Reformkommission legte im Jahre 1819 dem König ihren hauptsächlich nach den Vorstellungen Süverns konzipierten Entwurf eines Unterrichtsgesetzes vor, mit dem das gesamte preußische Schulwesen nach einheitlichen Grundsätzen geordnet werden sollte. (3)

Was die Fabrikkinder anlangt, so ist hierzu noch einmal herauszustellen, daß das Gesetz mittelbar auch in den Arbeitsablauf der Fabriken eingreifen mußte, weil die Kinder, die die Schule besuchten, während dieser Zeit nicht in den Fabriken arbeiten konnten. Dabei galt die Beziehung: je mehr Unterrichtsstunden, desto kürzer der Arbeitstag.

Von diesem Aspekt her gesehen, war es von ausschlaggebender Bedeutung, daß der den Forderungen des Idealismus verpflichtete Entwurf die pädagogischen Anforderungen sehr hoch spannte, indem er die Grundlagen einer Nationalerziehung (4) in der Schule legen wollte, ohne im Bildungsbereich noch ständische Unterschiede zu berücksichtigen. Nur solche Unterrichtsanstalten sollten noch als öffentliche Schulen anerkannt werden, die eine allgemeine Bildung vermitteln wollten im Gegensatz zu einer Vorbereitung für besondere Berufsarten, § 1 des Gesetzesvorschlags. Der künftige Beruf wie auch die soziale Herkunft der Kinder sollten nach § 6 Nr. 4 unberücksichtigt bleiben. Unter allgemeiner Bildung verstand der Entwurf die Entwicklung des Denk- und Erkenntnisvermögens, des Gemüts, der Sinne und des Körpers "an und für sich sowohl als für bestimmte Fertigkeiten" (§ 10 Absatz 1) - ein Erziehungsziel, das gegenüber dem früheren zunächst methodisch gesteigerte Ansprüche mit sich brachte, aber auch eine erhebliche Erweiterung der Unterrichtsgegenstände bedingte. (5)

---

2) Owen berichtet über einen persönlichen Brief des Königs, wonach dieser im Jahre 1816 seinen Innenminister angewiesen hat, Owens Vorstellungen über die Nationalerziehung, soweit in Preußen möglich, zu verwirklichen; 1817 sei mit dieser Maßnahme begonnen worden, vgl. Owen, Life, Bd. 1, 1967, S. 134.

3) Thiele, 1913,S. XXIII. Text in: Die Gesetzgebung auf dem Gebiete des Unterrichtswesens in Preußen. Vom Jahre 1817 bis 1868. Actenstücke mit Erläuterungen aus dem Ministerium der geistlichen, Unterrichts- und Medicinal-Angelegenheiten, Berlin 1869, S. 15 ff.;auch bei Schweim, 1966, S. 123; vgl. dazu Menze, 1975, S. 348; Michalsky, 1978, S. 232 ff.

4) Es war allgemeine Auffassung, daß der Staat durch seine Verfassung,die Gesetze und die Verwaltung erziehend auf die Denkungsart der Staatsbürger einwirken würde. Auf eine solche Nationalerziehung im Großen sollte die National-Jugend-Erziehung vorbereiten; vgl. dazu 2 ff. des Entwurfs.

5) Dazu zählten außer den Fächern Religion, deutsche Sprache

Dieser Bildungskonzeption lag die Idee einer dreigliedrigen Einheitsschule zugrunde, deren unterste Stufe auf dem Lande und in der Stadt die allgemeine Elementarschule bilden sollte. Die herkömmlichen Armenschulen und besonderen Ausbildungsanstalten, die bislang auch für die Fabrikkinder allein zur Verfügung standen, sollten allenfalls der äußeren Form nach erhalten bleiben, der inneren Verfassung nach aber den normalen Schulen entsprechen.

Wie der pädagogische Standpunkt des Unterrichtsentwurfs sich auf die Kinderarbeit selbst auswirkte, zeigte sich darin, daß für Handwerkslehrlinge und jugendliche Dienstboten keine Einschränkung der Schulpflicht mehr vorgesehen war. Auch in der Frage der eine Ausbildung und die Erwerbstätigkeit miteinander verbindenden Arbeitsschulen, wie sie etwa in Köln bestanden, ging der Entwurf keinerlei Kompromisse ein. "Bloße Näh-, Strick- und Stickschulen" sowie ähnliche Anstalten wurden für erlaubnispflichtig erklärt und sollten schulpflichtige Kinder nur dann noch aufnehmen dürfen, wenn der gewöhnliche Schulunterricht unter solchen Handarbeiten nicht leiden würde, § 111.

Das Problem der Fabrikarbeit ließ sich allerdings nicht so einfach lösen, weil hier, wie gezeigt, ganz erhebliche wirtschaftliche und betriebsorganisatorische Hindernisse zu überwinden waren. Der Entwurf erhob insoweit aber immerhin die vermittelnde schulfreundliche Lösung zur Norm, die das preußische Ministerium seit dem Jahre 1815 angestrebt hatte. Die Fabrikarbeit sollte anstelle des Schulfaches Anleitung zum Gewerbefleiß in das Unterrichtssystem eingegliedert werden, jedoch nur als eine Beschäftigung, die "unbeschadet des allgemeinen Unterrichts" zu gestatten sei (§ 10 Absatz 3). Wie verfahren werden sollte, damit die Fabrikkinder dem Elementarunterricht nicht entzogen würden, sprach eine allgemeine Richtlinie in § 38 Nr. 3 wie folgt aus:

> "In Fabrikgegenden, wo die Jugend größtenteils schon früh in den Werkstätten beschäftigt wird, sollen Anstalten getroffen werden, daß sie des allgemeinen Elementarunterrichts dadurch nicht verlustigt gehen. Es sind daselbst entweder die öffentlichen Schulen mit den Fabriken und Manufakturen in ein solches Verhältnis zu bringen, daß die Arbeit in diesen mit dem Unterricht der Kinder in gewissen Abteilungen wechsele, oder es ist den letzteren der nötigste Elementarunterricht in der Religion, dem Lesen, Schreiben, Rechnen und im Gesang in einigen von der Arbeit freien Stunden zu erteilen."

---

und Rechnen auch Zeichnen, Naturkunde, Erdkunde, Geschichte Gesang, Schönschreiben, Leibeserziehung und einfache Handarbeiten, § 11.

Wie viele Unterrichtsstunden die Fabrikkinder mindestens erhalten sollten und zu welcher Tageszeit, wurde im Entwurf nicht näher bestimmt, jedoch ist offensichtlich, daß der Schichtunterricht - die erste hier vorgesehene Organisationsform - eine gute Möglichkeit bot, das breit gefächerte Unterrichtsprogramm des Entwurfes auch den Fabrikkindern anzubieten. Der zweiten Form, dem Schulbesuch "an einigen freien Stunden", lag zwar schon eine stärkere Beschränkung des Fächerkanons zugrunde, doch bietet das Fach Gesang einen deutlichen Hinweis darauf, daß die Schulbildung der Fabrikkinder keineswegs zu leicht genommen werden durfte, zumal der Entwurf auch vorsah, daß der Unterricht während der Woche stattzufinden hatte - Verbot der Sonntagsschule in § 38 Nr. 3 - und die Schulpflicht sich vom 6. bis zum 14. Lebensjahr erstrecken sollte. (6)

Energisch gehandhabt, konnte ein Gesetz mit dem vorgeschlagenen Schulvorschriften die Erwerbstätigkeit der Kinder erheblich einschränken. Dies gilt umso mehr, als der Entwurf in der Frage, wer für den Schulbesuch verantwortlich sei, die traditionelle, an die Eingliederung in die häusliche Lebensgemeinschaft anknüpfende Regelung auf das Fabrikarbeitsverhältnis ausdehnen wollte. Die Pflicht, die Kinder zum Unterrichtsbesuch anzuhalten, traf die Eltern sowie "häusliche und andere Vorgesetzte", zu denen der Entwurf außer den Handwerkern und Dienstherrschaften auch die Fabrikanten (7) gezählt hat, §§ 34, 37, 40. Nach erfolgter "Ermahnung" konnten gegen diesen Personenkreis Geldbußen, Gefängnisstrafen und sogar Gemeindearbeit als Zwangsmittel verhängt werden; § 40 des Entwurfs.

---

6) Den Armenkindern sollten Schulbücher und Kleidungsstücke unentgeltlich zur Verfügung gestellt werden (§§ 38 Nr. 4 und 48).

7) Dazu gehörten nach Wortlaut und Sinn der Vorschrift auch die Fabrikunternehmer. Die Berliner Ministerien haben im Jahre 1834 in einem Gutachten geklärt, daß die Fabrikanten verpflichtet waren, nicht nur für eine Unterrichtszeit zu sorgen, sondern auch über den Besuch des Unterrichts zu wachen. Das Gutachten folgerte diese Verpflichtung aus den Bestehen der staatlichen Unterrichtspolizei sowie aus § 294 Teil II Tit. 8 Preuß. ALR, wo eine entsprechende Verpflichtung des Lehrmeisters vorgesehen war. Diese Erziehungsverantwortung des Lehrherren traf nach Meinung der Ministerien auch die "nicht zünftigen patentierten Gewerksmeister", denen nach dem Gewerbepolizeiedikt von 1812 erlaubt war, Lehrlinge zu beschäftigen; vgl. wegen weiter Einzelheiten Meyer, 1971,S.248 f.

3. Abschnitt

DIE EPOCHE DER RESTAURATION

VERZÖGERUNG DER REFORMEN

I. Die Schulsituation um 1820

In der weiteren Beratung ist der Entwurf des preußischen Schulgesetzes auf erhebliche Widerstände gestoßen: Die zur Meinungsäußerung aufgeforderten Behörden brachten Bedenken vor wegen der Finanzierung der Schulreform, während die Kirchen gegen die ihrer Meinung nach zu weitgehenden Beschränkungen ihrer Rechte auf dem Gebiet der Erziehung Einspruch erhoben. (1) Vor allem die katholische Kirche hielt an der Schule als Kirchensache fest. Eine dritte Opposition schließlich wandte sich gegen die Bildungsvorstellung des Entwurfs, und in dieser Kritik lag in Anbetracht der Unruhen unter den Burschenschaftern der wohl gewichtigste Einwand gegen die Reformbestrebungen.

Der einflußreiche Berliner Bischof Eylert vertrat in einem für den König bestimmten Gutachten vom 16. Oktober 1819 den Standpunkt, daß für die politischen Wirren vor allem die Weltanschauung verantwortlich sei, die in den Gymnasien und Universitäten, aber auch in den niederen Schulen vertreten werde. (2) Was speziell die Volksschulen anlangt, (3) so herrschte nach Auffassung des Bischofs eine einseitige intellektuelle Bildung unter den Lehrern vor, die eine Masse unverdauten Wissens in den Unterricht hineingetragen hätten, wodurch das Volk oberflächlich, räsoniersüchtig, unmoralisch und mit seiner Berufsarbeit unzufrieden geworden sei.

Um dieser Entwicklung Einhalt zu gebieten, so meinte Eylert, werde erforderlich, die Volkserziehung von Grund auf zu verändern. Dem Bischof schwebte vor, daß in den Elementarschulen die Zahl der Lehrgegenstände beschränkt und statt der sogenannten Aufklärung eine einfache Frömmigkeit verbreitet werden sollte.

In einem zweiten, am 15. Februar 1821 gemeinsam mit den Räten Beckedorff, Snethlage und Schulz verfaßten Promemoria formulierte Eylert das Ziel seiner Kritik noch deutlicher. Der Bischof wandte sich jetzt ganz offen gegen die seit 1809 betriebene Reform des Erziehungswesens, die er für das zunehmende

---

1) Vgl. Thiele, 1913, S. 98 ff.
2) Vgl. Lenz, Max, Geschichte der Königlichen Friedrich-Wilhelms-Universität zu Berlin, Bd. 2, 1. Hälfte, S.1 ff., 116 ff., 128 u. Bd.4, S. 380 ff., 390 ff., beide Bände Halle 1910. Vgl. auch Michalsky, 1978, S. 257 ff; Menze, 1975, S. 371, 377 f.
3) Das zentrale Thema der Stellungnahme waren jedoch die hier nicht weiter behandelten Universitäten.

moralische Verderben der Epoche haftbar machte. Eylert legte dazu dar, daß die Idee der freien geistigen Entfaltung eine teuflische Verführung der Jugend zum Unglauben sei und die Menschen notwendig auf die Staatsverhältnisse und die Revolution lenke. Das Programm der Nationalerziehung verwarf Eylert demgemäß mit der Begründung, es sei irreligiös, nehme keine Rücksicht auf Stand, Geburt und äußere Bestimmung des Menschen und empfehle mit dem von Pestalozzi entwickelten Prinzip der Selbsttätigkeit eine autoritätsfeindliche Methode.

Eylert schlug dem preußischen König abschließend vor, den Süvernschen Unterrichtsplan nicht länger zu unterstützen und statt dessen auf dem Verwaltungswege im Laufe der Zeit verschieden Arten von Bildungsanstalten zu schaffen, in denen sowohl berufliche als auch andere gesellschaftliche Unterschiede beachtet werden müßten. (4) Die Beamten aber, die an dem Süvernschen Entwurf mitgearbeitet hätten, sollten entlassen werden. (5)

1. Maßnahmen der Reaktion

Der König stimmte den Vorschlägen Eylerts im wesentlichen zu. Der Kultusminister von Altenstein und sein für die Reform verantwortlicher Referent Süvern verblieben zwar im Amt, mit ihrer Bildungskonzeption aber waren sie gescheitert; Altenstein erhielt die Weisung, den Gesetzentwurf vom Jahre 1819 völlig umzugestalten. In einem an die Unterbehörden gerichteten Zirkularreskript mußte der Kultusminister sich für die Ständeschule und gegen die "verderbliche Vielwisserei" in den Volksschulen erklären. (1)

Die wegen des Schulgesetzes in Berlin wieder aufgenommenen Verhandlungen führten dann zu keinem positiven Ergebnis mehr. Im Jahre 1823 berichtete Altenstein dem König, daß der inzwischen umgearbeitete Entwurf von der Unterrichtskommission, der der Bischof Eylert und der Rat Beckedorff angehörten, noch

4) Beckedorffs vernichtende Kritik am Süvernschen Entwurf bei Schweim, 1966, S. 222; vgl. z.B. S. 228: "Bildet die Menschen zu Christen, und ihr führet die wahre Gleichheit auf Erden ein, nicht die Gleichheit der Ansprüche..., sondern der Liebe, ... der Demut"; S. 237: "Ein weltlicher Lehrerstand kann auch nur für weltliche Zwecke tätig sein"; S. 238: "Der geistliche Stand aber ist der wahre und natürliche Lehrstand"; S. 243: "Die Erziehung gehört ganz und gar in das Gebiet der Sitten. Die Sitten aber bedürfen der Gesetze nicht." Vgl. dazu Menze, 1975, S. 36o ff., 371 f.
5) Bloth, Hugo Gotthard, Adolpf Diesterweg, Heidelberg 1966, S. 101 m.w.N.

1) Vgl. Zirkular-Reskript vom 29. März 1822, bei Neigebaur, 1834, S. 87: "Des Königs Majestät hat geruhet, ... ausdrücklich zu äußern: ... daß (der rege Sinn für das Elemen-

weiter geprüft werde. (2) Im Jahre 1826 schließlich wurde der Plan, für Preußen ein einheitliches Schulgesetz zu schaffen, endgültig aufgegeben. (3)

2. Die öffentliche Meinung

Mit einer Betonung der Erfordernisse des praktischen Lebens (1) wandte sich nunmehr auch die Öffentlichkeit von der idealistischen Pädagogik ab: "Narrenpossen sind eure allgemeine Bildung", notierte Goethe im Jahre 1822. (2) "Ja, es ist jetzo die Zeit der Einseitigkeiten." Und weiter: "Eines recht wissen und ausüben gibt höhere Bildung als Halbheit im Hundertfältigen." Der Führer der rheinischen Lehrerschaft, Diesterweg, nannte im Jahre 1829 das Erziehungsziel Pestalozzis, den Menschen harmonisch und allseitig zu entwickeln, ein Hirngespinst und eine Verirrung. (3)

Nun vertrat Diesterweg an sich einen pädagogisch anspruchsvollen Standpunkt, jedenfalls an den Maßstäben der Restaurationsepoche gemessen. Er wollte zwischen den Positionen des Idealimus und des ständestaatlichen Philanthropinismus vermitteln, das heißt die allgemeine Menschenbildung der Kinder nicht übersehen, aber auch ihre soziale Stellung nicht unberücksichtigt lassen. (4) Wenn Diesterweg sich gleichwohl in so

---

tarschulwesen) in seinen Grenzen gehalten werden müsse, damit nicht aus dem gemeinen Mann verbildete Halbwisser, ganz ihrer künftigen Bestimmung entgegen, hervorgingen." Vgl. dazu Menze, 1975, S. 379.

2) Thiele, 1913, S. 103 f. (Bericht v. 11. Febr. 1823). - Beckedorff, 1820 zum Wirkl. Geh. Oberregierungsrat ernannt und in das Unterrichtsministerium versetzt, bearbeitete bis zu seiner Entlassung im Jahre 1827 das Elementarschulwesen; vgl. dazu die wohl etwas zu günstige Beurteilung bei Brunnengräber, Hans, Ludolph von Beckedorff, Düsseldorf 1929.

3) Menze, 1975, S. 364.

---

1) Vgl. Diesterweg, 1828/29, in: Werke, 1956, S. 302, 491 ff., 514.

2) In den Wanderjahren, zit. n. Litt, Theodor, Das Bildungsideal der deutschen Klassik und die moderne Arbeitswelt, 5. Aufl., Bochum (o.J.) (Kamps Pädagogische Taschenbücher, Bd. 3), S. 46. - Die Wendung gegen den Kenntnisunterricht findet sich aber schon bei den Neuhumanisten, vgl. Niethammer, 1808, S. 184. - Über Goethes Bedenken gegen die Pestalozzische Methode vgl. Kleibömer, ZGE Jg. 27, 1937, S. 22 f.

3) Diesterweg, aaO S. 523: Wer sich zugleich einen hohen Grad "Leibes- und Geistesfertigkeiten aneignen" wolle, müsse entweder "ein Alter wie Methusalem" erreichen oder es in allem nur zu einer "gemeinen Mittelmäßigkeit" bringen.

4) Diesterweg, aaO S. 501.

schroffer Weise gegen Pestalozzi ausgesprochen hat, so zeigt das deutlich das Ausmaß der offiziellen Sprachregelung. Wie Diesterweg angab, war die in die Restaurationstendenzen sich hineinschickende Haltung unter den Pädagogen nunmehr herrschend geworden. (5)

3. Die Einstellung der Armenpädagogik der Arbeitserziehung gegenüber

Die Rückkehr zur Standeserziehung bedeutete, daß für die Fabrikkinder allein die Schulbildung noch in Betracht kam, die die Armenverwaltungen für angemessen hielten, weil sie es ja waren, die den Unterricht der ärmeren Bevölkerung im wesentlichen finanzierten. Hatte die Armenpflege sich während der vergangenen Jahre in ihren Ansichten betont zurückgehalten, so stellte sich jetzt heraus, daß sie unbeirrt an ihren alten Vorstellungen festhalten wollte. Die Angriffe der idealistischen Schule hatten diesen Standpunkt kaum zu erschüttern vermocht.

In dem einschlägigen Schrifttum findet sich zwar auch das Eingeständnis, daß der Mensch doch mehr sei als eine "Broterwerbungsmaschine" und daß daher die Volksschule vorzüglich das geistige Wesen auszubilden habe. (1) Bei den Armenkindern aber, die von ihren Eltern in der Regel der Bettelei oder dem Müßiggange überlassen würden, sollte dieser Gedanke keine Berücksichtigung finden. Für die Kinder der untersten Schicht seien die Industrieschulen, in den Arbeits- und Lehrstunden miteinander abwechselten, das einzige Richtige: "Die Lehre wird verschwistert mit der Tat..." (2) Frühzeitig und soweit möglich auch ganztägig sollten die Kinder der unbemittelten Bevölkerung zu zweckmäßigen Handarbeiten angehalten werden, um so auf eine den Bedürfnissen ihres Standes und ihrer künftigen Bestimmung möglichst angemessene Weise erzogen zu werden. (3)

Der Armenverwaltung waren dabei die Gefahren durchaus gegenwärtig, denen die Kinder bei frühen Erwerbstätigkeiten ausgesetzt waren. Daß eine "gar zu sitzende Arbeit" - das Anfertigen von Schuhen, das Schneidern, das Stricken, Spinnen

---

5) Diesterweg, aaO S. 528: "Die Mehrzahl der deutschen Pädagogen... sind auch in ihrer Richtung dem System der Beruhigung, Vermittlung und Ausgleichung zwischen dem Alten und Neuen gefolgt..."

---

1) Reche, 1821, S. 124 ff.
2) Reche, aaO. Der arbeitspädagogische Standpunkt gewann jetzt aber auch durch Leistung verlorenes Gelände zurück. In den Hungerjahren nach dem Kriege wurde an vielen Orten die Not mit Kinderarbeitsstätten gelindert (vgl. Schmidlin, 1821, S. 32: im Jahre 1817 47 weitere Industrieschulen; S. 33: "... besonders ist ein wahrer Eifer des Fleißes unter den Knaben rege; man konnte im gegenwärtigen Sommer (1818) die-

oder das Weben - eine gesunde Entwicklung der Kinder beeinträchtigten; daß das Wollekratzen und Glasschleifen Ausschlag, Engbrüstigkeit oder "Lungensucht" verursachten; (4) daß Kinder, mit Tätigkeiten überladen, alle Lust an der Arbeit und auch ihren jugendlichen Frohsinn verloren (5) - dies waren so weit gesicherte Einsichten, daß sie auch jetzt nicht vergessen wurden.

Aber die Armenpflege wollte auch hier noch genauso vorgehen, wie um 1800 empfohlen worden war. Wenn die an sich nützliche und lobenswerte Gewöhnung zu Fleiß nicht übertrieben würde, so meinte man, wenn nur auf eine zweckmäßige Organisation der Industrieschulen geachtet würde, dann könne man an den herkömmlichen Einrichtungen durchaus festhalten. (6)

Nicht nur die Armenschriftsteller vertraten diese Ansicht, auch Volksschulpädagogen (7) und häufig auch die Staatswissenschaftler, (8) Schriftsteller also, die, wie man annehmen darf, mit der Praxis durchaus vertraut waren. Wie stark dabei das Denken wieder in die ständestaatliche Auffassung zurückgefallen war, zeigt recht deutlich ein differenzierendes Urteil des Volkswirtschaftlers Rau, der sich zwar gegen eine allgemeine, von allen Jugendlichen zu besuchende Industrie-

---

se wackeren Menschen oft schon morgens um 4 Uhr nach dem Hause der Anstalt gehen sehen, um ihre Geschäfte zu beginnen." Ferner Falk, Johannes, Aufruf, Leipzig 1818, S. 33, 82 (über Näh- und Spinnschulen).
Hinzu kam weiter, daß das pädagogisch ehrgeizige Industrieschulprojekt des Pestalozzischülers Fellenberg sich zu bewähren schien. Dieser hatte in Hofwyl in der Schweiz ein Internat mit einer Armenanstalt gegründet. Unter dem Beifall der zeitgenössischen Autoren (Kröger, AW Bd. 1, 1825, S. 212; v. Lüttwitz, 1834, S. 9) versuchte Fellenberg hier, die Kinder mit landwirtschaftlichen Arbeiten zu erziehen, wobei er den Lernunterricht auf täglich zwei bis drei Stunden einschränkte.

3) Schmidlin, 1821, S. 1 f., 7 f., 12, 81; Reche, 1821, S. 117, 125; Vangerow, 1818, S. 6 f., 9, 142 f.
4) Kröger, AW Bd. 1, 1825, S. 196 ff. 202 ff.
5) Möller, SHLP Jg. 12, 1823, H. 3, S. 28.
6) Schmidlin, 1821, S. 25, 29; einschränkend Möller, SHLP Jg. 12, 1823, H. 3, S. 28, 3o.
7) Denzel, B.G., Einleitung in die Erziehungs- und Unterrichts-Lehre, Th. 2, 3. Aufl, Stuttgart 1826, S. 16 ff.; JPrV Bd. 6, 1827, S. 229, 243 f. (Industrieschulen im Reg.Bez. Koblenz u. Reg.Bez. Breslau).
8) Harl, AAS Bd. 1, 1825, H. 2, S. 187, 201, 212; Pölitz, Staatswissenschaften, Th. 2, 1827, S. 588; Rau, Volkswirthschaftspflege, 1828, S. 24, § 21 (a), S. 412, § 354; kritisch: Lotz, Handbuch, Bd. 2, 1822, S. 56 f.; Welden, X. von, Polizei-Lexicon, Ulm 1823, S. 35.

schule aussprach, für die Armen- und Arbeiterkinder aber auf diesen Schultyp nicht verzichten mochte. (9)

Es hat den Anschein, daß die Tendenz, die Kinder lieber arbeiten als lernen zu lassen, im Laufe der Zeit sich noch weiter verstärkt hat. (10) Offenbar in dem Maße, wie die Wirkung der idealistischen Ideen verblaßte, plädierten immer mehr Pädagogen dafür, die Schule der unteren Stände überhaupt wieder zur Arbeitsschule umzugestalten. Die Bildung in den Volksschulen sei immer noch zu sehr auf das Wissen gerichtet, schrieb im Jahre 1839 der bekannte preußische Pädagoge Harnisch, der der Ansicht war, daß die Kinder armer Eltern nicht nur um der Übung willen in der Schule arbeiten sollten, sondern auch, um etwas zu verdienen. (11)

4. Die Einstellung der Armenpädagogik den Fabrikkindern gegenüber

Obgleich die Erwerbstätigkeit der Kinder mit einem Unterricht nichts gemeinsam haben konnte, fand sie unter den Anhängern der Arbeitserziehung nunmehr noch seltener einen Gegner als in früheren Jahren. Um 1800 war selbst die Armenpflege in diesem Punkt doch etwas kritischer gewesen. Jetzt hob man vor allem darauf ab, daß die Fabrikkinder zu Fleiß, Reinlichkeit und Ordnung angehalten würden (1) und daß es auch den mittellosen Eltern nicht zu verdenken sei, wenn sie schon beizeiten aus den Arbeiten ihrer Kinder einen Gewinn zögen. (2) Da die Arbeitskinder Geld verdienten, die Industrieschulen jedoch Geld kosteten, war die Armenverwaltung auch aus diesem Grunde immer versucht, (3) die bedenklichen Seiten der Kinderarbeit mit Stillschweigen zu übergehen. Das Urteil in der

9) Rau, aaO S. 24, § 21 (a).
10) Müller, Franz Joseph, Die Erziehung in Volksschulen, 2. Aufl., Kempten 1823, (§611) S. 659 ff., 661.
11) Harnisch, Wilhelm, Handbuch für das deutsche Volksschulwesen, 3. Aufl.,Breslau 1839, S. 531 und 534 (für Handarbeiten in den Armenschulen); vgl. auch S. 528 f.: "Bete und arbeite", 531 ff.: "Lieber lasse man die Schule weg als die Arbeiten" (in Erziehungsanstalten).

1) AHZ Jg. 25, 1818, S. 314.
2) Vangerow, 1818, S. 9, 154; vgl. auch Schmidlin, 1821, S. 12.
3) In welchem Umfange finanzielle Überlegungen eine Rolle spielten, zeigt das sog. Ausverdingungssystem, eine überall verbreitete, wenn auch zunehmend angegriffene Praxis der Armenbehörden, die Waisen an diejenigen Gemeindemitglieder zu versteigern, die für Kost und Logis am wenigsten forderten. Die Folge dieser Methode war, daß die sog. Zieheltern sich oft genug mit harter und strenger Arbeit, schlechter Beköstigung und Bekleidung an den Pflegekindern schadlos hielten, Gotthelf, Jeremias, Die Armennot (1839),

Schulfrage belegt das zweifelsfrei. Einen Abend- und Sonntagsunterricht, in dem das völlig unentbehrliche Wissen gelehrt wurde - mehr hielt man nicht für notwendig. (4) Und selbst diese Norm war nicht überall gewährleistet. In den altpreußischen Provinzen wohl, weil die höhere Schulbehörde nur auf die Beachtung der geltenden Schulpflicht zu dringen brauchte und das auch tat. In der neupreußischen Rheinprovinz aber, in der das Volksschulwesen erst im Aufbau begriffen war und beträchtliche Investitionen erforderte, sollte es noch Jahrzehnte dauern, bis überall eine minimale Schulversorgung erreicht sein würde.

Um so schlechter stand es dann aber um den Unterricht der Fabrikkinder. Da in vielen Teilen des Landes noch kein gesetzlicher Schulzwang galt und das Schicksal des preußischen Schulgesetzes nicht verborgen bleiben konnte, ging sogar die anfängliche Bereitschaft mancher Unternehmer wieder verloren, sich an der Unterhaltung der Fabrikschulen zu beteiligen.

Es gab allerdings Ausnahmen: Der Aachener Stadtrat Schervier schickte die in seiner Fabrik beschäftigten Kinder täglich vier Stunden zur Schule, (5) und einige Fabrikanten finanzierten auch eigene Unterrichtsanstalten. (6) Die große Mehrzahl der Fabrikbesitzer aber begügte sich damit, wie eine Zeitung berichtete, den Kindern "genug Zeit zum Besuchen der Schule" zu lassen. Diese Formulierung war jedoch nichts anderes als eine Verschleierung eines unhaltsamen Mißstandes. (7) Den Behörden aber waren bei der bestehenden Rechtslage die Hände gebunden.

5. Exkurs: Ein örtlicher Arbeitsschutz im Einzelfall

Wie anders die Lage ausgesehen hätte, wenn der Süvernsche Entwurf verwirklicht worden wäre, davon vermittelt eine Kölner Verordnung vom Jahre 1822 einen gewissen Eindruck. In Köln war der an früherer Stelle schon erwähnte Schuldirektor Grashof nunmehr als Schulrat tätig, und auf seine Bemühungen wird man es zurückführen müssen, daß die in § 38 des Süvernschen Gesetzentwurfes geplante Institution des "besonderen Verhältnisses" zwischen Schule und Fabrik in einem Sonderfall einmal in Detail-

---

in: Volksausgabe seiner Werke, Bd. 7, Bern 1899, S. 26 ff.; VGG 1826, Bericht 15, S. 111 f. Die Armenbehörden haben z.T. noch bis Mitte des 19. Jhts an dieser Praxis festgehalten, vgl. für Schleswig-Holstein, Hessen, Oldenburg: Kröger, 1852, S. 255.

4) Vangerow, 1818, S. 9, 154.

5) Diesterweg, Werke, 1956, S. 343.

6) Vgl. HZW 1826, S. 148; RWA Bd. 65, 1826, S. 815.

7) HZW 1826, S. 148, 167.

regelungen ausgestaltet worden ist, mit den politischen Zugeständnissen freilich, die in der Schulfrage jetzt unumgänglich waren.

Für die Wirkschulen der Stadt besaß Köln ein bereits im 18. Jahrhundert erlassenes Reglement, in dem die Fragen der Vorschußleistungen und deren Tilgung behandelt waren. (1) An dieses Armen- und Gewerbepolizeirecht knüpfte Grashof für eine Neufassung der Verordnung an, dies allerdings nur äußerlich, denn er baute das Wirkschulenreglement mit völlig verändertem Inhalt zu einem umfassenden Gesundheits-, Bildungs- und Sittlichkeitsschutz aus. (2)

In die neugefaßte, am 21. März 1822 veröffentlichte Verordnung waren aufgenommen: Vorschriften über die Einrichtung der Arbeitsräume; über die Länge der Arbeitszeit, modifiziert nach Alter und individueller Leistungsfähigkeit der Mädchen; Regelungen über die Arbeitspausen, den Besuch der Sonntagsschule und des Gottesdienstes sowie auch Bestimmungen über das allgemeine Verhalten bei der Arbeit und eine nach Altersgruppen getrennte Beschäftigung der Mädchen. Hinzu kamen mehrere in Generalklauseln gefaßte allgemeine Fürsorgepflichten.

Die Beachtung dieser Normen sicherte eine Reihe von Kontrollvorschriften ab. Die Arbeitsaufnahme war anzeigepflichtig und wurde in ein Register eingetragen; zur besseren Überwachung wurde zusätzlich noch ein zweites Verzeichnis beim Rat der Stadt geführt. Die Schülerinnen besaßen im übrigen jede ein Arbeitsbuch, in dem der Inhalt des Arbeitsvertrages, die Abschlagszahlungen, geleistete Mehrarbeit und ähnliches vermerkt werden mußten. (3) Zu erwähnen ist weiter noch, daß die Anstalten einer 14täglichen Überprüfung durch den "Armenvater" und den Armenarzt unterlagen sowie daß Strafvorschriften die Durchsetzung der Bestimmungen erzwingen sollten.

Dieses Reglement hat aber, soweit ersichtlich, keine Nachahmung gefunden.

---

1) Erstmals ein Reglement v. 2. Sept. 1771, verbessert am 31. Okt. 1796 (vgl. Kölner Edikten-Sammlung).
2) Gedruckt in: APSV Bd. 6, 1822, H. 1, S. 91.
3) Arbeitsbücher waren im Rheinland in jedem Arbeitsverhältnis (aufgrund des weitergeltenden französischen Rechts) obligatorisch; eine entsprechende Bestimmung schon in der gen. Kölner Verordnung vom 31. Okt. 1796.

II. Der Handlungsspielraum für eine die Gewerbefreiheit beschränkende Gesetzgebung in Preußen während der Restaurationsepoche

Das Scheitern des idealistischen Volksbildungsplans war nicht die einzige Veränderung, die in den Jahren nach 1815 auf die hier untersuchte Rechtsentwicklung durchgegriffen hat. Soweit es um die Beziehung zwischen Schule und Fabrik gegangen ist, so mußten, wie gezeigt wurde, auch das liberale Dogma und seine wirtschaftliche Verkörperung, das Fabrikwesen, eine Schwächung hinnehmen, als in der Wirtschaftskrise nach den Freiheitskriegen die Nachteile der ungehemmten Konkurrenz sich abgezeichnet hatten und Hilfs- und Steuerungsmaßnahmen der Behörden erforderlich geworden waren. (1) Die Überschätzung der in der Gewerbefreiheit liegenden Möglichkeiten hatte sich dadurch etwas korrigiert, zumindest vorübergehend, und die Zahl derer war größer geworden, die die Rückkehr zu einem System geläuterter Zunfteinrichtungen wünschten. (2)

Ähnlich dieser aus der praktischen Erfahrung erwachsenen Überzeugung wirkte die Staats- und Rechtsphilosophie Hegels, die den Unterschied zwischen Staat und Gesellschaft betonte und die Auffassung vertrat, daß der Staat ein Selbstzweck und die Wirklichkeit der sittlichen Idee sei und das "höchste Recht" gegen den Bürger habe, weil die öffentliche Ordnung in erster Linie nicht der Sicherung der Belange der einzelnen, sondern dem allgemeinen Interesse zu dienen habe. (3) In dieser Auffassung lag unverkennbar eine Stärkung der staatlichen Gesetzgebungsbefugnis, die der wirtschaftlichen Autonomie des einzelnen somit leichter als früher Schranken setzen konnte. (4)

Überdies räumte Hegel, dem Wandel der Auffassungen Rechnung tragend, auch der Korporation wieder einen wichtigen Platz im Wirtschaftsleben ein. (5) Die Gewerbefreiheit befürwortete Hegel zwar ebenfalls, jedoch wies er darauf hin, daß deren Umfang nicht ein für allemal festliegen könne; denn wo die Grenze zwischen schädlich und nicht schädlich zu ziehen sei, würden die Sitten, der Geist der Verfassung, der jeweilige

---

1) Soden, 1817, S. 14.
2) Vgl. S.152 f.
3) Hegel, 1970, §§ 257 ff. mit Zusätzen. Vgl. Larenz, 1934, S. 160 ff.; Böckenförde, 1981, S. 133 ff.; Riedel, Manfred, Zwischen Tradition und Revolution, Stuttgart 1982, S. 163 ff., 192 f.; Ottmann, Henning, Das Recht der Natur in Hegels "Philosophie des Rechts", in: DSt Bd.23, 1984, S. 1 ff., 1o ff.; vgl. auch Ilting, 1983, S. 104 ff., 246.
4) Der kantische Freiheitsbegriff (umgeformt) in § 36: "sei eine Person und respektiere die anderen als Personen."
5) Hegel, aaO §§ 250 ff.

Zustand des Staates und die Gefahr des Augenblicks näher bestimmen. (6) Auch Hegel teilte also die herkömmliche Rechtsaussicht, daß die Gewerbefreiheit "das allgemeine Beste" nicht in Gefahr bringen dürfe. (7) Eine andere Formulierung war in diesem Zusammenhang vielleicht noch entschiedener: Das Publikum habe einen Anspruch darauf, so heißt es in Hegels Zusatz zu § 236, zu verlangen, daß "das Nötige auf gehörige Weise geleistet werde".

Wenn man die Staatstheorie Hegels, die im Laufe der Jahre zur herrschenden Lehre geworden ist, (8) ganz isoliert beurteilt, so hat es den Anschein, als ob die Gewerbefreiheit jederzeit durch gesetzgeberische Maßnahmen eingeschränkt werden konnte, wenn ein entsprechendes Bedürfnis sich anmeldete. Tatsächlich ist die Lage aber keineswegs so gewesen. Andere entgegengesetzt wirkende Umstände haben sich gleichzeitig herausgebildet und dadurch die anfängliche Schwächung des liberalen Gedankens per saldo wieder ausgeglichen.

In der Biedermeierzeit wurde eine Weltanschauung dominierend, die dem Individualismus, dem Rationalismus und dem Vernunftrecht ablehnend gegenüberstand und statt dessen das Organische, das geschichtlich Gewordene, das Christentum und vor allem die bestehende Ordnung als wahre Werte betonte. (9) Zu diesem Standpunkt, den die konservative Rechtsphilosophie und vor allem auch die in der Zivilrechtstheorie sich durchsetzende historische Rechtsschule vertraten, (10) soll hier eine vertiefende Stellungnahme nicht versucht werden. Wohl aber ist der Teilaspekt zu beleuchten, wie die das geschichtliche Recht betonende Disziplin sich auf die Frage ausgewirkt hat, wann die Gewerbefreiheit im sozialen Interesse zu beschränken sei.

In dieser Hinsicht stößt man nun ganz zweifelsfrei auf einen sehr nachteiligen Einfluß. Denn indem die historische Schule

---

6) Hegel, aaO §§ 234 mit 236.

7) Hegel, aaO § 236, vgl. auch §§ 232 ff., 238 f., 243 ff., 249, jeweils mit Zusätzen.

8) Maurenbrecher, 1843, S. 31, Anm. a.

9) Vgl. Stahl, Bd. 1, 1830, S. 172 f.; Hegel, 1970, Vorrede vom J. 1820, S. 26: "Hier ist die Rose, hier tanze."; Stahl, Die gegenwärtigen Parteien in Staat und Kirche, Berlin 1863, S. 13 f., 23, 63, 292, 298, 306, 319 ff.; Metzger, 1917, S. 193 ff., 220 ff.; Larenz, 1934, S. 137 ff.

10) Vgl. v. Savigny, Vom Beruf unsrer Zeit für Gesetzgebung und Rechtswissenschaft, 1814, bei: Thibaut und Savigny, hrsg. v. Jacques Stern, Berlin 1914; vgl. dazu Böckenförde, Ernst-Wolfgang, in: Collegium Philosophicum, Studien Joachim Ritter zum 60. Geburtstag, Basel/Stuttgart 1965, S. 9 ff.; Wieacker, 1967, S. 377 ff., 381 ff.; Metzger, 1917, S. 279 ff.; Larenz, 1934, S. 144 f.

an die alten vorvernunftrechtlichen Rechtsauffassungen anknüpfen wollte, verteidigte sie folgerichtig die Rechtsverhältnisse der ständestaatlichen Gesellschaftshierarchie (11) sowohl in ihrer jetzt als überlebt empfundenen festgeschriebenen Struktur als auch in ihren harten sozialen Ungerechtigkeiten. Wer für eine ständische Gliederung der Bevölkerung eintrat, nahm an den bestehenden Lebensbedingungen der unteren Schichten im Grunde keinen Anstoß. (12)

Mit dieser Einstellung ging eine überscharf formulierte und darin sicherlich zu einseitige Kritik des Vernunftrechts einher, (13) wozu vor allem zwei Auswirkungen aufzuzeigen sind:

Da die historische Schule die Kontinuität mit dem überlieferten, vielfältig ausgeprägten Recht betonte, wandte sie sich zum einen gegen die Forderung nach einer Rechtsvereinheitlichung, die von der bis dahin herrschenden Zeitmeinung als unaufschiebbar angesehen wurde. Der historische Standpunkt aber lehnte diese Überzeugung als ein mechanisches Zerstören der rechtlichen Vielfalt ab (14) und bekämpfte damit den Gesetzgebungsgedanken überhaupt.

Gefährlicher war aber noch eine andere Konsequenz des historischen Rechtsdenkens, die Wendung nämlich gegen die rational zu findende Lösung gesellschaftlicher Konflikte. Der Gesetzgeber sollte nur dann das geschriebene Recht noch fortentwikkeln und vervollkommnen, wenn das Bedürfnis dafür allgemein empfunden würde, (15) wodurch einzelnen Bevölkerungsgruppen gleichsam ein Vetorecht zugestanden war.

Die historische Schule verzichtete anfänglich sogar für die Wissenschaft selbst auf die Aufgabe, einen rechtspolitischen

---

11) Vgl. v. Savigny, bei Stern, aaO S. 80: "Zunächst kann nämlich gerade die Abänderung des bestehenden Rechts Absicht des Gesetzgebers sein, weil höhere politische Zwecke dieses fordern... Daß die Gesetze dieser Art leicht eine fruchtlose Korruption des Rechts sind und daß gerade in ihnen die höchste Sparsamkeit nötig ist, wird jedem einleuchten, der die Geschichte zu Rate zieht."

12) Stahl, Bd. 1, 1830, S. 198: "Daher ist...die Ungleichheit, welche in dem wirklichen Zustande nicht vermieden werden kann, gerechtfertigt ... Darum ist es billig, ... daß der Kiesel auf der Gasse liege und der Diamant die Krone des Königs ziere. Ein anderes Recht muß der Mann haben als die Frau und das Kind, ein anderes der ungebildete, dem Niedrigen zugewendete Arbeiter und der freie Edle oder Priester, soweit der Beruf des Geschlechts, des Alters, des Standes oder der Klasse es mit sich bringt."

13) Vgl. Stahl, aaO S. 3.

14) Vgl. Savigny, aaO S. 79 f., 95 f.; Eichhorn, Karl Friedrich, Deutsche Staats- und Rechtsgeschichte, Th. 4, Göttingen 1823, S. 708, 710 ff., 746. Dazu Hegel, 1970, § 211, S. 363: "Einer gebildeten Nation oder dem juristi-

Wirkungswillen zu entfalten. Nur die Grundlinien wollte die Fachdisziplin noch herausarbeiten, (16) während die gesetzgeberische Einzelentscheidung mit deutlicher Warnung davor, neue Wege zu beschreiten, der politischen Führung allein überlassen wurde. (17)

Nun neigte der absolutistische Staat, den die französische Revolution zutiefst verunsichert hatte und der sich auf dem Gebiet der Legislative durch die konstitutionelle Forderung bedrängt sah, ohnehin schon dazu, alle Gesetzesmaßnahmen zu vermeiden, die nicht dem Schutz des ständestaatlichen Gesellschaftssystems dienten. Als Regierungsmaxime hatte das der im konservativen Lager einflußreiche Staatsrechtler von Haller schon früh formuliert. Der Fürst sollte nicht mit gleichförmigen Gesetzen in die Angelegenheiten der Untertanen eingreifen, so riet Haller, denn dadurch würden nur innenpolitische Krisen heraufbeschworen. (18)

In die gleiche Richtung wirkte auch die liberale Nationalökonomie, deren Marktmodell normative Schranken nicht vorsehen wollte und die sich nicht nur in der staatlichen Bürokratie weithin durchgesetzt, sondern in Ländern wie Preußen mit der Abschaffung der Zünfte auch eine praktisch nicht mehr umkehrbare Entwicklung in Gang gebracht hatte.

Soweit der Absolutismus diesen Tendenzen aber nachgab und die bis ins 18. Jahrhundert erkämpfte gesellschaftliche Oberhoheit nur noch im Interesse der Selbstbehauptung ausüben wollte, entfiel vor allem der Anspruch, soziale Probleme mit dem Mittel des Gesetzes zu lösen. Um so ungehinderter konnte sich dann

---

schen Stande in derselben die Fähigkeit abzusprechen, ein Gesetzbuch zu machen ..., wäre einer der größten Schimpfe, der einer Nation oder jenem Stande angetan werden könnte." - Hegels Kritik an Haller in § 258.

15) Vgl. Linck, Anton Arnold von, Ueber das Naturrecht unserer Zeit als Grundlage der Strafrechtstheorieen, München 1829, S. 135 und 138 f., Anm. 75.

16) v. Linck, aaO S. 137.

17) v. Linck, aaO S. 139 f.

18) So die Empfehlung Carl Ludwig von Hallers, Restauration der Staats-Wissenschaft oder Theorie des natürlich-geselligen Zustands, Bd. 2,Winterthur 1817, S. 190: "Soll ... ein Fürst ... gleichförmige Zivilgesetze geben dürfen? Was gehen ihn die Angelegenheiten ... der Untertanen untereinander an?"; Bd. 3, Winterthur 1818, S. 111 f.: "ist für einen ... Fürsten nichts leichter, als die Ruhe ... zu erhalten ..." Er soll sich "der Wut des Reformierens, des allzuvielen Legisferierens ... enthalten." - Vgl. zur Wirkung Hallers: Reinhard, Ewald, Karl Ludwig von Haller, der "Restaurator der Staatswissenschaft", Münster 1933 (Münsterer Wirtschafts- und Sozialwissensch. Abhandlungen, Heft 16), S. 80 ff., 91 ff.

jedoch das wirtschaftliche Eigeninteresse entfalten.

Als Ergebnis ist aber nach alledem festzustellen, daß in der Frage des von der Rechtsordnung zu gewährenden sozialen Schutzes ein faktisches Gegenbündnis sich herausgebildet hat zwischen der reaktionären ständestaatlichen Partei sowie der historischen Rechtsschule und andererseits der liberalen Wirtschaftswissenschaft. Das gemeinsame Moment der drei Positionen lag trotz unterschiedlicher Motive in der Neigung, die ungeplant, sozusagen natürlich entstandenen oder entstehenden gesellschaftlichen Verhältnisse anzuerkennen oder zumindest hinzunehmen, woraus sich dann folgerichtig ergab, daß alle drei Auffassungen sich gegen die Idee eines Staates wandten, der das Allgemeininteresse, im Hegelschen Sinne verstanden, über die Rechtssetzung verteidigen wollte.

Die Chancen für eine Rechtsfortbildung mit wirtschaftlichem Bezug mußten sich unter diesen Umständen aber erheblich verringern, (19) was sich mit dem Erstarren der preußischen Wirtschaftsordnung auch eindeutig belegen läßt. Angesichts der im Kleingewerbe auftretenden Mißstände, die die Einführung der Gewerbefreiheit in vielen Provinzen mit sich gebracht hatte, bemühte sich die Berliner Staatsregierung schon seit etwa dem Jahre 1820 um die Ausarbeitung eines Handwerksgesetzes, ohne dieses Projekt, das mit dem Problem weit auseinanderliegender Standpunkte belastet war, in angemessener Zeit zu einem Ende zu bringen. (20) Das Verbot der Warenauslöhnung, mit dem sich Berlin in Abständen seit Anfang der 30er Jahre befaßte, weil es in den niederrheinischen Hausindustriegebieten immer wieder zu krassen Ausbeutungserscheinungen kam, (21) erlitt das gleiche Schicksal. Der Staat wagte selbst bei solch unbestrittener Notlage kein Wirtschaftsgesetz, (22) obschon das Truckverbot

---

19) Vgl. vor allem Gans, 1824, Vorrede, S. XIV f.; ferner Bernhard, Friedrich Ludwig, Ueber die Restauration des deutschen Rechts, insbesondere in Beziehung auf das Grundeigenthum, München 1829, S. 9, 11, 28; Thibaut, ACP Bd. 21, 1838, S. 391, 408 f.; Savigny, Friedrich Carl von, System des heutigen Römischen Rechts, Bd. 1, Berlin 1840, S. 40 ff. (Savigny bezeichnete es hier als ein Mißverständnis, wenn die Betonung des schon vorhandenen Volksrechts so ausgelegt worden sei, als sollte dadurch die Gesetzgebung für überflüssig oder sogar für schädlich erklärt werden.)

20) Erst 1845 kam ein Gewerbegesetz zustanden, nachdem eine ernste Wirtschaftskrise die öffentliche Meinung vereinheitlicht hatte.

21) Betroffen waren die Gegenden in und um Krefeld, Elberfeld, Gladbach, Lennep, Solingen und auch Aachen. Die Fabrikverleger verkürzten den Hausindustriellen den Verdienst, indem sie diese zum Teil mit Waren auslöhnten.

22) Die Ausgangslage der juristischen Argumentation, bei der man sich in Berlin der herkömmlichen rationalistischen Terminologie bediente (vgl. Stahl, Bd. 1, 1830, S. X:"es

keine rechtliche Neuschöpfung bedeutet hätte, sondern bereits im Preuß. ALR (23) und auch in Gesetzen anderer Länder vorgebildet war und in dieser Frage sogar die öffentliche Meinung bahnbrechend voranging. (24)

Nach dem Urteil des Konservativen Joseph Maria von Radowitz, des Freundes und Beraters Friedrich Wilhelms IV., suchte Preußen sich nach 1815 in einen altständischen Staat zurückzuentwickeln, der seinem Wesen nach weder auf dem Gebiete des Rechts noch dem des öffentlichen Wohles gestaltend wirkte, nur das vorhandene historisch fortgebildete Recht noch schützte und sich um den allgemeinen Wohlstand nur insoweit bemühte, als die Kräfte der Bürger dafür nicht ausreichten. (25)

---

ist der Standpunkt nicht gefunden, durch den sie" - die ererbten abstrakten Begriffe - "entbehrlich werden"), drehte sich darum, ob in den in Betracht kommenden gewerblichen Verhältnissen die "gesetzliche Willensfreiheit" typischerweise gewährleistet sei oder nicht (A.M. 13, S. 9).

Der Innenminister Schuckmann vertrat zunächst die Ansicht, daß bei der eigentümlichen Natur der Fabrikarbeiterverhältnisse in Hinblick auf die starke berufliche und dadurch persönliche Abhängigkeit der Arbeiter das natürliche Regulativ der freien Konkurrenz ausgeschaltet sei und deshalb durch staatlichen Schutz ersetzt werden müsse (vgl. die ähnlichen Überlegungen Schuckmanns anläßlich des faktischen Monopols eines Glatzer Fabrikanten, zit. bei Anton, 1891, S. 137).
Schuckmann drang jedoch mit seinen Überlegungen nicht durch. Die Mehrzahl der Minister bezweifelte, daß ein Truckverbot tatsächlich nützlich sein könne, weil es dem Fabrikanten ja auch freistehe, für die Zukunft nur noch einen niedrigeren Barlohn zu bieten. Ein weiteres Argument war, daß die bürgerliche Freiheit - die Gewerbefreiheit und die jedermann zustehende freie Benutzung seiner Kräfte - bei einer an sich erlaubten Tätigkeit nicht "über die Gebühr" beschränkt werden dürfe (vgl. A.M. 13, S. 6, 9) - die ökonomische Freiheit, die "Tendenz des Jahrhunderts" (vgl. Perthaler, ZÖR Bd. 3, 1843, S. 70), bildete mithin eine wesentliche psychologische Schranke.
Diese Truckverhandlungen zeigen deutlich die Schwäche des individualistischen Staats- und Verwaltungsrechts, jedenfalls in dieser historischen Situation. Geht man davon aus, daß hinter der Formel der "nicht über die Gebühr" zu beschränkenden Freiheit nicht nur eine wirtschaftliche, sondern auch eine rechtliche Überzeugung stand, so kommt darin deutlich die Überbetonung des Schutzes für die einmal anerkannten Rechte, hier für das Eigentum und die Erwerbsfreiheit, zum Ausdruck.

23) Vgl. ALR Th. 2 Tit. 16 § 213 (Pflicht zur baren Auslohnung der Bergleute).

24) Vgl. Pölitz, Staatswissenschaften, Th. 1, 1827, S. 563.

25) v.Radowitz, 1853, S. 154 f. (Notiz v. J. 1847), vgl. weiter S. 3 f., 62, 132 f.; vgl. auch Brüggemann, Zollverein,

Wie ein Vergleich mit England zeigen kann, hatte der geschwächte Gesetzgebungsgedanke indessen noch immer seinen Wert. Denn in Großbritannien waren zu dieser Zeit die rechtlichen und organisatorischen Ausgangsbedingungen für soziale Reformen noch weit ungünstiger.

Als die Lehre Adam Smiths sich durchgesetzt hatte, besaß England im Bereich der inneren Verwaltung noch keine staatlichen Oberbehörden. Die Aufgaben wurden auf kommunaler Ebene von Organen der Selbstverwaltung wahrgenommen. Das Armenwesen, die Sicherheits- und Gewerbepolizei lagen dabei in den Händen örtlicher Friedensrichter oder auch kollegial-organisierter Gremien einer dünnen Honoratiorenschicht. Diese Gemeindebehörden aber, in ihrem Handeln kaum effektiv und zu wenig am Gemeinwohl interessiert, waren den gesellschaftlichen Veränderungen in keiner Weise gewachsen, wobei auch eine Rolle spielte, daß manche - nach deutschen Vorstellungen - verwaltungsrechtliche Gebiete wie das Gesundheitswesen, die Bauaufsicht, das Erziehungswesen und der Straßenbau überhaupt noch nicht als staatliche Aufgaben begriffen wurden. Dieser Schwäche des öffentlichen Rechts entsprach ein Vorherrschen des Common Law, ein von der Rechtssprechung entwickeltes zivilrechtliches Gewohnheitsrecht, das die strikte Wahrung der Eigentums- und Vertragsrechte betonte. (26)

Da der Staat aber bis dahin noch keine eigenen polizeilichen Zuständigkeiten begründet hatte, konnten vor allem die in die Fabriken drängenden ärmeren Schichten - wie an späterer Stelle noch zu zeigen ist - sozial immer weiter absinken. Unter der schnell wachsenden Bevölkerung der Industriestädte breitete sich im Laufe der Jahrzehnte eine Proletarisierung unglaublichen Ausmaßes aus. Die Forderung auf Sozialreformen zur Beseitigung dieser Zustände aber wurde unter Hinweis auf die Vertrags- und Gewerbefreiheit zurückgewiesen - eine Argumentation, die nur angesichts des Fehlens einer den Bürger sowohl schützenden als auch beschränkenden Rechtsordnung verständlich wird. Es gab jedoch auch keine einflußreiche Weltanschauung, die Adam Smith' Lehre von dem in einen Gemeinnutzen umschlagenden privaten Eigennutz hätte angemessen korrigieren können. Erst als die Verhältnisse immer unhaltbarer wurden und auch die britische Arbeiterbewegung sich dieser Fragen annahm, kam es schließlich zu einer in der Sache je-

---

1845, S. 130: Schaffung des Zollvereins zur Ablenkung von politischen Streitfragen und S. 131 ff. - Vgl. ferner die Übersicht über die in Preußen von 1817 bis 1848 beratenen Gesetze bei Schneider, Hans, Der Preußische Staatsrat, 1817-1918, München u. Berlin 1952, S. 154 f.

26) Vgl. Ogus, Anthony J., Landesbericht Großbritannien, in: Ein Jahrhundert Sozialversicherung, Berlin 1981 (Schriftenreihe für Internationales und Vergleichendes Sozialrecht, Bd. 6), S. 290 f. m.w.N.

doch mehr als verspäteten Fortbildung des öffentlichen Rechts. (27).

27) Die Reformmaßnahmen betrafen vor allem das Armenwesen (Gesetz von 1834), die Jugend- und Frauenarbeit (Gesetze von 1833, 1842, 1844) sowie eine öffentliche Gesundheitsvorsorge (seit 1838 gefordert und mit dem Sanitätsgesetz von 1848 - Public Health Akte - erstmals verwirklicht).

Diese Reformen brachten zwei entscheidende Neuerungen: die Ausbildung eines allgemeinen, überall in England gültigen materiellen Verwaltungsrechts und die Schaffung von Zentralbehörden mit der für England so bedeutungsvollen Einrichtung der staatlichen Inspektoren (vgl. Redlich, Josef, Englische Localverwaltung, Leipzig 1901, S. 67, 139 ff., 150 ff., 165 ff., 173, 178, 181 f., 185, dazu Johnson, Nevil, Die kommunale Selbstverwaltung in England, in: DVBl. 1983, S. 250; vgl. ferner Fraser, Derek, The Evolution of the British Welfare State, 1st ed. 1973, Reprinted London 1975, S. 14 f., 21, 24 ff., 45, 65; vgl. auch Muhs, Rudolf, Freiheit und Elend, bei Birtsch, 1981, S. 483 ff.).
Wie mühsam aber diese Entwicklung vorangegangen ist, belegt das Beispiel der frühen Fabrikgesetzgebung, die erst, als massive Mißstände nachgewiesen werden konnten, langsam Industriezweig nach Industriezweig sich eroberte. Die entscheidende Beschränkungen der Kinderarbeit haben dabei die erwachsenen Arbeiter erzwungen, als sie im zunehmenden Umfang ihre Arbeitsplätze an die Kinder verloren.

Auffällig ist auch, wie in diesem Bereich des sozialen Schutzes eine staatliche Fabrikaufsicht sich herausgebildet hat. Als Anfang der 30er Jahre der Tatbestand nicht mehr zu leugnen war, daß die Friedensrichter und Ortsgeistlichen in ihrer Aufgabe versagten, die Beachtung der Fabrikvorschriften zu kontrollieren, konnte der Gesetzgeber mit dem herkömmlichen Instrumentarium ersichtlich nur noch eines tun: die Fabrikbesitzer die Einhaltung der Arbeitsschutzvorschriften beeiden lassen, mit dieser Maßnahme die Gesetzesverstöße kriminalisieren und dann mit hohen Belohnungen zugunsten der Anzeigeerstatter einen Anreiz für Denunziationen schaffen. Offenbar erst, als diese Alternative sich stellte, wurden der Verwaltung echte Kontrollbefugnisse zugestanden und ihre Wahrnehmung den der Krone direkt unterstehenden Fabrikinspektoren übertragen (vgl. zur Bill Lord Ashley's, 1833: Weyer, 1888, S. 22 f.; Alfred, Bd. 2, 1966, S. 56 ff.; Fraser, aaO S. 19).

Verglichen mit diesem englischen Verwaltungssystem aber verfügte Preußen in der Restaurationsepoche bereits über den Vorsprung einer handlungsfähigen staatlichen Bürokratie und die weiteren Vorteile, erstens, daß die Rechtstheorie den umfassenden Gedanken des Sicherheits- und Wohlfahrtszwecks des Staates nie preisgegeben hat (28) und zweitens, daß das positive Recht eindeutige polizeiliche Eingriffsermächtigungen anbot, (29) die in dogmatischer Hinsicht nach wie vor nicht bestritten wurden. (30) Zumindest in denjenigen Fällen, in denen nach allgemeiner Auffassung ein obrigkeitliches Einschreiten unabweisbar not tat, stand zu erwarten, daß der Staat von den bereitliegenden gesetzlichen Interventionsmöglichkeiten ohne weiteres Gebrauch machte.

Letztlich waren eine Rückbesinnung auf die staatliche Schlichtungsbefugnis und eine zeitgemäße Rechtsfortbildung in dem hier interessierenden Wirtschaftsbereich auch unausweichlich, weil die extrem-liberale Wirtschaftsverfassung Preußens mit einer hohen Krisenanfälligkeit und damit Instabilität belastet war. Für die handarbeitende Bevölkerung existierten in der Rechtsordnung kaum noch Sicherungen, die einen Mißbrauch ökonomischer Macht unterbinden oder die Folgen wirtschaftlicher Fehlentwicklungen mildern konnten. Aufgrund der Aufhebung der Erbuntertänigkeit und der Zünfte waren die patriarchalischen Verantwortlichkeiten auf dem Lande von Rechts wegen entfallen und hatten die städtischen Korporationen ihre Aufgaben verloren. Außerdem ging der Einfluß der Kirche auf die breiten Massen zurück. Damit zerfielen aber auch die traditionellen, nichtstaatlichen Institutionen, die die aus der Ungleichheit der Besitzverhältnisse sich ergebenden Notlagen während des Anfangs der Industrialisierung vielleicht noch hätten spürbar abmildern können. (31)

Andererseits entstanden aber auch neue Bindungen vorläufig nicht. Die egalitäre Persönlichkeitsidee, die im Rahmen des idealistischen Gesellschaftsmodells einen Ansatz geboten hät-

28) Die Diskussion beschränkte sich auf den Umfang der staatlichen Befugnisse oder Verpflichtungen, vgl. Mohl, Polizei-Wissenschaft, 1832, S. 5 ff., 45 ff.; Weiß, Karl, Eduard, System des deutschen Staatsrechts, Regensburg 1843, S. 747 ff., 756, 762; Stahl, Bd.2,2, 1846, S. 112, 119, 434; ders., Bd.2,2, 1837, S.344.

29) § 10 Th. 2 Tit. 17 Preuß. ALR, vgl. dazu Rosin, VA Bd. 3, 1895, S. 249 ff.; das für den größten Teil der Rheinprovinz geltende französische Recht hat die Aufgabe der Polizei in gleicher Weise umschrieben, vgl. dazu Entscheidungen des Kgl. Oberverwaltungsgerichts, Bd. 2o, Berlin 1891, S. 399 f.

30) Vgl. Maier, Hans, Die ältere deutsche Staats- und Verwaltungslehre, 2. Auflage München 1980, S. 204.

31) Vgl. v. Radowitz, 1853, S. 224 f.; Brüggemann, Zollverein, 1845, S. 178.

te, die wirtschaftliche Autonomie des einzelnen mit sozialen Verpflichtungen zu verbinden, wodurch das Auftreten von Konflikten gewiß erschwert worden wäre, wurde von der offiziellen Staatsideologie völlig abgelehnt. Zugleich hielt der restaurative Staat jedoch an dem einmal eingeführten individualistisch-liberalen System ohne Abstriche fest und setzte damit den einzelnen einer aus dem Wettbewerb sich ergebenden fortschreitenden Isolierung aus. Die ständestaatliche Weltanschauung begünstigte somit die Verschärfung der Klassengegensätze. Da aber auch die technische und wirtschaftliche Entwicklung in Europa rasch voranging, war es letztlich nur eine Frage der Zeit, wann die bestehende Wirtschaftsverfassung den sich wandelnden Verhältnissen nicht mehr standhalten konnte und der Staat zum Handeln gezwungen wurde.

Diese Feststellung ist jedoch schon ein Vorgriff auf die langfristigen gesellschaftlichen Veränderungen. Tatsächlich traten die Mängel der bestehenden Wirtschafts- und Rechtsordnung erst viel später hervor und nicht schon zu Beginn der Restaurationsepoche in den Jahren nach 1820, die Gegenstand der folgenden Kapitel sind.

III. Die Kinderarbeit in den Beratungen der preußischen Ministerien bis zum Jahre 1826

Nach dem Scheitern der idealistischen Schulreform nach 1820 mußte sich die Berliner Unterrichtsverwaltung notgedrungen einer Situation anpassen, in der ihr die pädagogische Forderung in der Öffentlichkeit keinen nennenswerten Rückhalt mehr geboten hat und der Erlaß eines allgemeinen Schulgesetzes, wie rückblickend festzustellen ist, auf Jahrzehnte hinaus blockiert war. Die Arbeit des Ministeriums war deshalb im wesentlichen auf einen durch das Fehlen klarer gesetzlicher Handhaben bedingten mühsamen Ausbau des Bestehenden beschränkt, wobei nur unaufschiebbare Einzelfragen noch einer gesetzlichen Lösung zugeführt werden konnten.

Der Schulunterricht der Farikkinder war immerhin geeignet, sich unter Umständen zu einem solchen Einzelproblem zu entwickeln, denn ungelöst, wie die Frage war und einer verwaltungstechnischen Regelung kaum zugänglich, konnte sie sich im Laufe der Zeit zuspitzen, falls es gelang, in das Schulwesen ansonsten eine leidliche Ordnung zu bringen.

Hier sind nun zwei günstige Momente hervorzuheben, die trotz aller in der Restaurationszeit wurzelnden Schwierigkeiten im Berliner Kultusministerium der Entstehung eines solchen Arbeitsschutzes förderlich sein konnten. Dazu zählte einmal der personelle Faktor, die Tatsache, daß mit dem Minister Altenstein und seinem Mitarbeiter Nicolovius (1) in der Leitung

1) Titel: Wirkl.Geh.Ober-Regierungs-Rat, vgl. Fischer, 1939, S. 416.

des Unterrichtswesens Verwaltungsbeamte verblieben, die, vom deutschen Idealismus geprägt, auch weiterhin dem Druck des restaurativen Lagers sich entgegenstellten. (2)

Zweitens aber war der Sache auch eine organisatorische Fügung dienlich, die darin lag, daß Altenstein nicht nur Chef des Kultus-, sondern auch des Gesundheitsressorts war, (3) weswegen die in der Problematik der Fabrikarbeit der Kinder angelegten bildungspolitischen und medizinal-polizeilichen Fragen von ein und derselben Oberbehörde wahrgenommen werden konnten. Diese Einheit erleichterte ein Vorgehen.

1. Die Ministerialverhandlungen bis zum Jahre 1824

Ein erster Anlaß, einen Schutz der Fabrikkinder aus einem nichtschulischen Grunde zu erwägen, ergab sich schon im Jahre 1821, als Wundärzte des Berliner Charité-Krankenhauses anzeigten, daß seit einiger Zeit höchst gefährliche Verletzungen behandelt werden müßten, die Kinder und Jugendliche im Alter von 10 bis 17 Jahren in "Dampf-Spinn-Fabriken" erlitten hätten. (1)

Da als Unfallursache in Betracht kam, daß die Kinder die für die Bedienung der Maschinen erforderliche Geschicklichkeit und Konzentrationsfähigkeit nicht besaßen, ließ Altenstein diese Vorkommnisse näher aufklären. Dabei ermittelte die Polizei, daß im Laufe von zwei Jahren insgesamt fünf schwere Unfälle sich ereignet hatten. Ein Maurergeselle war von einer Maschinenwelle und ein Mädchen von einem Treibriemen erfaßt worden; in einer dritten Fabrik war ein Junge durch Unvorsichtigkeit in das Rad einer Spinnmaschine gekommen und hatte dabei einen Arm verloren. In einem weiteren Fall war der Arm eines Mädchens von den sich bewegenden Stacheln eines mechanischen Zerreißwolfes ergriffen worden, und in einer vierten Fabrik schließlich hatte ein Antriebsrad einen Maler verletzt.

Die Polizeibehörde schlug zur Vermeidung derartiger Unfälle vor, es sollte bei einer Strafe von 10 Talern untersagt wer-

---

2) Vgl. Quittschau, Ewalt, Geschichte des evangelischen Religionsunterrichts in den preußischen Lehrerseminaren unter dem Ministerium Altenstein (1817-1840), Phil. Diss., Greifswald 1931, S. 21, 226, 246. - Von Süvern gilt dieses Urteil nicht. Er gehörte zwar bis zu seinem Tode i.J.1829 dem Ministerium an, zog sich aber nach 1819 aus Verbitterung weitgehend von der praktischen Arbeit zurück, vgl. Fischer, aaO S. 416 ff., 422 ff. und 428.

3) Ministerium der geistlichen-, Unterrichts- und Medicinal-Angelegenheiten.

1) A.M. 28, S. 1 ff.

den, Personen unter 18 Jahren in unmittelbarer Nähe von größeren Maschinen zu beschäftigen.

Einer solchen Lösung des Problems neigte im Prinzip auch der Minister Altenstein zu, nur hielt er statt des starren, auf das Alter abstellenden Anstellungsverbotes die Regelung für sachdienlicher, daß allein "geschickte Personen" bei den mit Dampf oder tierischen Kräften betriebenen "halsbrechenden" Maschinen beschäftigt werden dürften. Diesen Vorschlag unterbreitete er dem für die Fabrikangelegenheiten zuständigen Handelsminister von Bülow. (2)

Für Bülow ging es jedoch bei diesen Unfällen nicht um eine Angelegenheit, die einen Jugendarbeitsschutz erfordern würde. Da sich unter den Verletzten nur ein einziges Kind von 10 Jahren befand und die übrigen Jugendlichen älter waren, konnte der Minister mit einer gewissen Berechtigung einwenden, daß die Unfälle weniger auf jugendlicher Unerfahrenheit als auf einem nicht an das Lebensalter gebundenen leichtfertigen Umgang mit den Maschinen beruhen würden. Demgemäß vertrat Bülow den Standpunkt, daß nicht die Kinder von den Maschinen entfernt, sondern im Interesse aller Arbeiter die beweglichen Teile der Maschinen verkleidet werden sollten.

Das Kultusministerium erklärte sich mit diesem Gegenvorschlag einverstanden und stellte eine entsprechende Anordnung der dem Handelsministerium unterstehenden Gewerbepolizei anheim. (3)

Anfang des Jahres 1823 wurde das Ministerium erneut mit dem Problem der Kinderarbeit in der Fabrik befaßt, als die Regierung Düsseldorf mitteilte, daß der Unternehmer Lenssen in Rheydt Kinder bei 11stündiger Arbeit auch des Nachts in seiner in Zoppenbroich gelegenen Fabrik beschäftige.

Für das Ministerium war diese Meldung über ihren sachlichen Inhalt hinaus besonders empörend, weil es sich bei Lenssen um eben den Fabrikanten handelte, den der König im Jahre 1818 in einer Kabinettsorder wegen seiner Fürsorge für die Fabrikkinder noch besonders geehrt hatte. Hinzu kam, daß sich auch die Düsseldorfer Regierung, wie sich jetzt herausstellte, nur wenig um die Fabrikkinder gekümmert hatte. Trotz wiederholter Aufforderungen durch das Ministerium hatte sie über zwei Jahre lang nicht mehr über die Fabrikschule in Rheydt berichtet und war auch nach der Anzeige von der Nachtarbeit nur sehr vorsichtig zu Werke gegangen. Sie hatte Informationen nur über Mittelsmänner eingezogen und sich auch dann, als der Sachverhalt zweifelsfrei feststand, nicht dazu entschlossen, die Nachtarbeit unverzüglich zu untersagen. (4)

2) Vgl. Wirth, 1962, S. 48, 55: Das Ministerium für Handel, Gewerbe und Bauwesen bestand von 1817 bis 1825.
3) A.M. 28, S. 8.
4) Weitere Einzelheiten bei Anton, 1891, S. 5 ff.

Das Kultusministerium wollte das Verhalten sowohl des Unternehmers als auch der Behörde mit Nachdruck rügen. In einem Verfügungsentwurf (5) ordnete Altenstein ein sofortiges Verbot an, Kinder unter 14 Jahren während der Nacht zu beschäftigen, und gab der Düsseldorfer Regierung überdies auf, nach vorgängiger Untersuchung der Verhältnisse in der Lenssener Fabrik binnen vier Wochen einen Bericht nach Berlin zu senden, wobei der Minister dem zuständigen Referenten für den Fall der Nichteinhaltung der Frist eine Ordnungsstrafe von 10 Talern androhte.

Vor Abgang dieser Verfügung legte Altenstein diese dem Handelsminister Bülow zur Mitzeichnung vor.

Der Kultusminister stieß jedoch auch in dieser Angelegenheit nicht auf die erwartete Billigung seiner Entscheidung. Der zuständige Referent im Handelsministerium, der Geheime Oberfinanzrat Beuth, der Vorsitzender des Preußischen Gewerbevereines war und auf den Gang der weiteren Verhandlungen erheblichen Einfluß genommen hat, (6) bemerkte in einer für den Minister Bülow gefertigten Stellungnahme, daß die Fabrikkinder des Lenssen, so unwahrscheinlich sich das auch anhöre, ein kräftiges und blühendes Aussehen besäßen und von den Berliner Armenkindern sich in dieser Hinsicht sehr unterscheiden würden. Er selbst habe zwei Jahre zuvor die dort arbeitenden Fabrikkinder morgens um 7 Uhr nach Hause gehen sehen und dabei festgestellt, daß diese gesund und guter Dinge gewesen seien. Die Kinder hätten sich völlig auf ein Schlafen am Tage umgestellt und sich dabei genauso wohl befunden wie die am Tage arbeitenden Kinder. (7)

Obgleich Beuth somit der Ansicht widersprach, daß sich aus der Nachtarbeit Gesundheitsschäden ergeben würden, entschied sich Bülow dafür, die Verfügung Altensteins mit zu unterzeichnen. (8) Das Gutachten Beuths übersandte er Altenstein jedoch zur Kenntnisnahme.

Das Kultusministerium ordnete daraufhin eine Untersuchung des Gesundheitszustands der Arbeiter an, die in den zwei Spinnereien in Zoppenbroich und Broichemühl beschäftigt waren, und erhielt unter dem 15. und 21. Januar 1824 die Antwortberichte der Düsseldorfer Behörde. Diese bestätigten

---

5) Vom 18.3.1823.
6) Über Beuth vgl. Straube, H.J., Chr.P. Wilhelm Beuth, in: Deutsches Museum, München 1930, Heft 5, S. 122 ff. - Vgl. auch Maaß, 1931, S. 97 f., wonach Anton, der den Namen B. kaum erwähnt, seine Darstellung auf Verlangen der preuß. Staatsbehörden habe umarbeiten müssen.
7) V. v. 1.4.1823, in: A.M. 28, S. 10.
8) V. v.4.4.1823.

Beuths Darstellung nicht, sondern schilderten die Wirkungen der Fabrikarbeit auf die Kinder als sehr negativ. Die Regierung faßte ihre Ermittlungen dahin zusammen, daß der körperliche Zustand der Fabrikkinder erheblich schlechter sei als der von Kindern, die in der Landwirtschaft beschäftigt würden. Die Nachtarbeit habe bei den in der Spinnerei Zoppenbroich tätigen Kindern Augenentzündungen hervorgerufen, während die bei Tage arbeitenden Kinder am Feierabend auf Kosten des notwendigen Schlafes nach Zerstreuung suchen und dadurch ihre Gesundheit schädigen würden. Wie die Regierung weiter meldete, sei aufgefallen, daß die Fabrikkinder häufig an aufgetriebenen Unterleibern und "skrofulösen Erscheinungen" litten". (9) Für bedenklich hielt die Regierung ferner auch, daß die Fabrikkinder infolge ihrer Erwerbstätigkeit gänzlich um ihre Jugend gebracht würden.

Altenstein sandte diese Berichte Anfang Februar 1824 dem Handelsministerium zu und hatte bei diesem Versuch, mit den Wirtschaftlern wegen der Fabrikkinder ins Gespräch zu kommen, doch etwas mehr Erfolg als früher - wohl deswegen, weil Beuth im Vorjahr anläßlich einer Englandreise das britische Fabrikgesetz vom 2. Juli 1819 näher kennengelernt hatte. Bülow erklärte jedenfalls in seinem Antwortschreiben seine grundsätzliche Bereitschaft, in dem Umfange, wie das englische Gesetz es vorsehe, Beschränkungen der Fabrikarbeit zu unterstützen. (10) Dabei räumte der Minister auch ein, daß die Nachtarbeit der Kinder ein Mißbrauch sei, dem nur auf gesetzlichem Wege begegnet werden könne.

Für konkrete Maßnahmen, so legte der Handelsminister weiterhin dar, sei die Materie allerdings noch nicht genügend aufgeklärt. Zuvor müßten noch die Unterbehörden zu den angeschnittenen Problemen gehört werden und zusätzlich auch, was der Minister bei den Düsseldorfer Berichten vermißte, sachkundige Medizinalpersonen.

In dieser ersten Stellungnahme zur Sache äußerte das Handelsministerium zugleich starke Bedenken gegen die seiner Ansicht nach in den Feststellungen der Düsseldorfer Regierung zum Ausdruck gekommenen Haltung, die Fabrikarbeit mit Mißtrauen zu sehen. Die hierbei vorgebrachten Überlegungen, die die Handschrift Beuths verraten, lassen klar erkennen, wie schwer es war, den von den Pädagogen vorausgesetzten Tatbestand einer Schädigung der Kinder bei der Fabrikarbeit gegenüber den Gewerbefachleuten überzeugend aufzuzeigen.

---

9) Skrofulose = Drüsenkrankheit, Konditionsschwäche mit Anlage zu Entzündungen der Haut, Schleimhaut und der Lymphgefäße. Symtome: Skrofeln (Anschwellen der Lymphdrüsen mit eitrigem Ausgang), Hautausschläge, Lungen-, Darm- und Knochenentzündungen, Neigung zu Tuberkulose.

10) A.M. 40, S. 1 ff. und A.M. 28, S. 15; erwähnt auch in: VVG Jg. 3, 1824, S. 160 f.

Beuth fand schon in diesem frühen Stadium der Verhandlungen einen Bezugsmaßstab, mit dem sich - praktisch unwiderleglich - immer anzweifeln ließ, daß die bei den Fabrikkindern beobachteten Schädigungen durch die Arbeit hervorgerufen seien. Um die Folgen der Fabrikarbeit zu beurteilen, so führte das Handelsministerium erläuternd aus, sei es nicht richtig, als Vergleichstatbestand das Erscheinungsbild solcher Kinder zu wählen, die auf dem Lande bei den Bauern mitarbeiteten. Zu fragen sei vielmehr, wie der äußere Zustand der Fabrikkinder sich zu dem anderer Kinder in den gewerbereichen Gegenden verhalte. Wer solche Kinder kenne, die in ungesunden Wohnungen mit Spulen, Spinnen und Weben beschäftigt seien oder auf der Straße betteln würden und nur selten einen Schulunterricht besuchen könnten, der werde zugeben, daß die Arbeit in den großen Spinnereien bei mäßiger Anstrengung und nachfolgendem Schulunterricht in jeder Hinsicht Vorzüge habe und daß die Fabrikkinder sich besser als viele andere Kinder stünden, besser übrigens auch als die in den meisten Waisenhäusern.

Auch für die einzelnen nachteiligen Beobachtungen, die der Bericht der Düsseldorfer Regierung als Folgen der Fabrikarbeit bezeichnet hatte, fand das Handelsministerium Erklärungen, die nichts mit der frühen Erwerbsarbeit zu tun hatten. Da man die Augenentzündungen nur in einer einzigen Spinnerei festgestellt hatte, die Krankheit aber während einer längeren Zeit auch in den Berliner Waisenhäusern aufgetreten war, nahm das Ministerium nicht die Nachtarbeit, sondern eine Augeninfektion als wahrscheinliche Ursache an.

Die anderen von der Bezirksregierung erwähnten Gesundheitsschäden aber führten die Wirtschaftsbeamten auf eine unzureichende Ernährung der Kinder zurück. Daß diese nichts von ihrer Jugend hätten, so legte das Handelsministerium weiter dar, sei zwar traurig, könne vom Gesetzgeber jedoch nicht generell verhindert werden. Im vorliegenden Fall müsse man im übrigen auch den Vorzug des vom Fabrikanten eingerichteten Schulunterrichtes für die Fabrikkinder als günstigen Umstand mit veranschlagen.

Bülow nannte sodann abschließend die Gesichtspunkte, über die er als möglichen Arbeitsschutz zu verhandeln gedachte und zu denen die Bezirksregierungen Stellung nehmen sollten. Ein Verbot der Nachtarbeit erschien dem Handelsminister unproblematisch, zumal es auch in den Spinnereien Englands gelte. Was jedoch gründlich geklärt werden müßte, war seiner Ansicht nach, ob in einigen Fabrikarten Kinder bis zu einem bestimmten Alter überhaupt nicht oder nur eine gewisse Stundenzahl pro Tag sollten arbeiten dürfen.

Anzuerkennen ist, daß damit die Frage eines preußischen Fabrikgesetzes im Ansatz erstmals herausgearbeitet war. Andererseits muß aber auch die sich hier deutlich abzeichnende Rollenverteilung beachtet werden. An sich wäre wohl angemessen gewesen, daß das Handelsministerium, das von Haus aus die größte Erfahrung in den Fabrikangelegenheiten hatte, die Aufhellung der die Fabrikkinder betreffenden Fragen mit eigenen Ermittlungen unterstützt hätte. Daran hätte man um so eher denken können, als das Ministerium in Beuth über einen hervorragenden Sachkenner verfügte.

Zu einer solchen Unterstützung kam es jedoch jetzt und auch später nicht. Die Wirtschaftler fühlten sich als Anwälte der Industrie und ließen die Dinge auf sich zukommen, während auf der anderen Seite die Schulfachleute des Kultusministeriums die Interessen der Fabrikkinder vertraten und zu deren Gunsten Initiativen entwickelten, wie es denn überhaupt meist die Pädagogen waren, die die Fabrikarbeit der Kinder als ein ernstes Problem empfanden.

2. Die medizinal-polizeiliche Enquete im Jahre 1824

Die Unterrichtsabteilung suchte in dieser Situation einen Weg, auf dem sich die Anregungen des Handelsministeriums verwirklichen ließen. Den Pädagogen ging es in erster Linie um den Schulbesuch der Fabrikkinder; aber um die Vereitelung eines Volkschulunterrichts örtlich festzustellen und auch beanstanden zu können, fehlte dem Ministerium eine überall geltende eigene Zuständigkeit. Denn im Rheinland war, wie bereits erwähnt, die Schulpflicht noch nicht eingeführt worden. Die Unterrichtsbeamten verfielen daher auf den Notbehelf, "die Sache vom medizinisch-polizeilichen Standpunkte aus anzugreifen", und unter dieser zweiten Amtsbefugnis Altensteins zunächst einmal Beschaffenheit, Umfang und Folgen der Kinderarbeit näher aufzuklären. (1) Mit dieser Absicht übergaben sie den Vorgang zur Weiterbearbeitung an die Medizinalabteilung ihres Ministeriums. (2)

Daß die Schulverwaltung im Hinblick auf die anstehenden Fragen ein entwickelteres Problembewußtsein besaß als die anderen Fachbehörden, bestätigte auch jetzt wieder die Art und Weise, wie die Medizinalabteilung die ihr übergebene Sache in Angriff nahm. Insoweit lag es an sich nahe, wie vom Handelsministerium vorgeschlagen, die einzelnen Regierungen in den preußischen Provinzen zu dem Fragenkreis zu hören, der in dem englischen Fabrikgesetz geregelt war. Die Mediziner entschieden sich jedoch anders; sie beauftragten die zur Klärung von Gesundheitsfragen eingesetzte königlich-wissenschaftliche Deputation mit der Erstellung eines Gutachtens allein über die Frage, ob die Nachtarbeit für Fabrikkinder schädliche Auswirkungen habe. (3) Offensichtlich hatte die Medizinalab-

1) Vgl. JPrV Bd. 6, 1827, S. 224.
2) V. v. 15.3.1824, A.M. 40, S. 5.
3) A.M. 40, S. 4.

teilung die in der Vorkorrespondenz sich abzeichnende Problematik nicht erkannt. (4)

Das Schulderzernat war denn auch unzufrieden mit dieser Verfahrensweise und entschloß sich, korrigierend einzugreifen. In einem an die Gesundheitsverwaltung gerichteten zweiten Schreiben räumte die Schulabteilung zunächst ein, daß es sich bei den Feststellungen in der Spinnerei "recht eigentlich um einen Gegenstand der Medizinalpolizei" handeln würde, (5) der "zufällig bei Gelegenheit der Nachforschung nach einer Privatschule" bekannt geworden sei. Sodann legten die Pädagogen aber dar, daß sie ihre Unterlagen an sich in der Absicht überreicht hätten, eine allgemeine Verordnung über die Benutzung der Kinder zu Fabrikarbeiten herbeizuführen. Für diesen Zweck komme es jedoch nach ihrer "unvorgreiflichen Ansicht zuvörderst" nicht auf ein Gutachten der wissenschaftlichen Deputation an, sondern darauf, daß die Regierungen ihre Erfahrungen mitteilen würden.

Um die Durchführung dieses Plans voranzutreiben, hatten die Pädagogen für die vorgeschlagene Enquete schon die Fragen ausgearbeitet und ihrem Anschreiben beigefügt. (6) Danach sollten insgesamt 11 Punkte aufgeklärt werden: mit den 4 ersten Fragen die näheren Einzelheiten der Industriearbeit, nämlich die Orte, in denen Fabrikkinder beschäftigt wurden; ihre Tätigkeiten in der Fabrik, ihr Alter und ihre Arbeitszeit; dann mit den Fragen 5 bis 8 die Lebensverhältnisse der Fabrikkinder, insbesondere ihr Gesundheitszustand; die mutmaßlich durch die Arbeit verursachten Schäden und die körperliche Verfassung der Erwachsenen, die als Kinder in der Fabrik gearbeitet hätten; unter 9. wurde die Frage aufgeworfen, welche gesetzlichen

---

4) Diese Zurückhaltung entsprach allerdings der der Fachmedizin, die die Arbeit in der Fabrik eben doch nicht als wesentlich gesundheitsschädlicher als die im Handwerk oder im Hausgewerbe ansah (vgl. dazu etwa Kuczynski, Umfrage, 1960, S. 75). In den ersten Jahrzehnten des 19. Jahrhunderts wurde nicht ein einziges medizinisches Werk veröffentlicht, das mit der industriellen Arbeitswelt sich auseinandergesetzt hätte.
In Deutschland war diese Frage aufgrund der technischen Rückständigkeit aber auch noch nicht sehr dringlich. Wie die Akten der preußischen Ministerien erkennen lassen, waren es in der gewerblichen Produktion erst sehr wenige Einzelfälle, die gesundheitspolizeilich bedenklich erschienen. Einer regelmäßigen Kontrolle unterlagen nur die Dampfmaschinen (vgl. A.M. 18, S. 75: Zirkular-Reskripte des General-Direktoriums v. 5. Apr. 1796, 21. Aug. 1798 und 21. Jan. 1800; später: KaO. v. 1. Jan. 1831 und Ministerialinstruktion v. 13. Okt. 1831). Im übrigen hatte die Medizinalabteilung im Ministerium während eines Zeitraums von 25 Jahren, soweit ersichtlich, nur in drei Fällen die Gesundheitsgefahren bestimmter fabrikmäßig betriebener Gewerbe eingehend untersucht: im Jahre 1803 die Verarbeitung von Bronze (A.M. 39, S. 3, 16); 1806 die Tabakverarbeitung (A.M. 38, S. 20)

Schutzbestimmungen insoweit in Betracht kämen, und bei den Fragen 10 und 11 schließlich ging es um Tatbestände, die an sich nicht in eine gesundheitspolizeiliche Erhebung paßten, für die die Pädagogen sich aber sicherlich vor allem interessierten, nämlich in welchem Umfang die Fabrikkinder den Schulunterricht besuchten und wie der sittliche Zustand der arbeitenden Kinder beurteilt wurde.

Das Medizinaldezernat übernahm den ihr mitgeteilten Fragenkatalog ohne jede Veränderung, so daß die Umfrage schon wenig später, am 26. Juni 1824, als Ministerialverfügung der beiden Abteilungen des Ministeriums erlassen und den rheinischen und westfälischen Regierungen sowie den schlesischen Regierungen in Breslau und Liegnitz zugesandt werden konnte. (7)

3. Die Einführung der Schulpflicht im Jahre 1825 im Rheinland

Einen begrenzten Erfolg, der gerade für den vorstehend angesprochenen Fragenkreis von Bedeutung sein mußte, erzielte das Kultusministerium im Jahre 1825 bei den Beratungen über die immer wieder hinausgeschobene Schulreform. Eine Teillösung zeichnete sich immerhin ab. Der preußische König gab jetzt zwar seine Absicht endgültig auf, ein Gesetz zu erlassen, in dem die wesentlichen Schulfragen geregelt wurden. Jedoch erstreckte er mit Kabinettsorder vom 14. Mai 1825 den Geltungsbereich der den Schulbesuch regelnden Vorschriften des Preuß. ALR auf die neupreußischen Provinzen, was besagte, daß jetzt auch im Rheinland die allgemeine Schulpflicht galt. (1) Wenn auch mit dieser Entscheidung die Finanzierung des Schulunterrichtes und andere organisatorische Probleme ungelöst geblieben waren, so konnte das Kultusministerium aber nunmehr zumindest überall in Preußen einen gesetzlichen Schulzwang geltend machen und besaß damit ohne Frage eine größere Autorität als vorher.

4. Die Ministerialverhandlungen in den Jahren 1825/26

Um Unterrichtsvorschriften für die Fabrikkinder anzuordnen, war es für Altenstein nach Erlaß der Kabinettsorder vom 14. Mai 1825 nicht mehr erforderlich, die Ergebnisse der mezizinalpolizeilichen Umfrage vom Vorjahr vollständig abzuwarten. An sich reichte es aus, wenn die Grundfragen exemplarisch geklärt wurden, und deswegen mahnte Altenstein jetzt, so steht zu ver-

---

und 1820 die Bleiweißfabrikation (A.M. 39, S. 25).
5) V. v. 5.5. 1824, A.M. 40, S. 9.
6) Vgl. Anlage 1 auf S. 496.
7) Text in: AF Jg. 10, 1872, S. 22 f.; Anton, 1891, S. 167 sowie Anlage 1 auf S. 496.

---

1) GS 1825, S. 149; als Anlage 2 auf S. 497.

muten, die Antwortberichte allein noch der Regierungen Arnsberg und Düsseldorf besonders an. (1)

Auf beide Behörden konnte der Minister sich in sachlicher Hinsicht verlassen. Der Bezirk Arnsberg besaß, an den obwaltenden Umständen gemessen, eine fast schon vorbildliche Schulorganisation, während Düsseldorf nach dem Vorfall mit der Spinnerei Lenssen bemüht war, in der Beziehung zum Kultusministerium keine neue Verstimmung mehr aufkommen zu lassen.

Wenig später bereits war Altenstein im Besitz der beiden angeforderten Berichte, so daß er diese alsbald an den für die Fabriksachen nunmehr zuständigen Innenminister (2) Schuckmann weiterreichen konnte. (3)

Aus dem Inhalt dieser beiden Stellungnahmen ging ganz zweifelsfrei hervor, daß Schutzmaßnahmen für die Fabrikkinder notwendig wurden, wobei sich allerdings auch hier wieder klar abzeichnete, daß die Fabrikkinder im Grunde nur einen Teil des weitgefächerten Problems Kinderarbeit bedeuteten.

Die Düsseldorfer Regierung, die in ihrem Bericht die Zahl der Arbeitskinder auf 5.352 bezifferte, hatte in ihre Berechnung auch die 2.052 im Kleingewerbe tätigen Jugendlichen mit einbezogen, während die Arnsberger Regierung, was diese Frage anging, die Beschäftigungszahl der Kinder gleich von vornherein offenließ, weil in ihrem Bezirk die Heimarbeit sehr verbreitet und infolgedessen eine genaue Zählung wohl überhaupt nicht möglich war.

Die Kinder begannen, wie beide Regierungen übereinstimmend ausführten, häufig bereits mit 6 Jahren einer Arbeit nachzugehen; im Kreise Geldern, Bezirk Düsseldorf, gab man die Kinder manchmal aber auch schon mit dem vollendeten 4. Lebensjahr in die Fabriken.

Die Arbeitszeit war lang. Sie lag im Arnsberger Bezirk bei 8, 10 und 11, mitunter auch 14 und 15 Stunden und in der Düs-

---

1) A.M. 40, S. 15 f.
2) Das Ministerium für Handel, Gewerbe und Bauwesen bestand von 1817 bis 1825; die Gewerbesachen wurden 1825 dem Innenministerium unterstellt, vgl. Wirth, 1962, S. 55. Im Jahre 1830 erfolgte wieder eine Umorganisation: Ein Teil der Zuständigkeiten wurde dem "Ministerium des Innern und der Polizei" (unter von Brenn) übertragen und daneben das "Ministerium des Innern für Handels- und Gewerbeangelegenheiten" (unter Schuckmann) gebildet, vgl. Wirth, 1962, S. 58.

   Vgl. zu Schuckmann: Lüttwitz, Freiherr von, Biographie des königl. preuß. Staatsministers Freiherrn von Schuckmann, Leipzig 1835.
3) V.v. 8.11.1825, A.M. 28, S. 17, gedruckt in JPrV Bd. 6, 1827, S. 233 ff.

seldorfer Gegend teilweise sogar noch darüber, nämlich zwischen 10 und 16 Stunden; in extremen Fällen wurden die Kinder also von morgens 6 Uhr bis abends 22 Uhr in den Fabriken festgehalten. "Die Geldgier geht in diesem Punkte sehr weit", merkte die Düsseldorfer Regierung an, "indem, wenn die Ware im Handel sehr begeht wird, der Fabrikant gewiß die Kinder über die gewöhnlichen Tagesstunden fortarbeiten läßt, solange keine gesetzlichen Bestimmungen ihn beschränken."

Hinsichtlich der Nachtarbeit lauteten die Angaben etwas günstiger. Den Berichten zufolge kam sie im Arnsberger Bezirk nur ausnahmsweise vor, während in und um Düsseldorf 125 Kinder ständig und weitere 80 bis 100 Kinder gelegentlich in Nachtschichten beschäftigt wurden.

Die Antworten, die dann weiter die allgemeinen Verhältnisse der Fabrikkinder zu beschreiben suchten, hoben ab auf die Gesichtspunkte: sitzende Tätigkeit, verfrühter Lebensernst und als Folge davon eine Frühreife der Kinder, die sich nicht mehr beim Spielen erholten, sondern die Freizeit zu Zügellosigkeiten und zu Vergnügungen nutzten, die nicht altersgemäß waren. Als besonders übel wurde dabei die Lage der Kinder in Iserlohn bezeichnet. In dem dieses Urteil näher begründenden Bericht hieß es dazu wörtlich:

> "Die Lebensart dieser Fabrikkinder ist sehr verschieden von der Lebensart anderer Kinder gleichen Standes, welche nicht in Fabriken arbeiten. Während letztere den größten Teil des Tages im Freien und in der Schule unter bildender Aufsicht zubringen, sind jene den ganzen Tag bis spät in die Nacht in engen dumpfen Stuben oder Werkstätten eingesperrt, wo sie sitzend beschäftigt, zumal in den Herbst- und Wintertagen, verpestete Luft einatmen. Hier sind sie Augen- und Ohrenzeugen grober unsittlicher Reden und Handlungen der Erwachsenen und erdulden oft die härtesten Mißhandlungen. Ihre magere Kost beschränkt sich hauptsächlich auf Kartoffeln, aus Salz und Wasser, Kartoffelkuchen in Rüböl gebacken und auf Cichorienbrühe, Kaffee genannt. Im Sommer und Herbst genießen sie unreifes Obst aller Art, das nebst Hülsen- und Gartenfrüchten gewöhnlich um die Mittagsstunde und zur Nachtzeit, besonders an Sonn- und Feiertagen, in den Gärten geraubt wird. Die Haupttendenz ihrer Erholung ist auf Spiel, Unzucht, Tabak, Branntwein, Betrug und Rauferei gerichtet, woran sie nach dem Beispiel ihrer Eltern und Meister früh gewöhnt werden. Verbindet man hiermit noch den Begriff der höchsten Unreinlichkeit, so ist das Gemälde vollendet, ein wahres Jammerbild."

Trotz solcher Beobachtungen, die an sich die Wahrscheinlichkeit bleibender Schädigungen der Fabrikkinder nahelegen, gingen die Ansichten über diesen Punkt weit auseinander, übrigens nicht nur bei dieser Umfrage, sondern auch bei den späteren Erhebungen. Sehr negativ äußerte sich hierüber wieder der Bericht aus Iserlohn, in dem dazu ausgeführt war:

"Der Gesundheitszustand dieser Kinder ist dieser Lebensart angemessen. Fast alle ohne Ausnahme leiden an skrofulösen Zufällen. Ihr schwächlicher Körper trägt das Gepräge seiner siechen Herkunft. Ihre Kränklichkeit gibt sich sofort kund durch Abmagerung, Blässe, Aufgedunsenheit des Gesichts, triefende Augen und dergleichen."

Aus dem Arnsberger Bezirk hatten damit übereinstimmend die Landräte der Kreise Iserlohn und Hagen festgestellt, daß fast alle Fabrikkinder kränklich seien und daß auch die Erwachsenen, wenn sie während der Jugend in den Fabriken gearbeitet hätten, eine schwächliche und für Krankheiten anfällige Konstitution aufweisen würden. In anderen Kreisen, etwa in Brilon, wollte man dagegen gesundheitliche Nachteile nicht beobachtet haben.

Die Arnsberger Regierung hielt die unterschiedlichen Ansichten für durchaus zutreffend, weil die Gesundheit der Kinder, wie sie meinte, nicht in den Spinnereien, sondern nur in den metallverarbeitenden Fabriken leiden würde, etwa bei der Nadel- und Drahtherstellung. Hier müßten die Kinder bei sehr großer Hitze arbeiten und würden erheblichen körperlichen Anstrengungen ausgesetzt, die auch häufig zu Bruchschäden führen würden. Das Leben der Metallarbeiter, so faßte die Arnsberger Regierung ihre Ansicht noch einmal zusammen, werde früher konsumiert als das anderer Menschen, während für die übrigen Fabrikarbeiter nur gelte, daß sie genau wie die Handwerker im allgemeinen zu einer gewissen Kränklichkeit neigen würden.

Die Angaben, die die Düsseldorfer Regierung aus ihrem Bezirk über den Gesundheitszustand der Fabrikkinder erhalten hatte, lauteten ähnlich unterschiedlich. Doch zog die Regierung daraus andere Schlüsse. Sie erklärte die positiven Schilderungen mit mangelnder Anteilnahme oder Befangenheit einiger Bürgermeister und hielt allein die Angaben für glaubhaft, nach denen die Fabrikkinder den anderen Kindern an Kraft und Gesundheit überall nachstünden. Das lasse sich zweifelsfrei an den bleichen Gesichtern, den matten Augen, an den aufgetriebenen Leibern, gedunsenen Lippen und Nasenflügeln und auch an den Drüsenschwellungen der Fabrikkinder erkennen. Auch seien Augenentzündungen, Hautausschläge und Asthma unter ihnen nicht selten.

Als Ursache der Gesundheitsschäden nannte die Regierung die verfrühte und überlange Arbeit, das Einatmen verbrauchter Luft sowie der feinen Fasern in den Woll- und Baumwollfabriken, ferner die sitzende Tätigkeit, dies vor allem beim Weben, ferner die unzulängliche und regelmäßig kalt genossene Kost und die schlechten Wohnungen der Arbeiterfamilien.

Die Düsseldorfer Behörde legte hierzu auch eine Liste über die Aushebung von Ersatzmannschaften vor, aus der sich ein Nachwirken der Gesundheitsschädigungen bei ehemaligen Fabrikkindern entnehmen ließ. Gleichwohl warnte die Regierung davor, diese Angaben zu überschätzen. Denn ein wirklich sicherer Beweis, so fügte sie hinzu, sei nur zu führen, wenn dafür statistisches

Material aus der ganzen Monarchie ausgewertet werden könne.

Im Ergebnis eindeutiger und auch einheitlicher waren die Auskünfte über den Schulbesuch der Fabrikkinder. Der Arnsberger Bezirk hatte Kreise mit selten besuchten Abendschulen; dann andere, in denen keine Schulen für Fabrikkinder eingerichtet waren; in einem Kreis "war dafür gesorgt", daß die Kinder nicht ohne Unterricht blieben, ohne daß diese Auskunft ins einzelne ging;und in weiteren Mitteilungen schließlich war von einer oder zwei Stunden Unterricht die Rede. Daß Fabrikkinder die Schule fortwährend besuchten, blieb die Ausnahme.

Im Düsseldorfer Bezirk sahen die Verhältnisse, wie sich das schon bei den vorher beantworteten Fragen gezeigt hatte, noch schlechter aus. Oft war überhaupt keine Schule für die Fabrikkinder vorhanden, zum Teil gab es nur einen Abendunterricht, und zum Teil konnten die Kinder die Schule auch nur besuchen, "wenn die Arbeit nicht dringend war". Am günstigsten schnitten noch zwei Landkreise ab, in denen die Kinder eine Doppelstunde Unterricht in den Fabriken erhielten oder der Besuch einer Sonntags- oder Abendschule gewährleistet war.

Im Hinblick auf die letzte der Fragen, die den Sittenzustand der Fabrikkinder betraf, stimmten die beiden Regierungsberichte im wesentlichen überein. Urteile, die das Verhalten der Kinder mit "gut", "nicht zu beklagen", "nicht schlechter als das anderer Kinder derselben Volksklassen" bewerteten, waren selten. Extreme Meinungen gegensätzlichen Inhalts fehlten aber ebenfalls. Zu diesen Ausnahmen zählte wieder der Iserlohner Bericht, in dem die Fabrikkinder als "höchst verderbt" bezeichnet wurden. Das überwiegende Urteil im Arnsberger wie im Düsseldorfer Bezirk ging dahin, daß der moralische Zustand der Kinder "nachteilig" sei.

Wahrscheinlich seien die Kinder jedoch "noch übler daran", als die Bürgermeister es dargestellt hätten, fügte die Düsseldorfer Regierung hinzu, wies aber gleichzeitig auch darauf hin, daß um der Konkurrenz mit dem Ausland und der Unterstützung der Eltern willen auf die Mitarbeit der Kinder nicht verzichtet werden könne.

In seinem Begleitschreiben vom 8. November 1825, in dem Altenstein sich gegenüber dem Innenminister für den baldigen Erlaß eines Fabrikgesetzes aussprach, stellte der Minister seine erweiterten Befugnisse auf dem Unterrichtssektor als Druckmittel in den Vordergrund: Es könne, so legte Altenstein dar, bei der bestehenden Rechtslage wohl sofort eingreifen, mit einseitigen Maßnahmen das Übel aber nicht in der Wurzel treffen und unter Umständen ohne Not störender auf das Fabrikwesen einwirken, als eigentlich erforderlich sei. Zweckmäßiger erscheine ihm deswegen, wenn beide beteiligten Ministerien die notwendigen Maßregeln gemeinsam träfen, um die anstehenden Fragen in jeder Hinsicht befriedigend zu ordnen.

Schuckmann erklärte sich mit diesem Vorschlag des Kultusministers einverstanden; doch brachte er in seiner Antwort auch wieder die bereits bekannten Einwände vor, hinter denen das Bestreben stand, die Industrie vor allzu erheblichen Belastungen zu schützen. (4) Nach Auffassung des Innenministers waren die Berichte der Regierungen Arnsberg und Düsseldorf nicht frei von Vorurteilen sowie unrichtigen Beobachtungen, und daher sollten die Antworten der anderen Regierung noch abgewartet sowie zwei weitere, bislang in die Umfrage noch nicht miteinbezogene Regierungen gehört werden. Grundsätzlich sei er aber durchaus bereit, so betonte Schuckmann, den bei der Fabrikarbeit der Kinder auftretenden Mißständen entgegenzutreten.

In diesem Votum präzisierte der Innenminister dann noch, welche gesetzlichen Normen er wahrscheinlich befürworten werde.

Was den Anwendungsbereich des Arbeitsschutzes betraf, so schlug der Minister vor, bei der Hausindustrie wegen der geringen Einwirkungsmöglichkeiten der Behörden allein mit dem Schulzwang vorzugehen und die weitere Diskussion auf Bestimmungen über Fabriken im eigentlichen Sinne zu beschränken.

In sachlicher Hinsicht hielt Schuckmann dabei die folgenden Normierungen für diskussionswürdig: Regelungen über das Mindestalter der Fabrikkinder; über die Zahl der Arbeitsstunden; über Beginn und Ende des Nachtarbeitsverbotes; unter Umständen Spezialbestimmungen bezüglich gewisser gefährlicher Arbeiten sowie auch allgemeine Vorschriften auf dem Gebiet des Gesundheitsschutzes, etwa im Hinblick auf die Höhe der Fabrikräume, die Verhinderung der Staubbildung, die Belüftung und die Reinigung der Arbeitsräume.

Was diese bis dahin in den Verhandlungen nicht erwähnten arbeitsmedizinischen Überlegungen anlangt, so stand hinter den Ausführungen mutmaßlich das englische Vorbild. Beuth hatte im Jahre 1823 in den Fabriken Glasgows die neuesten Vorkehrungen auf dem Gebiet des technischen Arbeitsschutzes kennengelernt und diese Erfahrungen auch schon in einem in den Verhandlungen des Preußischen Gewerbevereins veröffentlichten Aufsatz erwähnt. (5)

Ende des Jahres 1825 lagen dem Kultusministerium dann die Mitteilungen der im Vorjahr angeschriebenen Regierungen vollständig vor. Als Altenstein diese Berichte - auf deren Inhalt unten noch im einzelnen eingegangen wird - dem Minister Schuckmann übersandte, wies er ein weiteres Mal darauf hin, daß er zur Sicherung des Schulunterrichtes an sich bereits aufgrund der bestehenden Gesetze vorgehen könnte. (6)

---

4) V.v. 24.11.1825, A.M. 28, S. 21.
5) VVG Jg. 3, 1824, S. 186, 191.
6) V.v. 28.12.1825, A.M. 28, S. 23.

Die Meinungsbildung im Innenministerium vermochte er damit aber nicht zu beschleunigen. Im April 1826 antwortete Schuckmann, daß England im Jahre zuvor ein neues Schutzgesetz erlassen habe (7) und Beuth sich auf einer Reise durch Großbritannien über die Gesetzesberatungen und im Anschluß daran über die Verhältnisse im Rheinland und Westfalen noch selbst informieren werde. Bis dahin sollten die Verhandlungen ausgesetzt werden. (8)

Damit war die Diskussion über das preußische Fabrikgesetz auf zunächst unbestimmte Zeit verschoben.

5. Die Kriminalitätsumfrage im Jahre 1825

Parallel zu der medizinal-polizeilichen Enquete, die ja vor allem den Unterrichtszwecken dienen sollte, hatte das Kultusministerium noch einen anderen Plan in Angriff genommen, der im Grunde auf genau das gleiche Ziel, den Ausbau des Volksschulwesens, hinauslief. Altenstein warf in einer zweiten Enquete die Frage auf, ob und inwieweit sich ein Kausalzusammenhang zwischen einem vereitelten Schulbesuch und der Jugendverwahrlosung statistisch belegen lasse. (1)

Schon im Jahre 1824 hatte Altenstein sich in dieser Absicht an den Justizminister von Kircheisen gewandt, dabei auf die wachsende Zahl jugendlicher Verbrecher verwiesen und angeregt, im Zusammenwirken der Justiz-, Polizei- und Unterrichtsbehörden die erforderlichen Gegenmaßnahmen zu treffen. (2) Diese Zusammenarbeit war jedoch nicht zustande gekommen, weil Kircheisen den Vorschlag abgelehnt hatte. Altenstein mußte abwarten, bis die Schulpflicht überall in Preußen galt.

Im Jahre 1825 war, wie dargelegt, diese Bedingung eingetreten, so daß der Minister die Ermittlungen aus eigener Zuständigkeit aufnehmen konnte. Schon am 30. November 1825 erließ Altenstein hierzu ein Zirkularreskript, in dem er die große Zahl der von

7) Gesetz vom 22. Juni 1825 mit Bestimmungen über die Frühstücks- und Mittagspause, das Nacharbeiten von Ausfallzeiten nach Betriebsunterbrechungen, das Anlegen von Arbeitsbüchern für Fabrikkinder und insbesondere die Beschränkung der Arbeitszeit auf 69 Stunden in der Woche, nämlich 12 Stunden von Montag bis Freitag und 9 Stunden am Sonnabend, vgl. zu dem Gesetz, das nur in Baumwollfabriken galt: NNH Bd. 1, 1837, S. 283; Bitzer, 1871, S. 43 und Thomas, 1948, S. 28.

8) A.M. 28, S. 24.

1) A.M. 12, S. 28.

2) A.M. 17, S. 1 (die Akten des Justizministeriums konnten dazu nicht eingesehen werden).

Jugendlichen begangenen Verbrechen hervorhob und die Notwendigkeit betonte, die Ursachen dieser Gesetzesverstöße festzustellen, um ihnen vorbeugend begegnen zu können. (3) Altenstein gab den Behörden auf, die in Betracht kommenden Delikte statistisch zu erfassen und die Ergebnisse vierteljährlich dem Ministerium einzusenden. Insbesondere die Schulräte sollten untersuchen, inwieweit die kriminellen Handlungen auf die Unterrichtsverhältnisse zurückzuführen seien.

Der Kultusminister richtete diese Verfügung nicht nur an die Bezirksregierungen, sondern auch an das Berliner Polizeipräsidium, das jedoch als Sonderbehörde dem Innenministerium unterstellt war. Dadurch ergab sich ein Anlaß zu einem Konflikt, der recht aufschlußreich ist. Da das Kultusministerium dem Polizeipräsidium gegenüber nicht weisungsbefugt war, weigerte sich die Polizeibehörde, an der Aufstellung der Verbrechensstatistik mitzuwirken - dies aller Wahrscheinlichkeit nach aber erst nach vorheriger Abstimmung mit dem zuständigen Ministerium.

Nachträglich versuchte Altenstein noch, den Innen- und den Justizminister für seine Ermittlungen zu gewinnen, mit der Begründung, daß die Schulbehörden ohne die Autorität der anderen staatlichen Stellen, insbesondere der Polizei, keine wirksamen Vorkehrungen treffen könnten. (4)

Erfolg hatte Altenstein mit diesem Vorschlag allerdings nur bei dem neuernannten Justizminister Graf von Danckelmann, der mit Reskript vom 6. März 1826 die Mitarbeit der ihm unterstehenden Gerichte anordnete. (5) Schuckmann hingegen lehnte es ab, das Polizeipräsidium anzuweisen, sich an der Umfrage zu beteiligen. (6) Auch durch die Ankündigung des Kultusministers, er werde sich notfalls an den König wenden, ließ sich der Innenminister nicht beeindrucken. Für diesen Fall stellte er in Aussicht, in der Sache ebenfalls beim König vorzutragen. (7)

Nun könnte man diese Kontroverse als einen reinen Zuständigkeitsstreit auffassen, der erkennen läßt, einmal daß zwischen den Ministern gewisse Spannungen bestanden, und zum andern, daß der Einfluß Altensteins selbst dann begrenzt war, wenn es um konfliktarme Fragen ging. Um so weniger Förderung durfte das Kultusministerium erwarten, wenn seine Absichten die Be-

---

3) A.M. 9, S. 1; A.M. 17, S. 1; als Anlage 3 auf S. 497.
4) A.M. 17, S. 2 und 4.
5) Neigebaur, 1834, S. 100.
6) A.M. 17, S. 10 (Schreiben v. 24.2.1826).
7) A.M. 17, S. 14 ff.

lange der Wirtschaft unmittelbar beeinträchtigten, wie das bei dem Problem des Fabrikgesetzes ersichtlich der Fall war.

Diese Deutung trifft aber wahrscheinlich nicht das Richtige. Vermutlich war die Fabrikfrage auch hier schon mit im Spiel und für die ablehnende Haltung Schuckmanns letztlich verantwortlich gewesen. Denn die Schulkommission des Berliner Magistrats stand gerade zu dieser Zeit wegen der 1.153 Fabrikkinder der Stadt, von denen 252 einen nur "höchst mangelhaften" Unterricht erhielten, mit dem Kultusministerium in Verbindung. (8) Zudem steht fest, daß es schon seit 1824 wegen der Mängel des Elementarschulwesens in der Hauptstadt zu scharfen Auseinandersetzungen zwischen dem Ministerium und den Berliner Stadtverordneten gekommen war und daß die Abgeordneten, die den Aufbau des Armen- und Freischulwesens in Berlin hinauszögern wollten, ihrerseits beim Innenminister Unterstützung gefunden hatten. (9) Eine zweite Meinungsverschiedenheit zwischen der Berliner Schulverwaltung und dem für die Fabrikaufsicht zuständigen Polizeipräsidium ist ab 1829 im Innenministerium aktenkundig geworden. (10)

Bringt man diese Fakten mit dem schleppenden Verlauf der ministeriellen Verhandlungen in Zusammenhang, so gewinnt man den Eindruck eines tiefergehenden Gegensatzes. Spätestens zu diesem Zeitpunkt war wohl offenkundig geworden, daß der Innen- und der Kultusminister sich bei der Schaffung eines Jugendarbeitsschutzes nicht ohne weiteres auf ein gemeinsames Vorgehen verständigen würden. Altenstein mußte mithin ernstlich erwägen, ob er nicht besser einseitige, von ihm allein verantwortete Maßnahmen ergreifen sollte, als eine Regelung noch länger zurückzustellen.

IV. Kritik an der Industrie und die Frage der Kinderarbeit während der Jahre 1825/26

Wenn Altenstein jedoch zögerte, den Schulunterricht der Fabrikkinder ohne die Unterstützung des Innenministeriums durchzusetzen, so mochte den Minister zu dieser Haltung mitbewogen haben, daß die Öffentlichkeit der Lösung dieser Frage vorerst noch kaum Aufmerksamkeit gewidmet hatte. Gewiß wurde das Ziel, die Verhältnisse in der Industrie humaner zu gestalten, nach wie vor als Aufgabe vorgetragen. (1) Aber dieses Thema verlor zunächst viel von seinem Bedeutungsgewicht, als die Wirtschaftskrise sich in Deutschland nach 1820 zunehmend

8) Vgl. Diesterweg, RWM Bd. 5, 1826, S. 186; MLV Jg. 3, 1851, S. 3; Meyer, 1971, S. 223 ff., 232.
9) Meyer, 1971, S. 225 f.
10) Vgl. A.M. 30, S. 10; Meyer, 1971, S. 242 ff.

1) Kunth in: VVG Jg. 3, 1824, S. 80.

abschwächte und in England nachgerade von einer Hochkonjunktur abgelöst wurde. (2) Ob die Maschinen nützlich oder schädlich seien, dieser Streit war gewiß nicht erledigt; die Fabrikarbeiterprobleme sowie auch die anderen bedenklichen Seiten der Industrialisierung bildeten jetzt aber nur noch blasse Argumente, die im allgemeinen nur noch wenig Anklang fanden. (3) Die Zeit sei vorbei, in der man mit solchen Schreckensbildern die Menschen habe ins Bockshorn jagen können, heißt es in einer westfälischen Zeitschrift vom Jahre 1825, (4) und ähnlich zuversichtlich gab sich auch die liberale Volkswirtschaftslehre. (5)

---

2) Kennzeichnend war die massierte Verwendung von Kohle und Eisen (Bau von Eisenbahnen, Kränen, Dampfschiffen, Dampfwebstühlen usw.), Rodbertus, 1. Brief, 1850, S. 25 f., AHZ Jg. 28, 1821, S. 366, 556; AHZ Jg. 29, 1822, S. 187, 191; Pischke, 1935, S. 47 ff., 53.

3) Gegen die Maschinen: RWA Bd. 43, 1825, 1. Hälfte, S. 170; Grävell, M.C.F.W., Der Regent, Th. 2, Stuttgart 1823, S. 523.

4) HZW 1825, S. 148; vgl. auch AHZ Jg. 31, 1824, S. 69, 606; RWA Bd. 43, 1825, 1. Hälfte, S. 408.

5) Ein Teil Wahrheit, so schrieb 1825 der bekannte Nationalökonom v. Jakob (Grundsätze, Abth. 1, 1825, S. 256), sei zwar in den Vorwürfen gegen die Fabriken enthalten, doch könnten deren große Vorteile damit nicht widerlegt werden. Die Sklaven und die leibeigenen Bauern würden bei der Feldarbeit noch viel stupider und dümmer als die Fabrikarbeiter, selbst wenn die letzteren ein Leben lang nur die Rädchen für Uhren drehten. Gerade die schwere, anstrengende Tätigkeit sei es doch, die den Geist abstumpfe, während der "mechanische" Fabrikarbeiter noch genügend Gelegenheit habe, seine geistigen Kräfte zu betätigen. Die Spinnerinnen und Stickerinnen fänden bei der Arbeit Muße, Bücher zu lesen oder selbstersonnene Geschichten zu erzählen; und viele Arbeiter würden sich auch in die kunstvolle Konstruktion der Maschinen vertiefen und technische Verbesserungen entwickeln, etwa so, wie der von Adam Smith erwähnte Knabe bei seiner Arbeit auf die Idee gekommen sei, die von ihm bediente Dampfmaschine zu vervollkommnen. Die Fabrikarbeit sei daher bei weitem nicht so geisttötend, wie das immer dargestellt werde.
Der (jüngere) Volkswirtschaftler Rau räumte immerhin ein (vgl. Volkswirthschaftslehre, 1826, S. 79, § 117, a und S. 327, § 403, c), daß die Anwendung der Maschinen es ermögliche, schon Kinder zum größten Schaden für ihre körperliche und moralische Ausbildung zu ununterbrochener Arbeit anzuhalten. Gegen diesen schwerwiegenden Nachteil seien jedoch gesetzliche Mittel denkbar. Rau ließ aber offen, wie diese aussehen sollten. Seine nur beiläufig in den Text eingefügte Bemerkung war indessen bezeichnend: Es kam in der Literatur zwar vor, daß man, um den Gesichtspunkt des Mißbrauchs der Kinder abzuwehren, auf die Möglichkeit eines gesetzlichen Schutzes hinwies - daß eine solche Gesetzge-

Erst als die britische Industrie kurz darauf erneut in Absatzschwierigkeiten geriet, (6) deren Auswirkungen, etwa die Dumpingpreise, (7) den deutschen Handel empfindlich trafen, belebte sich das Interesse an den Fabrikfragen wieder. (8) Das zeigte sich etwa darin, daß englische Zeitungsartikel, die bei Erlaß des britischen Fabrikgesetzes von 1825 erschienen waren, auch in Deutschland nachgedruckt wurden.

Die Nürnberger Allgemeine Handlungs-Zeitung beispielsweise berichtete, daß zwei zwölfjährige Fabrikmädchen in einer englischen Spitzenfabrik Feuer gelegt hatten, (9) und die Zeitschrift für Staatsarzneikunde wies darauf hin, (10) daß besonders die Arbeit in den Baumwollmanufakturen sehr gesundheitsschädlich sei: Die in diesen Fabriken tätigen Arbeiter würden selten ein Alter von mehr als 50 Jahren erreichen und an "trockenem Husten", gelber Hautfarbe und Verdauungskrankheiten leiden, die Frauen insbesondere an Entzündungen der Füße und der Beine.

Hervorzuheben ist weiter eine bittere Anklage, die die Monatszeitschrift Britannia und im Nachdruck dann auch die Nürnberger Handlungs-Zeitung im Jahre 1825 gegen die Kattunspinnereien Manchesters erhoben haben. (11) Angeprangert waren hier der Vierzehn-Stunden-Tag der Arbeiter; die Temperaturen in den Arbeitssälen von 27 bis 29 Grad Celsius; (12) die fehlende Entlüftung; das Verbot, bei der Arbeit Wasser zu trinken; dann der in der Fabrik sich bildende Kattunstaub, der üble Geruch des Gases und die durch die Ausdünstungen verdorbene Luft - Arbeitsbedingungen also, bei denen, wie der Artikelschreiber ausführte, die kräftigsten Männer zu Greisen und die Fabrikkinder siech und krüppelhaft würden und zu Tausenden von ihrem sechzehnten Lebensjahr an Auszehrung zugrunde gehen würden.

---

bung aber im eigenen Lande notwendig werde, wurde vorerst nicht behauptet, vgl. HZW 1825, S. 147; AHZ Jg. 32, 1825, S. 515 am Ende.

6) AHZ Jg. 34, 1827, S. 207; Rodbertus, 1. Brief, 1850, S. 17, 28, 30.

7) Vgl. RWA Bd. 65, 1826, S. 815.

8) Über die Maschinenfrage vgl. AHZ Jg. 33, 1826, S. 353.

9) AHZ Jg. 32, 1825, S. 444. Die Mädchen waren vom Gericht freigesprochen worden: Der Unternehmer hatte 65 Mädchen von morgens 6 Uhr bis abends 19.30 Uhr bei eineinhalb Stunden Pause arbeiten lassen, wozu man die Kinder nur mit Stockschlägen hatte bewegen können. Dem Geistlichen, zu dessen Wirkungskreis es gehörte, die Fabrik zu inspizieren, hatten die Kinder in Gegenwart ihres Aufsehers ihr Leid nicht zu klagen gewagt und in ihrer Not lieber die Fabrik angezündet.

10) Erg.-Heft. 6, Erlangen 1826, S. 201.

11) AHZ Jg. 32, 1825, S. 514.

12) 80 bis 84 Grad Fahrenheit (das entsprach der Temperatur der heißesten Sommertage in England, so der Bericht auf S. 514.)

Erwähnt wurde hier weiter, daß die Arbeiter einer sie wie Sklaven behandelnden Fabrikordnung unterworfen seien (13) und auch in ihrem Privatleben in völliger Abhängigkeit zu den Unternehmern stünden. Sie müßten in den überteuerten Geschäften der Fabrikanten einkaufen, zu überhöhten Preisen in deren Miethäusern wohnen und verlören so im Ergebnis jede Lohnerhöhung wieder.

Der deutsche Übersetzer machte sich den Standpunkt dieses Artikels zu eigen und warf abschließend die Frage auf, ob dies denn Zustände seien, deren Entstehung man sich in Deutschland tatsächlich wünschen wolle.

Die Schriftleitung der von dem liberalen Volkswirtschaftler Leuchs herausgegebenen Handlungs-Zeitung war bemüht, mit einer Anmerkung die von dem Bericht vermittelten negativen Vorstellungen zu entschärfen. Der Darstellungsweise in den Werken der Nationalökonomie folgend, vertrat die Schriftleitung die Ansicht, daß das Bild über die englischen Fabriken zwar viel Wahres enthalte, aber doch etwas zu sehr ins Schwarze gemalt sei. Die meisten der britischen Arbeiter stünden sich finanziell besser als hier geschildert sei; vierzehn Stunden Arbeit seien auch nicht übermäßig; im übrigen müßten eben ungesunde Tätigkeiten in wachsendem Maße von Maschinen ausgeführt werden; und endlich treffe die Schuld an den kritisierten Zuständen auch zu einem guten Teil die Staatsregierung, die ohne weiteres etwa eine Lüftung der Räume verlangen und auch die Abhängigkeit der Arbeiter vom Fabrikanten durch zweckmäßige Gesetze vermindern könne.

Auf die Situation der Fabrikkinder ging die Allgemeine Handlungs-Zeitung in einem zweiten Aufsatz ein, der die Dringlichkeit eines Fabrikschutzes bezeichnenderweise leugnete. (14). In dem Artikel wurde berichtet, daß in den schottischen

---

13) Das vom Verf. mitgeteilte Beispiel:

Jeder Arbeiter, der ein Fenster aufmacht, bezahlt	1 Schilling.
Jeder Arbeiter, der sich in den Arbeitsstunden wäscht, bezahlt	1 Schilling.
Jeder Arbeiter, der seine Ölkanne an einen unrechten Platz stellt, bezahlt	1/2 Schilling.
Jeder Arbeiter, der zu früh sein Gaslicht anzündet, bezahlt	1 Schilling.
Jeder Arbeiter, der zu lange das Gaslicht brennen läßt, bezahlt	2 Schilling.
Jeder Arbeiter, der mit seinen Kameraden wispert, bezahlt	1 Schilling.
Wer fünf Minuten zu spät nach dem gegebenen Zeichen sich einfindet, bezahlt	2 Schilling.
Jeder Arbeiter, der krank ist und keinen andern an seinen Platz stellt, bezahlt	1/2 Schilling.

(Zum Vergleich: Die Zimmermiete "um einen teuren Preis" betrug 2 1/2 Schilling in der Woche.)

Baumwollfabriken, die in der Regel acht- und neunjährige Kinder beschäftigen würden, alles getan werde, um gesundheitliche Schädigungen der Kinder zu vermeiden. Man sorge für Frischluftzufuhr, für Sauberkeit in den Räumen sowie für genügend Erholungsstunden. Von 273 Kindern, die in den Spinnereien New Lanarks arbeiten würden, seien in sieben Jahren nicht mehr als fünf gestorben. Damit sei erwiesen, daß die Fabrikkinder doch im allgemeinen gut versorgt würden. (15)

Die Art und Weise, in der hier die englischen Informationen aufgenommen worden sind, war für die 20er Jahre wohl typisch. Anschuldigungen gegen die Industrie wurden in der Öffentlichkeit zwar vorgetragen, doch stießen solche Vorwürfe sofort auf Schutzbehauptungen der Industriepartei, die in allem das Gegenteil besagten, ohne daß die streitigen Punkte hinreichend aufgeklärt werden konnten.

1. Der Standpunkt Schuchards im Garnstreit

Nicht anders verhielt es sich auch, als im Jahre 1826 die Frage der deutschen Fabrikkinder zum ersten Mal als inländisches Problem von der Presse aufgegriffen wurde. Den Anlaß bildete eine im Rheinland aufflammende Kontroverse um die Einführung eines Importzolles auf englisches Maschinengarn, womit die deutschen Garnspinnereien, die unter Absatzschwierigkeiten litten, gegenüber der britischen Konkurrenz gefördert werden sollten. Der Preis dafür war freilich, daß die inländischen Hausweber - die das englische Garn verarbeiteten - und auch die mit ihnen in Geschäftsverbindung stehenden Färber und Drucker in ihrem Exportgeschäft benachteiligt werden mußten.

In dem jetzt einsetzenden Streit um die Zollfrage bildeten die in den Spinnereien tätigen Kinder einen der wesentlichen Argumentationspunkte. (1) So wie die Fabrikunternehmer die Lage darstellten, kam den Spinnfabriken geradezu der Charakter von gemeinnützigen Armenanstalten zu, in denen die Kinder der bedürftigen Schichten nicht nur das tägliche Brot sich verdien-

14) AHZ Jg. 32, 1825, S. 574.

15) Im Unterschied zu den Fabrikarbeitern, so legte die Zeitschrift dar, würden allerdings die Hausweber große Not leiden. Sie würden gerade noch soviel verdienen, um sich am Leben zu erhalten, obgleich sie ihren Arbeitstag von 9 auf 14 Stunden ausgedehnt hätten. Viele könnten sich außer Kartoffeln keine anderen Nahrungsmittel kaufen. Während einzelne Fabrikanten ungeheure Reichtümer erworben hätten, hätten die Weber nur noch wenige freundliche Stunden.

1) Artikel in: HZW 1826, S. 109, 117, 129, 138, 147, 153, 161, 163, 167, 179; RWA Bd. 65, 1826, S. 814, 912, 932; RWA Bd. 66, 1826, S. 1114, 1193; vgl. zur Lage der rhein. Industrie: Hansen, Bd. 1, 1906, S. 153 f.

ten, sondern auch noch genug, um ihre Eltern zu unterstützen. Überdies würden die Kinder, so lautete ein zweiter Gesichtspunkt, durch die Arbeit zu Fleiß und Ordnung erzogen und fänden in manchen Spinnereien auch noch Gelegenheit, an einem vom Unternehmer finanzierten Fabrikunterricht teilzunehmen.

Bei der Verteidigung der anderen Position in dieser mit Leserbriefen bestrittenen Auseinandersetzung trat vor allem der Barmer Webereibesitzer und Kaufmann Schuchard hervor, dessen Name mit der Geschichte des preußischen Arbeitsrechts aufs engste verbunden ist. (2) Vom Jahre 1826 stammt dessen erste mit der Fabrikarbeit der Kinder sich befassende Veröffentlichung, in der der rheinische Unternehmer auf die geistige, körperliche und moralische Verkrüppelung der in den Spinnereien tätigen Kinder hingewiesen hat. (3)

In der Hausindustrie, so führte Schuchard aus, ergehe es den Kindern entschieden besser als in der Fabrik, denn das Spulen in der elterlichen Wohnung sei gesünder und weniger anstrengend, und die Kinder könnten tagsüber auch beliebig die Arbeit unterbrechen, um ins Freie hinauszulaufen. Den deutschen Spinnereien machte Schuchard außerdem zum Vorwurf, daß sie die Zahl der Almosenempfänger erheblich vermehrten, weil in den Spinnfabriken fast ausschließlich Kinder bei nur geringem Lohn beschäftigt würden, während deren Eltern sich aufs Betteln verlegen müßten. Anders sei es dagegen in den Weberwerkstätten, in denen in erster Linie die Eltern, wenn

2) Vgl. Höring, 1932, S. 1 ff.
3) RWA Bd. 65, 1826, S. 814 ff.: "Moralisch betrachtet, möchte es zu wünschen sein, daß sich die Spinnereien in unserer Gegend nicht vermehren. Wir haben deren zwei in Barmen, die unter einer möglich strengen menschlichen Behandlung stehen; ja die eine hat sogar die Einrichtung getroffen, daß eine Stunde des Tages im Rechnen und Schreiben unterrichtet wird. Dennoch sind es Jammerhöhlen, worin die Jugend geistig und körperlich verkrüppelt wird. Man frage nur die Geistlichen, welche sie bei heranrückendem Alter zur Konfirmation vorbereiten sollen, wie sie in einer vom Staub verdorbenen Brust, die oft kaum vermag, vernehmliche Töne hervorzubringen, nur tierische Gefühle wahrnehmen können. Wie ist es aber auch anders möglich bei einer zusammengetriebenen Horde von Kindern, die von morgens 5 Uhr bis abends 9 Uhr zur Zwangsarbeit eingeschlossen werden. Es ist herzergreifend, wenn man gefühl- und gewissenlose Mütter ihre 5- bis 8jährigen armen Kleinen frühmorgens im Regen oder Schnee, in ärmlicher Bekleidung, sieht hinaustreiben zu der oft eine halbe Stunde weit entfernten Spinnerei, wo die armen Würmer schlecht ernährt, ohne den ganzen Tag einen warmen Bissen zu erhalten, ihre geringen Kräfte aufwenden müssen bis in die späte Nacht hinein, wo sie, stumpf und entkräftet, ihren zum Teil sehr fernen Heimweg antreten; die Kleineren sieht man dann matt und trübe daherschleichen, die Größeren brechen in ihrem

auch unter Mithilfe ihrer Kinder, ihr Auskommen finden könnten. (4)

Die Reaktion auf diese Stellungnahme war ausgesprochen heftig. Die Spinnereibesitzer bestritten die Sachverhaltsschilderung Schuchards und lasteten die von ihm erhobenen Vorwürfe ihrerseits wieder der Arbeit am Webstuhl an. Schuchard warf man vor, er habe sich von seiner Phantasie hinreißen lassen, einen der wichtigsten Industriezweige zu skandalisieren; er habe ein grundloses Jammerlied angestimmt mit sentimentalen Deklamationen, die auf ungenauer Beobachtung, grosser Verblendung oder auf viel bösem Willen beruhen würden.

Der Zeitungsstreit endete schließlich damit, daß einerseits Schuchard anbot, jedermann "privatim" den Beweis seiner Behauptungen zu liefern und andererseits die Unternehmer von Schuchard forderten, die Spinnereien durch bekannte, achtbare Männer untersuchen zu lassen und deren Feststellungen bekanntzugeben. (5) Wer sich die Rolle des öffentlichen Richters zulege, so meinte ein Fabrikant, müsse seine öffentliche Herabwürdigung auch beweisen.

An dieser Auseinandersetzung wird erneut deutlich, daß die Notwendigkeit eines Jugendarbeitsschutzes in Deutschland weithin noch immer nicht empfunden wurde. Die Unternehmer verwiesen ihrer Sache recht sicher darauf, daß nur wenige Werkstätten sich rühmen könnten, im Hinblick auf das körperliche und geistige Wohl ihrer Arbeiter vor den Spinnereien "etwas vorauszuhaben" und lobten die Fabrikschulen, wo sie bestanden, als schönes Beispiel des Gemeinsinns. (6) Für die Fabrikkinder mehr zu tun wurde offenbar nicht für erforderlich gehalten.

Selbst Schuchard, der doch die Verhältnisse "örtlich umständlich untersucht" hatte, kam nicht auf den Gedanken eines Fabrikgesetzes. Sein Ziel bestand vielmehr allein darin, eine Erhöhung des Garnzolls zu verhindern, damit nicht, wie er darlegte, 16.000 Kinder zusätzlich in Spinnereien beschäftigt würden und gleichzeitig 16.000 Familien, die die Hausweberei betrieben, ihr bisher gesichertes Auskommen verlören.

2. Der Standpunkt Diesterwegs zur Frage des Fabrikschutzes

In Anbetracht des letztlich noch wenig entwickelten Verständ-

---

Stumpfsinn nach ihrer Erlösung in Fluchen aus oder stoßen einige Strophen eines zotigen Liedes heraus..."

4) RWA Bd. 66, 1826, S. 1114 f.

5) AaO S. 1193.

6) HZW 1826, S. 148.

nisses der Allgemeinheit für das Schicksal der Fabrikkinder ist ein im März 1826 zu diesem Thema erschienener Zeitungsartikel um so ungewöhnlicher, als hier eine praktisch dem heutigen Standpunkt entsprechende Ansicht vorgetragen wurde. (1)

Der Verfasser, der rheinische Pädagoge Diesterweg, der als Seminardirektor in Moers tätig war und - darauf ist besonders hinzuweisen - im Jahre 1825 mehrmals mit dem Kultusministerium in Berlin verhandelt hat, (2) analysierte in seinem Aufsatz die Auswirkungen der industriellen Erwerbstätigkeit auf die Fabrikkinder und forderte den Gesetzgeber auf, zu deren Schutze einzugreifen. Obwohl diese Abhandlung bereits zu Anfang der Industrialisierung verfaßt wurde, handelt es sich dabei um die ausführlichste und sicherlich auch eindringlichste Untersuchung, die über das Problem der Kinderfabrikarbeit während der ersten Hälfte des 19. Jahrhunderts in Deutschland veröffentlicht worden ist.

Daß Diesterweg dieses Thema aufgriff, lag in Anbetracht seines beruflichen Werdeganges durchaus nahe. Von 1818 bis 1820 war er als Physiklehrer in Elberfeld tätig gewesen (3), und dort hatte er hinreichend Gelegenheit gefunden, die frühindustriellen Fabrikverhältnisse näher kennenzulernen. Seine Abneigung der Industrie gegenüber war in dem Aufsatz nicht zu übersehen: Diesterweg sprach von "armen Schattenbildern, Menschen genannt", die die Fabriken hervorbringen würden und deren Lebensweise keinen Vergleich mit dem schlichten, natürlichen Landleben aushalten könnten.

Zu diesen Erfahrungen in Elberfeld kam die pädagogische Überzeugung. Diesterweg war kein Neuhumanist, bejahte aber - von Rousseau und den Philanthropen beeinflußt - eine dem Wesen des Kindes gemäße Erziehung mit Abwechslung, Spiel, Fröhlichkeit sowie eine Schule, die nicht nur mechanisch Wissen vermitteln, sondern, von der Natur des Kindes ausgehend, erzieherisch wirken sollte, (4) Vorstellungen also, die einem Kompromiß mit monotoner und anstrengender Erwerbstätigkeit der Kinder im Wege standen.

Diesterwegs Stellungnahme fügt sich denn auch nicht ein in den Rahmen der sonst üblichen Argumentation, die immer von bestimmten Einflüssen der Fabrikarbeit auf bestimmte Schäden schloß - etwa, daß die mechanische Tätigkeit die

---

1) Über den Gebrauch der Kinder zur Fabrikarbeit..., in: RWM Jg. 3, Bd. 5, 1826, S. 161.
2) Vgl. Bloth, EU Jg. 18, 1963, S. 22.
3) EU Jg. 18, 1963, S. 24, Anm. 13 a.
4) Vgl. Diesterweg, Werke, 1956, S. 344 ff. und RWM Jg. 3, Bd. 5, 1826, S. 1 ff.

menschlichen Anlagen verkümmere; daß die sitzende Lebensweise verkrüppele; daß das unmoralische Beispiel der Erwachsenen die Kinder verderbe oder daß der lange Arbeitstag einen Unterricht und damit die Schulbildung der Kinder vereitele. Bei dieser Betrachtungsweise, die einzelne Folgen der Fabrikarbeit oder einzelne Mißbräuche isoliert zu erfassen suchte und Maßnahmen vorschlug, die nur den als schädlich erkannten Einzelursachen vorbeugen sollten, wurde die Kinderarbeit in der Fabrik dem Prinzip nach für unbedenklich gehalten.

In diesem Ausgangspunkt schon war Diesterweg anderer Ansicht. Er faßte den Tatbestand des Mißbrauchs der Kinder weiter und bezeichnete die Gesamtheit der Einwirkungen der industriellen Tätigkeit - und zwar die Tatsache der Arbeit ebenso wie die des Aufenthalts in der Fabrik - als eine Quälerei der Kinder, die untersagt werden müsse, weil die Anforderungen der Tätigkeit in der Fabrik von der Natur des Kindes grundverschieden seien. Bei seiner Forderung nach einem Fabrikgesetz knüpfte Diesterweg daher auch folgerichtig an die Institute Wohlfahrts- und Bevölkerungspolitik an, während man sonst regelmäßig die in ihrem Wirkungsbereich engeren Grundsätze der Medizinal- und Sittenpolizei und das zu dieser Zeit noch immer nicht ganz unbestrittene staatliche Erziehungsrecht durch die Auswirkungen der Kinderarbeit als berührt bezeichnet hat.

Den Sachverhalt der, wie er formulierte, himmelschreienden Mißhandlung der Kinder in den Fabriken schilderte Diesterweg unter ausdrücklichem Verzicht auf die Darstellung der Rohheiten und Brutalitäten, denen die Kinder nur zu häufig durch die Fabrikanten und Fabrikaufseher ausgesetzt seien. (5) Diesterweg stellte allein auf den Regeltatbestand der Fabrikarbeit ab, den Alltag des Kindes, wobei er im Gegensatz zu dem gängigen zusammenfassenden Urteil: "leichte Arbeit, die die Kräfte nicht übermäßig beansprucht", die ganze Trostlosigkeit dieses Kinderlebens einfing:

Der Arbeitsbeginn morgens um 5 oder 6 Uhr; das Kind begibt sich an seine Maschine, und erfüllt nun, ohne daß seine Aufmerksamkeit wirklich gefordert würde, seine Aufgabe: "Es spinnt und spult ohne Abwechslung und klopft und hämmert maschinenmäßig fort, von Minute zu Minute, von Stunde zu Stunde". Als einzige Erholung tagsüber die Pause am Mittag, nach deren Ende das Kind wieder da beginnt, wo es aufhörte und wo es bis 19 oder 20 Uhr abends, meist entweder sitzend oder stehend, weiterarbeitet; "das ist der Beruf der Kinder, am Montag, Dienstag, Mittwoch, Donnerstag, Freitag, Samstag, täglich 12 bis 14 Stunden, den ganzen Tag, die ganze Woche, das ganze Jahr hindurch, mit der kurzen Unterbrechung von einer Stunde des Tages und eines Tages in der Woche."

---

5) Dazu der Herausgeber der Zeitschrift in einer Anm., RWM Jg. 3, Bd. 5, 1826, S. 176: "Man schlägt die Kinder, um sie an die Arbeit zu gewöhnen."

Und selbst am Ende des Arbeitstages, wenn für die Erwachsenen Feierabend herrscht, noch keine Ruhe, sondern Fortsetzung der Qual in der Schule, in der der Lehrer dem Gedächtnis der müden Kinder die Anfangsgründe im Lesen, Schreiben und Rechnen mechanisch einzuprägen sucht, bis dann nach 1 1/2, 2 Stunden das Kind endlich heim darf und nun nach 22 Uhr abends mit dem Schlaf der glückliche Teil in seinem Leben beginnt.

Doch schon bald ist die Ruhe wieder vorbei, "der Teufel zieht die Fabrikglocke", schlaftrunken läuft das Kind in Angst vor den Schlägen, falls es zu spät käme, wieder in die Fabrik und steht bei Sonnenaufgang wieder dort, wo es bei Sonnenuntergang gestanden hatte, "das Spinnrad läuft, die Spulen rasseln, die Fabrik ist im Gang".

Dieses Leben, so betonte Diesterweg, sei gerade für Kinder so unmenschlich, weil die Fabrik in allem genau das Gegenteil dessen sei, was das Kind anlagegemäß vor seiner Umgebung erwarten müsse. Bedürfe es Wechsel in der Beschäftigung, damit seine Aufmerksamkeit geweckt werde und der Geist sich entfalten könne, so finde es in der Fabrik nur ein lähmendes Einerlei; fordere das Wesen des Kindes bis zu seinem 12. Lebensjahr und auch darüber hinaus noch soviel Bewegung wie möglich - Spiel, Springen und Laufen -, so sei es in der Fabrik den ganzen Tag über an eine einförmige Arbeit gefesselt. Brauche es eine heitere Jugend, um sich gesund zu entwickeln, so schwinde ihm der jugendliche Sinn unter dem frühen Ernst der Arbeit an der Maschine. Statt Natur, Wald, Wiesen, Vogelgesang nur Unnatur, Mechanik und Lärm, dazu Schmutz, die Ausdünstungen der Maschinen und des bearbeiteten Materials, der Qualm der Lampen, die von den Menschen verbrauchte Luft, die einseitige körperliche Inanspruchnahme durch die Erwerbstätigkeit, das ständige Sitzen oder Stehen, die fehlende Erholung, die unzulängliche Ernährung. Wen sollte es wundern, so schrieb Diesterweg, wenn die Summe dieser Einwirkungen das Bild einer körperlichen Zerrüttung und Verkrüppelung verursache und die Kinder kränklich würden, selbst wenn sie die Fabrikarbeit mit den gesündesten Anlagen aufgenommen hätten, und daß sie später als Erwachsene mit 45 oder 50 Jahren bereits arbeitsunfähig seien. "Das ist das gepriesene Glück, das die Fabriken über ein Land bringen! Die Reichtümer sammeln sich in einer Kiste; sie zu erfüllen, wird das Mark der Kinder nicht gespart."

Für noch bedenklicher als diese körperliche Verkrüppelung erachtete Diesterweg die Auswirkungen der Arbeit auf die geistige Verfassung der Kinder. Diesterweg bestritt die Möglichkeit, daß ein zeitlich beschränkter, aber guter Unterricht die schädlichen Einflüsse der Fabrikarbeit tatsächlich auszugleichen vermöchte. Die Fähigkeiten, mitzudenken, zu begreifen und anzuwenden,die für eine geistige Erziehung vorausgesetzt würden, diese Fähigkeiten würden durch die von den Kindern jahrelang ausgeübte mechanische Arbeit abgetötet, und daher sei selbst der beste Lehrer gezwungen, den Unterrichtsstoff nur noch mechanisch einzuüben, ohne daß auf diese Weise eine Charakterbildung erreicht werde.

Aber selbst wenn all diese pädagogischen Schwierigkeiten nicht bestünden, fügte Diesterweg hinzu, so würde sich jedenfalls nichts an den anderen verderblichen Einwirkungen der Fabrikarbeit ändern; die Schule sei völlig machtlos gegenüber dem bösen Beispiel, der Gemeinheit der Umgebung und der brutalen Behandlung, die die Kinder hinnehmen müßten und die schon früh ihre Sittlichkeit und Frömmigkeit zerstören würden. "Die roheste, gemeinste, schlechteste, verworfenste Menschenrasse", "der Auswurf der Menschheit" bevölkere die großen Fabrikorte Europas; das, so wiederholte Diesterweg, sei der Segen, den die Fabriken über das Land verbreiten würden.

In diesem Artikel fehlt kaum einer der Gesichtspunkte, die sich zugunsten einer Beschränkung der Kinderarbeit anführen lassen. Diesterweg legte dar, daß der Staat unter den jungen Fabrikarbeitern selten geeignete Soldaten finde; daß die Arbeiter früh den Armenanstalten zur Last fallen würden; er erinnerte daran, daß die sonst so oft beschworenen Ideale menschlicher Kultur in den Fabrikorten völlig unerreichbar bleiben müßten; daß die menschliche Bestimmung des Fabrikarbeiters allein die eines Lasttieres sei; daß bei Absatzstockung Tausende brotlos würden; wie leicht diese unwissenden Arbeiter gegenüber den Besitzenden bis zur Verbitterung gereizt werden könnten und wie verbreitet die religiöse Schwärmerei gerade in den Industriegegenden sei.

Gemessen an den negativen Auswirkungen der Arbeit waren Diesterwegs Forderungen zum Schutze der Fabrikkinder ohne Frage maßvoll. Viel sei schon gewonnen, so schrieb er, wenn ein Gesetz das Alter bestimme, vor dem kein Kind in den Fabriken beschäftigt werden dürfe, und wenn weiter die tägliche Arbeitszeit der Kinder beschränkt werden könne. Viel habe er auch erreicht, wenn er wohlmeinende Fabrikanten dazu bewegen könne, den Fabrikkindern einige Stunden Unterricht erteilen zu lassen, ohne ihnen gleichzeitig den schwer verdienten Lohn zu kürzen.

In drei kleineren Zusätzen zu dem Aufsatz versuchte Diesterweg, über die unmittelbar Beteiligten hinaus noch andere Personenkreise anzusprechen. Diesterweg wollte vor allem die Aufmerksamkeit der Missionsanstalten und damit der Kirchen auf dieses Problem lenken, denen er nicht ohne Schärfe zum Vorwurf machte, im christlichen Eifer für eine Bekehrung der Fremden sich einzusetzen, darüber aber das Notwendigste, die Ausbreitung des Christentums unter dem eigenen Volk, zu vergessen und die Fabrikkinder ohne allen Unterricht selbst in der christlichen Lehre aufwachsen zu lassen.

Diesterweg verwies ferner auf die Bemühungen des Magistrats von Berlin, der wegen der dortigen Fabrikkinder, die häufig noch keine Schule besuchen würden, sich mehrfach an das Ministerium gewandt habe, und betonte, wie ungleich dringlicher im Bergischen Land, wo Tausende von Kindern keinerlei Unterricht bekämen, solche Anstrengungen seien - "ein des Schweißes würdiger Gegenstand für gemeinnützige Bürgermeister, Schulvorsteher, Prediger und Lehrer". (6)

Ein Gesetz aber, so hob Diesterweg hervor, indem er am Ende seines Artikels noch einmal auf diese Forderung einging, ein Gesetz werde durch Bemühungen der Kommunalbehörden auf keinen Fall entbehrlich, denn mit dem guten Willen einzelner allein sei es nicht getan, selbst wenn, wie die Düsseldorfer Regierung es angeordnet habe, das Schulgeld aus der Armenkasse gezahlt werde. (7) Voraussetzung für den Schulbesuch der Fabrikkinder sei zunächst, daß diese auch über die dafür erforderliche Zeit verfügen würden. Eben daran fehle es aber, solange der Gesetzgeber nicht die Fabrikarbeit beschränke, weil die Kinder in der Regel mit dem achten Lebensjahr bereits in die Fabriken gehen würden und die Arbeit an jedem Tag vom Morgen bis zum Abend dauere.

Abschließend sei noch vermerkt, daß Diesterweg seinen Aufsatz allem Anschein nach mit Unterstützung, wenn nicht gar auf Veranlassung des Kultusministers geschrieben hat. Für diese Vermutung sprechen manche Passagen des Artikels, aber auch der Umstand, daß Altenstein gar kein anderer Weg blieb, wenn er die Allgemeinheit für seinen Standpunkt gewinnen wollte. Diesterweg wäre auch nicht der einzige Pädagoge gewesen, der mit einer solchen privaten Öffentlichkeitsarbeit versucht hätte, die preußische Schulpolitik zu unterstützen. (8)

V. Maßnahmen des Kultusministeriums in den Jahren 1826/27

War mit den Erörterungen Diesterwegs der Boden für ein staatliches Handeln vorbereitet, so folgte das Berliner Ministerium wenig später mit einer Reihe von Entscheidungen nach:

Eine erste Verordnung, die das Thema der Fabrikarbeit der Kinder aufgriff, erging im Jahre 1826, eine zweite Verordnung im Jahre 1827, gleichzeitig wurden Zusammenfassungen der Regierungsberichte aus der medizinal-polizeilichen Umfrage bekannt gemacht, weiter die Gesundheitsenquete nochmals ausgedehnt

---

6) Der Hinweis auf Berlin deutet auf eine gezielte Information, die wohl auch nicht ohne Nebenabsicht erteilt worden ist: Gerade die unzulänglichen Schulverhältnisse in der Hauptstadt beschäftigten das Kultusministerium seit 1824, vgl. Meyer, 1971, S. 225 ff., 231 ff.
7) Vgl. RWM Jg. 3, Bd. 5, 1826, S. 49 ff.
8) Vgl. dazu an späterer Stelle die Hinweise auf Beckendorff und Grashof, 1827 und 1833.

und die dann eingehenden Ergebnisse der Allgemeinheit vorgestellt. Innerhalb kurzer Zeit erreichte das Kultusministerium damit, daß der Öffentlichkeit die Frage der Beschäftigung der Kinder in der Industrie als ein inländisches Problem bewußt geworden ist.

1. Das Ministerialreskript vom 2. Oktober 1826

Die erste der genannten Maßnahmen traf Altenstein im Rahmen der Bekämpfung der Jugendkriminalität. Am 2. Oktober 1826 erließ er ein Schulreskript, (1) das man als die früheste für Gesamtpreußen geltende Maßnahme ansehen kann, die, wenn auch nur neben anderen Zielen, ausdrücklich gegen die Mißbräuche bei der Fabrikarbeit der Kinder sich gerichtet hat.

Altenstein ordnete in diesem Reskript an, daß die Elementarschulen sich nicht länger mehr damit begnügen dürften, allein Kenntnisse und bloße Fertigkeiten zu vermitteln. Um die gefährdeten Jugendlichen vor Gesetzesverstößen zu bewahren, müßten die Volksschulen vielmehr erzieherisch auf die Kinder einwirken, ihre geistige Selbsttätigkeit entwickeln sowie Charakter und Religiosität der Kinder festigen.

Es springt ins Auge, daß Altenstein mit dieser Verordnung eine Grundentscheidung getroffen hatte, deren Bedeutung weit über den konkreten Anlaß, die Jugendverwahrlosung, hinausreichte. Erziehung durch die Schule anstatt des einfachen Lernunterrichtes bedeutete, daß in der Volksschulkonzeption der Anschluß an die pädagogischen Ideale der Reformzeit wiedergewonnen war, wenn auch mit inhaltlichen Einschränkungen, die sich aus den herrschenden ständestaatlichen Vorstellungen ergaben. Der preußische König hatte sich dazu bewegen lassen, nach der betont restaurativen Volksbildungspolitik der vorangegangenen Jahre den Gedanken der qualifizierten Volksschule wieder zu befürworten.

In dieser Entscheidung lag ein beachtlicher Fortschritt. Zwar war die bei den Kommunalbehörden verbreitete Einstellung, dem Unterricht der ärmeren Schichten nur geringes Augenmerk zu schenken, dadurch nicht schon aus der Welt gebracht; diese Haltung stand jetzt aber wieder eindeutig im Widerspruch zur offiziellen Berliner Schulpolitik.

Wenn dem Reskript hier auch der Charakter eines speziellen Fabrikschutzes zugesprochen wird, so ist dieses Urteil mit Rücksicht auf den zweiten Abschnitt der Verordnung gerechtfertigt, wo einzelne die Jugendlichen besonders gefährdende Verhältnisse genannt waren und dabei unter Ziffer 5 auch die

---

1) A.M. 9, S. 42; als Anlage 4 auf S. 498.

Fabrikarbeit der Kinder.

Als die hauptsächlichen Gefahren der frühen Erwerbsarbeit zeigte das Ministerium hier vier Gesichtspunkte auf: die Zusammenarbeit der Kinder mit rohen, entsittlichten Erwachsenen; die durch die Arbeit bedingten Schulversäumnisse; die Gesundheitsschädigungen und schließlich die mechanisch zu erledigenden Tätigkeiten selbst, unter deren Einfluß die geistigen Interessen der Kinder abstumpfen würden.

Im Mittelpunkt des Reskripts stand allerdings die neue Volksschulpolitik, die ausführlich erläutert wurde, während das Kultusministerium die Gegenmaßnahmen gegen die Gefahren der frühen Arbeit im Anschluß daran nur kurz erwähnt hat: Mit besonderer Wachsamkeit, so hieß es immerhin im Grundsatz sehr entschieden, sollten die Behörden die Fabrikarbeit der Kinder beobachten und dabei die Schulbestimmungen des Preuß. ALR - §§ 43 bis 46 Tit. 12 Teil II - streng einhalten. (2) Ein Nachsatz kündigte an, daß in dieser Frage bald noch weitere Vorschriften erlassen würden.

Eine solche Ergänzung wurde in der Tat dringend erforderlich; denn wenn die Verordnung die Bedeutung des niederen Schulwesens unterstrich und vor den Fabriken warnte, so war die unter der Geltung des ALR zulässige Einschränkung des Schulbesuchs selbstverständlich nicht aufgehoben, sondern allein klargestellt, daß die Kinder so wenig wie möglich dem Unterricht entzogen werden dürften. In welchen Fällen aber entgegen der üblichen Praxis Befreiungen vom Unterrichtsbesuch abgelehnt werden sollten, diese Frage war vorläufig noch unbeantwortet geblieben.

2. Veröffentlichung der Regierungsberichte

Die angekündigten Regelungen traf das Kultusministerium dann im folgenden Jahr, publizistisch auffällig eingeleitet dadurch, daß Beckedorff, der bis dahin der Volksschulreferent im Ministerium gewesen war, (1) die bis zu diesem Zeitpunkt eingegangenen Mitteilungen der Regierungen in der Form einer Antwort auf Diesterwegs Aufsatz vom Vorjahr in der Zeitschrift "Jahrbücher des Preußischen Volks-Schul-Wesens" der Öffentlichkeit unterbreitete und im Zusammenhang damit die Maßregeln des Ministeriums erläuterte. (2)

---

2) Vgl. den Gesetzestext in Anm. 13 auf S. 98 f.

---

1) Beckedorff wurde i.J. 1827 nach seinem Übertritt zum Katholizismus aus dem preuß. Staatsdienst entlassen.
2) "Gebrauch der Kinder zu Fabrikarbeiten", in: JPrV Bd. 6, 1827, S. 222. Teilveröffentlichung des Berichtes mit den Nachweisen der Regierungsbezirke Berlin in: MLV Jg. 3, 1851, S. 3; Krefeld in DH Jg. 30, 1959, S. 93; Arnsberg bei Anton, 1891, S. 8 ff.; Minden in: AF Jg. 10, 1872, S. 44 f.

Die von Beckedorff mit Kürzungen (3) wiedergegebenen zehn Berichte schilderten die Verhältnisse in den rheinischen, westfälischen und schlesischen Regierungsbezirken, von denen vier nach damaligen Begriffen stärker industrialisiert und sechs in ihrem Charakter noch wesentlich von der Landwirtschaft und dem kleinen Hausgewerbe geprägt waren. Diesem Strukturunterschied folgend, sind zwei Berichtsgruppen zu unterscheiden:

Was zunächst die Gruppe der Fabrikbezirke anlangt, so teilten die Regierungen Köln und Aachen ganz ähnliche Feststellungen mit wie die Regierungen Arnsberg und Düsseldorf, deren Berichte zuerst im Ministerium eingegangen waren. Auch für Aachen und Köln galt, daß Kinder in "großer Anzahl" mit dem 6. und 7. Lebensjahr die Arbeit in den Fabriken aufnahmen und daß der Werktag der Kinder bis zu 12 und 14 Stunden dauerte, wobei mitunter auch nachts gearbeitet wurde.

Übereinstimmend mit den ersten Berichten lauteten auch die Angaben über den Gesundheitszustand der Kinder.

Eindeutig äußerte sich insoweit nur die Aachener Regierung, die für die Fabrikkinder eine zurückgebliebene Ausbildung der Organe und Anfälligkeit für Krankheiten als allgemein zu beobachtende und mithin typische Merkmale nannte. "Trübe Augen, blasses Aussehen, skrofulose Anlagen und andere auf Verbildung und Störung des Organismus Bezug habende Übel werden sich bei ihnen mehr als bei andern Kindern zeigen", meinte die Regierung und fügte hinzu, daß die Kinderarbeit wohl auch eine Ursache für die beträchtliche Sterblichkeitsrate in den Fabrikorten bilde, wo sie fast doppelt so hoch lag wie in den Landgemeinden. Hervorzuheben ist, daß die Regierung die Fabrikkinder auch sonst mit der Landjugend verglichen hatte, die im Rheinland regelmässig erst mit dem 10. bis 12. Lebensjahr zu Erwerbstätigkeiten herangezogen wurde.

Die Kölner Regierung, deren Beobachtungen als Vergleichsmaßstab der Zustand der nichtarbeitenden städtischen Armenkinder zugrunde lag, war zu keinem einheitlichen Ergebnis gelangt: Unter neun Fabrikorten befanden sich zwei, in denen die Kinder höchst elend aussahen; in drei anderen Ortschaften traf das zum Teil zu und dabei nicht für die Kinder, die in den Tabakfabriken arbeiteten; in vier weiteren Fabrikorten , zu denen auch die Stadt Köln mit 700 Fabrikkindern gehörte, hatte man dagegen derartige Nachteile nicht feststellen können.

Die Gesundheitsschädlichkeit war nach der Beobachtung der Kölner Regierung nicht mit der Industriearbeit schlechthin, sondern nur mit bestimmten Fabrikarten verbunden. Als für die körperliche Entwicklung unverkennbar nachteilig waren hier

3) Namentlich fehlten die Gesetzesvorschläge, vgl. dazu Anton, 1891, S. 15 ff.

angegeben: die Tätigkeit in den Baumwollspinnereien, wie sie in Bonn und Mühlheim existierten, sowie die Arbeit in den Seidenspinnereien, die ebenfalls in Mühlheim betrieben wurden. Auch in den Wollfabriken besaßen die Kinder diesem Bericht zufolge ein höchst elendes Aussehen, ebenso in solchen Spinnereien, in denen die Kinder mit dem drückenden Webstuhl auf der Brust zu arbeiten hatten. Häufig, so schrieb die Regierung, litten die dort Beschäftigten an Schwindsucht und auch an Lungenkrankheiten.

In den Antworten zu den weiteren Fragen stimmten der Aachener und der Kölner Bericht wieder überein. In beiden Bezirken erhielten die Fabrikkinder in der Regel keinen oder allenfalls einen notdürftigen Unterricht; in beiden Bezirken wurde auch der moralische Zustand der Kinder überwiegend als schlecht bezeichnet und als Gründe dafür die Zusammenarbeit mit den Erwachsenen, der fehlende Unterricht und eine Frühreife der arbeitenden Kinder angegeben.

Die Berichte der Regierungen Düsseldorf und Arnsberg lauteten - wie ausgeführt - ganz ähnlich, so daß die Feststellungen in diesen vier Bezirken ein Fabrikgesetz vollauf rechtfertigen konnten.

Anders hingegen waren die Auskünfte ausgefallen, (4) die die Regierungen der Bezirke Trier, Koblenz, Münster, Minden, Liegnitz und Breslau eingesandt hatten. Hinsichtlich der wirtschaftlichen Struktur bestand, wie oben bereits erwähnt wurde, die Gemeinsamkeit dieser Bezirke darin, daß sie erst wenig industrialisiert waren. Man hatte, um ein Beispiel zu nennen, für den ganzen Bezirk Liegnitz lediglich fünf Glasfabriken und fünf Wollmanufakturen gemeldet.

Demgemäß wurden für diese Bezirke auch nur wenige Fabrikkinder nachgewiesen. Die Regierung Münster etwa nannte drei Fabrikorte und dazu jeweils 33, 57 und 8 Fabrikkinder. Bezeichnenderweise waren die erwerbstätigen Kinder in diesen Bezirken auch älter als die in Aachen, Köln oder Düsseldorf. Sechs- und Siebenjährige fand man in den Fabriken nur in Münster und Liegnitz; sonst war es üblich, die Kinder erst mit dem 8. Lebensjahr in ein Arbeitsverhältnis zu geben, so die Angaben der Regierungen Breslau, Minden und Koblenz. In einem dieser Bezirke, dem von Trier, gingen die Kinder nicht vor dem 12. Lebensjahr einer Fabriktätigkeit nach.

Von Bedeutung war weiter - soweit in diesem Zusammenhang Einzelbeobachtungen verallgemeinert werden dürfen -, daß zu Beginn der Industrialisierung noch nicht solange gearbeitet wurde wie in späteren Jahren. Den Vierzehn-Stunden-Tag gab es zwar auch in Koblenz, Breslau und Liegnitz; jedoch wurden die Kinder

---

4) Vgl. JPrV Bd. 6, 1827, S. 226 ff., 239 ff.

in den wenigsten Fällen die volle Tageszeit über in Anspruch genommen: Die Regierung in Trier hielt die Beschäftigungsdauer für nicht bedenklich; die Regierung Münster gab eine Arbeitszeit von 6 bis 8 1/2 Stunden an, und die Mindener Regierung führte aus, daß man die Kinder in ihrem Bezirk meist nur einige Stunden am Tag beschäftige oder im Schichtbetrieb mit anderen austausche, um den Schulunterricht nicht zu sehr zu beeinträchtigen.

Der Grad der Industrialisierung schlug sich dann aber, weit mehr als die anderen Angaben zunächst vermuten lassen, deutlich in dem Urteil über den Gesundheits- und Sittenzustand der Fabrikkinder nieder. Mit Ausnahme der Regierung Münster, die die Fabrikkinder als häufig blaß und an Engbrüstigkeit, Lungensucht, Skrofulosekrankheiten und Hautausschlägen leidend schilderte, und vielleicht noch der Regierung Liegnitz, die jedenfalls in Hinblick auf die Glashütten ähnliches angegeben hat, beurteilten die Regierungen den physischen Zustand der Fabrikkinder im allgemeinen mit den Prädikaten: "gut" oder "teilweise besser als die anderer nicht arbeitender Kinder gleichen Standes". Die Regierung Koblenz belegte ihre Auskunft mit den Bekundungen eines Arztes und auch mit Aushebungslisten der Militärverwaltung ihres Bezirkes.

Als Ursachen für diese positiven Auswirkungen der Arbeit nannten die Berichte die gesunde Bewegung bei einer nur leichten Beschäftigung sowie die relativ gute Ernährung der Fabrikkinder, so die Regierungen Liegnitz, Minden und Trier. Als günstig wurden auch die meist geräumigen und ausreichend belüfteten Arbeitssäle hervorgehoben, so von der Regierung Breslau.

Wo man schwächliche und kränkliche Kinder vorgefunden hatte, sah man nicht die Fabrikarbeit als solche als gesundheitsschädlich an, sondern besondere Umstände: das Einatmen von Kupferstaub und Phosphor beim Färben und Weben; überhaupt die Staubentwicklung, insbesondere beim Zubereiten der Wolle vor dem Spinnen, so die Regierung Trier; weiter zu enge und zu kleine Arbeitsräume und die Art des Arbeitsmaterials, so die Regierung Münster, und schließlich die beim Betrieb der Maschinen auftretenden Luftverunreinigungen, die Ausdünstungen der Menschen und die künstliche Beleuchtung bei der Nachtarbeit, so die Regierung in Breslau. Daneben findet sich aber auch der das Gewicht derartiger Angaben abschwächende Hinweis auf die nicht weniger ungesunden Arbeitsbedingungen in der Hausindustrie.

Feststellungen darüber, daß nachteilige Einflüsse einer während der Jugend ausgeübten Berufsarbeit bleibende Schäden hervorrufen würden, fanden sich nur in drei Berichten.

Die Regierung in Münster meinte, daß die menschliche Natur zwar eine in der Kindheit erworbene Neigung zu Erkrankungen in den späteren Jahren zu überwinden scheine; doch bleibe wohl, wie sich bei einer Musterung in Bocholt erwiesen habe, von der zu frühen Erwerbstätigkeit ein gegenüber dem Normalen vermindertes Wachstum und überhaupt eine geringere Ausbildung des Körpers zurück.

Die Regierung in Liegnitz berichtete, daß die Glashüttenarbeiter regelmäßig nur das Alter von 50 Jahren erreichen und nicht selten unter Augenkrankheiten, Nervenschwäche und Gliederlähmungen leiden würden. Allerdings müsse man insoweit wohl auch in Rechnung stellen, fügte die Regierung hinzu, daß diese Gesundheitsschädigungen vielleicht noch ernster wären und häufiger auftreten würden, wenn die Arbeiter nicht frühzeitig an die Beschwerlichkeiten ihres Berufes gewöhnt würden.

Daß die Glasmacher und Wollspinner nicht so alt würden wie die Beschäftigten in anderen Berufen bei gleicher Konstitution, zeigte auch die Bezirksregierung Trier an; jedoch konnte sie dazu noch keine genaueren Beobachtungen angeben. Die Behörden der Bezirke Koblenz, Minden, Breslau schließlich hatten keine bleibenden Nachteile der frühen Erwerbsarbeit ermittelt.

Gesicherte Erfahrungen fehlten übrigens auch hinsichtlich der sonstigen Lebensbedingungen der Fabrikkinder. Allein die Trierer Regierung äußerte sich in einer allgemeinen Formulierung zu dieser Frage, und zwar durchaus befriedigt: Die Fabrikkinder, so meinte die Behörde, könnten sich aufgrund ihres Lohnes regelmäßig gut ernähren, würden außerdem an ein ordentliches und tätiges Leben gewöhnt sowie vom Betteln abgehalten.

Vollständiger und in den Aussagen wieder einheitlich waren die Antworten auf die Frage nach Schulbesuch und Sittlichkeit der Kinder.

Nicht zu leugnen war der Tatbestand, daß nirgendwo ein ordnungsgemäßer Unterricht neben der Fabrikarbeit hatte eingerichtet werden können. Am günstigsten lautete insoweit noch der Bericht der Regierung Liegnitz, die allerdings auch nur in einer sehr vage gehaltenen Wendung angab, die Fabrikkinder nähmen am Unterricht teil. Wohl nicht ohne Grund meldete auch die Breslauer Regierung reichlich unbestimmt, die Kinder würden mehr oder weniger zur Schule gehen. Im Bericht der Mindener Regierung hieß es, es bestehe eine einzige Fabrikschule; im allgemeinen würden die erwerbstätigen Kinder den normalen Unterricht an zwei Wochentagen oder aber mit längeren Unterbrechungen besuchen.

In den rheinischen Bezirken Koblenz und Trier dagegen bestand noch eine völlig unzulängliche Schulversorgung. Die Kinder erhielten je nach den örtlichen Verhältnissen eine oder zwei Stunden Unterricht am Tag oder auch nur an manchen Tagen oder überhaupt nie. Aufschlußreich ist dazu die Bemerkung der Ortsbehörde Wied-Runkel im Regierungsbezirk Koblenz, daß die Fabrikkinder, da sie aus der ärmsten Klasse stammen würden, die Schule ohnehin nicht besuchen könnten, ob sie nun arbeiten würden oder nicht.

Glaubt man den Berichten, so wirkten sich aber weder die Fabrikarbeit noch die eingeschränkte oder gar fehlende Schulerziehung nachteilig auf die Charakterbildung aus. Nur in einigen Orten hatte man den Sittenzustand der Fabrikkinder für bedenklich gehalten. Meist beurteilten die Regierungen die Moralität der Kinder dagegen mit: "normal", "gut", ja sogar mit "besser als die anderer nichtarbeitender Kinder". Die einzige Regierung, die hier gewisse Vorbehalte anmeldete, war die des Bezirks Breslau. Sie betonte als Vorzüge der frühen Erwerbstätigkeit, daß die Kinder "zu Fleiß, Geduld und großer Pünktlichkeit hingeleitet" würden und sah als Nachteil an, daß "die Redensarten erwachsener unmoralischer Personen sich in die jungen Gemüter tief einprägen" würden.

Damit ist der Inhalt der Berichte bereits vorgestellt, auf denen für ein Fabrikgesetz aufgebaut werden mußte. Einen solchen Entwurf abzufassen war allerdings keine einfache Aufgabe. Denn das pädagogische Ziel konnte schon vom Ansatz nur bescheiden sein, weil eine für die Unterrichtszwecke wirklich befriedigende Anordnung - ein Verbot der Kinderarbeit während der normalen Schulstunden - in Anbetracht der bestehenden Erwerbs- und Produktionsstruktur natürlich nicht erlassen werden konnte. Durchsetzbar war lediglich, einen gewissen Ausgleich zwischen den beteiligten Belangen zu finden, das heißt dem der Kinder an einer Erziehung und gesunden Entwicklung; dem der armen Eltern an einem Beitrag zum Unterhalt der Familie und dem der Fabrikanten, die geltend machten, auf die auch von der Konkurrenz verwendeten billigen Arbeitskräfte angewiesen zu sein, zumal die ausländische Industrie zusätzlich noch eine überlegene Technik einsetzen konnte.

Wie Beckedorff in seinem Aufsatz mitteilte, wollte Altenstein diesen Interessenausgleich mit einer starken Differenzierung erreichen; die besonderen Verhältnisse "der Zeit, des Ortes und der Personen" sollten gebührend berücksichtigt und dabei nicht nur für jeden Industriezweig eigene Vorschriften geschaffen werden, sondern darüber hinaus auch unterschiedliche Regelungen für die Arbeiten innerhalb der Fabriken. (5)

Das Kultusministerium neigte also, wie sich schon in den Jahren 1815 und 1819 gezeigt hatte, einem Lösungsmodell zu, das über sehr spezielle Regelungen ermöglichen sollte, das einzelne Arbeitsverhältnis mit der, gemessen an der konkreten Situation, jeweils leistungsfähigsten Unterrichtseinrichtung zu verbinden. Dieser Gedanke war aus schulischer Sicht wohl überzeugend, barg aber auch ganz erhebliche Probleme in sich. Denn ob sich eine derart komplizierte Organisationsform überall verwirklichen und auf Dauer erhalten ließ, wird man mit guten Gründen anzweifeln können.

---

5) JPrV Bd. 6, 1827, S. 224.

Andererseits darf man aber auch nicht übersehen, daß das sehr widersprüchliche Umfrageergebnis eine solche differenzierende Verfahrensweise auch sehr nahegelegt hat. Denn die Regierungsberichte hatten die Enquetepunkte in Wahrheit nicht in dem Umfang aufgehellt, wie die Schulfachleute es sich bei Beginn der Umfrage wahrscheinlich erhofft hatten und wie es für die Formulierung von Vorschriften, die auf die Fabrikarbeit selbst sich beziehen sollten, unabdingbar notwendig gewesen wäre. Daß Kinder unter Beeinträchtigung ihres Schulunterrichtes, ihrer Erziehung, ihrer Moralität und ihrer Gesundheit in den Fabriken beschäftigt wurden, war gewiß erwiesen. Aber der Befund war nicht für alle Fabriken gleichlautend. Was die Regierungen in den entwickelteren Fabrikbezirken als nachteilig schilderten, bewerteten die Behörden der Regionen mit wenig Industrie als in der Regel unbedenklich. Und auch soweit die Berichte bestimmte Arbeitsbedingungen als schädlich ansahen, hatten sie diese nachteiligen Ursachen nicht genügend tatbestandlich erfassen können.

Das Ministerium zweifelte bei dieser Sachlage sogar daran, das so unterschiedlich eingeschätzte Bedürfnis nach einem Einschreiten des Gesetzgebers überhaupt noch in allgemeine Normen fassen zu können. Die Anforderungen der Praxis schienen gegen derartige Bestimmungen zu sprechen. Wenn man ein solches Fabrikgesetz gleichwohl erließe, so formulierte Beckedorff insoweit die Bedenken des Kultusministeriums, dann wäre die Folge, daß man weder die gleichmäßige Anwendung der Paragraphen verlangen, noch eine sichere Kontrolle über ihre Beachtung würde ausüben können. (6)

Das Kultusminsterium erwog deshalb, ob es unter solchen Umständen nicht zweckmäßiger sei, anstatt eines für ganz Preußen bestimmten Gesetzes besser "Provinzialeinrichtungen" zu schaffen, die auf die Verschiedenheiten und Erfordernisse schon der einzelnen Landesteile von vornherein Rücksicht nehmen könnten. (7) Das sollte noch geklärt werden.

Den Erlaß konkreter Vorschriften hielt das Ministerium nach alledem aber noch nicht für spruchreif. Um jedoch trotzdem zugunsten der Fabrikkinder etwas zu tun, entschied sich das Kultusministerium dafür, die Unterbehörden vorab über eine Ermessensvorschrift zu ermächtigen, in eigener Verantwortung je nach den Gegebenheiten des Einzelfalles die Verwendung der Kinder in den Fabriken entweder zu genehmigen oder ganz zu untersagen oder teilweise einzuschränken. Diese Anordnung traf Altenstein in dem oben schon erwähnten Reskript, das Beckedorff dann am Schluß seines Berichtes wiedergab. (8)

---

6) JPrV Bd. 6, 1827, S. 224.
7) AaO S. 246.
8) AaO S. 246 ff.; Text: AF Jg. 10, 1872, S. 23; als Anlage 5 auf S. 500.

3. Das Ministerialreskript vom 27. April 1827

Im Einleitungsabschnitt der Verordnung legte das Ministerium ausführlich dar, welche Hindernisse der Abfassung eines Schutzgesetzes noch entgegenstünden, daß aber dennoch aufgrund der geltenden Bestimmungen der Schulbesuch der Kinder gesichert und die gröbsten Mißstände bei der Fabrikarbeit unterbunden werden könnten.

Altenstein verwies insoweit auf den gesetzlichen Schulzwang, den Gesichtspunkt also, der in der Verordnung vom 2. Oktober 1826 schon kurz erwähnt worden war. Nach den einschlägigen Vorschriften des Preuß. ALR bestand im Grundsatz für jedes Kind ab dem 5. Lebensjahr die Verpflichtung, regelmäßig am Schulunterricht teilzunehmen, bis es die "einem jeden vernünftigen Menschen seines Standes notwendigen Kenntnisse" erworben hätte. Nur mit Genehmigung der Obrigkeit und des geistlichen Schulvorstehers waren für eine längere oder auch vorübergehende Zeit Ausnahmen gestattet.

Diesen weiten Ermessensspielraum bei Ausübung der Dispensbefugnis wollte der Kultusminister im Sinne eines Arbeitsschutzes nutzen, um - wie in dem Reskript unmißverständlich herausgestellt wurde - "gewissenlosen Eltern oder eigennützigen Fabrikinhabern die nötigen Schranken zu setzen". In allen Fällen, in denen die Kinder Gefahr liefen, durch ihre Arbeit ernstlich geschädigt zu werden - nämlich wenn die Kinder in zu jungen Jahren oder zu viele Stunden täglich oder bei gesundheitsschädlichen Arbeiten oder in Gesellschaft mit unmoralischen Erwachsenen - in den Fabriken "gebraucht oder vielmehr gemißbraucht" würden, in all diesen Fällen sollten die Behörden dem "Unwesen Einhalt" tun und mit "nachdrücklichster Strenge" auf einen ununterbrochenen Schulbesuch vormittags und nachmittags dringen.

Wenn aber kein Grund zu Besorgnissen bestünde, dann sollten die wirtschaftlichen und beruflichen Belange der Beteiligten angemessen berücksichtigt werden, wobei das Ministerium das übliche Verfahren: gänzliche Befreiung vom Schulbesuch, Beschränkung des Unterrichtes auf einige Tage in der Woche oder einige Stunden täglich sowie die Erlaubnis zum Besuch der Abend- und Sonntagsschulen ausdrücklich gebilligt hat. Das Reskript betonte aber trotz der Anerkennung der herrschenden Schulpraxis auch hier wieder die Bedeutung des zu verwirklichenden Arbeitsschutzes. Altenstein sprach am Ende der Verordnung noch einmal ausdrücklich die Erwartung aus, daß die Regierungen der Angelegenheit alle Sorgfalt widmen und die erforderlichen Maßnahmen mit Nachdruck durchsetzen würden.

Um Mißverständnissen vorzubeugen, ist es an dieser Stelle wohl nicht unwichtig, den provisorischen Charakter des Reskriptes in Erinnerung zu bringen. Selbstverständlich verfolgte die Verordnung von 1827 die Ziele, die Schulbildung der arbeitenden Jugendlichen zu fördern und die gröbsten Mißstände bei der

Kinderarbeit auszuschließen. Die Schulbestimmungen genügten aber für sich allein noch nicht, um die anstehenden Probleme zu lösen. Unbedingt notwendig wurde noch, daß Altenstein die Mindestanforderungen eindeutig festschrieb, die zur Sicherung des Unterrichts und zum Schutze der Gesundheit der Kinder zu beachten waren. Die Behörden beklagten immer wieder, (1) daß sie für ihre Verhandlungen mit den Fabrikanten, um sich einigermaßen behaupten zu können, eines festen Rückhalts im Gesetz bedürften, namentlich wenn die Unternehmer durch mittelbaren Druck dazu veranlaßt werden sollten, etwas für die Fabrikkinder zu tun" (2) - beispielsweise eine Fabrikschule zu eröffnen oder bestimmte die Kinder schützende Arbeitsordnungen in der Fabrik einzuführen.

Die hierfür erforderlichen konkreten Vorschriften waren ohne Frage mit dem Nachteil verbunden, daß ihre Festlegungen, die sich an der rückständigen Schulorganisation des Rheinlands zu orientieren hatten, gegen das höhere Unterrichtsniveau der altpreußischen Provinzen ausgespielt werden konnten. Dieses Risiko mußte aber in Kauf genommen werden, sofern es sich nicht mit den angestrebten provinziellen Sondervorschriften abfangen ließ. Denn die Ermessensvorschrift, mit der das Reskript von 1827 arbeiten wollte, bot naturgemäß keinen zureichenden Ersatz für eine eindeutige, verbindliche Regelung.

Diese Schwäche des Reskripts war jedoch offensichtlich auch dem Kultusministerium gegenwärtig, denn Beckedorff wies in seinem Artikel ausdrücklich darauf hin, daß die getroffenen Bestimmungen nur den Zweck hätten, "jedenfalls vorläufig die Aufmerksamkeit der Behörden auf diesen wichtigen Gegenstand zu lenken." (3) Und auch in dem Reskript selbst hieß es, das Ministerium habe es vorgezogen, "lieber etwas später desto durchgreifendere und ausführbarere Verordnungen zu erlassen"; die Zusammenarbeit mit dem Innenministerium bestehe fort; notwendig werde aber, noch weitere Berichte über die Fabrikarbeit der Kinder einzuholen. Dabei gehe es insbesondere um die Erfahrungen Englands, aber auch um die einiger bisher noch nicht gehörter preußischer Landesteile.

4. Erweiterung der medizinal-polizeilichen Umfrage und ihr Ergebnis

Das Kultusministerium fand in der folgenden Zeit überraschend schnell zu einer Klärung der offenen Punkte. Am 27. April 1827

---

1) Vgl. Bloth, EU Jg. 18, 1963, S. 28 f.
2) A.M. 11, S. 51, Anm. am Rande.
3) JPrV Bd. 6. 1827, S. 245 f.

dehnte Altenstein die medizinal-polizeiliche Umfrage noch auf die Provinzen Sachsen und Brandenburg aus, (1) und als im Laufe desselben Jahres die beiden ersten Berichte eingingen, autorisierte der Minister seinen früheren Mitarbeiter Beckedorff, auch diese Unterlagen wieder mit einer abschließenden Interpretation zu veröffentlichen. (2)

Die beiden Berichte, deren Inhalt hier zunächst vorgestellt werden soll, stammten von den Regierungen Merseburg und Frankfurt an der Oder, deren Bezirke gleichfalls zu den schwach industrialisierten Regionen gehört haben. Ganz bezeichnend sind die mitgeteilten Zahlen über die in den Fabriken beschäftigten Kinder. Danach gab es im Merseburger Bezirk in der Stadt Eilenburg 98 Fabrikkinder, in Merseburg selbst 32 Fabrikkinder und in Zeitz gegen 9o Fabrikkinder. Die entsprechenden Angaben des Regierungsbezirkes Frankfurt: im Lebuser Kreis 6 Fabrikkinder, im Soldiner Kreis 7 Fabrikkinder, im Kreis Sternberg 50 Kinder und so auch anderwärts; nur für den Luckauer Kreis sind mehr Fabrikkinder, nämlich insgesamt 108, genannt worden.

Die Einzelnachweise entsprachen in ihren Urteilen dem, was für diese Berichtsgruppe typisch war; übereinstimmend bescheinigte man den Fabrikkindern gute Gesundheit und einen ordentlichen Sittenzustand, zum Teil hielt man die moralische Verfassung der Arbeitskinder sogar für besser als die anderer Kinder - mit der Begründung, daß die ersteren in der Fabrik unter Aufsicht stünden und daß ihnen auch nicht viel Zeit zum Müßiggang übrig bleibe, wenn sie von früh bis spät arbeiten würden.

Die Regierung Merseburg, die ihre Angaben auf Beobachtungen der Landräte und Schulinspektoren stützte, verhehlte jedoch nicht ein gewisses Unbehagen an den so positiven Ergebnissen. (3) Sie verkenne zwar nicht, so schrieb die Behörde, die Notwendigkeit und den erzieherischen Nutzen der Kinderarbeit, allein sei es doch gegen die Natur, Kinder vom 8. Lebensjahr an neben 2 oder 3 Schulstunden noch mehr als 6 Stunden zu ununterbrochener Arbeit anzuhalten. Oft fehle es in den Fabriken an reiner Luft; nicht selten hätten die Kinder auch bei ihrer Tätigkeit keinerlei Bewegung; und um über die bleibenden Folgen der frühen Arbeit wirklich Sicheres aussagen zu können, sei erst zu wenig Zeit vergangen, seit Kinder in großen Betrieben beschäftigt würden. Schon im Hinblick auf diese Gesichtspunkte sei es daher zweckmäßig, die Zahl der von den Kindern zu leistenden Arbeitsstunden gesetzlich zu beschränken.

---

1) Vgl. JPrV Bd. 6, 1827, S. 245.
2) JPrV Bd. 8, 1827, S. 161 ff.
3) JPrV Bd. 8, 1827, S. 171 ff.

Es stehe im übrigen auch fest, so führte die Merseburger Regierung weiter aus, daß für die intellektuelle und sittliche Bildung der Fabrikkinder nicht genug getan werde. Die Kinder hätten vor dem Eintritt in die Fabrik erst wenig im Unterricht gelernt, und auch danach komme nur noch wenig hinzu, weil die Abendschule pädagogisch nichts leiste: Sowohl die Kinder als auch die Lehrer, soweit man überhaupt ordentliche Lehrkräfte dafür gewinnen könne, seien am Abend von der Arbeit des Tages zu erschöpft.

Demoralisierend sei zudem auch der von den erwachsenen Fabrikarbeitern ausgehende schlechte Einfluß, der sich nie unterbinden lasse, weil die Arbeiter eben dort beschäftigt werden müßten, wo sie für den Betrieb am nützlichsten seien. Eine ähnlich nachteilige Beeinflußung ergebe sich auch daraus, daß die Fabrikkinder auf den Wegen zur Fabrik, zur Abendschule und nach Hause sich selbst überlassen seien und dabei ungehindert für den Zwang der Arbeit sich schadlos halten könnten. Auch aus diesem Grunde sei es dringend erforderlich, die Abendschule durch einen Unterricht am Tage zu ersetzen.

Genauso wie die Merseburger Behörde fügte auch die Frankfurter Regierung ihrem amtlichen Bericht noch ein zusätzliches Votum bei, das die Einzelantworten für eine zusammenfassenden Stellungnahme zur Fabrikarbeit der Kinder auswertete und in den Grundannahmen für die noch wenig industrialisierten Gegenden wohl überhaupt repräsentativ gewesen ist.

Bei der Erläuterung ihres Standpunkts ging die Frankfurter Regierung davon aus, daß die Fabrikkinder normalerweise aus den unteren unbemittelten Volksklassen kämen und daß die Kinder dieser Schichten schlecht gekleidet und schlecht ernährt würden, in ungeordneten Lebensverhältnissen aufwüchsen, ihren Eltern, die gemeine Tagearbeiter seien, nicht zur Hand gehen könnten und somit regelmäßig allen Gefahren des Müßigganges und der Aufsichtslosigkeit preisgegeben seien.

Völlig anders sei die Situation jedoch, wenn diese Kinder arbeiten würden. Das zusätzliche Einkommen ermögliche den Armenfamilien einen höheren Lebensstandard, und die Kinder seien, wenn sie in einem Betrieb beschäftigt würden, genötigt, ein geregeltes und fleißiges Leben zu führen.

Daß jedoch die mit der Arbeit verbundenen Vorteile, die bessere und reinlichere Kleidung, die bessere Ernährung als sonst üblich und eine gewisse nicht übertriebene Bewegung in den geräumigen Fabriksälen auch die Gesundheit der Kinder fördern würden, sei nur zu natürlich. Die gleichwohl beobachteten Gesundheitsschäden hätten daher nicht schon in der normalen Erwerbsarbeit ihre Wurzel, sondern seien die Folgen bestimmter außergewöhnlicher Ursachen, die die Nachweise ja im einzelnen genannt hätten: die Überanstrengung etwa durch die Nachtarbeit oder die Tätigkeit in der Glashütte. In dieser Hinsicht müßten gewisse Vorkehrungen getroffen werden.

Diese Vorsorge schien die Regierung allerdings nicht für besonders dringlich zu halten, denn sie wies auch darauf hin, daß selbst dort, wo gemeinhin als schädlich angesehene Verhältnisse bestünden, körperliche Schäden keineswegs notwendig eintreten würden. Die Mehrzahl der Fabrikkinder zeige selbst unter ungünstigen Arbeitsbedingungen ein gesundes und zum Teil blühendes Aussehen. Da ferner wegen der ständigen Aufsicht und Erziehung zu Sauberkeit, Ordnung und zu anständigem Betragen auch der sittliche Zustand der Fabrikkinder gefördert werde, könne man nach alledem die Fabrikarbeit ihrer Natur nach keineswegs allgemein als gefährlich ansehen.

Wenn nur die Beschäftigung der Kinder immer in gewissen Grenzen gehalten werde, so liege in ihr durchaus ein Mittel, den Kindern ein für sie nicht unwichtiges Einkommen zu sichern, den Eltern die Erziehung ihrer Kinder zu erleichtern und die Kinder selbst schon früh "zur Betriebsamkeit zu gewöhnen" und sie vor einer müßigen Lebensweise zu bewahren. (4) Diese günstigen Auswirkungen sowie auch das Interesse der Gewerbeförderung sprächen mithin dafür, die Erwerbsarbeit der Kinder nicht zu behindern, falls nicht höhere Rücksichten es dringend verlangen würden.

Wie ausgeführt, hatte das Kultusministerium sich bereits aufgrund der anderen Berichte die Frage gestellt, wie den weit auseinandergehenden Ansichten der Behörden über die Notwendigkeit des erwogenen Unterrichts- und Arbeitsschutzes im Rahmen einheitlicher Gesetzesvorschriften Rechnung getragen werden könnte. Die beiden letzteren Berichte, vor allem aber der der Frankfurter Regierung, bestätigten die bereits vorhandenen Bedenken noch einmal und überzeugten das Ministerium nunmehr davon, daß gleichmäßige Bestimmungen über die Fabrikarbeit der Kinder in den verschiedenen Provinzen Preußens nicht erforderlich seien. Diese Entscheidung gab Beckedorff im zweiten Teil seiner Darstellung öffentlich bekannt. (5)

5. Der Standpunkt Beckedorffs

Der in den Jahren 1820 bis 1827 im preußischen Kultusministerium für das Volksschulwesen verantwortliche Sachreferent Beckedorff stellte im Anschluß an die Übersicht über die Regierungsberichte auch noch seine eigene Auffassung in der Frage der Kinderarbeit vor und markierte damit zugleich die schulpolitische Position, die das Kultusministerium zu dieser Zeit einnehmen mußte. Beckedorff hatte sich von den Einwänden der Merseburger Regierung nicht beeindrucken lassen, sondern vertrat die Meinung der Frankfurter Regierung, deren Gedanken er für eine Gesamtwürdigung des Umfrageergebnisses übernahm. (1) Das Argument der Bezirksregierung, daß die Erwerbs-

4) JPrV Bd. 8, 1827, S. 166.
5) AaO S. 177.
1) AaO S. 173 ff.

tätigkeit der Kinder nicht grundsätzlich abzulehnen sei, sondern nur, wenn besondere Umstände hinzutreten würden, zog Beckedorff heran, um den Unterschied der vier industriereichen Bezirke Aachen, Arnsberg, Düsseldorf und Köln im Vergleich zu den acht anderen Regierungsbezirken zu erklären.

Den Fabrikgegenden waren nach Beckedorffs Meinung gewisse nachteilige Bedingungen eigen, die sich in Preußen sonst nur ausnahmsweise fänden. Charakteristisch für die Industrieorte sei eine zahlreiche, in äußerster Dürftigkeit lebende Bevölkerung, für die die Ernährung der Kinder eine starke Belastung bilde und der es daher nicht zu verdenken sei, wenn sie die Kinder, sobald irgend möglich, in die Fabriken schicken würde.

Bei der Armut, in der die Jugend aufwachse, bei der frühen Anstrengung in der Fabrik und der noch zusätzlichen Inanspruchnahme durch den Unterricht sei es nun aber kein Wunder, daß die Kinder verkümmert und kränklich würden. Und nur zu begreiflich sei auch, daß in dieser Welt der Not, der gedankenlosen Beschäftigung, des allein auf den Erwerb gerichteten Sinnes, der Unsicherheit des Unterhaltes, des Alkohols als Betäubungsmittel, der gleichgültigen Behandlung durch die Fabrikanten und auch des Beispieles übertriebenen Wohllebens der Unternehmer die Moralität der Fabrikkinder besonders leicht untergraben werde.

In den agrarischen Kleinstädten, so legte Beckedorff weiter dar, sei dagegen die Lage eine ganz andere. Hier fänden sich eine große Anzahl unbemittelter Häusler, die auf ihren verschuldeten Grundstücken nachlässig einen kümmerlichen Nebenerwerb betreiben und ihre Kinder auf der Gosse verwahrlosen lassen würden. "Man muß diese Rasse von Kindern beobachtet haben", fügte Beckedorff hinzu, "um sich einen Begriff von ihrer rohen Unsittlichkeit machen zu können. Zerlumpt in den Kleidungen, unreinlich am Körper, unaufhörlich Neckereien, Balgereien, Schabernack und Bubenstücke aller Art treibend, in Flüchen und Zoten redend, geben sie das Bild der allerplattesten, schamlosesten Gemeinheit"; (2) eine geregelte Tätigkeit könne für diese Kinder nur segensreich sein - "eine wahre Wohltat, wenn sie in irgendeiner Fabrik an Zucht, Ordnung und Arbeitsamkeit gewöhnt und dem sie für ihr Leben verderbenden Müßiggange entrissen" würden.

Aus den vorstehenden Ausführungen geht bereits klar hervor, warum das Ministerium in der Frage der frühen Erwerbstätigkeit keine allgemeine Lösung mehr befürworten wollte. In den Industriegegenden, so lautete denn auch Beckedorffs abschließende Empfehlung, sollten gesetzliche Bestimmungen der übermäßigen und damit mißbräuchlichen Kinderarbeit Schranken setzen; in den mehr ländlichen Provinzen mit ihren kleinen Landstädten sei es jedoch angezeigt, die Fabrikarbeit der Kinder mit allen Mitteln zu begünstigen, um so der dort herr-

---

2) AaO S. 176.

schenden Armut und noch mehr dem untätigen, müßiggängerischen und gemeinen Leben abzuhelfen.

Was die hier ausgesprochene Auffassung anlagt, so darf man annehmen, daß dieses Urteil die Entscheidung des Kultusministeriums zutreffend wiedergegeben hat. In der Einstellung den Kindern und der Schulbildung gegenüber dürfte Beckedorff jedoch wohl in erster Linie seine eigene Ansicht und nicht die Altensteins zum Ausdruck gebracht haben.

6. Eine Stellungnahme Diesterwegs

In seiner Zeitschrift "Rheinische Blätter für Erziehung und Unterricht" nahm Diesterweg im folgenden Jahr sehr kritisch zu den veröffentlichten Berichten Stellung, wobei er gegen die Bezirksregierungen und auch Beckedorff geltend machte, daß diese die Not der Fabrikkinder entgegen dem wahren Sachverhalt nicht groß genug geschildert hätten. (1) Alle von ihm daraufhin angesprochenen Männer seien dieser Überzeugung gewesen.

Die vom Kultusministerium erlassenen Vorschriften, so fuhr Diesterweg fort, könnten im übrigen aber auch den angestrebten Erfolg nicht erreichen, weil der mit der Ausgabe des Schulabgangszeugnisses und damit der Arbeitserlaubnis betraute Geistliche vor allem in den größeren Städten weder eine genaue Kenntnis über die Verhältnisse in den Fabriken und der einzelnen Familien besitze, noch seine Beziehungen zu den Gemeindemitgliedern von der Art seien, daß er drohende Nachteile für die Kinder über den Schulzwang abwenden könne. Ob Diesterweg mit der letzten Bemerkung auf die Haltung der Kirche gegenüber den Gemeindearmen oder auf eine Abhängigkeit der Geistlichen von den reichen Fabrikanten anspielen wollte, muß offenbleiben. Denkbar wäre beides. Auch Diesterweg vertrat die Auffassung - das sei hier schon erwähnt -, daß anstelle der Ermessensvorschrift wenige, aber bindende Gesetzesbestimmungen treten müßten.

Diesterwegs Kritik findet sich im Anschluß an einen Zeitschriftenaufsatz, mit dem der Pädagoge, der auch in seinem Bekanntenkreis für ähnliche Artikel geworben hat, (2) die Problematik der Kinderarbeit noch einmal ausführlich darstellen wollte. Dieser zweite Aufsatz besteht aus einer um die Besichtigung einer Spinnerei gebauten Erlebniserzählung, in der die bekannten Argumente gegen die Fabrikarbeit sämtlich zusammengestellt waren, vor allem aber ein Gesichtspunkt, den das Kultusministerium bis dahin vernachlässigt hatte, besonders betont wurde. Dabei ging es um die vorrangige Bedeutung der Tatsache, daß auch die wirtschaftliche Konkurrenz die Erwerbsar-

1) Nachschrift zu dem Aufsatz: "Ein pädagogischer Blick auf Fabriken und - eine menschliche Bitte", aaO Bd. 3, 1828, H. 3, S. 43 ff., zit. n. Diesterweg, Werke, 1956, S. 341 ff.
2) Vgl. Bloth, EU Jg. 18, 1963, S. 26.

beit der Kinder erzwang. Im Hinblick auf die vom Markt diktierte Notwendigkeit, Kosten zu sparen, wandte Diesterweg gegen die differenzierende Lösung des Kultusministeriums ein, daß der einzelne Fabrikant auf die Verwendung der billigen Arbeitskräfte für sich allein keineswegs verzichten könne und daß es auch unmöglich sei, auf freiwilliger Basis eine Verabredung aller Unternehmer über diese Frage zustande zu bringen. Eben deshalb sei aber, wenn eine wirksame Abhilfe sichergestellt werden solle, ein allgemeines, jeden Fabrikanten gleich treffendes Gesetz vonnöten.

Auch der für das Ausland durch eine Gesetzgebung entstehende Wettbewerbsvorteil, so meinte Diesterweg, müsse abgewehrt werden, gegebenenfalls - hier zum ersten Male in der Öffentlichkeit vorgetragen - mit gemeinsamen, in allen Staaten Europas geltenden Maßregeln der "Heiligen Allianz", ein Werk, das der Institution mit diesem Namen würdig sei.

Zunächst aber kam es Diesterweg auf die Schaffung eines preußischen Gesetzes an, das mit eindeutigen Vorschriften die Arbeit beschränken sollte. Für Kinder unter 10 Jahren, so schlug Diesterweg vor, sollte die Fabrikarbeit überhaupt verboten und für die älteren die Arbeitszeit begrenzt werden, dabei für das Alter bis zu 12 Jahren auf vier Stunden und vom 12. bis zum 14. Lebensjahr auf höchstens sechs Stunden täglich.

Das Berliner Ministerium hatte nach alledem Grund, seinen Standpunkt noch einmal zu überdenken.

VI. Analyse des Umfrageergebnisses

Der Gegensatz zwischen Beckedorff und Diesterweg in der Beurteilung der Kinderarbeit, die unterschiedlichen Regierungsdarstellungen aus den Regionen mittlerer Industrialisierung und dem Rheinland und auch die zum Teil stark voneinander abweichenden Einzelberichte legen die Frage nahe, ob die die Kinderarbeit rechtfertigenden Berichte tatsächlich von zutreffenden Beobachtungen ausgegangen sein können - bei einer amtlichen Untersuchung hätte man aus heutiger Sicht wohl eindeutigere Feststellungen und, darauf sich stützend, die vorbehaltlose Ablehnung der frühen Erwerbsarbeit erwartet.

In Anbetracht des Zeitablaufes ist es allerdings nicht unproblematisch, mit solchen Zweifeln an das Umfrageergebnis heranzugehen. Wenn man sich dabei nicht in bloßen Spekulationen verlieren will, kann man die Berichte nur in einer gewissen Annäherung an die damalige Situation auf die Fragen hin überprüfen, ob die mitgeteilten Fakten etwa grob verzeichnet sein könnten und dann, welche Ursachen, die in den amtlichen Erhebungen nicht ausdrücklich benannt worden sind, bei der Meinungsbildung von bestimmenden Einfluß gewesen sein mögen.

Nun ist, was den letzteren Punkt betrifft, in der vorangegangenen Darstellung immer schon versucht worden, den Hintergrund mit auszuleuchten, vor dem die konkreten Überlegungen und Maßnahmen zustande gekommen sind. An sich liegt hier bereits mehr oder weniger klar der Schlüssel für eine Deutung der Zusammenhänge. Trotzdem dürfte es aber sinnvoll sein, dieses Thema an dieser Stelle noch einmal gezielt aufzugreifen, weil um 1827 erstmals auf breiter Front eine bewußte Auseinandersetzung mit der Problematik der Kinderarbeit eingesetzt hat.

1. Die Grundbedingungen der Meinungsbildung anhand einer Schweizer Untersuchung

Es bedarf keiner näheren Begründung, daß die Berichte der preußischen Bezirksregierungen in ihren knappen Aussagen nicht recht geeignet sind, die Gedankengänge der Untersuchungsführer im einzelnen nachvollziehbar werden zu lassen. Indessen existiert vom Jahre 1827 noch eine zweite Enquete, die der Initiative der Schweizerischen gemeinnützigen Gesellschaft zu verdanken ist und die sich auf Eingaben von Kommunalbeamten, Pfarrern, Lehrern und Unternehmern gestützt hat. (1) Diese Schweizer Paralleluntersuchung ist ungleich farbiger als die preußische Umfrage ausgefallen und kann auch mit Rücksicht auf den industriellen Entwicklungsstand der Schweiz zu den preußischen Feststellungen durchaus in Beziehung gesetzt werden. (2) Es bietet sich daher an, vor allem diese Berichte, wenn auch noch ergänzt durch einige andere Stellung-

---

1) Thema der Enquete: Was könnte und sollte für die sittliche und intellektuelle Bildung der Fabrikarbeiter getan werden? in: VGG 1827, Bericht 16, S. 337; Antworten (Bericht von Hanhart) in: VGG 1828, Bericht 17, S. 33 ff.
Zur selben Zeit (1827) beschrieb auch der elsässische Arzt Gerspach in seiner Dissertation die ungünstigen Auswirkungen der Fabrikarbeit auf die Arbeiter und forderte einen Kinderarbeitsschutz (Bestimmungen über Alter und Arbeitszeit); im Jahre 1827 trat ferner der Fabrikant Burckhardt aus Gebweiler in der industriellen Gesellschaft von Mühlhausen für ein Schutzgesetz ein, vgl. dazu Mataja, ZVSV Bd. 5, 1896, S. 363 ff. Vgl. auch zur Kinderarbeit und die Fabrikgesetzgebung: Gruner, Erich, Die Arbeiter in der Schweiz im 19. Jahrhundert, Bern 1968 (Helvetia Politica, Series A Bd. 3), S. 112 ff., 163 f., 227 ff.

2) Der industrielle Kanton Zürich besaß 106 Baumwollspinnereien unterschiedlicher Größe, in denen 2.600 Erwachsene und 2.400 Kinder beschäftigt wurden, ferner 18 Baumwollfabriken und 6 Rotfärbereien mit 1.100 Erwachsenen und 550 Kindern, schließlich noch einige Tuch- und Fayencefabriken mit ungefähr 100 Erwachsenen und 30 Kindern. - Im Kanton St. Gallen waren die entsprechenden Zahlen kleiner: 490 Erwachsene zu 160 Kindern in den Baumwollspinnereien; in Rheineck 10 Kinder in einer Weberei, 3 in einer Druckerei; in Außerrhoden 31 Kinder in 2 Fabriken. In den Spinnereien,

nahmen, als zusätzliches Material in die Untersuchung mit einzubeziehen. Daß in der Wiedergabe der Enqueteergebnisse manche Beobachtung auftaucht, die aus der preußischen Umfrage bereits bekannt ist, liegt in der Natur der Sache und muß in Kauf genommen werden.

Zunächst soll hier eine Übersicht über die Schweizer Enquete vermittelt werden. Diese hatte ebenfalls eine Reihe von Belegen dafür erbracht, daß die Fabrikarbeit nachteilige Auswirkungen haben konnte. Man hielt, was die physischen Auswirkungen anlangt, die Ölausdünstungen für schädlich; dann erwähnte man, daß wandernde Arbeiter die Krätze verbreiten würden, und man räumte auch ein, daß die Arbeiter für gewöhnlich blaß aussehen würden und hinsichtlich ihrer Körperkraft einen Vergleich mit den Landarbeitern nicht aushalten könnten. Jedoch waren das vereinzelte Bemerkungen, die das allgemeine Urteil nicht nennenswert zu beeinflussen vermochten. Die Mehrzahl der Berichte hob genau wie die der schwach industrialisierten Bezirke Preußens hervor, daß Gesundheit und Lebensdauer durch die Fabrikarbeit nicht wesentlich beeinträchtigt würden, ja daß das äußere Bild der Arbeiter im Unterschied zu einer weitverbreiteten Meinung sich letztlich gar nicht so ungünstig darstelle. (3) In den Spinnereien, so liest man an Einzelheiten, seien die Arbeiter wohl weniger gesund und weniger stark als in den Kattundruckereien, die letzteren würden aber auch mehr verdienen und könnten sich deshalb besser ernähren. Ansteckende Krankheiten seien von den Spinnfabriken nicht ausgegangen. Im übrigen seien die dumpfen Schulstuben und Wohnungen noch nachteiliger als die Fabriksäle. Auch müsse das Weben in den Kellern als schädlicher angesehen werden als die Arbeit in den hohen, gut belüfteten und häufig gereinigten Räumen der Fabriken. Nach dem Zeugnis der Armenpflege in Schwyz hatte sich der körperliche Zustand einiger Fabrikarbeiter infolge ihrer Beschäftigung sogar auffallend gebessert.

Tabak- und Kattunfabriken des Kantons Basel wurden insgesamt nur 180 echte Fabrikkinder gezählt; die meisten sog. Fabrikkinder arbeiteten in den Wohnungen der Weber. - Die Länge des Arbeitstages betrug in der Schweiz - wie in Preußen - 13, manchmal auch 14 Stunden. Nachtarbeit kam um 1827 nur noch selten vor (später anders, vgl. JSG Jg. XII, 1911, S. 155). Das Alter der Fabrikkinder lag zwischen 8 und 15 Jahren, nur ausnahmsweise gingen schon jüngere Kinder in die Fabrik, so in Herisau bereits 7jährige. In den Gegenden, in denen Schulzwang galt, konnten die Kinder regelmäßig erst mit 12 Jahren ein Arbeitsverhältnis aufnehmen.

3) VGG 1828, Bericht 17, S. 41.

Als gesundheitsfördern nannte man in diesem Zusammenhang - wie manche Berichte der preußischen Umfrage - den Weg der Arbeiter von und zur Fabrik; die anhaltende, zumeist nicht sehr anstrengende Tätigkeit sowie auch die mäßige Bewegung am Arbeitsplatz, die zuträglicher sei als die in vielen Handwerksberufen, bei denen gebückte Stellungen erforderlich würden. Einen Keim der Gesundheit sah ein Berichterstatter darin, daß die Arbeiter wenig verdienen würden, weil dann die Armut eine einfache Diät vorschreiben würde.

Auch das Aussehen der Kinder wurde wie gesagt in der Regel als befriedigend geschildert. In zwei Fabriken in der Nähe St. Gallens waren die dort beschäftigten Kinder allerdings kränklich, eine Feststellung, die der Bericht damit erläuterte, daß die Arbeit an einigen Tagen in der Woche bis Mitternacht dauerte. Daß die Nachtarbeit schädlich sei, wurde ausnahmslos anerkannt. Was andere Punkte angeht, so scheint es aber wohl sehr schwierig gewesen zu sein, die vorgefundene Wirklichkeit auf einen eindeutigen Nenner zu bringen. Das läßt sich gut der Stellungnahme der Stadt Basel entnehmen, in der es hieß, daß der körperliche Eindruck der Fabrikkinder im ganzen nicht ungünstig sei, "obgleich der Blick auf manche, besonders auf Kattundruckerjungens, noch gerade nichts Erfreuliches" habe. Der Bericht half sich aber - ganz ähnlich dem Gutachten Beckedorffs - über die bedenkliche Beobachtung mit dem Gedanken hinweg, daß man in den Fabriken auch gewöhnlich nur die ärmsten Kinder sehe, die im Kampf mit der Not heranwüchsen und die Spuren frühen Siechtums schon aus diesem Grunde an sich trügen.

Genauso positiv wie den gesundheitlichen Zustand beurteilte man auch die sittliche Haltung der Fabrikkinder und der erwachsenen Fabrikarbeiter. Charakter, Verstandes- und Gemütsbildung, häusliches Leben, selbst Moralität und Frömmigkeit der in der Industrie beschäftigten Personen bewerteten die meisten Pfarrämter als viel besser, als man es habe erwarten dürfen. Nur den Maßstab dürfe man dabei nicht zu hoch ansetzen, meinte der Referent aus Zürich.

Die Charakterisierungen der Arbeiter taten das aber auch nicht. Die Arbeiter seien mehr leichtsinnig als verdorben, so wurde angegeben; sie seien beweglich, zanksüchtig, schadenfroh; sie hätten Spaß an Neckereien, würden ihr Geld achtlos in guten Tagen verbrauchen und seien kleinmütig, wenn es ihnen schlecht gehe; ihre Moral beschränke sich meist auf Nichtstehlen; indessen fänden sich auch keine "Verächter des Göttlichen"; auffällig unanständiges Verhalten werde gleichfalls nicht beobachtet, jedenfalls sei das sittliche Betragen nicht besonders übel. Das unter den Arbeitern gebräuchliche Zotenreißen, so führte der Bericht sehr drastisch aus, sei auch in der Landwirtschaft zur Gewohnheit geworden - an diesem Gebrechen leide das ganze Volk.

Neben solchen letztlich doch nicht so völlig unbedenklichen

Angaben standen andere, mit denen der vorteilhafte Einfluß der Fabriken handgreiflich nachgewiesen werden sollte. Dabei war der pädagogische Aspekt vor allem maßgebend. Die Vorstellung von der industriellen Fertigung als einer steten, den Tag gleichmäßig ausfüllenden Arbeit und der dabei herrschenden ununterbrochenen Aufsicht legte ersichtlich den Gedanken nahe, die Fabriken als eine Art Erziehungsanstalt zu deuten, gegen die nach unbefangener Prüfung nichts einzuwenden sei.

In der Fabrik könne man sich einen Lasterpfuhl nicht vorstellen, so meinte man, die dort herrschende Ordnung setze der Sinnlichkeit einen starken Damm entgegen, während die Moral auf den Wiesen, im Walde, im Weinberg und in den Spinnstuben, wo nur einzelne Kinder zusammen kämen, im besonderen Maße gefährdet werde. Bei den in der Industrie arbeitenden Kindern bemerkte ein Teil der Einzelberichte daher auch weit weniger Fehler als bei den anderen Jugendlichen, die nach den Schulstunden keine beruflichen Pflichten zu erfüllen hatten; und mehrfach erwähnten Geistliche, daß verwahrloste Kinder durch die geregelte Fabrikarbeit - dem Müßiggang und dem bösen Beispiel in ihren Familien entrissen - von Grund auf gebessert worden seien.

Mitunter kommt allerdings auch das leicht Gezwungene der Beweisführung zum Vorschein, wie etwa in dem Argument, daß die Dienstboten bei unkirchlichen Herrschaften vergleichsweise größeren Versuchungen ausgesetzt seien. Immerhin wurde aber auch nicht verschwiegen, daß die Jugendlichen in den Tabakfabriken die am wenigsten sittlichen seien und daß, wenn eine strenge Aufsicht fehle, dieser Mangel sich als sehr ungünstig auf die Entwicklung der Kinder auswirke.

Derselbe Bericht neutralisierte diese Beobachtungen jedoch alsbald wieder mit der Bemerkung, daß gerade die Kinder, die sich in der Schule nicht bewähren könnten, in die Fabriken gehen würden und daß die Fabrikkinder überhaupt aus der ärmsten Schicht stammen würden und eben deshalb in ihrer Erziehung am meisten vernachlässigt seien. Der Schlußsatz des betreffenden Abschnittes stellte den hinter diesen Erwägungen stehenden Leitgedanken noch einmal deutlich heraus: "Gegen alle diese moralischen Gebrechen zieht mächtig in der Waagschale die Angewöhnung an größeren Fleiß, an Sparsamkeit, Reinlichkeit, gesetzlichen Gehorsam, Ordnung und Verständigkeit, die mit der Fabrikarbeit verbunden sind."

Wie groß die Neigung war, die eigentlich mißbilligten Folgen der Fabrikarbeit um bestimmter Vorteile willen in Kauf zu nehmen, zeigte sich auch bei den Antworten auf die Frage, wie die Arbeiter ihren Lohn verwendeten. Der Gedanke, daß bares Geld eine Verführung zum Laster bilde, war in der Schweiz sehr weit verbreitet und tauchte daher in den Berichten recht häufig auf. Aber man bedachte insoweit auch, daß sich manche Eltern ein kleines Haus vom Verdienst der Kinder hätten bauen können oder daß die Kinder mithelfen würden, aufgelaufene Schulden abzutragen. Vier minderjährige Mädchen, so wurde als Beispiel erwähnt, hätten von ihrem Lohn den Krankenhausaufenthalt ihres Vaters bezahlt, den Unterhalt ihrer Mutter sowie ihrer kleinen Geschwister bestritten und die baufällige Hütte erneuern lassen. So tröstete man sich auch über den in den Berichten oft beklagten Kleiderluxus der noch unerwachsenen Fabrikarbeiter hinweg und über die geringe Neigung der Arbeiter, bei den Sparkassen einen Notpfennig für schlechte Zeiten anzulegen: "Der Beispiele von Sparsamkeit... sind beim Fabrikvolke eben so viele als vom Gegenteil." Der Gesamteindruck müsse entscheiden. Der verbesserte Zustand vieler Wohnungen, der Sinn für Anstand und Ordnung stünde mit der bei der Kleidung betriebenen Verschwendungssucht in einer "wohltätigen Wahlverwandtschaft".

In Anbetracht dieser vermittelnden Einstellung den Fabriken gegenüber wird kaum überraschen, daß man auch die Auswirkungen der mechanischen Tätigkeit unter Abwägung des Für und Wider letztlich für nur wenig problematisch hielt. Einige Geistliche vertraten zwar die Auffassung, daß die Routinearbeit die intellektuellen Fähigkeiten der Kinder abstumpfe und eine Art Geistesschlummer hervorrufe. Die Mehrzahl der Gutachter war jedoch der Ansicht, der Vorwurf der Einförmigkeit sei unberechtigt und beruhe auf einem unzulässigen Vergleich der Fabrikarbeit mit der Gesamtheit der bäuerlichen Tätigkeiten. Auch in der Landwirtschaft werde die Arbeitsteilung mitunter sehr weit getrieben, und erst recht gelte das im Handwerk. Der Schuster, der Schneider, der Zimmermann hätten noch viel weniger Abwechslung, als die Beschäftigung in der Fabrik den Arbeitern bieten könne. (4)

Nur auf einem Gebiet, dem der intellektuellen Ausbildung der Fabrikkinder, war man genau wie in der preußischen Umfrage zu einigermaßen gesicherten und im Ergebnis auch bedenklichen Resultaten gekommen. Die Gutachter stimmten in ihrer Mehrheit darin überein, daß die Beeinträchtigung der Erziehung die "üble Seite" des Fabrikwesens sei: "Der Schulunterricht leidet darunter und leidet sehr." (5) Da diese Sachlage in den preußischen Berichten bereits zur Genüge beschrieben worden ist, brauchen die Schweizer Nachweise dazu nicht im einzelnen ver-

---

4) Vgl. zum Problem der Verweichlichung: Braun, 196o, S. 195.
5) So der Züricher Bericht, aaO S. 52. Es gab wohl eine Reihe von Orten mit einem gut organisierten Schulwesen, so im Kanton Basel auf dem Land, wo die Kinder erst nach der Entlassung aus der "Alltagsschule" eine Fabrikarbeit aufnehmen durften und auch später noch dreimal in der Woche einen sog. Repetierunterricht erhielten. Zumeist wurden aber die Schulvorschriften, soweit solche überhaupt erlassen worden waren, bei den Fabrikkindern nicht beachtet. In der Stadt Basel etwa waren die 1817 gegründeten Fabrikschulen

folgt zu werden. Festzuhalten ist jedoch, daß aufgrund der getroffenen Ermittlungen die Forderung erhoben wurde, die Regierung müsse sich dieses Problems annehmen. Dabei befürwortete der Schweizer Wohltätigkeitsverein, daß zur Sicherung des Schulbesuchs eine zu frühe Arbeitsaufnahme verboten werden sollte. Ein anderer Vorschlag war, die Nachtarbeit im Interesse des Gesundheitsschutzes zu untersagen. (6)

---

wieder geschlossen worden, und nur für einen Teil der arbeitenden Kinder fand ein notdürftiger Unterricht am Mittag oder am Abend statt. Der Kanton St. Gallen kannte zwar die Schulpflicht bis zum 12. Lebensjahr, aber das Gesetz wurde nicht streng gehandhabt. Die Fabriken von Rappersweil und St. Georgen beschäftigten schon 9- und 8jährige, auch manchmal noch jüngere Kinder. Dazu ein offenbar auch kritisch gemeintes Zitat aus dem Schweizer Bericht (aaO S. 51): "Herr Meier bei Herisau nimmt in seine Fabrik auch siebenjährige Kinder auf; und wie sie am Körper und Geist wachsen, bemerkt derselbe, werden sie auch zu höherer Arbeit angetrieben. Ein alter Schulmeister hält dort eine Abendschule, die von den Kindern aus der Fabrik, nach Belieben der Eltern, besucht und von diesen bezahlt wird."
Abend-, Repetier- und Sonntagsschulen gab es häufiger, jedoch war der pädagogische Ertrag, wie bei diesen Schulen nicht anders zu erwarten, unstreitig nur gering. Die Prüfung der in den Fabriken bei St. Gallen arbeitenden Kindern führte zu einem "sehr unerfreulichen Ergebnis". Der Berichterstatter von Spreitenbach meldete, daß dort fast alle Kinder nur "ziemliche Anfänge" im Schreiben, Rechnen, Lesen und Religion hätten. Der berichtende Schulaufseher hielt das aber durchaus für hinreichend und eiferte gegen das Vielwissen und die Vielwisser. Von der Ortschaft Bühler wurde berichtet, daß die Leistungen der Fabrikkinder im Lesen und Schreiben sehr mittelmäßig seien; in Religion noch dürftiger und im Rechnen schließlich "vollends null". In einigen Orten durften die Fabrikkinder auch während der Woche den Religionsunterricht besuchen - eine Übung, die einer der Gutachter für schädlich erklärte, weil die Kinder dann an den Sonntagen müßig bleiben müßten und dadurch sittlich gefährdet würden.
Solche extrem kinder- und bildungsfeindlichen Äußerungen waren jedoch in der Minderzahl. So wurde häufig darauf hingewiesen, daß der Schulbesuch bis zum 10. Lebensjahr gemäß dem Gesetz von 1815 und ein sich anschließender Wiederholungsunterricht von einem halben Tag in der Woche nicht genüge und daß selbst dieser kurze Schulbesuch noch häufig vereitelt werde. Oft stellten sich die Pfarrämter gar nicht auf die Fabriken ein; an vielen Orten wurden die Schulen nicht pflichtgemäß beaufsichtigt; mitunter nahmen auch Fabrikanten die Kinder ohne Schulabgangszeugnis in den Fabriken zur Arbeit an. Als mißlich hatte sich auch herausgestellt, daß Fabrikanten den durch den Unterrichtsbesuch der Kinder bedingten Arbeitsausfall mit Lohnabzügen beantworten. Die Nachlässigkeit in der Schulaufsicht, so wurde gerügt,

An diese beiden Empfehlungen aber wird man für die rückblickende Beurteilung entscheidend anknüpfen dürfen. Zumindest dort, wo sich handfeste Mängel gezeigt hatten, war das von den Gutachtern vermerkt und an den Vereinsvorstand weitergegeben worden. Somit dürfte dann jedoch auch die Annahme gerechtfertigt sein, daß die ansonsten ganz und gar nicht beunruhigten Schilderungen des physischen und des moralischen Zustands der Fabrikkinder nicht völlig an der Wirklichkeit vorbeigegangen sein können. Als eine zusätzliche Bestätigung bietet sich auch hier wieder die preußische Umfrage an, die - das Rheinland einmal ausgeklammert -, im Großen und Ganzen den gleichen Befund erbracht hat. Bei den Enqueteergebnissen wird man nach alledem bewußte Tatsachenverdrehungen nicht unterstellen dürfen.

Beim Lesen gerade des Schweizer Berichts gewinnt man weiter auch eine zureichende Vorstellung davon, mit welchen Umständen man sich die in der Regel so günstigen Beobachtungen zu erklären hat. Abgesehen von den subjektiven Wertungen, die durch die Auffassung des jeweilig Urteilenden hindurch zum Tragen gekommen sind - dazu ist an späterer Stelle noch mehr zu sagen - lag eine erste maßgebliche Ursache für das Ergebnis der Untersuchung ganz sicher in den spezifischen äußeren Bedingungen, mit denen sich die Berichterstatter auseinandergesetzt hatten.

In den damaligen Industriegebieten, die erst im Aufbau begriffen waren und den Anschluß an das britische Vorbild noch lange nicht erreicht hatten, haben offenbar krasse Mißstände noch gefehlt, weswegen sich dann auch der Untersuchungsgegenstand zwangsläufig nur sehr unklar und dementsprechend ausdeutbar dargeboten hat. Diesen in negativer Hinsicht sich noch nicht abhebenden und damit unauffälligen Charakter der Industrie und der Gewerbe wird man wohl vor allem auf den handwerklichen Zuschnitt der damaligen Herstellungsverfahren zurückführen müssen - namentlich auf die noch nicht sehr weit getriebenen Arbeitsteilung wie überhaupt auf die technische Rückständigkeit. Da es beispielsweise noch keine Gasbeleuchtung gab, (7) arbeiteten die Stoffdrucker regelmäßig nur bei Tageslicht mit der Folge, daß der übermäßigen Ausdehnung des

---

sei ebenso häufig wie der Egoismus der Fabrikherren. Am schlimmsten stünden sich die Kinder, die außerhalb ihrer Heimatgemeinde in Kost gegeben würden, denn in den allzu engen Schulzimmern des Aufenthaltsortes würden diese Kinder nicht gern gesehen. Man gab aber auch zu bedenken, daß vor allem die Armut einem Schulbesuch bei vielen Kindern im Wege stehe.

6) Vgl. aaO S. 57 ff. Die Beachtung des Schweizer Fabrikgesetzes von 1815, wonach Kinder unter 10 Jahren noch nicht aus der Schule entlassen werden durften, sollte überall erzwungen und für die älteren Fabrikkinder ein verkürzter Unterricht von etwa 4 Stunden in der Woche jeweils von 11 bis 12 Uhr eingerichtet werden.

7) Vgl. für Sachsen: Carnot, 1841, S. 29; anders in England, vgl. für Glasgow: Beuth, VVG Jg. 3, 1824, S. 173.

Werktages in diesem Bereich von vornherein Grenzen gesetzt waren.

Ferner wird auch die Mentalität der noch wesentlich von der Landwirtschaft und dem zünftigen Handwerk geprägten Gesellschaft gewisse Sperren vor übertriebener, die Kinder ruinierender Ausbeutung gebildet haben. Besonders zu erwähnen ist hier der noch sehr langsame Arbeitsstil dieser Zeit, der offenbar auch in der industriellen Produktion noch üblich war. Der preußische Fabrikspezialist Beuth beklagte im Jahre 1824, daß das Produktionsergebnis der Kinder in England dreimal so hoch wie in Deutschland sei und daß der englische Handarbeiter viermal so viel wie der deutsche leistete, (8) und ähnliche, meist das Handwerk kritisierende Äußerungen sind zumindest bis zur Jahrhundertmitte immer wieder vorgetragen worden. Diese Bedächtigkeit war für die Arbeiter selbst aber ersichtlich mit Vorteilen verbunden, weil der Mensch dabei körperlich weniger angestrengt wurde als bei dem vielgerühmten und zur Nachahmung empfohlenen englischen Arbeitstempo.

Mit diesen Erwägungen steht im Einklang, daß die erste Fabrikantengeneration in ihrer Mehrheit auch noch nicht die Rigorosität an den Tag gelegt hat, die später in der Industrie so häufig beklagt worden ist. Von dem Barmer Fabrikanten Schuchard ist eine Äußerung überliefert, wonach in Elberfeld, einem der entwickelten Fabrikorte Preußens, erst mit dem Jahre 1826 ein Gesinnungswandel eingetreten sei. Erst ab dieser Zeit hätten die Unternehmer sich nach dem englischen Vorbild auf eine "neue Betriebsamkeit" umgestellt, bei der die Produktion um der Produktion willen ohne Rücksicht auf Konkurrent und Arbeiter zum Selbstzweck erhoben worden sei. (9) Wenn das aber für Elberfeld gegolten hat, so dürfte sich eine ungehemmt-kapitalistische Produktionsweise in den Kleinstädten und auf dem Lande wenn überhaupt, dann erst wesentlich später durchgesetzt haben. Und auch die Proletarisierung der Arbeiter - die Zerstörung der Familien, der Alkoholmißbrauch und andere Formen der Entwurzelung - werden in den traditionsbestimmten und überschaubaren ländlichen Gebieten nicht so schnell Eingang gefunden haben wie in den britischen Großstädten.

Daß man mit diesem Verständnis den Tatsachen gerecht wird, dafür läßt sich auch noch die Schweizer Enquete anführen mit ihrem Hinweis auf die Hindernisse, vor denen die Untersuchungspersonen gestanden hatten. Als besondere Schwierigkeit wurde

---

8) VVG Jg.3, 1824, S. 199; vgl. auch Carnot, 1841, S. 20: Der deutsche Arbeiter sei phlegmatisch und schwer zu bilden; seine Arbeit nicht sehr rasch, aber gleichmäßig. Er verhalte dich zum französischen Arbeiter wie der Ochse zum Pferd.

9) Vgl. Höring, 1932, S. 6. Vgl. zu dem patriarchalischen Verhältnis zwischen Verlegern und Webern (jedenfalls bis 1850): Emsbach, 1982, S. 199 f.

hier hervorgehoben, daß es noch keine von den anderen Bevölkerungsgruppen sich deutlich unterscheidende Klasse eigentlichen Fabrikvolks gebe, (10) denn oft würden Bauern und Gelegenheitsarbeiter in den Fabriken arbeiten und oft Industriearbeiter im engeren Sinne mitten unter der Landbevölkerung leben und den anderen Fabrikarbeitern, die ihr Gewerbe zu Hause ausüben würden. Darüber hinaus hätten die Arbeiter auch die Schattenseiten ihrer Erwerbstätigkeit tunlichst zu verbergen versucht; der Außenstehende aber habe nur viel zu kurz und "rhapsodisch" Nachforschungen anstellen können.

Problematisch sei es daher gewesen, genaue Aussagen über die Verhältnisse der Fabrikarbeiter und der mitarbeitenden Kinder zu treffen; denn wie habe man bei der so wenig klaren Untersuchungssituation spezifische Lebensgewohnheiten und - im Rückschluß etwa - den Bildungsstand oder die moralische Verfassung der Arbeiter verläßlich feststellen sollen. Erst recht habe das aber für die Entscheidung gegolten, welche sittlichen, intellektuellen und gesundheitlichen Nachteile gerade die Fabrikarbeiter zur Folge gehabt hätten. Was Berufsschäden sein konnten, mochten auch andere Ursachen, beispielsweise die Armut, ein lückenhafter Schulbesuch, die Konstitution des Betreffenden oder ein Zusammenwirken verschiedener Einflüsse bewirkt haben.

Neben der Möglichkeit, daß sich aufgrund der vieldeutigen Wirklichkeit Interpretationsfehler eingeschlichen haben, sah der Schweizer Bericht ein zweites Problem in dem unterschiedlichen Maßstab der jeweiligen Beurteiler, einem Umstand, dem insbesondere in der Frage der Schulbildung Bedeutung zugemessen worden ist. (11) Je nachdem, ob die Volksschule als Bet-, Kenntnis-, Denk- oder Erziehungsschule verstanden worden sei, habe man die Leistungen der Fabrikschulen verschieden beurteilt. Das Erziehungsziel, das pädagogische bewanderte Gutachter für erforderlich gehalten hätten, sei von denjenigen, die über solche Erfahrungen nicht verfügten, für überspannt und bloß "idealisch" angesehen worden.

Der Hauptberichterstatter des Schweizer Wohltätigkeitsvereins, der Basler Professor und Rektor Hanhart, hielt die Subjektivität des jeweils Urteilenden für einen sehr wichtigen Gesichtspunkt und gab hierzu das Beispiel, daß es den Einsendern ersichtlich Mühe bereitet habe, sich von der verbreiteten den Fabriken skeptisch gegenüberstehenden Ansicht zu lösen und die gegebenen Tatsachen objektiv zu prüfen. (12) Mit einer

---
10) Vgl. VGG 1828, Bericht 17, S. 37 f.
11) AaO S. 38.
12) VGG 1828, Bericht 17, S. 39.

Befangenheit der Industrie gegenüber sei zu erklären, daß ein Großteil der Einzelnachweise die Frage nach der Moralität der Arbeiter übergangen habe.

Nun kann sicherlich offenbleiben, ob gerade diese Vermutung zugetroffen hat. Denn für die hier untersuchte Fragestellung kommt es weniger auf diese zweifelhafte Einzelheit an als vielmehr auf Hanharts Grundüberzeugung, daß die persönliche Einstellung eine entscheidende Bedingung für das Ausfallen der Beobachtungen gewesen sei. Davon aber wird man in der Tat auszugehen haben. Bei der vorliegenden Enquete läßt sich für praktisch alle Gutachter eine Voreingenommenheit behaupten, weil der Wohltätigkeitsverein sich zu den Zielen bekannte, die Industrie gegen Angriffe zu verteidigen und für die Fabriken zu werben. (13) Im Aufschwung der Industrie sah man das entscheidende Mittel, um das Armenwesen und die Volkserziehung zu verbessern. (14) Offensichtlich waren denn auch die meisten Schweizer Gutachter bestrebt gewesen, aus den regelmäßig vielschichtigen Eindrücken die positiven Folgen der Fabrikarbeit herauszuheben, diese vorteilhaften Beobachtungen als typisch einzustufen, zur Abschwächung von Schäden auf nicht in der Arbeit liegende Ursachen zu schließen, nachteilige Wirkungen mit vermeintlich wünschenswerten zu verrechnen und auf die Risiken anderer Berufe zu verweisen.

Festzuhalten ist somit aber als ein bedeutsames Moment, das die Bewertung der Kinderarbeit und ihre Auswirkungen in den vorliegenden Berichten maßgeblich mitbestimmt hat, eine die Lage der Fabrikbevölkerung und den Fabriken gegenüber deutlich beschönigende Haltung, wobei diese Einstellung, wie gezeigt werden sollte, auch noch in Geltung stand, als die Gefahren der Industriearbeit der Kinder bewußter erörtert worden sind. Die Haltung, die Fabrikarbeit unbedingt zu begünstigen und von den damit verbundenen Nachteilen abzusehen, war zwar nicht bei der breiten Bevölkerung anzutreffen, wohl aber in der Regel bei den Führungsschichten - in der Schweiz nicht anders als in Preußen.

Der Gerechtigkeit halber muß man hier jedoch auch mit berücksichtigen, daß die - im Rückblick beurteilt - parteiliche Sicht nicht einfach auf einem gruppenegoistischen Standpunkt beruht hat. Sie orientierte sich durchaus auch am Allgemeininteresse, wobei freilich stark zeitgebundene, in ihrem vollen Bedeutungsgewicht heute auch nicht so ohne weiteres nachvollziehbare Vorstellungen mit im Spiel gewesen sind. Diese weiteren Beurteilungsgesichtspunkte, die einen beachtlichen Teil des Problems einer Erwerbstätigkeit der Kinder gebildet haben, sollen im folgenden noch herausgearbeitet werden.

---

13) VGG 1828, Bericht 17, S. 70; vgl. auch VGG 1826, Bericht 15, S. 20.
14) VGG 1828, Bericht 17, S. 69.

2. Die gesellschaftliche Stellung des Fabrikarbeiters als meinungsbildender Faktor

Eine wesentliche Vorentscheidung, die nur den Blick auf die historische Situation einigermaßen erschließt, ergab sich für alle Feststellungen in der Frage der frühen Erwerbstätigkeit aus der feudalstaatlichen Struktur der damaligen Gesellschaft mit ihren auf Geburt und Grundeigentum beruhenden scharfen Klassenunterschieden, die einen nicht zu überbrückenden Abstand zwischen den höheren und den unteren Ständen hergestellt haben. Da die gewerblichen Arbeiter über kein die eigene Existenz hinreichend sicherndes Eigentum verfügten, sondern regelmäßig in wirtschaftlicher, wenn nicht sogar in persönlicher Abhängigkeit lebten, gehörten sie nach der ständestaatlichen Rangordnung von vornherein zu der Unterschichtbevölkerung. Darüber hinaus kam auch noch ansehensmindernd hinzu, daß die Fabriken in gewisser Weise die Tradition der alten kommunalen Arbeitsanstalten fortgesetzt haben; denn dadurch übertrug sich ganz zwangsläufig der Makel der Armeneinrichtungen auf die in der Industrie Beschäftigten. (1) Das Ergebnis war ein entsprechend niedriger sozialer Status: Alle zeitgenössischen Äußerungen, in denen das Verhältnis der oberen Stände zu den Arbeitern zur Sprache gekommen ist, brachten ganz unverhüllt einen herablassenden Hochmut zum Ausdruck. Der Franzose Carnot, der über seine Fabrikreise durch mehrere europäische Staaten im Jahre 1841 einen Bericht veröffentlichte, erwähnte darin, daß die Arbeitskinder in Böhmen und Österreich demütig Hände und Kleider der Fabrikbesitzer geküßt hätten. Carnot erläuterte seine Beobachtung damit, daß die Bevölkerung in diesen Ländern noch zu "erzwungenen Dienstbarkeiten" verpflichtet sei. (2) Das geringe Sozialprestige, das sich in dem unterwürfigen Verhalten widerspiegelte, war jedoch keine österreichische Eigentümlichkeit. Auch im Rheinland etwa, dessen altständische Verfassung bereits im Umbruch begriffen war, lebten die traditionellen Wertstandards der Oberklasse ohne Abschwächung weiter. Der sozialpolitisch sehr engagierte Abgeordnete Schuchard erklärte im Jahre 1837 im Rheinischen Landtag, daß man sich unter den sogenannten geringen Menschen, die in den Fabriken beschäftigt seien, nicht einfach schlechte Menschen vorstellen dürfe. Die Schlechtigkeit der Arbeiter trete nur öfter und grober hervor, während die Laster der vornehmen Welt mehr verborgen bleiben würden. (3)

---

1) Vgl. Emsbach, 1982, S. 352.
2) Carnot, 1841, S. 30.
3) Schuchard, Juli 1837, im 5. Rhein. Landtag, A.Rh. 3, S.489, Protokoll: "Man sei sogar geneigt, sich unter sog. geringen Menschen schlechte Menschen zu denken, er habe aber in seiner Fabrik auch schon einige 100 Arbeiterfamilien beschäftigt, und seine Beobachtungen hätten ihn überzeugt, daß (bei diesen) im allgemeinen nicht mehr Schlechtigkeit wie bei den vornehmen Klassen zu finden sei, sie träte nur öfter und grober hervor, wogegen die Laster der vornehmen

Die hier als geringe Menschen bezeichneten gewerblichen Arbeiter aber konnten in der ständestaatlich verfaßten Gesellschaft auch nur eine minimale Fürsorge erwarten. Der damalige Präsident des Schweizer Wohltätigkeitsvereins, der Naturhistoriker und Technologe Bernoulli, faßte die Ergebnisse der Fabrikarbeiterenquete dahin zusammen, daß die Bildung des Fabrikvolks gewiß zu wünschen und zu verbessern Anlaß biete, daß aber das Bedürfnis dazu nicht dringender sei als bei den übrigen unteren Volksklassen. (4) Eine ausgewogene Ansicht werde nicht unbeachtet lassen, daß der allergrößte Teil der in den Fabriken beschäftigten Arbeiter auch ohne Industrie vorhanden wäre, dann jedoch der Landwirtschaft und anderen Gewerbezweigen zur Last fallen und größtenteils dem Bettelstande angehören würde. Es sei irrig, die Lage der Fabrikarbeiter mit der der Handwerker, Bauern oder auch nur der Pächter zu vergleichen. Vielmehr müsse man die Fabriken in den schlimmsten Fällen eben als Armen- oder Arbeitshäuser ansehen, für die die Allgemeinheit wenigstens zeitweilig finanziell nicht aufzukommen habe, die viele aus der bedürftigen Volksklasse aber nicht nur ernähren, sondern auch an Arbeit und Ordnung gewöhnen würden und dem Staat eine Gelegenheit bieten könnten, mittelbar die sittliche Erhebung der Arbeiter zu fördern. "Vergleichen wir aber vollends", so meinte Bernoulli weiter, "wie es doch noch angemessener wäre, den sittlichen Zustand auch nur der untersten Klasse der Fabrikarbeiter mit jenem in öffentlichen Arbeits- oder Armenhäusern, die überdies der Gesellschaft noch so große Opfer kosten - so wird niemand anstehen, dem ersten weit den Vorzug einzuräumen."

Diese Stellungnahme Bernoullis gibt die herrschende Meinung noch einmal in aller Deutlichkeit wieder. Die Beeinträchtigung der Schulbildung, die die Gegner der frühen Fabrikarbeit immer hervorgehoben haben, (5) wurde zwar anerkannt, war jedoch in

---

Welt mehr verborgen bleiben (würden)."

4) VGG 1828, Bericht 17, S. 74 und vor allen: SAS 1828, Bd. 2, S. 66.

5) Bezeichnend war eine Ostern 1829 unter Hinweis auf Diesterwegs Aufsatz in den Rhein. Blättern zugunsten der Fabrikkinder an den preuß. König gerichtete Petition (in: A.M. 28, S. 47), in der der Verf., der Lehrer Fr. Liebegott Prätor aus Löbau in Sachsen, ausgeführt hat, er habe keinen anderen Auftrag zu seiner Bittschrift als "den allgemeinen des Menschen, verstärkt durch den besonderen des Schulmanns". Dieser Satz umreißt auf die knappste Formel gebracht recht genau die Gegenposition: das Mitgefühl mit den um eine gesunde Entwicklung und kindgemäße Jugend betrogenen Fabrikkindern und das namentlich unter den Lehrern lebendige Verantwortungsgefühl dafür, daß alle Kinder ohne Ausnahme in ihren Anlagen gefördert würden. Der Standpunkt des Schweizer Wohltätigkeitsvereins wie auch der preußischen Regierungsberichte, überhaupt der öffentlichen Meinung der Restaurationszeit war das freilich nicht.

den Jahren um 1827 als Argument nur wenig überzeugungskräftig. (6) Die Schweizer Einstellung kann man in diesem Punkt wieder als repräsentativ auch für Preußen übernehmen. (7) Die Industriearbeiter aber wurden auf der gesellschaftlichen Rangskala in der Nähe der unterstützungsbedürftigen Armengruppen eingeordnet, und daher konnte sich das soziale Gewissen der Führungsschichten schon beruhigen, wenn die frühe Fabrikarbeit das immer unzureichende Einkommen der unteren Stände etwas aufbessern half. Ganz überwiegend wurde in den zeitgenössigen Äußerungen zur Kinderarbeit in den Vordergrund gerückt, daß es wohltätig und fortschrittlich sei, wenn Frauen und Kinder der Armenbevölkerung in der Industrie einen einträglicheren Erwerb erhalten würden, als Spinnen und andere Nebenbeschäftigungen es bieten könnten. (8)

---

6) Der Armenpflege erschien es regelmäßig als ausreichend, wenn ein gewisses Minimum an Schulunterricht gewährleistet war, vgl. v. Lüttwitz, 1834, S. 4, 9 f., 60 ff.: 2 bis 3 Std. Unterricht seien für die Ausbildung des einfachen Volkes neben 6 bis 8 Std. Arbeit durchaus das Richtige; der Schulzwang bis zum 14. Jahr sei ein "allgemeiner National-Arbeitskraft-Verlust"; so auch Kolb, 1837, S. 68; für eine Einschränkung des Kenntnisunterrichts ferner Godeffroy, 1836, S. 37; Greverus, S.P.E., Ideen zu einer Revision des gesammten Schulwesens, Oldenburg 1836, S. 83: "Was soll der Tagelöhner... mit Schreiben und Rechnen..."; vgl. auch Brodersen, C.W., Die Armuth; ihr Grund und ihre Heilung, Altona 1833, S. 11 f.

7) Bis sich die herrschende Auffassung veränderte, sollten noch gut zwei Jahrzehnte vergehen. Vgl. dazu die Stellungnahme des Berliner Redakteurs Runge vom Jahre 1851, der nach Durchsicht der dortigen Schulakten meinte: Man habe sich um 1828 bei der Forderung nach Schulbildung der Fabrikkinder auf weniger als das Notwendigste beschränkt; man habe keine einzige sitten- oder gesundheitspolizeiliche Bestimmung vorgeschlagen; die ganze Frage habe sich nur darum gedreht, den arbeitenden Kindern eine gewisse mechanische Fertigkeit im Lesen und einige Grundbegriffe des Christentums beizubringen, obgleich doch diese wenigen Kenntnisse nicht den geringsten positiven Einfluß auf das die Kinder sittlich verderbende und gesundheitlich gefährdende Arbeitsverhältnis hätten haben können: Offensichtlich habe man die Fabrikanten nicht belästigen wollen, MLV Jg.3, 1851, S. 9.

8) Hoffmann, J.G., Nachlaß, 1847, S. 224.

Hieran läßt sich noch für eine grundsätzliche Einsicht anschließen. Da das Bestreben der Armenbehörden, die Kinderarbeit als Mittel zur Bekämpfung der Armut einzusetzen, in der ständischen Gesellschaftsordnung fest verwurzelt war, traf alle kritischen Einwände ein gesteigerter Begründungszwang. Unter den gegebenen Umständen war ein Umdenken in der Kinderarbeitsfrage erst dann zu erwarten, wenn wirklich anstößige oder zumindest ernste Nachteile im größeren Maßstab belegt wurden. Von England einmal abgesehen, war dieser Nachweis jedoch, wie die vorliegenden Untersuchungen erkennen lassen, in der historischen Situation nur für die größeren Fabrikstädte zu erbringen. Deswegen konnte die ständestaatliche Armenethik, die zwischen den Fabrikarbeitern und den Angehörigen der untersten Schichten nicht unterscheiden wollte, die Ausbreitung der Kinderarbeit nicht nur bis zum Beginn des 19. Jahrhunderts entscheidend fördern, sondern sich auch später noch, wenn auch durch die politische Entwicklung begünstigt, allen auf Einschränkung der zeitigen Erwerbstätigkeit gerichteten Bestrebungen als fast unüberwindliche Sperre in den Weg legen.

Mit diesen das Zeitbewußtsein kennzeichnenden Feststellungen - der allgemeinen Geringschätzung der Fabrikarbeiter in der damaligen Gesellschaft, häufig verbunden mit einer Anspruchslosigkeit in der Frage der Volksbildung - ist aber noch nicht alles gesagt. Zu betonen ist ferner als zweiter stark zeitgebundener Aspekt, der die Stellungnahmen zum Problem der Kinderarbeit mindestens genauso geprägt hat, auch noch der fast unbeirrbare Wille der Behörden, den Aufbau einer Industrie im eigenen Lande nach Kräften zu fördern. Dieser Zusammenhang ist bei dem in Rede stehenden Thema schon mit angesprochen worden und kam auch in der Schweizer Umfrage immer mit zum Ausdruck. Zweckmäßigerweise wird man diesen Sachverhalt aber noch anhand des Fachschrifttums erläutern, weil die Vertreter der Wirtschaftswissenschaften die herrschende Meinung über die Fabriken erheblich beeinflußt haben.

3. Die Industrieförderung als meinungsbildender Faktor

Der Einsatz von Kindern in den Fabriken war natürlich auch für die Volkswirtschaftler ein beachtenswerter Produktionsfaktor, über den sie nicht anders urteilten als die Armenverwaltungen, weil Kinder und Jugendliche bei manchen Tätigkeiten geschickter waren als Erwachsene, weil sie sich auch leichter leiten ließen, weil sie weiter einen wesentlich bescheideneren Lohn erhielten (1) und schließlich, weil die Nationalökonomen von ihren Denkzielen her es überhaupt begrüßten, wenn die Jugendzeit, die für die ärmeren Familien finanziell eine starke Be-

---

1) Ein im internationalen Konkurrenzkampf allerdings auch wichtiger Faktor, vgl. VGG 1828, Bericht 17, S. 71; England war ohnehin weit überlegen, vgl. dazu: Ersch-Gruber, 1857, S. 384.

lastung bedeutete, möglichst abgekürzt werden konnte. (2)

Gleichwohl liegt in diesen Erwägungen noch nicht das entscheidende Motiv dafür, warum auch die Wirtschaftstheorie die Belange der Industrie in der Diskussion um die Kinderarbeit immer mit besonderem Nachdruck vertreten hat. Wichtiger noch waren die Faszination, die von den entwickelten, der deutschen Technik weit überlegenen englischen Maschinen ausging, sowie die hochgespannten Zukunftserwartungen, die sich an die Industrialisierung geknüpft haben.

Aufschluß darüber bietet beispielsweise ein im Jahre 1824 erschienener Artikel des preußischen Fabrikspezialisten Beuth, der nach einer Englandreise detailliert über seine in Glasgow gewonnenen Erfahrungen berichtete und dabei die Straßenbeleuchtung und auch das englische Fabrikgesetz von 1819 erwähnte, die mit der Industrialisierung verbundenen ungelösten sozialen Probleme jedoch nicht aufgezeigt hat. (3) Offenbar hatte sie Beuth aber auch nicht erkannt, denn über die Lage der Fabrikbevölkerung finden sich diesem Aufsatz sogar sehr befriedigte Sätze. Er habe Gelegenheit gehabt, so führte Beuth aus, über die Gesundheit der Arbeiter und auch der Fabrikkinder sich zu erfreuen und darüber hinaus über die Verbesserung ihres Zustands, verglichen mit dem Leben in den ungesunden Spinnstuben.

Nun handelte es sich hierbei aber nur um eine mehr beiläufig notierte Bemerkung, während die Hauptsache des Artikels und zugleich den Mittelpunkt von Beuths Begeisterung ein anderes Thema bildete: die komplizierten englischen Maschinen und die den Wirtschaftsspezialisten berauschenden Produktionszahlen der Glasgower Industrie. Beuth sprach von ungeheuren Fortschritten der Baumwollmanufakturen, wobei er die mit großen Betriebskapitalien und verhältnismäßig geringen Allgemeinunkosten arbeitenden Spinnereien als wahre Wunderwerke beschrieben hat: 280.000 in diesen Fabriken arbeitende Menschen lieferten nach Beuth soviel Gespinnst, wie durch Handarbeit nur von 42 Millionen Arbeitern hätte hergestellt werden können.

Dieses von Beuth gerühmte Produktionsergebnis, die Arbeitsleistung der fiktiven 40 Millionen Handspinner, wurde später in der Fachliteratur zusammen mit anderen ähnlich eindrucksvollen Zahlen immer wieder genannt. (4) Allein die Dampfma-

---

2) Vgl. v. Jakob, Grundsätze, Abth. 2, 1825, S. 566: "Die Konsumtion der Kinder bleibt so lange ohne ihren Ersatz, als sie nichts verdienen. Je eher dieses also ohne Nachteil wichtigerer Zwecke geschehen kann, desto besser."

3) VVG Jg. 3, 1824, S. 156, 185 f.

4) Lips, 1830, S. 424; Leuchs, 1827, S. 185; Bernoulli, SAS Bd. 2, 1828, S. 4, 28 f. (kritisch).

schinen Englands leisteten, so wurde berichtet, soviel wie 400.000 Pferde oder 2 Millionen kräftige Männer. Dem menschlichen Erfindungs- und Unternehmungsgeist schienen erstmals keine unüberwindbaren Schranken mehr gesetzt zu sein. Man erwog die Herstellung von Dampfpflügen, Mähdreschern und sogar von Flugzeugen. (5) Ein goldenes Zeitalter, so versprach man, würde anbrechen und allen Menschen zugute kommen, denn keiner werde sich mit 5 % begügen, wenn im allgemeinen 100 % gewonnen würden. (6) Die Voraussage Fichtes, daß

5) Ein Amerikaner zeigte 1825 eine verbesserte Dampfmaschine an, die die 100fache, u.U. sogar 200fache Kraft der herkömmlichen Modelle erzeugen und sich für eine Vielzahl von Zwecken - auch für das Pflügen der Felder - benutzen lassen sollte (RWA Bd. 41, 1824, 1. Hälfte S. 446). Der Erfinder meinte, daß jetzt mit der Luftschiffahrt begonnen werden könne, und stellte in Aussicht, daß die Briefpost bei gutem Wind an einem Tag von einem Ende der USA zum anderen befördert und die Reisezeit zwischen Europa und Amerika auf wenige Tage verkürzt werden könne. Die Wissenschaft und auch ein Teil der interessierten Öffentlichkeit gab sich ähnlich optimistisch. Man dachte an Sä- und Dreschmaschinen, mit denen sich bei einem Hundertstel des Arbeitsaufwandes doppelt soviel Getreide erwirtschaften lasse, wie gegenwärtig möglich, und Maschinen, mit deren Hilfe man für den zehnten Teil des bisherigen Preises die Kleidungsstoffe würde herstellen können (Leuchs, 1827, S. 184). In der populären Literatur wurde eine Maschine beschrieben, "die den Hammel häutet, Rock und Hose fertigt und den Hammel brät", so der Schriftsteller Dietmar, erwähnt bei: Hoffmann, L., Die Maschine, 1832, S. 67.
Auf solche Annahmen stützten sich dann weitere Prognosen. Durch die Erzeugung des Überflusses werde man Schriftsteller, Musiker, Schauspieler, Zeichner, Architekten, Gärtner usw. ernähren können; die individuellen Genüsse würden zunehmen, die Laster, die in der Armut ihre Ursache hätten, würden verschwinden, der Neid im Reichtum ersticken, die Moralität steigen und Kriege nicht mehr stattfinden (vgl. v. Blumröder, JGP Bd. 1, 1837, S. 197 ff.); einmal werde die Arbeit dann fast ganz entbehrlich sein (vgl. Bernoulli, SAS Bd. 2, 1828, S. 36; Lips, 1830, S. 413 f., Anm.). Der Schriftsteller L. Hoffmann (aaO S. 38 ff., 83 ff.) malte in einer Propagandaschrift dieses kommende goldene Zeitalter aus, in dem der Wohlstand herrschen und Kunst und Wissenschaft jedermann zu Diensten sein würden: Mähdrescher würden die schwere Arbeit in der Landwirtschaft besorgen; der Landmann würde sein Zugvieh in Hexametern antreiben; die Handwerksburschen würden in der Frühstückspause Probleme der Integralrechnung erörtern und die Bauern am Feierabend über den "Hamlet" und den "Faust" diskutieren.

6) Klöden bei Babbage, 1833, S. XI ("Wunder der alten Märchen überboten"); vgl. noch RWA Bd. 43, 1825, 1. Hälfte, S.

der Mensch durch Arbeitsteilung und Technik befähigt werde, ohne viel Zeit- und Kraftaufwand alle irdischen Zwecke zu erreichen, (7) dieses Versprechen schien in absehbarer Zeit realisierbar zu werden.

Da auch die Wirtschaftskrisen der Jahre 1817 bis 1820 und 1825, 1826 relativ rasch überwunden worden waren, (8) blieben die auf die Industrialisierung setzenden Erwartungen der Nationalökonomen weiterhin unangefochten bestehen. Gerade für die Fachleute verkörperte die Fabrik die große Hoffnung auf die Zukunft, die einzige Möglichkeit auch, die aus der Gegenwart mit ihrer schäbigen Armut herausführen konnte. Wie Angaben über die privaten Haushalte zeigen, lag der normale Lebensstandard bei einem kümmerlichen Existenzminimum. (9) Die große Mehrzahl der Menschen, so liest man über die damaligen Verhältnisse, ist von Kindheit an zu schwerer Arbeit verurteilt und in den Sorgen für die Erhaltung des Lebens versunken. (10)

Nicht unverständlich ist somit, wenn die Frage der Nachteile der Kinderarbeit vom wirtschaftlichen Fachschrifttum zumeist verdrängt, das heißt regelmäßig mit Stillschweigen übergangen wurde, (11) eine Sachbehandlung, die nicht nur in dieser Frage

---

408 ff.; v. Jakob, Grundsätze, Abth. 1, 1825, S. 258; AHZ Jg. 34, 1827, S.26 u. Jg. 36, 1829, S. 529; Leuchs, 1827, S. 184; Schmidt, Gewerbe, 1838, S. 1 ff.

7) Fichte, Johann Gottlieb, Die Grundzüge des gegenwärtigen Zeitalters (Erstausgabe 1806), Neudruck der 2. Aufl., Hamburg 1956 (Philosophische Bibliothek, Bd. 247), S. 170.

8) Vgl. Rodbertus, 1. Brief, 1850, S. 33; vgl. auch Schmoller, 1870, S. 52.

9) Nach v. Lüttwitz, 1834, S. 13, verdiente ein Tagelöhner mit seiner Arbeit nur rund 80 % des notwendigsten Unterhalts seiner Familie; den Fehlbedarf mußten die anderen Familienmitglieder hinzuerwerben.

10) Ancillon, Friedrich, Zur Vermittlung der Extreme, Theil 1, Berlin 1828, S. 98: "Obgleich die bürgerliche Gesellschaft nicht mehr... auf Sklaverei der Masse beruht..., so üben doch die physischen Bedürfnisse eine solche Oberherrschaft über die meisten Menschen, daß sie ihre Zeit sowie ihre Kräfte unter das Joch einer eisernen Notwendigkeit beugen müssen..."

11) Eine Ausnahme: Mohl, Moriz, Ueber die württembergische Gewerbs-Industrie, Abth. 1, Stuttg. u. Tüb. 1828; M. Mohl (Bruder Robert v. Mohls) warb in seiner Schrift für eine Industrieansiedlung in Württemberg und verurteilte bei dieser Gelegenheit die übermäßige Ausbeutung der Fabrikkinder in England, Frankreich und der Schweiz. Man könne sich, schrieb Mohl, des Unwillens über die Gesetzgebung nicht erwehren, die sich der hilflosen Kinder so gar nicht an-

festzustellen ist: Die Befürchtungen wegen der Auswirkungen der Industrialisierung (12) - unter den Hausindustriellen und Handwerkern stark verbreitet - wurden genauso leichthin abgetan, entweder mit knappen, die Problematik leugnenden Ausführungen bedacht oder aber gar nicht erst erörtert. (13).

---

nehme (aaO S. 42). M. erwähnt hier (S. 41, Anm.), daß in den Spinnereien des Elsaß von 5 bis 22 Uhr gearbeitet wurde und daß in Mühlheim schon 5jährige in die Fabriken gingen. - Mohl trat für eine Regelung ein, bei der die - in Württemberg bis zum 14. Lebensjahr geltende - Schulpflicht für die Fabrikkinder voll gewahrt bleiben sollte. Um dies zu erreichen, sollten die Kinder vom 10. bis 14. Lebensjahr nur halbe Tage arbeiten dürfen (aaO S. 47 f., 243 f.).Am Rande sei darauf hingewiesen, daß auch Mohl, obgleich er die in den Industrieländern übliche Form der Kinderarbeit eine Barbarei und eine der traurigsten Seiten am Zustand der Fabrikgegenden nannte, das Los der zu früh in ein Arbeitsverhältnis gegebenen Fabrikkinder noch glücklich nannte im Vergleich zu den Kindern aus den unbemittelten Schichten der Ackerbau betreibenden Bevölkerung. Denn diese Kinder seien bei der Armut der Eltern, bei der armseligen Bekleidung, Ernährung, der häufigen Überanstrengung sowie der fehlenden Aufsicht einer noch viel größeren Verwahrlosung preisgegeben als in der Fabrik. Zumal die Kinder der Weingärtner würden wie Lasttiere benutzt und zeigten zum Teil eine Physionomie, die kaum noch der des "menschlichen Typus" entspreche (aaO S. 46, 50,Anm).
Vgl. noch Merwitt, AHZ Jg. 35, 1828, S. 613, über die englischen Fabrikkinder: "Die Konstitution... wird geschwächt und ihr Wachstum... aufgehalten"; Bernoulli, SAS Bd. 2, 1828, S. 67, vertrat die Ansicht der Armenpflege. Von den Staatsrechtlern traten (R.v.) Mohl, Polizei-Wissenschaft, 1832, S. 154, und Zachariä, Bücher, Bd. 5, 1832, S. 331, für ein Fabrikgesetz ein.

12) Krause, G.F., Versuch eines Systems der National- und Staatsökonomie, Theil 1, Leipzig 1830, S. 215, 220, 239, 252, 255 f.; die optimistische liberale Ansicht dazu: Hoffmann, L., Maschine, 1832, S. 51; Bernoulli, SAS Bd.2, 1828, S. 1 ff., mit gründl. Übersicht über die landläufigen Argumente: Industrie führe zu Preisverfall, Übervölkerung, Zerstörung der Gesundheit, der Moral, der Handfertigkeit und "entnerve" die Nation.

13) Die Bedenken wurden als unbegründet oder übertrieben erachtet, vgl. Bernoulli, aaO; v. Jakob, Grundsätze, Abth. 1, 1825, S. 256; Leuchs, 1827, S. 184ff.; Rau, Volkswirthschaftslehre, 1826, S. 326 f., § 403; Pölitz, Staatswissenschaften, Th. 2, 1827, S. 186; Lips, 1830, S. 407 ff., 436 ff. Vgl. auch Hoffmann, L., aaO S. 40, 42: Der Untergang der Hausindustrie sei ein Fortschritt, weil er ein Zwangsmittel zur geistigen Veredelung bilde: "Will man die Flüsse fortwünschen, weil es Überschwemmun-

Daraus folgte aber ein durchgängig optimistischer Grundzug der staatswirtschaftlichen Literatur, die das fachlich informierte Urteil über die Industrieproblematik nachhaltig geprägt hat. Wer immer die Partei der Fabrikkinder nehmen wollte, war daher gezwungen, aus einer Außenseiterposition heraus zu argumentieren. Hinter der Partei, die die Kinderarbeit befürwortete, stand dagegen eine nahezu geschlossene öffentliche Meinung, wozu nach dem späteren Zeugnis des preußischen Statistikers Hoffmann auch "die Wohlwollenden und Verständigen" gezählt haben. (14) Wenn man die Fabrikarbeit der Kinder und Frauen lange Zeit begünstigt und nicht verhindert habe, so erläuterte Hoffman diesen Tatbestand, (15) so infolge der erst im Nachhinein als oberflächlich erkannten Ansicht, daß es verdienstvoll sei, den Armenkindern einen "Selbsterwerb ihres notdürftigsten Unterhalts" zu ermöglichen, ferner wegen des ständigen Hinweises auf die im Ausland mit der Industrialisierung errungenen glänzenden Erfolge und drittens schließlich wegen des ernsten Vorsatzes, dem Gewerbebetriebe jede Freiheit einzuräumen, welche mit den höheren Pflichten der Staatsgewalt irgend vereinbar geschienen habe.

---

gen gibt?"; ferner AHZ Jg. 35, 1828, S. 287:"Wer will mit Rousseau in den Wäldern Eicheln essen?"
Die Fülle der abzuwägenden Gesichtspunkte, die Schwierigkeit auch, Ursache und Wirkung zu unterscheiden, die notwendigen Folgen nicht mit den nur zufälligen zu verwechseln, überhaupt die Unmöglichkeit, mit dem Mittel bloßer Überlegung herauszufinden, inwieweit bei einem natürlichen Gang der Entwicklung bestimmte Wirtschaftslagen eintreten würden und nicht nur unter "künstlich" fördernden oder hemmenden Bedingungen - diese Komplexität der Materie erleichterte die optimistische Haltung der Fachwissenschaft (vgl. dazu Bernoulli, aaO S. 51, 56, 61, 65, 67, 71 f.). Wenn dies, wie gezeigt, schon bei dem Problem der Kinderarbeit der Fall sein konnte, so dann erst recht bei der sehr viel weiter gezogenen Fragestellung um Nutzen oder Schaden der Industrie, wobei in das Urteil der von Smith geprägten Nationalökonomie auch mit einging, daß diese nach ihren Grundprinzipien nur das extrem liberale, auf Gewinnmaximierung angelegte Modell anbieten konnte, nicht aber flexible, die Umorientierung der Wirtschaft sozial absichernde Übergangs- und Ausgleichsvorschläge.

14) Hoffmann, J.G., Nachlaß, 1847, S. 224.

15) Hoffmann, aaO S. 108. Über das Ergebnis vgl. auch Runge, der in MLV Jg. 3, 1851, S. 9 rückblickend zu den 20 Jahre vorher in Berlin durchgeführten Verhandlungen bemerkte, man habe sich dabei mit der Vorfrage, ob die Beschäftigung schulpflichtiger Kinder in den Fabriken im Interesse der Industrie wirklich notwendig sei, nur sehr oberflächlich, man könne sagen, fast gar nicht auseinandergesetzt. Insbesondere habe man die Verhältnisse in den einzelnen Gewerbezweigen mit keinem Wort erörtert.

Die ersten beiden Gesichtspunkte bestätigen noch einmal zusammengefaßt die anhand der Schweizer Umfrage getroffenen Feststellungen, während der Hinweis auf die verpflichtende Kraft der Gewerbefreiheit den mächtigen Einfluß der liberalen Nationalökonomie auf die preußischen Staatswirtschaftler zur Sprache bringt - darauf ist früher schon eingegangen worden. In der Tat war Hoffmann ja auch mit den Vorstellungen der preußischen Wirtschaftsbürokratie aufgrund seiner Tätigkeit als Leiter des Statistischen Bureaus in Berlin notwendigerweise vertraut. Seine Äußerung hat daher ohne Frage Stellvertretercharakter für die Berliner Gewerbepolitik.

Die letztere Überlegung leitet auch wieder auf den Gang der Untersuchung zurück; denn hier wird zugleich auch deutlich, in welch engem Rahmen um 1828 ein preußischer Jugendarbeitsschutz nur verwirklicht werden konnte. Da die rechtspolitische Grundeinstellung des Innenministeriums sich wie gezeigt in voller Übereinstimmung mit der öffentlichen Meinung befunden hat, verfügte der Kultusminister nach wie vor nur über einen geringen Gestaltungsspielraum. Für das Fabrikgesetz war der Einfluß der herrschenden die Kinderarbeit befürwortenden Ansicht zurückzudrängen, und dafür konnte Altenstein zwar auf die unhaltbaren Zustände im Rheinland verweisen, ansonsten aber im Grunde nur auf das staatliche Erziehungsrecht, das jedoch von kirchlicher Seite noch immer bestritten wurde (16) und auch in der Bevölkerung, wie sich noch herausstellen sollte, keineswegs allgemein anerkannt war.

VII. Die Einflußnahme des preußischen Königs auf die weiteren Beratungen über ein Fabrikgesetz im Jahre 1828

Die Verhandlungen des Berliner Kultusministeriums zum Schutze der Fabrikkinder sind oben bis zum Ende des Jahres 1827 verfolgt worden unter Einschluß des Ergebnisses der preußischen Umfrage und der beiden in der Sache gegensätzlichen Äußerungen Beckedorffs und Diesterwegs. Das Jahr 1828 schien die Frage eines Jugendarbeitsschutzes nun weiter voranzubringen, wobei ein erster Erfolg der im Jahre 1825 eingeleiteten Kriminalitätsumfrage zu verdanken war. Als eine Bezirksregierung be-

16) Vgl. dazu Diesterweg, RWM Bd. 5, 1826, S. 163, 170; Diesterweg nannte drei Hindernisse, die der Verwirklichung eines Fabrikschutzes im Wege stünden: eine hochkonservative Staatsauffassung, die die Schulen zu den Religionssachen rechne und dem Staat nur eine enge, negative Zuständigkeit - zur Abwehr äußerer Beeinträchtigungen - zubilligte, dann weiter einen sich immer mehr ausbreitenden Pietismus, der den frühen Ernst im Leben der Kinder für erzieherisch wertvoll hielt, und schließlich die über die Not der Fabrikarbeiter, insbesondere der Fabrikkinder, hinwegsehende Überzeugung vom Segen der Technik und der Industrie.

richtete, daß ein Jugendlicher, der in seinem Leben weder am Schul- noch Religionsunterricht teilgenommen hatte, wegen eines Verbrechens verurteilt worden sei, erreichte Altenstein, daß der König die Tätigkeit der Armenschulen besonders gewürdigt hat. In einer Kabinettsorder vom 18. Juni 1828 erließ Friedrich Wilhelm III. die Anordnung, die Ortsgeistlichen "zu gehöriger Aufmerksamkeit auf diesen wichtigen Gegenstand anzuhalten", damit solche Fälle gänzlicher Vernachlässigung des Unterrichtes künftig nicht mehr vorkämen. Mit Reskript vom 23. August 1828 veröffentlichte das Kultusministerium diese Weisung des Königs und verband damit den eigenen Auftrag, den Predigern und Schulaufsehern ihre Pflichten mit Nachdruck einzuschärfen. (1)

Die Bemühungen des Kultusministeriums fanden aber auch noch auf andere Weise Unterstützung. Da die Kinderarbeit im Schrifttum nunmehr schon verhältnismäßig stark beachtet wurde und auch einige Regierungsberichte Rekrutierungslisten mit in ihre Untersuchungen einbezogen hatten, lag es nahe, daß auch die Militärverwaltung auf dieses Thema aufmerksam wurde, zumal ja das Militär die körperliche Leistungsfähigkeit der Männer in den Fabrik- und Gewerbegebieten schon während der Befreiungskriege skeptisch beurteilt hatte.

Der in Münster stationierte Generallieutnant von Horn äußerte sich jetzt aber auch amtlich zu diesem Problem, indem er in einem für den König bestimmten Landwehrgeschäftsbericht darlegte, daß die Bewohner der Fabrikgegenden die auf sie entfallenden Kontingente an Wehrpflichtigen nicht voll zu stellen vermochten und daß man die dadurch entstandenen Lücken mit der im Durchschnitt kräftigeren und gesünderen Landbevölkerung habe schließen müssen. Als eine der Hauptursachen für die unterschiedliche Wehrtauglichkeit der beiden Volksgruppen nannte Horn dabei die in den Industrieorten übliche Praxis, Kinder in den Fabriken auch des Nachts zu beschäftigen.

Auch diesen Hinweis griff der König auf. In einer an die Minister Altenstein und Schuckmann gerichteten Kabinettsorder vom 12. Mai 1828 ordnete er an, Maßnahmen zu erwägen, mit denen sich verhindern lasse, daß die künftigen Generationen nicht noch verkrüppelter und schwächlicher würden als die Fabrikjugend es jetzt schon sei. (2)

1) A.M. 11, S. 104.

2) A.M. 28, S. 38, Text der KaO. v. 12. Mai 1828: "Der Generallieutenant von Horn bemerkt in seinem Landwehrgeschäftsberichte, daß die Fabrikgegenden ihr Kontingent zum Ersatze der Armee nicht vollständig stellen können und daher von den Kreisen, welche Ackerbau treiben, zum Teil übertragen werden, und erwähnt dabei des Übelstandes, daß von den Fabrikunternehmern sogar Kinder in Masse des Nachts zu den Arbeiten benutzt werden. Ich kann ein solches Verfahren um so weniger billigen, als dadurch die physische Ausbildung der

Da diese Anordnung in der Literatur gern als Ausgangspunkt des preußischen Arbeitsrechts bezeichnet wird, bedarf es hier einer Klarstellung. Die Kabinettsorder ist sicherlich nicht unwichtig gewesen, weil sie die Schaffung eines Arbeitsschutzes im Grundsatz für verbindlich erklärte. Aber man darf die Bedeutung des königlichen Befehls auch nicht überschätzen. Altenstein trat ohnehin schon für ein Fabrikgesetz ein, und auch Schuckmann hatte sich zu diesem Zeitpunkt schon zu gewissen Arbeitsschutzvorschriften bereit erklärt. Zu weitergehenden Zugeständnissen aber war der Innenminister auch aufgrund der Kabinettsorder nicht verpflichtet; denn der König hatte genaugenommen nur die Nachtarbeit der Kinder beanstandet, einen Punkt also, um den es zwischen den Ministerien keinerlei Streit gab. Die sachliche Auseinandersetzung drehte sich bis dahin und so auch künftig weniger um eine Gesundheitsvorsorge als um das Ausmaß des Bildungsschutzes - und in dieser Hinsicht hat die Kabinettsorder die nachfolgenden Beratungen auch nicht nennenswert beeinflussen können.

VIII. Die Berliner Ministerialverhandlungen während der Jahre 1828-32

1. Der Standpunkt Altensteins zum Fabrikgesetz

Unter Bezug auf die jüngste Kabinettsorder, die der Kultusminister immerhin als Trumpf auszuspielen versuchte, unterbreitete Altenstein dem Innenministerium am 4. Juli 1828 sein Votum zu den vorliegenden Regierungsberichten, zu denen noch die Antwort der Regierung Potsdam gekommen war. (1) Der Kultusminister vertrat in dieser Stellungnahme im wesentlichen die Überzeugung, die in der Verordnung von 1826 und 1827 schon ausgesprochen war und die insgesamt gesehen doch sehr viel kinderfreundlicher wirkte als das Urteil Beckedorffs. Altenstein betonte, daß auch die Potsdamer Regierung das "traurige Gemälde" bestätigt habe, welches aus den Berichten der westlichen Fabrikbezirke Preußens hervorgehe, und daß die Schattenseite der Kinderarbeit, die günstige Darstellung der Regierung Frankfurt ausgenommen, auch in den anderen, die Verhältnisse unterschiedlich beurteilenden Bezirken der überwiegende Eindruck sei.

Unter Verwendung der Enqueteergebnisse hatte das Ministerium

zarten Jugend unterdrückt wird und zu besorgen ist, daß in den Fabrikgegenden die künftige Generation noch schwächer und verkrüppelter werden wird, als es die jetzige schon sein soll. Daher trage Ich Ihnen auf, in nähere Erwägung zu nehmen, durch welche Maßregeln jenem Verfahren kräftig entgegengewirkt werden könne, und sodann an Mich darüber zu berichten."

1) A.M. 28, S. 30.

die Schäden aufgelistet, die bei den Fabrikkindern beobachtet worden waren: die Gesundheitsstörungen; die zurückgebliebenen intellektuellen Fähigkeiten; die nachteiligen Auswirkungen auf die Gemütslage, was sich im Verlust des kindlichen Frohsinns, in Zügellosigkeit und Rohheiten äußere; sodann die Amoralität, die Frühreife sowie die materielle Gesinnung der Kinder und schließlich ihre geistige Verwahrlosung als Folge des verhinderten Schulunterrichtes.

Als ursächlich für diese Schädigungen nannte das Votum die bei der Arbeit auftretenden Mißbräuche, die hier nicht noch einmal dargestellt zu werden brauchen. Gleiches gilt auch für die beteiligten Interessen, über die Altenstein seine Meinung nicht geändert hatte. Der Kultusminister erklärte, daß es sein Wille sei, die auftretenden Mißbräuche zu verhindern, aber auch den Eltern und Fabrikanten die Vorteile zu sichern, die in einem vernünftigen Gebrauch der Arbeitskraft der Kinder lägen.

Daß dieses Ziel mit einem allgemeinen, aus starren Bestimmungen bestehenden Gesetz nicht zu erreichen sei, hatte das Kultusministerium schon im Vorjahr ausgesprochen. Vermutlich von Diesterweg beeinflußt, gab Altenstein jetzt aber auch seinen Plan wieder auf, provinzielle Unterschiede bereits in den Vorschriften zu berücksichtigen und schlug statt dessen eine bislang im Ministerium noch nicht erwogene Lösung vor, die von der Düsseldorfer Regierung angeregt worden war. Danach sollten landesweit Spezialkommissionen gegründet werden, die im Rahmen von ministeriellen Richtlinien in jeder einzelnen Fabrik für das "physische, moralische und intellektuelle Gedeihen" der Arbeitskinder zu sorgen hätten. (2)

Hinter diesem Vorschlag stand die Absicht, die in den jeweiligen Orten vorhandenen Erfahrungen für einen aufgrund der örtlichen Gegebenheiten individuell gestalteten Arbeitsschutz nutzbar zu machen und die dafür notwendigen Organisationen zu schaffen. Die Mitglieder der Schulkommissionen, insbesondere Schulfachleute der Kirchen, Medizinalbeamten, weiter Vertreter der Handelskammern, der Justiz, der Fabrikanten und auch der Arbeiter, sollten gemeinsam in den größeren Fabrikorten Arbeitsordnungen festlegen und über deren Einhaltung wachen. Grundlage für diese Tätigkeit sollten dabei allgemeine Anweisungen sein, die die Kommissionen mit Genehmigung der Regierung sollten modifizieren können.

Altenstein hatte auch bereits entsprechende Richtlinien ausarbeiten lassen und Gegenmaßnahmen für nahezu jeden der erwähnten Nachteile vorgesehen. Im Interesse des Gesundheitsschutzes sollte vor allem die Arbeitsaufnahme nur aufgrund eines ärztlichen Zeugnisses zulässig sein, welches die Ar-

2) Vgl. Anton, 1891, S. 25.

beitsfähigkeit im Hinblick auf Konstitution und Alter der Kinder bescheinigen würde. In den Fabriken sollte ferner für reine Luft, Sauberkeit sowie für Sitzgelegenheiten gesorgt werden, die der Körpergröße der Kinder Rechnung trügen. Für wünschenswert hielt das Kultusministerium außerdem, daß der Fabrikant sich um Bekleidung und Reinigung der Kinder kümmern und mittags die Beköstigung der Fabrikkinder übernehmen würde. Als Mittagspause sollte eine Freistunde zur Verfügung stehen.

Gesundheits- und daneben auch Bildungsfürsorge waren die Ziele für eine andere, unten noch ausführlich erläuterte Richtlinie, die festlegen sollte, daß eine "nicht zu beschränkte" Zeit täglich für Unterricht, Bewegung und Spiel zu bestimmen sei. Vorgesehen war des weiteren auch, daß der Kreisphysikus in Abständen über diese Einrichtungen zu berichten hätte.

Im Hinblick auf das Mindestalter der Fabrikkinder dachte das Kultusministerium an ein Arbeitsverbot für Jugendliche unter 8 Jahren, damit in den jüngeren Jahren "ein guter Grund" in der Schule gelegt werden könnte. Nur bei fortgeschrittener Entwicklung, ungewöhnlicher Körperkraft oder besonderem Bedürfnis sollten Ausnahmen von diesem Verbot gestattet werden. Für die Altersgruppen dann der 8- bis 14jährigen sollte die tägliche Arbeitszeit regelmäßig nur einen halben Tag betragen mit einer Verlängerungsmöglichkeit in Sonderfällen auf maximal 10 Stunden.

Um die schädlichen Einflüsse bestimmter Tätigkeiten zu vermindern, empfahlen die Richtlinien, Kindern tunlichst nur selten eine Arbeit in Metallfabriken, Glashütten und in den Baumwollfabriken zu gestatten. Ansonsten sollte darauf geachtet werden, daß die Kinder nicht ständig nur mit denselben Verrichtungen betraut würden. Was die Werktage und die Arbeitszeit anging, so untersagte das geplante Gesetz eine Tätigkeit an Sonn- und Feiertagen sowie während der Nacht, für die man im Sommer die Zeit von 19 Uhr abends bis 5 Uhr morgens und im Winter die Stunden von 17 Uhr bis 5 Uhr vorschreiben wollte.

Zur "sittlichen Bewahrung" der Kinder sollte darauf hingewirkt werden, daß diese nur mit zuverlässigen Erwachsenen zusammen arbeiten würden, unter gehöriger Aufsicht stünden, daß das Rauchen und der Branntweingenuß und unanständiges Reden bestraft und umgekehrt "Zucht, Sittsamkeit und Fleiß" belobigt würden.

Während der Dauer des Beschäftigungsverhältnisses aber sollte der Besuch des Schulunterrichtes fortgesetzt werden, solange bis die Kinder das im Preuß. ALR angeordnete Schulziel tatsächlich erreicht hätten. Eine wesentliche Bestimmung war insoweit, daß der Unternehmer für diesen Schulbesuch mitverantwortlich sein sollte. Diese Haftung wollte man über ein Verbot mit Erlaubnisvorbehalt begründen. Es sollte untersagt werden, Kinder zu beschäftigen, die nicht schon einen hinlänglichen Schulunterricht erhalten hätten, es sei denn, der Fabrikant verpflichtete sich, für die Fortsetzung des Schulunterrichtes zu sorgen. Um aber auch die Eltern dafür zu gewinnen, ihre Kinder regelmäßig vom 5. Lebensjahr an zur Schule zu schicken, schrieb das geplante Gesetz zusätzlich noch vor, daß die normale Arbeitserlaubnis erst zu erteilen sei, wenn die Kinder lesen und etwas schreiben könnten.

Die Organisation des neben der Arbeit zu erteilenden fortführenden Schulunterrichtes aber sollte die betriebstechnischen Bedürfnisse der Fabriken berücksichtigen, wozu der Entwurf eine ganze Reihe von Vorschlägen entwickelte. Ein halber Tag Schule sollte mit einem halben Tag Arbeit abwechseln; oder jede Woche sollte in drei Tage Arbeit und drei Tage Schule geteilt werden; oder es sollten täglich einige Schulstunden vor und zwischen der Arbeitszeit abgehalten werden - morgens von 6 Uhr bis 8 Uhr, mittags von 11 bis 12 Uhr und wieder von 13 bis 14 Uhr. Als weitere Möglichkeit wurde ein Abteilungsunterricht vorgeschlagen, bei dem eine erste Kindergruppe am Montag und Donnerstag, eine zweite am Dienstag und Freitag und eine dritte am Mittwoch und Sonnabend von 6 bis 8 Uhr unterwiesen werden sollten. Als besonders zu fördern aber empfahl das Ministerium das Relaissystem - die Aufteilung der Arbeit auf jeweils zwei nur einen halben Tag beschäftigte Kindergruppen.

Beachtung verdient, daß der Entwurf dabei die Abendschule nur für besondere Notfälle zuließ und auch die Sonntagsschule nicht als Regelunterricht zulassen wollte; lediglich ergänzende Religions- und Gesangsstunden sollten am Sonntag noch erteilt werden. Die Schulen für die Arbeitskinder sollten im übrigen in der Nähe der Fabriken angelegt und nur ausgesucht gute Lehrer für den Unterricht der Fabrikkinder angestellt werden.

Abschließend schlug das Kultusministerium vor, Unternehmer, die sich durch besondere Förderungsmaßnahmen zugunsten der Fabrikkinder auszeichnen würden, zu belobigen und umgekehrt diejenigen, die den Anordnungen der Lokalkommissionen nicht nachkämen, zunächst zu verwarnen, im Wiederholungsfall öffentlich zu tadeln und als letztes Mittel schließlich mit einem Beschäftigungsverbot für Kinder zu belegen.

Diese Stellungnahme sandte Altenstein am 4. Juli 1828 dem Innenminister zu.

2. Anordnung der Fabrikkontrolle im Jahre 1828

Zum Zwecke einer besseren Durchsetzung der bereits vorhandenen Vorschriften unterbreitete Altenstein am 12. Juli 1828 Schuckmann noch einen gesonderten Vorschlag, den das Brandenburger Schulkollegium angeregt hatte. Um zu verhindern, daß die in einem Arbeitsverhältnis stehenden Kinder sich dem Unterricht entziehen würden, trat der Kultusminister dafür ein, die Fabriken durch die Polizei vierteljährlich überprüfen zu lassen. (1)

Mit diesem zweiten Anliegen kam das Kultusministerium sehr rasch zum Ziel. Schuckmann stimmte zu, ohne noch Änderungswünsche vorzutragen, so daß bereits am 15. Dezember 1828 eine entsprechende Anordnung der beiden beteiligten Ministerien erlassen werden konnte. (2)

3. Die Berliner Schulsituation in den Jahren 1828-29

In der Frage des Schutzgesetzes selbst gestalteten sich die Beratungen jedoch schwieriger. Dies lag nun sicherlich mit daran, daß es den Wirtschaftlern und Pädagogen an einem gemeinsamen Vorverständnis für die hier in Rede stehenden Belange fehlte und daß das Kultusministerium den Fabrikbetrieb auch vielleicht etwas zu perfektionistisch ausgestalten wollte. Gleichwohl ist aber festzuhalten, daß der wesentliche Gegensatz sich nicht aus dieser grundsätzlichen Meinungsverschiedenheit ergab, sondern aus der Unnachgiebigkeit des Innenministeriums in seinem Punkt, in dem Altenstein legitimerweise ein Nachgeben erwarten durfte, nämlich bei dem Problem der Abendschule. In dieser Frage gewann eine Entwicklung auf die ministeriellen Verhandlungen Einfluß, die ursprünglich außerhalb dieser Beratungen gelegen hatte. Darauf ist zunächst einzugehen.

Das Berliner Schulkollegium hatte für seinen Zuständigkeitsbereich angeordnet, daß die Abendschulen aufgelöst werden sollten und die Fabrikkinder nur noch am Morgen, und zwar werktags zweimal von 6 bis 9 Uhr und von 7 bis 1o Uhr sowie sonntags von 7 bis 9 Uhr, zur Schule zu gehen hätten. (1) Diese Maßnahme lehnten jedoch viele Berliner Unternehmer ab, namentlich aber ein Fabrikant Dannenberger, der Besitzer einer der großen Textildruckereien der Hauptstadt war und seine Fabrikkinder nur einmal in der Woche die Abendschule besuchen ließ.

Nachdem Dannenberger sich mit einer Gegenvorstellung zunächst an den Magistrat der Stadt gewandt hatte, damit aber nicht durchgedrungen war, richtete er im November 1828 an den Wirt-

1) A.M. 30, S. 3.
2) A.M. 30, S. 4 f. Über die Revisionen vgl. MLV Jg. 3, 1851, S. 9 f.

1) Die Einzelheiten in MLV Jg. 3, 1851, S. 5; dort auch eine Verfügung des Schulkollegiums der Provinz Brandenburg v. 28. Aug. 1828, wonach Fabrikanten, die ohne Genehmigung schulpflichtige Kinder beschäftigten, bestraft werden sollten.

schaftsreferenten des Innenministeriums, Beuth, ein weiteres Gesuch, in dem er darlegte, die durch den Unterricht bedingten Mehrbelastungen seines Betriebes nicht tragen zu können. (2) Da der Arbeitstag in seiner Fabrik morgens um 4.30 Uhr begann, errechnete sich der Fabrikant nicht nur im Hinblick auf die Fabrikkinder, sondern auch bei den mit ihnen zusammen arbeitenden erwachsenen Druckern zwei halbe Tage Arbeitsausfall in der Woche und noch zusätzliche Verluste, weil manche Stoffe, die nach dem Druck einen ganzen Tag zum Trocknen erforderten, liegen bleiben müßten und weil, wie Dannenberger angab, die während der Schulstunden der Kinder pausierenden erwachsenen Arbeiter - durch das Feiern zum Alkoholgenuß verleitet - im angeheiterten Zustand noch weiteren Schaden verursachen würden.

Der Berliner Magistrat war wie gesagt bei seiner ursprünglichen Anordnung geblieben; dagegen war der Innenminister, dem Beuth die Eingabe des Unternehmers vorgelegt hatte, (3) durchaus bereit, das gegen die Ausweitung des Schulbesuches gerichtete Interesse der Fabrikanten zu unterstützen. Wie sich jetzt herausstellte, hatte Beuth den Minister Schuckmann dafür gewonnen, die Frage der Abendschule in den Verhandlungen um das Fabrikgesetz zur Klärung zu bringen.

4. Der Standpunkt Schuckmanns zum Fabrikgesetz

Als der Innenminister am 16. Januar 1829 auf den Gesetzesvorschlag Altensteins antwortete, nahm er nicht nur einen wenig kompromißbereiten Standpunkt ein, sondern trug darüber hinaus seine Meinung auch in äußerst schroffer, ja verletzender Form vor. (1)

Zunächst legte der Innenminister dar, daß die Materie hinreichend geklärt sei, um dem König die Gesetzesberatung im Staatsministerium vorzuschlagen. Für diesen Antrag, so führte er weiter aus, bedürfe es auch keiner umfangreichen Auseinandersetzung vor dem König über die Zwecke und die Ausführung der geplanten Bestimmungen, denn in der Hauptsache bestehe ja ein Einverständnis zwischen den Ministerien, das für den königlichen Auftrag genüge. Schuckmann beabsichtigte, soviel wird bereits hier klar, den Inhalt des Fabrikgesetzes thematisch einzuschränken.

Dieser Absicht diente auch noch eine andere Feststellung im Antwortschreiben des Innenministers. Dieser räumte hier im

---

2) Text bei Hoppe, 1969, S. 55.
3) A.M. 28, S. 27.

---

1) A.M. 28, S. 39; vgl. zum Verhältnis zwischen Altenstein und Schuckmann: Müsebeck, 1918, S. 293 f.

Grundsatz zwar ein, daß die Nachteile der Fabrikarbeit für die körperliche Entwicklung aus der sitzenden Lebensweise und der "Stubenluft" sich ergeben würden; zugleich betonte Schuckmann aber, daß diese ungünstigen Bedingungen keineswegs das Problem lediglich der Fabrikarbeit seien. Die zunehmenden Klagen über die Beeinträchtigung der Gesundheit in der Schule würden "die Allerhöchste Aufmerksamkeit in einem ebenso hohen Maße verdienen", weil durch die übertriebenen Anforderungen im Unterricht, vor allem in dem der Gymnasien, gleichfalls eine verkrüppelte Generation herangezogen werde. Die Fabriken würden dann wenigstens zum Teil noch Beschäftigungen bieten, die kräftigere Menschen heranwachsen ließen als die Angehörigen der gebildeten Stände. Daher sei es unberechtigt, den Stab ausschließlich über die Fabrikarbeit zu brechen; schädlich sei vielmehr alles, was Kinder und Jugendliche an einer Bewegung in frischer Luft und der Übung ihrer Körperkraft behindere. Selbst in den unter Aufsicht der Behörden stehenden Waisenanstalten, die nur den einen Zweck hätten, die Kinder ordnungsgemäß aufzuziehen und dies auch könnten, weil die Heimkinder in der Regel ihr Brot nicht selbst verdienen müßten, selbst dort also hätten die Jugendlichen kein gesünderes Aussehen als diejenigen, die in den Fabriken arbeiten gingen: An den Berliner Waisenkindern könne man das sehr deutlich beobachten.

Mit den Hinweisen auf die Auswirkungen der Schul- und Waisenhauserziehung verfolgte das Innenministerium, so darf man annehmen, das doppelte Ziel, einmal den Inhalt des vom Kultusministerium vorgeschlagenen Schutzgesetzes als übertrieben erscheinen zu lassen und zum anderen, den Umfang des vorgeschlagenen Schulunterrichtes selbst als gesundheitsschädlich verwerfen zu können. Schuckmann stellte damit auch klar, auf welcher Linie er gegebenenfalls dem König gegenüber zu argumentieren gedachte.

Dem Innenminister schwebte eine ganz einfache, sich eng an das englische Gesetz anlehnende Lösung vor, bei der nur vier oder allenfalls auch fünf Punkte geregelt werden sollten: nämlich eine gute Belüftung der Fabriken, dann ein dem Alter und den Kräften der Kinder angemessenes Arbeitsmaß, ferner die notwendige Zeit zum Schulbesuch, eine Regelung der Arbeitspausen zur Erholung und schließlich eine angemessene Ernährung der Kinder, soweit die Fabrikinhaber dafür aufzukommen hätten.

Dieses Programm läßt freilich noch nicht recht erkennen, wo die unterschiedlichen Standpunkte der Ministerien lagen. Bezeichnend war lediglich, daß die unstreitige Frage der Gesundheitsvorsorge vorangestellt war. In dieser Hinsicht befürwortete Schuckmann Vorschriften über die Höhe der Fabrikräume und deren Reinigung, über die Ventilation sowie über das Abführen des Staubes. Was aber die folgenden Gesichtspunkte betraf, so blieb Schuckmann dann doch bereits erheblich hinter den Vorstellungen Altensteins zurück. Das galt bei

Punkt zwei zwar noch nicht für das Beschäftigungsverbot - beide Ministerien dachten an einen Arbeitsbeginn mit 8, ausnahmsweise mit 7 Jahren -, wohl aber für die Dauer des Arbeitstages: Während das Kultusministerium von grundsätzlich 6 Stunden ausging, mit einer Verlängerungsmöglichkeit auf 8 bis 10 Stunden, sah das Innenministerium bereits für die jüngere Altersgruppe eine Arbeitszeit von 8 Stunden vor. Für die Jugendlichen über 14 Jahren, für die Altenstein 8 bis 10 Stunden erwogen hatte, ging Schuckmann von einer 12stündigen Arbeit aus. Die Zeit, die die Pädagogen für den Unterricht gewinnen wollten, hatten die Wirtschaftsfachleute mithin dem normalen Arbeitstag wieder hinzugeschlagen.

Daß das Unterrichtsproblem für das Innenministerium letztlich den Stein des Anstoßes bildete, ging ganz eindeutig aus den Erläuterungen zu der dritten Frage hervor. Die Wirtschaftler waren wohl noch bereit, der Forderung zuzustimmen, daß die Kinder gewisse Fertigkeiten im Lesen und Schreiben haben sollten, bevor sie zur Fabrikarbeit angenommen werden dürften. Und auch die Pflicht der Unternehmer, Fabrikschulen einzurichten, wollte das Innenministerium noch hinnehmen, jedoch dies allein bei abgelegenen Fabriken und mit der Maßgabe, daß das übliche Schulgeld vom Lohn der Kinder abgezogen werden dürfe. Heftigen Widerstand setzten die Wirtschaftler jedoch der Auflösung der Abendschule entgegen.

Wie wichtig dem Innenministerium gerade dieses Thema war, zeigt die Zahl der Argumente, mit denen Schuckmann seinen Standpunkt zu stützen versuchte. Wenn die Kinder einen Tagesunterricht besuchen müßten, so führte er aus, würden sowohl die Armenkasse als auch die Eltern mit zusätzlichen Kosten belastet, und daher entfalle unter Umständen der Anreiz, die Kinder überhaupt noch zur Arbeit zu schicken. Bei dem am Tage stattfindenden Unterricht komme es auch noch weniger als bei der Fabrikarbeit zu der um der Gesundheit willen so dringend notwendigen körperlichen Bewegung, so daß die Abendschule insofern geradezu als ein Fortschritt gegenüber dem früheren System erscheine. Ferner könne nicht gerechtfertigt werden, denjenigen, der seinen Lebensunterhalt im Schweiße seines Angesichts sich verdienen müsse und eben darum für eine Abendschule sich entscheide, bei dieser Wahl zu behindern. Und endlich würden die Fabrikanten, wenn diese Umorganisation der Schule durchgesetzt werde, mutmaßlich die Kinder überhaupt aus ihrem Arbeitsverhältnis entlassen.

Die sich dann anschließenden Ausführungen des Innenministeriums zum vierten und fünften Punkt liefen den Vorstellungen Altensteins nicht mehr in ganz so krasser Weise entgegen, obgleich auch hierbei der Standpunkt Schuckmanns deutlich zum Ausdruck kam, die Fabriken sowenig wie möglich mit einem Arbeitsschutz zu belasten. Zum vierten Gesichtspunkt war ausgeführt, daß den Kindern, die eine sitzende Tätigkeit verrichten würden, außer der Essenspause auch eine Stunde zur Bewegung in der frischen Luft gewährt werden müsse, wobei ein gegebenenfalls langer Weg zur Fabrik und wieder zurück nach Hause anzurechnen sei. In Hinblick auf die Ausgabe von Mahlzeiten aber trat das Innenministerium für die Freiwilligkeit entsprechender Einrichtungen ein. Ein gesetzlicher Zwang könne auf diesem Gebiet niemandem von Nutzen sein; unter Umständen sollte aber ein Kochraum in den Fabriken zur Verfügung gestellt werden.

Auch die übrigen vom Kultusministerium vorgetragenen Vorschläge hatten bei den Wirtschaftsfachleuten nur eine geteilte Aufnahme gefunden. Eine Mittagspause und kurze Arbeitsunterbrechungen, die vermutlich ohnehin in der Praxis üblich waren, hielt das Innenministerium für unbedenklich. Abgelehnt wurde hingegen die Verpflichtung der Fabrikanten, die Sauberkeit der Kinder zu überwachen. Der Bildung gemeinschaftlicher Kommissionen stimmte Schuckmann wiederum zu; aber in der Frage ihrer Zusammensetzung wollte er sich noch nicht festlegen. Dazu ist anzumerken, daß diese Kommissionen ohne die ihnen vom Kultusministerium zugedachten Aufgaben bei der Unterrichtsorganisation bereits weitgehend funktionslos sein mußten.

Einige Feststellungen, die das Innenministerium an dieser Stelle anschloß, verrieten noch einmal unmißverständlich die den Arbeitsschutz im Grunde ablehnende Auffassung. Die Wirtschaftler begrüßten den Gedanken, eine besondere Fürsorge der Unternehmer öffentlich zu belobigen, fügten dem allerdings die Bemerkung hinzu, daß der Vorschlag um so mehr zu befürworten sei, als die Schulbehörden die bekannt gewordenen Bemühungen einzelner Fabrikanten bisher nur sehr selten gewürdigt hätten. Daß auch Strafbedingungen in das Gesetz aufgenommen werden müßten, sei im übrigen selbstverständlich.

Eine weitere Äußerung schließlich belegt, in welchem geringen Maße der Hornsche Bericht die Auseinandersetzungen um das Fabrikgesetz hatte beeinflussen können: Das Innenministerium verwies nämlich noch auf zwei Rekrutierungslisten aus den Jahren 1821 und 1822, die die Düsseldorfer Regierung mitgeteilt hatte und deren Ergebnisse einander widersprachen. Auch daß die arbeitenden Kinder in der Fabrik erheblichen Anstrengungen ausgesetzt seien, bestritt das Ministerium für den Regelfall und berief sich insoweit auf die Beobachtungen Beuths, (2) wonach ein einziges Kind in Manchester fast ebensoviel leistete, wie drei arbeitende Mädchen in Schlesien. Auch seien die häuslichen Tätigkeiten, mit denen die Kinder betraut würden, sehr oft beschwerlicher als die Arbeit in der Fabrik.

Auf diese Stellungnahme, die an der geringen Verständigungsbereitschaft des Innenministers keinen Zweifel ließ, reagierte Altenstein zunächst einmal gar nicht. Erst nachdem Schuckmann

---

2) Vgl. Beuth, VVG Jg. 3, 1824, S. 197 ff.

in der Sache noch einmal erinnert hatte (3) und über neun Monate verstrichen waren, nahm Altenstein den Gedankenaustausch wieder auf, wobei er seinen Ärger über die Haltung des Innenministeriums nicht verschwiegen hat.

Für die Verzögerung, so erklärte Altenstein mit Schreiben vom 28. Oktober 1829, sei teils seine Kränklichkeit, teils aber auch die Fassung des letzten Votums der Gegenseite verantwortlich, mit dem "ganz fremdartige Gegenstände" in die Diskussion hineingezogen worden seien, die die Lösung der Hauptaufgabe nur erheblich erschweren könnten. (4)

Altenstein wünschte jedoch gleichwohl keine weitere Auseinandersetzung über die Meinungsverschiedenheiten; denn überraschenderweise schlug er Schuckmann jetzt vor, beim König den Antrag zu stellen, daß ein Fabrikgesetz beraten und durch das Staatsministerium vorgelegt werden dürfe. Der Kultusminister fügte hinzu, daß er hinsichtlich des Schulbesuches mit den vorhandenen allgemeinen Bestimmungen auskommen könne, so daß nur noch einige geringe Modifikationen erforderlich würden.

Der letzte Satz gibt einen Hinweis darauf, von welchen Überlegungen Altenstein sich leiten ließ. Da der Minister mit befriedigenden Zugeständnissen des Innenministers nicht rechnen konnte, wollte er allem Anschein nach nur noch die weniger brisanten Fragen in das Fabrikgesetz hineinnehmen, dabei das Schulproblem offensichtlich ausklammern und wie bisher im Alleingang zu regeln versuchen.

Diesem Einverständnis Altensteins gemäß, ließ Schuckmann einen für den König bestimmten Antragsentwurf fertigen unter Aufnahme der fünf vom Minister als wesentlich befürworteten Punkte und dieses Schriftstück dem Kultusminister unter dem 1. Dezember 1829 zur Mitzeichnung zugehen. (5)

Die weitere Entwicklung verlief dann aber doch wieder anders, als bereits vereinbart war. Altenstein unterschrieb den Antrag an den König nicht, obgleich er das zugesagt hatte, und führte auch die Verhandlungen über das geplante Fabrikgesetz für zweieinhalb Jahre - bis Juli 1832 - nicht mehr weiter. (6)

Hier stellt sich nun die Frage, was den Kultusminister zu diesem Verhalten bewogen haben mochte. In den Akten wird man vergeblich nach einem die Antwort festhaltenden Vermerk suchen, doch läßt sich die Reaktion des Ministers - die übrigens auch

---

3) A.M. 28, S. 52.
4) A.M. 28, S. 58.
5) A.M. 28, S. 59.
6) Daß die Verhandlungen vom Kultus- und nicht vom Innenministerium unterbrochen worden sind, ergibt sich ganz zweifelsfrei aus den Akten, vergl. A.M. 28, S. 53, 59, 119.

später noch Rätsel aufgibt - mit hinreichender Sicherheit aus den Umständen folgern. Dazu ist des näheren auf einen Bericht einzugehen, den das Brandenburger Schulkollegium verfaßt hat.

5. Die Berliner Schulsituation in den Jahren 1829-30

Am 4. Januar 1830, also unmittelbar nach dem Abschluß der Vorverhandlungen mit Schuckmann, informierte das Schulkollegium Altenstein darüber, daß es bei dem Berliner Polizeipräsidium in der Frage der Fabrikrevisionen nur in völlig ungenügender Weise Beistand finden würde, (1) womit es folgende Bewandtnis hatte: Nach Angabe des Polizeipräsidiums arbeiteten die Fabrikkinder der Hauptstadt 12 Stunden pro Tag bis abends 21 und 22 Uhr, nahmen aber gleichwohl am öffentlichen Unterricht teil. Diese der Schulbehörde nicht einleuchtende Mitteilung erläuterte die Polizeiverwaltung auf Anfrage dahin, daß die Fabrikkinder allein den Sonntagsunterricht besuchen würden, wie es neben der Erwerbstätigkeit auch gar nicht anders möglich sei.

Das Polizeipräsidium stützte sich für seine Auffassung auf einen Erlaß des Innenministeriums vom 15. Februar 1829, in dem Schuckmann darauf hingewiesen hatte, wie unerläßlich notwendig es sei, die Schulbestimmungen mit Vorsicht anzuwenden und namentlich mit besonderer Rücksicht gemäß den in der Fabrikverordnung vom 27. April 1827 vorgesehenen Modifikationen zu verfahren, damit die Fabrikkinder nicht entlassen würden. (2) Da die Fabrikanten mit Kündigungen zu drohen pflegten, hatte das Ministerium empfohlen, über die Sorge um die geistige Ausbildung der Kinder diesen die "Quelle ihres Unterhalts und nützlicher Beschäftigung" nicht gänzlich zu entziehen.

Nun handelte es sich hierbei nur um eine allgemeine Richtlinie, die das Polizeipräsidium aber in der Tendenz gewiß zu Recht dahin ausgelegt hatte, daß die Fabrikkinder während der Woche vom Schulunterricht befreit werden dürften.

Nach der Überzeugung des Schulkollegiums aber stand diese Ansicht des Polizeipräsidiums im Widerspruch zu den geltenden Schulvorschriften; denn nach der Verordnung vom 27. April 1827 sollten Dispensierungen vom normalen Schulbesuch nur in Einzelfällen gewährt werden und nicht, wie hier praktiziert, generell für alle Fabrikkinder. Außerdem hatte ein Erlaß des Kultusministeriums vom 12. Juli 1828 die Heilighaltung des Feiertags besonders eingeschärft, (3) und damit ließ sich ein

1) A.M. 30, S. 10 ff.; Meyer, 1971, S. 244.
2) A.M. 30, S. 19.
3) Vgl. A.M. 30, S. 10.

auf den Sonntag gelegter mehrstündiger Unterricht in der Tat nur schwer vereinbaren.

Für die Auffassung des Schulkollegiums sprachen jedoch nicht nur diese mehr formalrechtlichen Gesichtspunkte. Vom pädagogischen Standpunkt aus gesehen, ließ sich der vom Polizeipräsidium ausgesprochene Grundsatz ebenfalls nicht aufrechterhalten, jedenfalls nicht, wenn die Bemühungen um die Hebung des Armenschulwesens einen Sinn haben sollten. Leistete der Sonntagsunterricht schon für gewöhnlich nicht sehr viel, so kam er für die Fabrikkinder der Hauptstadt schon gar nicht in Betracht. Denn es gab in Berlin nur sehr wenige Sonntagsschulen, die nur unzureichend ausgestattet waren und von vornherein nur dazu dienen sollten, den Handwerkslehrlingen einen gewissen Nachhilfeunterricht zu bieten. Zudem hatte der Ausschluß der Fabrikkinder vom normalen Unterricht die weitere Folge, daß der Schulbesuch auch der anderen Armenkinder sich nicht kontrollieren ließ.

Soweit die Darstellung der Berliner Schulsituation, die die Meinungsbildung des Kultusministeriums entscheidend beeinflußt haben dürfte. Die Schwierigkeiten mit dem Polizeipräsidium hatten offenkundig werden lassen, daß sich der Plan des Ministeriums, den Unterricht der Fabrikkinder einseitig und allein mit den Schulbestimmungen zu regeln, eben doch nicht verwirklichen ließ. Die Schulverwaltung war auf die Unterstützung der Polizeibehörden angewiesen; diese vertraten aber in den Gewerbesachen die Politik des Innenministeriums.

War das die Sachlage, dann fehlte allerdings eine wesentliche Bedingung, von deren Vorliegen Altenstein ausgegangen war, als er seine Zustimmung zu einer in die Einzelheiten gehenden Beratung des Fabrikgesetzes gegeben hatte. Ein Arbeitsschutz ohne Regelung der Schulfrage, worauf die Ministerien sich dann nur geeinigt hätten, wäre als Ergebnis nur von geringem Wert gewesen, ganz abgesehen davon, daß die Unterrichtsstunden auch den Werktag der Kinder hatten verkürzen sollen und damit auch als ein Gesundheitsschutz gedacht waren.

Die vernünftigste Lösung wäre es nun gewesen, das Unterrichtsproblem nachträglich mit in dem Fabrikgesetz zu behandeln und - vom Innenministerium mitverantwortet - auch für die Polizeiverwaltung verbindlich zu entscheiden, in welchem Umfang die Schule gegenüber den Interessen der Armenkasse und der Industrieförderung den Vorrang haben mußte. Mit einem solchen Ziel die Beratungen wieder aufzunehmen war aber angesichts der Ausführungen Schuckmanns über den Nutzen der Abendschule von vornherein aussichtslos. Es blieb dem Kultusminister demnach gar nichts anderes übrig, als weiter abzuwarten, wenn er nicht der Chance sich begeben wollte, mit dem Erlaß des Fabrikgesetzes eine nennenswerte Verbesserung für die arbeitenden Kinder zu erreichen.

Daß Altenstein, was die Haltung Schuckmanns betraf, keinerlei

Hoffnung hegte, ergibt sich zweifelsfrei aus der Art und Weise, in der er mit dem erwähnten Bericht des Brandenburger Schulkollegiums verfuhr. Die Schulbehörde hatte noch weiter ausgeführt, daß sich die Schwierigkeiten wohl mit einem Kompromiß würden überwinden lassen, und insoweit angeregt, spezielle Unterrichtseinrichtungen für die Fabrikkinder zu schaffen, für deren Kosten der Magistrat der Hauptstadt auch aufkommen wollte. (4)

Da mehr als die Hälfte aller Fabrikkinder in den Kattundruckereien beschäftigt wurden und dort mit den Erwachsenen zusammen arbeiteten, sollten die Druckereikinder eine eigene Fabrikschule erhalten und den Unterricht, außer am Sonntagmorgen, am Montag- und Sonnabendnachmittag besuchen - zu einer Zeit, in der der Arbeitsanfall in den Fabriken regelmäßig nicht sehr groß war. Für alle anderen Arbeitskinder aber sollte in den städtischen Armenschulen ein Nachhilfeunterricht eingerichtet werden, der am Sonntag und an zwei Vormittagen in der Woche stattfinden sollte. Die Vorstellung des Schulkollegiums ging im übrigen dahin, alle Kinder bis zum 10. Lebensjahr die übliche Tagesschule besuchen zu lassen und bei älteren Kindern im Falle einer nachgewiesenen Notlage, wie dargelegt, einen zeitlich begrenzten Unterricht zu bewilligen. Das Schulkollegium beantragte abschließend, diese Vorschläge in einer gemeinsamen Verfügung des Kultus- und Innenministeriums dem Polizeipräsidenten gegenüber zu genehmigen.

Bezeichnenderweise beantwortete Altenstein diesen Antrag vorläufig nicht und überließ es der Schulbehörde, ihren Plan allein zu verwirklichen - dies ersichtlich deswegen, weil der Minister in Hinblick auf die Berliner Schulprobleme nicht mehr an eine Einigung mit der Gegenseite glauben mochte.

6. Die Berliner Schulsituation in den Jahren 1830-31

Genau ein Jahr nach Eingang des ersten Berichtes, nämlich am 4. Januar 1831, nahm das Schulkollegium der Provinz Brandenburg die Fabrikfrage noch einmal auf. (1) Es berichtete jetzt, daß man in Berlin sieben Nachhilfeschulen mit je zwei Klassen, also praktisch 14 derartige Schulen, eröffnet habe und daß auch viele Fabrikkinder dort unterrichtet würden. Damit sei, so faßte das Schulkollegium zusammen, die Behauptung des Polizeipräsidiums widerlegt, die Fabrikkinder könnten nur sonntags einen Unterricht besuchen.

---

4) A.M. 30, S. 12 ff.; Meyer, 1971, S. 244.

---

1) A.M. 30, S. 16;Meyer, 1971, S. 246.

7. Die Ministerialverhandlungen im Jahre 1831

Aufgrund der Erfolgsmeldung der Brandenburger Schulbehörde war nunmehr die Aussicht gestiegen, daß das Schulprogramm doch noch für alle Fabrikkinder der Hauptstadt durchgesetzt werden konnte, wobei eine Veränderung in der ministeriellen Aufgabenverteilung dieses Unternehmen begünstigte. In Polizeisachen entschied mit Wirkung ab 1. September 1830 nicht mehr das Ministerium unter Schuckmann, sondern das neu geschaffene Polizeiministerium unter dem Minister von Brenn, (1) der für Unterrichtsfragen mehr Verständnis aufbrachte als sein Vorgänger. Kennzeichnend ist, daß Brenn am 9. Januar 1831 bereits von sich aus die Unterbehörden angewiesen hatte, die Einhaltung der von der Schulverwaltung getroffenen Anordnungen zu überwachen. (2)

Als dann der Kultusminister am 25. März 1831 Brenn die beiden oben erwähnten Berichte des Brandenburger Schulkollegiums mit dem Bemerken übersandte, er halte die darin angeregten Maßregeln für ausführbar, ohne daß erst ein Fabrikgesetz abgewartet werden müsse, (3) stimmte der Polizeiminister sofort zu und stellte lediglich anheim, vor Ausführung der Vorschläge noch mit dem nach wie vor für die Gewerbeangelegenheiten zuständigen Innenminister in Verbindung zu treten. (4) Für seine Person sagte Brenn zu, die Schulorganisation voll zu unterstützen und, falls erforderlich, auch die seiner Meinung nach unzutreffenden Ansichten des Polizeipräsidiums zu berichtigen. Ein allgemeines Gesetz zum Schutze der Fabrikkinder, so meinte Brenn abschließend, sei im Augenblick wohl noch nicht besonders dringlich.

Man darf annehmen, daß der Aufbau der Berliner Schulorganisation noch einige Zeit in Anspruch nahm, denn auch Altenstein ließ das Jahr 1831 verstreichen, ohne seinerseits zur Frage des Fabrikgesetzes sich zu äußern.

8. Die Ministerialverhandlungen im Jahre 1832

Erst am 26. Juli 1832 nahm Altenstein die seit 1829 ruhenden Beratungen mit dem Innenministerium wieder auf. (1) Über den unmittelbaren Anlaß kann Sicheres nicht gesagt werden; es

1) Das Innenministerium wurde in zwei Ministerien aufgeteilt, nämlich in das Ministerium des Innern und der Polizei (unter von Brenn) und in das Ministerium des Innern für Handels- und Gewerbeangelegenheiten (unter von Schuckmann), vgl. Wirth, 1962, S. 57 f.
2) Vgl. A.M. 30, S. 20.
3) Vgl. A.M. 30, S. 9.
4) Vgl. A.M. 30, S. 20, V.v. 7. Juni 1831.

1) A.M. 28, S. 53.

spricht indes vieles dafür, daß, nachdem der Berliner Schulplan organisatorisch hatte verwirklicht werden können, es jetzt vor allem darauf ankam, die Mitwirkung der an den Schulfragen uninteressierten Unternehmer durch den Erlaß eines Fabrikgesetzes zu erzwingen. (2) Der Kultusminister gab Schuckmann nunmehr den fast drei Jahre alten, für den König bestimmten Bericht mit der Begründung zurück, daß der darin enthaltene Antrag, ein Gesetz beraten zu dürfen, aufgrund der in der Kabinettsorder vom 12. Mai 1828 getroffenen Weisung doch eigentlich überflüssig sei; deswegen empfehle er, über die einzelnen Punkte des geplanten Gesetzes sich vorab zu einigen und dem König sodann einen fertigen Entwurf vorzulegen.

In Ausführung dieses Gedankens entwickelte das Kultusministerium in seinem Votum einen neuen, das heißt also einen zweiten Gesetzesvorschlag, der, auch wenn er die Grundidee der Fabrikkommission mit der Befugnis, lokale Arbeitsordnungen zu schaffen, beibehielt, im Vergleich zur ersten Fassung aus dem Jahre 1828 wesentlich gestraffter war. An die Stelle der wenig präzisen Richtlinien waren jetzt überwiegend konkret formulierte Gesetzesbefehle getreten.

Was den Anwendungsbereich der geplanten Vorschriften betraf, so ging das Ministerium davon aus, daß die Behörden gegen diejenigen Eltern, die ihre Kinder im eigenen Betrieb arbeiten ließen, aufgrund der Schulvorschriften vorgehen könnten, so daß das Fabrikgesetz dann auf solche Fabriken Anwendung finden würde, die keine Familienbetriebe waren. Im einzelnen waren dabei die folgenden Regelungen vorgesehen:

Der Abschluß von Arbeitsverträgen sollte erst zulässig sein, wenn die Kinder das 8. Lebensjahr vollendet hätten, genügend kräftig wären und "ziemlich geläufig" lesen und etwas schreiben könnten.

Die Arbeitszeit begrenzte der Entwurf für die 8- bis 14jährigen Kinder auf maximal 8 Stunden und für die 14- bis 16jährigen Jugendlichen auf 12 Stunden. Außer der Sonntagsarbeit sollte die Nachtarbeit verboten werden, und zwar im Sommer von 20 Uhr bis 5 Uhr und im Winter von 20 Uhr bis 7 Uhr. Als Arbeitspausen waren viertelstündige Unterbrechungen nach 3 bzw. 4 Stunden vorgesehen sowie eine Pause am Mittag, die 1 Stunde betragen sollte.

Das geplante Gesetz sah weiter täglich 2 Unterrichtsstunden vor, für die bei abgelegenen Unternehmen die Betriebsinhaber

---

2) Nach MLV Jg. 3, 1851, S. 11 wurden in Berlin die folgenden Zahlen über unbeschulte Fabrikkinder ermittelt: i.J. 1830-944 Kinder; 1831 - 168 Kinder; 1833 bis 1835 - 330, 239 und 216 Kinder. Der Schulbesuch war überdies sehr unregelmäßig.

verantwortlich sein sollten. Ihnen sollte in diesen Fällen obliegen, Fabrikschulen einzurichten und Lehrer anzustellen.

Zur Abwehr etwaiger aus der Arbeit oder dem Aufenthalt in der Fabrik sich ergebender Gefährdung wollte das Kultusministerium die Verpflichtungen begründen, Gesundheitsvorkehrungen zu treffen, insbesondere Entlüftungsanlagen einzurichten; ferner sollte der Unternehmer gehalten sein, warme Mahlzeiten jedenfalls an solche Kinder auszugeben, die aufgrund der Arbeit verhindert wären, zu Hause zu essen. Eine weitere Bestimmung sollte vorschreiben, die Kinder während der Arbeitszeit und in den Pausen zu beaufsichtigen, damit die notwendige Ordnung gewährleistet und namentlich das Rauchen und den Alkoholgenuß der Kinder verhindert würde.

Die Beachtung des Gesetzes sollten die Verwaltungs- und Polizeibehörden sowie - mit außerordentlichen Revisionen - die Schulräte und Amtsärzte sichern. Soezialkommissionen, jeweils bestehend aus dem Bürgermeister, dem Pfarrer, einem Schulvorstandsmitglied, einem Arzt, einem Fabriksachverständigen, einem Fabrikarbeiter und bei Bedarf noch weiteren Personen, sollten unter Berücksichtigung der Eigentümlichkeiten der einzelnen Betriebe Fabrikordnung entwerfen und diese den Regierungen zur Genehmigung vorlegen.

Mit solchen Spezialbestimmungen sollte auch geregelt werden, wie Arbeitsbücher und amtliche Bescheinigungen über Alter, Gesundheit sowie Kenntnisse der Kinder auszugestalten wären und wie der Unterricht am zweckmäßigsten eingerichtet werden könnte, ob täglich oder einige Male in der Woche an halben Tagen und zu welchen Stunden. Strafbestimmungen schließlich sollten einer Einzelinstruktion vorbehalten sein.

Dieser zweite Entwurf läßt erkennen, daß das Kultusministerium sich bemüht hatte, der von den Wirtschaftlern im Jahre 1829 geäußerten Kritik Rechnung zu tragen. Die Dauer der Arbeitszeit war verlängert und die "Beköstigungspflicht" auf den Fall beschränkt worden, daß die Kinder keine Hauptmahlzeit erhielten. Gleichwohl aber war dieser Neuentwurf alles andere als eine Kapitulation des Kultusministeriums. Hier sind vor allem zwei Punkte zu nennen.

Ersatzlos gestrichen war zum einen die ursprünglich angebotene und vom Innenministerium dann auch geforderte Ausnahmeregelung, wonach schon 7jährige Kinder - wie in England möglich - zur Arbeit zuzulassen wären. Die vor dem 8. Lebensjahr liegende Zeit sollte ausschließlich der Schule vorbehalten bleiben, eine Regelung, die auch der Gesundheit der Kinder zugute kommen mußte. Diesem letzten Gesichtspunkt diente auch die neu geschaffene Bestimmung, wonach ein Arzt vor der Arbeitsaufnahme eines Kindes dessen körperliche Tauglichkeit für die Arbeit zu bescheinigen hätte.

Das zweite war, daß Altenstein Beuths Konzeption der Abendschule nicht übernommen hatte und dabei die Mindestzahl der Unterrichtsstunden im Unterschied zum ersten Entwurf verbindlich auf zwei Stunden täglich, das heißt auf zwölf Wochenstunden, festsetzen wollte. Hinter dieser Haltung standen ohne Zweifel die günstigen Erfahrungen, die das Brandenburger Schulkollegium seit 1829 mit dem Unterricht der Berliner Fabrikkinder hatte machen können.

Mit der Klärung des Problems Abendschule war aber auch das entscheidende Hindernis entfallen, das einem Einverständnis zwischen den beiden Ministerien im Wege gestanden hatte. Schuckmann erklärte am 14. September 1832, daß der vorgeschlagene Inhalt des Fabrikgesetzes seiner Ansicht fast völlig entspreche und er allein zwei Änderungen für erforderlich halte. (3) Damit die "gewöhnlichen Handwerksbetriebe" von den geplanten Vorschriften nicht miterfaßt würden, sollte der Geltungsbereich des Gesetzes nicht an die im allgemeinen Sprachgebrauch unscharfe Bezeichnung Fabrik anknüpfen, sondern der Begriff der Manufaktur verwendet werden mit der Maßgabe, daß in dem Betrieb mindestens vier Kinder unter vierzehn Jahren "zu einer einförmigen Beschäftigung gegen Bezahlung angehalten" würden. Ferner sollte auch das Erfordernis, daß die Kinder bei der Arbeitsaufnahme "kräftig genug" seien, als zu subjektiv und letzten Endes auch überflüssig aus dem Entwurf gestrichen werden.

Der Meinungsaustausch zwischen den beiden Ministerien hatte damit einen Stand erreicht, bei dem über den Gesetzesvorschlag im preußischen Staatsministerium ohne weiteres hätte beraten werden können. (4) Das geschah jedoch nicht. Altenstein brach die Verhandlungen auch jetzt wieder ganz plötzlich ab und ließ diese ohne nähere Begründung etwa fünf Jahre - bis Mitte 1837 - ruhen, (5) um dann wieder von neuem mit einem der Nachfolger Schuckmanns um das Einverständnis zu dem Fabrikgesetz zu ringen, das Ende 1832 so gut wie beschlossene Sache gewesen war.

IX. Versuch einer Erklärung

Warum das Kultusministerium die Verwirklichung seiner Pläne über eine so lange Zeit zurückgestellt hat, läßt sich nun noch weniger sicher ermitteln als die Verzögerung im Jahre 1829, aber letzten Endes doch wohl auch befriedigend beant-

---

3) A.M. 28, S. 60.
4) Vgl. A.M. 28, S. 74 (Votum Rothers an Altenstein v. 18. 12.35).
5) A.M. 28, S. 119 (Aktenvermerk): "Die Sache blieb (1832) wieder beim geistlichen Ministerium liegen."

worten. Es deutet alles darauf hin, daß Altenstein Bedenken bekommen hatte, ob das geplante Gesetz in der vorliegenden Fassung sich zu diesem Zeitpunkt würde durchsetzen lassen, wobei allem Anschein nach nicht mehr die Verhältnisse in Berlin das Hindernis bildeten, sondern die in der Rheinprovinz.

Ein erster Hinweis für diese These folgt aus dem Umstand, daß der Kultusminister im Juni 1833 seinen Fachreferenten Keller beauftragt hat, die Fabrikorte des Rheinlands zu besuchen, um sich eine auf eigener Anschauung beruhende Meinung über die Lebensverhältnisse der arbeitenden Kinder zu verschaffen. (1) Die rheinische Industrie bildete mithin ganz offensichtlich ein Problem für das Berliner Ministerium, während der Auftrag selbst belegt, daß das Kultusministerium ein Schutzgesetz zugunsten der Fabrikkinder nach wie vor für dringlich hielt, vielleicht sogar noch mehr als früher, wenn man von der Ansicht Kellers einen Rückschluß auf den Standpunkt des Ministeriums ziehen will. Kellers Einstellung läßt ein kritischeres Urteil erkennen als die Äußerungen des früheren Volksschulreferenten Beckedorff, der ja der Kinderarbeit grundsätzlich wohlwollend gegenübergestanden hatte.

1. Das Gutachten Kellers

Keller hatte im September 1833 in den Orten Bonn, Aachen, Stolberg, Grevenbroich, Rheydt, Gladbach, Krefeld, Werden und Elberfeld verschiedene Fabriken besichtigt und seine Beobachtungen in einem für Altenstein bestimmten Reisebericht ausführlich dargelegt. Der äußere Eindruck, den Keller von den arbeitenden Kindern gewonnen hatte, war auf den ersten Blick jedenfalls nicht beunruhigend - dies galt beispielsweise für das Aussehen der Fabrikkinder in einer großen Bonner Baumwollmanufaktur, die aus einer Spinnerei, einer Weberei, einer Färberei und Druckerei bestand, weiter auch für eine Aachener Stecknadelfabrik, in der Keller die Kinder gesund, heiter, ja sogar ausgelassen vorgekommen waren, ebenso für eine Aachener Kratzenfabrik (1) und noch mehr für eine Karkassenmanufaktur in Gladbach.

Gleichwohl nannte Keller die Arbeit etwa in der Baumwollspinnerei Bonns eine für Leib und Seele mörderische Beschäftigungsart, denn die Kinder waren 12 bis 15 Stunden am Tag, von morgens 5 Uhr bis zum späten Abend, in dieser Fabrik beschäftigt, mit nur einer Stunde Mittagspause und ohne eine Schulerziehung zu erhalten. Auch in den Jahren vor der Aufnahme der

1) A.M. 27, S. 11;Alt , Robert (Hrsg.), Kinderausbeutung und Fabrikschulen in der Frühzeit des industriellen Kapitalismus, Berlin 1958, S. 197 ff. (mit Kürzungen); im Auszug bei Hoppe, 1969, S. 51.

1) Herstellung von Werkzeugen für die Krempel- oder Kratzmaschinen, mit denen in den Spinnereien die kurzen Fasern bearbeitet wurden.

Arbeit besuchten die Kinder keinen Unterricht, weil in Bonn für die unbemittelten Schichten noch nicht einmal eine Sonntagsschule eingerichtet war. - In Aachen wurde zwar morgens und abends je eine Stunde weniger gearbeitet als in Bonn, aber mit dem Schulbesuch war es genauso schlecht bestellt.

Keller hatte, um den Entwicklungsstand der Jugendlichen zu überprüfen, sich in der Bonner Fabrik an besonders aufgeschlossene Kinder gewandt, diese nach Gegenständen des täglichen Lebens gefragt und dabei Auskünfte erhalten, die deprimierender nicht sein konnten. Günstigstenfalls vermochten sich die Angesprochenen, wie Keller schrieb, ganz roh auszudrücken; aus den meisten Antworten ergab sich aber, daß diese Kinder von den auf der Erfahrung des Alltags beruhenden Vorstellungen und Begriffen "ganz leer und entblößt" waren.

Die Verwilderung der jungen Generation schien Keller daher eine ganz unbezweifelbare Folge der Fabrikarbeit zu sein, wofür seiner Meinung nach nicht nur die vereitelte Schulbildung als Ursache in Betracht kam, sondern auch das ewige Einerlei der anspruchslosen Verrichtungen, mit denen die Kinder betraut waren und die ihnen überdies weder eine Ausbildung noch sonst eine Vorbereitung auf eine spätere Erwerbsquelle bieten konnten. Vor allem die Woll- und Baumwollspinnereien erinnerten Keller an die Darstellung Lemontheys, weil die Kinder hier nur noch einen Hebel oder eine Kurbel repräsentieren würden, deren menschliche Natur ganz gleichgültig sei. Wer solche Tätigkeiten ausführe, gab Keller in seiner Schilderung der Aachener Kratzenfabrik zu bedenken, der müsse sich schon glücklich schätzen, wenn er bei der einfachen Arbeit den vollen Gebrauch seiner fünf Sinne behalte und nicht "durch und durch wurmstichig an Leib und Seele" werde. Ob die Maschinen die Erwachsenen moralisch beschädigten, diese in der Literatur umstrittene Annahme erschien auch Keller nicht sicher festzustehen; für die Kinder aber hielt er insoweit einen verderblichen Einfluß für unleugbar, und er bedauerte, daß dieser Aspekt von den Schriftstellern noch viel zu wenig erwogen würde.

Was die gesundheitliche Seite der Fabrikarbeit betraf, so fand Keller, wie eingangs schon dargestellt, die Tätigkeiten der Kinder, etwa in der Stecknadelfabrik, ihrer Art nach oft nicht eigentlich anstrengend, wohl aber durch ihre Dauer ermüdend; in anderen Fällen war die Arbeit aber auch wirklich gefährlich.

In der von ihm besichtigten Aachener Tuchfabrik sahen die Kinder zum Teil sehr bleich, kränklich und schwach aus, ein Erscheinungsbild, das Keller mit der Verschmutzung der Luft durch kleinste Woll- und Baumwollfasern erklärte und das ihm auch davon unabhängig zu sein schien, wieviel Bewegung die Kinder ansonsten beim Sitzen oder Stehen hatten. Die Notwendigkeit eines gesetzlichen Gesundheitsschutzes dürfte Keller jedoch vor allem in einer Gladbacher Spinnerei deutlich geworden sein, die nach Kellers Ansicht eher einer Mördergrube als einer Fabrik ähnlich sah: mit niedrigen Sälen, die ihm das Gefühl gaben, gebückt gehen zu müssen; die Maschinen so eng aufgestellt, daß er sich bemühte, seine Kleider nicht von den Rädern ergreifen zu lassen; die Luft mit Schmutzpartikeln völlig durchsetzt; die Wände mit einer faserigen Schicht überkleidet und dementsprechend auch die Kinder "wahre Gebilde des Jammers, hohläugig und bleich wie der Tod".

Wenn nun nach alledem für das Kultusministerium sicherlich genügend Gründe bestanden, ein Fabrikgesetz als unabdingbar anzusehen, und auch auf ministerieller Ebene allem Anschein nach kein Widerstand mehr zu überwinden war, (2) dann wird man die Erklärung für Altensteins Zögern in der Frage suchen dürfen, nicht ob überhaupt ein Gesetz zu erlassen sei, sondern wie dieses in der Praxis durchgesetzt werden könnte.

Hier gab nun die Rheinprovinz in der Tat zu Zweifeln Anlaß. Das Fabrikgesetz hatte nur dann einen Sinn, falls gewisse schulische Voraussetzungen gegeben waren; denn wenn der Entwurf erstens für die Arbeitsaufnahme ein Schulabgangszeugnis forderte und zweitens die Arbeitszeit zugunsten eines weiterführenden Unterrichtes beschränkte, so standen und fielen diese Anforderungen mit der Bedingung, daß überall zumindest ein Minimum an Schulorganisation bereits vorhanden war.

Davon konnte aber im Rheinland keine Rede sein, trotz der Kabinettsorder vom 14. Mai 1825 und trotz unablässigen Mahnungen des Kultusministeriums seither. Die staatliche Schulpflicht wurde jetzt in der Theorie zwar kaum noch bestritten (3) - was sicherlich einen Fortschritt bedeutete -, und auch die Pädagogik hatte die zu Beginn der Reaktionszeit aufgetretene Unsicherheit überwunden und trat, indem sie die Bildung einer religiösen und rechtlichen Gesinnung als Erziehungsaufgabe formulierte, (4) für die Volksschule wieder mit gesteigerten Ansprüchen hervor.

Aber von der Verwirklichung dieses Zieles war man noch weit entfernt, wobei sich als das große Hemmnis auswirkte, daß für die westlichen Provinzen Preußens noch immer keine Schulord-

2) Nur ein zeitweiliger Aufschub der Beratungen, nicht aber die mehrjährige Unterbrechung kann durch die fortschreitende Erkrankung Schuckmanns (Rücktritt 1834, vgl. Wirth, 1962, S. 58 f.) erklärt werden. Gleiches gilt für die dann wiederholt getroffenen Veränderungen der ministeriellen Zuständigkeit: 1834 wurde die Verwaltung des Handels- und Fabrikwesens als besondere Abteilung dem Finanzministerium unter v. Maaßen übertragen und, als dieser ein halbes Jahr später verstarb, 1835 als selbständige Sonderbehörde, die Verwaltung des Handels-, Fabrik- und Bauwesens, unter dem Wirklichen Geheimen Rat Rother neben die übrigen Ministerien gestellt. 1837 wurde diese "Generalverwaltung" wieder

nung erlassen worden war. Mangels verbindlicher Einzelvorschriften konnten die unterrichtsfeindlichen Einflüsse nicht zurückgewiesen werden. Abgesehen von den Unternehmern, die offen aussprachen, daß die Fabriken den Schulen vorgehen müßten, (5) setzten sich auch die Gemeinden nicht allzu eifrig für die Bildungsfragen ein: Es fehlten nur zu häufig Gebäude, (6) Lehrer und vor allem auch die nötigen Mittel, um den Schulbesuch der Armenkinder zu finanzieren. (7) Ferner gaben die Ortsbehörden den Anträgen der Eltern, ihre Kinder vom Schulzwang zu befreien, nur allzu großzügig nach in der Meinung, daß es ohnedies unmöglich sei, eine Regelmäßigkeit des Unterrichtsbesuchs zu erreichen. (8) Daß der Bauer nicht zu klug gemacht werden sollte, um sein Glück und seine Ruhe nicht zu gefährden, war im übrigen die verbreitete Ansicht. (9)

Der vom Ministerium in Berlin geforderte mehrjährige Schulunterricht, der während der ganzen Woche an den Vormittagen stattfinden sollte, stieß daher auf allgemeine Ablehnung; dagegen wurden die Sonntags- und Abendschulen - nicht nur in den Fabrikorten - für den normalen Kenntniserwerb als ausreichend angesehen. (10) In manchen größeren Städten, in Aachen oder Bonn zum Beispiel, erhielten die Kinder der ärmeren Schichten, wie oben bereits erwähnt wurde, in ihrer Mehrzahl noch immer überhaupt keinen Unterricht, ob sie nun in den Fabriken arbeiteten oder nicht. (11)

Die Bemühungen aber, auf freiwilliger Grundlage Fonds für Armenschulen zu schaffen, scheiterten an der allgemeinen Gleichgültigkeit. Wie ein Professor Kaufmann von der Universität Bonn dem Referenten Keller mitteilte, (12) hatte er seit Jahren ohne jeden Erfolg versucht, die gebildeten Stände für das niedere Schulwesen zu interessieren. Die Jugend der unteren Volksklassen, so lautete das Urteil Kaufmanns, wachse ohne alle Erziehung verwildernd und auf der Straße bettelnd auf, ein Zustand, an den man sich in den rheinischen Ländern nur allzusehr gewöhnt habe und dem gegenüber auch die Behörden sich keinen rechten Rat wüßten.

---

aufgelöst und das Ressort Fabrikangelegenheiten erneut in das Finanzministerium - unter Graf v. Alvensleben - eingegliedert (Wirth, aaO S. 61 ff.).

3) So Grashof, 1833, S. 5.

4) Vgl. außer dem Reskript v. Okt. 1826, Grashof aaO S. 2o sowie die VO der Reg. Köln v. 5. Juni 1827, im Auszug zit. bei Grashof, aaO S. 6 ff.

5) Grashof, aaO S. 41 f.

6) Grashof berichtete von 100, ja selbst 200 Kindern in einer einzigen Klasse, aaO S. 45.

7) Grashof, aaO S. 14 f.

8) Grashof, aaO S. 41, 49.

9) Grashof, aaO S. 6, 13 f.

10) Grashof, aaO S. 43.

11) Vgl. Hoppe, 1969, S. 52.

Führt man sich diese Verhältnisse vor Augen, dann leuchtet ein, daß Altenstein von isolierten, auf die Fabrikkinder beschränkten Maßnahmen sich vorerst nur wenig versprechen konnte. Solange das Armenschulwesen noch nicht überall in den Industriegegenden aufgebaut war, mußte ein Fabrikgesetz zum Schutze der Kinder ein toter Buchstabe bleiben. Der Abbruch des Gesetzgebungsverfahrens Ende des Jahres 1832 war somit durchaus konsequent.

Wenn der hier aufgezeigte Zusammenhang bestanden hat, so ist allerdings noch die weitere Frage aufzuwerfen, welche Maßnahmen das Kultusministerium angesichts der bestehenden Schwierigkeiten und der langjährigen vergeblichen Bemühungen eigentlich ergreifen wollte. Die Akten schweigen auch über diesen Punkt, doch kommt hier ein Zufall - wie es scheint - der Aufklärung des Sachverhaltes zu Hilfe. In den Unterlagen des Innenministeriums findet sich ein vom Polizeiminister Brenn am 6. September 1833 unterschriebenes Votum, das Aufschluß über die Haltung Altensteins in einem ganz ähnlichen Falle gibt. (13)

Bei diesem Parallelfall handelt es sich um den völlig unzulänglichen Schulbesuch in der Provinz Pommern, für den die Ministerien das geringe Interesse der Bevölkerung und das wenig energische Vorgehen der Unterbehörden verantwortlich machten, die gleichen Gründe also, die im Rheinland gegeben waren. Da die gesetzlichen Vorschriften wegen Bestrafung der Schulversäumnisse nicht ausreichten, wollte Altenstein - so der Hinweis in Brenns Votum - hier vor einem weiteren Einschreiten zuerst einmal die Provinzialstände zu einer Stellungnahme zwingen. Die nächste Ständeversammlung, der 5. Pommersche Provinziallandtag, sollte sich zu der von den Behörden behaupteten Unausführbarkeit der amtlichen Anordnungen äußern, wobei der Kultusminister davon ausging, daß die Stände aus diesem Anlaß eigene Vorschläge ausarbeiten würden.

Die gleiche Taktik hat der Kultusminister offensichtlich auch den rheinischen Ständen gegenüber eingeschlagen.

2. Der 4. Rheinische Provinziallandtag vom Jahre 1833

Anfang des Jahres 1833 veröffentlichte der Kölner Schulrat Grashof den Entwurf eines rheinischen Gemeindeschulgesetzes, der dem rheinischen Landtag gewidmet war und einen Ausweg aus der bestehenden Unterrichtsmisere weisen sollte: (1) In

12) AaO.
13) A.M. 28, S. 61 (wohl irrtümlich in dieser Akte abgeheftet).

1) Grashof, K.F.A., Schulzwang und Schulgeld, Köln 1833 (Gesetzentwurf mit ausführlicher Begründung).

einer gesonderten Eingabe an den Landtagsmarschall legte Grashof erläuternd dar, daß die Fragen des Schulgeldes und der Kinderarbeit in der Ständeversammlung zur Sprache gebracht würden und daß er es übernommen habe, die für einen kostenlosen Schulbesuch sprechenden Gesichtspunkte zusammenzustellen. (2) Der preußische Kronprinz, dem der Sachverhalt in der Regierung vorgetragen worden sei, habe den Wunsch geäußert, daß der dem Landtag vorzulegende Antrag nicht an äußeren Hindernissen scheitern möge.

Der Plan des Kultusministeriums, die rheinischen Stände mit einer gezielten Aktion zu einer Erklärung zu veranlassen, kann nach alledem kaum zweifelhaft sein.

Der Antrag Grashofs verfolgte im einzelnen drei aus dem Entwurf sich ergebende Zielvorstellungen: die Schaffung einer einheitlichen Schulorganisation im Rheinland, zweitens die Ausgestaltung des Unterrichts selbst und drittens eine Sicherung dieser Organisation.

Um zunächst verbindlich festzulegen, daß die erforderlichen Mittel für das Unterrichtswesen auch bereitgestellt würden, schlug Grashof vor, den Bau und die Unterhaltung der Schulen sowie auch die Bezahlung der Lehrer zur Gemeindesache zu erklären. Ein Unterricht von 4 bis 5 Stunden sollte unentgeltlich angeboten (3) und zum überwiegenden Teil über Kommunalsteuern finanziert werden. Da die Anzahl der Armenkinder zu groß war, konnten die Gehälter der Lehrer von den bestehenden Armenfonds nicht aufgebracht werden. Grashof betonte, daß es ohne diese gründliche Verbesserung des Armenunterrichtes gänzlich unmöglich werde, das Elementarschulwesen überhaupt zu ordnen. (4)

Ein wesentlicher und vor allem hier interessierender Vorschlag des Entwurfes betraf die Frage, wann und inwieweit eine Befreiung vom Schulbesuch zulässig sein sollte. Dabei handelte es sich um die dringend notwendige Konkretisierung der Dispensvorschrift des Preuß. ALR, (5) die mit ihrem weiten, unabgestuften Ermessensrahmen es nur zu leicht ermöglichte, daß der Schulunterricht zu vieler Kinder gänzlich unterblieb.

Grashof erkannte an, daß bei der verbreiteten Armut sowie dem drückenden Wettbewerb in der Industrie die Arbeit der Kinder oft nicht völlig entbehrt werden könne und daß die Schule auf diese Umstände Rücksicht nehmen sollte. Aus diesem Grunde, so

---

2) A.Rh. 6, 1. Stück, Eingabe v. 7. Nov. 1833; Nachtrag v. 30. Nov. 1833 in: A.Rh. 2.
3) Grashof, aaO S. 13 f., 18.
4) AaO S. 57.
5) Vgl. dazu die VO v. 27. Apr. 1827.

meinte der Kölner Schulrat, sei die Unterrichtszeit der erwerbstätigen Kinder auch in einem festen Rahmen zu verkürzen, andererseits aber mit aller Schärfe auf die Einhaltung dieser dann nur noch eingeschränkten Schulpflicht zu dringen. (6)

Die praktische Durchführung des Planes sollte folgendermaßen aussehen: Vom 6. oder 7. Lebensjahr an sollten die Kinder einen mindestens 5 Jahre lang dauernden Unterricht erhalten, für die Fabrikkinder nach Möglichkeit in speziellen sogenannten niederen Gemeindeschulen mit eigener Organisation, in denen Unterricht und Erwerbstätigkeit miteinander "alternieren" sollten, das heißt, in einem bestimmten Rythmus sollten Schul- und Arbeitstage abwechseln: entweder einen Tag um den anderen oder drei Tage um drei Tage oder ausnahmsweise auch im Turnus von je einer Woche. (7)

Den in der Fabrik abgehaltenen Unterricht lehnte Grashof dabei für die Anfangsjahre als untauglich oder doch zumindest unzumutbar ab. (8) Grashof forderte insoweit eine 5jährige Grundschulzeit mit einer obligatorischen Prüfung am Ende. Erst wenn die Kinder über gewisse von Grashof in sechs Punkten aufgeschlüsselte Mindestkenntnisse und Mindestfertigkeiten verfügen würden, sollten sie ein Entlassungszeugnis erhalten, ohne das ein normales Arbeitsverhältnis nicht aufgenommen werden dürfe. Nach Grashofs Plan sollte die Unterrichtspflicht aber auch mit dem Grundschulabschluß noch nicht erlöschen. Für die elf und zwölf Jahre alten Kinder sah der Entwurf einen an die reguläre Schulzeit anschließenden fortbildenden Unterricht vor, für den die üblichen Sonntags-, Abend- und Fabrikschulen genutzt werden sollten.

Um die Beachtung der Schulbestimmungen zu gewährleisten, war

---

6) Grashof, aaO S. 40.

7) Vgl. aaO §§ 1 ff., 7 f., 11, 19, 41 f. (Vgl. dazu den ähnlichen Vorschlag im Vorentwurf des Kultusministers vom Jahre 1828).

8) Seine Gründe: Ein Schulbesuch sei abends pädagogisch völlig sinnlos und, da die Kinder eine Ruhepause nötig hätten, auch mittags nicht vertretbar. Die Schule am Morgen vor Beginn der Arbeit zu halten sei aber in der Fabrik aus praktischen Erwägungen nicht möglich; denn für diesen Morgenunterricht würden sich kaum Lehrer finden. Dieser Unterrichtszeit würden sich auch die Fabrikanten widersetzen, und die Kinder würden dabei nur Gefahr laufen, daß ihnen die in den Morgenstunden nicht geleistete Arbeit später wieder aufgebürdet oder aber vom Lohn "abgezwackt" würde. Die einzige praktische Lösung sei daher, so meinte Grashof, die beschriebene Trennung von Arbeits- und Unterrichtstagen (aaO S. 43).

in dem Entwurf zusätzlich vorgesehen, daß möglichst viele Personen für den Unterrichtsbesuch der Kinder persönlich verantwortlich gemacht würden. Die Lehrer sollten die Schulversäumnisse in Listen eintragen und diese dem Bürgermeister vorlegen, der dann gegebenenfalls mit Zwangsmaßnahmen gegen die Eltern vorgehen sollte. Dabei wirftein bezeichnendes Licht auf die Verhältnisse im Rheinland, daß Grashof darauf antrug, neben den Lehrern auch die Bürgermeister im Falle eines unregelmäßigen Schulbesuches der Kinder disziplinarisch zu belangen. Aber auch der Fabrikant sollte, wenn er Kinder zur Arbeit annahm, für die Beachtung der Schulbestimmungen im Umfang seiner Einwirkungsmöglichkeiten haftbar sein. Den Unternehmer sollten insoweit die Verpflichtungen treffen, einmal die noch nicht schulentlassenen Kinder im Schichtbetrieb nur abwechselnd zu beschäftigen und zum andern, von den älteren Jugendlichen das Schulabgangszeugnis sich vorlegen zu lassen und diese für den Unterricht in den weiterführenden Schulen freizustellen. (9)

Soweit das Schulprojekt Grashofs, für dessen parlamentarische Vertretung der Abgeordnete Heuser gewonnen wurde: Dieser legte dem Landtag einen Antrag vor, der auf eine eindeutige Entscheidung in der Frage der Volksbildung gerichtet war: Der preußische König sollte gebeten werden, entweder den mit der Kabinettsorder vom 14. Mai 1825 angeordneten Schulzwang wieder aufzuheben oder aber das Schulgeld zu einer im Gemeindehaushalt auszuweisenden Kommunallast zu erklären. (10)

Die zuständige Sachverständigenkommission ließ sich jedoch diese Alternative nicht aufnötigen und befürwortete statt dessen einen schwächlichen Kompromiß: Für diejenigen Bevölkerungsteile, welche den zwei letzten Stufen der Klassensteuer unterlagen, sollte das Schulgeld künftig entfallen oder ermäßigt werden und insoweit die Kommunalkasse einspringen. Für alle anderen Schichten aber, und damit für die große Masse der schulpflichtigen Kinder, sollte die Schulgebühr beibehalten werden. Was weiter die Befreiung vom Unterrichtsbesuch zum Zwecke der Arbeitsaufnahme betraf, so sollte dies nur noch genehmigt werden, soweit die Kinder schon eine gewisse Fertigkeit im Lesen und Schreiben erworben hätten und für sie ein wenn auch eingeschränkter Unterricht gewährleistet sei. (11)

War diese Ansicht aber maßgebend, so konnte sich an den bestehenden Verhältnissen kaum etwas ändern: Grashof war also bereits an der Sachverständigenkommission gescheitert, über deren Empfehlung der Landtag aus Zeitmangel dann auch noch nicht einmal beraten hat. (12)

---

9) Grashof, aaO S. 29 ff., 38 ff. - vgl. zur Strafbestimmung S. 49.

10) Antrag vom 19. Nov. 1833, durch Kamp verlesen, A.Rh. 1, S. 36.

11) A.Rh. 6, 5. Stück, Protokoll des 7. Ausschusses v. 20. Dez. 1833.

Der mutmaßlichen Überzeugung der Stände entsprach die Entschließung jedoch sehr wohl; denn was die sozialpolitischen Vorstellungen des Landtages anlangt, so gab dieser den von ihm verfolgten Kurs ganz zweifelsfrei bei einem ganz verwandten Thema zu erkennen, nämlich als er über die förmliche Proposition des preußischen Königs abstimmte, die unzulänglichen Armenfonds durch eine Armensteuer zu ersetzen. Schon der zuständige Landtagsausschuß hatte diesem Vorschlag die Zustimmung versagt und argumentiert, die Steuerlasten seien derzeit bereits zu hoch und müßten ermäßigt statt erhöht werden. (13) Zwei Drittel der Bevölkerung würden an der Grenze der Unterstützungsbedürftigkeit leben; neun Zehntel der Einwohner würden wegen ihres geringen Einkommens nicht zu den direkten Abgaben herangezogen werden. Es gehe aber nicht an, daß eine kleine Minderheit im Wege der Besteuerung für eine solch große Bevölkerungsmehrheit aufzukommen habe.

Dieser Meinung war ersichtlich auch der rheinische Landtag, der den Vorschlag des Königs mit 49 gegen 21 Stimmen ablehnte und auf eine unverbindliche programmatische Formulierung auswich: Die Gemeinden sollten verpflichtet werden, die Armenkassen "wohltätig nach Maßgabe ihrer Mittel" zu unterstützen. (14)

In seinem Landtagsabschied trug der preußische König der ständischen Opposition Rechnung und sicherte seinerseits zu, daß keine Änderung der Steuergesetze beabsichtigt sei. (15)

Auf die geplante Schulorganisation wirkten, um das Ergebnis zusammenzufassen, die beiden vom Landtag getroffenen Beschlüsse sich wie folgt aus: Die Gemeinden brauchten auch künftig weder einen kostenlosen Schulbesuch für alle unbemittelten Schüler zu finanzieren noch einen normalen Unterricht speziell für die Fabrikkinder - das Rheinland war mithin Ende des Jahres 1833 in keiner Weise bereit, das vom Kultusministerium geplante Fabrikgesetz zu unterstützen.

3. Kellers abschließender Vorschlag

Die oben zitierte Denkschrift des Referenten Keller, die dieser kurz nach Beendigung des Rheinischen Landtages abgefaßt hat, läßt sich als eine aus der Sicht des preußischen Kultusministeriums geschriebene Bestandsaufnahme in dieser Situation

12) Vgl. dazu A.Rh. 1, S. 572: Die noch unerledigten Adressen sollten von einigen Landtagsmitgliedern abgefaßt werden.
13) A.Rh. 1, S. 397 ff., 437 f. (mit Gegenstimmen).
14) A.Rh. 1, S. 396, 412 (18. Dez. 1833).
15) Der vierte rheinische Landtag, Coblenz 1835, S. 56.

interpretieren, obgleich, das muß hinzugefügt werden, Keller die Entschließung der rheinischen Stände mit keinem Wort erwähnte. Auffällig ist aber, daß der Referent Altensteins ausführte, er habe seinem Bericht an sich einen Verordnungsentwurf beifügen wollen, (1) von diesem Vorhaben dann aber wieder abgesehen - eine Bemerkung, die angesichts der Einigung zwischen dem Kultusminister und Schuckmann eigentlich nur verständlich ist, wenn die rheinischen Schulverhältnisse auch für das Kultusministerium eine völlig neue, in den Vorjahren eben nicht berücksichtigte Sachlage bedeutet haben.

Auffällig und durchaus stimmig ist auch die Ratlosigkeit, in der Keller sich bei Abfassung des Berichtes befand. Er beklagte, daß die Literatur zwar einhellig für die Volksbildung eintrete, (2) daß aber kein einziger Autor auch nur andeute, wie die Interessen des öffentlichen Unterrichts mit denen der Armenkassen und der Manufakturen zu versöhnen seien. (3)

Für die Unterrichtsfinanzierung kam, nachdem eine allgemeine Schul- und Armensteuer sich nicht hatte durchsetzen lassen, als letzte Möglichkeit allenfalls noch die unmittelbare Inanspruchnahme der Fabrikbesitzer in Betracht, und auch diesem Gedanken scheint Keller nachgegangen zu sein. In Stolberg hatte er eine Fabrikschule besichtigt (4) sowie in Werden eine im Jahre 1833 zwischen den Unternehmern der ganzen Stadt getroffene und für rheinische Verhältnisse durchaus vorbildliche Vereinbarung kennengelernt, die den Zweck hatte, eine gewisse Schulausbildung auch der Fabrikkinder zu gewährleisten. Danach sollten die Kinder grundsätzlich nur dann noch zur Arbeit in einer Fabrik angenommen werden, wenn sie durch ein Zeugnis des Schulvorstandes nachweisen würden, daß sie lesen, schreiben und rechnen könnten. In einzelnen dringenden Fällen sollte der Schulvorstand davon Ausnahmen zulassen, wenn der Unternehmer den Besuch der Abendschule gestatten würde. Im übrigen sollten alle Fabrikkinder zur Teilnahme an der Sonntagsschule angehalten werden. (5)

Keller hat diese Einrichtung als nachahmenswert empfohlen, aber verglichen mit dem, was der Kultusminister anstrebte, bot selbst dieses Musterbeispiel der Fabrikantenfürsorge ganz offensichtlich zu wenig. Andererseits meldete Keller sogar Zweifel an, ob zu diesem Zeitpunkt überhaupt etwas Nennenswertes zugunsten der Erwerbskinder zu erreichen sei. Er befürchtete, daß die Unternehmer entweder vorgeben oder auch tatsächlich meinen wür-

1) A.M. 27, S. 11; Alt, 1958, S. 198.
2) Keller nannte die englischen und französischen Autoren Babbage, Brougham, Malthus, Sismondi und Say.
3) A.M. 27, S. 39.
4) A.M. 27, S. 27.
5) AaO S. 34; Alt, 1958, S. 209 f.

den, bei stärkerer Belastung durch den Gesetzgeber gegen die englische Konkurrenz nicht bestehen zu können. Ohne den guten Willen der Fabrikantenschaft, so schrieb Keller, müsse aber jedes Gesetz notwendig scheitern.

Altensteins Referent sah in dieser Lage nur den Ausweg abzuwarten, bis die englische Gesetzgebung den ersten Schritt unternommen hätte, damit dem Gesichtspunkt der ungleichen Wettbewerbsbedingungen der Boden entzogen wäre. Keller kannte den Entwurf des englischen Fabrikgesetzes vom Jahre 1833 und meinte, daß mit Maßnahmen in diesem Umfang ein Großteil der Mißbräuche verhindert werden könne. Dieser englische Entwurf, auf den die Arbeit an späterer Stelle noch eingehen wird, wurde vom Unterhaus am 29. August 1833 angenommen, (6) und zwar mit einer wichtigen Übergangsregelung: Eine der wesentlichen Bestimmungen, die Begrenzung der Arbeitszeit auf 10 Stunden für noch nicht 13jährige Kinder, sollte erst mit Wirkung ab 1. Juli 1836 verbindlich werden.

Es scheint, daß Altenstein dem Vorschlag Kellers gefolgt ist, den im britischen Gesetz vorgesehenen Zeitpunkt vor weiteren Maßnahmen verstreichen zu lassen; denn das Kultusministerium hat wie erwähnt die ministeriellen Beratungen in der Frage des Fabrikgesetzes zunächst eingefroren und erst im Jahre 1837 wieder fortgesetzt.

In der Zwischenzeit beließ es Altenstein dabei, den Schulzwang gegenüber den Erziehungsberechtigten zu verschärfen. Mit Kabinettsorder vom 20. Juni 1835 wurde die Ahndung der Schulversäumnisse den Gerichten genommen und als Verwaltungsstrafverfahren den Polizeibehörden übertragen, (7) die die Gesetzesverstöße zügiger und wirksamer als die Gerichte verfolgen konnten. Diese Strafvorschriften sollten den Gedanken der Schulpflicht festigen, hatten aber für den in Rede stehenden Zusammenhang keine besondere Bedeutung. Die Eltern der Fabrikkinder brauchten Geldstrafen nicht zu fürchten, weil sie aufgrund ihrer Armut sowieso nichts zahlen konnten. Genauso wenig aber wirkte auf sie die Haftandrohung abschreckend, weil im Falle der Vollziehung der Strafe die Armenkasse die Familie zu unterhalten hatte. (8) Gegen die Unternehmer schließlich gab es ohne ein Fabrikgesetz überhaupt keine zureichende gesetzliche Handhabe.

---

6) Vgl.: Das Reform-Ministerium und das reformirte Parlament. Nach der 9. englischen Originalausgabe, Karlsruhe 1834, S. 42.

7) GS 1835, S. 134. Zu erwähnen ist noch eine für die Rheinprovinz ergangene KaO. v. 9. März 1836, mit der verboten wurde, Jugendliche unter 13 Jahren in den Bergwerken zu beschäftigen, vgl. v. Rönne, Unterricht, 1855, S. 618.

8) Vgl. A.M. 28, S. 63 f.; so schon Grashof, 1833, in: A.Rh.6, 1. Stück.

X. Bodelschwinghs Entwurf vom Jahre 1835

In dieser wenig erfolgversprechenden Lage unternahm der rheinische Oberpräsident von Bodelschwingh, der im Jahre 1834 in sein Amt berufen worden war, den Versuch zu einer neuen Lösung. Bodelschwingh hatte schon auf seinen ersten Rundreisen den traurigen Unterrichtszustand in den Fabrikorten kennengelernt und strebte nach dem Scheitern der großen Reformen des Schul- und Armenwesens nunmehr eine kleine, auf die Fabrikkinder beschränkte Lösung an, deren Kosten den Gewerbetreibenden auferlegt werden sollten. Da der Oberpräsident sich von der Schwierigkeit überzeugt hatte, die Fabrikanten unter Hinweis auf den allgemeinen Schulzwang zu freiwilligen Schuleinrichtungen zu veranlassen, entschied auch er sich für die Regelung der Frage über ein Fabrikgesetz, das von den rheinischen Provinzialständen beraten werden sollte - ein neuer Anlauf also an dem Punkt, an dem Grashof im Jahre 1833 gescheitert war.

Bodelschwinghs Konzeption beruhte auf zwei Leitgesichtspunkten: Der Unterricht der Fabrikkinder sollte über die Gewerbesteuer finanziert werden und, verglichen mit dem Grashofschen Entwurf, weniger anspruchsvoll sein. Anfang 1835 stellte Bodelschwingh dazu einen aus vier Artikeln bestehenden Gesetzentwurf fertig, (1) auf den weiter unten noch näher eingegangen wird, und sandte ihn am 31. März 1835 den Regierungen der Industriebezirke Köln, Düsseldorf und Aachen zur Stellungnahme zu.

Die Bezirksregierungen begrüßten den Schritt des Oberpräsidenten, weil sie in ihrer täglichen Arbeit immer wieder spürten, wie sehr ein Fabrikgesetz fehlte. (2) Vor allem Aachen war bei dem Aufbau seiner Schulorganisation völlig gescheitert. Die Regierung hatte sich sehr viel von Fabrikschulen versprochen, war aber mit ihren Vorstellungen nicht durchgedrungen, weil die Unternehmer vorgaben, die Fabrikkinder lieber in die Freischulen schicken zu wollen. Da aber das städtische Armenschulwesen große Mängel aufwies und selbst ein Sonntagsunterricht nur mit Mühe angeboten werden konnte, blieben in Aachen viele Fabrikkinder - noch immer waren es 800 im Alter zwischen 7 und 14 Jahren - ohne allen Unterricht.

In den Bezirken Düsseldorf und Köln waren die Verhältnisse nicht ganz so katastrophal; wenigstens die gröbsten Mißbräuche hatte die Verwaltung abstellen können. Aber es wurde doch auch hier schwer, den Unterricht in einem angemessenen Umfang ohne Rückhalt in eindeutigen Schulvorschriften aufrechtzuerhalten. Die Kölner Regierung berichtete insoweit, daß in

1) A.Ko. 4, S. 1.
2) Vgl. die Berichte der Regierungen Aachen v. 6. Sept. 1835, Düsseldorf v. 22. Aug. 1835, Köln v. 9. Sept. 1835 in: A.Ko. 4, S. 7 ff., 25 ff., 41 ff.

manchen Gemeinden ihres Bezirkes streng auf die Befolgung der Kabinettsorder vom 14. Mai 1825 geachtet werde, daß aber in anderen Orten die Fabrikkinder während des ganzen Sommers von der Schulpflicht befreit seien. In Bonn würden viele Kinder überhaupt keinen Unterricht besuchen; und es sei selbst in Köln nicht gelungen, die bestehenden Anordnungen in befriedigender Weise durchzusetzen. Vorgesehen sei zwar, daß die Fabrikkinder 4 bis 6 Stunden in der Woche und 5 bis 6 Stunden am Sonntag unterrichtet würden; da aber die Kinder durchschnittlich 11 bis 12 Stunden am Tag in den Fabriken beschäftigt seien und außerdem die durch den Unterricht ausfallende Arbeitszeit nacharbeiten müßten, könne die Beachtung der Vorschriften nicht in jedem Falle erzwungen werden.

Wenn nach alledem die Behörden Bodelschwinghs Plan im Grundsatz durchaus bejahten, so bestanden dann aber doch sehr unterschiedliche Vorstellungen über den Inhalt des künftigen Gesetzes. Dazu im einzelnen:

Unter Ziffer 1 hatte Bodelschwingh vorgesehen, daß kein Kind in einer Fabrik beschäftigt werden dürfe, welches nicht mindestens 3 Jahre regelmäßig die Schule besucht hätte.

Köln stimmte dieser Vorschrift voll zu; dagegen hielt die Düsseldorfer Regierung es für besser, wenn das Gesetz unter Bezugnahme auf die Kabinettsorder vom Jahre 1825 ein Abgangszeugnis des Seelsorgers verlangen würde, wobei in der Konsequenz auch ein weiterführender Unterricht für Fabrikkinder entfallen sollte. Hinter diesem Vorschlag stand die Überlegung, daß die Mindestschulbildung schon vor der Aufnahme einer Fabrikarbeit erreicht werden müßte. Die Regierung Aachen, die die Anregungen der dortigen Handelskammer übernommen hatte, brachte zur ersten Vorschrift keine sachlichen Bedenken vor und verwendete sich allein für eine andere Fassung der Norm. Die Regierung meinte, daß die der Sicherung eines gewissen Mindestunterrichtes dienende Bestimmung nicht an die Dauer des Schulbesuches, sondern an ein Arbeitsverbot für Kinder unter 9 Jahren anknüpfen sollte.

Somit ist also festzustellen, daß zu Artikel 1 von den Regierungen zwar gewisse Änderungswünsche geäußert worden sind, daß diese Anregungen aber noch im Rahmen des ursprünglichen Entwurfes gelegen haben. Anders verhielt es sich dagegen bei den gegen Ziffer 2 des Entwurfes geltend gemachten Einwänden. In dieser Bestimmung sollte geregelt werden, daß die tägliche Arbeit der Kinder nicht über 10 Stunden dauern dürfe, damit ein Gesundheitsschutz und Zeit für den weiterführenden Unterricht gewährleistet sei.

Diesen Vorschlag des Oberpräsidenten unterstützte nur die Kölner Regierung; diese betonte, daß einer solchen Einschränkung der Arbeitszeit der Kinder zwar große Hindernisse entgegenstünden, daß aber diese Vorschrift die wichtigste des geplanten Gesetzes sei. Sie sollte daher auch - ebenso wie Ziffer 1 - mit der der Androhung einer fühlbaren Strafe bewehrt werden. Demgegenüber gab die Düsseldorfer Regierung zu bedenken, daß ein nur für Kinder geltender 10-Stunden-Tag sich nicht werde durchsetzen lassen, weil die Erwachsenen zumeist mit den Kindern zusammen arbeiten würden und die letzteren schwerlich morgens eine Stunde später kommen und abends eine Stunde früher nach Hause gehen könnten. Da Düsseldorf den vom Entwurf angestrebten Ausbildungsstand schon über Artikel 1 zu erreichen suchte, konnte es sich denn auch hier im Interesse des gleichfalls erforderlichen Gesundheitsschutzes mit dem Vorschlag begnügen, daß der Pfarrer diesen Gesichtspunkt bei Ausstellung des Abgangszeugnisses mit berücksichtigen solle. Die Regierung sah nach alledem für Artikel 2 als ausreichend an, daß das Gesetz eine über 12 Stunden hinausgehende Arbeitszeit für die noch nicht 14jährigen Jugendlichen untersagen würde. Die Aachener Regierung schließlich trat für zwei Veränderungen des Artikels 2 ein: Der Maximalarbeitstag sollte nur für Kinder von 9 bis 12 Jahren gelten, wobei diese Altersgruppe nur einen halben Tag, in der Regel also 6, höchstens 7 Stunden sollte arbeiten dürfen. Würde die Vorschrift so gefaßt, dann mußten auch die wegen der Zusammenarbeit mit den Erwachsenen bestehenden Vorbehalte gegenstandslos werden, denn es wurde dann ohne weiteres möglich, die an einem Tag anfallende Arbeit auf die in zwei Schichten arbeitenden Kinder aufzuteilen.

In Ziffer 3 des Entwurfes hatte Bodelschwingh die Anordnung eines wöchentlichen Mindestunterrichtes von 3 Stunden aufgenommen.

Diese Vorschrift stand im Zusammenhang mit dem 10-Stunden-Tag der Ziffer 2, so daß die Regierungen je nachdem, wie sie sich zu der Arbeitszeitbeschränkung gestellt hatten, entsprechend auch Artikel 3 ausgestalten wollten. Köln, das Artikel 2 des Entwurfes gebilligt hatte, trat hier dafür ein, die Unterrichtszeit von 3 auf 6 Stunden zu erhöhen. Düsseldorf, das unter der Voraussetzung der endgültigen Schulentlassung der Kinder die 12stündige Arbeit befürwortet hatte, wollte die vorgesehenen 3 Stunden für den vom Oberpräsidenten nicht bedachten Kommunions- und Konfirmandenunterricht verwendet wissen. Für Aachen dagegen stellte sich das in Artikel 3 behandelte Problem von vornherein nicht, weil die Regierung bereits bei Ziffer 2 einen halben arbeitsfreien Tag vorgeschlagen und damit an sich genügend Zeit für einen Unterrichtsbesuch gewonnen hatte.

Die letzte Vorschrift des Entwurfes, Artikel 4, sollte im Interesse des Unterrichts der Fabrikkinder zu einer Gewerbesteuererhöhung ermächtigen, soweit die Kosten durch das Schulgeld nicht aufgebracht werden könnten.

Diese letzte Bestimmung billigte keine der Regierungen. Vor allem Köln nahm gegen diese Finanzierungsform Stellung, indem es darauf hinwies, daß eine allgemeine Umlage auf die Gewerbesteuer viele der ärmeren Einwohner treffen müsse, die mit der Kinderarbeit in den Fabriken gar nichts zu tun hätten. Aber auch eine Fabriksteuer, zu der in diesem Zusammenhang die Regierung Düsseldorf riet, hielt Köln nicht für zweckmäßig. Denn eine solche Abgabe, so meinte die Regierung, würden die Fabrikbesitzer nur mit der Herabsetzung der Arbeitslöhne beantworten, so daß dann im Ergebnis die Gesamtheit der Arbeiter, und zwar völlig zu Unrecht, mit den Unterrichtskosten belastet wäre. Das Schulgeld sollte deshalb besser von den Eltern, und, soweit diese nicht leistungsfähig seien, von den Gemeinden getragen werden.

Wenn man diese Stellungnahme näher betrachtet, so ergeben sich unter Ausklammerung des Finanzierungsproblems die folgenden grundsätzlichen Unterschiede:

Die Ansichten der Regierungen Köln und Düsseldorf wichen vor allem in der Frage voneinander ab, ob die Fabrikkinder vor dem Eingehen eines Arbeitsverhältnisses aus der Schule entlassen werden sollten oder nicht, was wiederum mit einem anderen Problem zusammenhing, nämlich inwieweit man die Beachtung des vorgeschlagenen Gesetzes meinte kontrollieren zu können. Die insoweit vorgetragenen Bedenken beruhten letztlich auf einem Unterschied der Industriestruktur: Im Kölner Bezirk gab es vor allem große, leicht zu inspizierende Fabriken, während der Bezirk Düsseldorf eine Vielzahl nur mit wenigen Personen arbeitender Werkstätten aufwies, die zu überprüfen schwierig werden mußte. An der Äußerung der Aachener Regierung endlich ist bemerkenswert, in welchem Maße diese das Unterrichtsproblem für die Abfassung des Entwurfes hat ausklammern wollen. Denn sowohl die Arbeitsaufnahme mit dem 9. Lebensjahr als auch die Arbeitszeitbeschränkung auf einen halben Tag waren Erfordernisse, die unabhängig vom Bestehen der Armenschulen beachtet werden konnten - hierin spiegelte sich die schlechte Unterrichtsorganisation Aachens wieder.

Hierin zeigt sich aber auch, wie sehr die Schulfrage den Charakter der frühen Fabrikbestimmungen festgelegt hat. Waren Elementarschulen in ausreichender Zahl vorhanden, dann stellte sich dem Gesetzgeber die Aufgabe, den Kindern einen Unterrichtsbesuch zu ermöglichen, und das Gesetz regelte vor allem Schulprobleme. Fehlten dagegen die Schulen oder war deren Leistungsstand in den einzelnen Fabrikorten sehr unterschiedlich, so konnte das Gesetz nur die Arbeit einschränken und die Frage, wie die erzwungene Freizeit durch Schulstunden ausgefüllt wurde, den zuständigen Behörden überlassen. Das im Zusammenhang mit der Kinderarbeit angeregte reinere Arbeitsrecht war mithin ein Indiz für die Unzulänglichkeit der Schulverhältnisse.

Unter Auswertung der von den Regierungen vorgetragenen Anregungen gestaltete Bodelschwingh seinen Gesetzentwurf nunmehr völlig um. Entscheidend war, daß er den Gedanken der Gewerbesteuer fallenließ und sich an deren Stelle für direkt vom

Unternehmer einzurichtende Fabrikschulen entschied. Die auf sechs Artikel erweiterte zweite Fassung (3) des Entwurfes erhielt dabei den folgenden Inhalt:

Artikel I

Kein Kind darf zu einer regelmäßigen Beschäftigung in einer Fabrik aufgenommen werden, welches nicht durch ein Zeugnis nachweist, daß es mindestens drei Jahre hindurch regelmäßigen Schulunterricht genossen hat.

Artikel II

Kinder, welche das zwölfte Jahr noch nicht vollendet haben, dürfen in Fabriken nur zu halben Tagen, entweder vor- oder nachmittags, und nicht über sieben Stunden täglich beschäftigt werden.

Artikel III

Christliche Kinder, welche bzw. noch nicht zur heiligen Kommunion angenommen oder konfirmiert sind, dürfen in denjenigen Stunden, welche der ordentliche Seelsorger für den Katechumenen- und Konfirmandenunterricht bestimmt hat, nicht in Fabriken beschäftigt werden.

Artikel IV

Ausnahmen von den in Artikel I und II erteilten Verboten dürfen nur da eintreten, wo die Fabrikherren besondere, den Unterricht der Kinder sichernde Fabrikschulen errichten und unterhalten; die Beurteilung, ob eine solche Schule genüge, gebührt Unseren Regierungen.

Artikel V

Zuwiderhandlungen gegen diese Verordnung sollen gegen die Fabrikherren oder deren mit Vollmacht versehene Stellvertreter durch Strafen von 1-10 Taler für jedes vorschriftswidrig beschäftigte Kind geahndet werden.

Artikel VI

Durch vorstehende Verordnung werden die Bestimmungen Unserer Kabinettsorder vom 14. Mai 1825 über die Verpflichtung zum regelmäßigen Schulbesuch nicht geändert, sondern sie sollen nur das Maß bezeichnen, bis zu welchem Unsere Regierungen nach der ihnen daselbst zugestandenen Befugnis für die die Fabriken besuchenden Kinder Milderungen der allgemeinen Vorschriften zugestehen können, und innerhalb dessen die Fabrikherren zur Er-

3) Text bei Anton, 1891, S. 41 f.

reichung des Zweckes einer genügenden Jugendbildung mitzuwirken verpflichtet sind.

Die beiden ersten Artikel des geplanten Gesetzes nehmen sich sehr fortschrittlich aus - doch der Schein trügt. Die wesentliche Vorschrift des Entwurfes, die die Finanzierung des Unterrichtes auf andere Weise als über die ursprünglich vorgesehene Gewerbesteuer sichern sollte, lag in der Ausnahmeregelung des Artikels IV. Als Gegenleistung für die Einrichtung von Fabrikschulen wollte Bodelschwingh sich damit einverstanden erklären, auf das Erfordernis des Mindestalters für Arbeitskinder zu verzichten und den Werktag neben der Schule beliebig zu verlängern.

Es ist offenkundig, daß damit aber ein Gesundheitsschutz nicht mehr gewährleistet werden konnte und auch die Forderung nach einer gewissen Mindestschulbildung so gut wie unerfüllt blieb. Die sonst vertretene Konzeption ging dahin, in den Armenschulen wenigstens während der ersten Unterrichtsjahre einen gewissen Grund zu legen, auf dem dann die weiterführenden Schulen mit dem neben der Erwerbsarbeit stattfindenden Unterricht aufbauen könnten. Bodelschwinghs Entwurf aber verlangte noch nicht einmal dies. Wenn man sich dazu noch weiter vergegenwärtigt, welche Bedenken Grashof im Jahre 1833 gegen die Fabrikschule vorgebracht und wie sehr er die Ohnmacht der Behörden den Fabrikanten gegenüber betont hatte, dann wird man aber den Gesetzentwurf des rheinischen Oberpräsidenten alles andere als befriedigend nennen können. Der Mißbrauch der Kinder, den die Verordnung vom 27. April 1827 bekämpfen wollte, dieser Mißbrauch sollte hier praktisch gesetzlich sanktioniert werden. Einen wirklichen Vorteil brachte der Entwurf allein den Gemeinden, weil die örtliche Armenpflege bei einem solchen Gesetz des Problems ledig gewesen wäre, für die Fabrikkinder entsprechend der geltenden Rechtslage einen Elementarunterricht zur Verfügung zu stellen.

Am 21. November 1835 schickte Bodelschwingh den überarbeiteten Entwurf mit einer ausführlichen Begründung an den Kultusminister Altenstein (4) und den Chef der Generalverwaltung, Rother, in dessen Händen die Gewerbesachen nunmehr lagen. (5)

Unter dem 18. Dezember 1835 richtete alsdann Rother an Altenstein ein Schreiben, in dem er unter Bezug auf Bodelschwinghs Bericht sich dafür aussprach, anstelle einer provinziellen Verordnung ein für ganz Preußen geltendes Gesetz zu erlassen.

---

4) A.M. 28, S. 62.
5) Vgl. Wirth, 1962, S. 63: Die sog. Verwaltung des Handels-, Fabrik- und Bauwesens war eine Sonderbehörde, deren Leiter - Rother war Wirkl. Geh. Rat - nur teilweise die Rechte eines Ministers hatte.

Rother bat weiterhin um Aufklärung darüber, warum seit der Antwort des Ministers Schuckmann vom 14. September 1832, die den Gegenstand in der Ministerialberatung doch erledigt habe, beim König kein Antrag auf Erlaß eines Fabrikgesetzes gestellt worden sei. (6)

Das Kultusministerium reagierte jedoch auf dieses Schreiben nicht, und zwar weder auf den Bericht des Oberpräsidenten noch auf die Anfrage Rothers. Als Bodelschwingh seinen Vorschlag am 18. November 1836 noch einmal in Erinnerung brachte, wandte sich Rother erneut an Altenstein und stellte, da er mit dem augenblicklichen Stand der Dinge nicht vertraut sei, "ergebenst anheim, Bodelschwingh hierüber baldigst mit einer Nachricht zu versehen". (7)

Das Kultusministerium antwortete auch hierauf wieder nicht und auch nicht auf eine dritte Anfrage Rothers am 21. Januar 1837, (8) was den zuständigen Referenten in der Gewerbeverwaltung dazu veranlaßte, die Fruchtlosigkeit der Erinnerungen zu vermerken und weitere Bemühungen in der Sache zu unterlassen. (9)

Über die Gründe für das Verhalten Altensteins, den Bericht Bodelschwinghs als praktisch nicht eingegangen zu behandeln, geben die Akten keine ausdrückliche Auskunft. Man ist also auch hier wieder auf Vermutungen angewiesen. Mit dem Inhalt des Bodelschwinghschen Entwurfes kann man sich wohl nur erklären, daß Altenstein auf den ihm unterbreiteten Vorschlag im Ergebnis nicht eingehen wollte. Unklar bleibt aber, weshalb er den Oberpräsidenten und vor allem auch Rother über seine Ansicht im unklaren ließ.

Die vom Kultusminister gewählte Form, sich gar nicht zu äußern, legt den Schluß nahe, daß zwischen ihm und Bodelschwingh erhebliche Spannungen bestanden haben, die - wenn nicht noch andere Gründe hinzukommen - vielleicht darin ihre Wurzel hatten, daß Altenstein dem Oberpräsidenten vorwarf, für den Ausbau des Schulwesens sich nicht genügend einzusetzen. Eine spätere Äußerung des Ministers zielte in diese Richtung. Vielleicht empfand Altenstein, der seit Jahr und Tag um ein Fabrikgesetz sich bemüht hatte, es als besonders unpassend, daß der rheinische Oberpräsident einen derart anspruchslosen Gesetzentwurf vorgelegt hatte, anstatt im Rheinland mit Nachdruck auf die Beachtung der allgemeinen Schulpflicht zu dringen.

---

6) A.M. 28, S. 74.
7) A.M. 28, S. 77 (20. Dez. 1836).
8) A.M. 28, S. 79.
9) A.M. 28, S. 80 (Vermerk v. 10. März 1837).

XI. Anhang: Das sächsische Schulgesetz vom Jahre 1835

Die Untersuchung wendet sich an dieser Stelle noch einmal von den preußischen Verhandlungen ab, schon um dem Eindruck entgegenzuwirken, als ob die Frage eines deutschen Schutzgesetzes zu dieser Zeit nur noch ein speziell rheinisches Problem gewesen sei. Sicher hat die unzulängliche Unterrichtssituation im Westen Deutschlands einen Arbeitsschutz blockiert - das geringe Verständnis für die Fabrikkinder war jedoch, wie schon anhand der Schweizer Umfrage nachgewiesen wurde, keineswegs regionaler Natur.

Dies zeigte sich auch jetzt wieder in aller Deutlichkeit, als das Königreich Sachsen in den Jahren 1833 bis 1835 über ein neues Schulgesetz beriet. In Sachsen bestand im Unterschied zum Rheinland eine alte Schultradition und damit auch in der Öffentlichkeit ein größeres Interesse für die Fabrikkinder. Eben darum war es an sich ganz natürlich, daß die zu dieser Zeit einsetzende Diskussion über eine Schulreform das Konkurrenzverhältnis zwischen Unterricht und Erwerbsarbeit in der Fabrik erörtern mußte.

In der "Allgemeinen Schulzeitung" erschien im Jahre 1833 ein erster auf den ungenügenden Unterricht für die Fabrikkinder hinweisender Aufsatz, dessen Verfasser ausführte, daß die Länge des Arbeitstages in manchen Fabriken noch nicht einmal zwei volle Schulstunden zulasse und daß selbst dieser kurze Unterricht regelmäßig erst in den Abendstunden von 18 bis 20 Uhr erteilt werde. (1) Nach einer zehnstündigen beruflichen Anspannung könne jedoch der Erfolg eines Unterrichtes auf die geistige Entwicklung der Kinder nur noch ganz gering sein, wenn er nicht überhaupt ausbleibe. Nicht nur die Bildung des Menschen würden die Fabriken mit der übermäßigen Ausdehnung der Arbeitszeit zu einer bloßen Nebensache erniedrigen, sondern letztlich auch die Sittlichkeit des ganzen Volkes untergraben. Kein Wunder sei es deshalb, daß man solche Arbeitskinder in aller Öffentlichkeit sich herumtreiben sehe, denn eine ordentliche Erziehung werde ja in der Schule nicht mehr gewährleistet; und das, was die Kinder tagsüber in der Fabrik hören würden, könne auch nicht geeignet sein, ihren Charakter zu stärken.

Ein anderer im Jahre 1834 in der Zeitschrift "Das Vaterland" erschienender Artikel äußerte sich ähnlich. (2) Der anonyme Einsender wies darauf hin, daß in einigen Fabriken Sachsens 9- und 1ojährige Kinder von 6 bis 12 Uhr und von 13 bis 19 Uhr tätig seien und daß die Kinder dann noch bis 22 Uhr die Schule besuchen müßten. Es gäbe sogar Fabriken, in denen auch

1) Im Auszug in: DV 1834, S. 269; vgl. zum Problem weiter v. Welck, JGV N.F. Jg. 23, 1899, S. 53 ff., 6o ff.
2) "Fabrik- und Schulwesen in naher Beziehung", in: DV 1834, S. 269.

sonntags gearbeitet werde, wodurch man den Kindern auch noch den einzigen freien Tag in der Woche raube, der sogar den Negersklaven in den englischen Kolonien nicht vorenthalten werde. Wer nicht in den Fabrikgegenden wohne, der sehe in der Industrie nur den Wohlstand des Landes verkörpert, ohne etwas von dem bevorstehenden sittlichen Verfall eines großen Bevölkerungsteiles zu ahnen, wie er in England offensichtlich bereits eingetreten sei. Bei einer Untersuchung in London habe sich erst kürzlich wieder herausgestellt, daß die meisten Prostituierten während ihrer Jugend in den Fabriken gearbeitet hätten. Es seien somit die Gleichgültigkeit der Eltern und der Egoismus der Fabrikanten, die diese Mädchen um Gesundheit, Ehre und alle höheren Lebensfreuden gebracht hätten. Das Ergebnis der frühen Fabrikarbeit seien Verkommenheit, Elend und schließlich als letzte Stationen das Kranken- oder Arbeitshaus.

Wichtig sei daher, in Sachsen die Gefahr einer solchen Sittenverderbnis beizeiten zu verhindern. Da man unmoralische Reden und Handlungen in den Fabriken nicht verbieten könne, komme als Ausweg allein in Betracht, die Arbeitsstunden von vornherein auf einen halben Tag zu beschränken und die Fabrikkinder während der arbeitsfreien Zeit die Schule besuchen zu lassen. Durch Gesetz müsse eine solche Regelung getroffen und ihre Beachtung durch empfindliche Geldstrafen gesichert werden.

In einer späteren Ausgabe der Zeitschrift erschien unter der Überschrift "Ausfall gegen das Fabrikwesen" ein weiterer, im Ton noch schärferer Artikel, in dem der Verfasser sich gegen das von den Fabrikanten in Anspruch genommene Verdienst wandte, auf ihre Kosten die Fabrikkinder abends unterrichten zu lassen, damit sie nicht wie die Wilden aufwüchsen. (3) Auch der sächsische Bergbau, so betonte der Autor, sorge für seine Bergjugend und, was für die Fabrikanten nicht gelte, sogar für die Kranken und Invaliden; und selbst der russische Gutsbesitzer müsse einen Schulmeister für seine Leibeigenen halten. Die Abendschulen aber, die für die Fabrikkinder bisher nur zur Verfügung stünden, seien für den Unterricht völlig ungenügend. Seit mehreren Menschenaltern bestehe in Sachsen Schulzwang; die eigenen Gesetze könne der Staat aber, was die Fabrikkinder betreffe, nicht ständig unbeachtet lassen, zumal die Kinder auch noch zu Arbeiten verwendet würden, die die Anlage zu späterem Siechtum legten, den Geist der Kinder zerstörten und ihre Seelen vergifteten.

Zu einer strengen Anwendung des Schulzwanges mochte indessen auch der Verfasser nicht raten, weil das Einkommen und die Existenz zu vieler Familien mit dem Weiterbestehen der Fabriken verbunden seien. Aber eine Beschränkung der Arbeitszeit

---

3) DV 1834, S. 314.

sollte zugunsten des Schulbesuches der Kinder doch verwirklicht werden.

Soweit die Stimmen, die sich in Sachsen für die Fabrikkinder eingesetzt haben. Die politische Entscheidung über diese Frage fiel, als das neue Schulgesetz den Kammern im Jahre 1834 zur Beratung vorlag. Dieser Gesetzentwurf verfolgte erkennbar das allgemeine Ziel, (4) einen verfrühten Eintritt der Kinder in das Berufsleben zu unterbinden: Lehrlinge sollten gemäß § 64 erst nach der Konfirmation, also mit 14 Jahren, in ein Ausbildungsverhältnis eintreten dürfen, (5) und das frühe Vermieten von Kindern als Dienstboten sollte nur noch mit behördlicher Genehmigung bei großer Armut und nicht vor dem 10. Lebensjahr möglich sein.

Die Dienstherrschaft sollte im übrigen nach § 65 verpflichtet sein, die Kinder bis zur Vollendung der 8jährigen Schulzeit zu einem im Umfang allerdings beschränkten Schul- und Konfirmandenunterricht zu schicken. Auch die anderen gebräuchlichen Formen der Kinderarbeit suchte das Gesetz zu beschränken, so vor allem die Verwendung der Kinder in der Hausindustrie beim Weben, Spinnen, Spulen usw. und ferner die ganztägige Hausarbeit, die die Häuslerkinder regelmäßig zu übernehmen hatten, wenn ihre Eltern auf fremden Höfen arbeiten gingen. In solchen Fällen sollte zumindest auf einen Schulunterricht am Vormittag oder Nachmittag gedrungen werden. (6)

Die Fabrikkinder wurden in den genannten Bestimmungen nicht ausdrücklich erwähnt; doch hätte man annehmen können, daß das Verbot, Kinder unter 10 Jahren als Dienstboten zu vermieten, entsprechend auch für die Fabrikkinder mitgelten sollte. Der Staatsminister Müller trat jedoch nach einer Anfrage in der zweiten Kammer einer solchen Interpretation ausdrücklich entgegen (7) - eine Konzession an die Tatsache, daß für die Fabrikkinder Abendschulen bestanden, die, einmal vorhanden, so leicht nicht wieder abgeschafft werden konnten. (8) Ein weiterer Grund: Die sächsischen Fabrikanten besaßen einen erheblichen Einfluß im Parlament.

Der Entwurf des Schulgesetzes hatte diese Sachlage von vornherein auch in einer besonderen Vorschrift, dem § 9, berücksichtigt und hier nur einen sehr vorsichtigen Versuch unternommen, die Schulausbildung der Fabrikkinder zu verbessern. § 9 des Entwurfes sah vor, daß Fabrikschulen allein mit Ge-

4) Vgl. A.Sa. 1, S. 350, 353 f., 369 ff., 381 ff.
5) Insoweit wurden die Generalartikel v.J. 1780 außer Kraft gesetzt, vgl. A.Sa. 1, S. 369, § 64.
6) Vgl. dazu die Erläuterungen zu §§ 64 und 65, A.Sa. 1, S. 397 ff.
7) A.Sa. 2, S. 647, vgl. auch A.Sa. 3, S. 537.
8) Vgl. Carnot, 1841, S. 22.

nehmigung und bestätigtem Spezialreglement errichtet und weitergeführt werden dürften. Dieser Paragraph ließ seine Zweckbestimmung nicht recht erkennen, doch sollte die Norm - wie der Staatsminister Müller vor der ersten Kammer erklärte - dazu dienen, die Zahl der Abendschulen zu verringern und den Unterricht für die Fabrikkinder wirkungsvoller zu gestalten. (9) Die gedruckten Erläuterungen zu § 9, die interessanterweise auf die Veröffentlichungen Beckedorffs und Diesterwegs Bezug genommen haben, (10) bezeichneten die Abendschulen insoweit ganz unmißverständlich als verwerflich, weil sie für die Moralität Gefahren schaffen würden, weil die von der Arbeit ermüdeten Kinder ohnehin nur noch sehr wenig lernen könnten und es im Grunde ja auch nicht vertretbar sei, die erschöpften Kinder noch zu einer geistigen Anstrengung zwingen zu wollen. Eine solche Mißhandlung der Jugend und die Vereitelung ihrer Schulbildung, so heißt es in den Erläuterungen, könne der Staat unmöglich dulden.

Diese klare Sprache dürfte das Urteil rechtfertigen, daß die sächsische Regierung den Schutz der Fabrikkinder an sich erheblich verbessern wollte, auch wenn der Entwurf, der der Schulbildung im allgemeinen einen hohen Rang einräumte, weder die Tagesschule noch die Beschränkung des Aufnahmealters in die Fabrik, noch die Begrenzung der Arbeitszeit zu regeln gedachte. Das Fehlen eines bestimmter gefaßten Arbeitsrechts kann man wohl damit erklären, daß die Frage der Fabrikkinder eben mehr als ein Schul- denn als ein Arbeitsproblem verstanden wurde und daß das Unterrichtsministerium das Fabrikreglement mit seinem beschränkten Wirkungsbereich für geeigneter ansah, dem Einzelfall gerecht zu werden, als eine starre gesetzliche Normierung. Vielleicht wollte das Ministerium aber auch die Fabrikanten nicht zu sehr gegen das Schulgesetz herausfordern.

Ein Widerstand blieb indessen auch jetzt nicht aus. Die in der zweiten Kammer vertretenen Unternehmer waren nicht bereit, einen wesentlich verbesserten Schulunterricht für die Fabrikkinder gutzuheißen. (11) Die Fabrikanten protestierten zwar nicht gegen den § 9 selbst, wohl aber gegen die in den Erläuterungen ausgesprochene Ablehnung der Abendschulen. Diese Schulform, so wurde in der Debatte eingewandt, sei im Interesse der unbemittelten Eltern der Fabrikkinder nicht nur unverzichtbar, sondern auch zweckmäßig; denn wenn die Abendschulen beseitigt würden, seien die Fabrikanten gezwungen, statt der Kinder erwachsene Arbeiter einzustellen. Zunächst müsse aber an das physische Wohl der Armenkinder, die selbst zu ihrem Unterhalte beitrügen, gedacht werden. Zudem

---

9) A.Sa. 3, S. 537.
10) A.Sa. 1, S. 381; zit. sind - mit unzutreff. Jahresangaben - JPrV Bd. 8, 1827, S. 161 u. RWM Bd. 5, 1826, S. 161.
11) A.Sa. 2, S. 554 f.

würden die Kinder den Unterricht am Abend durchaus gern besuchen und stünden in ihren Kenntnissen anderen Kindern, die am Tage zur Schule gehen würden, in keiner Weise nach.

Die Abgeordneten, die die Schulbelange vertraten, beantragten demgegenüber, die Abendschulen überhaupt zu verbieten, weil sowohl die Fabrikschulen als auch die Fabrikarbeit für das geistige Wohl und die Sittlichkeit der Kinder verderblich wirken würden und weil allen Bürgern eines konstitutionellen Staates die gleiche Schulausbildung geboten werden müsse. (12) Die Fabrikschulen seien früher zwar durchaus von Wert gewesen, weil viele Jugendliche sonst gar keinen Unterricht erhalten hätten. Mit der Weiterentwicklung des Schulwesens könne den Kindern ärmerer Eltern jedoch auf anderem Wege geholfen werden.

Der sächsische Staatsminister Müller, der die Intentionen des Entwurfes zu verteidigen hatte, steuerte in dieser Auseinandersetzung einen vermittelnden Kurs. (13) Er hob hervor, daß der Unterricht am Abend ohne Zweifel nicht den gewünschten Erfolg erbringen könne, schwächte aber auch die in den Erläuterungen wiedergegebene Auffassung sehr stark ab. Die Abendschulen aufzuheben, so versicherte er, sei nicht geplant - die Absicht gehe vielmehr dahin, diese Anstalten im konkreten Fall zu verbessern und dabei, soweit möglich, einen Teil des Unterrichtes auf die Frühstunden zu verlegen.

In der Abstimmung der zweiten Kammer wurde § 9 sodann in seiner ursprünglichen Fassung mit 66 gegen 2 Stimmen angenommen und ein auf Abschaffung der Abendschulen zielender Gegenantrag mit 52 gegen 16 Stimmen verworfen. (14)

In der ersten Kammer kam es zu einer ganz ähnlichen Auseinandersetzung. Auch hier wurde ein Antrag eingebracht, (15) die Abendschule nur ausnahmsweise zuzulassen, und zur Begründung ausgeführt, daß die Notwendigkeit dieser Schule nur eingebildet sei, daß diese Schulen weiter eine wahre Kinderquälerei bedeuten würden, weil die Kinder am Abend nichts lernen könnten, und daß es auch eine Schande sei, wenn die christliche Bildung der Jugend hinter einem Broterwerb zurückzutreten habe.

Für die Gegenansicht wurde demgegenüber vorgetragen: Die Abendschulen seien besser als überhaupt kein Unterricht oder die Entlassung der Kinder aus der Arbeit; im übrigen brächten die Fabrikkinder auch den Tag unter einer Aufsicht bei nützlicher

12) A.Sa. 2, S. 556 ff.
13) A.Sa. 2, S. 555 f.
14) A.Sa. 2, S. 558.
15) A.Sa. 3, S. 535 f.

Tätigkeit zu; und damit sei ihnen mehr gedient, als wenn sie sich auf der Straße herumtreiben würden. (16)

Auch die erste Kammer nahm den von dem Unterrichtsministerium vorgeschlagenen § 9 an, während sie den Antrag, den Abendunterricht stärker zu beschränken, mit der allerdings knappen Mehrheit von 18 gegen 13 Stimmen verwarf. (17)

Das sächsische Schulgesetz trat am 6. Juni 1835 in Kraft. In einer drei Tage später erlassenen Ausführungsverordnung knüpfte das Kultusministerium die Genehmigung der Abendschule an das Erfordernis der dringenden Notwendigkeit - jedoch ohne damit für die Praxis viel zu bewirken. (18) Was bei Schaffung des Schulgesetzes nicht durchgesetzt worden war, konnte auch nachträglich über eine Ermessensbestimmung nicht mehr geleistet werden. Der Widerstand der Fabrikanten erwies sich der Verwaltung gegenüber als nicht weniger stark als in der Ständeversammlung. (19)

Dieses Ergebnis bestätigt aber in gewisser Weise die hinhaltende Politik, die Altenstein seit 1834 in der Fabrikschulfrage befürwortet hat. Wenn es in Sachsen trotz der bestehenden Schulorganisation nicht gelungen ist, die Fabrikkinder in Tagesschulen zu schicken, so leuchtet ein, um wieviel schwieriger es sein mußte, dieses Ziel im Rheinland zu verwirklichen. Die in ihrem Kern im wesentlichen pädagogischen Bestrebungen, die in Deutschland bis dahin einen Jugendarbeitsschutz hatten schaffen wollen, waren Mitte der dreißiger Jahre ersichtlich noch nicht kräftig genug, um gegen das mangelnde Interesse am Schicksal der Fabrikkinder und den verbreiteten Wunsch nach Industrieförderung sich durchzusetzen. Diese Hindernisse konnten erst überwunden werden, als die wirtschaftliche Entwicklung die kinderarbeitsfreundlichen Überzeugungen zu verunsichern begann.

Diese Veränderung der öffentlichen Meinung vollzog sich ungefähr seit dem Jahre 1833 im Zuge einer weiteren Aufklärung über das Leben der Fabrikkinder und - mehr noch - als Folge einer wachsenden Besorgnis über die Auswirkungen der Industrie auf die Gesamtgesellschaft.

---

16) A.Sa. 3, S. 536 f.
17) A.Sa. 3, S. 537 f. Der Antrag auf völlige Abschaffung der Abendschule wurde mit 17 gegen 14 Stimmen abgelehnt.
18) Die VO sah vor, daß zumindest ein Teil des Unterrichtes am Tage stattzufinden hätte. Dazu der sächs. Industrie-Verein, bei Carnot, 1841, S. 26: "Die Behörden haben in dieser Hinsicht einer anderen Überzeugung Raum geben können." Weitere Einzelheiten bei v. Welck, JGV N.F. Jg. 23, 1899, S. 68 ff.
19) Vgl. v. Welck, aaO S. 63 ff.

2. Teil

AUSWIRKUNGEN DER INDUSTRIELLEN REVOLUTION

1. Abschnitt

DIE JAHRE 1830 - 40

VON DER UNTERRICHTSFRAGE ZUM ARBEITERPROBLEM

I. Das englische Fabrikgesetz vom Jahre 1833 und die öffentliche Meinung in Deutschland

Eine weitere Aufklärung über das Leben der Fabrikkinder bewirkte sodann vor allem Großbritannien im Zusammenhang damit, daß es seine Schutzgesetzgebung verbesserte. Im Jahre 1831 wurden die Bestimmungen zunächst für die Baumwollfabriken verschärft: Kinder unter 9 Jahren durften in diesem Industriezweig nicht mehr zur Arbeit angenommen werden; für Personen unter 21 Jahren wurde die Nachtschicht untersagt und für die noch nicht Achtzehnjährigen eine Arbeitsdauer von mehr als täglich 12 Stunden und am Samstag 9 Stunden verboten. (1) Diese Regelung war indessen nicht zufriedenstellend. Das Gesetz galt von vornherein nur für einen Teil der Textilindustrie, und seine Beachtung war auch infolge unzureichender Kontrollvorschriften kaum gesichert. Um so wichtiger war daher, daß sich seit Anfang der dreißiger Jahre die englische Arbeiterbewegung dieser Frage annahm und für eine grundlegende Reform eintrat. (2) Oastler, einer der die Industriearbeiter unterstützenden Toryführer, veranstaltete zahlreiche Massenkundgebungen, die über die Nöte der Fabrikbevölkerung aufklären wollten,während Sadler, ein anderer Tory, der das Schlagwort "weiße Sklaverei" geprägt hat, dem britischen Unterhaus zu Beginn des Jahres 1832 einen Gesetzentwurf vorlegte, mit dem der Schutz der Fabrikkinder über die Baumwollindustrie hinaus auch in noch anderen Fabriken gewährleistet werden sollte. Da eine Regierungsverordnung vom Jahre 1831 in Westindien die Arbeitszeit der erwachsenen Neger auf 9 Stunden und der noch nicht 14jährigen Neger auf 6 Stunden beschränkt hatte, konnte Sadler das überzeugende Argument anführen, daß eine allgemeine Verkürzung des Arbeitstages der Fabrikkinder auf 10 Stunden ganz offensichtlich nicht unangemessen sei. (3) Die Regierung ließ sich jedoch so leicht nicht beeindrucken und setzte lediglich einen Untersuchungsausschuß ein. Gleichwohl war damit die Frage des Fabrikgesetzes in der Volksvertretung noch nicht erledigt, weil auch im nächsten, dem "reformierten" Parlament von 1832, in das Sadler nicht wieder gewählt worden ist, der Fabrikgesetzentwurf noch einmal, nunmehr von dem Abgeordneten Lord Ashley, eingebracht wurde und auch die Arbeiter mit Versammlungen und Peti-

---

1) Vgl. Bitzer, 1871, S. 43; Thomas, 1948, S. 30.
2) Vgl. Brentano, 1928, S. 328.
3) Vgl. Brentano, aaO S. 326 ff.; Bitzer, aaO S. 44 ff.; v.Froriep, NNH Bd. 1, 1837, S. 283; Das Faktoreisystem, in: MGH Bd. 2, 1837, S. 284, 286.

tionen die Forderung nach einem Fabrikgesetz energisch unterstützten. (4)

Am 29. August 1833 wurde schließlich infolge dieser Bemühungen das erste wirklich bedeutende Fabrikgesetz Englands verabschiedet, das für die Spinnereien und Webereien galt, soweit diese Baumwolle, Wollgarn, Hanf, Flachs, Werg oder Seide verarbeiteten, wobei im wesentlichen die folgenden Schutzbestimmungen vorgesehen waren:

1. Kinder unter 9 Jahren dürfen in den genannten Fabriken, die Seidenmanufakturen ausgenommen, nicht beschäftigt werden.
2. Kinder, die noch nicht 13 Jahre alt sind, dürfen nicht länger als 9 Stunden am Tag, in der Woche 48 Stunden, zur Arbeit verwendet werden. In den Seidenmanufakturen gelten insoweit 10 Stunden.
3. Nach Betriebsstörungen darf die Arbeitszeit um 3 Stunden in der Woche verlängert werden.
4. Kinder im Alter von 9 bis 13 Jahren sind verpflichtet, mindestens zwei Stunden täglich eine Schule zu besuchen, deren Kosten vom Lohn abgezogen werden können.
5. Der Schulbesuch an 6 Tagen ist an jedem Montag durch ein Zeugnis des Lehrers für die vergangene Woche nachzuweisen.
6. Jugendliche unter 13 Jahren dürfen nicht länger als 12 Stunden am Tag und 69 Stunden in der Woche arbeiten.
7. Alle Jugendlichen müssen bei Arbeitsantritt ihr Alter nachweisen und durch das Zeugnis eines Arztes belegen, daß sie die ihrem Alter gemäße "gewöhnliche Stärke" besitzen.
8. Bei 12stündiger Arbeit müssen mindestens 1 1/2 Stunden als Pause gewährt werden.
9. Für noch nicht 18jährige Personen ist die Nachtarbeit von 20.3o Uhr bis 5.3o Uhr verboten.
10. Die Wände der Fabrikräume sind jedes Jahr zu weißen.
11. Zur Aufsicht über die Vollziehung des Gesetzes und Anordnungen von Vollzugsbestimmungen werden 4 Fabrikinspektoren bestellt, denen die Befugnis zur Überprüfung der Fabriken, die Einrichtung der Schulen und die Entlassung von Lehrern zusteht.
12. Bei Übertretung der Vorschriften werden die Eltern der Fabrikkinder und die Fabrikanten bestraft. (5)

Es ist das Verdienst mehrerer in dieser Zeit erschienener Veröffentlichungen, die Entstehungsgeschichte des britischen Gesetzes weit über die Grenzen Englands hinaus bekannt gemacht zu ha-

---

4) Vgl. Bitzer, aaO S. 44 ff.

5) Vgl. Fabriksgesetze, 1869, S. 1 ff.; Weyer, 1888, S. 31 f; Thomas, 1948, S. 65.

ben. Hinzuweisen ist insoweit vor allem auf ein Buch des britischen Arztes Gaskell, der die Lage der Baumwollarbeiter eingehend untersucht hat, (6) und weiter auf einen vielbeachteten Reisebericht des Franzosen D'Haussez, der - auf amtliche Quellen gestützt - die von den Tories gegen die Fabrik-"Feudalität" erhobenen Vorwürfe besonders hervorgehoben hat. (7)

Wie sehr die englische Diskussion gerade in Deutschland Beachtung fand, dafür findet sich ein früher Beleg in den Parlamentsakten des Großherzogtums Hessen. In der ersten Kammer stand am 6. Mai 1833 ein Tierschutzgesetz zur Beratung, und diese Verhandlung nahm der hessische Staatsrat von Gagern zum Anlaß, um zuvor auf die Lage der englischen Fabrikkinder aufmerksam zu machen. (8) Gagern führte aus, daß das britische Parlament sich kürzlich mit der Kinderarbeit in der Industrie befaßt habe und daß dabei ein Sachverhalt aufgedeckt worden sei, der "an Grausamkeit und Härte alles übertreffe, was je vom Menschen dem Menschen zugefügt sei". Viele tausend Kinder würden bei eintönigster Tätigkeit vom frühen Morgen bis zum späten Abend in den Fabriken eingesperrt. Die Arbeit werde nur unterbrochen, wenn die Mahlzeiten eingenommen würden. Das aber sei eine Behandlung, die jeder Gesundheitsvorsorge und Menschlichkeit zuwiderlaufe; denn für die Fabrikkinder gebe es kein normales Wachstum, keine Welt der Ideen, keine Vielfalt der Gegenstände, keinerlei Freude, keine Spiele, keinen Umgang mit Eltern und Geschwistern, nichts, was das Dasein an Gutem bieten würde. Die Gefangenen, ja selbst die Sklaven hätten es noch besser, weil ihnen wenigstens die Erinnerung und die Hoffnung auf eine bessere Zukunft verbleiben würden. Die Fabrikkinder dagegen hätten nur das Gefühl des ständigen Zwanges, der ununterbrochenen Langeweile und, wenn das be-

---

6) Gaskell, 1833. Das Buch erwähnt die wesentlichen Auswirkungen der Fabrikarbeit auf die Gesundheit und die Moral der Kinder: die Frühreife aufgrund der Arbeitsbedingungen, den engen Kontakt der Geschlechter, die unmoralischen Beispiele (S. 68), die Verwahrlosung unter dem Einfluß der Aufseher, die zu frühe Verfügung über eigenes Geld, die fehlenden Beziehungen zu den Eltern (S. 92 ff.) und die Gesundheitsschädigungen (S. 188, 202, 259 ff.). Gaskell betonte, daß lesen und schreiben lernen nicht genüge, um die Verwilderung der Kinder aufzuhalten (S. 271), er meinte aber auch, daß, solange das Elternhaus keinen günstigen Einfluß auf die Kinder ausübe, die Arbeit in der Fabrik "nicht unbedingt als Übel angesehen" werden könne (S. 209, 270 ff.). - Der Geh. Reg.-rat Keller schrieb im Jahre 1834 an Altenstein, daß er sich vergeblich bemüht habe, das Buch Gaskells zu bekommen, vgl. A.M. 27, S. 39. Der wichtige Aufsatz Robert (von) Mohls in: AP Bd. 2, 1935, S. 141 beruht maßgeblich auf den Untersuchungen von Gaskell. Über Gaskell vgl. auch Engels, 1964, S. 132.

7) d'Haussez, 1833, S. 339 ff.: Die Kinder würden geschlagen, von den Maschinen verstümmelt, durch die Arbeit verkrüppelt, hätten nur 3 Stunden Nachtruhe usw.

8) Verhandlungen der ersten Kammer der Landstände des Großherzog-

schränkte Denken erwache, die Aussicht auf eine schlimmere Zukunft. Und das alles, damit die Kleiderstoffe um einige Pfennige billiger zu kaufen seien. Gagner appellierte an das englische Parlament, doch die teilnehmende Stimme des Auslandes nicht zu überhören und den in den Fabriken herrschenden Mißständen endlich abzuhelfen.

Tatsächlich wurde diese Mahnung, das sei noch mit erwähnt, in England auch beachtet. Eine "einflußreiche" (9) britische Zeitung wies im Juni 1833 auf die Äußerung Gagerns hin und forderte die Regierung auf, die hilflosen Kinder in den Fabriken zu schützen, wenn schon nicht aus Humanität, so doch um die englische Industrie vor dem Abscheu anderer Nationen zu bewahren und damit zu verhüten, daß die britischen Manufakturwaren in Deutschland boykottiert würden.

Gagern war damals in Deutschland nicht der einzige, der die Lebensbedingungen der englischen Fabrikkinder in der Öffentlichkeit angeklagt hat. Wenn man von Berufsgruppen ausgeht, so waren es zu dieser Zeit vor allem die Mediziner, die die Auswirkungen der Fabrikarbeit auf die Gesundheit der Arbeiter beachteten und in ihrem Schrifttum sich gegen die Kinderarbeit aussprachen. Dabei hat von Frorieps Zeitschrift "Notizen aus dem Gebiete der Natur- und Heilkunde" wohl den größten Einfluß ausgeübt. Froriep druckte Fachaufsätze ab, die sich auf englische Forschungsergebnisse stützten, so bereits im Jahre 1831 einen Aufsatz über die hohe Sterblichkeit in den englischen Fabrikstädten (10) und dann im Jahre 1833 einen vor der medizinischen Gesellschaft von Westminster gehaltenen Vortrag, der die gesundheitlichen Aspekte der Arbeit speziell in den Baumwollfabriken beleuchtete. (11) Froriep stellte diesen Untersuchungsbericht mit der Begründung vor, daß auch in Deutschland die Spinnmühlen immer zahlreicher würden und daß daher auch hier ähnliche die Gesundheit der Arbeiter gefährdende Mißbräuche einreißen könnten.

Dieser britische Bericht schilderte in aller Ausführlichkeit, welchen schädlichen Bedingungen die Fabrikkinder in den Baumwollspinnereien unterworfen waren: die hohe Temperatur bis zu 30 Grad Celsius, (12) das Fehlen der Frischluftzufuhr, die kümmerliche Beleuchtung bei der Arbeit, die staubige, durch Gase und verbrannten Tran verdorbene Atmosphäre, der ohrenbetäubende Lärm, die 14stündige Beschäftigung, das während der Arbeit hastig verschlungene Essen, das von Spinnabfällen verunreinigt sei, und der plötzliche Temperaturwechsel am Abend, wenn die Kinder nach der Hitze der Werkräume sich dem naßkalten engli-

---

thums Hessen im Jahre 1833, Protokolle, Darmstadt 1833, S. 242.

9) Zit. bei Ure, 1835, S. 262.

10) NH Bd. 30, 1831, S. 71 (nach F. Thackrah).

11) John Malye, Über die Arbeit in Fabriken, insbesondere der Spinnmühlen, in: NH Bd. 36, 1833, S. 151, vgl. auch Bd. 38, 1833, S. 335.

12) Etwa 85 Grad Fahrenheit.

schen Wetter aussetzen müßten. Die Folgen dieser nachteiligen Einflüsse, so führte der Arzt aus, seien auch für den mit den Fabrikverhältnissen nicht näher vertrauten Beobachter nicht zu übersehen: eine fahle Hautfarbe der Arbeiter, kraftlose Gesichtszüge und schwache, welke Muskeln - die Spinnarbeiter seien mit 40, spätestens 50 Lebensjahren arbeitsunfähig. Auch seien bestimmte Krankheiten und Entstellungen, die in dem geschwächten körperlichen Zustand ihre Ursache hätten, unter den Arbeitern sehr verbreitet: Drüsenschwellungen (Skrofeln) in allem Formen; auffallend häufig Verkrüppelungen, so Klumpfüße, Knochenverkrümmungen, Verdrehungen der Knöchel- und Kniegelenke; dann Rheumatismus; Leberkrankheiten; Verdauungsstörungen; Bronchialkatarrh und Schwindsucht. In welch großem Umfang die Fabriken die Sterblichkeit beeinflussen würden, betonte der Mediziner, könne man aus einer im Jahre 1832 dem englischen Unterhaus mitgeteilten Statistik ersehen, in der die Zahlen der vor dem 20. Lebensjahr eingetretenen Todesfälle, aufgeschlüsselt nach den verschiedenen Regionen Englands, miteinander verglichen wurden. In dem Ackerbaudistrikt Rutland liege dieser Bevölkerungsanteil bei 37,5 %, in London aber bereits bei 46 % und in den Manufakturgegenden bei 57 bis 62 %. Diese Ergebnisse sowie auch die vorzeitig eintretende Altersschwäche der Arbeiter würden sich nur durch die schädliche Wirkung der Fabrikarbeit erklären lassen.

Der englische Bericht hob weiter hervor, daß die Arbeit in den Spinnfabriken gerade für die Kinder besonders nachteilig sein müsse, weil eine Arbeitsform, bei der das 10jährige Kind ebensoviel zu leisten habe wie der 15jährige Jugendliche und der erwachsene Mann, nicht anders als widersinnig genannt werden könne. Da der Körper des jungen Menschen in seinen Ansprüchen von dem des Erwachsenen völlig verschieden sei, nämlich das Bedürfnis habe nach wechselnder Ablenkungen, viel Schlaf, häufigen Mahlzeiten, vor allem aber nach Bewegung in frischer Luft, müsse das anhaltende, über 12 Stunden lange Stehen in der Fabrik während der Zeit des Wachstums zwangsläufig zu Schmerzen und Gesundheitsschäden führen. Um diesen Preis aber, dem Leid der Fabrikkinder, werde der in den Fabriken geschaffene Reichtum zu teuer erkauft. Diesen Kindern gehe es, so schloß der Bericht, schlechter als den Negersklaven, die erst mit 14 Jahren arbeiten müßten und deren Arbeitstag nur 9 Stunden lang sei.

Froriep erwähnte später, (13) daß seine Mitteilungen, wie von ihm vor der Veröffentlichung schon vermutet, großes Interesse gefunden hätten, und in der Tat war die wachsende Anteilnahme an dem Problem der Kinderarbeit nicht zu übersehen. Der Mediziner Nicolai schrieb im Jahre 1835, es sei langsamer Mord, wenn bereits Kinder mit gesundheitsgefährdenden Arbeiten beschäftigt würden, (14) und nicht weniger entschieden war die Stellungnahme

---

13) v. Froriep, NNH Bd. 1, 1837, S. 281.
14) Nicolai, A.H., Grundriss der Sanitäts-Polizei, Th. 1, Berlin 1835, S. 632, 635.

des Arztes Casper, (15) ebenfalls im Jahre 1835: Die edelste Aufgabe der Medizin, so erklärte er, sei es, der Zeittendenz, schon die Kinder in der Industrie zu verwenden, entgegenzutreten. Auch Deutschland habe seine Manchester, Birmingham und Leeds, und daher müsse der deutsche Arzt die englischen Erfahrungen zur Kenntnis nehmen. Casper erwähnte in seinem Buch einen von Sadler im Jahre 1834 vor dem Parlament zitierten Untersuchungsbericht über 6 Spinnereien in Stockport, dessen Ergebnisse ihm eher zu einem Krankenhaus als zu normalen Fabrikationsstätten zu passen schienen. Von 824 in diesen Spinnereien beschäftigten Personen seien nur 183 gesund gewesen, 240 schwächlich, 258 krank, 43 stark verkrüppelt, weitere 100 hätten an geschwollenen Knien und Knöcheln gelitten und 37 an rachitischen Verkrümmungen. Casper beschrieb weiter auch die den Kindern zugemutete unmäßige Arbeitsdauer von morgens 6 bis abends 19 oder 20 Uhr, wobei dieser Werktag in Wahrheit noch ausgedehnter sei: Die Kinder müßten schon lange vor Tagesanbruch zur Fabrik gehen, weil sie zu Hause keine Uhren besäßen und manche Fabrikanten sich zudem nicht scheuen würden, "die Zeit zu ihrem Vorteil zu arrangieren". Diese Erwerbsarbeit der Kinder, so faßte Casper zusammen, sei ein Ausdruck der Nichtachtung des Menschen, der Habsucht von Barbaren, eine Mordtat, die das Gesetz nicht bestrafe.

Für die Verbreitung der englischen Erfahrungen sorgten neben Reisebeschreibungen (16) auch die deutschen Nationalökonomen, wenn auch nicht mit der inneren Anteilnahme, wie sie in den vorstehenden Zitaten zu spüren ist. Immerhin: Schon in dem historisch-statistischen Jahrbuch von 1834 erwähnte Friedrich Benedict Weber das "ganz besonders traurige Schicksal" der englischen Fabrikkinder, die, ohne Zeit für einen Schulbesuch zu haben, jeden Tag, den Sonntag ausgenommen, 10 bis 16 Stunden bei geringer Bezahlung meist stehend arbeiten müßten und regelmäßig ihr elendes Nachtlager aus Angst vor Schlägen noch weit vor Tagesanbruch verlassen würden, um nicht zu spät zur Arbeit zu kommen. (17) "Das Brot ist zu teuer", sage der Fabrikant und entschuldige damit seine Härte. Weber kommentierte diese Nachricht nur ganz knapp; die wenig später erschienenen Lehrbücher der Nationalökonomie aber zogen aus der englischen Diskussion doch schon gewisse Konsequenzen. Hier ist insbesondere der Volkswirtschaftler Schön zu erwähnen, der in seinem im Jahre 1835 erschienenen Buch der Kinderarbeit verhältnismäßig breiten Raum gewidmet hat. (18) Schön betonte, daß der geringe Lohn, für den Kinder zu mechanischen Arbeiten verwendet werden könnten, und ihr Geschick dabei, fast überall zu einem Mißbrauch führten, der der Gesundheit und der sittlichen Bildung schade. Der ungarische Bergmann nehme das vierjährige Kind mit in die Grube, wo es "sehr bald an Seele und Leib zum Kobolde" werde, und in

---

15) Casper, J.L., Die wahrscheinliche Lebensdauer des Menschen, Berlin 1835, S. 152 ff.
16) Vgl. v. Raumer, 1836, S. 434 ff.
17) Weber, 1834, S. 134.
18) Schön, 1835, S. 217 f.

England lasse man Kinder oft 14 Stunden lang in den Fabriken zum Schaden an ihrer körperlichen und geistigen Entwicklung arbeiten. Ärzte aus Manchester hätten im Jahre 1833 in einer Petition dargelegt, daß unter 50 Schülern auf dem Lande 31 völlig gesund, 18 ziemlich gesund und nur einer kränklich sei. Bei den Fabrikkindern dagegen: nur 18 gesund, 19 ziemlich gesund und 13 kränklich. Eine weitere Auswirkung der zu frühen Fabrikarbeit, so legte Schön dar, sei der mangelhafte Schulbesuch, der eine in England überall zu beobachtende Unmoral der Jugend verursacht habe. Unter diesen Bedingungen sei es nur zu begreiflich, daß in den britischen Gefängnissen eine ungewöhnlich große Anzahl jugendlicher Verbrecher säßen. Gegen die Verwendung der Kinder in den Fabriken spreche weiter aber auch die ungesunde Lohnstruktur, die in den Fabrikgegenden zu beobachten sei. Da in den englischen Baumwollmanufakturen etwa 60.000 Männer, 65.000 Frauen und 83.000 Kinder im Alter von 11 bis 13 Jahren beschäftigt seien, würden die jugendlichen Arbeiter notwendig den Verdienst der Erwachsenen drücken, und zur traurigen Regel könne es daher werden, daß eines Tages alle in den Fabriken Beschäftigten für einen Kinderlohn arbeiten müßten, der nicht mehr für den Unterhalt eines Menschen ausreiche. Um diesen Gefahren entgegenzuwirken, sprach Schön sich für ein allgemeines Gesetz zur Regelung der Kinderarbeit in den Fabriken aus, und diese Meinung wurde bei den Volkswirtschaftlern jetzt im Grundsatz wohl auch einhellig vertreten. (19)

Trotzdem: Für besonders dringlich hielt man ein Einschreiten des Gesetzgebers in Deutschland gleichwohl noch immer nicht. Selbst Schön, der die englischen Verhältnisse als warnendes Beispiel beschrieben hatte, meinte, in Preußen werde der Arbeitsschutz für die Jugendlichen durch den Schulzwang auf indirektem Wege gewährleistet. (20) Die Situation im Rheinland war ihm offenbar nicht bekannt geworden. Auch ein sächsischer Schriftsteller, Preusker, führte aus, daß man die Tage der deutschen Fabrikkinder keinesfalls mit dem traurigen Los der englischen gleichsetzen dürfe, (21) und bei solchen um Objektivität bemühten Feststellungen, die im Ergebnis ja auch sicherlich zutrafen, sah die herrschende Ansicht noch keinen Anlaß zur Besorgnis. Es waren noch immer erst einzelne Autoren, die sich mit der Frage auseinandersetzten, ob für die Fabriken in Deutschland "Regierungsmaßregeln" angebracht seien. Eine solche Sonderstellung nimmt Robert (von) Mohl ein, der im Jahre 1832 in seinem Polizeirecht für ein Arbeitsverbot bis zum 10. Jahr und für eine Beschränkung der Arbeitszeit auf einen halben Tag für die Jugendlichen bis zum 14. Lebensjahr eingetreten ist. (22) Ferner sind

19) Bülau, 1835, S. 45; vgl. Preusker, 1835, S. 34 ff.; Baumstark, 1835, S. 625; vgl. auch Arnd, 1835, S. 322 (Arnd trat für einen unentgeltlichen Unterricht für die "Eigentumslosen" ein, damit die Entstehung eines Proletariats vermieden würde.)
20) Schön, 1835, S. 218, Anm. 2.
21) Preusker, 1835, S. 34.
22) Mohl, Polizei-Wissenschaft, 1832, S. 154.

noch zwei in Sachsen erschienene Bücher von Bülau und dem schon genannten Preusker zu erwähnen, (23) die beide aus Anlaß der Schuldiskussion auch auf die Fabrikverhältnisse im eigenen Land näher eingingen und dabei die in den Tageszeitungen erörterten Beanstandungen einem größeren Publikum zugänglich machten: Manche sächsischen Fabrikanten, so heißt es hier, würden die Kinder auch am Sonntag beschäftigen, keine Arbeitspausen gewähren und die Kinder überanstrengen. Auch würden die Fabrikkinder verwahrlosen, weil der für sie eingerichtete Abendunterricht gänzlich unzulänglich sei.

Bemerkenswert ist, daß auch die überkommene Armenethik mit ihrer Arbeitserziehung in der Fabrik und ihrer Unterrichtsfeindlichkeit jetzt häufiger angegriffen wurde. Bülau bezeichnete es als kurzsichtig, die Kinder um ihrer bedürftigen Eltern und der Armenkasse willen zu früh aus der Schule zu entlassen, weil aus der Unwissenheit der Kinder der Allgemeinheit in der Regel später nur noch größere Lasten erwüchsen, (24) und in ähnlicher Weise wandte sich auch Preusker gegen die Auffassung, daß es ein Glück bedeute, wenn die Kinder in der Fabrik sich selbst ihr Brot verdienen und an Fleiß gewöhnt würden. (25) Nur durch eine Verlängerung des Schulbesuches, so meinte auch eine Hamburger Schrift, (26) könnten die Armenkinder zu Ordnung und Sparsamkeit erzogen werden.

Der mit Diesterweg befreundete Elberfelder Schulinspektor Wilberg versuchte, diesen Sachverhalt in einer im Jahre 1834 anonym veröffentlichten Broschüre des näheren zu begründen. (27) Wilberg gab zu bedenken, daß in den Manufakturstädten die schwächlichen Arbeiterkinder unter ungesunden Lebensbedingungen, in unordentlichen Wohnungen, in Schmutz und mit dem Beispiel steter Unsittlichkeit vor Augen aufwüchsen und daß viele dieser Kinder schon ab dem 6. Lebensjahr den ganzen Tag über arbeiten oder betteln gehen und die Schulen dann allenfalls nur noch kurz besuchen würden. Diese Jugendlichen würden ohne alle Erziehung ins Leben treten und sich für die Zukunft allein auf ihre Pfiffigkeit und die Armenanstalt verlassen. Welche weiteren Folgen sich aus einer solchen Entwicklung ergäben, dafür sei das beste Beispiel Großbritannien, das die Kinder wie Sklaven in den Manufakturen arbeiten lasse und ihnen dabei das Recht auf ein menschliches Leben, auf Erziehung und Unterricht gänzlich vorenthalte. Man schätze die Zahl der Kriminellen allein in London auf 50.000, in jedem Jahr müsse England ganze Schiffsladungen voll Verbrecher nach Australien schicken. Die britischen Armensteuer aber habe trotz zahlreicher privater Armenanstalten und Krankenhäuser eine höhere Summe erreicht als die

---

23) Bülau, 1835, S. 45, 103, 107; Preusker, 1835, S. 34 ff.
24) Bülau, aaO S. 107.
25) Preusker, aaO S. 34.
26) Beiträge, 1834, S. 49.
27) Ueber Armenwesen, Elberfeld 1834, S. 12 ff., 17 ff.; vgl. über Wilberg: Diesterweg, Werke, 1956, S. 593.

Gesamteinnahmen des preußischen Staates.

Deutschland müsse, wenn es nicht den gleichen Weg einschlagen wolle, seine Armenbetreuung von Grund auf verändern. Nicht nur für Kleidung und Ernährung, sondern auch für eine physische, religiöse und intellektuelle Bildung der Armenkinder müsse gesorgt werden. Die bisher üblichen Abendschulen seien für diesen Zweck völlig untauglich, meinte Wilberg. Denn selbst wenn durch einen Unterricht nach der Arbeit gewisse Fertigkeiten beigebracht würden, so werde jedenfalls das nicht erreicht, worauf es am meisten ankomme: in den Kindern den Willen zu wecken, ein nützliches und ehrliches Leben zu führen.

Um dieses Ziel zu verwirklichen, entwickelte der Elberfelder Pädagoge Vorschläge, die stark an das Schulprogramm Grashofs erinnern. Die Armenkinder sollten ab dem 5. Lebensjahr ununterbrochen in eine Schule gehen; kein Fabrikant sollte ein Kind unter 10 Jahren beschäftigen dürfen, damit es nicht siech und elend werde; und jedes Kind sollte den Unterricht vom 10. Lebensjahr an bis zur Konfirmation wenigstens während der Woche einen halben Tag sowie dann zur Wiederholung auch am Sonntag besuchen. Der Einwand, die Fabrikanten könnten die Kinder in dem vorgeschlagenen Umfang nicht entbehren, schrieb Wilberg, berechtige keinesfalls zu einer stärkeren Einschränkung der Schulpflichtigkeit. Man müsse doch auch fragen, wie denn die Armenkinder später einmal ihr Leben bestehen sollten, wenn sie, bloß um ein kümmerliches Brot zu verdienen, dazu verurteilt würden, aus Mangel an Erziehung zu verdummen und zu verwildern. Im übrigen würden sich aber auch noch genügend arbeitsfähige ältere Jugendliche für die Fabriken finden lassen.

Die noch jüngeren Kinder wollte Wilberg am besten gänzlich aus der Fabrik entfernt wissen. Den halben von der Schule nicht ausgefüllten Tag sollten die Kinder zwar auch arbeiten, soweit ihre Gesundheit dies zuließe; jedoch sollte bei der Auswahl des Arbeitsplatzes darauf geachtet werden, daß die Tätigkeit die Kinder befähige, später für sich selbst zu sorgen. Zur Entwicklung ihrer Fähigkeiten aber seien die gewöhnlichen Fabrikarbeiten nicht geeignet. Mädchen, die man bis zum 20. Lebensjahr in den Spinnereien mit Haspeln oder Spulen beschäftigt habe, seien dann, wenn nichts Schlimmeres, so doch regelmäßig schlechte Hausfrauen geworden. Die bittere Armut vieler Familien der Fabrikstädte beruhe zumeist auf der Unwissenheit und Ungeschicklichkeit der Frauen, die nicht gelernt hätten, in Ordnung, Sparsamkeit und unter ökonomischer Ausnutzung ihrer Zeit einen Haushalt zu führen. Andererseits fehle es auch nicht an Beispielen, daß man Männer, die dreißig Jahre in einer Fabrik treu gearbeitet hätten, bei Absatzschwierigkeiten entlassen habe und die dann der Armenanstalt zur Last gefallen seien, weil ihnen die für einen anderen Beruf notwendige Ausbildung gefehlt habe. Für die Beschäftigung der Armenkinder kämen daher letztlich nur handwerkliche Tätigkeiten sowie Garten- und Feldarbeiten in Betracht, und entsprechend eingerichtete Arbeitsschulen müßten vor allem in den Manufakturstädten angelegt werden.

Die Argumente, mit denen für die Fabrikkinder jetzt geworben wurde, waren nach alledem der humanitäre Aspekt und im Hinblick auf die Spätfolgen der Erwerbsarbeit der Kinder die Überlegung, daß die Armenpflege auf diese Einkommensquelle für die unbemittelten Familien letzten Endes auch im eigenen Interesse verzichten sollte. Es war aber doch sehr fraglich, ob sich diese Rechnung wirklich schlüssig aufmachen ließ. Gegen die Forderung nach dem Fabrikgesetz standen die Posten weitere Aufwendungen der Kommunen für die Armenfamilien, die schwer kalkulierbaren wirtschaftlichen Nachteile für die Fabriken und die auf die Industrie sich gründenden Wohlstandserwartungen der Allgemeinheit. Hatten diese Gesichtspunkte es zunächst schon erschwert, die nachteiligen Auswirkungen der Fabrikarbeit auf die Kinder überhaupt anzuerkennen, so standen sie auch jetzt noch, da die Gefahren der frühen Erwerbsarbeit im Prinzip wohl nicht mehr bezweifelt werden konnten, allen Lösungsvorschlägen entgegen. Es lag nahe, die Durchführung auch der als berechtigt angesehenen Reformvorschläge zu vertagen oder sie jedenfalls insoweit abzulehnen, als sie über einen minimalen Umfang hinausgingen. Die bessere Zukunft mochte vor dem Hintergrund der dürftigen Verhältnisse der Gegenwart dieses Opfer wert erscheinen lassen.Die oben dargestellten Verhandlungen Bodelschwinghs und die sächsische Schuldebatte zeigen deutlich den begrenzten Einfluß des englischen Schulgesetzes auch noch im Jahre 1835.

Ersichtlich genügte nicht schon die Einsicht in die Sachproblematik, um die maßgeblichen Gesellschaftsschichten zu angemessenen Zugeständnissen für die Fabrikkinder zu bewegen. Ein zusätzlicher Sachzwang war noch erforderlich, den in Deutschland die Erwerbsarbeit der Kinder jedoch nicht zu leisten vermochte, weil hier anders als in England ein massiver Notstand noch fehlte. Wenn es in der folgenden Zeit dann aber gleichwohl zu einem Arbeitsschutz gekommen ist, so hat diese Entwicklung mithin ein anderer Umstand erzwungen.

Die vorliegende Untersuchung sieht diese die Verhältnisse verändernde Kraft, wie oben schon kurz angesprochen, in den in der Gesellschaft verbreiteten Vorstellungen über Nutzen oder Schaden der Industrie. Nachdem diese einem Fabrikschutz zunächst entgegengestanden haben, haben sie später eine Schutzgesetzgebung in eben dem Maße gefördert, wie die Schattenseiten der Industrialisierung sichtbarer geworden sind. Die Beunruhigung, die das sich zum Negativen hin wandelnde Bild der Industrie erzeugte, ließ bei den die Fabriken verteidigenden Kreisen die Bereitschaft wachsen, die sich abzeichnenden Mängel abzustellen, um so einer Kritik den Boden zu entziehen. Den ernstesten Vorwurf aber, der gegen die Industrie erhoben werden konnte, bildeten die durch die dort übliche Kinderarbeit verursachten Schäden.

II. Die Bewertung der Fabrikindustrie in den dreißiger Jahren

1. Ausländische Kritik Anfang der dreißiger Jahre

Die optimistische Beurteilung der Industrie war in Deutschland bis etwa zur Mitte des vierten Jahrzehnts des 19. Jahrhunderts die ganz herrschende Meinung. Nur sehr langsam, ungefähr seit dem Jahre 1833, vollzog sich ein Wandel zu einer differenzierteren Bewertung. Die nie endenden Verhandlungen im englischen Parlament über die Kornzölle, (1) dann das Fabrikgesetz von 1833 und vor allem aber das Armengesetz von 1834 zeigten dem deutschen Beobachter mit hinreichender Deutlichkeit, daß die durch die industrielle Produktionsweise so weit überlegene britische Wirtschaft sich in einer schweren Strukturkrise befand. (2)

Was die Arbeiterverhältnisse betraf, so waren zweifellos die Hausgewerbetreibenden am härtesten betroffen; nur bei Mitarbeit aller Familienangehörigen vermochten sie sich noch die nackte Existenz zu sichern. Eine Prager Zeitschrift beschrieb im Jahre 1834 die Weber, denen man in den Londoner Straßen am Sonntag begegnen könne, als vom Aussehen mager, kränklich, zerlumpt und vorzeitig gealtert: Der 20jährige wirke schon wie 40 Jahre alt. Für gewöhnlich seien diese Menschen durch die Überanstrengung verkrüppelt und entstellt; (3) man sehe nur Bucklige oder Leute mit krummen Beinen, langen Armen und mit Köpfen, die auf die Brust herabhingen. Ein gerades Rückgrat, hieß es hier weiter, sei ein halbes Wunder, und ein Mann von fünf Fuß (4) gelte bereits als groß.

Die Berichte über die Fabrikarbeiter lauteten nicht weniger entmutigend. Der englische Arzt Gaskell schrieb in seiner im Jahre 1833 veröffentlichten Untersuchung über die Lage in der Textilindustrie, daß eine häßlichere Rasse als diese Menschen, die man mittags aus den Fabriktoren treten sehe, wohl nirgends zu finden sei: von kleiner Statur, blaß und abgemagert, mit verzogenen Beinen, dünnen Haaren und einer Haltung, aus der Erschöpfung und Niedergeschlagenheit sprächen. Rückgratverkrümmungen und Verwachsungen könne man vor allem bei den Arbeiterinnen feststellen; aber auch die Arbeiter seien verglichen mit den normalen Erscheinungen wahre Spottbilder des Mannes. (5) Erwähnt wurden jetzt auch wieder die gesundheitsschädlichen Arbeitsbedingungen in den großen Fabriken, in denen mitunter, so in einer Baumwollspinnerei in Manchester, mehrere tausend Menschen be-

---

1) Vgl. Faucher, Bd. 2, 1846, S. 256, 259.
2) Schön, Johann, Allgemeine Geschichte und Statistik der europäischen Civilisation, Leipzig 1833, S. 169 (in manchen Grafschaften 63 % Unterstützungsbedürftige), 173.
3) MGH Bd. 1, 1834, S. 127.
4) Etwa 1,67 m.
5) Gaskell, 1833, S. 161 ff.

schäftigt waren. (6) - Von Calais bis Moskau, so urteilte eine englische Zeitschrift, (7) könnten die Bauern und Handwerker sich durch ihre Tätigkeit mehr Annehmlichkeiten leisten als die Arbeiter in England, ganz gleich, wo sie auch beschäftigt seien.

Nun stand allerdings nicht fest, ob die Schilderungen der ungesunden Industriearbeit und erst recht der schlechten Einkommensverhältnisse der Fabrikarbeiter nicht stark übertrieben waren. Nach Gaskells Darstellung verdienten die in der Baumwollindustrie tätigen Arbeiter - anders als die selbständigen Handweber - in der Regel recht gut. (8) Die elende körperliche Verfassung der Arbeiter führte Gaskell denn auch nicht unmittelbar auf die berufliche Tätigkeit zurück, obwohl er nicht leugnete, daß diese im gewissen Umfang krankheitsfördernd war. Gaskell betonte aber, daß die extrem ungesunden Bedingungen früherer Jahre in den Fabriken nunmehr beseitigt worden seien, so daß die beruflichen Nachteile an sich schon ausgeglichen werden könnten, wenn nur die sonstigen Lebensbedingungen der Arbeiter einigermaßen normal wären. Aber gerade daran fehlte es nach Ansicht des englischen Arztes, für den die völlige Verwahrlosung und Demoralisierung die Ursachen bildeten, die die Menschen in den Städten zugrunde richteten. Die Arbeiter, so liest man bei Gaskell, lebten ähnlich den Wilden ohne Möbel und ohne sanitäre Anlagen in völlig verdreckten Wohnungen; viele besaßen noch nicht einmal eine solche Bleibe; allein in Manchester hausten 20.000 Menschen in den Kellerräumen. Die Fabrikbevölkerung kannte ferner keinerlei Familienleben; die Frauen waren vermännlicht, die Mütter kümmerten sich kaum um ihre Kinder und die Kinder sich nicht um ihre Eltern. Die freie Zeit am Abend verbrachten die Arbeiter - Männer, Frauen und Kinder - in den Kneipen, und am Sonntag war die Bevölkerung regelmäßig betrunken. Die Kinder aber hatten weder zu Hause positiv prägende Vorbilder vor Augen, noch wurden sie von ihren Eltern zu einer rechtlichen oder moralischen Haltung erzogen. Durch die verfrühte Erwerbsarbeit waren sie schließlich noch weiteren negativen Einflüssen ausgesetzt.

Eine Lösung für diese Probleme aber zeichnete sich nirgends ab. Obwohl Gaskell mit den bekannten Gründen dringend eine Einschränkung der Berufsarbeit der Kinder forderte, hielt er diese für eine gewisse Zeit am Tag in der Fabrik noch für besser aufgehoben als zu Hause, solange die völlig zerrütteten Familien-

---

6) Nach Weber, 1834, S. 134: 14stündige Arbeitszeit, eine halbe Stunde Pause zur "Teezeit", eine Temperatur gegen 24 Grad (Reaumur), ohne Frischluftzufuhr in den Räumen, ohne Gelegenheit, frisches Wasser zu trinken, in dem üblen Geruch der Gasdämpfe und Ausdünstungen und inmitten des sog. "Cattunstaubes". - Was die Arbeiter zum Leben brauchten, kauften sie sich aus Furcht, entlassen zu werden, in den Kramläden der Unternehmer, wie sie auch zu überhöhten Mieten in deren Arbeiterhäusern wohnen mußten.
7) Zitiert bei Weber, aaO S. 134.
8) Gaskell, 1833, S. 7, 240.

verhältnisse in den großen Städten vorherrschend seien. (9)

Die Auflösung der Familie hielt Gaskell für die Hauptwurzel der Verwahrlosung der Fabrikbevölkerung. Andere Ursachen für die Proletarisierung der Menschen, so legte Gaskell dar, waren die zeitweilige Arbeitslosigkeit und dann der Mietwucher sowie die Warenauslöhnung, die Methoden also, mit denen viele Fabrikanten ihre Arbeiter in einer Art Leibeigenschaft zur Fabrik hielten.

Daß diese Mißbräuche nicht unbeantwortet blieben, liegt auf der Hand. Sobald die Arbeiter sich ihrer Abhängigkeit bewußt wurden, verloren sie jedwedes Verständnis für Recht und Sitte und empfanden endlich nur noch Haß gegenüber den sie ausbeutenden Unternehmern. Gaskell warnte: Solange die Fabrikanten an ihrer Einstellung festhalten würden, ihre Arbeiter wie Automaten zu behandeln, seien die Industriestädte auf einem Vulkan angesiedelt, der sich jederzeit in einem Sklavenkrieg entladen könne. (10)

Hinweise, die in diese Richtung deuteten, gab es in der Tat. Die Textilarbeiter waren zum überwiegenden Teil in Gewerkschaften zusammengeschlossen, die immer wieder erbitterte Arbeitskämpfe austrugen. Diese Streiks und die dabei vorkommenden Ausschreitungen beschäftigten die englische Öffentlichkeit im hohen Maße und wurden auch in Deutschland, zumal nach der französischen Juli-Revolution von 1830 und der nachfolgenden Gärung im eigenen Lande, stark beachtet. In der "Anhäufung der an nichts gebundenen Proletairs", (11) die einen ständig zur Offensive bereiten Staat im Staate bilden würden, (12) sah man neben den Erwerbsverhältnissen das zweite große Gesellschaftsproblem Großbritanniens, zu dem als weiteres noch die ungelöste Frage der Armenversorgung trat. Die Armensteuer belief sich in England auf die für damalige Maßstäbe ungeheure Summe von 7 1/2 Millionen Pfund Sterling (13) oder 60 bis 80 Millionen Gulden (14) jährlich und erreichte damit die Höhe sämtlicher anderer Staatsausgaben Großbritanniens. Für die Zunahme der Armentaxe war aber nicht zuletzt die Tatsache verantwortlich, daß der Fabrikarbeiter nur zu häufig auf öffentliche Unterstützung angewiesen war. (15)

Wie England die Auswirkungen der industriellen Entwicklung meistern würde, war ein ungelöstes Problem, das sich noch zunehmend zu verschärfen drohte, weil die Städte immer weiterwuchsen. Mit-

9) Gaskell, aaO S. 209.
10) Gaskell, aaO S. 11, 317.
11) Vgl. Schön, 1835, S. 217.
12) Vgl. v. Lüttwitz, 1834, S. 6; d'Haussez, 1833, S. 345.
13) v. Lüttwitz, 1834, S. 22; vgl. auch Preusker, 1835, S. 36.
14) Miscellen aus der Fabrik- und Handelswelt, in: MGH Bd. 1, 1834, S. 125, 128.
15) Vgl. dazu Zachariä, Armenpflege in England, in: KZR Bd. 6, 1834, S. 273, 286.

te des 18. Jahrhunderts war jeder siebente Einwohner ein Arbeiter gewesen, im Jahre 1835 war es jeder dritte. (16) Deshalb meinten viele, daß sich allmählich ein Übergewicht der Besitzlosen herausbilden werde, (17) die bei Arbeitslosigkeit und Streiks wie auch aus politischen Gründen gefährlich werden könnten. (18) Bedenklich war aber auch die für die Zukunft zu erwartende gesamtwirtschaftliche Entwicklung. Im Jahre 1833 wurde geschätzt, (19) daß die hydraulischen Maschinen Englands 1.200.000 Menschen und die Dampfmaschinen 6.400.000 Menschen ersetzen würden. Nach einer zweiten Berechnung war das Produktionsergebnis des einzelnen Arbeiters in der Baumwollindustrie um das 266fache gesteigert worden. (20) Mit anderen Worten: 250.000 Beschäftigte erzielten hier ein Produktionsergebnis, für das man unter vorindustriellen Bedingungen 67 Millionen Arbeiter benötigt hätte. (21) Bei allem Stolz auf dieses Ergebnis überlegte man auch, was denn einmal geschehen solle, wenn die englischen Baumwollfabrikate nicht mehr den gewohnten Absatz finden würden, wenn etwa der Markt gesättigt wäre oder wenn andere Nationen eine konkurrenzfähige Industrie sich aufgebaut hätten. Die bange Frage war, wo die in den Fabriken dann überflüssigen Arbeiter, deren Arbeitsplätze der technische Fortschritt ohnehin ständig bedrohte, ihren Lebensunterhalt sich würden verdienen können. Gaskell sprach in seinem Buch diesen Aspekt kurz an, ohne einen Ausweg zu sehen. (22)

Das Bedrohliche der industriellen Produktionsweise kam indes nicht nur in der Entwicklung Großbritanniens zum Ausdruck; ein akutes Krisenbild vermittelte zu dieser Zeit auch Frankreich. Im Norden des Landes war unter dem Schutz Napoleons eine Baumwollindustrie entstanden, die seit Ende der zwanziger Jahre an Absatzschwierigkeiten litt. Unter der Bevölkerung dieser Fabrikgegenden war die Not besonders groß. Während im übrigen Frankreich in der Regel auf 20 Einwohner ein Unterstützungsbedürftiger kam, (23) lag das Verhältnis hier bei 8 zu 1 oder 6 zu 1. Dementsprechend heftig wurde auch um die wirtschaftlichen Fragen gestritten. In der französischen Volkswirtschaftslehre herrschte mit Say zwar die liberale Schule, gleichzeitig gab es auch eine von den Frühsozialisten bis hin zu den Konservativen reichende starke Opposition, die während der dreißiger Jahre die wissenschaftliche Kritik an der Industrie vor allem trug.

---

16) Schön, Johann, Allgemeine Geschichte...der europäischen Civilisation, Leipzig 1833, S. 173 (Schön gibt an, daß 1762 von 15 Millionen Einwohnern in England 2 Millionen Handarbeiter waren, während 1817 bei einer Gesamtbevölkerung von 20 Millionen die Zahl der Arbeiter 6 Millionen betrug.)
17) Vgl. Preusker, aaO S. 36.
18) Vgl. Preusker, aaO S. 33.
19) Schön, aaO S. 173.
20) Vgl. v. Raumer, 1836, S. 12.
21) In diese Berechnung ist offenbar auch die Hausindustrie mit einbezogen worden.
22) Gaskell, 1833, S. 337 ff.
23) IwK Bd. 2, 1835, S. 309.

Die sozialistischen Thesen, die erstmals während der französischen Revolution vertreten worden waren, wurden jetzt von den Schulen Saint-Simons und Fouriers von neuem propagiert. Beide Lehren wollten dem Proletariat, das heißt den nichtbesitzenden Schichten, zu einer materiellen Gleichberechtigung mit den Besitzenden verhelfen - dabei die Saint-Simonisten mittels einer totalen Eingliederung des Individuums in eine umfassende Organisation der Gesellschaft, während Fourier, der an den Ideen der Einzelpersönlichkeit und des Individualeigentums strikt festhielt, eine auf die Eigentums- und Arbeitsverhältnisse beschränkte neue gesetzliche Ordnung anstrebte. (24) Der letztere Gedanke fand einen gewissen Anklang, zumal zu dieser Zeit auch der britische Liberale Babbage sich zu dem Ideal einer Produktion durch Miteigentümer bekannte. (25) Gleichwohl steht aber außer Zweifel, daß die Frühsozialisten zu dieser Zeit nur eine recht geringe Beachtung in Deutschland gefunden hatten. (26)

Anders stand es dagegen mit dem schon früher erwähnten Schweizer Nationalökonomen Sismondi, der zum Kreis der anerkannten Wissenschaftler der Zeit gehörte und seine Warnungen jetzt noch schärfer formulierte als in den zwanziger Jahren. In einem im Jahre 1834 veröffentlichten Aufsatz findet sich seine Ansicht über die Entwicklung des Kapitalismus noch einmal in geraffter Form: Eine fortschreitende Konzentration des Kapitals, so heißt es hier, werde eintreten unter Vernichtung der Klein- und Mittelbetriebe und eine zunehmende Verelendung der arbeitenden Massen mit sich bringen. Besonders die Lage der Fabrikarbeiter werde sich immer weiter verschlechtern, weil diese nur einen kümmerlichen Anteil an dem von ihnen produzierten Wohlstand erhalten würden, gleichzeitig aber immer weniger in der Lage seien, ihre Interessen selbst zu wahren. (27) Um den unzureichenden Lohn müßten sie aber nicht nur mit den Unternehmern, sondern auch untereinander kämpfen. Die Folgen seien, daß es in dieser Bevölkerungsschicht zu Massenelend, Sittenverfall und Verbrechen kommen werde.

Überproduktion, wachsende Zahl der Armen, Entstehung einer kränklichen, unmoralischen Arbeiterschicht sowie ungleiche Gewinnverteilung waren auch die Argumente, die die französischen Konser-

---

24) Vgl. dazu Stein, 1842, S. 216, 269, 290; genossenschaftliche Betriebe.
25) Babbage, 1833, S. 265 ff.
26) Vgl. Mohl, AP Bd. 2, 1835, S. 198 f.; Zachariä, K.S., Abhandlungen aus dem Gebiethe der Staatswirthschaftslehre, Heidelberg 1835, S. 101 ff.; Schmidt, Gewerbe, 1838, S. 8 ff., 335 f., 346 ff. ("exaltierte Vorschläge"); Bülau, DVjS 1838, H. 1, S. 95 (unnatürliche "Träumereien"); Scheidler, 1838, Artikel 2, S. 7 (zitiert Schelling: "plumper Skandal des St. Simonismus").
27) Sismondi, Über den Länderreichtum, in: DN Jg. 1, Bd. 2, 1834, S. 929; derselbe, Das Schicksal der Arbeiter in den fabrikartigen Manufakturen, in: DN Jg. 2, Bd. 1, 1835, S. 85; vgl.

vativen de Villeneuve-Bargement (28) und de Morogues (29) gegen das Fabrikwesen vortrugen. Sie stimmten mit Sismondi darin überein, daß die Freiheit der Gewerbe nicht von allein zu einem Ausgleich der entgegengesetzten Interessen führe, sondern im Gegenteil zu deren Verschärfung und am Ende zu einer Zerstörung der Gesellschaftsordnung überhaupt. Wie Sismondi hielten die Konservativen daher gewisse nicht näher beschriebene Maßnahmen der Regierung zur Eigentumsverteilung für erforderlich, letztlich schienen sie aber wohl die weitere Industrialisierung schlechthin abzulehnen und zur Überwindung der bestehenden Armut allein die Gründung landwirtschaftlicher Siedlungen zu empfehlen.

Hervorzuheben ist, daß die Franzosen an die Regierung appellierten, mit Gesetzen das Prinzip der Laissez-faire einzuschränken, wenn nicht gar abzuschaffen. Ein solcher Vorschlag war aus englischer Sicht dagegen kaum diskutabel. In Großbritannien wurde allenfalls ein Jugendschutz und ein Truckverbot zur Verhütung von, wie es hieß, kriminellen Unrechts befürwortet, mehr aber nicht. (30)

Aufschlußreich ist, daß sogar der Mediziner Gaskell die Auffassung vertrat, gegen den Widerstand der Fabrikanten könnten Veränderungen nicht erzwungen werden. Gaskell empfahl statt dessen Maßnahmen der Unternehmer auf freiwilliger Grundlage und forderte die Fabrikanten dazu auf, Kindergärten und Schulen zu finanzieren und um eine gerechte Behandlung der Arbeiter sich zu bemühen. (31)

Die skeptische Beurteilung der der Regierung zu Gebote stehenden Möglichkeiten dürfte ihre Wurzel wohl in dem übergroßen Einfluß von Adam Smith, weiter in der geringen Bedeutung des Gesetzesgedankens in England sowie in dem Fehlen einer zentralistisch gelenkten inneren Verwaltung gehabt haben.

2. Die öffentliche Meinung in Deutschland Anfang der dreißiger Jahre

Für Deutschland war die um den Nutzen der Fabriken eröffnete Auseinandersetzung weithin nur theoretischer Natur, weil eine fortgeschrittene Industrie, wie England und Frankreich sie besaßen, hier noch fehlte. Auch ansonsten war die Wirtschaftslage, jedenfalls vorläufig noch, leidlich zufriedenstellend. Die

---

auch Mohl, AP Bd. 2, 1835, S. 188 m.w.N.; ferner Angermann, 1962, S. 218 ff.

28) Villeneuve-Bargemont, A. de, Economie politique chrétienne, 3 Bde., Paris 1834.

29) Morogues, M. de, Du Paupérisme, de la Mendicité, Paris 1834, S. 137 ff.

30) Babbage in: DN Jg. 2, Bd. 1, 1835. S. 185.

31) Gaskell, 1833, S. 318 ff., 342, 321.

Löhne standen zwar niedrig, (1) und das von der Fabrik bedrohte Hausgewerbe mußte auch bereits um den angestammten Absatz kämpfen, jedoch konnte von einer tiefer greifenden Existenzkrise noch keine Rede sein. (2) In der öffentlichen Diskussion um die sogenannte Pauperismusfrage, dem Problem der allgemeinen Verarmung, nahm die Industrialiserung Deutschlands daher auch noch keinen breiten Raum ein. Ganz bezeichnend hierfür sind Umfrageergebnisse, welche die königliche Akademie für gemeinnützige Wissenschaften in Erfurt bei einem Preisausschreiben über die Armutsfrage im Jahre 1835 erhalten hat. (3) Die Antworten bestätigten überwiegend die Zunahme der Armut und sahen die Ursachen dafür in den Nachwirkungen der Kriege, in den veralteten Rechtseinrichtungen, ferner in den bestehenden Zoll- und Steuersystemen, in der Bevölkerungsvermehrung, den gestiegenen Bedürfnissen der unteren Schichten sowie in Arbeitsscheu und Müßiggang der Armen. Die Mitglieder der Akademie selbst neigten freilich mehr dazu, die verbreitete Meinung vom abnehmenden Wohlstand auch darauf zurückzuführen, daß im freien Wettbewerb die Untüchtigen "zurückbleibend aus den Reihen" treten würden. (4) Die Fabriken und Maschinen dagegen wurden für die wirtschaftlichen Verhältnisse in Deutschland noch nicht verantwortlich gemacht; mehrere Einsender erwähnten sie zwar, aber letztlich doch nur am Rande.

3. Inländische Kritik Anfang der dreißiger Jahre

Zu der beschriebenen Auffassung paßt, daß die Abneigung gegen die Industrie - wie es scheint - bei den gebildeten Schichten mitunter weniger auf der Sachproblematik sich gründete als auf einer beschaulichen, an den bestehenden Zuständen festhaltenden Weltanschauung, die sich von dem herrschenden Materialismus abgestoßen fühlte und diesen in der am Begriff des Reichtums orientierten Volkswirtschaftslehre und in der Industrie verkörpert sah. "Ob der materielle Wohlstand ... mit völliger Außerachtlassung jener höheren, moralischen Welt ... die wahre Aufgabe des Menschengeschlechts sei, wird von den Aposteln des Industrialismus nicht gehörig erörtert", liest man in einer Zeitschrift vom Jahre 1837, (1) und ähnliche Bemerkungen finden sich auch schon früher. (2) Diese Einstellung der Wirtschaft und der Technik gegenüber war eng verwandt mit einer romantischen Auffassung, die gegenüber den "Maschinenstätten", der darin wirkenden "Weltkraft Geld", der "mathematischen Berechnung menschlichen Fleißes" und der "Verdrängung lebendiger Mittel durch tote" einen tiefen

---

1) v. Lüttwitz, 1834, S. 13 (mit Angaben über den Haushalt der Tagelöhner).
2) Vgl. Schmoller, 1870, S. 67 f.
3) Vgl. Kuczynski, Umfrage, 1960, S. 109 ff.
4) Kuczynski, aaO S. 153.

---

1) JL Bd. 77, 1837, S. 193 Anm.
2) DN Jg. 2, Bd. 1, 1835, S. 194 u. 200; vgl. auch: Der Zeitgeist oder das Geld, Dortmund 1834, S. 48 f.

Widerwillen empfand. (3)

Damit ist freilich erst ein Teil der die Fabriken ablehnenden Öffentlichkeit gekennzeichnet. Andere, beunruhigt durch die "in neuerer Zeit so schauderhaft treu entworfenen Gemälde" britischer Fabrikstädte, (4) beschworen auch 1834, genau wie schon in früheren Jahren, die von der Industrialisierung verursachte Not: daß die Männer, Frauen und Kinder bei geringem Verdienst sich zerarbeiten würden; daß deren Schicksal vom kalten Verkehr, von der Spekulation entschieden werde und wie sonst die schon genannten Gesichtspunkte lauteten. (5) Einen neuen Akzent besaß diese Kritik an den Fabriken gleichwohl: Die Technik wurde in der Literatur jetzt als ein "Factum" akzeptiert und ein Maschinenverbot nicht mehr erwogen. (6) Damit mußte die öffentliche Diskussion sich zwangsläufig dem Denkansatz Sismondis nähern, nämlich die Frage aufgreifen, mit welchen Mitteln bei einer fortschreitenden Technisierung die nachteiligen Auswirkungen der Fabriken vermieden werden könnten.

Ein beachtlicher Einbruch in die Front der Smithianer gelang nunmehr sogar bei den Staatswirtschaftlern. Der süddeutsche Li-

---

3) Immermann, aus dessen Roman "Die Epigonen" (Th. 3, Düsseldorf 1836, S. 35 ff.) die zitierten Formulierungen entnommen sind, vergleicht an dieser Stelle auch die Arbeiter in der Landwirtschaft mit denen der Fabriken und der Hausindustrie. Hinter den Pflügen beobachtete er Gesichter, die "von Wohlsein strotzten", dagegen waren für ihn "die Genossen bei Feuer und Erz und hinter dem Webstuhle" durch eingefallene Wangen und hohle Augen gekennzeichnet. Nicht nur sich selbst hätten die Arbeiter "den Keim des Todes eingeimpft", schrieb Immermann, sondern auch ihren Kindern, "die bleich und aufgedunsen auf Wegen und Stegen herumkriechen" würden.
Immermann beklagte ferner den Verfall der zwischenmenschlichen Beziehungen unter der Fabrikbevölkerung, die Zunahme der Kriminalität wie auch überhaupt den abstoßenden Lebensstil der Arbeiter, in dem der Sinn für Schönheit ganz fehle. Nur die Stunde - "die Glocke" - regiere, dies auch bei den gemeinsamen Mahlzeiten, bei denen keiner auf den andern warte, vielmehr jeder "nach englischer Manier" zulange, wie es ihm beliebe.
Die "tätige Gegenwart" der Fabrikwelt war für Immermann eine "dumpfe und niederdrückende Wirklichkeit"; sein abschließendes Urteil: "Wenn diese Bestrebungen weiter um sich (greifen), so (ist) es in ihrem Umkreise um alles getan, weswegen ein Mensch, der nicht rechnet, leben mag."
4) Beiträge, 1834, S. 85; Vgl. auch: Ueber Armenwesen, Elberfeld 1834, S. 14.
5) Vgl. (Bülau? in:) DV 1834, Nr. 64, S. 263 u. Nr. 76, S. 314; MGH Bd. 1, 1834, S. 125, 127 f.; Beiträge, 1834, S. 85; v. Rotteck, Politik, 1835, S. 180 ff.; Bülau, 1835, S. 288 f.; für die Jahre davor: Weber, Friedr. Benedict, Blicke in die Zeit, Berlin 1830, S. 526 f.
6) Kolb, 1837, S. 56; Bülau, 1835, S. 289.

berale von Rotteck schrieb im Jahre 1835, daß der Gewerbefreiheit, wie jeder andern auch, Grenzen gezogen werden müßten; noch seien, fügte er hinzu, die Akten über die dabei anstehenden Probleme nicht geschlossen. (7) Und auch der liberale Volkswirtschaftler Bülau riet vorsichtig zu einer indirekt steuernden Wirtschaftspolitik: Die Arbeitsplätze sollten vermehrt und dadurch die Löhne erhöht werden: "Von dem Wertvollerwerden der Arbeit muß die Rettung ausgehen." Bülau selbst setzte - wohl in Anlehnung an Babbage - darauf, daß sich langfristig eine neue Ordnung der Gewerbe herausbilden werde, bei der das "Assoziationsprinzip" im Mittelpunkt stehe; die Fabrik sollte dabei als Aktiengesellschaft unter Beteiligung auch der Belegschaft betrieben werden, so daß der Verdienst der Arbeiter letztlich in einem steten Verhältnis zum Unternehmergewinn sich halten würde. (8)

Wesentlich weiter gingen aber schon die Armenrechtler, die von den Segnungen der Gewerbefreiheit häufig nur sehr wenig hielten. (9) Der Hamburger Godeffroy im Jahre 1834: Da den Arbeitern nicht Almosen, sondern eine angemessene Bezahlung zustünden, das System der freien Arbeit sie aber unfehlbar der "zernichtenden Ausbeutung" durch den Lohnherrn preisgebe, müsse an die Stelle dieses Systems das Prinzip einer väterlichen Bevormundung durch die Obrigkeit treten: Alle Gewerbe, auch der Fabrikbetrieb, sollten zunftmäßig gestellt werden. Das Verhältnis zwischen dem Lohnherrn und dem Arbeiter müsse staatlich geregelt und der Arbeiter außerdem in seiner Dispositionsbefugnis, namentlich in ökonomischer Hinsicht, eingeschränkt werden. Was diese Einschränkungen angeht, so schlug Godeffroy vor, daß ein Teil des Arbeitslohnes in Zwangssparkassen zur Deckung der Risiken von Krankheit und Alter abgeführt und der Armenstand zu sparsamer Lebensführung erzogen werden sollte. (10)

Eine weitere Hamburger Schrift, (11) im Jahre 1834 von Wohlwill anonym veröffentlicht, (12) verfolgte einen dritten Weg zwischen den nur indirekten Maßnahmen, wie sie Bülau befürwortete, und

---

7) v. Rotteck, aaO S. 180 f.
8) DV 1834, S. 264, 315; Bülau, 1835, S. 288.
9) v. Lüttwitz, 1834, S. 4 (de facto seien durch die Gewerbefreiheit mehr Monopole geschaffen worden als de jure aufgehoben).
10) Neben der Pflicht zur Benutzung der vom Staat angebotenen Bildungsmittel dachte God. an eine Beschränkung der "Gelegenheit zum Bösen": Der Besuch von Gasthäusern, Tanzveranstaltungen, Spielhäusern usw. sollte polizeilich eingeschränkt werden, vgl. Godeffroy, zit. n. der 2. Aufl., 1836, S. 20, 30 ff., 40. Vgl. auch die noch weiter gehenden Gesetzesvorstellungen des preuß. Generals v. Boyen (im Jahre 1832/33) mit den Vorschlägen: Wohnungsfürsorge, 6 Monate Kündigungsfrist, Zwangssparen, Kinderarbeitsschutz, korporative Vertretung der Arbeiter, bei Meinecke, 1899, S. 432.
11) Beiträge, 1834, S. 38 ff., 85, 90.
12) Vgl. Teuteberg, 1961, S. 19.

der totalen Reglementierung, für die Godeffroy sich aussprach. Mit dem letzteren war sich Wohlwill in dem Punkte einig, daß der Staat das Verhältnis zwischen Fabrikant und Arbeiter gesetzlich ordnen sollte, weil es eine schreiende, nicht zu duldende Ungerechtigkeit sei, allein dem Unternehmer nahezu allen aus den Fabrikbetrieb erzielten Gewinn zufließen zu lassen. Wenn der unbescholtene Arbeiter von dem Ertrag seiner Tätigkeit menschlich leben wolle, so erwarte er keine Almosen, sondern Gerechtigkeit. Wohlwill empfahl aber nicht die Einrichtung einer Zunftordnung, sondern die Schaffung einer schiedsgerichtlichen Behörde, die sich aus Fabrikanten, Arbeitern und Honoratioren zusammensetzen müsse. (13) Dieses Selbstverwaltungsorgan, von Wohlwill Ausgleichungskommission genannt, sollte die Aufgabe übernehmen, den Lohn der Arbeiter im Verhältnis zu den Lebensmittelpreisen und dem Gewinn der Fabrikanten mit Wirkung für einen bestimmten Zeitraum obrigkeitlich anzuordnen, wie ja auch bei Ärzten und Rechtsanwälten die Gebühren von Staats wegen festgesetzt würden. Im übrigen aber sollten Gewerbefreiheit und natürliche Freiheit des Arbeiters bestehen bleiben. Ein erzwungener Sparpfennig, so meinte Wohlwill gegen Godeffroy, sei ebenso verwerflich wie die Nötigung Erwachsener, die Bildungseinrichtungen zu benutzen. Einen Schulbesuch dürfe der Staat allein von der Jugend verlangen.

4. Die herrschende volkswirtschaftliche Lehrmeinung um 1835

Die neue Welle antiliberaler Wirtschaftskritik war noch weit davon entfernt, die öffentliche Meinung in Deutschland umschlagen zu lassen. Großbritannien erlebte in den Jahren 1834 bis 1836 einen beispiellosen Wirtschaftsaufschwung, (1) bei dem sowohl die Produktion als auch die Arbeitslöhne stark anstiegen, während die Getreidepreise sich so niedrig hielten wie seit Jahrzehnten nicht. Im Mittelpunkt des Interesses standen in Deutschland nach wie vor diejenigen Autoren, die Gegenwart und Zukunft mit dem gewohnten liberalen Optimismus ausmalten, indem sie die nicht bestreitbaren Vorteile der Industrie besonders betonten: das reiche und billige Warenangebot, das es ohne die Technik nicht geben konnte, und die in den Fabriken neu geschaffenen Arbeitsplätze. Die Klagen über die nachteiligen Auswirkungen der Industrie wurden von diesen Schriftstellern neben den positiven Seiten des technischen Fortschritts entweder überhaupt nicht erwähnt oder als übertrieben bezeichnet oder aber als Übergangsschwierigkeiten abgetan. (2) Der Engländer Baines beispielswei-

13) Beiträge, 1834, S. 39, 90.

1) Rodbertus, 1. Brief, 1850, S. 33 ff., 36 f. Im Jahre 1826 gab es in den englischen Baumwollfabriken 40.000 Dampfwebstühle, 1835 waren es 110.000. Der Wert des Exports nach Amerika nahm von 1830 bis 1836 von 6 Mill. auf 12,5 Mill. Pfd. Sterling zu. Manche Gewerbezweige, so die Weberei, konnten sich allerdings nicht verbessern.
2) (In den Übersetzungen:) Babbage, 1833 (London 1832);

se schrieb, es sei keinerlei Grund gegeben, der die Unglücksprophezeiungen über einen künftigen Handelskrieg zwischen den entwickelteren Industrienationen rechtfertigen könne. (3) Die Vorherrschaft Englands werde weiterhin bestehen bleiben, und auch die gegenwärtige Lage biete für pessimistische Prognosen keinen Anlaß; über die Industrie seien insoweit unzählige unwahre Angaben im Publikum verbreitet worden. Dabei räumte Baines zwar ein, daß es den Handwebern oft sehr schlecht gehe, doch sah er die Ursachen für deren mitunter sehr traurige Lage nicht in der fabrikmäßigen Produktion, sondern in dem nicht marktgerechten Verhalten der Gewerbetreibenden oder in äußeren Einflüssen: dem Verlust des amerikanischen Absatzmarktes, dann dem Umstand, daß schon Kinder den Beruf der Hausweber ausüben könnten, sowie der Tatsache, daß viele an einen kümmerlichen Lebensstandard gewöhnte Irländer eingewandert seien und die Löhne in England herabgedrückt hätten. Den Arbeitern in den Baumwollfabriken dagegen, so behauptete Baines, gehe es so gut wie noch nie zuvor. Ihr Lohn habe zwar nicht mehr die frühere Höhe, doch seien die Lebensmittelpreise im Verhältnis noch mehr zurückgegangen. Wenn manche Familien ins Elend gekommen seien, so aus Leichtsinn und Verschwendungssucht; auch hätten gewisse physische und moralische Schäden, die unter der Fabrikbevölkerung beobachtet worden seien, ihre Wurzel nicht in der Fabrikarbeit, sondern in den Einflüssen der Großstädte. Aber auch hier müsse man das Günstige sehen. Infolge der in der Stadt gebotenen Informationsmittel, Zeitungen usw., habe der Bildungsstand der Fabrikarbeiter ein viel höheres Niveau als das der Bevölkerung, die einer ländlichen Erwerbstätigkeit nachgehe. Notwendig sei sicherlich eine Verbesserung des Erziehungssystems, um die Moralität unter den Arbeitern zu heben. Doch maß Baines auch diesem Problem keine überragende Bedeutung zu. Da sich viele Fabrikanten für Schulen einsetzen würden, meinte er, werde auch der Fabrikarbeiter in moralischer Hinsicht binnen kurzem eine höhere Stufe erreichen können.

Bei dieser Art, die Dinge zu betrachten, verflüchtigten sich die dunklen Aspekte, die andere Autoren als typisch für die Industrie feststellen wollten. Das gilt sogar für den seit vielen Jahren erörterten und - wie es schien - doch auch belegten Vorwurf des Mißbrauchs der Fabrikkinder. Baines mochte zwar nicht bestreiten, daß es zu Auswüchsen gekommen war, jedoch habe es sich dabei, so fügte er hinzu, um Einzelfälle gehandelt, die immer die Ausnahme geblieben seien. (4) Außerdem müsse man beachten, daß es immer Kinder gebe, die wegen einer angeborenen

---

MacCulloch /J.R./, Ueber Handel und Handelsfreiheit, dt. v. J. Gambihler, Nürnberg 1834 (London 1831), S. 82 f. u. Handbuch für Kaufleute, Suppl.-Bd., Lief. 1, Aachen-Glasgow, Stuttg. u. Tüb. 1835 (London 1834), S. 88; vgl. dazu Mohl, AP Bd. 2, 1835, S. 190 ff.

3) Baines, E., Geschichte der brittischen Baumwollenmanufactur, dt. v. Chr. Bernoulli, Stuttg. u. Tüb. 1836 (London 1835), S. 178 ff., 197, 201 ff., 209 ff.

4) Baines, aaO S. 188 ff.

Kränklichkeit nun einmal nicht alt würden, ganz gleich, welchen Beruf sie auch ausüben könnten. Die Arbeit gerade in den Spinnereien sei ganz und gar nicht anstrengend. Die Luft in der Fabrik könne zwar den Körper ein wenig schwächlich machen, selten aber ein bedeutenderes Übel erzeugen. Mit dem Baumwollstaub habe es die gleiche Bewandtnis. Letztlich entscheidend sei, daß die Dampfmaschine dem Menschen die meiste Arbeit abnehme, so daß die Kinder während der zwölfstündigen Arbeitszeit praktisch nur drei Stunden wirklich arbeiten müßten. - Baines teilte dazu medizinische Erfahrungsberichte mit, deren Inhalt den früheren ärztlichen Feststellungen völlig zuwiderliefen und die das Urteil stützen sollten, daß die Sterblichkeit unter den Fabrikkindern nicht größer sei als die anderer Kinder und daß die Fabrikkinder wohl weniger kräftig als die Jugend auf dem Lande würden, daß sie sich aber in nichts von den Kindern unterscheiden könnten, die in der Stadt andere Beschäftigungen aufgenommen hätten.

Diese die Fabrikarbeit fast unbedenklich findende Darstellung wurde nur noch einmal übertroffen, nämlich von dem im Jahre 1835 erschienenen Buch des britischen Naturwissenschaftlers Ure, der sich im Interesse der Baumwollindustrie nach Kräften bemüht hat, das Fabrikgesetz von 1833 als verfehlt erscheinen zu lassen. (5) Das Parlament sollte bestimmt werden, einige der Schutzvorschriften noch vor dem Jahre 1836, dem Zeitpunkt des endgültigen Inkrafttretens des Gesetzes, wieder aufzuheben. Ure behauptete, daß die von Sadler im Unterhaus vorgetragenen Anklagen gegen die Industrie Märchen und Verleumdungen gewesen seien, von den Gewerkschaften nur erfunden, um die Aufmerksamkeit der Öffentlichkeit auf sich zu ziehen und die Fabrikanten zu Lohnerhöhungen zu zwingen. (6) Die Berichte des Parlamentsausschusses aus dem Jahre 1833 nannte Ure romanhafte Darstellungen; den vom Ausschuß vernommenen Zeugen sprach er entweder die nötige Sachkompetenz ab, oder er nannte sie kriminell und "atheistisch"; oder er warf ihnen vor, Mißbräuche erwähnt zu haben, die schon zwanzig oder dreißig Jahre zurücklägen. Einzelne Mißhandlungen der Kinder räumte Ure zwar ebenso wie Baines ein, doch erklärte er die Arbeiter als dafür allein verantwortlich, weil sie es seien, die die Kinder als Hilfskräfte anstellen würden. Die Fabrikanten hätten auf die Behandlung der Hilfsarbeiter keinen Einfluß. Ure zitierte weiter Zeugenaussagen jüngeren Datums, in denen die Fabrikarbeit als ganz unbedenklich geschildert wurde, darunter den Bericht eines, wie Ure meinte, glaubwürdigen Fabrikanten, der behauptet habe, daß eine 12- bis 14stündige Tätigkeit in der Fabrik der Gesundheit und dem Wachstum zehnjähriger Kinder nicht nachteilig sei, wenn diese nur gut zu essen erhalten würden, und ferner, daß Mädchen, die mit 10 Jahren die Arbeit in der Baumwollfabrik begonnen hätten, geschickter und gesünder seien als

---

5) Ure,A., Das Fabrikwesen in wissenschaftlicher, moralischer und commerzieller Hinsicht. Aus dem Englischen von A. Diezmann, Leipzig 1835 (London 1835).

6) Ure, aaO S. 257 ff., 266.

diejenigen, die erst mit 13 oder 16 Jahren die Fabrikarbeit aufgenommen hätten. (7) Ein Sir David Barry habe die Häufigkeit von Fußverbildungen überprüft und bei 111 Mädchen, die seit ihrem 10. Lebensjahr in den Fabriken stehend gearbeitet hätten, keinen einzigen Fall einer Fußverformung gefunden. Dieser Zeuge habe ermittelt, daß die Mädchen, die am längsten in der Fabrik gearbeitet hätten, oft sogar die schönsten Füße besäßen. (8) - Es kann nicht verwundern, daß die Industrie in der Beschreibung Ures bereits idyllische Züge annahm. Die Fabrikmädchen, älter geworden, so liest man bei ihm, würden heiraten, ihre Kinder würden in hübschen Wohnungen aufwachsen, und diese Familien fänden in der Fabrik ihr gutes Auskommen; die Kinder aber würden die Fabrikarbeit als ein Glück ansehen. Und auch Ärzte hätten erklärt, daß die in den Tuchfabriken beschäftigten Erwachsenen kräftige, muskulöse und gesunde Menschen seien, die, wenn sie nur ordentlich und mäßig leben würden, ein hohes Alter erreichen könnten. (9) Die Arbeiter sähen zwar blaß aus, aber das sei kein Zeichen körperlicher Schwäche. Einige Ärzte hätten betont, daß sich die Gesundheit der Bevölkerung mit der Ausbreitung der Fabriken sogar verbessert habe.

Ure ergänzte diese Urteile mit seinen eigenen Beobachtungen: Er habe viele Fabriken besichtigt, in denen Tausende alter und junger Menschen, die unfähig gewesen seien, andere Arbeiten zu verrichten, ihr Brot sich verdienen würden, und zwar ohne auch nur einen Schweißtropfen zu verlieren: in der Fabrik vor der Hitze des Sommers und der Kälte des Winters geschützt; in Sälen, gesünder noch als die Räume der Hauptstadt, in denen die Aristokratie sich zusammenfinde. Eine Verkrüppelung des Geistes und des Körpers habe es nur in vergangenen Zeiten gegeben, bevor die Maschinen den Menschen die Arbeit abgenommen hätten. (10) Demgemäß behauptete Ure, daß die Kinder in den vielen von ihm besuchten Fabriken munter ausgesehen und Vergnügen an ihrer leichten Beschäftigung gefunden hätten. Die Kinder hätten auch bei Arbeitsende keinerlei Ermüdung gezeigt, sondern seien sogleich auf den nahen Spielplatz gelaufen - erschöpft seien die Fabrikkinder nur nach den Feiertagen gewesen. (11) In den Fabriken würde die Jugend sogar gesünder aufwachsen, als wenn sie zu Hause bliebe. Schlecht gehe es den Kindern allein in der Landwirtschaft und allenfalls in den veralteten Kleinbetrieben, aber auch in diesen könnten die bestehenden Mängel in absehbarer Zeit abgestellt werden. (12)

Soweit Ures Darstellung der gesundheitlichen Seite der Fabrikarbeit. Seine Stellungnahme zur Frage des Unterrichtes für die Fabrikkinder fiel ganz ähnlich aus. Das englische Fabrikgesetz be-

---

7) AaO S. 338 ff.
8) AaO S. 340 ff.
9) AaO S. 342 ff.
10) Ure, aaO S. 16, 21, 268.
11) AaO S. 305.
12) AaO S. 309.

stimmte, jedes noch nicht 13jährige Kind habe bei Strafe der Entlassung aus der Fabrik am Beginn der Woche eine Bescheinigung vorzulegen, daß es in der Woche zuvor einen Schulunterricht von mindestens zwei Stunden täglich besucht habe. Ure nannte diese Vorschrift absurd und despotisch. Da es kaum Schulen gebe, in denen die Kinder am frühen Morgen oder spät abends unterrichtet werden könnten, müßten sie um des Schulbesuchs willen überhaupt aus der Arbeit entlassen werden, (13) eine Auffassung, die übrigens auch Baines vertrat. (14) Die Kinder würden aus den warmen Spinnereien hinaus in die kalte Welt gestoßen, um in Faulheit und Laster von Bettelei oder Raub zu leben. Für die mit dem Gesetz verfolgte Absicht, die Fabrikanten für eine Unterstützung der Schulen zu gewinnen, hatte Ure ersichtlich kein Verständnis. Der Volksbildung schien er überhaupt wenig Bedeutung beizumessen. Er habe eine Fabrikschule besucht, so berichtete er, an der die Kinder an drei Abenden in der Woche einen Unterricht erhalten würden. Die dort gesehenen Leistungen seien völlig zufriedenstellend gewesen, und die Kinder hätten mit hellen Augen ihrem Lehrer zugehört. (15)

Die hier genannten Bücher von Babbage, Baines, MacCulloch und Ure sind sämtlich ins Deutsche übertragen worden, womit eigentlich schon gesagt ist, welche Meinung bei den Staatswirtschaftlern vorherrschend war. Von Bülau und Rotteck abgesehen, sah die Wissenschaft die industrielle Entwicklung noch immer als wenig problematisch an - sie folgte in der Deutung des Sachverhaltes der Auffassung der Engländer und lehnte die Kritik der Franzosen ab. (16) Hermann, einer der bedeutenden Nationalökonomen Deutschlands zu dieser Zeit, (17) bezeichnete die Ansicht, daß die Fabrikanten einen Teil ihres Gewinnes an die Arbeiter weitergeben sollten, als eine gegenüber den direkten Maßnahmen in der Revolution bloß modifizierte Beraubung. (18) Jene Meinungen, wonach jeder ein Recht darauf habe, von seiner Arbeit zu leben

---

13) AaO S. 351 f.
14) Baines, aaO S. 199 f.
15) Ure, aaO S. 308.
16) Vgl. Arnd, 1835, S. 321; Morstadt in: DN Jg. 2, Bd. 1, 1835, S. 1 ff.; Preusker, 1835, S. 36 ff. (abwägend); Rivet in: AP Bd. 3, 1838, H. 2, 1837, S. 173 ff., (S. 197: "Man kann ... nicht spazierengehen, ohne die Schuhe schmutzig zu machen"); Schmidt, Untersuchungen, 1836, S. 203, 223, 279 ff., 291 f.; Schön, 1835, S. 57 ff.; Ueber Maschinenwesen im Allgemeinen und insbesondere in Böhmen, in: MGH Bd. 1, 1835, S. 511 ff. (2. Teil nach Ure). Vgl. auch die optimistische Beurteilung bei v. Raumer, 1836, S. 1 ff., 354 ff. - auszugsweise ("Von Staumer" zugeschrieben) in: MGH Bd. 2, 1836, S. 124 ff.
17) Vgl. das Urteil Raus über Hermann in: AP Bd. 1, 1835, S. 20.
18) Hermann, F.B.W., in: JwK Bd. 2, 1835, S. 290 ff.; GA Bd. 1, 1835. S. 67.

und die Fabrikanten die Arbeiter ausbeuten würden, seien gefährliche Irrlehren, in denen Villeneuve und Morogues mit den Anhängern Fouriers und St. Simons übereinstimmen würden. Ganz absurd sei es zu behaupten, der Arbeiter werde von den Fabrikanten bezahlt, denn in Wahrheit entscheide der Verbraucher über die Höhe des Lohnes, den der Kapitalist nur in der Erwartung vorschieße, er werde ihn vom Käufer zurückerhalten. Dabei räumte Hermann zwar auch ein, daß der Fabrikant die Arbeiter benachteiligen könne, indem er ihnen einen Teil jenes Unterhaltes abdrücke, der für den normalen Lebensbedarf erforderlich sei. (19) Eine Verantwortlichkeit des Fabrikanten für den Arbeiter anzunehmen, hielt Hermann aber trotzdem nicht für angemessen, denn seiner Meinung nach gab der Unternehmer den unberechtigt einbehaltenen Lohnteil in Form von niedrigen Preisen wieder an den Verbraucher weiter, weswegen der Konsument, dem die Lohnschmälerung somit von Nutzen sei, dem Arbeiter auch den entzogenen Einkommensteil ersetzen sollte. Hermann dürfte hierbei an die in England übliche Armenpraxis gedacht haben, bei der die Gemeinden einen über die Armensteuer gespeisten Lohnzuschuß aufbrachten, um dem Arbeiter ein Mindesteinkommen zu garantieren. (20) Zur Stützung seiner Ansicht schob Hermann dann noch ein zweites Argument nach, das auf der liberalen Lohntheorie aufgebaut war: Eine Kürzung des Verdienstes, schrieb er, sei im übrigen auch selten, falls nicht ein Überangebot an Arbeitskräften bestehe. Komme es aber zu einem solchen übermäßigen Andrang, so treffe die Arbeiter letztlich selbst die Schuld daran.

Es ist nicht zu übersehen, daß Hermann bei seinem Gedankengang von Modellen des Marktes und der Arbeitswelt ausging, die vielleicht für die Deutung der handwerklichen Verhältnisse ihren Sinn haben mochten, aber für die Erklärung der Industriestruktur unbrauchbar sein mußten, weil sie die fehlenden Ausweichmöglichkeiten der Fabrikarbeiter und damit die beherrschende Rolle des Großkapitals unberücksichtigt ließen.

Daß das liberale Prinzip auch für die Fabrik sich eignen und die dagegen sprechenden Erfahrungen trügen würden, diese Hoffnung hegten jedoch auch die andern deutschen Volkswirtschaftler. Die erste Autorität unter ihnen, Rau, sprach sich im Jahre 1834 mit aller Entschiedenheit gegen die Argumente Sismondis aus, dem er zwar die Sorge um die arbeitende Klasse hoch anrechnete, dessen Bedenken er aber durch die "ausgezeichneten" Schriftsteller Babbage und Brougham für vollständig widerlegt hielt. (21) Rau setzte darauf, daß der wachsende Wohlstand letzten Endes sich in der ganzen Gesellschaft verbreiten und daß

---

19) Nach liberaler Lehre sollte sich der Lohn nach dem Gesetz von Angebot und Nachfrage auf eine angemessene Höhe einspielen, vgl. dazu: Schmalz (R.T.A.H.), Staatswirthschaftslehre in Briefen an einen teutschen Erbprinzen, Th.1, Berlin 1818, S. 124, 129.
20) Zachariä, KZR Bd. 6, 1834, S. 273.
21) Rau in: AP Bd. 1, 1835 (Heft 1, 1834), S. 1 ff., 30 ff.

auch England seine wirtschaftlichen Schwierigkeiten schon noch überwinden werde. Bei "groß angelegten Veranstaltungen", bemerkte Rau, würden sich gewisse Benachteiligungen einzelner Bürger nicht immer vermeiden lassen. Man müsse aber auch Umfang und Dauer dieser Übelstände mit den Zielen vergleichen. Insbesondere Brougham habe überzeugend begründet, daß die Vorteile des Maschinenwesens gegenüber den Nachteilen, auf die Sismondi und andere hinweisen würden, "unendlich überwiegend" seien. Die Regierungen dürften sich durch vorübergehende Klagen nicht zu einseitigen Maßnahmen bestimmen lassen.

5. Die Aufsätze v. Baaders und Mohls im Jahre 1835

Obwohl die Nationalökonomen in Deutschland sich somit fast geschlossen vor die Industrie gestellt hatten, war die Angelegenheit noch nicht endgültig erledigt. Im Gegenteil, das Jahr 1835 brachte eine noch verschärfte Kritik, wozu insbesondere ein Aufsatz zu zählen ist, den der in katholischen Kreisen sehr einflußreiche Philosoph Franz von Baader unter dem Titel "Über das dermalige Mißverhältnis der Vermögenslosen oder Proletairs" veröffentlichte. (1) Baader kritisierte die liberale Wirtschaftsverfassung mit an Sismondi erinnernden Gedankengängen, in denen er darlegte, daß der "bei weitem größte Teil unserer Nationen" aufgrund der wirtschaftlichen Übermacht des Kapitals in einem Zustand der "sozialen Vogelfreiheit" sich befinde, die grausamer und unmenschlicher sei als die im Namen des Liberalismus abgeschaffte Hörigkeit. (2) Die Zivilisation der wenigen werde mit der Brutalität der vielen erkauft. Ein Blick auf den Abgrund des physischen und moralischen Elends in England und Frankreich zeige, wie weit man sich dem alten inhumanen Sklaventum bereits wieder genähert habe.

Baader trat der von den Regierungen befürworteten liberalen Wirtschaftspolitik entgegen, indem er daran erinnerte, daß der Staat nicht nur das billige Produzieren zu unterstützen habe; auch die Sorge für das "Gut-Lohnen" der Arbeit gehöre mit zu den Staatszwecken, da dem arbeitenden Menschen ein Recht auf seine "Quote" zustehe.

Diese an sich nicht neuen Thesen gewannen bei Baader ein beson-

---

1) Über das dermalige Mißverhältnis der Vermögenslosen oder Proletairs zu den Vermögen besitzenden Klassen der Sozietät in Betreff ihres Auskommens sowohl in materieller als intellektueller Hinsicht aus dem Standpunkte des Rechts betrachtet, München 1835, in: Franz von Baader's sämtliche Werke, hrsg. v. Franz Hoffmann, Hauptabth. 1, Bd. 6, Leipzig 1854, S. 125. - Vgl. dazu Angermann, 1962, S. 264 ff.

2) Ersichtlich meinte Baader damit nicht allein nur die Fabrikarbeiter, sondern die Mehrheit der in abhängiger Arbeit stehenden Bevölkerung, also insbesondere auch die Hausgewerbetreibenden.

deres Gewicht, weil er sie mit einem anderen wichtigen Zeitproblem, der ungelösten Verfassungsfrage, in Beziehung setzte. Gleich zu Anfang seines Aufsatzes führte Baaader aus, daß die tiefer liegende Wurzel der "krankhaften Revolutionierbarkeit" der Zeit keineswegs, wie noch allgemein geglaubt werde, in einer weitverbreiteten Ablehnung der bestehenden Regierungsformen zu suchen sei. Der wahre Grund liege vielmehr in der tiefen Kluft zwischen dem großen Vermögen der Reichen und dem geringen Einkommen der Armen, die auch noch den größten Teil der Steuerlast zu tragen hätten. Der Proletarier hänge "weder mit seinem Herzen noch mit seinem Magen, weder durch Pflicht noch Ehre" an der bestehenden Verfassung, und daher bilde die arbeitende Volksklasse gleichsam eine beständig verfügbare Armee, deren sich der Revolutionismus in seinen Angriffen auf die gesellschaftliche Ordnung ungehindert bedienen könne. (3)

Daß Mißverhältnis in der Vermögensverteilung, so mahnte Baader, sei nicht nur eine Wohltätigkeits- und Polizeifrage, sondern eine "Rechtsanstalt", denn der Proletarier habe einen Rechtsanspruch auf Erleichterung seines Lebens. Um einer Revolution zuvorzukommen, gelte es dringend, die "Proletairs" in die Gesellschaft einzugliedern. Auf dieses große Problem, schrieb Baader, wolle er das Interesse der Rechtskundigen lenken, wobei er seine Überlegungen mit einem eigenen Vorschlag abschloß, der darauf abzielte, den fehlenden politischen Einfluß der unteren Schichten und die dadurch bedingte Gleichgültigkeit dem Staat gegenüber wenigstens teilweise aufzuheben. Damit die besitzlosen Klassen, die in den Ständeversammlungen nicht vertreten waren, dort wenigstens ihre Bitten und Beschwerden vortragen könnten, sollten sie nach Baaders Ansicht in legalen, unter Aufsicht und Leitung des Staates stehenden Assoziationen sich organisieren und Spruchmänner wählen können, denen zur Unterstützung Geistliche als Anwälte beizuordnen wären.

Über die Bedeutung des Aufsatzes wird man kaum streiten können, denn die Öffentlichkeit und die Regierung waren durch die Revolution von 1830 und die seitdem sich wiederholenden Zwischenfälle sowohl in Frankreich (4) als auch in Deutschland (5) im starken Maße beunruhigt. Daher mußte auch die Pauperismusfrage - mit diesen Ereignissen in Verbindung gebracht - zu einem Politikum werden. Baaders Verdienst war es, auf die aus der liberalen Wirtschaftsverfassung und dem Fabrikbetrieb der Gesellschaft drohenden Gefahren nachdrücklich hingewiesen zu haben.

Eine praktische Lösung speziell für die Industrieproblematik hat

---

3) Vgl. den verwandten Gedanken bei d'Haussez, 1833, S. 345.
4) In Lyon und Paris, 1831, 1832, 1834, vgl. Stein, 1842, S. 386 ff.
5) Z.B. Hambacher Fest, 27. Mai 1832 und Frankfurter Attentat, 3. Apr. 1833; im Rheinland (in Aachen, Elberfeld u. im bergischen Land) kam es 1830 zu Arbeitertumulten; gegen die Fabrikanten gerichtete "Arbeitermeetings" 1836 auch in Belgien,

Baader selbst noch nicht entwickelt. Dies versuchte jedoch - ebenfalls im Jahre 1835 - der Süddeutsche Robert (von) Mohl mit seinem Aufsatz: (6) "Über die Nachteile, welche sowohl den Arbeitern selbst als dem Wohlstande und der Sicherheit der gesamten bürgerlichen Gesellschaft von dem fabrikmäßigen Betriebe der Industrie zugehen, und über die Notwendigkeit gründlicher Vorbeugungsmittel."

Bei dieser Untersuchung handelt es sich um die mit Abstand wichtigste Veröffentlichung über das Fabrikarbeiterproblem, die für den hier behandelten Zeitraum überhaupt erwähnt werden kann.

Mohl hatte die einschlägigen Nachrichten aus der englischen Literatur zusammengetragen - dabei vor allem das Buch Gaskells ausgewertet (7) - und seine Auszüge unter dem Aspekt geordnet, welche Rolle der Industriearbeiter unter der Geltung des herrschenden unbeschränkten Wirtschaftsliberalismus einnehme und inwieweit dieses System geändert werden müsse. Der Sache kam zugute, daß Mohl als öffentlich-rechtlicher Professor und Fachmann namentlich des Polizeirechts sehr viel unbefangener an sein Thema heranging als die bei ähnlichen Erörterungen leicht zum Moralisieren neigenden Armenwissenschaftler oder die die liberale Lehre ohne Abstriche verteidigenden Nationalökonomen. Mohl gelang es hierbei, indem er den Zustand der Fabrikbevökerung als das Ergebnis strukturbedingter Gesetzmäßigkeiten deutete, in aller Klarheit die Risiken aufzuzeigen, die die Industrialisierung für den einzelnen und die Gesellschaft mit sich brachte. Die herausragende Bedeutung von Mohls Aufsatz lag aber nicht in dieser die an sich bekannten Feststellungen schärfer und vertiefter sehenden Kritik. Wichtiger noch waren die auf der Untersuchung aufbauenden Vorschläge, mit denen Mohl über den Weg der Umgestaltung der Rechtsordnung eine umfassende Lösung der sozialen Frage vorgetragen und damit die Gesetzgebung späterer Jahrzehnte in den Grundzügen theoretisch vorweggenommen hat. Davon im einzelnen:
Mohl erörterte zunächst in dem die gesellschaftliche Lage des Fabrikarbeiters darstellenden ersten Teil seines Aufsatzes, in welche wirtschaftliche Situation das sich ausbreitende Fabrikwesen den Arbeiter stelle, wie dessen moralische und physische Verfassung unter den Bedingungen des reinen Kapitalismus sich entwickele, welche politische Haltung der Arbeiter unter diesen Produktionsverhältnissen einnehme und endlich, welche Folgen für die Gesellschaft und Staat aus dieser Wandlung der Arbeitswelt entstünden. Dabei kam Mohl zu folgender Analyse:
Die Einführung der Maschinen beseitigt einen Großteil der vorindustriellen Arbeitsplätze und bringt somit zumindest für Übergangszeiten, die sich aber wiederholen, Armut und Elend mit sich. Höchst zweifelhaft ist, ob die brotlos gewordenen Kleingewerbetreibenden und Handwerker tatsächlich diejenigen sind,

---

vgl. Hansen, Bd. 1, 1906, S. 90, 174.
6) Mohl, AP Bd. 2, 1835, S. 141. Vgl. dazu Angermann, 1962, S. 224 ff.
7) Gaskell, 1833.

welche die von der Industrie neu geschaffenen Berufe ergreifen.

Aber abgesehen von den Auswirkungen der Technisierung auf andere Gewerbezweige, ist auch die wirtschaftliche Stellung des Fabrikarbeiters selbst kaum günstiger. Ihn charakterisiert, daß er sein ganzes Leben lang ein zum Vorteil anderer, meist bei bescheidenem Verdienst arbeitender Tagelöhner ist, der weder genügend Geld noch die notwendigen Kenntnisse besitzt, um sich selbstständig zu machen. Im Handwerk gibt es Aufstiegsmöglichkeiten, der Fabrikarbeiter dagegen bleibt "ein Knecht, wie Ixiom an sein Rad geschmiedet". Die Lage des Arbeiters bestimmt eine übergroße Abhängigkeit, die auf dem Mangel an Arbeitsgelegenheiten beruht und weiter darauf, daß der Arbeiter sich ohne die Maschine, die ihm nicht gehört, in seinem Beruf den Lebensunterhalt nicht verdienen kann. Da der Arbeiter auch keine Ersparnisse besitzt, muß er notgedrungen kümmerliche Löhne hinnehmen und eine mitunter bis zur äußersten Ermüdung ausgedehnte Arbeitszeit von 16 bis 18 Stunden am Tag. Unabhängig von solchen Mißbräuchen aber ist für die ökonomische Situation des Arbeiters kennzeichnend, wiederum im Unterschied zu der aller anderen Gewerbetreibenden, daß er sein Schicksal im wesentlichen nicht selbst in der Hand hat, sondern auch bei aller Gewissenhaftigkeit sein Einkommen verlieren kann, weil er völlig vom Willen und der zufälligen Tüchtigkeit des Fabrikanten abhängt, wobei der letztere bei einem Zusammenbruch seines Unternehmens regelmäßig einen Teil seines Vermögens zu retten vermag, während der Arbeiter dann mittellos dasteht.

Schon diese gefährdete, keine Aussicht auf eine Verbesserung bietende normale Situation kann die oft beschriebene sittliche Zerrüttung des Arbeiters erklären. Wo eigene Anstrengungen nichts verbessern, muß Mutlosigkeit einkehren und Haß gegen diejenigen entstehen, die ein für den Arbeiter unerreichbares Vermögen besitzen, was vor allem für die Unternehmer gilt. Aber noch demoralisierender wirkt sich die Zerstörung des Familienlebens aus. Die Tätigkeit des Fabrikarbeiters bedingt, daß Mann und Frau sich den Tag über außerhalb des Hauses aufhalten, weswegen ein Zusammenleben der Familie nicht mehr stattfindet. Übermäßiger Branntweinkonsum kommt hinzu. Bei der großen beruflichen Anspannung und der Öde dieses Lebens ist nur zu verständlich, daß die Fabrikarbeiterfamilie Betäubung im Alkohol sucht, um "sich einen frohen Mut vorzulügen". Ein die sittliche Kraft der Arbeiterbevölkerung zersetzender Einfluß ergibt sich aber auch noch aus anderen Gründen, so den sexuellen Ausschweifungen, die bei den geschilderten Lebensumständen nicht ausbleiben können, und vor allem der Verwahrlosung der nachfolgenden Generationen. Diese wachsen ohne alle Erziehung auf; die Kinderarbeit begünstigt eine Frühreife und führt die Geschlechter in den Fabriken zusammen; die Jugend besitzt keine Vorbilder; ihr steht das Beispiel sexueller Verwilderung ständig vor Augen; der den Kindern zugängliche Alkohol baut verbliebene Hemmungen ab und ebenso die beengten Wohnungen, in denen Erwachsene und Kinder in denselben Räumen übernachten. Sitte und Moral werden weiter auch noch durch die Verbitterung zersetzt, die der Unternehmer bei den Arbeitern schürt, indem er seine wirtschaftliche Übermacht mißbraucht und die Fabrikarbeiter sowohl bei ihrer Berufstätigkeit ausbeutet als ihnen auch schlechte, ungesunde, überteuerte Unterkünfte sowie minderwertige Waren zu Überpreisen in seinen Läden aufdrängt und ihnen oft auch noch den kärglichen Verdienst mit den in der Fabrik hergestellten und nur schwer, unter Verlust weiterzuverkaufenden Produkten auszahlt. Eine letzte demoralisierende Ursache hängt wieder mittelbar mit der wirtschaftlichen Situation des Arbeiters zusammen. Die Tatsache, daß jede Absatzstockung die Arbeiter zu Unterstützungsempfängern herabwürdigt, die von öffentlichen Almosen leben, muß gleichfalls das Empfinden für Anstand und Ehre zerstören. Hat der moralische Verfall aber erst Teile der Fabrikbevölkerung ergriffen, dann breitet er sich, gleichsam ansteckend, rasch weiter aus, weil sich die Fabrikbevölkerung regelmäßig in großen Orten zusammenballt.

Die beschriebenen Einflüsse wirken aber auch auf die körperliche Verfassung des Fabrikarbeiters zerstörend ein. Schlechte Ernährung, übermäßiger Alkoholgenuß, sexuelle Ausschweifungen, die Erschöpfung durch die lange Arbeitszeit, die Hitze in den Fabrikräumen, die unreine Luft, die berufliche Überanstrengung schon der Kinder und weiter auch die Verletzungen, die die Arbeiter, zumal wenn sie übermüdet sind, sich bei der Bedienung der Maschinen zuziehen - diese Lebensbedingungen müssen zwangsläufig eine körperlich verkümmerte und kränkliche Bevölkerungsschicht hervorbringen.

Die Einstellung des Fabrikarbeiters zu der Gesellschaft, in der er lebt, ist nach alledem die des armen und moralisch heruntergekommenen Menschen, den der Neid beherrscht, der sich von den Fabrikanten ausgebeutet fühlt und jede Änderung des gesellschaftlichen Zustandes begrüßt. Die Form der Verfassung aber und die Leistungsfähigkeit der Verwaltung haben auf diese Stimmung keinen direkten Einfluß, können jedoch den Anlaß zu Unruhen unter den Arbeitern bilden, wenn andere gesellschaftliche Gruppen gegen die bestehende Rechtsordnung sich wenden. Da diese die Fabrikanten schützt, muß sie eben darum den Fabrikarbeitern verhaßt sein.

Aus den zunächst nur die Arbeiter treffenden Nachteilen ergeben sich drei auch die Allgemeinheit unmittelbar betreffende Folgen, nämlich Auswirkungen auf die Armenpflege, auf die Privatrechtsordnung und ferner auf den Bestand des Staates selbst.

Die Armenpolizei, die traditionellerweise mit der Aufgabe betraut ist, bei den den einzelnen treffenden Notlagen Unterstützungen zu leisten, sieht sich infolge der Industrialisierung einer völlig veränderten Problematik gegenüber. Nunmehr sind es Tausende oder gar Millionen Fälle, in denen geholfen werden muß; und diese Hilfeleistung wird nicht ausnahmsweise nötig, sondern ist im Leben des Fabrikarbeiters etwas ganz Normales. Da er aufgrund seines geringen Lohnes nicht in der Lage ist, Ersparnisse zu bilden, muß die Armenpolizei nicht mehr allein den Arbeiter bei Krankheit und sonstiger Arbeitsunfähigkeit unterstützen, sondern oft auch dessen Familienmitglieder unterhalten, so die Waisenkinder bei Todesfällen, die Frauen im Kindbett und die Angehörigen bei einem Krankenhausaufenthalt. Neben diese die Leistungsfähigkeit der Armenpflege schon aufs äußerste anspannende Inanspruchnahme tritt nun noch eine weitere, zwar vorübergehende, dafür aber um so größere Belastung im Falle der Arbeitslosigkeit - wenn der Einsatz von Maschinen einen Teil der Handarbeit entbehrlich macht oder wenn infolge einer Absatzstockung oder im Konkurrenzkampf ganze Fabriken oder Fabrikationszweige stillgelegt werden. Mit der herkömmlichen Finanzierung sind die dann anfallenden Ausgaben nicht mehr zu decken, so daß neue Steuern eingeführt werden müssen.

Auch die Privatrechtsordnung wird von dieser Veränderung betroffen. Wie sich aus den Statistiken Englands und Frankreichs ergibt, sind die Eigentumsdelikte in allen gewerbereichen Bezirken zahlenmäßig höher als in den Ackerbaugegenden. (8) Nicht abzusehen wäre die Gefahr jedoch für die Besitzverhältnisse überhaupt, wenn die Masse der an einzelnen Orten zusammengedrängt lebenden Fabrikarbeiter für den Kommunismus gewonnen werden könnte, denn in diesem Fall wäre ein Krieg der Armen gegen die Reichen unausweichlich. Jede weitere Ausdehnung der Industrie aber muß eine solche Möglichkeit wahrscheinlicher machen, weil im gleichen Maße der Mittelstand zurückgeht und die Zahl der bettelhaften und hoffnungslosen Proletarier sich vermehrt.

Für die Sicherheit des Staates ist diese Entwicklung um so bedrohlicher, als ein direkter Angriff nicht nur auf das Privateigentum zu fürchten ist: Im Kriegsfall wird der Staat in der ärmlichen, entsittlichten Fabrikbevölkerung nur noch geringe Unterstützung finden, und auch im Frieden ist die Aufrechterhaltung der Ordnung erschwert, weil die Geltung der Gesetze erschüttert ist und weil jede politische Opposition in der Arbeiterschaft einen Verbündeten gewinnen kann. Sowohl die Übertragung politischer Rechte auf die Bevölkerung als auch die Einleitung sonstiger Reformen muß wegen des Risikos, daß die feindselige Stimmung im Volk in offenen Aufruhr umschlagen könnte, bedenklich erscheinen.

Mohl malte die Zukunft in den dunkelsten Farben. Da die Industrie in allen zivilisierten Ländern sich immer stärker ausbreite, werde die beschriebene Bedrohung immer näher rücken, und dies auch in Deutschland, das mit der Bildung des Zollvereins diese Umwälzung der Wirtschaft nunmehr beschleunigt habe. Gelänge es nicht, wirksame Vorbeugungsmittel zu finden, so werde Europa zwangsläufig in eine Situation geraten wie das römische Reich durch den Sklavenaufstand und Deutschland durch den Bauernkrieg. Diese Entwicklung könne nur dann noch abgewendet werden, wenn nicht einzelne Symptome geheilt, sondern die Wurzeln des Übels herausgerissen würden. Das aber könne nur durch eine

---

8) Mohl stützte sich vor allem auf Aufstellungen, die Morogues veröffentlicht hat, vgl. AP Bd. 2, 1835, S. 155 f.

wesentliche Änderung der sozialen Ordnung geschehen.

Die Überlegungen zu der Frage, welche Reformen notwendig würden, begann Mohl damit, daß er sich mit den gängigen, vornehmlich von der Volkswirtschaftslehre vorgestellten Auffassungen auseinandersetzte. Zunächst verwarf er als völlig verfehlt die liberale Lehrmeinung, wonach der Arbeiter sich bei absoluter Gewerbefreiheit am besten stehe. Mohl wandte hiergegen ein, daß der Usprung des Übels dabei überhaupt nicht erkannt werde, denn die gewerbliche Freiheit habe ja gerade das Fabrikwesen hervorgebracht und somit auch die beschriebenen Mißstände. Mohl scheute sich auch nicht, in aller Deutlichkeit gegen die vielgerühmten englischen Schriftsteller Brougham, Babbage und vor allem Ure Stellung zu nehmen. Wer wie Ure behaupte, schrieb Mohl, daß eine zwölfstündige Arbeit einem achtjährigen Kind nicht schaden könne, wer es weiter auszusprechen wage, daß der Besuch einer von einem Arbeiter gehaltenen Sonntagsschule die Fabrikkinder zu lauter Tugendbildern mache, der sei von vornherein einer Beachtung nicht wert.

Als für die Lösung des Arbeiterproblems unbrauchbar verwarf Mohl dann auch die Vorschläge, die nur einzelne Folgen der Industrialisierung mit Gegenmaßnahmen aufzuheben versuchten, so etwa die oft empfohlene Verbesserung des Schulunterrichts. Eine gute Schulbildung sei sicherlich für die Arbeiter und ihre Kinder wichtig, aber nur träumerische Gutmütlinge, schrieb Mohl, könnten hoffen, daß unter den gegebenen ungünstigen Lebensumständen der Elementarunterricht eine durchgreifende sittliche Besserung ganzer Bevölkerungsgruppen erreichen könne. Und selbst wenn diese Volkserziehung zu positiven Ergebnissen führen würde, so habe sich doch damit nichts an der wirtschaftlichen Stellung des Arbeiters geändert. An eben diesem Mangel kranke der ganze Plan. Nicht ein Zuwenig an Intelligenz sei es doch, sondern hauptsächlich das fehlende Kapital, weswegen der Arbeiter zu einem bloßen Zubehör der Maschine herabgewürdigt werde. Und eben diese materielle Lage könne auch nicht durch die Beschränkung der Kinderarbeit, so notwendig diese auch sei, entscheidend verbessert werden. Das gleiche gelte auch für das Konzept, die Arbeiter an Sparkassen oder Versicherungen zu beteiligen, oder die Bestrebungen, das Heiraten der Arbeiter zu erschweren oder ihnen ein Stück Land zu verschaffen. Solche Bemühungen seien zwar geeignet, zur Linderung der Notlage unter den Fabrikarbeitern beizutragen, könnten aber nicht die radikale Hilfe bringen, die gebraucht werde. Diese Mittel würden häufig schon in der Armenpflege versucht und könnten bereits gegenwärtig zur Bekämpfung der Not nicht ausreichen - dann aber erst recht nicht, wenn es gelte, eine Massenarmut zu beseitigen, weil die Maßnahmen eben günstigenfalls vor den gröbsten Mißbräuchen der Unternehmer schützen, den Arbeiter aber nicht aus seiner hoffnungslosen Lage und der damit verbundenen Verbitterung befreien könnten.

Diese Tatsache sei auch gegen die vor allem von den Franzosen angeregte Bildung von Ackerbaukolonien und die Erleichterung der Auswanderung einzuwenden. Wohl werde dadurch unter Umständen für einen Teil der Arbeiter eine Hebung der materiellen Lage erreicht, für ihre Mehrzahl würden jedoch die nachteiligen Wirkungen der Fabrikarbeit bestehen bleiben.

Mohl setzte sich auch mit den Vorstellungen auseinander, die empfahlen, die gesellschaftliche Verfassung radikal zu verändern: einmal mit dem zwar nie ausgesprochenen, jedoch manchmal angedeuteten Gedanken, eine Art Hörigkeit für den Fabrikarbeiter einzuführen, damit sie als wertvolles Kapital möglichst geschont würden, eine Idee, die Mohl als dem Recht und der Sittenordnung sowie dem Christentum völlig entgegenstehend verurteilte. Als unbrauchbar verwarf Mohl dann auch die Vorschläge, die, wie er meinte, den natürlichen Gesetzen einer Produktionssteigerung direkt entgegengesetzt seien. Dazu rechnete Mohl die Rückkehr zu einer Zunftordnung und weiter die Idee, daß Produktionsgenossenschaften der Arbeiter die Erzeugnisse unter Umgehung des Handels gegen Waren eintauschen könnten. Auch die frühsozialistischen Modelle, die die Aufhebung des Privateigentums forderten, lehnte Mohl mit dem von Malthus stammenden Argument ab, daß der Plan in der Praxis scheitern müsse, weil dabei auf das Motiv des Eigentums verzichtet werde, durch den allein sich der Mensch normalerweise bestimmen lasse, die Scheu vor Anstrengungen zu überwinden.

Diese Kritik engte den noch verbleibenden Entscheidungsspielraum erheblich ein; denn einerseits wandte sich Mohl gegen alle Vorschläge, die mit der liberalen Doktrin vollständig brechen wollten, aus der Überzeugung heraus, daß man damit "einen Selbstmord begehen würde, um eine Krankheit zu heilen". Andererseits lehnte Mohl aber auch die indirekte, nur einzelne Folgen der Fabrikarbeit abschwächende Sozialfürsorge ab, weil sie den Grund des Übels nicht angreifen könne. Nach dieser negativen Beweisführung blieb dann an sich nur noch ein Weg übrig, um die Schwierigkeiten zu überwinden, nämlich der direkte Eingriff des Staates in den Ablauf des Wirtschaftslebens unter grundsätzlicher Beibehaltung der wirtschaftlichen Freiheit. Und in der Tat sah Mohl hier die einzige Lösung. Auf den Gedankengängen Sismondis und Wohlwills fußend, gelang es ihm, diese gegensätzlichen Prinzipien miteinander zu verbinden und dabei in einer der Zukunft weit vorausgreifenden Konzeption einen Großteil der tragenden Grundsätze des modernen Arbeitsrechts zu formulieren.

Mohl leitete aus der eingangs geschilderten Analyse des Fabrikarbeiterverhältnisses drei Zielvorstellungen ab: Erstens müsse der Gegensatz zwischen Fabrikant und Arbeiter ausgeglichen und statt des Mißtrauens und des Hasses ein Gefühl des Wohlwollens und des gemeinsamen Interesses treten. Zweitens müsse der Fabrikarbeiter die begründete Aussicht auf Verbesserung seiner Lage erhalten, wobei Mohl an Lohnerhöhungen sowie an die den befähigten Arbeitern zu bietende Möglichkeit dachte, sich selbständig zu machen. Drittens sollte die körperliche und geistige Verfassung der Arbeiter gehoben werden.

Das erste Ziel, die "Herstellung eines freundschaftlichen Verhältnisses" zwischen Fabrikanten und Arbeitern setze zunächst einmal voraus, daß die Gründe für den Haß der Arbeiter, die Übervorteilung und die sonstigen Übergriffe der Unternehmer, beseitigt würden. Den Fabrikanten sei zu verbieten, Kinder unter einem bestimmten Alter und länger als einen halben Tag zu beschäftigen, Wohnungen an die eigenen Arbeiter zu vermieten, Läden, Gaststätten, Bäckereien und Fleischereien zu betreiben, ferner mit Waren statt mit barem Geld zu bezahlen und endlich, den Arbeitstag über ein Maximum - etwa von 12 Stunden am Tag - hinaus auszudehnen. Sollten noch andere Mißbräuche sich zeigen, so müßten auch diese untersagt werden. Geldstrafen, gegebenenfalls Gefängnis und das Verbot, Fabriken zu besitzen oder zu leiten, sollten die Beachtung dieser Vorschriften erzwingen. Die Überwachung sollte der Polizei obliegen.

Mohl begründete auch - mögliche Einwände vorwegnehmend -, daß solche die legal geschlossenen Arbeitsverträge beschränkenden Bestimmungen durchaus mit rechtsstaatlichen Anforderungen vereinbar seien. Noch nie, führte Mohl aus, sei dem Staat die Befugnis bestritten worden, Handlungen zu untersagen, die entweder unmittelbar oder doch in ihren Folgen Nachteile für die Allgemeinheit mit sich brächten. Als Beispiele könnten die Institution der öffentlichen Gesundheitsvorsorge wie auch das sich von selbst verstehende gesetzliche Verbot dienen, die eigene Person in die Sklaverei zu verkaufen. Mohl lieferte jedoch auch noch materielle Argumente: Mit den vorgeschlagenen Gesetzen seien im übrigen erhebliche Benachteiligungen für die Fabrikanten nicht verbunden, weil die durch die Schutzbestimmungen bedingte Konstenbelastung, jedenfalls im Inland, alle Unternehmer gleichermaßen treffe und weil die Verbesserung der wirtschaftlichen Lage der Arbeiter zu einer inneren Marktausweitung führe und damit mittelbar wieder den Fabrikanten zugute komme.

Die zweite Forderung, die Überwindung des Interessengegensatzes zwischen dem Unternehmer und dem Arbeiter, sah Mohl nur dann für erreichbar an, wenn der Arbeiter sich nicht länger mit einem kümmerlichen Lohn begnügen müsse, während die Fabrikanten riesige Reichtümer aufhäufen könnten. Die tiefe Feindschaft des Arbeiters, der das Gefühl habe, als Maschine angesehen und abgenützt zu werden, schrieb Mohl, sei nur dann abzubauen, wenn die Bezahlungsweise des Arbeiters eine wesentlich andere werde. Um an dem Bestehen der Fabrik interessiert zu werden, müsse der Arbeiter einen Anteil auch am Unternehmensgewinn erhalten. Einmal im Jahr sollte eine von den Arbeitern gewählte Abordnung die Geschäftsbücher einsehen und aufgrund der dabei getroffenen Feststellungen dafür Sorge tragen, daß jedem Betriebsangehörigen ein angemessener Teil des Gewinns ausgeschüttet werde. Auch diese Mitbeteiligung, so meinte Mohl, werde sich für den Unternehmer letzten Endes auszahlen, denn damit werde nicht nur eine Stabilisierung der Gesellschaft erkauft, sondern auch der Betriebsfrieden gefördert. Die Arbeiter würden die Maschinen nicht mehr vorsätzlich beschädigen, nicht mehr streiken und sich bei ihrer Arbeit auch mehr einsetzen. Daß aber auch der Staat eine solche Gewinnbeteiligung vorschreiben dürfe, folge bereits aus dem Beispiel einiger in diesem Sinne gesetzlich geordneter Berufsgruppen, in denen Art und Höhe der Bezahlung durch Taxen verbindlich geregelt seien.

Das zweite Ziel Mohls, der aus der Struktur der vorindustriellen Gesellschaft sich anbietende Gedanke, dem Arbeiter die Möglichkeit für eine Geschäftsgründung zu geben, setzte zweierlei voraus: ein Startkapital und eine angemessene Ausbildung. Was den zweiten Punkt anlangt, so kam Mohl hier erneut auf die Forderung zurück, die Kinderarbeit einzuschränken. Damit die Arbeiter eine höhere Qualifikation erreichen könnten, sei ein ordnungsgemäßer Schulbesuch die erste Voraussetzung. Um dann auch den Willen, sich selbständig zu machen, zu ermutigen, sollten weiter gewerbliche Unterrichtsanstalten und Sparkassen gegründet und daneben staatliche Aufbaudarlehen zur Verfügung gestellt werden.

Das dritte Ziel endlich, die Verbesserung der körperlichen und geistigen Verfassung der Fabrikarbeiter, mußte sich nach Mohls Ansicht bereits weitgehend erledigen, wenn die anderen vorgeschlagenen Maßnahmen durchgeführt wären. Die Einschränkung der Kinderarbeit und der Arbeitszeit der Erwachsenen sowie ein höherer Lebensstandard der Arbeiterfamilien würden den Gesundheitszustand zwangsläufig heben. Als zusätzlichen Schutz regte Mohl an, die Fabrikgebäude in die medizinal-polizeiliche Aufsicht einzubeziehen und in regelmäßigen Abständen zu überprüfen.

Abgerundet wurde Mohls Konzeption schließlich noch durch den Vorschlag, ein den Arbeitsschutz ergänzendes Erziehungssystem zu schaffen. Die kleinen, bisher meist unbeaufsichtigten Kinder der Arbeiter sollten in Kindergärten vor einer Verwahrlosung bewahrt und den Erwachsenen ferner Gelegenheit zur Fortbildung gegeben werden. Mit der Erwachsenenbildung, so meinte Mohl, könne das Selbstwertgefühl des Arbeiters sowie auch dessen Ansehen in der Gesellschaft gehoben werden.

Offensichtlich ist nun, daß der zentrale Vorschlag Mohls, die Arbeiter am Gewinn der Fabriken zu beteiligen, im Jahre 1835 zu revolutionär war für die erst im Aufbau stehende deutsche Industrie, die das Investitionskapital in erster Linie durch Selbstfinanzierung aufzubringen hatte und ohnehin unter dem Konkurrenzdruck Großbritanniens litt. Bereits aus der Logik der bestehenden Verhältnisse ergab sich daher, daß die Nationalökonomie den direkten Eingriff in das Wirtschaftsleben, solange es irgend ging, ablehnen (9) und allenfalls gewisse unterstützende

---

9) Auch wenn eine ausdrückliche Stellungnahme nicht nachzuweisen ist, dürfte zweifelsfrei feststehen, daß die liberale Volkswirtschaftslehre Mohls Idee einer Gewinnbeteiligung als Sozialisierung verwarf. Hermann nannte 1837 diese Forderung

Maßregeln zugunsten der Fabrikarbeiter billigen würde. (10) Aber der beunruhigende Sachverhalt, auf den Mohl und auch Baader hingewiesen hatten, war trotzdem kaum von der Hand zu weisen, und diese Kritik war in Anbetracht des wissenschaftlichen Rangs der beiden Autoren auch einer Beachtung sicher.

Eine gewisse Auswirkung dieser Veröffentlichungen läßt sich denn auch nachweisen. Der Nationalökonom Rau, der im Jahre 1834 die Argumente Sismondis noch recht leichthin abgetan hatte, war in einer Anmerkung zu Mohls Aufsatz schon wesentlich vorsichtiger. (11) Rau trug zwar auch jetzt noch eine Reihe von Einwendungen vor: Bei gutem Fortgang der Konjunktur sähen die Verhältnisse doch etwas anders aus, als Mohl sie dargestellt hätte; auch würden sich nicht bei allen Fabriken gleichermaßen die ungünstigen Folgen zeigen; und auch in England seien die Urteile geteilt. Trotz dieser Vorbehalte räumte Rau am Ende aber dann doch ein, daß es sich bei dem "Fabrikwesen um ein tief eingehendes Gebrechen" handele und daß genug nachteilige Folgen des Fabrikwesens außer Zweifel stünden, die es verdienen würden, die Aufmerksamkeit des Menschenfreundes auf sich zu ziehen. - Das Eis war mithin nicht gebrochen, wohl aber ein erster Zweifel auch bei der liberalen Lehre geweckt. (12)

Diese Bedenken - das sei hier noch einmal betont - begünstigten den Gedanken des Jugendarbeitsschutzes. Wenn anerkannt wurde,

---

(in einer Äußerung über Villeneuve-Bargemont) einen "Einbruch der Vermögenslosen in das gegenwärtige Eigentum der Vermöglichen", vgl. GA Bd. 4, 1837, S. 623.

10) Vgl. z.B. Preusker, 1835, S. 33.

11) AP Bd. 2, 1835, S. 176 Anm.

12) Einer offenen Auseinandersetzung mit Mohls Thesen ging die Wissenschaft in der Regel aus dem Wege; neben Rau war Bülau (DVjS 1838, H. 1, S. 105 f.) einer der wenigen, die Mohls Aufsatz überhaupt erwähnten. B. lobte Mohls Untersuchung als die "gediegene Abhandlung" eines "so bewährten Ratgebers", hielt aber die erörterten Probleme für noch nicht sehr dringlich. Die Fabrikarbeiter seien im Augenblick noch nicht die ärmste und damit "unglücklichste" Bevölkerungsschicht. Gegen die arbeitsrechtlichen Anregungen Mohls wandte Bülau in Anlehnung an Rau ein, daß der zwangsweisen Durchsetzung der vorgeschlagenen Einrichtungen viele Bedenken entgegenstünden. Eine freiwillige Verwirklichung dieser Ideen durch die Fabrikanten aber liege nicht im "natürlichen Zuge" der Verhältnisse.
Die auf freie Selbstentwicklung bauende organische Wirtschafts- und Gesellschaftsauffassung, die Bülau vertrat (vgl. DN Jg. 3, Bd. 2, 1836, 239 ff., 246), kam mithin kaum zu anderen Ergebnissen als die reine liberale Lehre.
Vgl. zu Mohl noch: Schmidt, Gewerbe, 1838, S. 212 ff., 312 f., 358 ff.; Brüggemann, Dr. List, 1842, S. 154; Dael, 1846, S. 96.

daß es sich bei der Not der Fabrikarbeiter nicht nur um ein Übergangs-, sondern um ein Strukturproblem handelte, das den Bestand des Staates zu bedrohen vermochte, dann konnte die Förderung der Industrie nicht länger die bedingungslos bejahte Aufgabe bleiben, um derentwillen alle damit verbundenen Nachteile in Kauf zu nehmen wären. Gewisse Maßnahmen, auch wenn diese den technischen Fortschritt hemmen würden, mußten dann gegen die Bildung eines Industrieproletariats erwogen werden, wobei als erstes der Schutz der Kinder und Jugendlichen in Betracht kam, weil auf diesem Gebiet ein Einschreiten des Gesetzgebers schon seit längerem befürwortet wurde und dafür auch eine "neue Gestalt des Gewerbelebens", wie Mohl sie forderte, noch nicht zu schaffen war. Bemerkenswert ist, daß das Problem der Kinderarbeit sich gleichzeitig in seinem Charakter völlig veränderte. Denn nunmehr ging es bei dieser Frage nicht mehr nur um das Schicksal einiger Armenkinder oder - juristisch formuliert - um einige Verstöße gegen die Rechtsinstitute der Medizinal- und der Erziehungspolizei. Vielmehr begann sich jetzt die Idee eines Jugendarbeitsschutzes herauszubilden, dem als Teilproblem des größeren Komplexes industrieller Arbeitsschutz eine gesteigerte Bedeutung zufallen mußte.

Doch damit wieder zurück zur Literaturübersicht: Die Reihe der das Fabrikwesen negativ beurteilenden Stellungnahmen setzte sich weiter fort. Bedeutsam war insoweit vor allem noch eine Untersuchung, die Kleinschrod im Jahre 1835 über die englischen Baumwollfabriken veröffentlicht hat (13) und die, wie Rau in einer Anmerkung ausdrücklich betonte, (14) Mohls Überlegungen in den entscheidenden Punkten mit neuen Nachweisen bestätigte. (15) Darauf im einzelnen einzugehen wird an dieser Stelle nicht erfor-

---

13) AP Bd. 2, 1835, S. 335.

14) Rau, aaO S. 348, Anm. 2.

15) Kleinschrod hatte während des Winters 1834/35 im Auftrage des bayerischen Staatsministeriums England besucht, um sich über die sozialen und wirtschaftlichen Verhältnisse ein eigenes Urteil zu bilden; Kleinschrod hatte dabei die Überzeugung gewonnen, daß der Zustand des Fabrikarbeiters in der Tat ein dunkles Kapitel des englischen Manufakturwesens bildete. Als charakteristisch für die Lebensverhältnisse der Industriebevölkerung nannte er die Gesichtspunkte: Zusammenballung der Menschen in den großen Städten, gänzliche Kenntnislosigkeit der Arbeiter sowie auch ihre völlige Abhängigkeit vom jeweiligen Verdienst. Kleinschrod sah die Höhe des Lohnes zwar für genügend und zum Teil sogar für reichlich an, gab aber auch zu bedenken, daß dieser Lebensstandard erkauft sei mit einem überlangen Arbeitstag von morgens 5 Uhr bis abends 19, 20 Uhr bei insgesamt nur 2 Stunden Unterbrechung.

Daß diese Lebensform Schäden mit sich bringe, sei allgemein anerkannt. Diese bestünden hauptsächlich aus der körperlichen Schwäche des Arbeiters und der teilweisen Auflösung der häuslichen Beziehungen. Der Arbeiter lebe in seiner freien Zeit meist außerhalb seiner Wohnung und ernähre sich dabei derlich; es genügt, zwei Feststellungen des Berichts herauszugreifen: Auch Kleinschrod schrieb, daß die Kinderarbeit die der Gesellschaft am meisten nachteilige Seite des Fabrikwesens bedeute, denn abgesehen von den physischen Schäden, den körperlichen Mißbildungen und der Frühreife der Kinder werde vor allem gefährlich, daß der Jugend so gut wie keine Zeit mehr für den Unterricht verbleibe. Als Folge davon würden Generationen auf Generationen "aufgehäuft", die aufgrund der fehlenden Ausbildung in der Schule und in der Fabrik auf die Maschine angewiesen seien, jedoch wegen des technischen Fortschritts ihren Arbeitsplatz unmöglich behalten könnten. Das englische Fabrikgesetz vom Jahre 1833 habe, was den Gesundheitsschutz angehe, zwar durchaus segensreich gewirkt, nicht aber die für den Schulbesuch unabdingbare Arbeitszeitverkürzung verwirklichen können. (16) Die Kinderarbeit sei für die Unternehmer wie auch für die Eltern zu einer eisernen Notwendigkeit geworden, und nur ganz allmählich werde es sich ermöglichen lassen, dem Gesetz zu entsprechen.

Im Einklang mit der herrschenden Lehre sah Kleinschrod die Problematik der Kinderarbeit in den nur schwer rückgängig zu machenden Übertreibungen und den daraus sich ergebenden Folgen. Wenn man die Kinder jedoch schonender verwende, so meinte er weiter, und die zum Schutz der Arbeiter entwickelten technischen Verbesserungen voll ausnutze, dann sei die Tätigkeit der Kinder sowohl für sie selbst als auch für die Allgemeinheit durchaus von Vorteil.

Kleinschrod beschrieb sehr ausführlich noch einen anderen Aspekt der Industrialisierung, der gerade den deutschen Leser noch mehr beunruhigen mußte als die Lebensverhältnisse der Fabrikarbei-

---

auf eine ungesunde Art und Weise; insbesondere falle der starke Alkoholverbrauch ins Auge. In London würden im Durchschnitt täglich 2.748 Personen einen "Gin-Shop" besuchen, darunter 1.108 Frauen und 187 Kinder. Die Familie bilde bei den Arbeitern nur noch ein Aggregat von Personen, deren jede von dem selbst verdienten Lohn sich ernähre. Da auch die Frauen arbeiten gehen würden, seien sie weder ihren Fähigkeiten nach noch zeitlich in der Lage, einen Haushalt zu führen. Die Kinder würden in keiner Weise mehr beaufsichtigt und aufgrund ihres selbstverdienten Geldes eine ihre Entwicklung überfordernde zu frühe Selbständigkeit erlangen. Ein Sittenverfall werde im übrigen auch dadurch begünstigt, daß negative Beispiele einzelner verdorbener Menschen durch die Zusammenarbeit in der Fabrik eine große Wirkung entfalten könnten.
Die Gesundheitsgefahren der Arbeit dagegen seien weniger ernst, als man zunächst angenommen habe. Gleichwohl stehe jedoch fest, daß infolge der durch die Arbeit bedingten Erschöpfung regelmäßig ganz bestimmte Krankheiten auftreten würden.

16) Nach Kleinschrod aus drei Gründen: Zusammenarbeit der Kinder mit den Erwachsenen und Unentbehrlichkeit der Kinderarbeit

ter, die Auswirkung nämlich der technischen Revolution auf das Hausgewerbe. Die stetig zunehmende Verwendung der Maschinen, so berichtete Kleinschrod, habe nicht nur die Baumwollweberei in eine schwere Krise gestürzt, sondern bedrohe jetzt auch die Wollen-, Leinwand- und Seidenweber in ihrer Existenz. Wie Parlamentsuntersuchungen der Jahre 1834/35 ergeben hätten, habe sich das Einkommen der englischen Weber, gemessen an den Lebensmittelpreisen, in den letzten 30 Jahren um mehr als zwei Drittel vermindert, während die Mieten im gleichen Zeitraum gestiegen seien. Der Erlös für Handgewebe betrage zum Teil nur ein Zehntel der vor 30 Jahren erzielten Preise. Die Beschäftigten in der britischen Hausindustrie würden infolgedessen in einem Zustand unglaublicher Entbehrungen leben. Die Weber würden sich vornehmlich von Hafermehl und Kartoffeln ernähren; sie seien in Lumpen gekleidet, würden auf Stroh schlafen und müßten, um nicht überhaupt Hungers zu sterben, bis zu 16 Stunden am Tag unter Mithilfe der ganzen Familie arbeiten. Noch aber hätten die Fabriken nur einen Teil des normalen Auftragsbestandes der Weber an sich gezogen. Man schätze die in der englischen Hausindustrie beschäftigten Arbeiter noch immer auf 840.000 Menschen. Langfristig gesehen werde es jedoch unvermeidlich werden, daß die meisten dieser Hausgewerbetreibenden sich andere Berufe suchen müßten, wenn das Elend in diesem Erwerbszweig beseitigt werden solle. Als Ausweg würden allerdings die englischen Fabriken sich anbieten. In der Tat könne die Industrie, weil sie sich unverändert weiter ausdehne, auch noch künftig solche aus dem Hausgewerbe stammende Arbeitslose aufnehmen. Kleinschrod sah in dieser Aussicht jedoch keinen Anlaß zu einer begründeten Beruhigung. Genau wie Gaskell zog er die langfristige Entwicklung mit in die Betrachtung ein und kam insoweit zu einer pessimistischen Prognose: Es sei eine Selbsttäuschung, so führte er aus, zu glauben, daß der Fabrikbetrieb schrankenlos erweitert und damit die Zahl der neuen Arbeitskräfte ständig vermehrt werden könne. Da es eine der Hauptwirkungen der technischen Verbesserungen sei, die menschliche Arbeitskraft entbehrlich zu machen und England unmöglich sein Fabrikmonopol auf Dauer sich werde erhalten können, sei die zwangsläufige Folge, daß in nicht allzu ferner Zukunft ein Großteil der Fabrikarbeiter in der Produktion nicht mehr gebraucht werde. Die unter diesen Bedingungen zu erwartende Massenarbeitslosigkeit aber werde weit verheerender sein als der derzeitige Untergang der Hausindustrie. Denn dabei werde es sich nicht um die Beantwortung der Frage handeln, wie die Gewerbetreibenden eines Berufszweigs zur Aufnahme eines anderen veranlaßt werden könnten, sondern dann gehe es um eine absolute Verminderung der Beschäftigtenzahl. Dieses Problem werde aber um so schwerer zu lösen sein, als die Fabrikarbeiter weder Eigentum noch brauchbare Fertigkeiten, noch irgend eine andere Existenzgrundlage sich erworben hätten. Kleinschrod dazu: "Die Katastrophe selbst scheint uns unvermeidbar".

---

sowohl für die Industrie als auch für die Eltern.

6. Wirtschaftsstörungen und Pauperismusliteratur nach 1836

Die wirtschaftlichen Schwierigkeiten, mit denen man für Großbritannien erst in ferner Zukunft rechnete, wurden in gewisser Weise schneller Wirklichkeit als vermutet. Die industrielle Produktion Englands erreichte im Jahre 1836 zwar noch einen Höhepunkt, im selben Jahr aber kam es dann zu einer Brotteuerung und völlig überraschend zu einer großen Absatzkrise, die bis Anfang der 40er Jahre dauerte. (1) Die Baumwollfabrikanten gingen zu Kurzarbeit über oder mußten ihre Produktion gänzlich einstellen. Im Jahre 1837 verloren in Manchester 50.000 und in Birmingham 8.000 Arbeiter ihre Beschäftigung. (2) Im Jahre 1841 wurde noch immer in manchen Fabriken an fünf Tagen in der Woche nicht gearbeitet; 1841 zählte man in der Grafschaft Lancashire insgesamt 400.000 Arbeitslose.

Die Kinderarbeit spielte in diesem Zusammenhang eine traurige Rolle. Einem Parlamentsbericht zufolge ersetzten die Fabrikanten die erwachsenen Arbeiter soweit möglich durch Fabrikkinder, weil diese weniger Geld verdienten. Aufgrund dieser Umorganisation sollen allein während eines einzigen Jahres 50.000 Fabrikarbeiter entlassen worden sein. Zur gleichen Zeit sanken auch die Löhne: von 1836 bis 1841 um 20% bis 25%, so daß die Not der Fabrikarbeiter nur noch durch das Elend der Handweber übertroffen wurde, deren Einkommen, wie schon erwähnt, von 1825 bis 1835 um 66% gesunken sein soll. Im Zuge der allgemeinen Verarmung erlebte England eine beispielslose Auswanderungswelle. Man schätzte, daß von 1831 bis 1841 etwa eine halbe Million Menschen England verlassen hätten, eine Zahl, in der das überwiegende Kontingent sicherlich von den verarmten Ackerbaugebieten Irlands gestellt wurde, die aber doch das Ende des industriellen Booms deutlich markierte.

Die negative Wirtschaftsentwicklung gab der Pauperismusliteratur eine plötzliche Aktualität, und zwar um so mehr, als sich auch in Deutschland die allgemeine Lage spürbar verschlechterte. (3) "Tausend Klagen tönen uns entgegen über die zunehmende Armut des Volkes", mit Fleiß könnten die Armen kaum das Notwendigste sich verdienen, heißt es in einem im Jahre 1837 erschienenen Aufsatz. (4) Die Auswanderung vieler Familien wurde

---

1) Ersch-Gruber, 1857, S. 377 ff.; Rodbertus, 1. Brief, 1850, S. 17, 31, 41 ff. (Nur 1838 konnte sich der englische Handel erholen.)
2) Rodbertus, aaO S. 43.
3) Infolge einer Krise in der Seiden- und Tuchindustrie wurden in Krefeld und Aachen Arbeiter entlassen, vgl. Hansen, Bd. 1, 1906, S. 174 f. Nach Rodbertus, 1. Brief, 1850, S. 43 sanken im Erzgebirge die Löhne um die Hälfte.
4) v. Blumröder, JGP Bd. 1, 1837, S. 198, vgl. auch Diesterweg, Lebensfrage, 1837, S. 70: Die Wuppertaler Weber arbeiteten gewöhnlich von 4, 5 Uhr morgens bis 20, 21 Uhr abends am Webstuhl. Ähnlich Scheidler, 1838, Artikel 1, S. 48 ff. m.w.N.; vgl. auch Schmoller, 1870, S. 565.

wurde auch hier zu einer nunmehr alltäglichen Erscheinung. (5)

Die Gegner der extrem-liberalen Nationalökonomie , vor allem die Franzosen Sismondi, Morogues und Villeneuve-Bargement, fanden jetzt begreiflicherweise eine größere Beachtung als früher, und die Stimmen mehrten sich, die als Mittel gegen die zunehmende Verarmung eine Änderung der Gewerbepolitik empfahlen. (6) Der Wandel spiegelt sich augenfällig in dem Interesse wider, das die kritischen Schriften der oben schon vorgestellten Autoren erfuhren. Kleinschrod veröffentlichte im Jahre 1836 seinen Artikel über die englischen Baumwollfabriken in erweiterter Form als Buch; (7) Godeffroy brachte seine Armentheorie in der zweiten Auflage heraus; (8) und Bülau verteidigte 1836 seine im Vorjahr publizierte Ansicht, daß die Fabrikindustrie, wenn sie den Charakter der gewerblichen Produktion bestimme, für das Wirtschaftsleben sehr nachteilig sei. Deswegen bedürfe es einer neuen Ordnung der Eigentumsverfassung, mit der das Los der arbeitenden Klassen gründlich und auf Dauer verbessert werden müsse. (9) Auch Diesterweg griff im Jahre 1836 mit einer viel beachteten Broschüre "Die Lebensfrage der Civilisation" in die öffentliche Debatte über den sogenannten Pauperismus ein. (10) Unter Bezug auf die Frankfurter Unruhen vom 8. August 1835 warnte er davor, die Dinge weiter wie bisher treiben zu lassen. (11) Die Armenbevölkerung der großen Städte wachse in intellektueller und moralischer Rohheit auf und gleiche, da sie nur von Leidenschaften regiert werde, dem Brennstoff, den jeder Funke entzünden könne. Der Zustand des Stadtproletariats sei ebenso gefährlich wie beschämend; die Armut habe hier einen Grad erreicht, der die Aufmerksamkeit aller wohlgesinnten Menschen verdiene. Die Nation verfalle mit der fortschreitenden Technisierung immer mehr in Besitzlose und Reiche; trügerisch aber sei es zu hoffen, mit den bislang angewandten Maßnahmen dieser Entwicklung Herr werden zu können.

---

5) Rüder, DN Bd. 1, 1836, S. 221.
6) Vgl. dazu Bülau, DVjS 1838, H. 1, S. 92 ff., 96.
7) Kleinschrod, Großbritannien, 1836.
8) Godeffroy, 1836.
9) DN Jg. 3, Bd. 2, 1836, S. 239 ff., 243, 246; vgl. auch Bülau in: DVjS 1838, H. 1, S. 116. Die Möglichkeit, eine neue lebensfähige Gestalt der Wirtschaft auf gesetzlichem Weg zu schaffen, hielt Bülau freilich, hierin ganz im Einklang mit der liberalen Lehre, nicht für gegeben. Bülau meinte aber, daß sich eine neue Form des Eigentums - etwa das genossenschaftlich betriebene Unternehmen - allmählich durch eine Veränderung der Denkweisen, der Interessen und der Verhältnisse herausbilden könne, genauso wie sich langfristig das gegenwärtig allein verbreitete römisch-rechtliche Individualeigentum durchgesetzt habe.
10) Diesterweg, F.A.W., Die Lebensfrage der Civilisation, Beitrag 1, Essen 1836.
11) Diesterweg, aaO S. VII, 10, 12, 21, 25, 41.

Das allein sinnvolle Gegenmittel gegen die Armut, den Egoismus und die Isolierung in den Städten sah Diesterweg in einer "Organisation der Massen": Die Bürger sollten für öffentliche Ämter und Vereine gewonnen werden, damit die örtliche Gemeinschaft die anfallenden Aufgaben selbst lösen könne. In diesem Plan befürwortete Diesterweg unter anderem auch, das Fabrikarbeitsverhältnis staatlich zu beaufsichtigen, damit der Unternehmer nicht länger in der Lage sei, den für gewöhnlich schon sehr niedrigen Lohn nach Belieben herabzusetzen. (12) Da der Mensch kein Hebel sei, der abgenutzt und weggeworfen werden könne, müsse der Arbeiter einen seiner Mühe angemessenen Verdienst und einen bestimmten Anteil am Gewinn der Fabrik erhalten. Ein weiterer wesentlicher Punkt unter den von Diesterweg zur Abwehr der Proletarisierung der breiten Volksschichten aufgeführten Vorschlägen war die an den Staat gerichtete Aufforderung, das Volksschulwesen entscheidend zu verbessern. (13) Das Lebensalter vom 8. bis zum 15. Jahre sollte bei allen Kindern für die Kräftigung des Körpers und die Ausbildung des Geistes verwandt werden. Kein Schüler dürfe mehr dem Unterricht entzogen werden, um in der Fabrik oder am Spinnrad zu arbeiten. Falls die Eltern das Schulgeld nicht bezahlen könnten, müßten die Kinder am Unterricht kostenlos teilnehmen können. Soweit die Eltern aber auf den Lohn ihrer Kinder angewiesen seien, sei ihnen der Verdienstausfall von der Gemeinde zu ersetzen. Die Einnahmen der Hilfskassen müßten sich endlich nach Sachnotwendigkeiten und nicht länger nach "unseren Launen" richten. (14) Im übrigen dürfe, wenn die Verhältnisse geändert werden sollten, auch die öffentliche Erziehung nicht mit dem 14. oder 15. Lebensjahr aufhören; vielmehr sei der Unterricht mit abnehmender Stundenzahl bis zum 25. Lebensjahr fortzusetzen.

In einer zweiten Auflage seiner Schrift, (15) in der Diesterweg namentlich auf Baaders Aufsatz vom Jahre 1835 verwies, versuchte der rheinische Pädagoge auch die Kirchen für die Sozialreform zu gewinnen. (16) Sein Schulprogramm gestaltete Diesterweg in dieser Neuauflage etwas realitätsbezogener, wobei er insbesondere auch den Entwurf eines Fabrikgesetzes mit veröffentlichte. (17) Davon an späterer Stelle.

In der Aussage mit Diesterwegs Konzeption verwandt war auch das in den Jahren nach 1837 erschienene mehrbändige Werk "Staatswesen und Menschenbildung" des konservativen Autors Bodz-Reymond, (18) dessen an Baader erinnernde Grundthese dahin ging, daß die

---

12) AaO S. 16 Anm.
13) AaO S. 10, 17 f., 21 f.
14) AaO S. 22.
15) Diesterweg, Lebensfrage, 1837.
16) AaO S. 97.
17) AaO S. 185.
18) Bodz-Reymond, F.H., Staatswesen und Menschenbildung, Berlin 1837/1839.

wachsende Armut vor allem auf die unbeschränkte Gewerbefreiheit und die Desorganisation der Gesellschaft zurückzuführen sei.- Interessant ist der in diesem Buch vertretene Standpunkt zum Arbeiterproblem. (19) Der Fabrikarbeiter, so heißt es hier, sei nicht weniger abhängig als der Leibeigene, nur träfen den Unternehmer keinerlei gesetzliche Verpflichtungen. Bei einer Entlassung müsse der Arbeiter brotlos und obdachlos auf der Straße vagabundieren. Da der auf der Teilung der Arbeit beruhende Fabrikfeudalismus nach dem Stand der zivilisatorischen Entwicklung nicht vermieden werden könne, müsse die Fabrikarbeit zumindest eine die Schutzlosigkeit des Arbeiters berücksichtigende gesetzliche Ordnung erhalten, mit der auch keineswegs etwas Neues verlangt werde. Die Fabrikarbeiter seien bei der gegebenen Lage genauso unfähig, ihr Leben selbst zu bestimmen, wie die einem gesetzlichen Schutz unterstehenden Dienstboten. In der Tatsache der Unmündigkeit liege mithin der Anknüpfungspunkt auch für eine Fabrikgesetzgebung. Jeder Fabrik mit mehr als zwanzig Beschäftigten müsse ein selbständiges "Kuratorium" beigeordnet werden, das für Kündigungen und Beschwerden zuständig sei. Die Arbeiter aber sollten verpflichtet werden, einen Teil ihres Einkommens "hypothekarisch" in der Fabrik anzulegen, um so in der Form der Fabrikaktie Miteigentum zu erwerben. - Bodz-Reymond sprach sich weiter auch für ein von den Gemeinden zu zahlendes Kindergeld aus, damit die Kinder armer Eltern die Schule besuchen könnten und nicht länger einen Teil des Familieneinkommens hinzuverdienen müßten. (20) Für Bodz-Reymond war bezeichnend, daß er dabei die Erwerbsschule als mit den Zwecken einer sinnvollen Erziehung nicht vereinbar ablehnte. (21)

Die konservative Meinung pflegte sonst nicht soweit zu gehen. Der Armenschriftsteller Scheidler zum Beispiel plädierte im Jahre 1838 für eine Arbeitserziehung jedenfalls auf dem Lande, wo er den Umfang des Volksschulunterrichts zugunsten einer Erwerbstätigkeit um zwei Drittel gekürzt wissen wollte. (22) Daß aber die Tätigkeit an der Maschine zu einer "Verdummung und Vertierung" führe, davon ging dieser Autor ebenfalls aus, wie er denn auch unter Hinweis auf Baader und Diesterweg die Großindustrie als die Hauptursache für eine den Bestand der Gesellschaft bedrohende fortschreitende Massenverarmung anklagte. (23)

Zusammenfassend ist zu sagen, daß diese Armenliteratur mit ihrer Wendung gegen den Wirtschaftsliberalismus und ihrer Befürwortung

---

19) Bodz-Reymond, aaO Bd. 2. 1837, S. 95, 98 ff.
20) AaO Bd. 3, 1837, S. 84.
21) AaO Bd. 4, 1839, S. 440.
22) Scheidler, 1838, Artikel 2, S. 68, 89 und 90, Anm. 1); vgl. aber auch S. 70, Anm. 2 zum Spinnen der Armenkinder. Zum konservativen Erziehungsideal vgl. S. 44 ff.
23) AaO Artikel 1, S. 42 ff.; Artikel 2, S. 50.

einer gesetzlichen Regelung des Fabrikarbeitsverhältnisses sowie der Betonung der Volkserziehung den Gedanken eines Kinderarbeitsschutzes weiter fördern mußte.

7. Die herrschende volkswirtschaftliche Lehrmeinung nach 1836

Vergleicht man die Literatur der Volkswirtschaftslehre dieser Jahre mit dem Pauperismusschrifttum, so findet man zwar keine Übereinstimmung, jedoch in manchen Bereichen eine beachtliche Annäherung der Standpunkte. Man kann nicht behaupten, daß die künftige Entwicklung des Wirtschaftslebens, und insbesondere die der Industrie, noch immer so optimistisch gesehen wurde wie Anfang der 30er Jahre. Typisch war wohl das Eingeständnis, daß auf dem Felde der Erfahrung "noch keine bedeutenden Vorzeichen vom Anmarsche dieses goldenen Zeitalters zu finden" seien, daß es vielmehr so scheine, als ob eine bittere Ironie des Schicksals selbst das "zum Verderben wende, worin man sich ein Heil versprochen" habe. (1) Das britische Beispiel und die so oft geäußerten Prognosen fingen an, die Liberalen zu beeindrucken. Indes bestritten die Nationalökonomen zwar nicht die Zunahme der allgemeinen Not in den Fabrikgegenden, sie wiesen aber die Ansicht zurück, daß man die Maschinen und die Fabriken fürchten müsse (2) oder ihnen gar die Schuld an den gegenwärtigen Verhältnissen zu geben habe. (3) Die Krisenzeichen, so hieß es, (4) seien Übergangserscheinungen, um derentwillen nichts Falscheres geschehen könne als die direkte staatliche Einmischung in das Wirtschaftsleben. Die Reglementierung in der Gestalt der Zunfteinrichtungen habe sich in der Vergangenheit ja

---

1) v. Blumröder, JGP Bd. 1, 1837, S. 198, 200; vgl. auch Rüder, DN Bd. 1, 1836, S. 221. Vgl. aber auch Rivet, R., AP Bd 3, 1838 (H. 2, 1837) S. 173, 197: "Man kann nicht spazierengehen, ohne sich die Schuhe schmutzig zu machen."

2) Vgl. Lotz, Handbuch, Bd. 1, 1837, S. 222 ff.

3) Vgl. Hermann, GA Bd. 7, 1838, S. 195 ff., Bülau, DVjS 1838, H. 1, S.98.

4) Als Ursachen für die wachsende Armut in den europäischen Ländern sah man an: die Übervölkerung, gewisse Veränderungen der sozialen Verhältnisse, die Auswirkungen der Kriege, der zunehmende Sittenverfall und die schwindende Religiosität, vor allem aber das Weitergelten veralteter Gesetze und Rechtseinrichtungen sowie der mangelhafte Kenntnisstand der Gewerbetreibenden, Bülau, DVjS 1838, H. 1, S. 98. Die Hausweber, so Hermann, GA Bd. 7, 1838, S. 189, hätten sich letztlich selbst in ihr Elend gebracht, weil sie sich in ihrem Eigensinn dagegen sträuben würden, einen anderen Beruf zu ergreifen. "Der schlesische Leineweber verhungert lieber, als daß er seine Hütte verläßt.", vgl. DN Bd. 1, 1836, S. 498.

gerade als ungeeignet erwiesen, das Nationaleinkommen zu heben. (5) Falls zwischen dem Arbeiter und dem Unternehmer Zunftverhältnisse geschaffen würden, komme es erst recht zu Not und Aufständen. (6) Ganz bezeichnend war auch die Stellungnahme des Volkswirtschaftlers Lotz (7) gegen Sismondi: Eine unmittelbare Einflußnahme des Gesetzgebers, so legte er dar, mit dem Ziel, das Streben des einzelnen nach Wohlstand mit dem Allgemeinwohl möglichst in Einklang zu bringen, könne die Aktivität und den Fleiß der Menschen nur beeinträchtigen. Nur wenn das Wirtschaftsleben eine Entwicklung nehme, die mit dem ruhigen und sicheren Nebeneinander in der Gesellschaft sich nicht mehr vertrage, nur dann sei in Übereinstimmung mit der Rechtsordnung und den Grundsätzen der Staatswirtschaftslehre eine Intervention des Staates zu vertreten. (8) Das war die vorherrschende Auffassung, die als Maßnahmen gegen die "temporären Nachteile" (9) die Pflege des Ackerbaus, die Beseitigung überlebter, die Gewerbefreiheit behindernder Institutionen, Steuerreformen, die Einrichtung von Sparkassen, Gesundheitsvorsorge für die Arbeiter sowie - beachtlicherweise - auch eine Beschränkung der Kinderarbeit empfohlen hat. (10) Weitere Vorschläge, etwas später: Sicherung der Lohnzahlung der Arbeiter gegen wucherischen Abzug und die Förderung des Ankaufs kleiner Grundstücke. (11)

Nicht zu verkennen ist, daß je länger die Krise in England andauerte, (12) auch die Bereitschaft der Volkswirtschaftler desto größer wurde, neben der Förderung der Industrie eine Schutzgesetzgebung zu befürworten. Ganz auffällig vollzog sich dieser Wandel bei dem Nationalökonomen Hermann, der noch Mitte der 30er Jahre die Kritiker der Großindustrie sehr leichthin verurteilt hatte, (13) wobei er die oft erbärmlichen Lebensverhältnisse der Fabrikarbeiter diesen als ihr eigenes Verschulden

---

5) Bülau, DVjS 1838, H. 1, S. 98; Hermann, GA Bd. 4, 1837, S. 772.
6) DN Bd. 1, 1836, S. 490.
7) Lotz, Handbuch, Bd. 1, 1837, S. 137.
8) Lotz, Handbuch, Bd. 2, 1838, S. 75.
9) Aufs. in: DN Bd. 1, 1836, S. 487; Lotz, Handbuch, Bd. 1, 1837, S. 222 ff.; v. Blumröder, JGP Bd. 1, 1837, S. 213 f.: Das Gute der Industrie "wird gegeben wie ein süßer Fruchtkern in einer bitteren, stachligen Hülle".
10) Lotz, Handbuch, Bd. 1, 1837, S. 284, 511; v. Blumröder, JGP Bd. 1, 1837, S. 222; Küttlinger, Bd. 2, 1837, S. 57 f.,245, 267; Hermann, GA Bd. 7, 1838, S. 197, 199; vgl. auch Bülau, DVjS 1838, H. 1, S. 99.
11) Schmidt, Gewerbe, 1838, S. 358 f., 360 ff.
12) Krisenjahre waren 1836/37 u. 1839/40, vgl. Rodbertus, 1. Brief, 1850, S. 41 ff.
13) Über Godeffroy: "der Literatur des Armenwesens unkundig" (GA Bd. 4, 1837, S. 772); über Bülau: "wenig Befriedigendes" (aaO S. 622); über Rotteck: "ganz absurde" Behauptung (GA Bd. 1, 1835, S. 67); über Morogues und Villeneuve:

angelastet sowie die Arbeiter auf die Armenpflege verwiesen hatte. (14) Im Jahre 1838 gab der Volkswirtschaftler diesen Standpunkt jedoch auf. Unter dem Eindruck der durch die Streiks in England verursachten Schäden - Produktionsstörungen, Verschuldung, Verbrechen, Verwilderung der unbeschäftigten Arbeiter, überhaupt der Vergeudung wirtschaftlicher Werte - schrieb Hermann jetzt, daß auch die Staatsleitung an der Entstehung der Not unter der Fabrikbevölkerung ein Mitverschulden treffe. (15) Wenn Fabriken gegründet würden, müsse die Regierung im Interesse der Arbeiter wie der Nation die ökonomische, gesundheitliche und sittliche Sicherstellung der Fabrikarbeiter verlangen, genauso wie im Bergbau eine Kuratel seit altersher bestehe. (16) Gewisse staatliche Einrichtungen sollten das gesunde Erwerbsstreben der Arbeiter in vernünftige Bahnen lenken. (17) Hermann dachte dabei vor allem an eine Regelung der Kinderarbeit und noch andere arbeits- und sozialpolitische Maßnahmen. Da die Fabrikinhaber mehr und mehr versuchen würden, auch auf Kosten ihrer Arbeiter Gewinne zu erzielen, sollten weiter die Arbeitszeit und die Lohnhöhe überwacht werden. Zu erwägen sei auch eine gesetzliche Verpflichtung der Fabrikanten, für diejenigen ihrer Arbeiter, die eine gewisse Zeit in der Fabrik tätig gewesen seien, Prämien auszusetzen. Ferner sollten billige Einkaufsmöglichkeiten in der Nähe der Fabriken geschaffen und den erwachsenen Arbeitern an den Sonntagen Gelegenheit geboten werden, einen unentgeltlichen, ihrem Fortkommen dienlichen Unterricht zu besuchen. Für die Fälle der Absatzstockung oder gar der Auflösung von Fabriken müsse zudem für ein anderes Einkommen der Arbeiter gesorgt werden - vermutlich dachte Hermann hierbei an eine staatliche Arbeitslosenunterstützung. Die örtliche Überwachung der Maßnahmen, so schlug Hermann abschließend vor, müßte einigen verständigen Bürgern unter Aufsicht der Polizeibehörden anvertraut werden, genauso wie das auch sonst in der Armenpflege geschehe. (18)

Festzuhalten ist, daß in der volkswirtschaftlichen Literatur dieser Jahre der Gesichtspunkt des Jugendarbeitsschutzes nunmehr schon als ganz selbstverständlich mitgenannt wurde. Ursächlich hierfür dürfte einesteils das englische Beispiel gewesen sein, zum anderen aber auch wohl die Tatsache, daß die deut-

---

"Oberflächlichkeit" (JwK Bd. 2, 1835, S. 287 ff. u. GA Bd. 7, 1838, S. 197 Anm.)

14) JwK Bd. 2, 1835, S. 294.

15) GA Bd. 7, 1838, S. 199. Gewerkschaften waren, da ihre Gründungen nicht unterbunden werden konnten, seit 1824 in England erlaubt; ihre Arbeitskämpfe (1836 bis 1839) führten noch nicht zu wesentlichen Lohnerhöhungen, vgl. Rodbertus, 1. Brief, 1850, S. 45 f.

16) GA Bd. 7, 1838, S. 216. Vgl. dazu Karsten, 1828, S. 311 ff.

17) GA Bd. 7, 1838, S. 200 ff.

18) AaO S. 203.

schen Nationalökonomen für die Fabrikgegenden eine Verwahrlosung und Neigung zu Aufruhr befürchteten. (19) Daß aber Schulbildung das beste Mittel gegen Armut sei, war die allgemeine Ansicht, (20) wobei im Hinblick auf die Fabrikkinder der Gedanke der Berufswahl noch hinzukam. Es sollte verhindert werden, daß die Kinder durch eine frühe Arbeit die Fähigkeit verlieren würden, in späteren Jahren lohnendere Beschäftigungen zu ergreifen. (21) Für das Urteil der Volkswirtschaftler war wohl auch die Wechselbeziehung zwischen einer Schutzgesetzgebung und der Lohnhöhe von Bedeutung. Bülau verwies darauf, daß ein vom Staat garantierter ordnungsgemäßer Schulbesuch die menschlichen Bedürfnisse steigern würde. Deswegen könne ein Mehr an Bildung unter den Fabrikarbeitern eine Anhebung der Löhne zur Folge haben und überdies die Chance mit sich bringen, daß ein Teil der Arbeiter in neuen Berufen zu einem Mittelstand zwischen den Klassen aufsteigen würde. (22) Festzuhalten ist in dem Zusammenhang auch noch ein Gedankengang, mit dem der Volkswirtschaftler Hermann die Notwendigkeit eines Jugendarbeitsschutzes mit Rücksicht auf geplante Industrieansiedlungen entwickelt hat. (23) Wenn die Fabriken gegründet würden, so lautete insoweit Hermanns Ausgangsüberlegung, könnten die Arbeiterfamilien regelmäßig ein überdurchschnittliches Einkommen erzielen, weil alle Familienmitglieder, auch die Frauen und Kinder, in der Industrie eine Beschäftigung finden würden. Die für den normalen Lebensunterhalt nicht benötigten Mittel würden die Fabrikarbeiter aber nicht für den Unterricht ihrer Kinder verwenden, sondern für vermehrten Luxus, für Alkohol und teure Lebensmittel. Durch den Zuzug weiterer Arbeiter in die Industrieregionen und das dadurch bedingte Arbeitskräfteüberangebot komme es in der Folge jedoch wieder zu Lohnsenkungen, so daß der von den Kindern zusätzlich verdiente Einkommensbeitrag nunmehr für die Erhaltung der Arbeiterfamilien existenznotwendig werde. Soweit jedoch, meinte Hermann, dürfe es der Staat nicht kommen lassen. Indem die Fabrikarbeiter durch ihr Verhalten die anfängliche Chance einer besseren Erziehung ihrer Kinder vereiteln würden, verbrauche die ältere Generation die Jugendkraft der jüngeren und verletze damit deren Rechte. Hermanns Vorschlag: schon bei der Konzessionierung der Unternehmen den Fabrikanten die Verbindlichkeit aufzuerlegen, regelmäßig einen Teil des von den Kindern verdienten Lohnes in ihrem Namen auf einer Sparkasse einzuzahlen, damit später Geld für die Ausbildung oder für Zeiten der Arbeitslo-

---

19) Vgl. v. Blumröder, JGP Bd. 1, 1837, S. 199; Lotz, Handbuch, Bd. 1, 1837, S. 286, 511.
20) Bülau, DVjS 1838, H. 1, S. 109, 115; v. Blumröder, JGP Bd. 1, 1837, S. 223.
21) Vgl. Hermann, GA Bd. 7, 1838, S. 193.
22) So wohl der Sinn der Ausführungen in DN Bd. 1, 1836, S. 248.
23) GA Bd. 7, 1838, S. 200.

sigkeit oder den Ankauf von Grundbesitz vorhanden sei. Ein solches Zwangssparen solle auch bei den in den Fabriken arbeitenden jungen Mädchen und unverheirateten Männern angeordnet werden.

Weitere von Hermann empfohlene Maßregeln: eine Vorsorge, daß die Fabrikkinder bei mäßiger Arbeitszeit einen ordentlichen Schulbesuch erhalten und nur nach Geschlechtern getrennt beschäftigt werden dürften.

Würdigt man die vorstehenden Äußerungen im ganzen, so ergibt sich als Gesamteindruck, daß in der öffentlichen Meinung bereits eine beachtliche Übereinstimmung in der Frage der Fabrikkinder sich herausgebildet hatte; dabei war dieser Konsens - anders als sonst bei der Arbeiterfrage (24) - von dem jeweiligen weltanschaulichen Standort nicht mehr wesentlich bestimmt. Letztlich war es gleichgültig, ob man etwa mit Mohl und den Konservativen auf den Mißbrauch wirtschaftlicher Macht abstellte, den es von Rechts wegen zu verhindern galt, oder ob man mit den in marktwirtschaftlichen Kategorien denkenden Liberalen die Aufgabe darin sah, durch bevölkerungspolitische Maßnahmen mehr indirekter Art am Arbeitsmarkt ein natürliches Gleichgewicht zu schaffen, bei dem Ausbeutung nicht möglich sei. Die eine wie

---

24) Hinsichtlich des Fabrikarbeiterproblems ist festzustellen, daß Mohls idealistische Kritik auf der Idee der Personalität des Menschen beruhte, dessen durch die Fabrik beeinträchtigte Freiheit Mohl im Rahmen der neuzeitlichen Produktionsweise soweit möglich gewährleisten wollte. Das "freundschaftliche Verhältnis" in der Beziehung Fabrikant - Fabrikarbeiter sollte auf deren gemeinsamen Interessen aufbauen und an den Forderungen der Gleichberechtigung und Würde jedes Menschen sich orientieren. Mit Bildung, sozialer Sicherheit und mit Aufstiegsmöglichkeiten für den Arbeiter wollte Mohl in dieser Beziehung eine - zumindest partielle - Gleichberechtigung durchsetzen, unter Einschluß auch der Chance, diese Erwerbstätigkeit im Einzellfall völlig aufzugeben.
Demgegenüber war der obrigkeitliche wie auch der ständestaatlich-konservative Standpunkt - bei einer verallgemeinernd dogmatischen Betrachtung jedenfalls - sehr viel weniger anspruchsvoll. Das Rechtsinstitut der Obervormundschaft, auf das hier regelmäßig zurückgegriffen wurde, bot Fürsorge für den abhängigen Menschen, dem die Wahrung der eigenen Belange verwehrt war und dessen soziale, geistige und sittliche Not der Staat daher verhindern sollte. Im Begriff der Obervormundschaft lag daher im vorliegenden Zusammenhang ein Schutz vor dem Mißbrauch der wirtschaftlichen Übermacht, aber auch nicht mehr. Das bestehende Abhängigkeitsverhältnis des Fabrikarbeiters blieb dabei unangetastet; die Unmündigkeit des Arbeiters wurde begrifflich vorausgesetzt. Bei der Ausgestaltung des Arbeitsrechts für

die andere Auffassung erkannte die Problematik der zu frühen Fabrikarbeit an und schlug für den Jugendarbeitsschutz grundsätzlich dieselbe Lösung vor: Schulunterricht für die Fabrikkinder und dessen gesetzliche Sicherung, wobei natürlich noch offen war, in welchem Umfang.

III. Die Forderung nach einem Fabrikgesetz im Jahre 1837

1. Der englische Fabrikschutz

Es bedurfte jetzt allenfalls noch eines besonderen Anlasses, damit auch zugunsten der deutschen Fabrikkinder konkrete Schutzmaßnahmen ernsthaft in Angriff genommen wurden, und dieser Impuls, so scheint es, ging von einer Auseinandersetzung aus, die in England um das Fabrikgesetz vom 29. August 1833 gespielt hat. Die britische Regierung versuchte im Jahre 1835, den im Fabrikgesetz vorgesehenen Achtstundentag, der in drei Zeitabschnitten bis zum 1. März 1836 in Kraft treten sollte, vor Ablauf dieser Frist auf die jüngste Altersgruppe der noch nicht 11jährigen Kinder zu beschränken und damit die Jugendlichen von 11 bis 13 Jahren dem Schutzbereich des Gesetzes zu entziehen. Ein mit dieser Absicht im Unterhaus eingebrachter Änderungsantrag traf jedoch im Parlament und auch in der englischen Arbeiterbewegung auf entschiedenen Widerstand, (1) weswegen das Ministerium es dann schließlich doch nicht wagte, den gesetzlichen Arbeitsschutz nachträglich wieder rückgängig zu machen.

Die Agitation, die in den Jahren 1835 und 1836 um die Zustände in den britischen Fabriken geführt wurde,und die dabei als Argument verwendete Geschichte der Fabrikgesetzgebung (2) riefen in Deutschland ein lebhaftes Echo hervor - ganz offensichtlich war das allgemeine Interesse größer als bei Erlaß des Gesetzes im Jahr 1833. Einen wesentlichen Beitrag zu dieser Diskussion leistete ein nicht nur informierender, sondern bewußt Partei nehmender Artikel des Mediziners von Froriep, (3) der im

---

den erwachsenen Arbeiter mußte dieser weltanschauliche Standort zum Tragen kommen.

---

1) Der Regierungsantrag erhielt in der Abstimmung eine Mehrheit von nur 2 Stimmen, vgl. Brentano, 1928, S. 390.
2) Vgl. "Das Faktoreisystem" in MGH Bd. 2, S. 284 (Nachdruck aus: Ausland, 1837, Nr. 33 und 34).
3) v. Froriep, NNH Bd. 1, 1837, S. 281.

Jahre 1837 die Aufmerksamkeit seiner Fachkollegen gezielt auf die deutschen Fabrikkinder lenken wollte. Er wisse, schrieb Froriep, daß ähnliche Mißbräuche wie in England jetzt auch hier und da in Deutschland, wenn auch in geringerem Umfang, tatsächlich eingerissen seien; doch glaube er, daß die deutschen Fabrikanten nicht zu den "grausamen ..., die Gesundheit armer Kinder untergrabenden und deren Leben ... verkürzenden Arbeitsmißbräuchen" sich würden verleiten lassen, wenn ihnen die Folgen der übermäßigen Anstrengungen vor Augen geführt würden. Froriep verwies auf neuere, in der medizinischen Literatur Englands erschienene Veröffentlichungen zum Fabrikgesetz (4) und hatte auch selbst einen dieser Aufsätze über die Entstehung der britischen Gesetze seinem Artikel zugrundegelegt. Einen breiten Raum nahmen darin die wenig sachdienlichen Gutachten ein, die manche Mediziner bei der für das Gesetz vom Jahre 1819 durchgeführten Anhörung erstattet hatten und die Froriep wohl als abschreckende Beispiele zur Kenntnis bringen wollte. Auf die Frage etwa, ob es einem Kinde schädlich sei, täglich 23 (!) Stunden lang zu stehen, hatte ein englischer Arzt geantwortet, er könne darüber ohne Untersuchung der näheren Umstände nichts Genaues sagen. Ein anderer Mediziner hatte den Umstand, daß die Arbeiter während ihrer Tätigkeit das Essen einnehmen mußten, als für die Gesundheit unbedenklich erklärt, weil man ja auch "mit Messer und Gabel arbeite". Ein dritter Arzt schließlich hatte behauptet, nicht entscheiden zu können, ob 12stündiges Stehen oder 12stündiges Liegen mehr anstrengen würde und ferner, ob ein achtjähriges Kind, ohne sich zu schaden, ununterbrochen 14 Stunden bei der Arbeit stehen könne. Froriep kommentierte diese Aussagen mit den Ausdrücken: unbegreiflich und höchst lächerlich und meinte, daß in Deutschland wohl kein Arzt, jedenfalls nicht ohne strenge Rüge der Medizinalbehörde, derartige Urteile abgeben würde. Allerdings habe auch in England die Mehrzahl der befragten Ärzte einen anderen Standpunkt eingenommen.

Die von Froriep geschilderten Arbeitsbedingungen in den Fabriken und die Lebensverhältnisse der Fabrikbevölkerung sollen, um Wiederholungen zu vermeiden, an dieser Stelle nicht ausführlich dargestellt werden. Wichtig sind aber gewisse Einzelfeststellungen, so etwa die Angabe, daß die Beanspruchung der Arbeiter deutlich zugenommen habe: Zwei englische Tabellen wiesen die Wegstrecken aus, die der Arbeiter bei seiner Tätigkeit an einer sogenannten Mulespinnmaschine früher und jetzt täglich zurückzulegen hatte. Waren es im Jahre 1815 noch 1 5/8 deutsche Meilen oder 12 Kilometer gewesen, so waren es 1832 bereits 4 2/7 Meilen oder 31,6 km; bei einer anderen Berechnung hatte man als täglichen Weg eines Kindes sogar 5 1/3 Meilen, das heißt 39,3 km,

4) Quarterly Review, Dec. 1836; Medico-chirurgical Review, Jan. 1837.

festgestellt. (5) Dazu Froriep ergänzend: "Dies geschieht in einer sehr schwülen Luft von schlechtgenährten und durch die dringendste Not zu dieser sehr langweiligen Arbeit gezwungenen Leuten."

Neben der Zunahme des Arbeitstempos erwähnte Froriep noch einen weiteren, gerade für die Medizin bedeutsamen Umstand, nämlich das nur geringe Durchschnittsalter unter den Arbeitern. Diese Beobachtung läßt sich einerseits freilich mit dem Bestreben erklären, die erwachsenen Fabrikarbeiter mehr und mehr durch Kinder zu ersetzen; jedoch kam sicherlich auch noch als weitere Tatsache hinzu, daß es auch aus gesundheitlichen Gründen nur wenige über 40 Jahre alten Arbeiter in den Fabriken gab. Bei einer in Renfrew und Lanark durchgeführten Zählung hatte man unter 1.600 Arbeitern nur 10 ermittelt, die älter als 45 Jahre waren, wobei diese nur aufgrund besonderen Wohlwollens der Unternehmer noch in den Fabriken beschäftigt wurden. (6) In den Jahren über 40, so führte Froriep aus, seien die Spinner zu abgelebt, um schnell genug zu arbeiten: "Ihre Augen nutzen sich ab, und man schickt sie fort."

Froriep verband seinen Bericht über England am Ende noch mit einer eigenen Stellungnahme. Es sei gewiß ein verkehrtes Mitleiden, meinte er, die Fabrikbevölkerung wegen der Art ihrer Erwerbstätigkeit schlechthin zu bedauern, aber not tue doch, daß man jedenfalls dann mit Gesetzen zugunsten der Arbeiter einschreite, wenn diese gegen die Tyrannei der Kapitalisten sich nicht verteidigen könnten. Noch mehr müsse dieser Grundsatz für die Kinder gelten. Der ideale Zustand, die Armenkinder ganz von körperlicher Arbeit zu befreien, lasse sich zwar nicht verwirklichen; aber man könne die Erwerbsarbeit doch auf einen den Kräften des Kindes angemessenen Umfang beschränken. Hier mitzuhelfen sei die Aufgabe gerade der praktischen Ärzte, die Froriep aufforderte, in ihrem Wirkungskreis etwaigen die Gesundheit der Kinder untergrabenden und deren Leben verkürzenden Arbeitsmißbräuchen nachzugehen und für die erforderlichen Vorkehrungen einzutreten. Mit der gleichen Mahnung wandte sich Froriep auch an die Medizinalbehörden, die, wie er schrieb, nicht warten sollten, bis die Mißbräuche "eine solche Höhe wie in England erreichen" und "nach jahrelangem Bestehen endlich laut nach Abhilfe schreien" würden. Ebenso zweckmäßig wie notwendig sei es, daß die Behörden amtliche Erhebungen durchführen und geeignete Schutzvorschriften veranlassen würden.

Froriep war keineswegs der einzige, der im Jahre 1837 die Dringlichkeit eines deutschen Fabrikgesetzes betont hat. Rühmlich zu

---

5) Umrechnung gemäß der in Sachsen-Weimar geltenden Meile (= 7.363,13 m), vgl. Meyers Großes Konversations-Lexikon, 6. Auflage, Bd. 13, Leipzig 1907, S. 551.
6) Eine zweite von Froriep mitgeteilte Musterungsstatistik zeigte bei etwas günstigeren Zahlen die gleiche Tendenz.

erwähnen ist, wie schon an früherer Stelle, auch hier wieder der Barmer Fabrikant Schuchard, der im Rheinisch-Westphälischen Anzeiger einen Artikel über den Selbstmord eines 12jährigen Fabrikmädchens veröffentlichte, das sich wegen eines Lohnabzugs von einigen Groschen in die Wupper gestürzt hatte. (7) Schuchard verband mit dieser Schilderung die dringende Aufforderung an den rheinischen Provinziallandtag, beim preußischen König ein Fabrikgesetz zu beantragen, durch das die von früh morgens bis spät in die Nacht arbeitenden Kinder geschützt werden sollten. Nach Schuchards Vorstellungen sollten Ortskommissionen das Aufnahmealter und die Arbeitszeit der Kinder verbindlich beschränken. - Mutmaßlich in Abstimmung mit dem Kultusministerium meldete sich im Jahr 1837 auch der Berliner Seminardirektor Diesterweg wieder in der Sache, indem er einen den englischen Bestimmungen nachgebildeten Entwurf eines Gesetzes zur Diskussion stellte, das ein Arbeitsverbot bis zum 10. Lebensjahr und eine mit Rücksicht auf das Lebensalter abgestufte Arbeitszeitregelung vorgesehen hat. (8)

2. Parlamentarische Vorstöße in Deutschland

Auch auf die deutschen Landesparlamente gewann die Diskussion um eine Fabrikgesetzgebung nunmehr Einfluß, und zwar waren es drei Parlamente, das von Baden, Sachsen sowie der rheinische Provinziallandtag, in denen diese Thematik mit unterschiedlichen Fragestellungen im Jahre 1837 aufgegriffen wurde. Bei dem zeitlich ersten Antrag handelt es sich um eine den Abgeordneten des Großherzogtums Baden am 25. April 1837 vorgelegte Motion des Professors Buß, die die oben geschilderten Industriediskussionen aus der Sphäre der Staatswirtschaftslehre in die badische Kammer hineintragen wollte. Buß war im Jahre 1837 Abgeordneter der Ständeversammlung geworden und wählte sich zum Gegenstand seiner Jungfernrede das Thema: "Die Verhütung der mit dem fabrikmäßigen Betrieb der Industrie verbundenen Nachteile". (1)

---

7) Jg. 1837, Nr. 25 v. 29. März 1837, Text bei Anton, 1891, S. 44 und Maaß, 1931, S. 103.
8) Diesterweg, Lebensfrage, 1837, S. 184 f., mit 5 Vorschriften:

1. Vor zurückgelegtem zehnten Lebensjahr darf kein Kind in Fabriken oder bei Gewerbetreibenden angenommen werden.
2. Kinder von 10 und mehr Jahren dürfen nur in Fabriken angenommen werden, wenn dieselben eine Bescheinigung des Schulvorstandes vorzeigen, daß sie von dem Besuch der öffentlichen Schule entbunden und der Besuch der Nachhilfeschule ihnen gestattet seien.
3. Kinder von 10 bis 12 Jahren dürfen nicht länger als 6, von 12 bis 14 nicht länger als 8, von 14 bis 16 nicht länger als 10, von 16 bis 18 Jahren nicht länger als 12

In diesem Vortrag, dessen Umfang den Rahmen der bei einem solchen Anlaß üblichen Rede bei weitem überschritt, untersuchte Buß die Gefahren, die der Allgemeinheit durch die Fabriken drohten, wobei er sich im wesentlichen auf Mohls Thesen stützte, allerdings ohne dessen Namen zu nennen und ohne dessen Gedankengang voll auszuschöpfen. Der Vortrag war im übrigen davon geprägt, daß in Baden, wie in Süddeutschland überhaupt, erst zaghaft eine Industrie sich anzusiedeln begann. Buß argumentierte daher mit den Verhältnissen in England und Frankreich - einem, wie Buß sagte, zum Glück noch fremden Bilde, das aber doch nahelege, nicht abzuwarten, bis auch in Deutschland solche Mißstände einreißen würden. Buß schlug der Regierung vor, einer solchen Entwicklung mit direkt und indirekt wirkenden Mitteln entgegenzuwirken. Mit mittelbaren Maßnahmen sollte das wirtschaftliche Gleichgewicht erhalten werden, wofür Buß eine Förderung der Landwirtschaft, des Handwerks, der Hausindustrie und des Handels empfahl mit dem Ziel, die Fabriken nicht das beherrschende Element in der Wirtschaft des Landes werden zu lassen. Diese Meinung entsprach dem Standpunkt der liberalen Nationalökonomie. Im Unterschied zu dieser regte Buß aber auch den direkten Eingriff in das Wirtschaftsleben an in der Form eines die Arbeiter und die Unternehmer gleichermaßen schützenden Fabrikgesetzes. In den Einzelheiten folgte Buß hier mit gewissen Einschränkungen der Konzeption Robert Mohls.

Was zunächst die wirtschaftliche Sicherung der Arbeiter anlangt, so lehnte Buß allerdings die Idee einer Gewinnbeteiligung ebenso ab wie die an den Staat gerichtete Aufforderung, mit Aufbaudarlehen diejenigen Arbeiter zu unterstützen, die sich selbständig machen wollten. Buß plädierte hier für Spar- und Krankenkassengründungen, für Heiratserschwerungen, weiter für die den Fabrikanten aufzulegenden Verbote, mit Waren zu bezahlen, Läden zu betreiben, Wohnungen zu vermieten und schließlich - zur Verhinderung plötzlicher Arbeitslosigkeit - für die Einführung der vierteljährigen Kündigungsfrist.

Stunden in Fabriken arbeiten. Am Sonntage ein Kind zur Arbeit zuzulassen ist bei namhafter Geldstrafe verboten.

4. Während der Schulzeit der Nachhilfeschulen darf die Arbeit der Kinder in Fabriken nicht stattfinden, und dieselben sind spätestens eine halbe Stunde vor dem Anfang der Nachhilfeschule aus den Fabriken zu entlassen.

5. Fabrikherren und Gewerbetreibende, welche diese Gesetze übertreten oder solches ihrem Werkmeister, Gehilfen etc. gestatten, werden mit einer Polizeistrafe von 1 - 25 Rtlr. belegt.

Die Regulierung des Unterrichts in den Nachhilfe- und Sonntagsschulen liegt dem Schulvorstande ob.

---

1) Text der Rede bei Retzbach, 1928, S. 48 ff.

Der von Buß angeregte Gesundheitsschutz umfaßte die bekannten Punkte: Beschränkung der Kinderarbeit und des Arbeitstages der Erwachsenen sowie die Prüfung der Fabrikpläne auf die darin verwirklichte Gesundheitsvorsorge und ferner die medizinal-polizeiliche Überwachung der Fabriken. Auch insoweit blieb Buß jedoch gegenüber den Anregungen Mohls zurück: Wollte dieser die Kinderarbeit auf einen halben Tag beschränkt wissen, so ging Buß jedenfalls für die Sommermonate von einer 8stündigen Arbeitszeit aus, wie er denn auch nicht 12, sondern 14 Stunden als normalen Werktag für Erwachsene befürwortete. Immerhin stimmte Buß aber, was die Bildungs- und Erziehungsfrage betraf, mit Mohl im wesentlichen überein. Seine Vorschläge richteten sich auf die Trennung der Geschlechter bei der Fabrikarbeit, auf Verbesserung des Volksschulwesens, die Einrichtung eines Gewerbeunterrichts, die Gründung von Fortbildungsvereinen und Kindergärten sowie auf Wahrung der Feiertagsheiligung.

Daneben waren auch Arbeitgeberinteressen berücksichtigt: Damit der Betriebsablauf reibungsloser gestaltet würde, sollten die Arbeiter an eine vierteljährige Kündigungsfrist gebunden sein, ferner sollten Streiks und Koalitionen unter ihnen untersagt und Arbeitsbücher eingeführt werden, dabei die Bücher zum Nachweis der erhaltenen Vorschußleistungen, für die der spätere Arbeitgeber haften sollte.

Das waren die wichtigsten die Fabrikarbeiter betreffenden Vorschläge; die anderen dargelegten Wirtschaftsmaßnahmen können hier übergangen werden.

Buß beschloß seine Rede mit der Aufforderung an die Regierung, diese möge der Kammer sobald wie möglich ein Agrikulturgesetz, eine Gewerbeordnung und eine Handelspolizeiordnung vorlegen; das Fabrikgesetz beantrage er bereits für den nächsten Landtag.

Um die Reaktion der badischen Kammer nicht mißzuverstehen, darf nicht übersehen werden, daß Buß selbst mit diesem die Freiheit des Wirtschaftslebens nur wenig beschneidenden Programm für seine Zeit noch viel zu kühn war. Die Realisierung des von ihm vorgetragenen Plans warf eine Fülle von Problemen auf, deren Lösung die Abgeordneten Badens überfordern mußte. Buß schwebte eine nationalökonomische Gesetzgebung in einem Ausmaß vor, zu dem sich selbst die Fabrikstaaten nicht vorgewagt hatten, und zu einer Zeit, in der noch nicht einmal feststand, ob Baden sich überhaupt eine Industrie würde aufbauen können. So vernünftig es im Grunde war, schon den Anfängen einer Proletarisierung zu wehren, so war doch der von Buß eingeschlagene Weg wenig wirklichkeitsnah. Es fehlte in Baden sowohl an einschlägigen Erfahrungen als auch an politischem Willen, der Industrie, die man ins Land ziehen wollte, durch gesetzliche Auflagen Schwierigkeiten zu bereiten. Das Verhalten der zweiten Kammer war dementsprechend zwiespältig. Plenum und auch der zuständige Landtagsausschuß erkannten an, daß Buß sich um das

Wohl der Fabrikarbeiterschaft in anerkennenswerter Weise sorge und die Öffentlichkeit frühzeitig auf mögliche Mißbräuche aufmerksam machen wolle. (2) Um die Bedeutuung der von Buß gehaltenen Fabrikrede zu unterstreichen, beschloß man, diese in den Landtagsprotokollen abzudrucken. Mehr geschah jedoch nicht. Die Anträge wurden noch den zuständigen Abteilungen zur Beratung überwiesen, die Kammer selbst lehnte es aber ab, die angeregten Maßnahmen förmlich bei der Regierung zu beantragen. (3)

Der zweite hier zu erwähnende parlamentarische Vorstoß nimmt sich im Vergleich mit den von Buß verfolgten Absichten recht bescheiden aus. Der Abgeordnete Sachße beantragte am 21. Oktober 1837 in der zweiten kursächsischen Kammer eine Bestimmung, wonach Jugendliche nicht vor 6 Uhr morgens und nicht länger als 18 Uhr abends in den Elementarschulen unterrichtet werden sollten. (4) Dieser Antrag war im Hinblick auf einen Jugendarbeitsschutz freilich bedeutsamer, als es zunächst scheinen mag; denn in Sachsen erhielten die Fabrikkinder in der Regel täglich zwei Stunden Unterricht, so daß die Kinder, wenn die angeregte Bestimmung Gesetz wurde, spätestens um 16 Uhr aus der Arbeit entlassen werden mußten. Mithin sollte der Antrag die Arbeitszeit der Kinder - nach Abzug noch der Arbeitspausen - auf 8 bis höchstens 9 Stunden am Tag verringern. - Sachße führte in der Begründung seines Antrags aus, es sei grausam, die Kinder länger als 12 Stunden am Tag anzustrengen und ihre geistige und körperliche Entwicklung zu behindern.

Von der angestrebten Änderung waren vor allem die für die Textilindustrie des Landes wichtigen Stoffdruckereien betroffen, die nur bei Tageslicht arbeiteten und deshalb hartnäckig an den Abendschulen festhielten. Den Druckereien war denn auch mit der Verordnung vom 9. Juni 1835 der Fortbestand dieser Schulart zugesichert worden.

Genau wie die sächsische Regierung schon bei den Landtagsverhandlungen des Jahres 1834 angesichts der starken Fabrikantenfraktion sehr vorsichtig taktiert hatte, nahm sie auch jetzt wieder betont zurückhaltend Stellung. Der Staatsminister von Lindenau erklärte, daß er den Antrag nicht verteidigen könne; gleichzeitig gab er aber auch zu bedenken, daß die Kammern und die Regierung eine mögliche Beeinträchtigung der Kinder verhindern müßten und erinnerte dazu an das Ergebnis einschlägiger Untersuchungen in England wie auch an die im eigenen Lande gewonnene Erfahrung, daß in den Fabrikgegenden die Zahl der wehrfähigen Männer immer weiter abnehme. In Chemnitz habe die Tauglichkeitsquote bei 44% gelegen.

---

2) GA. Ba. 1, XVI. Sitzung. S. 1 ff.
3) Mit 30 gegen 20 Stimmen, vgl. Retzbach, 1928, S. 23; GA. Ba. 1, S. 2 f.
4) A. Sa. 4, S. 491.

Dieser letzte Gesichtspunkt, das sei hier gegen eine vielleicht naheliegende Interpretation angemerkt, war nicht Ausdruck eines übertriebenen militaristischen Denkens; er zielte vielmehr allein darauf ab, die Gesundheitsschädlichkeit der Arbeit zu belegen, wofür man mangels anderer amtlicher Aufnahmen immer auf die Militärstatistiken zurückzugreifen pflegte. Jedoch ist auch mit solchen Statistiken der schädliche Einfluß der Fabriken nie eindeutig geklärt worden, (5) und so erhob sich auch im sächsischen Landtag sogleich Widerspruch. Ein zu dieser Frage sich äußernder Abgeordneter räumte als Erfahrungssatz zwar ein, daß in den Fabriken und den anderen Gewerben mit sitzender Arbeitsweise nur wenige diensttüchtige Leute zu finden seien; gegenüber der Ansicht des Ministers betonte der Parlamentarier jedoch, daß die Fabrikkinder, wie er selbst festgestellt habe, sich körperlich und geistig vollkommen wohl befinden würden. Ein zweiter Abgeordneter unterstützte diese Behauptung mit dem Hinweis, die körperlichen Mängel der Fabrikbevölkerung seien weniger auf die Arbeit selbst als auf den in den Fabrikorten üblichen übermäßigen Genuß von Branntwein und Kaffee zurückzuführen. Zur Frage des Bildungsstandes der Fabrikkinder legte der Chemnitzer Fabrikant Clauß dar, daß die Geistlichen mit den die Abendschule besuchenden Kindern bei der Konfirmation durchaus zufrieden seien und daß auch der Kirchen- und Schulrat diese Meinung anläßlich einer Schulrevision geäußert habe. Andere Abgeordnete führten aus, die menschenfreundliche Absicht des Antragstellers sei anzuerkennen, jedoch bestehe der dargelegte Übelstand nicht allgemein und der Gesetzgeber müsse schon, wenn wirklich alle gegen die Beschäftigung der Kinder bestehenden Einwände ausgeräumt werden sollten, auch die finanziellen Nachteile ersetzen, die eine einschneidende Beschränkung der Kinderarbeit bedingen würde. Dieser Überzeugung war auch die überwiegende Mehrheit der Kammer: Der Antrag Sachßes wurde mit 36 gegen 23 Stimmen verworfen (6) - mehr noch als in der Entscheidung Badens wurden in dieser Abstimmung die bestehenden politischen Widerstände deutlich.

Der dritte Antrag, über den hier zu berichten ist, stammte von Schuchard, der in einer Eingabe vom 17. Juni 1837 dem rheinischen Provinziallandtag den Vorschlag unterbreitete, beim preußischen König eine Arbeitsschutzverordnung zu beantragen. (7) Aber noch bevor der Landtag dazu Stellung genommen hat, ist die Frage eines Fabrikgesetzes auch in Berlin wieder zur Sprache gekommen. Deswegen wird auf die Einzelheiten des Antrags, dem in der Geschichte des deutschen Arbeitsrechts eine größere Bedeutung als den beiden anderen zukommt, erst an späterer Stelle eingegangen.

---

5) Ein in der Sache typisches - die Fabrikarbeit mit anderen Erwerbsarbeiten vergleichendes - Urteil bei Schmidt, Gewerbe, 1838, S. 278 ff.
6) A. Sa. 4, S. 493.
7) A. Rh. 3, S. 129; der Antrag auch bei Höring, 1932, S. 13.

IV. Verhandlungen der preußischen Ministerien im Jahre 1837

Wenn das Berliner Kultusministerium sich jetzt entschloß, die seit fünf Jahren ruhenden Beratungen über den Erlaß eines Fabrikgesetzes wieder aufzunehmen, so mag die ausschlaggebende Erwägung die gewesen sein, die eigene Konzeption bei der sich abzeichnenden Entscheidung dieser Frage mit ins Spiel zu bringen. (1) Am 5. Juli 1837 übersandte Altenstein dem nunmehr für die Gewerbe- und Fabrikangelegenheiten zuständigen Finanzministerium einen Gesetzentwurf, (2) der sich in etwa im Rahmen des Einverständnisses hielt, das der frühere Innenminister Schuckmann am 14. September 1832 bereits erklärt hatte. (3) Das Kultusministerium legte dazu dar, daß der Entwurf in einzelnen Punkten hinter dem englischen Gesetz von 1833 zurückbleibe, wogegen man aber wohl nichts einwenden könne, weil dessen Fassung auf Bedenken gestoßen sei und die deutschen Fabriken zum Teil auch unter einem geringeren Auftragsstand zu leiden hätten. Diese Bemerkung bezweckte vermutlich, wirtschaftliche Bedenken des Finanzministeriums gegen den vorliegenden Inhalt des Entwurfs im voraus zu unterlaufen; aber wenn dies der Sinn der Ausführungen war, so hatten sie nicht die gewünschte Auswirkung. Die Abteilung für Handel und Gewerbe im Finanzministerium unterstand dem Fabrikexperten Beuth, (4) und dieser

---

1) Abweichend Carnot (1841, S. 12), der - von Beuth informiert - Bodelschwinghs Antrag als Ursache für die Wiederaufnahme der Verhandlungen angibt. - Vgl. hierzu die Mitteilung Altensteins an den Oberpräsidenten von Vinke in Münster vom 20. August 1837 (mit Abschrift an Bodelschwingh), wonach die Anordnung des Königs (v. J. 1828), ein für ganz Preußen geltendes Gesetz vorzulegen, eine provinzielle Behandlung dieses Gegenstandes verbiete, A. Ko. 4, S. 127.

2) A.M. 28, S. 100 mit Bezug auf die letzte (fruchtlose) Erinnerung Rothers vom 21.1.1837; vgl. auch Carnot, 1841, S. 12 ff.

3) Übersicht über den Gesetzentwurf von 1837 (vgl. Carnot, aaO S. 12 f.):
Geltungsbereich: Werkstätten mit mindestens 4 familienfremden, für Lohn arbeitenden Kindern, nicht aber der gewöhnliche Handwerkerbetrieb mit Lehrlingen;
Arbeitsvoraussetzungen: 8 Jahre, kräftig genug, geläufiges Lesen, Anfänge im Schreiben;
Länge des Arbeitstags: für Kinder von 8 bis 14 Jahren 8 Stunden, von 14 bis 16 Jahren 12 Stunden, Verbot der Sonntags- und der Nachtarbeit (im Winter von 20 Uhr bis 7 Uhr, im Sommer von 20 Uhr bis 5 Uhr);
Pausen: 1/4 Stunde nach 3 bzw. 4 Stunden, mittags 1 Stunde;
Unterricht: 2 Stunden, bei abgelegenen Fabriken in der Fabrikschule;
Betriebsfürsorge: gesunde Arbeitsräume, gegebenenfalls eine vom Fabrikanten zu besorgende Hauptmahlzeit, Aufsicht, nur

war nicht bereit, eine Belastung der Industrie im vorgeschlagenen Umfang hinzunehmen. (5) Das Finanzministerium wiederholte jetzt nicht nur die im Jahre 1832 vorgebrachten und vom Kultusministerium nicht berücksichtigten Änderungswünsche, sondern wollte auch noch andere, dem britischen Fabrikgesetz entnommene Regelungen in den preußischen Entwurf einbringen, womit praktisch die 5 Jahre vorher erklärte Zustimmung Schuckmanns widerrufen war. (6) Dazu im einzelnen:

Das Erfordernis, daß die Kinder für die jeweilige Arbeit kräftig genug seien, lehnte das Ministerium als zu subjektiv ab; stattdessen sollte nach dem englischen Beispiel die gewöhnliche Stärke und das gewöhnliche Aussehen der Kinder als Kriterium gewählt werden. Genauso wie im englischen Gesetz sollte weiter auch die normale Arbeitszeit für die 12jährigen Kinder 9 statt 8 Stunden betragen, mit der Begründung, daß die Kinder mit den Erwachsenen häufig zusammen arbeiten und andernfalls auch die Kosten zu sehr gesteigert würden. Die Kinder würden, wenn sie arbeitsfrei hätten, ja doch nur ohne Aufsicht sich herumtreiben.

Jedenfalls zum Teil von der Natur der Sache diktiert war der weitere Änderungsvorschlag, während der Wintermonate die arbeitsfreie Nachtruhe - nach dem Entwurf von 20 Uhr bis 7 Uhr - um eine Stunde auf morgens 6 Uhr abzukürzen. Da in dem für die Arbeit zur Verfügung stehenden Zeitraum - im Winter 13 Stunden am Tag - auch die Pausen und der tägliche Schulunterricht mit insgesamt 3 1/2 Stunden (7) eingerechnet werden mußten, blieben im ganzen nur noch 9 1/2 Stunden übrig, in die die vom Kultusministerium angesetzten 12 Arbeitsstunden für die Jugendlichen von 14 bis 16 Jahren nicht untergebracht werden konnten. Das Finanzministerium verlangte insoweit mit Recht eine Korrektur, zusätzlich aber auch noch die Einschränkung des Unterrichts für die über 14 Jahre alten Kinder auf 1 Stunde im Winter.

Einschneidender noch war die nächste Forderung: die Übernahme der wiederum dem britischen Gesetz entlehnten Verlängerung der Arbeitszeit bei Betriebsstörungen. Wenn diese über 3 Stunden dauerten, sollte die Zeit nachgearbeitet werden dürfen, und zwar pro Tag eine Stunde, wöchentlich insgesamt 3 Stunden und mit der weiteren Maßgabe, daß der Zeitausfall, einer diffizi-

---

gesetzlich erlaubte Zuchtmittel;
Sicherung der Ausführung: Aufsicht durch Behörden und Fabrikkommissionen.

4) Titel nunmehr: Wirkl. Geh. Oberregierungsrat und Ministerialdirektor.
5) Vgl. Carnot, 1841, S. 13 f.
6) A.M. 28, S. 101 (Votum v. 19.9.1837).
7) 1 1/2 Stunden Pausen und 2 Stunden Unterricht.

len Regelung folgend, über den Monat verteilt werden sollte. (8) Mit anderen Worten: Beuth regte an, daß die Kinder von 8 bis 14 Jahren statt 8 insgesamt bis zu 10 Stunden (9) arbeiten und 2 Stunden zur Schule gehen sollten, während die Jugendlichen von 14 bis 16 Jahren 13 Stunden arbeiten und 1 Stunde zur Schule gehen sollten - anstatt 12 und 2 Stunden, wie vom Kultusministerium vorgeschlagen. Dabei kamen zur Dauer des faktischen Arbeitstages dann zwar nicht die 1 1/2 Stunden Pausen hinzu, die mit einbezogen werden sollten, wohl aber die Zeiten für die Wegstrecken zur Fabrik, zur Schule und nach Hause.

An Stelle einer ausführlichen Würdigung soll hierzu nur auf eine Konsequenz des von Beuth befürworteten Arbeitsschutzes hingewiesen werden. Schon mit dem Entwurf Altensteins war aufgrund der Altersabstufung die Schwierigkeit verbunden, die Einhaltung des Arbeitstages zu überwachen. (10) Beuths Vorschlag des verlängerungsfähigen, die Betriebsstörung großzügig berücksichtigenden Arbeitstages aber mußte die vom Kultusminister angestrebte Einschränkung der Kinderarbeit nun völlig vom guten Willen der Fabrikanten abhängig machen; denn es ist nicht ersichtlich, wie bei einer so weitgehenden Verrechnung früherer Ausfallzeiten eine Kontrolle der täglichen Stundenzahl sich durchführen lassen konnte.

Das Finanzministerium, das auch noch andere weniger wichtige Vorschläge Altensteins kritisierte, etwa die für Ausnahmefälle gedachte Beköstigungspflicht, regte abschließend an, das Kultusministerium möge seinen Entwurf umarbeiten oder aber die strittigen Punkte im Staatsministerium zur Entscheidung stellen. Offenbar waren sich die Wirtschaftler für den Fall der Abstimmung einer Mehrheit sicher.

V. Die Adresse des 5. Rheinischen Landtags im Jahre 1837

Der Antrag Schuchards, den dieser am 17. Juni 1837 beim Landtag eingereicht hatte, (1) sah fünf Bestimmungen vor; danach sollten

---

8) Vgl. dazu das englische Gesetz bei Weyer, 1888, S. 32; Fabriksgesetze, 1869, S. 2 f.

9) Verlängerung der Arbeitszeit um eine Stunde regelmäßig, zuzüglich eine Stunde nach Betriebsstörungen.

10) Mit diesem Gesichtspunkt wurde in den späteren Beratungen eine nach dem Alter abgestufte Arbeitszeit verworfen, vgl. A. Ko. 4, S. 163; vgl. auch den Aufs. "Das Faktoreisystem" in: MGH Bd. 2, 1837, S. 284, 286 über das englische Gesetz von 1833.

---

1) A. Rh. 3, S. 128 ff.

1. Kinder unter 9 Jahren zur Arbeit in den großen mechanischen Fabrikgebäuden nicht mehr aufgenommen werden dürfen;
2. um strafbaren Mißbrauch der Arbeitskräfte der Kinder zu verhüten, diejenigen von 9 - 18 Jahren nicht mehr als 10 Stunden des Tages arbeiten;
3. zum Schutz ihrer Gesundheit sie nicht den ganzen Tag anhaltend eingesperrt, sondern des Mittags auf 1 1/2 Stunden entlassen werden;
4. sie mittwochs und samstags je zwei Stunden Unterricht erhalten;
5. die Kinder nicht des Nachts oder abends nach 20 Uhr und nicht morgens vor 5 Uhr zur Arbeit angehalten werden.

Schuchard konnte einen ersten Erfolg verbuchen, als sich der zuständige Landtagsausschuß den Antrag zu eigen machte (2) und die Vorschriften sogar noch mit einer gewissen Verschärfung wie folgt dem Plenum zur Annahme empfahl:

1. Kein Kind soll vor vollendetem 9. Lebensjahr in einer Fabrik aufgenommen werden dürfen, und zuvor soll es einen dreijährigen Schulunterricht nachzuweisen haben.
2. Die Kinder dürfen höchstens 10 Stunden täglich zur Arbeit angehalten werden.
3. Zwischen diesen 10 Arbeitsstunden sollen den Kindern 2 Freistunden gegeben werden, davon eine um die Mittagszeit mit Bewegung in freier Luft.
4. Außerdem sollen die Kinder vom 9. bis zum vollendeten 14. Jahre wöchentlich 7 Stunden Unterricht erhalten, welche je nach den örtlichen Verhältnissen auf 7 Wochentage verteilt werden.
5. Zur Handhabung obiger Ordnung sollen Fabrikinspektoren ernannt werden, welche diese Stellen als Ehrenamt übernehmen.

Bei der Beratung des Antrags, die auf den 6. Juli 1837 anberaumt war, ging es im wesentlichen um zwei Probleme: In erster Linie mußte man die Schulfrage entscheiden; denn man brauchte, um den dreijährigen Anfangsunterricht und die 7 Stunden wöchentlich für die älteren Kinder zu ermöglichen, zunächst einmal Schulgebäude, die aber, etwa in Aachen und in Elberfeld, nur zu häufig noch fehlten. Deswegen mußte die Durchführung des Schulzwanges in der Praxis auf eine Erhöhung der Kommunalsteuern hinauslaufen.

Das zweite Problem lag dann in dem 10stündigen Maximalarbeitstag, der vor allem die Fabrikanten, aber auch die Kommunen auf

---

2) A. Rh. 3, S. 485 ff.

den Plan rufen mußte. Die Argumente der Unternehmer: Die deutschen Fabriken könnten bei Einschränkung der Arbeitszeit die englische Konkurrenz nicht bestehen; ferner werde, "da alles wie eine Kette zusammenhänge", die Arbeitszeitverkürzung den ganzen Betrieb in Mitleidenschaft ziehen; die sich daraus ergebenden Folgen: Die Erwachsenen würden 1/6 ihres Lohnes weniger verdienen; den Eltern würde ein Teil ihres Lebensunterhalts genommen, und den Ausfall müßten dann im Endergebnis die örtlichen Armenkassen bezahlen. Daß man den Kindern auch ohne den Zehnstundentag gerecht werden könne, diese Ansicht suchten einige Unternehmer zu bekräftigen, in deren Fabriken es bislang zu keinen Beanstandungen gekommen war.

Die erste Klippe, das Schulproblem, umging der Landtag mit einem vermittelnden Beschluß: Das Erfordernis des dreijährigen Schulunterrichts für die Fabrikkinder wurde mit Rücksicht auf die örtlichen Verhältnisse um eine Dispensklausel ergänzt. Die weitere Schulvorschrift 4 aber, mit der 7 Wochenstunden Unterricht angeordnet werden sollten, wurde fallengelassen. Bei späteren Beratungen über ein Gewerbepolizeigesetz, so hieß es, sollte das Problem noch einmal beraten werden.

Die zweite Schwierigkeit, der Zehnstundentag der Vorschrift 2, ließ sich jedoch auf diese Weise nicht einfach ausklammern; hier kam es nun zu einer heftigen Diskussion, an der namentlich Schuchard mit einem leidenschaftlichen Plädoyer sich beteiligte. Schuchard berichtete über Beobachtungen der Kreisärzte, wonach das lange Stehen Geschwülste und Auswüchse an den Beinen der Fabrikkinder hervorrufe und daß die Kinder überhaupt in eibem sehr schlechten Zustand sich befänden. Man müsse sich auch einmal die harten Sklavendienste der Fabrikkinder vergegenwärtigen (3) und den freudlosen Lebenslauf solcher Arbeiter, die seit ihrer Kindheit nur Mühe und Sorgen kennenlernen würden und froh sein müßten, am Rande des Grabes des "elenden Lebens quitt und ledig zu sein".

Auch die rheinischen Stände mochten sich in ihrer Mehrheit eines Mitgefühls für die Fabrikkinder nicht erwehren und nahmen am Ende die Arbeitszeitbeschränkung mit 60 gegen 9 Stimmen an, womit auch die Zustimmung zu dem Entwurf insgesamt gesichert war, denn in der folgenden Beratung ergaben sich dann keine die Sache wirklich in Frage stellenden Schwierigkeiten mehr. Die Arbeitspausen des 3. Artikels wurden einstimmig befürwortet. Artikel 4 wurde, wie schon erwähnt, einstweilen bis zu den Beratungen über ein Gewerbegesetz "beseitigt", und genauso wurde auch mit der Vorschrift 5 über die Berufung von Fabrikinspekto-

---

3) Schuchard, aaO S. 499: "Könnten Sie ... doch einmal die Jammerszenen mit ansehen, wenn die armen, zarten Kinder morgens früh um 5 Uhr in kaltem oder nassem Wetter weinend und widerstrebend von der Mutter in ein solches Gefängnis geschleppt werden, auch Ihnen würde es das Herz zerreißen."

ren verfahren. (4) Der Verordnungsentwurf, auf den der rheinische Landtag sich damit geeinigt hatte und den die Stände sodann in ihrem Antrag vom 20. Juli 1837 dem preußischen König vorgelegt haben, (5) sah nach alledem wie folgt aus:

Artikel I

Kein Kind darf vor vollendetem neunten Lebensjahre in Fabriken aufgenommen werden.

Artikel II

Die Kinder sollen vor ihrem Eintritt in die Fabrik einen dreijährigen Schulbesuch nachweisen, insofern nicht Lokalverhältnisse eine Abweichung hiervon nötig machen, welche von der Ortsobrigkeit zu untersuchen und zu ordnen ist.

Artikel III

Die Kinder dürfen höchstens zehn Stunden täglich zur Arbeit in den Fabriken angehalten werden.

Artikel IV

Zwischen diesen zehn Arbeitsstunden sollen den Kindern zwei Freistunden gegeben werden, wovon eine um die Mittagszeit mit Bewegung in freier Luft.

Die geringe Zahl der in der Petition angesprochenen Einzelprobleme und die angeregten Lösungen selbst - dies gilt vor allem für den in Artikel II geregelten Dispens - wurden den anstehenden Sachfragen sicherlich nicht gerecht. Wesentlich war aber, daß hier ein Arbeitsverbot bis zum 9. Lebensjahr und eine Arbeitszeitbegrenzung vorgeschlagen wurde; und wichtig war weiter, daß gerade das Rheinland den Willen bekundete, ernstlich etwas gegen die bestehenden Mißstände bei der Kinderarbeit zu unternehmen.

Bodelschwingh, der als Oberpräsident den Vorsitz im Landtag innehatte, faßte die ständische Petition in einem am 14. August 1837 erstellten Gutachten als eine nicht abschließend formulierte Empfehlung auf, und fügte demgemäß noch einen eigenen Vorschlag bei, in dem er die genannten vier Artikel mit seinem Entwurf von 1835 zu einem neuen Verordnungsvorschlag verband. (6)

---

4) Vermutlich, um die Kompetenzen der Polizeibehörden nicht zu beschneiden.
5) A.M. 28, S. 112.
6) A.M. 28, S. 113.

Bodelschwingh hatte dabei die zwei ersten Vorschriften des Entwurfs von 1835 verändert. Das Mindestalter von 9 Jahren wollte der Oberpräsident als Arbeitsvoraussetzung übernehmen und weiter auch den 10stündigen Arbeitstag, der den Jugendlichen bis zum 16. Lebensjahr zugute kommen sollte. Insoweit ging Bodelschwingh von der Überlegung aus, daß der Mensch größere körperliche Belastungen erst mit dem Eintritt der Pubertät ertragen könne, wie ja auch das englische Fabrikgesetz den Arbeitsschutz nicht nur auf Kinder, sondern auf Jugendliche sogar bis zum 18. Lebensjahr anwendete. Eine dem Factory Act genau nachgebildete, nach Alter und mutmaßlicher Reife bis zum 18. Lebensjahr zunehmende Arbeitszeit hielt der Oberpräsident dagegen nicht für nachahmenswert, weil diese Abstufung sich nach dem Urteil der englischen Fachleute als wenig praktikabel und letztlich auch als überflüssig erwiesen hatte.

Bodelschwingh entschied sich weiter auch gegen die in der rheinischen Petition vorgesehene Dispensbefugnis der Ortsbehörde, und zwar mit dem gewiß zutreffenden Argument, daß bei einer solchen Ermessensbestimmung die örtliche Verwaltung nur in eine Menge Gesuche verwickelt würde, die abzulehnen die wenigsten Beamten die erforderliche Standfestigkeit besäßen.

Der Oberpräsident verwertete ferner noch zwei Vorschläge der Regierungen Düsseldorf und Aachen hinsichtlich der Nachtarbeit und des Anwendungsbereichs der Schutzvorschriften im Bergbau, so daß der Entwurf nunmehr die folgende - um die unverändert gebliebenen Bestimmungen III, V und VI gekürzt wiedergegebene (7) - Fassung erhielt:

Artikel I

> Kein Kind darf zu einer regelmäßigen Beschäftigung in einer Fabrik oder zur Arbeit in Berg-, Hütten- und Pochwerken aufgenommen werden, welches nicht das neunte Lebensjahr zurückgelegt und einen dreijährigen regelmäßigen Schulunterricht genossen hat.

Artikel II

> Kinder, welche das sechzehnte Lebensjahr noch nicht zurückgelegt haben, (8) dürfen in den ad I genannten Anstalten nicht über 10 Stunden täglich beschäftigt und sollen denselben zwischen diesen Arbeitsstunden zwei Freistunden, wovon eine in der Mittagszeit, mit Bewegung in freier Luft, gegeben werden. Die Beschäftigung solcher Kinder vor 5 Uhr morgens und nach 10 Uhr abends ist ganz untersagt.

---

7) Vgl. dazu Bodelschwinghs Entwurf v. 21. Nov. 1835 auf S.287.
8) Die Jugendlichen wurden hier als Kinder bezeichnet, um von vornherein Unterscheidungen nach Alter und Reifezustand zu vermeiden, vgl. A. Ko. 4, S. 163.

Artikel III

(Religionsunterricht)

Artikel IV

Ausnahmen von den in Artikel I und II erteilten Verboten dürfen nur da eintreten, wo die Fabrikherren besondere, den Unterricht der Kinder sichernde Fabrikschulen errichten und unterhalten; die Beurteilung, ob eine solche Schule genüge, gebührt Unseren Regierungen.

Artikel V

(Strafvorschriften)

Artikel VI

(Verhältnis zu den Schulbestimmungen)

Hervorzuheben ist, daß der rheinische Oberpräsident auch in Artikel IV des neuen Entwurfs die Ausnahmevorschrift zugunsten der Fabrikschulen nicht geändert hatte, und offensichtlich war Bodelschwingh auch nicht bemüht, die Verstimmung abzubauen, die er im Kultusministerium erwarten durfte - im Gegenteil: Der Oberpräsident trug nicht nur seine Auffassung über die Sachfragen vor, sondern nutzte die Gelegenheit, um unter Hinweis auf das anscheinend geringe Interesse des Ministeriums seinen unbeschiedenen ersten Antrag vom 21. November 1835 und die vergeblichen Anfragen vom 18. November 1836, 6. April 1837 sowie vom 15. Mai 1837 in Erinnerung zu bringen, wobei Bodelschwingh der Hoffnung Ausdruck gab, daß der Antrag der Stände nunmehr eine "lebhaftere Teilnahme von Seiten der höchsten Staatsbehörden" finden möge.

VI. Das preußische Regulativ vom 9. März 1839

Das Kultusministerium reagierte jedoch auch jetzt noch nicht, vermutlich deswegen, weil Altenstein nach der jüngsten Äußerung des Finanzministeriums sich nur wenig davon versprechen konnte, die Beratungen alsbald weiterzuführen. Mit einem Hinausschieben der Verhandlungen ließ sich jedoch ein Beschluß über die Petition der rheinischen Stände nicht wirklich umgehen. Am 1. August 1838 kamen zuerst Bodelschwingh und am 13. September 1838 dann auch der Innenminister von Rochow auf die Adresse zurück, wobei Rochow den Vorschlag unterbreitete,daß nicht nur eine Verordnung für die Rheinprovinz, sondern - angesichts des Mißbrauchs der Kinder in allen Fabrikorten - ein Gesetz für ganz Preußen erlassen werden sollte. (1) Mit den Absichten des Kul-

1) A.M. 30, S. 24.

tusministeriums war diese Anregung allerdings kaum vereinbar; denn unter den gegebenen Umständen hatte ein allgemeines Gesetz an den Verhältnissen des Rheinlands, der im Unterrichtswesen nach wie vor rückständigsten Provinz, sich auszurichten mit der Folge, daß dann überall in Preußen die Anforderungen auf dem Schulsektor gesenkt werden mußten. (2) Dies dürfte der Grund dafür gewesen sein, warum Altenstein mit dem Vorschlag des Innenministers sich nicht einverstanden erklärte.

Zunächst hatte das Kultusministerium mit seiner Ablehnung auch Erfolg. In der Sitzung des Staatsministeriums am 20. November 1838, in der über den Landtagsabschied für die rheinischen Stände beraten wurde, verständigte man sich darauf, mit einem in der ganzen Monarchie geltenden Gesetz noch zu warten und wegen der besonderen Dringlichkeit der Frage für das westliche Preußen ein provisorisches Regelement allein für die Rheinprovinz zu erlassen. (3) Dieses sollte Bodelschwingh unter Berücksichtigung der früheren Ministerialverhandlungen entwerfen und den beteiligten Ministerien unterbreiten.

Dieser Auftrag an den Oberpräsidenten ist bemerkenswert. Auch wenn wegen der provinziellen Begrenzung des Arbeitsrechts Bodelschwingh ein gewichtiges Mitspracherecht zufallen mußte, so überrascht doch, daß ihm eine derart zu Lasten des Kultusministeriums gehende Schlüsselrolle eingeräumt wurde. Die begrenzte Einflußmöglichkeit Altensteins wird hier ein weiteres Mal deutlich.

Am 11. Dezember 1837 legte Bodelschwingh seinen nunmehr dritten Entwurf vor, (4) der im Vergleich zu dem vorhergegangenen nur noch geringfügige Veränderungen aufwies.

In Artikel I hatte Bodelschwingh als gleichrangig neben den dreijährigen Schulbesuch dessen regelmäßiges Ergebnis, nämlich daß ein Fabrikkind geläufig lesen und etwas schreiben könne, als alternatives Erfordernis für die Arbeitserlaubnis aufgenommen.

In Artikel II hatte Boldelschwingh die Arbeitspausen von 2 Stunden auf 1 1/2 Stunden verkürzt.

In Artikel III bildete das Nachtarbeitsverbot nunmehr eine selbständige Bestimmung: Das Verbot sollte ab 21 Uhr gelten, das heißt eine Stunde früher als bislang vorgesehen, und gleich-

2) Keller wies in der Staatsratssitzung am 5.2.1839 darauf hin, daß der Kultusminister "die Bestimmungen des Regulativs zwar für zweckmäßig, aber nicht für erschöpfend erachte", vgl. A.M. 30, S. 67.
3) Vgl. Anton, 1891, S. 47.
4) A. Ko. 4, S. 141.

zeitig war in Artikel III auch das von Bodelschwingh bisher nicht berücksichtigte Verbot der Feiertagsarbeit aufgenommen worden.

Die Regelung des alten Artikels III über den Religionsunterricht erschien mit gleichem Inhalt in diesem Entwurf als Artikel IV.

Artikel V wiederholte den Dispens zugunsten der Fabrikschulen: Würden solche eingerichtet, brauchten die in Artikel I genannten Voraussetzungen der Arbeitsaufnahme - das vollendete 9. Lebensjahr, der dreijährige Unterricht bzw. der Nachweis der elementaren Fertigkeiten - nicht beachtet zu werden.

Artikel VI brachte eine Neuerung: Wie in England sollte zur Erleichterung der Kontrolle die Verpflichtung des Fabrikanten gelten, über die Personalien der Fabrikkinder eine Liste zu führen.

Artikel VII entsprach der ursprünglichen Strafvorschrift des Artikels V, abgesehen von einer Reduzierung des Höchststrafmaßes von 10 auf 5 Taler für jedes vorschriftswidrig beschäftigte Kind, um so die Übertretung als eine der Zuständigkeit des Friedensrichters unterliegende Ordnungswidrigkeit einstufen zu können und nicht als Vergehen, welches das Zuchtpolizeigericht abzuurteilen hätte.

Die letzte Bestimmung, der Artikel VIII, regelte genau wie der ursprüngliche Artikel VI das Verhältnis zu den allgemeinen Schulbestimmungen.

Bei einem Vergleich dieses letzten Entwurfs des Oberpräsidenten mit dem des Kultusministers vom Jahre 1837 ergeben sich die folgenden wesentlichen Unterschiede:

Das Arbeitsverbot galt in dem Entwurf Bodelschwinghs bis zum 9. Lebensjahr, bei dem Vorschlag Altensteins dagegen nur bis zum 8. Jahr. Zugunsten der Fabrikschulen wollte der Oberpräsident dann aber doch wieder auf jede Altersgrenze verzichten, wobei er mit 10 statt 8 Stunden eine erheblich längere Arbeitszeit zugrundelegte, als im Entwurf des Kultusministeriums vorgesehen war.

Das Nachtarbeitsverbot war im Vorschlag Bodelschwinghs kürzer: Geltung ab 21 Uhr statt ab 20 Uhr (5) und das ganze Jahr über in den Frühstunden bis 5 Uhr morgens anstatt - wie vom Kultusministerium ursprünglich geplant - bis 7 Uhr jedenfalls im Winter. Einschneidend war ferner, daß Bodelschwingh die Vor-

---

5) Hier sind aber die früher erwähnten und auch berechtigten Bedenken des Finanzministeriums mit zu beachten.

schriften über den Gesundheitsschutz und die Betriebsordnung - Höhe der Räume, Belüftung sowie Beaufsichtigung der Kinder - abgelehnt und den damit in Zusammenhang stehenden organisatorischen Vorschlag, Fabrikkommissionen zu schaffen, nicht übernommen hatte. Diese Fabrikkommissionen bildeten ersichtlich den Stein des Anstoßes: Der Oberpräsident wehrte sich gegen eine neue Behörde, die die Zuständigkeiten des auf Vorschlag der Stände eingesetzten Landrats beschneiden mußte. (6)

Am 21. Dezember 1838 trafen die Referenten der drei Ministerien Kultus, Finanzen und Inneres zusammen, (7) um unter Mitwirkung des Oberpräsidenten Bodelschwingh die Petition des rheinischen Landtags zu beraten. (8) Alleiniges Thema der Sitzung war mithin die ständische Adresse, gleichwohl wurde aber in der Kommission sofort die Frage der Generalisierung des rheinischen Rechts auf ganz Preußen als sogenanntes Regulativ wieder aufgeworfen, wobei der Ausdruck Regulativ ein Synonym für Verordnung bedeutete. (9) Für die Ausweitung des Geltungsbereiches sprachen eine ganze Reihe von Gesichtspunkten - insoweit waren sich die Referenten einig: die Tatsachen, daß darüber seit Jahren verhandelt worden war, daß bei der Materie keine provinziellen Eigenheiten ersichtlich waren, daß die Fabrikkinder wenn schon, dann überall in der gleichen Weise Schutz verdienten und endlich, daß nur bei einer Generalisierung der Normen vermieden werden konnte, den nicht-rheinischen Gebieten einen ungerechtfertigten Wettbewerbsvorteil zu verschaffen. In Anbetracht dieser Gesichtspunkte beschlossen die Referenten, bei ihren Ministerien auf den Erlaß eines allgemeinen Gesetzes hinzuwirken und, um einen entsprechenden Beschluß später leichter verwirklichen zu können, den Entwurf gleich von vornherein als Regulativ ohne Bezug auf die ständische Adresse zu formulieren und die Anordnung des Geltungsbereiches einer gesonderten Kabinettsorder, die unschwer inhaltlich geändert werden konnte, vorzubehalten. Dieses Verfahren entsprach auch noch insofern den Wünschen des Innenministeriums, als damit der polizeiliche Charakter der Vorschriften betont wurde. Da nur Gesetze, die die Personen- oder Sachenrechte veränderten, der ständischen Beratung bedurften, (10) was hier nach Meinung der Mini-

---

6) Vgl. dazu Carnot, 1841, S. 17.
7) Keller und Kortüm; Beurmann; Hesse.
8) A. Ko. 4, S. 151 f.; A.M. 28, S. 121.
9) Regulativ-Verordnungen (Reglements) waren allgemeinverbindliche Rechtsnormen, durch die Einzelvorschriften zu den in den Gesetzen enthaltenen leitenden Grundsätzen aufgestellt wurden. Das Recht, Verordnungen zu erlassen, unterlag nicht der ständischen Mitwirkung. Vgl. dazu Roesler, Hermann, Lehrbuch des Deutschen Verwaltungsrechts, Bd. 1, Das soziale Verwaltungsrecht, Abt. 1, Erlangen 1872, S. 17 ff.
10) Von den Steuern abgesehen - gemäß Gesetz vom 5. Juni 1823, vgl. dazu Huber, Ernst Rudolf, Deutsche Verfassungsgeschichte, Bd. 1, Stuttgart 1957, S. 170 f.

sterialbeamten nicht in Betracht kam, sollte auch der rheinische Provinziallandtag im Regulativ selbst gar nicht erst erwähnt werden.

Hierzu noch eine ergänzende Überlegung: Bei ihrer Entscheidung für die Generalisierung der Verordnung dürften die einzelne Kommissionsmitglieder wohl auch taktische Überlegungen mit berücksichtigt haben. Es ist recht wahrscheinlich, daß das Finanzministerium, das die Interessen der Industrie vertrat, die Gelegenheit ergreifen wollte, um die Beratungen über das Fabrikgesetz mit Unterstützung des Innenministeriums und des rheinischen Oberpräsidenten auf der Grundlage des vorliegenden Entwurfs endgültig abzuschließen. Den Vorschlag auf Generalisierung der rheinischen Verordnung könnten andererseits aber auch die Referenten des Kultusministeriums befürwortet haben in der Hoffnung, auf diesem Weg die Chance zu vergrößern, ihre Vorstellungen über den Inhalt des allgemeinen Fabrikgesetzes durchzusetzen. Denn nur wenn dies in einem angemessenen Umfang geschah, durfte die Kommission damit rechnen, daß Altenstein den Referentenentwurf auch als gesamtpreußisches Gesetz anerkennen würde. (11)

In der Beratung der einzelnen Paragraphen ging das Gremium von dem jüngsten Entwurf Bodelschwinghs aus, der dann im Vergleich mit dem Inhalt der Landtagsadresse und gelegentlicher Berücksichtigung auch des englischen Fabrikgesetzes von 1833 diskutiert wurde. Im Ergebnis setzte sich Bodelschwingh dabei weitgehend mit seinen Vorschlägen durch. Die Vertreter des Kultusministeriums waren in dem Beratungsgremium offensichtlich isoliert und vermochten nur verhältnismäßig wenige Korrekturen anzubringen. Insoweit ist festzustellen:

Aus den Artikeln I, II und V - Arbeitsverbot bis 9 Jahre, 3jähriger Schulunterricht, Zehnstundentag, Pausen sowie die Privilegierung der Fabrikschulen - wurden die §§ 1 bis 4 und 7. Zwei wichtige Änderungen wurden dabei getroffen: Ein Dispens von dem Erfordernis des 9. Lebensjahres sollte auch bei Bestehen einer Fabrikschule nicht zulässig sein, weil der Unterrichtsbesuch nicht die Gefahr der Überanstrengung der Kinder ausräumen könnte. Diese Entscheidung war zweifellos ein Verdienst der rheinischen Petition, die zwar das absolute Arbeitsverbot nicht gefordert, aber das 9. Lebensjahr in die Debatte eingebracht hatte.

Im Interesse der Fabrikunternehmer regte der Vertreter des Finanzministeriums an, daß entsprechend dem Factory Act nach erheblichen Betriebsstörungen eine Arbeitszeit über 10 Stunden hinaus genehmigt werden sollte. Die Kommission räumte die Be-

---

11) Vgl. dazu den Vorbehalt der Referenten des Kultusministeriums am Schluß der Beratungen (s. unten S. 366).

rechtigung eines solchen Bedürfnisses ein, hielt aber auch eine Sicherung gegen eigenmächtige Verlängerungen für angezeigt und schuf demgemäß in § 3 für die Ortspolizei eine Ermächtigung auf Ausdehnung der Arbeitszeit um eine Stunde für die Dauer von höchstens einem Monat. Die ursprünglich von Beuth befürwortete komplizierte Regelung des englischen Gesetzes hatte damit keinen Eingang in das preußische Gesetz gefunden. (12)

Die von Bodelschwingh vorgeschlagenen Artikel III und IV - das Nachtarbeitsverbot und die Sicherung des Religionsunterrichts - wurden zu den §§ 5 und 6 des Referentenentwurfs, während Artikel V - die Dispensvorschrift - wie oben erwähnt, in § 2 eingearbeitet wurde.

Die Artikel VI, VII und VIII des Entwurfs Bodelschwinghs - die Pflicht zur Listenführung, die Strafbestimmung und die Klarstellung, daß die allgemeine Schulpflicht durch das Fabrikgesetz unberührt bleibe - erhielten jetzt die Bezeichnungen §§ 7, 8 und 9. Dabei brachten die Vertreter des Kultusministeriums zur Sprache, daß die Schulvorsteher als Mitglieder der Armenkommissionen unangemessene Rücksicht auf den Erwerb der unbemittelten Schichten nähmen und in einigen Fabrikgegenden überhaupt nicht darauf gedrungen hätten, daß die Armenkinder den Unterricht besuchen würden. Die Referenten Altensteins verlangten daher, daß das Fabrikgesetz nicht nur die Voraussetzungen für eine Arbeitsaufnahme, sondern auch die Notwendigkeit, den Schulbesuch weiter fortzusetzen, ausdrücklich erwähnen müsse. Damit drangen sie auch durch. Die Kommission erweiterte dann noch den § 9, in den sie den Satz einfügte, daß auch den Fabrikanten eine Mitwirkungspflicht bei der Jugendbildung treffe. Nach alledem erhielt der Kommissionsentwurf die folgende Fassung: (13)

§ 1

Vor zurückgelegtem 9. Lebensjahre darf niemand in einer Fabrik oder bei Berg-, Hütten- und Pochwerken zu einer regelmäßigen Beschäftigung angenommen werden.

§ 2

Vor zurückgelegtem 16. Lebensjahr darf hierzu niemand angenommen werden, der nicht einen regelmäßigen dreijährigen Schulunterricht genossen hat oder durch ein Zeugnis des Schulvorstandes nachweist, daß er seine Muttersprache geläufig lesen kann und einen Anfang im Schreiben gemacht hat. Eine Ausnahme hiervon ist nur da gestattet, wo die Fabrikschulen den Unterricht der jungen Arbeiter sichern. -

---

12) Hinweis auch bei Carnot, 1841, S. 17.
13) A. Ko. 4, S. 147.

Die Beurteilung, ob eine solche Schule genüge, gebührt den Regierungen, welche in diesem Falle auch das Verhältnis zwischen Lern- und Arbeitszeit zu bestimmen haben.

§ 3

Junge Leute, welche das 16. Lebensjahr noch nicht zurückgelegt haben, dürfen in den in § 1 genannten Anstalten nicht über 10 Stunden täglich beschäftigt werden. Die Ortspolizeibehörde ist befugt, eine vorübergehende Verlängerung dieser Arbeitszeit zu gestatten, wenn durch Naturereignisse oder Unglücksfälle der regelmäßige Geschäftsbetrieb in den genannten Anstalten unterbrochen und ein vermehrtes Arbeitsbedürfnis dadurch herbeigeführt worden ist. Die Verlängerung darf täglich nur 1 Stunde betragen und darf höchstens für die Dauer von 4 Wochen gestattet werden.

§ 4

Zwischen den im vorigen Paragraphen bestimmten Arbeitsstunden ist den genannten Arbeitern vor- und nachmittags eine Muße von einer Viertelstunde und mittags eine ganze Freistunde, und zwar jedes Mal auch Bewegung in freier Luft zu gewähren.

§ 5

Die Beschäftigung solcher junger Leute vor 5 Uhr morgens und nach 9 Uhr abends sowie an den Sonn- und Feiertagen ist gänzlich untersagt.

§ 6

Christliche Arbeiter, welche noch nicht zur heiligen Kommunion angenommen sind, dürfen in denjenigen Stunden, welche ihr ordentlicher Seelsorger für ihren Katechumenen- und Konfirmandenunterricht bestimmt hat, nicht in den genannten Anstalten beschäftigt werden.

§ 7

Die Eigentümer der bezeichneten Anstalten, welche junge Leute in denselben beschäftigen, sind verpflichtet, eine genaue und vollständige Liste, deren Namen - Alter - Wohnort - Eltern - Eintritt in die Fabrik enthaltend, zu führen, dieselbe in dem Arbeitslokal aufzubewahren und den Polizei- und Schulbehörden auf Verlangen vorzulegen.

§ 8

Zuwiderhandlungen gegen die Verordnung sollen gegen die Fabrikherren oder deren mit Vollmacht versehenen Vertreter

> durch Strafen von 1 bis 5 Taler für jedes vorschriftswidrig beschäftigte Kind geahndet werden.
>
> § 9
>
> Durch vorstehende Verordnung werden die gesetzlichen Bestimmungen über die Verpflichtung zum Schulbesuch nicht geändert, vielmehr sollen die Ausführungen derselben erleichtert und die Grenzen bestimmt werden, innerhalb deren auch die Eigentümer der Fabriken zur Erreichung des Beweises einer genügenden Jugendbildung mitzuwirken verpflichtet sind. Auch werden die Regierungen da, wo die Verhältnisse die Beschäftigung schulpflichtiger Kinder in den Fabriken nötig machen, solche Einrichtungen treffen, daß die Wahl der Unterrichtsstunden den Betrieb derselben so wenig wie möglich störe.

Die Kommission einigte sich schließlich auch noch darauf, daß der Entwurf nach Billigung durch die Minister unverzüglich von einem Vertreter des Kultusministeriums im Staatsministerium vorgetragen werden sollte.

Ein solches Einverständnis konnte allerdings in diesem Zeitpunkt weniger sicher erwartet werden als zu Beginn der Beratungen. Offenbar waren die Vertreter des Kultusministeriums mit den ausgehandelten Regelungen unzufrieden. Denn nach Unterzeichnung der Niederschrift bestanden die beiden Referenten noch darauf, daß zusätzlich noch eine Bedingung zu Protokoll genommen wurde: Für den Fall, daß die Ausdehnung der rheinischen Verordnung auf andere Landesteile erwogen werde, sei erforderlich, noch weitere Maßregeln - etwa die Bildung örtlicher Spezialkommissionen - mit in die Beratungen einzubeziehen. (14)

Mißt man den Kommissionsentwurf an den Einwänden des Finanzministeriums vom Jahre vorher, so wird man nicht leugnen können, daß der gefundene Kompromiß einen Fortschritt bedeutete. Verglichen mit den ursprünglichen Absichten Altensteins aber ergibt sich, daß das Kultusministerium in wesentlichen Punkten überstimmt worden war - eine Tatsache, die auch der Vorbehalt der Referenten bestätigt. Es hat den Anschein, daß der Finanz- und der Innenminister dem rheinischen Oberpräsidenten vor allem in der Ablehnung der Fabrikkommissionen beigepflichtet haben.

Der Innenminister Rochow sprach sich wenig später in einem an die beiden anderen mitbeteiligten Ressortchefs gerichteten Schreiben dafür aus, (15) daß der von der Ministerialkommis-

---

14) A. Ko. 4, S. 170.
15) A.M. 28, S. 133 ff. (V.v. 6.1.1839).

sion erarbeitete Entwurf in der vorliegenden Fassung als Regulativ für die ganze Monarchie in Kraft treten sollte, ohne diesen Zeitpunkt noch durch weitere Beratungen über den Geltungsbereich zu verzögern. Verhandlungen über örtliche Spezialkommissionen sollten vorläufig zurückgestellt werden. Diese Stellungnahme verband der Innenminister mit zwei formellen Anträgen, hinter denen unverkennbar die Absicht stand, den Erlaß des Regulativs als gesamtpreußisches Gesetz zu beschleunigen und diesen Plan notfalls auch gegen den widerstrebenden Kultusminister durchzusetzen. Rochow schlug zum einen vor, über den Kommissionsentwurf in Abweichung von dem Beschluß des Referentengremiums nicht schriftlich, sondern alsbald in einer Staatsratssitzung abzustimmen, wozu der Oberpräsident Bodelschwingh hinzugezogen werden sollte. Zum anderen legte Rochow dar, daß nicht dem Kultus-, sondern dem Innenministerium die Gesetzesinitiative und damit der Vortrag vor dem Staatsrat zufallen müsse. Das Initiativrecht leitete Rochow aus dem Umstand ab, daß das Fabrikgesetz die jugendlichen Arbeiter bis zum 16. Lebensjahr schützen wolle und somit, wie er meinte, in erster Linie einen Gegenstand der Wohlfahrtspolizei bilde, während die Beteiligung des Kultusressorts nur sekundärer Natur sei.

In seinem Antwortschreiben verzichtete Altenstein auf die Gesetzesinitiative; (16) in der Frage der Generalisierung aber bestand er auf seiner bisher vertretenen Auffassung. Altenstein berief sich insoweit auf die folgenden Gründe: Der Entwurf treffe in seinem gegenwärtigen Inhalt keinerlei Vorkehrungen für einen Gesundheitsschutz in den Fabrikräumen, für die Erhaltung der Disziplin bei der Arbeit und für eine Beköstigung solcher Kinder, die wegen einer zu großen Entfernung der Wohnung tagsüber nicht zu Hause essen könnten. Da es unmöglich erscheine, die Probleme im Gesetz selbst befriedigend in Form allgemeiner Vorschriften zu regeln und es zudem auch unbedingt notwendig sei, die Ausführung des Regulativs zuverlässig zu kontrollieren, habe er, der Kultusminister, die Einrichtung von Spezialkommissionen vorgeschlagen, die diese Aufgaben auf örtlicher Ebene übernehmen sollten. In diesem Zusammenhang äußerte sich Altenstein mit einer sarkastischen Formulierung, die einen gewissen Aufschluß über das frühere Verhalten des Ministers gibt, auch über die Person des rheinischen Oberpräsidenten: Die Abneigung Bodelschwinghs gegen die Fabrikkommissionen, so führte Altenstein aus, gebe zwar "ein ehrenvolles Zeugnis von dessen rastloser Tätigkeit und Vertrauen in den guten Willen, die Einsicht und die Energie der bisherigen Organe der Verwaltung", aber ohne Bodelschwingh "zu nahe treten zu wollen", müsse er sich doch "die Bemerkung erlauben, daß ohne geeignete Kontrolle die gute Absicht des Regulativs ohne die entsprechenden Folgen bleiben werde."

Da der Kultusminister die Fabrikkommissionen für unverzichtbar

---

16) A.M. 28, S. 141 (V.v. 15.1.39).

hielt, lehnte er die Generalisierung des Regulativs mit dem vorliegenden Inhalt ab und kündigte an, seine Gründe auch in der Staatsratssitzung zur Sprache zu bringen. Gleichzeitig erklärte er sich für eine Wiederaufnahme der Referentenkonferenz.

Wohl um seine Position zusätzlich noch mit rechtlichen Erwägungen abzustützen, vertrat der Minister in seinem Votum nunmehr auch die Ansicht, daß das Regulativ vor einer Generalisierung erst noch von den preußischen Ständen beraten werden müsse. Das Gesetz enthalte erstens eine Beschränkung der persönlichen Rechte, weil es die bisher freie Arbeitsaufnahme bis zu einem gewissen Alter verbiete. Diese Bestimmung und dann weiter auch der Maximalarbeitstag würden außerdem zu einer Steigerung der Produktionskosten führen und damit zweitens auch einen Eingriff in das Privateigentum bedeuten. (17) An dieser Stelle ging Altenstein aus naheliegenden Gründen auch auf die Ausführungen Rochows ein, in denen dieser von einer angeblich nur geringen Beteiligung des Kultusressorts an dem Gesetzgebungsgegenstand gesprochen hatte. Altenstein trat dem entschieden entgegen. Der Zweck des Regulativs, so betonte er, sei es vor allem, den Schulbesuch der Fabrikkinder zu sichern und dafür die Mitwirkung der Fabrikanten in Anspruch zu nehmen. Außerdem berühre die Einschränkung einer Erwerbsarbeit der Kinder unter einem gewissen Alter gleichfalls seine Kompetenz sowohl im Hinblick auf die sittliche sowie intellektuelle Erziehung der Kinder als auch unter dem Gesichtspunkt der Gesundheitspflege. Dies herausgestellt, legte der Kultusminister in seinem Votum schließlich aber doch einen Kompromißvorschlag vor. Für den Fall, daß sich bei der Beratung durchgreifende Gründe für eine sofortige Generalisierung fänden, werde er sich einem solchen Beschluß nicht widersetzen. Er werde dann jedoch die Provinzialorgane mit näheren Anweisungen darüber versehen, wie sie die Vollziehung des Regulativs zu beaufsichtigen hätten.

Diesem Vorschlag darf man wohl entnehmen, daß der Kultusminister sich über die geplanten Ausführungsbestimmungen einen klar

---

17) Altensteins Argumente waren zwar plausibel, mußten aber die anderen Minister nicht wirklich beeindrucken. Die Durchsetzung des Schulzwangs war sicherlich der Hauptzweck des Regulativs. Aber insoweit sollten die neuen Vorschriften lediglich die Regelungen über die in Preußen bereits geltende allgemeine Schulpflicht weiter konkretisieren. Dafür bedurfte es von Rechts wegen keiner ständischen Beratung. Zweifelhaft war freilich, ob die Kabinettsorder vom 14. Mai 1825 den Schulzwang in den neupreußischen Provinzen auch insoweit eingeführt hatte, als damit mehr als ein negativ-abwehrendes Sicherheitsinteresse wahrgenommen werden konnte. Hier dürfte der Grund dafür liegen, warum das Innenministerium den wohlfahrtspolizeilichen Zweck der neuen Bestimmungen so betont in den Vordergrund gerückt hat; denn nach der in Preußen herr-

abgesteckten Einfluß auf die Polizeibehörden einräumen lassen wollte. Andererseits belegt die Schlußbemerkung aber wohl auch, daß Altenstein selbst damit gerechnet hat, im Staatsrat gegenüber dem Innenminister und dem Finanzminister sich nicht durchsetzen zu können.

Welchen Ausgang die Kontroverse nehmen würde, zeichnete sich schon ab, als auch der Finanzminister Graf von Alvensleben in seinem Votum dem Standpunkt Rochows beitrat und anregte, die Bedenken des Kultusministers erst in der Staatsratssitzung zu erörtern. (18) Der Vorschlag Altensteins, noch einmal die Ministerialkonferenz mit den streitigen Fragen zu befassen, hatte somit keine Unterstützung gefunden.

Die Sitzung des Staatsrats über die Petition des rheinischen Landtags fand am 5. Februar 1839 statt. (19) Anwesend waren der Kronprinz, der Justizminister Mühler, der Innenminister Rochow, der Finanzminister Alvensleben, die Sachreferenten der beteiligten Ministerien (20) sowie die geladenen Oberpräsidenten Westfalens und des Rheinlands, Stollwell und Bodelschwingh. Der Kultusminister fehlte bezeichnenderweise.

Der Gegensatz in den Auffassungen der Ministerien wurde jetzt in aller Offenheit ausgetragen. In seinem einführenden Referat betonte der Vertreter des Innenministeriums, daß es besonders wichtig sei, das vorliegende Gesetz möglichst bald zu erlassen. Unter Hinweis auf die Kabinettsorder vom Jahre 1828 beschrieb der Referent die ungesunde, unnatürliche Lebensweise der Fabrikkinder sowie die aus der Arbeit folgenden Schäden und wies weiter darauf hin, daß das Kultusministerium sich schon seit Jahren mit der Redaktion eines Gesetzes befaßt habe, dessen Vorlegung jedoch bis jetzt wegen "verschiedener Umstände" sich verzögert habe. In England habe man dem Bedürfnis nach einem derartigen Gesetz längst entsprochen, weswegen sich der letzte rheinische Landtag veranlaßt gesehen habe, auf die Notwendigkeit für ein Einschreiten des Gesetzgebers aufmerksam zu machen. Mit großer Mehrheit hätten die Stände daher eine Petition verabschiedet,

---

schenden Lehre kam bei dem Erlaß von Polizeivorschriften eine Mitwirkung der Stände nicht in Betracht, vgl. Böckenförde, 1981, S. 173, 175; Rosin, 1895, S. 32 f., 38; vgl. zu Robert von Mohls Lehre vom Polizeiverordnungsrecht: Böckenförde, 1981, S. 184 f.; Angermann, 1962, S. 143 f.

18) A.M. 28, S. 143.

19) A.M. 30, S. 64.

20) Inneres: Wirkl. Geh. Regierungsrat Hesse; Kultus: Wirkl. Geh. Oberregierungsrat Keller.

die dem nunmehr vorliegenden, von allen Ministerien gebilligten Entwurf im wesentlich zugrunde liege.

Die sich anschließende Erörterung wandte sich sogleich dem Problem zu, ob das Regulativ auf ganz Preußen ausgedehnt werden sollte, wobei in der Diskussion die in der vorgängigen Korrespondenz erwähnten Argumente erneut vorgetragen wurden. Der Vertreter des Kultusministeriums stand jedoch mit dieser Ansicht auf verlorenem Posten. Den juristischen Bedenken Altensteins, es handele sich um einen Eingriff in Freiheit und Eigentum, verschloß sich der Staatsrat mit der Erwägung, daß das Regulativ mit polizeilichen Schutzmaßnahmen (21) gegen einen Exzeß des industriellen Eigentums sich wende. Und auch die sachlichen Einwände hielt der Staatsrat im wesentlichen nicht für durchgreifend, weil das "hypothetisch Bessere keinen Grund enthalte, um das gewisse Gute länger auszusetzen" - die von Altenstein gewünschte Erweiterung des Regulativs wurde nicht für dringlich erachtet. (22)

Allein in der Frage der vom Kultusministerium vermißten bau-, sanitäts- und sittenpolizeilichen Maßregeln war das Gremium zu einem gewissen Entgegenkommen bereit. (23) Hierzu wurde der Beschluß gefaßt, in das Regulativ noch eine weitere Bestimmung, einen § 10, aufzunehmen, der den Ministerien die Befugnis erteilte, besondere polizeiliche Vorschriften zu erlassen und mit Strafandrohungen zu bewehren. Nach Einarbeitung noch einiger kleinerer Änderungen - meist sprachlicher Art - beschloß das Staatsministerium, den vorliegenden Entwurf als Regulativ zusammen mit einer diesem gesetzliche Kraft beilegenden Kabinettsorder dem König zu überreichen. (24)

Der umgearbeitete Entwurf wurde Friedrich Wilhelm III. unter dem 9. März 1839 zugeleitet, von diesem am 6. April unterzeichnet und dann wie folgt in der preußischen Gesetzessammlung publiziert: (25)

---

21) Vgl. dazu Anm. 17).
22) Spezialkommissionen seien nicht erforderlich, so wurde eingewandt, weil alle Polizei- und Schulbehörden die Beachtung der Bestimmungen überwachen würden und diese Aufgabe auch durch die Pflicht der Fabrikanten zur Listenführung erleichtert werde. Weiter gehöre auch eine Vorschrift über die Beköstigung der Kinder nicht in das Regulativ, weil sich das Gesetz nur gegen Mißbräuche der Fabrikbesitzer wende, nicht aber die Unterhaltspflicht der Eltern betreffe.
23) Dazu Carnot, 1841, S. 15 aus der Sicht Beuths: "Die ... Promulgierung des Gesetzes war durch Meinungsabweichungen ... noch einige Zeit verzögert worden"; schließlich sei "eine Art Kompromiß zwischen den verschiedenen Vorschlägen" gefunden worden.
24) A.M. 30, S. 69 f.
25) GS 1839, S. 156 ff. (NO 2005); Text auch in: AF Jg. 10, 1872, S. 24 ff.

ALLERHÖCHSTE KABINETTSORDER VOM 6. APRIL 1839, BETREFFEND DAS VON SR. MAJESTÄT BESTÄTIGTE REGULATIV ÜBER DIE BESCHÄFTIGUNG JUGENDLICHER ARBEITER IN FABRIKEN.

Das mittelst Berichts des Staatsministerii vom 9.v.M. Mir überreichte, aus zehn Paragraphen bestehende Regulativ "über die Beschäftigung jugendlicher Arbeiter in Fabriken", entspricht einem längst gefühlten, von den Rheinischen Provinzialständen besonders hervorgehobenen Bedürfniß. Ich bestätige es deshalb hierdurch seinem ganzen Inhalte nach, lege ihm für alle Landestheile der Monarchie gesetzliche Kraft bei und weise das Staatsministerium an, sowohl das Regulativ wie diese Order durch die Gesetzsammlung zu publizieren.

Berlin, den 6. April 1839. Friedrich Wilhelm (III.)

An das Staatministerium

REGULATIV
ÜBER
DIE BESCHÄFTIGUNG JUGENDLICHER ARBEITER IN FABRIKEN

D. d. 9. März 1839.

§ 1

Vor zurückgelegtem neunten Lebensjahre darf niemand in einer Fabrik oder bei Berg-, Hütten- und Pochwerken zu einer regelmäßigen Beschäftigung angenommen werden.

§ 2

Wer noch nicht einen dreijährigen regelmäßigen Schulunterricht genossen hat, oder durch ein Zeugniß des Schulvorstandes nachweiset, daß er seine Muttersprache geläufig lesen kann und einen Anfang im Schreiben gemacht hat, darf vor zurückgelegtem sechszehnten Jahre zu einer solchen Beschäftigung in den genannten Anstalten nicht angenommen werden.
Eine Ausnahme hiervon ist nur da gestattet, wo die Fabrikherren durch Errichtung und Unterhaltung von Fabrikschulen den Unterricht der jungen Arbeiter sichern. Die Beurtheilung, ob eine solche Schule genüge, gebührt den Regierungen, welche in diesem Falle auch das Verhältniß zwischen Lern- und Arbeitszeit zu bestimmen haben.

§ 3

Junge Leute, welche das sechszehnte Lebensjahr noch nicht zurückgelegt haben, dürfen in diesen Ansstalten nicht über

zehn Stunden täglich beschäftigt werden.
Die Orts-Polizei-Behörde ist befugt, eine vorübergehende Verlängerung dieser Arbeitszeit zu gestatten, wenn durch Naturereignisse oder Unglücksfälle der regelmäßige Geschäftsbetrieb in den genannten Anstalten unterbrochen und ein vermehrtes Arbeitsbedürfniß dadurch herbeigeführt worden ist.
Die Verlängerung darf täglich nur eine Stunde betragen und darf höchstens für die Dauer von vier Wochen gestattet werden.

§ 4

Zwischen den im vorigen Paragraphen bestimmten Arbeitsstunden ist den genannten Arbeitern Vor- und Nachmittags eine Muße von einer Viertelstunde und Mittags eine ganze Freistunde und zwar jedesmal auch Bewegung in freier Luft zu gewähren.

§ 5

Die Beschäftigung solcher jungen Leute vor 5 Uhr Morgens und nach 9 Uhr Abends, so wie an den Sonn- und Feiertagen ist gänzlich untersagt.

§ 6

Christliche Arbeiter, welche noch nicht zur heiligen Kommunion angenommen sind, dürfen in denjenigen Stunden, welche ihr ordentlicher Seelsorger für ihren Katechumenen- und Konfirmanden-Unterricht bestimmt hat, nicht in den genannten Anstalten beschäftigt werden.

§ 7

Die Eigenthümer der bezeichneten Anstalten, welche junge Leute in denselben beschäftigen, sind verpflichtet, eine genaue und vollständige Liste, deren Namen, Alter, Wohnort, Eltern, Eintritt in die Fabrik enthaltend, zu führen, dieselbe in dem Arbeits-Lokal aufzubewahren und den Polizei- und Schulbehörden auf Verlangen vorzulegen.

§ 8

Zuwiderhandlungen gegen diese Verordnung sollen gegen die Fabrikherren oder deren mit Vollmacht versehenen Vertreter durch Strafen von 1 bis 5 Thalern für jedes vorschriftswidrig beschäftigte Kind geahndet werden.
Die unterlassene Anfertigung oder Fortführung der im § 7 vorgeschriebenen tabellarischen Liste wird zum ersten Male mit einer Strafe von 1 bis 5 Thalern geahndet; die zweite Verletzung dieser Vorschrift wird mit einer Strafe von 5 bis 50 Thalern belegt. Auch ist die Orts-Polizei-Behörde befugt, die Liste zu jeder Zeit anfer-

tigen oder vervollständigen zu lassen. Es geschieht dies auf Kosten des Kontravenienten, welche zwangsweise im administrativen Wege beigetrieben werden können.

§ 9

Durch vorstehende Verordnung werden die gesetzlichen Bestimmungen über die Verpflichtung zum Schulbesuch nicht geändert. Jedoch werden die Regierungen da, wo die Verhältnisse die Beschäftigung schulpflichtiger Kinder in den Fabriken nöthig machen, solche Einrichtungen treffen, daß die Wahl der Unterrichtsstunden den Betrieb derselben so wenig als möglich störe.

§ 10

Den Ministern der Medizinal-Angelegenheiten, der Polizei und der Finanzen bleibt es vorbehalten, diejenigen besonderen sanitäts-, bau- und sittenpolizeilichen Anordnungen zu erlassen, welche sie zur Erhaltung der Gesundheit und Moralität der Fabrikarbeiter für erforderlich halten. Die hierbei anzudrohenden Strafen dürfen 5o Thaler Geld- oder eine diesem Betrag entsprechende Gefängnißstrafe nicht übersteigen.

Berlin, den 9. März 1839

Königliches Staats-Ministerium.(26)

VII. Rechtsvergleichende Übersicht

Wirft man einen Blick auf die Gesetzgebung der anderen europäischen Staaten während dieser Jahre, so erkennt man, daß das preußische Regulativ keine isolierte Maßnahme gewesen ist, sondern in seiner Grundentscheidung einer allgemeinen Tendenz entsprochen hat, die in einigen Ländern deutlich von den durch die Revolution von 1830 gestärkten Volksbildungsbestrebungen profitierte. In der Schweiz war es - im Nachgang zur Volksschulreform vom Jahre 1832 - schon 1837 zu einer Verordnung über die Fabrikarbeit der Kinder gekommen, (1) und auch in Österreich gab es regionale Bestrebungen in dieser Richtung: Zuerst befaßte sich das Voralberger Kreisamt mit dieser Frage,

---

26) Es folgen die Unterschriften: Friedrich Wilhelm, Kronprinz; Frh. v. Altenstein; v. Kamptz; Mühler; v. Rochow; v. Nagler; Graf v. Alvensleben; Frh. v. Werther; v. Rauch.

---

1) Vgl. Stauber, Die Fabrikarbeit der schulpflichtigen Kinder und ihr Einfluß auf den Schulbetrieb im Kanton Zürich in der ersten Hälfte des 19. Jahrhunderts, in: JSG Jg. 12, 1911,

und zwar in Schulverordnungen von 1834/35 und noch einmal von 1840. Ein umfangreiche Verordnung plante im Jahre 1839 auch die niederösterreichische Regierung; (2) das Projekt scheiterte dann jedoch an der Wiener Hofkammer, die ein eigenes Gesetz für die Fabrikkinder entwickeln wollte, das Vorhaben aber nicht zum Abschluß brachte. (3) Immerhin schufen sich Tirol und auch das lombardo-venetianische Königreich in den Jahren 1842 und 1843 im Rahmen ihrer Zuständigkeiten gewisse Schulbestimmungen auch für die Fabrikkinder. (4)

Das preußische Regulativ von 1839 wiederum scheint auch anderen Ländern als Beispiel gedient zu haben, denn Bayern sowohl als auch Baden erließen im Jahre 1840 Verordnungen zum Schutze der Fabrikkinder. (5) Und auch Frankreich, das sich über die Gesetzesvorhaben des Auslands eingehend informiert hat, (6) folgte im Jahre 1841 mit einem Fabrikgesetz nach, (7) von dem jedoch, da in Frankreich keine allgemeine Schulpflicht galt, keine nennenswerte Wirkung ausgegangen ist. (8)

VIII. Die Ausführung des preußischen Regulativs

1. Erste praktische Erfahrungen

Die Frage, inwieweit das Fabrikgesetz sich insgesamt bewährt hat, wird an späterer Stelle noch erörtert werden; hier genügt eine kurze Übersicht über die anfängliche Handhabung des Gesetzes, wofür im wesentlichen auf einen Bericht des französischen Deputierten Carnot zurückgegriffen wird. Carnot hat im Jahre 1840 in verschiedenen Ländern Europas vergleichende Studien über die Fabrikgesetze getrieben und dabei festgestellt, daß das preußische Regulativ wegen der positiven Einstellung der Bevölkerung zum Volksschulbesuch im allgemeinen mit Wohlwollen aufgenommen worden sei. (1) Schwierigkeiten habe das "neue Schulgesetz", wie es im Rheinland genannt wurde, nicht hervorgerufen. Im Bezirk Düsseldorf, den Carnot vor

---

S. 148 ff., 164 ff., Text auf S. 166 f.
2) v. Mises, 1905, S. 240 f., 245 ff.
3) AaO S. 247 ff.
4) AaO S. 264.
5) Texte bei Hoppe, 1969, S. 69 ff., 72 ff. (bayer. VO vom 15. Jan. 1840 u. bad. VO vom 14. März 1840).
6) Vgl. Carnot, 1841.
7) Text: ZÖR Bd. 3, 1841, S. 417.
8) Kritik schon in KZR Bd. 14, 1842, S. 11; vgl. Mataja, ZVSV Bd. 5, 1896, S. 368 ff., 375 ff.

---

1) Carnot, 1841, S. 18 ff., 21.

allem bereist hat, sei es gelungen, den Elementarunterricht auf der Vergleichsskala preußischer Provinzen "um mehrere Stufen" zu heben. Eine vollständige Beachtung des Regulativs schien Carnot in dem Jahr unmittelbar nach Inkrafttreten des Gesetzes allerdings noch nicht gesichert. Das Nachtarbeitsverbot hielten die Fabrikanten nach seinen Beobachtungen zwar streng ein, aber die Vorschrift des Zehnstundentags und die Verpflichtung zur Listenführung befolgten sie nur mittelmäßig.

Die Bedenken, die Altenstein hinsichtlich der Betriebskontrollen vorgebracht hatte, wurden hier noch einmal bestätigt. Da der Kultusminister am 14. Mai 1840 verstorben war, hatte er die im Vorjahr angekündigten Ausführungsinstruktionen nicht mehr erlassen können.

Gerechterweise muß man aber betonen, daß die Behörden nach Kräften bemüht waren, den neuen Arbeitsschutz mit Leben zu erfüllen, wozu etwa eine erläuternde Verordnung der Regierung Düsseldorf gehörte, die im Jahre 1840 die Einnahme der Mahlzeiten in den Arbeitsräumen verboten und dafür gesonderte Räume vorgeschrieben hat. (2) Um die Fabrikkontrolle zu verbessern, erließ Düsseldorf am 6. Dezember 1841 noch eine weitere Verordnung, mit der sie den Bürgermeistern wenigstens zweimal im Jahr unangemeldete Fabrikrevisionen sowie auch eine Prüfung der Fabrikschulen vorgeschrieben hat. (3) Über die Einzelheiten der Prüfung sollten Protokolle verfaßt und diese der Regierung mit einem Begleitbericht eingereicht werden. Ebenso wurde den Landräten aufgetragen, auf ihren Rundreisen die Fabriken mit zu besuchen.

Derartige Erlasse mitsamt Erfolgsmeldungen liegen auch aus anderen Regierungsbezirken vor. (4)

2. Ein Verbesserungsvorschlag Schuchards

Einen Hinweis auf die gleichwohl nicht unbeträchtlichen Schwierigkeiten, mit denen die Verwaltung bei der Aufsicht über die Fabriken zu kämpfen hatte, liefern zwei Strafverfahren, die zu dieser Zeit in Barmen stattgefunden haben. In dem einen Prozeß war ein Fabrikaufseher verurteilt worden, der 13 Kinder im Al-

---

2) AaO S. 20.
3) Vgl. A. Ko. 4, S. 358.
4) Vgl. A. Ko. 4, S. 279, 286, 302 u. Anton, 1891, S. 64 f.: Reg. Aachen: Instruktion v. 18. Sept. 1840; Erlaß v. 23. Nov. 1840; Reg. Köln: Erhöhung der Schulstunden für Fabrikkinder am 1. Apr. 1841 von tägl. 1 Std. auf 2 Std. im Sommer u. 1 1/2 Std. im Winter; weiter Reg. Magdeburg: Verordnung v. 25. Febr. 1843, bei Maaß, 1931, S. 106 und A.M. 30, S. 211; in Berlin bereitete die Durchführung erhebliche Schwierigkeiten, vgl. MLV Jg. 3, 1851, S. 15 f.; auch Maaß, aaO.

ter von 10 bis 14 Jahren mißbraucht hatte, während in dem zweiten Fall ein geschlechtskranker Fabrikant mehrere Fabrikmädchen angesteckt hatte. Diese Vorfälle griff der Barmer Abgeordnete Schuchard im Mai 1843 vor dem 7. Rheinischen Landtag auf. Da die besagten Fabriken, so führte Schuchard aus, mitten in der Ortschaft gelegen seien, ohne daß die Öffentlichkeit von den Vorgängen in den Betrieben auch nur eine Ahnung gehabt habe, könne man sich vorstellen, welche Unmoral dann erst in den abgelegenen Betrieben herrsche. Dringend notwendig werde daher, die Fabrikkontrolle in einer anderen Form als bisher üblich durchzuführen. Zu diesem Zweck beantragte Schuchard ein Gesetz, das die Gemeinderäte verpflichten sollte, überall, wo Kinder in Fabrikgebäuden beschäftigt würden, drei redliche Bürger, darunter einen Arzt, als Inspektoren zu benennen und sie gemeinsam mit der Aufsicht über das physische Wohl der Kinder und die Beachtung der gesetzlichen Arbeitszeit zu betrauen. (1)

Der zuständige Landtagsausschuß prüfte den Antrag im Hinblick auf die ihm zugrundeliegenden tatsächlichen Behauptungen und kam zu dem Ergebnis, daß von einer besonderen Unsittlichkeit in den rheinischen Fabriken nicht gesprochen werden könne. Bei Schuchards Beispielen handele es sich um ein isoliertes Faktum. Gleichwohl die Einrichtung von Fabrikkommissionen zu befürworten liefe auf eine unverdiente Kränkung der Fabrikinhaber hinaus, und im übrigen dürfe auch ohne nachgewiesenes Bedürfnis ein Gesetz nicht beantragt werden. - Dieser Meinung schloß sich der Landtag an. (2)

Die Behörden, die der Frage der sittlichen Verwahrlosung ebenfalls nachgegangen waren, trafen die gleichen Feststellungen. Verführungen seien nirgends sonst noch bekannt geworden, schrieb der Kölner Schulrat Grashof in seinem abschließenden Bericht an den rheinischen Oberpräsidenten. (3) Wohl sei unter den Fabrikarbeitern die sittliche Ordnung nicht immer genügend, indes könne diese auch durch die strengste Aufsicht nicht hergestellt werden. Damit hatte Grashof sicherlich recht.

Aus den Akten ist zu ersehen, daß Schuchards Antrag die Behörden immerhin noch einmal zu einer Verschärfung der Aufsicht veranlaßt hat. (4) Daß er mit seiner eigentlichen Absicht nicht durchgedrungen ist, lag, so wird man sagen müssen, zum guten Teil mit daran, daß Schuchard seinen Antrag allzu eng mit dem konkreten Vorwurf verbunden hatte, die Fabriken seien heimliche Schulen des Lasters. Dafür fehlten hinreichende Anhaltspunkte. Das Regulativ von 1839 hatte das aufgestaute Reformbedürfnis im großen und ganzen befriedigt - was übrigens auch Schuchard

1) A. Rh. 4, S. 257.
2) A. Rh. 5, S. 2783 ff. (Sitzung v. 12. Juli 1843).
3) A. Ko. 4, S. 348 f. (22. Dez. 1843).
4) Vgl. A. Ko. 4, S. 354 ff.

hervorgehoben hat (5) - und daher sah man für eine Verbesserung des Arbeitsschutzes noch keinen Anlaß.

5) A. Ko. 4, S. 332: "Das Gesetz ist jetzt über 3 Jahre in Wirksamkeit und hat den physischen Zustand der armen Geschöpfe wesentlich verbessert."

2. Abschnitt

DIE JAHRE 1840 - 47

DAS ARBEITERPROBLEM IN DER KRISE DES WIRTSCHAFTSLIBERALISMUS

Nachdem in Deutschland nunmehr die gröbsten Mißstände bei der Fabrikarbeit der Kinder unterbunden waren, kam ein weiterer Ausbau des Jugendarbeitsschutzes nur dann noch in Betracht, wenn die Industrialisierung rasche Fortschritte machen und neue Probleme mit sich bringen würde oder - die andere Möglichkeit - wenn sich das soziale Gewissen der Nation schärfen und verstärkt der Unterschichten annehmen würde, wie es etwa um 1800 der Fall gewesen war. Es handelte sich mithin um eine wenig günstige Ausgangslage für eine Weiterbildung des Rechts, und trotzdem ist diese nach verhältnismäßig kurzer Zeit wieder in Gang gekommen, als wirtschaftliche Schwierigkeiten das Ansehen der Industrie und des Liberalismus erschütterten und die Volksschulidee sich unter sozialen Gesichtspunkten erneuern konnte.

Da mehr noch als während der vorangegangenen Epoche Veränderungen sich auf den Gedanken des Jugendarbeitsschutzes ausgewirkt haben, die mit Jugendfragen an sich nichts oder nur wenig zu tun haben, muß die Untersuchung an dieser Stelle noch einmal weiter ausholen.

I. Wachsende Kritik am liberalen System

Der in den 30er Jahren schon leicht bedrängte Wirtschaftsliberalismus schien sich zunächst wieder zu erholen, (1) als der internationale Handel nach 1840 eine neue Blüte erlebte (2) und Pläne über den Aufbau eines deutschen Eisenbahnnetzes und die Förderung einer nationalen Industrie eine optimistische Stimmung verbreiteten. (3) Unverkennbar wuchs zu dieser Zeit aber auch die Gruppe derer an, die die bestehende streng individualistische Wirtschaftsverfassung durch die Schaffung kollektiven, nämlich auf Vergesellschaftung des Menschen gerichteten Rechts verändern wollten. Diese Bestrebungen hatten verschiedene Wurzeln.

---

1) Vgl. Prittwitz, M. von, Gemeinfaßliche Darstellung der Volkswirthschaftslehre, Mannheim 1840, S. 106 ff., 372 ff.; Rau, Volkswirthschaftslehre, 1841, S. 467, 474; Schüz, C.W.Ch., Grundsätze der National-Oeconomie, Tübingen 1843, S. 87 ff.
2) Rodbertus, 1. Brief, 1850, S. 58 (Krisenjahre waren 1836/37 u. 1839/40).
3) Bülau in einer Rezension, JwK Bd. 2, 1841, S. 1: Auch er glaube nicht, daß "die Zeit auf dem Wege sei, ... in den offenen Schlund des Verderbens zu rennen".

1. Der konservative Standpunkt

Die konservative Kritik am Wirtschaftsliberalismus bezog ihr sachliches Gewicht jetzt insbesondere aus der Tatsache, daß zwei wichtige Gewerbezweige in Deutschland spürbar kränkelten: Notleidend waren in gewissen Bereichen die Hausindustrie - vor allem ging der Export der Leinenweberei stark zurück (1) - und ferner das Handwerk, das namentlich in Preußen unter einer Vielzahl selbständiger, ohne Gehilfen arbeitender Kümmerbetriebe litt und den älteren Gesellen in der Regel keine Aussicht auf den für die Ernährung einer Familie erforderlichen Lohn zu bieten vermochte. (2) Bezeichnend ist, daß im Jahre 1839 in der preußischen Hauptstadt binnen sechs Monaten 500 Handwerksbetriebe Konkurs anmelden mußten. (3) Der Ernst der Lage ließ den Wunsch nach Reformen immer lauter werden. Im Jahre 1840 wandten sich die Berliner Stadtverordneten in einer Petition an den König und baten nachdrücklich um staatliche Hilfe. Eine entsprechende Bittschrift liegt auch von den Kölner Handwerkern vor. (4)

Die Kleingewerbetreibenden wünschten die Wiedereinführung der vorindustriellen Zunfteinrichtungen, und für diesen eine staatliche Reglementierung der Gewerbe voraussetzenden Weg warben die konservativen Schriften, die freilich, soweit sie sich mit der industriellen Produktionsweise selbst befaßten, noch wenig konstruktiv waren. Immerhin wurde in einigen dieser Stellungnahmen auch für die Fabriken eine die Gewerbefreiheit beseitigende Gesetzgebung befürwortet. Der badische Abgeordnete Buß forderte im Jahre 1842 mit dem Argument, daß die Arbeit keine Ware sei, eine die gesamte Wirtschaft erfassende staatliche Organisation, die die berufliche und soziale Stellung der Bürger sichern sollte. (5) Ähnliche Überlegungen findet man auch bei dem Staatswirtschaftler von Lavergne-Peguilhen, der für eine "Zügelung der konkurrierenden Kräfte" in der Form einer organischen Gliederung des Erwerbslebens eintrat. (6)

Auch der Nationalökonom Rodbertus befürwortete ein auf staat-

---

1) Vgl. Blumberg, Horst, Ein Beitrag zur Geschichte der deutschen Leinenindustrie von 1834 bis 1870, bei: Mottek, 1960, S. 65ff., 93 ff, 97 ff.; Kaufhold bei Zorn, 1976, S. 331.
2) Hoffmann, J.G., Gewerbebetrieb, 1841, S. 138; vgl. Conze bei Zorn, 1976, S. 439.
3) M.M., Ueber das Innungswesen, Gießen 1843, S. 13 f., 114, 135; vgl. Kleinschrod, Beiträge, 1840, S. 54 f.
4) Schmoller, 1870, S. 80.
5) Buß trat weiter für eine Verbesserung des Schulwesens ein, um auf diese Weise Sittlichkeit und Religiosität zu verbreiten und den Materialismus der Zeit zu überwinden, vgl. das 1842 verfaßte Vorwort zu: v. Gerando, System der gesammten Armenpflege. Übersetzt v. F.J. Buß, Bd. 1, Stuttgart 1843, S. XXXV ff.

licher Leitung beruhendes Ordnungssystem, das unter anderem die Fabrikarbeiter am Zuwachs des Sozialprodukts beteiligen und sie vor den Risiken wechselnder Wirtschaftslagen schützen sollte. (7) Wie diese Zielvorstellungen im einzelnen zu verwirklichen wären, wurde von den genannten Autoren allerdings nicht erörtert. (8)

2. Der gemäßigt-liberale Standpunkt

Konkrete Vorschläge zu einer umfassenden Änderung der Wirtschaftsverfassung diskutierten im wesentlichen nur die wenigen Vertreter der von der Smithschen Schule abgespaltenen eingeschränkt-liberalen Richtung, für die wiederum Mohl zu nennen ist. Dieser griff die von ihm in Deutschland zum ersten Mal radikal formulierte soziale Frage zu Beginn der vierziger Jahre ein weiteres Mal auf, und zwar nun nicht mehr in einem vorsichtig gefaßten Beitrag zur Auseinandersetzung mit diesem Problem wie im Jahre 1835, sondern mit einem scharfen Angriff gegen die herrschende liberale Nationalökonomie; Mohl warf ihr die Mitschuld am Unglück von Millionen von Menschen vor sowie Gleichgültigkeit gegenüber den Opfern des von ihr gepriesenen Industriesystems. (1) Das Prinzip der unbeschränkten Gewerbefreiheit, so führte Mohl aus, zerstöre mit der ersatzlosen Aufhebung der Zünfte den gesicherten Mittelstand und lasse an dessen Stelle zwei Klassen, die Unternehmer und die Arbeiter, treten, wobei gleichzeitig eine elende, ungesunde und entsittlichte Fabrikbevölkerung entstehe, die die Gesellschaft in ihrem Bestand bedrohe. Die Haltung der Volkswirtschaftslehre gegenüber diesem Prozeß sozialer Umschichtung nannte Mohl eine Inhumanität. Die Fabrikarbeiter würden nur noch als Produktionsmittel angesehen, deren menschlichen Bedürfnisse keinerlei Beachtung fänden. Dies erweise sich vor allem angesichts des traurigen Loses der Arbeitskinder, für die die Nationalökonomie kaum mehr als ein scheues Achselzucken zeige, und ebenso dem Hausgewerbe gegenüber, das durch die von der Volkswirtschaftslehre begrüßte Technisierung zwangsläufig sein Auskom-

---

6) Lavergne-Peguilhen, M. von, Grundzüge der Gesellschaftswissenschaft, Th. 2, Königsberg 1841, S. 206; vgl; auch Sause, W., Versuch einer Einrichtung der Schulen, Th. 2, Halle 1841, S. 132 (für Mitbeteiligung der Arbeiter am Fabrikunternehmen).

7) Rodbertus, Carl, Die Forderungen der arbeitenden Klassen, 1837 (nach Ansicht des Hrsg. A. Skalweit stammt das Manuskript aus d. J. 1839), in: Sozialökonomische Texte, Heft 5, Frankfurt am Main 1946, S. 22 ff.

8) Vgl. das Zukunftsprogramm von Rodbertus, aaO S. 25: Wertbestimmung der produzierten Güter, Schaffung eines Arbeitsgeldes, Magazinierunssystem (erinnert an Rob. Owen).

men verliere, ohne daß die mindeste Vorsorge für die Arbeitslosen auch nur erwogen werde. Für das jämmerliche Verkümmern der Hausweber und das zu erwartende gleiche Los der Handspinner habe die Volkswirtschaftslehre allenfalls Sophismen übrig. Da die Wissenschaft an der Bildung dieser Mißstände aber entscheidend mitgewirkt habe, schrieb Mohl, sei sie auch verpflichtet, endlich angemessene Hilfsmaßnahmen ins Auge zu fassen.

Mohl trug 1840 erneut auch die von ihm fünf Jahre vorher entworfene Arbeitsordnung vor, die er jedoch in der zweiten Fassung um wesentliche Teile erweitert hatte. Für gewisse Wirtschaftsbereiche befürwortete Mohl jetzt das Fouriersche Modell des genossenschaftlichen Betriebs, das er im Hinblick auf die Kostenersparnis für vorteilhaft hielt wie auch wegen der Art der Gewinnverteilung, die an dem jeweils geleisteten Beitrag zur Gemeinschaft sich ausrichten sollte. Für praktikabel erachtete Mohl diese Betriebsform allerdings nur in der Vorratshaltung, ferner im Verkauf, im Handel, im Handwerk und in der Landwirtschaft, während ihm die anstehenden zentralen Probleme des Wirtschaftslebens damit nicht lösbar erschienen. Zwei Aufgaben sah Mohl insoweit für vordringlich an: einmal den Schutz des Fabrikarbeiters und zum anderen die Überwindung der Vereinzelung und der hemmungslosen Selbstsucht im freien Wettbewerb.

Die Ordnung des Handwerks und des Fabrikbetriebs sollten nach Mohls Überzeugung völlig unterschiedlich ausgestaltet werden. Zur Sicherung der hauptsächlich auf persönlichen Fertigkeiten beruhenden kleinen Gewerbe reiche es aus, wenn die Gesamtzahl der selbständigen Handwerker beschränkt und diese vor einer Monopolbildung durch reiche Unternehmer geschützt würden. Der Fabrikbetrieb, bei dem die sachlichen Produktionsmittel im Vordergrund stünden, bedürfe dagegen einer anderen Organisationsform mit einer Zwangsordnung zur Verhütung von Mißbräuchen und einem zweiten Zwangssystem zum Ausgleich des Interessengegensatzes zwischen Kapital und Arbeit.

Was den zweiten Punkt anlangt, so hatte Mohl seine früheren Vorstellungen noch etwas erweitert: Um dem Fabrikarbeiter die Chance zu bieten, allmählich einen Anteil am Betriebskapital zu erwerben, sollte nicht nur eine Gewinnquote bar ausbezahlt, sondern ein weiterer Lohnanteil in besondere Sparkassen abgeführt werden. Mit diesem Guthaben sollte für den Arbeiter das Recht verbunden sein, entweder bei einer Unternehmensvergrößerung Anteile vorzugsweise zu kaufen oder aber im gewissen Umfang bestehendes Eigentum abzulösen. Mohl dachte an eine Beteiligung der Arbeiter bis zu einem Viertel des Betriebskapitals. Einen Mehrheitsbesitz der Arbeitnehmer hielt Mohl nicht für zweckdienlich, weil seiner Meinung nach die Arbeiter nicht die notwendige Vorbildung für die Betriebsführung besaßen und

---

1) Anonym in: DVjS 1840, H. 3, S. 1 ff.

auch fremde Kapitaleigner nicht von Investitionen abgeschreckt werden sollten.

Eine Reihe von institutionellen Sicherungen sollten weiter der Verhütung von Erwerbslosigkeit und ihrer Überwindung dienen. Mohl riet zur Begrenzung der Betriebsausdehnung etwa nach der Zahl der Beschäftigten oder der verwendeten Maschinen, ferner zu einer Bedürfnisprüfung bei allen Neugründungen sowie zu einer Art Kartell der Gewerbetreibenden, das von Zeit zu Zeit bestimmte angemessene Mindestverkaufspreise festzusetzen habe. Eine letzte von Mohl vorgeschlagene Maßregel betraf das Problem der durch die Einführung von Maschinen verdrängten Arbeitskräfte. Die Betroffenen sollten eine staatliche Unterstützung erhalten, oder es sollte ihnen durch Finanzierung der Auswanderung ermöglicht werden, sich eine neue Existenz zu gründen.

Wie unschwer zu erkennen ist, hatte Mohl in seinem Aufsatz vom Jahre 1840 konservative, frühsozialistische und wohlfahrtspolizeiliche Vorstellungen in das liberale Grundmodell der Wirtschaftslehre eingearbeitet, und in dieser undogmatischen Behandlung der Dinge traf sich diese Abhandlung mit einer anderen hier zu erwähnenden Veröffentlichung, die Hoffmann, der Leiter des Statistischen Bureaus in Berlin, verfaßt hat. Hoffmann, der die unbeschränkte Gewerbefreiheit in einer Jugendschrift vom Jahre 1803 noch mit Nachdruck befürwortet hatte, (2) dann im Jahre 1817 - bei Formulierung von Hardenbergs Umfrage - schon bedenklicher geworden war, verwarf dieses Prinzip jetzt in seinem 1841 erschienenen Buch (3) - dies ist ein bezeichnender Beleg für die Richtung, in die die Diskussion über die Wirtschaftsverfassung sich fortentwickelte.

Hoffmann gehörte im übrigen zum Kreis der führenden Wirtschaftsfachleute, deren Meinung beachtet wurde, (4) und er hatte zudem bis zum Jahre 1835 den Vorsitz in einer preußischen Gesetzeskommission innegehabt, die über den Entwurf einer Handwerksordnung beraten hatte. (5) Es sprach daher einiges dafür, daß Preußen sich in seiner künftigen Wirtschaftspolitik an den hier ausgesprochenen Gedanken orientieren würde.

Damit zur Sache selbst: Hauptthema des Buches war das damals in Deutschland dringendste Wirtschaftsproblem, die Lage des Handwerks, dem Hoffmann mit einer gewandelten Zunftverfassung aufhelfen wollte. Örtliche Organisationen, die Innungen, sollten das Handwerk wieder zu Leistung, Wohlstand und Ansehen zurück-

---

2) (Anonym) Das Interesse des Menschen und Bürgers bei den bestehenden Zunftverfassungen, Königsberg 1803.
3) Hoffmann, J.G., Gewerbebetrieb, 1841; vgl. zum folgenden: S. 111 ff., 138, 153, 185 f., 207, 233, 313 ff., 389 ff., 410 ff.
4) Vgl. die Rezension von Becher, ZÖR Bd. 3, 1843, S. 108, 111.

führen. Den korporativen Zusammenschluß als Institution zur Versittlichung des Wettbewerbs und zum Zwecke des gegenseitigen Beistands empfahl Hoffmann dann auch für die Kaufmannschaft sowie für die um ihre Existenz ringenden Handweber und Tuchmacher, denen er riet, Wollager und Spinnmaschinen auf gemeinsame Rechnugn zu betreiben.

Deckte sich somit Hoffmanns Standpunkt mit dem Mohls in der genossenschaftlichen Idee, so stimmte er mit ihm weiter auch in der Überzeugung überein, daß jedenfalls für den Betrieb der Fabriken der Unternehmerfreiheit normative Schranken gesetzt werden müßten. Denn anders lasse sich nicht verhindern, daß bei dem Kampf um vermehrten Absatz der Arbeitslohn gesenkt und der Arbeiter zu einem "lastbaren Tier" herabgewürdigt werde. Neben den bekannten Überlegungen brachte Hoffmann in diesem Zusammenhang auch ein neues Argument vor: Früher oder später, so führte er aus, werde die Konkurrenz den Unternehmer zwingen, eine anspruchsvolle Technik bei der Fabrikation zu verwenden. Da die Einführung und Bedienung komplizierter Maschinen aber eine leistungsfähige Arbeiterschaft voraussetze, müsse auch im wohlverstandenen Eigeninteresse der Fabrikanten verhindert werden, daß die Arbeiterbevölkerung "verkümmere". Der Lohn müsse mithin zum Vorteil auch der Industrie auf einem hohen Niveau gehalten werden.

Welcher Anteil am Arbeitsprodukt dem Arbeiter gebühre, dies zu entscheiden, schrieb Hoffmann, gehöre zu den wesentlichen Pflichten der Regierung. Die wichtigste Aufgabe sei es, den Menschen möglichst teuer und - durch Anwendung der naturwissenschaftlichen Erkenntnisse - die Produkte menschlicher Arbeit möglichst billig zu machen.

Für die sich wandelnde Auffassung der volkswirtschaftlichen Theorie ist bezeichnend, daß solche Überlegungen unter den Liberalen zum Teil wohlwollende Beachtung und auch Zustimmung gefunden haben. Rau etwa merkte in seinem im Jahre 1841 neu aufgelegten Lehrbuch zu Sismondi und Mohl an, diese würden die industriellen Mißstände zwar durch das "Vergrößerungsglas einer von Menschenliebe erwärmten Phantasie" beurteilen, aber die Problemstellung könne gewiß nicht geleugnet werden. (6) Die Wissenschaft müsse zwischen einer staatlichen Lenkung der Gewerbe und der gänzlichen Nichtbeachtung der sozialen Problematik einen "besonnenen Mittelweg unbefangener Forschung" einschlagen. Die - von Mohl erhobenen - Forderungen nach einer gesetzlichen Regelung der Fabrikarbeit und nach Beschränkungen der Konkurrenz würden jeweils einen richtigen Kern enthalten, nur sei bei allen Vorschlägen zu bedenken, daß weder der Wettbewerb gelähmt, noch die Fabrikanten in ihren Unternehmungen entmutigt

---

5) Roehl, SF Bd. 17, 1900, H. 4, S. 201.
6) Rau, Volkswirthschaftslehre, 1841, S. XIII ff.

werden dürften.

Wenn das Leitbild des wirtschaftspolitisch neutralen Staates, an dem Rau nach wie vor festhalten wollte, angesichts der sozialen Nöte nicht mehr ohne alle Zweifel aufrechtzuerhalten war, so drohte dieser Position nun noch eine weitere Erschütterung. (7) Seit 1839 warb Friedrich List in Deutschland für die Einführung von Schutzzöllen zugunsten der rückständigen heimischen Industrie, (8) und dieser Wunsch nach verstärkter Wirtschaftsförderung durch Beschränkung des freien Handels fand zunehmend Anklang, nicht nur bei den Industriellen allein, sondern auch unter der herrschenden liberalen Lehre, die sich über diese Frage in zwei Lager spaltete.

Es drängt sich auf, daß der von List eingeleitete Wandel des Staatsverständnisses - von ihm allerdings nicht beabsichtigt - auch dem Arbeitsschutzgedanken zugute kommen mußte. Denn wenn der Staat das Recht hatte, nach außen im Verhältnis zu anderen Staaten die freie Konkurrenz zu beschränken, so argumentierten etwa Perthaler und Schübler im Jahre 1843, so mußte dem Staat diese Befugnis auch zur Regelung der inneren Verhältnisse zustehen. (9) Und wenn es nationalökonomisch sinnvoll war, gegen die mächtigen ausländischen Monopole eine äußere Organisation zu schaffen, so war es innerhalb der Gesellschaft ebenso vernünftig, die wirtschaftliche Übermacht der Fabrikanten gegenüber den Arbeitern gesetzlich zu beschränken. Damit war die Brücke zu den Konservativen geschlagen: Schutz sollte allen Bevölkerungsgruppen zuteil werden, forderte der Süddeutsche Buß im Jahre 1846 vor der zweiten Kammer Badens. (10)

Es war aber nicht nur der Gedanke der staatlichen Fürsorge, der von Lists Argumenten profitierte. Deutlich zeichnete sich auch ab, daß ein Bruch mit der bisherigen Handelspolitik eine Sozialpolitik fast zwangsläufig nach sich ziehen würde. Wie ein auf den Erfahrungen der Kontinentalsperre beruhender volkswirtschaftlicher Lehrsatz besagte, begünstigten hohe Zollschranken nicht nur einen industriellen Aufschwung, sondern ließen auch ein schnell wachsendes, letztlich ungesichertes Proletariat entstehen. Wer den Schutzzoll befürwortete, mußte daher auch zu der Frage Stellung nehmen, wie die dann drohende

---

7) Noch immer die herrschende Ansicht, vgl. Schübler, Der jetzige Stand der Volkswirtschaftslehre in Deutschland, in: DVjS 1843, H. 1, S. 216.
8) Vgl. DVjS 1839, H. 2, S. 131.
9) Perthaler, G.(J.)H., Ein Standpunkt zur Vermittlung sozialer Mißstände im Fabrikbetriebe, in: ZÖR Bd. 3, 1843, S. 66 ff., 76, 118 ff.; Schübler, aaO S. 224; Weinlig, AP N.F. Bd. 3, 1845, S. 356. - Vgl. zu Perthaler: Angermann, 1962, S. 316 ff.
10) Anläßlich einer Debatte über den Zolltarif, vgl. Retzbach, 1928, S. 23 f.

Proletarisierung großer Bevölkerungsteile zu verhindern sei. (11)

Der Österreicher Perthaler empfahl als Lösung Mohls Konzeption einer Interessenverflechtung im Fabrikbetrieb, weil dann keine Partei mehr den Untergang der anderen wünschen könne, und steuerte hierzu noch die Anregung bei, daß dem Schutzzoll analog eine Schutzsteuer zugunsten der Arbeiter eingeführt werden sollte. (12) Diese Steuer sollte umgekehrt proportional der Höhe des Arbeitslohnes sein, so daß dem Fabrikanten aus Lohnsenkungen keine Vorteile mehr zuwachsen könnten. Die Festsetzung eines bestimmten Minimallohnes schließlich sollte den Arbeiter noch zusätzlich sichern.

3. Der sozialistische und der radikal-demokratische Standpunkt

Wie die Überlegungen Mohls und Hoffmanns zeigen, übte die auf Fourier zurückgehende Idee einer gemeinschaftlich organisierten Produktion, bei der der erwirtschaftete Gewinn unter allen Beitragenden zu verteilen wäre, bereits eine beträchtliche Anziehungskraft aus - Fourier war in Deutschland zu einer "geistigen Macht" geworden. (1) Doch erschöpfte sich hierin der Einfluß der französischen Frühsozialisten noch nicht. Als weiterer theoretischer Ansatz, dem ein wachsendes Interesse entgegengebracht wurde, sind die radikalen Programme der Kommunisten zu nennen, deren Ziele bei allen sonstigen Unterschieden jedenfalls darin übereinstimmten, daß das Privateigentum aufgehoben und das Volksvermögen in gewisser Weise allen Mitgliedern der Gesellschaft zugeteilt werden sollte. Vor allem die Franzosen Proudhon, Cabet und Louis Blanc zogen mit ihren Veröffentlichungen die Aufmerksamkeit auf sich, (2) zumal es in Europa jetzt auch zu sozialen Unruhen kam. Pariser Arbeitern gelang es im Jahre 1839, vorübergehend das Rathaus zu besetzen sowie mit Attentaten von sich reden zu machen; (3) und auch die eng-

---

11) Vgl. Brüggemann, Dr. List, 1842, S. 175 u. ders., Zollverein, 1845, S. 176 ff.; Schübler, DVjS 1843, H. 1, S. 225; Harkort, 1844, S. 42; GSp Bd. 1, 1845, H. 6, Nachrichten und Notizen, S. 86; Weinlig, AP N.F., Bd. 3, 1845, S. 356.
12) Perthaler, ZÖR Bd. 3, 1843, S. 77 ff.

---

1) Stein, 1842, S. 216; Schübler, DVjS 1843, H. 1, S. 219.
2) Proudhon, Joseph-Pierre, Qu'est-ce que la Propriété? ou recherches sur le principe du droit et du gouvernement, Premier mémoire, Paris 1840; Blanc, Louis, Organisation du travail, Paris 1839, dt: Zürich/Winterthur 1843/45 (Blanc schlug die Einrichtung von Nationalwerkstätten vor); Cabet, Etienne, Voyage en Icarie, 2 Bde, 1840; vgl. dazu Stein, 1842, S. 340, 357, 433 ff., 440 f.; vgl. auch Hansen,

lische Arbeiterbewegung der Chartisten, deren Überzeugung sich in manchem mit der der französischen Sozialisten vergleichen läßt, organisierte in den Jahren 1839 und 1842 an vielen Orten Aufstände, (4) so daß die soziale Revolution mit einem Male in den Bereich des Möglichen gerückt war. In England, so notierte der rheinische Liberale Mevissen, werde es mit Sicherheit dahin kommen, falls die Regierung sich nicht zu durchgreifenden Maßnahmen entschließen werde. (5) "Ich höre schon", schrieb Brüggemann, ein anderer Linksliberaler, "den Todesschrei jener Bourgeoisie unter den nahen zermalmenden Fußtritten des kommunistischen Würgeengels." (6)

Die genannten Autoren, die gemeinsam mit noch anderen im Jahre 1842 die Gefahren des Chartismus und das "finstere drohende Gespenst" (7) des Kommunismus beschworen, gehörten zu einem progressiven Literatenkreis aus Junghegelianern, Anhängern des "Jungen Deutschland", "Atheisten" und "Republikanern", (8) mit politischen Überzeugungen im Spektrum liberal bis kommunistisch. Es handelte sich bei dieser Gruppe um die intellektuelle Opposition in Preußen, die nicht nur eine Wirtschafts-, sondern eine umfassende Gesellschaftsreform angestrebt hat und die von der jüngeren Generation, namentlich der unterdrückten Burschenschaftsbewegung, getragen wurde. Nachgerade die Linkshegelianer bekämpften viele der restaurativen Positionen; erwähnenswert ist insofern ein wesentlich von Gans eingeleiteter, (9) seit 1838 dann auch innerhalb der Rechtswissenschaft verstärkt angemeldeter Protest gegen die historische Rechtsschule mit ihrer römisch-rechtlichen Dogmatik (10) und weiter auch die soziale Kritik, die zumeist vom idealistischen Standpunkt aus vorgetragen wurde. Der oben erwähnte Brüggemann zum Beispiel leitete sein Reformprogramm in einem im Jahre 1842 erschienenen Buch sowohl von Kant und dem Freiherrn vom Stein ab als auch von dem inzwischen in Vergessenheit geratenen Adam Müller, den er damit auch für die Konservativen wiederentdeckte. (11) Im allgemeinen dürfte Brüggemann die soziale und demokratische Grundrichtung dieser oppositionellen Gruppe einigermaßen typisch vertreten haben, wenn er schrieb, die Zeit messe das liberale Dogma an den sittlichen Begriffen der Freiheit und des Eigentums, wobei

---

Bd. 1, 1906, S. 179, 181.
3) Vgl. Stein, aaO S. 395, 407, 416 ff., 433 ff., 440 f.
4) Hansen, aaO S. 264.
5) Vgl. Hansen, aaO S. 266.
6) Brüggemann, Dr. List, 1842, S. 7, 142, 265, 308.
7) Stein, 1842, S. 4.
8) Engels, MEW Bd. 1, 1956, S. 493.
9) Gans, 1824, S. XIV; vgl. dazu Wieacker, 1967, S. 413 m.w.N.
10) Vgl. Mayer, M.S., Ueber Römisches Recht und Neue Gesetzgebung, Tübingen 1839,; Thibaut, ACP Bd. 21, 1838, S. 391; DVjS 1839, H. 3, S. 211.
11) Brüggemann, Dr. List, 1842, S. 91 ff., 103, 142, 178, 264 ff., 287, 308.

das Problem darin bestehe, durch eine neue Organisation der Arbeit eine Harmonie der beteiligten Privatinteressen herzustellen. Das Bewußtsein dieser Aufgabe sei allgemein vorhanden, (12) nur ihre Durchführung noch ungeklärt. Indessen gehe die Tendenz eindeutig dahin, die wirtschaftliche Freiheit zwar zu erhalten, sie aber gleichzeitig mit einer Ordnung des Wettbewerbs zu verbinden, damit - wie Brüggemann wenig später formulierte (13) - eine "soziale Geldwirtschaft" entstehen könne.

Brüggemann selbst sah, von der organischen Staatstheorie Adam Müllers ausgehend, die Lösung der sozialen Frage darin, den Arbeiter als gleichberechtigten Bürger in die Gesellschaft einzugliedern, ein Ziel, das durch "Selbsternährung" und "Selbstregierung", also einen die Eigenbestimmung gewährleistenden gesellschaftlichen Status, erreicht werden sollte. Die von Brüggemann vorgeschlagenen Mittel: Korporations- und Kassenbildung durch staatliche Initiative bei wachsender Selbstverwaltung sowie eine verbesserte Volksbildung.

Diese Thesen finden sich in einer gegen die Schutzzollbewegung gerichteten Schrift, hier aber letztlich nur beiläufig notiert, denn noch waren die sozialen Fragen kein wirklich bedrängendes Tagesgespräch. Daß sie jedoch zunehmend mehr Aufmerksamkeit fanden, dazu trug neben dem politischen Organ der Junghegelianer, der "Rheinischen Zeitung" in Köln, (14) in der trotz bestehender Zensur sogar kommunistische Aufsätze nachgedruckt wurden, (15) wesentlich das im Jahre 1842 erschienene Buch Lorenz (von) Steins bei: "Der Socialismus und Communismus des heutigen Frankreichs". Dieses Werk, mit dem Stein dem deutschen Leser die weithin unbekannt gebliebene Geschichte des französischen Sozialismus und seiner einzelnen Richtungen vorstellte, bezog, so darf man annehmen, seine Anziehungskraft vor allem aus dem Umstand, daß Stein den Gang der gesellschaftlichen Entwicklung Frankreichs unter Anwendung der Hegelschen Dialektik nachzeichnete und - die neueste Forderung der zeitgenössischen Geschichtsphilosophie erfüllend (16) - damit gleichzeitig eine Zukunftsprognose verband, die den Anspruch historischer Zwangsläufigkeit erhob. Stein interpretierte den französischen Sozia-

---

12) Ob die prinzipielle Beschränkung der Gewerbefreiheit wirklich der Idee nach schon so unstreitig war, muß man aber wohl bezweifeln. Nach anderen Quellen aus Süddeutschland und Österreich waren es zunächst erst die "Besten des Faches", die diese Ansicht vertraten, während die "Tagesschriftsteller" und die Abgeordneten an der reinen liberalen Doktrin festhielten, vgl. Kosegarten, AP Bd. 5, 1843, S. 233; vgl. Perthaler, ZÖR Bd. 3, 1843, S. 134.

13) Brüggemann, Zollverein, 1845, S. 110.

14) 1842 gegründet, 1843 verboten. Ab Oktober 1842 unter der Leitung von Karl Marx, der zu dieser Zeit noch kein Kommunist war.

15) Hansen, Bd. 1, 1906, S. 246 ff.; Engels, MEW Bd. 1, 1956,

lismus mit dessen auf Gemeinschaftsproduktion und rechtliche Umgestaltung der Arbeitsverhältnisse gerichteten Programmpunkten Assoziation und Organisation der Arbeit als eine Philosophie, die sich der Lösung der modernen Gesellschaftsproblematik zugewandt habe, nämlich dem stetig sich verschärfenden Gegensatz zwischen den Besitzenden auf der einen und den Nichtbesitzenden, dem Proletariat, auf der anderen Seite. (17)
Steins These: Da der Besitz in allen gesellschaftlichen Beziehungen die Grundlage der individuellen Entfaltung bilde, hätten die französischen Theoretiker, indem sie für eine Verteilung des gewerblichen und industriellen Reichtums eintreten würden, in Wahrheit eine neue Gesellschaftswissenschaft begründet. (18)

S. 494.

16) Vgl. Cieszkowski, August von, Prolegomena zur Historiosophie, Berlin 1838, S. 1, 8, 14, 24; vgl. auch Stahl, Bd. 1, 1830, S. 174.

17) Stein, 1842, S. 28, 129 ff.Vgl. Blasius, Dirk, Eckart Pankoke, Lorenz von Stein, Darmstadt 1977 (Erträge der Forschung, Bd. 69), S. 4.

18) Vgl. Stein, 1842, S. 16 ff., 24 ff., 28 usw. Stein argumentierte vom idealistischen Standpunkt aus. Seiner Meinung nach bestand das Ziel der Geschichte darin, allen Mitgliedern der Gesellschaft den Zugang zur Kultur zu eröffnen, damit jeder seine Persönlichkeit im Rahmen der ihm gegebenen Möglichkeiten entfalten könne. Eben diese Idee der Persönlichkeit sah Stein hinter den gesellschaftlichen Umwälzungen Frankreichs - verkörpert in dem Gleichheitsgedanken - langsam, aber stetig sich durchsetzen. Die Gleichheitsforderung habe sich zunächst - dies der Hintergrund der Revolution von 1789 - gegen die ständestaatlichen Privilegien der Zünfte und des Adels gewandt, ohne daß die mit der Freisetzung der Arbeit verbundenen Erwartungen sich erfüllt hätten. Da der Besitzende im freien Wettbewerb gegenüber dem Nichtbesitzenden immer überlegen sei, bringe die wirtschaftliche Freiheit notwendig einen neuen Widerspruch gegen die Gleichheitsidee hervor, den Gegensatz nämlich zwischen Bourgeoisie und Proletariat, der sich in Frankreich seit dem Jahre 1830 immer deutlicher herausschäle. Der Klasse der Nichtbesitzenden sei es schlechthin verwehrt, unter den Bedingungen des ökonomischen Liberalismus sich Besitz und Bildung, die Voraussetzung der individuellen Entfaltung, zu erwerben; deswegen richte sich der Gleichheitsgedanke in Frankreich nunmehr in Gestalt des Kommunismus und Sozialismus verneinend gegen den neuen Gegner: Besitz und Eigentum.
Die Aufgabe der Zukunft sei es, mit einer positiv gestalteten Konzeption den Widerspruch aufzuheben zwischen der Idee der jedermann zustehenden Persönlichkeitsverwirklichung und der Nichtgewährleistung der dafür vorausgesetzten materiellen Grundlage. Die Lösung dieser Aufgabe, so meinte Stein, müsse über die gesetzliche Einschränkung der individuellen Freiheit erfolgen bei gleichzeitiger Wahrung der Institu-

Die Sozialisten, so wiederholte Stein diesen Gedankengang in einem späteren Aufsatz, würden mit der wichtigen Frage ringen, welche Auswirkungen die Besitzverhältnisse auf das Leben des einzelnen und die gesellschaftlichen Zustände hätten. Nicht die konkreten Vorschläge selbst, wohl aber die ihnen zugrundeliegenden Fragestellungen müßten auch in Deutschland als Forschungsgegenstände aufgegriffen werden und namentlich die zentralen Themen: der Anspruch des einzelnen auf Arbeit und das Verhältnis zwischen Arbeit und Lohn noch näher untersucht werden. Aus den Forschungsergebnissen aber müsse dann das öffentliche Recht die Nutzanwendung ziehen. (19)

II. Die große Wirtschaftskrise im Jahre 1844

Die theoretischen Überlegungen über eine Reform des Wirtschafts- und Sozialrechts waren nach alledem in Deutschland schon recht weit gediehen, als im Jahre 1844 der Weberaufstand in Schlesien ausbrach und der Frage nach einer neuen Wirtschaftsverfassung plötzlich eine brennende Aktualität verlieh. Diese schlesischen Unruhen, die die preußische Staatregierung nur mit Hilfe des Militärs unterdrücken konnte, (1) waren nicht nur Ausdruck einer konjunkturellen Krise, sondern ein unübersehbares Zeichen für den Niedergang der Hausindustrie und, da sich die Not auch auf andere Wirtschaftszweige erstreckte, für die Verarmung der unteren Schichten überhaupt. (2)

---

tion des Privateigentums, so wie es im Prinzip die Frühsozialisten vorschlagen würden. Diese Fragestellung aufgegriffen zu haben sei die große, noch nicht gewürdigte Leistung des Sozialismus.

19) Ebenso wie der Staat, schrieb Stein im Jahre 1846, im Rahmen der Volkswirtschaftspflege den Gang der Wirtschaft im Großen beeinflusse, so müsse er die gesellschaftlichen Zustände auch im Interesse des einzelnen verbessern. Stein nannte die von ihm entworfene weitere Aufgabenstellung des Staats Regierungswissenschaft, eine neue Sparte des Verwaltungsrechts, die mit dem Ziel einer individuellen Daseinsvorsorge neben das der Gefahrenabwehr dienende Polizeirecht treten sollte, vgl. im einzelnen Stein, Der Begriff der Arbeit und die Prinzipien des Arbeitslohnes in ihrem Verhältnisse zum Sozialismus und Kommunismus, in: ZSW Bd. 3, 1846, S. 233, 238, 247, 254 f.

---

1) Vgl. Bernstein, 1902, S. 296, 308 f.; vgl. auch Medick bei Kriedte u.a., 1977, S. 317, Anm. 128 m.w.N.

2) Hildebrand, 1848, S. 3; vgl. über die Verarmung (in Schlesien, Nassau, Westfalen, Hessen, Bayern, im Fichtel- und Erzgebirge): Pelz, 1. u. 2. Brief, 1843 f.; DVjS 1844, H. 3, S.315 ff.; auch Carnot, 1841, S. 27 f.; über die Lebenshal-

Die Entstehungsgeschichte der großen Wirtschaftskrise des fünften Jahrzehnts, die mit dem Jahre 1843 schon spürbar geworden war, soll hier nicht im einzelnen erörtert werden. (3) Für die vorliegende Untersuchung genügt der Nachweis, daß Gewerbefreiheit, Fabrik und Maschine wesentliche Ursachen für die wirtschaftlichen Veränderungen gebildet haben.

Die Lage einzelner Gewerbezweige soll diese Behauptung erhärten. (4) Was zunächst die Hausindustrie betraf, so litt jetzt insbesondere die deutsche Handspinnerei unter den Auswirkungen der industriellen Revolution: Die Leinenspinner,die vor allem in Schlesien, im Ravensbergischen Land, in der Osnabrükker und in der Mündener Gegend ansässig waren und etwa 100.000 Beschäftigte zählten, büßten ihre Wettbewerbsfähigkeit ein, als es den Engländern gelang, ein billiges Maschinengarn herzustellen. (5) Die zwangsläufige Folge war, daß der angestammte Markt verlorenging. Von 1843 bis 1845 sollen nach dem Ausweis der wissenschaftlichen Literatur zwei Drittel der Leinenspinner, die zumeist eine landwirtschaftliche Nebenerwerbsstelle mitbetrieben, ohne einen nennenswerten Verdienst sich nur kümmerlich noch erhalten haben. In welchem Ausmaß der Absatz dieses Berufszweiges abnahm, spiegeln auch die folgenden Zahlen wieder: Im Jahre 1833 konnte die deutsche Hausspinnerei noch 35.000 Zentner Garn mehr exportieren, als Maschinengarn eingeführt wurde; 1840 aber übertraf der englische Import die Menge des ausgeführten Handgarns schon um rund 11.000 Zentner. (6)

In enger Verbindung mit der Krise der Hausspinnerei stand auch die Notlage der Leineweber. Dieser Gewerbezweig, der bereits bei Einführung der Kontinentalsperre mit großen Absatzschwierigkeiten zu kämpfen hatte, geriet ab Ende der dreißiger Jahre in eine tiefgreifende Existenzkrise, als der Export der Leinengewebe um ein Drittel schrumpfte. (7) Die Not der Weber aber

---

tungskosten: Pelz, 2. Brief, S. 39.

3) Zur Lage der Landwirtschaft vgl. Brüggemann, Zollverein, 1845, S. 122 ff.; Jantke, 1965, S. 7 ff. m.w.N.

4) Auf die Situation des Handwerks wird hier nicht noch einmal eingegangen, vgl. dazu Rau, Volkswirthschaftslehre, 1847, S. 520; Schmoller, 1870, S. 79 f.

5) Vgl. GSp Bd. 1, 1845, H. 3, S. 155, Nachrichten und Notizen, S. 44; H.5, S. 187, Nachrichten und Notizen, S. 77; Schmoller, aaO S. 465 ff.; Viebahn, G W., Über Leinen- und Woll-Manufakturen, Berlin 1846, S. 19 ff.

6) Schmoller, aaO S. 467; Hansen, Bd. 2, 1906, S. 167 f.

7) Vgl. Brüggemann, Zollverein, 1845, S. 139; Pelz, 2. Brief,1844, S. 8 f., 34 f.,41 ff.; Schneer, Alexander, Ueber die Noth der Leinen-Arbeiter in Schlesien, Berlin 1844, S. 38, 152; vgl. Hofmann, J.G., Die Macht des Geldes, Leipzig 1845, S. 20 f.; Schmoller, aaO S. 128 f., ferner Reichensperger, 1847, S. 236 (Mehrausfuhr an Leinen im preuß.-hess. Zollverein 1829-33: 31.000 Ztr., Mehreinfuhr 1839-41: 20.000 Ztr., wei-

war zumindest teilweise das Ergebnis des freien Wettbewerbs und der Verwendung der neuen Technik, wobei mehrere Umstände zusammentrafen. Die Weber hielten, ehe sie sich auf Maschinengarn umstellten, zu lange an der Verarbeitung des von Hand versponnenen Garns fest, was die Produktion unnötig verteuerte, und außerdem nahm der Verkauf von Linnen aufgrund der Konkurrenz mit den billigen, in der Fabrik gefertigten Baumwollprodukten immer weiter ab. Da die staatlichen Überwachungsvorschriften im Zuge der Liberalisierung der Gewerbe in Preußen aufgehoben worden waren, hatten die Weber überdies noch ihr Leinen mit chemischen Mitteln behandeln (8) und mit Baumwolle verfälschen können, (9) damit den alten Qualitätsbegriff zerstört und so ihren Absatz zusätzlich beeinträchtigt.

Neben dieser wenn auch entfernteren Folge der freien wirtschaftlichen Betätigung wirkte sich weiter einkommenssenkend aus, daß viele erwerbslos gewordene Handspinner mangels anderer Verdienstmöglichkeiten einen Lebensunterhalt in der Weberei sich zu schaffen suchten und damit den ohnehin bestehenden Arbeitskräfteüberschuß noch weiter steigerten. (10)

Wie niedrig der Verdienst in diesen Jahren lag, läßt sich mit der Situation der Baumwollweberei belegen: Dieser neue Gewerbezweig litt zwar nicht an Auftragsmangel, weil er in enger Zusammenarbeit mit den Textilfabriken stand, die den Webvorgang noch nicht in die fabrikmäßige Fertigung miteingegliedert hatte. Jedoch waren auch bei dieser sich verhältnismäßig günstig stehenden Heimarbeit die Löhne so weit gesunken, daß sich die Einführung von Maschinenwebstühlen jahrzehntelang nicht lohnte. (11) Um wieviel schwieriger mußte dann aber die Situation in den anderen Gewerben aussehen, deren Einkommensbasis nicht nur durch eine Übersetzung des Berufs, sondern wegen des zurückgehenden Absatzes sich verminderte. Neben den schon genannten Zweigen der Hausindustrie war das der Fall etwa bei der Schafwollweberei, der Seidenweberei, (12) der erzgebirgischen Spielwarenindustrie, (13) den Riemendrehern, der Spitzenklöppelei (14) sowie der Hausstickerei, (15) bei den beiden letzteren Gewerben ganz eindeutig wegen der in England angefangenen Produktion mit Stick- und Klöppelmaschinen. Ein Übergang der Arbeit aus der Hand des einzelnen in die Maschine oder jedenfalls an die Fertigung im Großen - etwa der Massenproduktion

---

tere Importzahlen auf S. 290).

8) Pelz, 1. Brief, 1843, S. 27; Schmoller, 1870, S. 545, 547 f.; vgl. zum Verfahren: Emsbach, 1982, S. 45 f.

9) Brüggemann, Zollverein, 1845, S. 142; Blumberg bei Mottek, 1960, S. 99.

10) Schmoller, aaO S. 550.

11) Schmoller, aaO S. 565 f.; vgl. Carnot, 1841, S. 27.

12) GSp Bd. 1, 1845, H. 1, S. 9 ff.; H. 4, Nachrichten und Notizen, S. 64.

13) Hanssen, AP N.F. Bd. 4, 1846, S. 113 f.

im Verlagssystem - fand dann weiter auch bei einem Teil des Handwerks statt, soweit dessen Erzeugnisse mit den Fabrikwaren konkurrierten. (16) Die Solinger Scherenschmiede zum Beispiel waren vergeblich bemüht, sich gegenüber der Produktion billiger Fabrikscheren aus Eisenguß zu behaupten; (17) und in Breslau kam es fast gleichzeitig mit dem Weberaufstand zu Unruhen der Tischler und Schneider, nachdem einige "Spekulanten" mit "Magazinwaren" - Möbel und Kleidung - dem heimischen Kleinhandwerk die Kundschaft entzogen hatten. (18)

Schon diese Beispiele zeigen, daß es nicht nur die ausländische Industrie war, deren nachteiliger Einfluß auf die deutsche Wirtschaft spürbar wurde, sondern auch die Verschärfung des inländischen Wettbewerbs. Von Bedeutung waren insoweit das Aufkommen der Dampfschiffahrt, der Bau von Eisenbahnen sowie die Umstellung auf moderne Fertigungsverfahren, etwa in den Färbereien und den für die Textilindustrie so wichtigen Druckereien. Allein die in der letzteren Branche in Berlin und Eilenburg aufgestellten Maschinen nahmen, wie in einer aus dem Jahre 1848 stammenden Broschüre errechnet wurde, rund 3.000 Handdruckern und Hilfskräften den Lohn und damit ihren in der Regel fünfköpfigen Familien das in früheren Zeiten gesicherte Einkommen. (19) Wie verheerend die Einführung der Maschinen sich auswirken konnte, beschrieb auch Pelz, einer der wichtigen aufklärenden Schriftsteller dieser Jahre: Eine einzige Flachsspinnerei in Oberwaldenburg in Schlesien beschäftigte zwar 1.000 Menschen, entzog gleichzeitig aber 10.000 Spinnrädern die Arbeit. (20)

Nur zu verständlich war daher die immer wieder geäußerte Klage, daß die Entfesselung des Wettbewerbs eine Überproduktion verursacht, das Preisniveau gesenkt und die Arbeitslosigkeit hervorgerufen habe. (21)

Auf eine weitere Konsequenz dieser wirtschaftlichen Situation soll hier noch hingewiesen werden, nämlich auf die Unfähigkeit des einzelnen, seine ökonomischen Interessen angemessen zu verteidigen und als Folge davon die offene Ausbeutung. Auch hierin lag eine der Ursachen für die Weberaufstände. Der in der Hand

---

14) GSp Bd. 1, 1845, H. 4, Nachrichten und Notizen, S. 64; DVjS 1844, H. 3, S. 316.
15) Kreyßig, 1849, S. 16; weitere Nachweise S. 12 ff.
16) Unmittelbar bedroht waren Schneider, Schuhmacher, Schlosser, Grob-, Nagel-, Zeug-, Messer- und Kupferschmiede, ferner Klempner, Gürtler, Nadler, Tuchmacher, Tuchscherer, vgl. Abbruch, 1846, S. 200 f., 206 f.; Reichensperger, 1847, S. 261 f.; Heym, 1848, S. 7 f.
17) Berger, 1890, S. 344.
18) DVjS 1844, H. 4, S. 384.
19) Bernhardi, A., Ueber die socialen Nachtheile des gewerblichen Maschinenwesens, Eilenburg 1848, S. 31; vgl. auch Heym, 1848, S. 7 ff.

sogenannter Faktoren liegende Zwischenhandel nutzte die Zwangslage der Weber nicht nur zu Preissenkungen aus, sondern auch zu mehr oder weniger verschleierten Manipulationen und echtem Betrug. (22)

Ähnlich war die Situation der für den Bau der neuen Eisenbahnen angeworbenen Arbeiter, die häufig um einen Teil ihres Lohns geprellt wurden, weil Zusagen nicht eingehalten wurden (23) oder weil die Vorarbeiter ihnen alkoholische Getränke unter Verrechnung auf den künftigen Lohn verkauften. Es mag sein, daß die Arbeiter dieser Versuchung oft auch aus Leichtsinn erlegen sind; oft sahen sie sich aber auch zu solchen Käufen genötigt, um nicht bei der täglichen Arbeitsverteilung benachteiliget zu werden. Auch hier äußerte sich schließlich die Unzufriedenheit in wilden Streiks und Tumulten. (24)

Eine nicht minder traurige Berühmtheit erlangten die Unternehmer in Wuppertal, die die Lohnweber in zunehmendem Maße mit Waren bezahlten oder sie zur Unterschrift unter unbillige Fabrikordnungen zwangen. (25) Danach mußten die Weber, die bei täglich 14 bis 16 Stunden Arbeit nur noch ein dürftiges Auskommen hatten, (26) nunmehr das Einrichten der Webstühle, das mehrere Tage in Anspruch nahm, ohne jede Bezahlung besorgen; ferner durften sie die Lohnware nur noch zu bestimmten, viel zu knapp bemessenen Lieferstunden abgeben, wodurch lange, verdienstlose Wartezeiten vor den Büros ihrer Arbeitgeber unvermeidbar wurden. Einschneidende Strafbestimmungen rundeten diese im Namen der Vertragsfreiheit geschlossenen Fabrikordnungen ab: Ein Zuspätkommen zur Ablieferungszeit etwa zog beträchtliche Verdienstabzüge nach sich; wer am Liefertag, aus welchen Gründen auch immer, nicht erschien, ging überhaupt seines Lohnes verlustig usw.

Am Rande sei noch auf die sich abzeichnende Demoralisierung unter der gewerbetreibenden Bevölkerung Schlesiens hingewiesen, ein Umstand, auf den vor allem Pelz aufmerksam gemacht hat, (27)

---

20) Pelz, 1. Brief, 1843, S. 7 f.
21) Vgl. etwa GSp Bd. 1, 1845, H. 3, S. 129; ferner Brüggemann, Zollverein, 1845, S. 178; Kreyßig, 1849, S. 4.
22) Schmoller, 1870, S. 553, 564.
23) Vgl. dazu Wortmann, Wilhelm, Eisenbahnbauarbeiter im Vormärz, Köln 1972 (Neue Wirtschaftsgeschichte, Bd. 6), S. 99, 149 f., 219. Nach den Akten hatten die Streitigkeiten vor allem in Lohnkonflikten und den harten Arbeitsbedingungen ihre Ursache.
24) GSp Bd. 1, 1845, H. 1, Nachrichten und Notizen, S. 21; H. 4, Nachrichten und Notizen, S. 65 f.; GSp Bd. 2, 1846, H. 8, Nachrichten und Notizen, S. 19; vgl. ferner DVjS 1847, H. 2, S. 86 ff.
25) GSp Bd. 1, 1845, H. 1, S. 11, 15; H. 2, S. 39 ff.

indem er die Bevölkerung aus Glatz im Jahre 1843 rückblickend mit der der Zeit eineinhalb Jahrzehnte vorher verglich. Schlichter, biederer Sinn, Selbständigkeit, Ehrlichkeit, Mäßigkeit, so berichtete Pelz, seien früher unter den Schlesiern die Regel gewesen, jetzt aber aus der Mode gekommen. Die Kinder seien emanzipiert; der Anstand habe sich verloren; der Diebstahl sei zur Gewohnheit geworden; das Schenkstubenleben sei eingerissen; Eigennutz müsse überall vorausgesetzt werden; und weiter zeige sich trotz der Armut eine Vergnügungssucht, ein Hang zum Müßiggang, ein mattes Sichgehenlassen und eine Scheu vor jeder körperlichen Anstrengung. Die Jugendlichen, die den Entwicklungsabschnitt von 14 bis 18 Jahren in der Fabrik zugebracht hätten, seien verweichlicht und zumeist völlig verdorben. Vor allem die Fabrikarbeiter säßen bei Spiel und Trunk in den Kneipen; die jungen Leute würden nicht selten auch zu 10, 20 Personen beiderlei Geschlechts in einem einzigen Raum wohnen, ohne beaufsichtigt zu werden, oder in Privatquartieren ohne Familienanschluß sich einmieten mit der Folge einer ungeheuerlichen Verwahrlosung und Entsittlichung. Die Stadt Freiburg habe sich geweigert, für die vielen unehelichen Kinder die Vormünder zu stellen; Abtreibungen seien verbreitet; selbst der Geschlechtsverkehr von Kindern errege kaum noch Anstoß.

III. Das Beispiel Englands, namentlich in der Darstellung Friedrich Engels'

1. Die Arbeiterverhältnisse

Die großen wirtschaftlichen Schwierigkeiten in Deutschland und die wachsende Kritik an den sozialen Verhältnissen lenkten den Blick jetzt wieder verstärkt auf Großbritannien, wobei auffällig ist, daß die Reiseberichte dieser Jahre - zu nennen sind die Verfasser Kohl, Venedey und Victor Aimé Huber (1) - eine wesentlich kritischere Einstellung zeigten, als es davor festzustellen war; das bis dahin meist positiv beurteilte Gesellschaftsbild Englands begann sich langsam in sein Gegenteil zu verkehren. (2) Gewiß waren die günstigen Beobachtungen geblieben, die vergleichsweise hohe Bezahlung etwa und die beeindruckende Technik, aber Kohl zum Beispiel, der eine der genannten Reiseschriftsteller, mochte sich über die modernen Maschinen nicht mehr recht freuen, nachdem er in einer Druckerei Manchesters mehrere entlassene Arbeiter kennengelernt hatte, die ihren früheren Arbeitskollegen bei ihrer Tätigkeit zuschauten, ohne hoffen zu können, dort jemals wieder eingestellt

---

26) So Schmoller, 1870, S. 551 für Schlesien.
27) Pelz, 1. Brief, 1843, S. 4 ff., 18 ff., 20 ff.; 2. Brief, 1844, S. 7 f. Vgl. für die Schweiz Braun, 1960, S. 181 ff., auch Medick bei Kriedte u.a., 1977, S. 138 ff.

zu werden. (3) In Manchester arbeiteten viele Baumwollfabriken nur noch halbe Tage.

Nach solchen Erfahrungen erhielten dann auch die sonst nur nebenbei erwähnten oder verdrängten Nachteile der Industrie einen anderen Stellenwert. Kohl notierte, selbst die neuerbauten Fabrikhallen würden einen beengten Eindruck machen; die Räume seien überheizt, und er habe sich sagen lassen, um wieviel ungesünder erst die kleinen Produktionsstätten eingerichtet seien. (4) Weiter erwähnte er, daß in den Fabrikstädten viele nervöse Krankheiten auftreten würden, die auf eine allgemeine Erschöpfung der Bevölkerung zurückzuführen seien; ferner würden im Krankenhaus Manchesters jährlich 4.000 ernste Körperverletzungen behandelt - Knochenbrüche, Gliederverrenkungen, Stich-, Schnitt-, Reiß- und Brandwunden sowie Gehirnerschütterungen - , und niemand habe ihm plausible Ursachen für die große Zahl dieser Unfälle angeben können. (5)

Neben der verzweifelten Lage der Arbeitslosen betonten die deutschen Reisenden besonders das Elend der ärmsten Arbeiterschicht, der schmutzigen und verwilderten Hausgewerbetreibenden (6) - in Manchester gab es über 3.000 Handweber - sowie die Not der streikenden Arbeiter, deren Aufstände für gewöhnlich nichts einbrachten, die aber während der Arbeitskämpfe nicht nur ihre ganzen Ersparnisse aufzehrten, sondern sich auch hoch verschuldeten.

---

1) Kohl, J.G., Reisen in England und Wales, 3 Theile, Dresden u. Leipzig 1844; Venedey, J., England, 3 Theile, Leipzig 1845; Huber in: Jan Bd. 2, 1845, S. 641 ff.
2) Kohl, aaO Th. 1, S. 77 ff.; Th. 2, S. 30 ff., 179 f., 188 ff., 221 ff., 254 ff., 324 ff., 348 ff., 362 ff.; Venedey, aaO Th. 2, S. 613 ff.; Th. 3, S. 3 ff., 173 ff., 188 ff., 264 ff., 335 ff., 413 ff., 462 ff.; Huber, aaO S. 641 ff., 705 ff. (kritisch, aber nur gegen die schlimmsten Auswüchse; vgl. über die ländlichen Fabriken: Frauen und Kinder z.T. "wie Milch und Blut!" aaO S. 708. Für Huber war die Arbeiterfrage ein moralisches Problem, keines von "legislativen" Maßregeln, vgl. aaO S. 677, 715). Vgl. noch DVjS 1842, H. 1, S. 1 ff.; AP N.F. Bd. 1, 1843, S. 275 ff.
3) Kohl, aaO Th. 2, S. 259 ff., vgl. auch S. 180.
4) Kohl, aaO Th. 2, S. 254. Venedey verglich die von ihm in Leeds besichtigten Linnenfabriken mit Dantes Hölle (aaO Th. 3, S. 175 f.); ähnlich auch Huber: Der Aufenthalt in der Fabrik sei eine "Höllenstrafe"; Huber hat die Arbeitsbedingungen aber nur sehr vorsichtig kritisiert: "Man gewöhnt sich dran! ... Am bedauernswertesten kommen mir die Kinder vor ... aber sie gewöhnen sich auch dran! Freilich ohne Schläge geht es nicht ab", vgl. aaO S. 672 f.
5) Kohl, aaO Th. 2, S. 190 ff.; angeblich wurden nur ein Viertel der Unfälle durch Maschinen verursacht (S. 192).

Obgleich Kohl diese Streiks mit der herrschenden Meinung für letztlich unberechtigt hielt, blieb doch die nicht zu leugnende Tatsache einer tiefen Kluft zwischen den arbeitenden und den besitzenden Klassen Englands. Die Baumwollspinner, die Wollweber, die Messerschmiede, die Metallarbeiter, die Bergarbeiter, die Töpfer, die Porzellanarbeiter hatten sich in Berufsverbänden organisiert,(7) die zu Gewalttätigkeiten neigten, und es gab Orte, in denen fast regelmäßig im Juli Aufstände ausbrachen. Während der Jahre 1836, 1839 und 1842 hatten die Plünderungen und Brandstiftungen einen größeren Umfang angenommen, und auch in England war erst durch den Einsatz von Militär die Ordnung wiederhergestellt worden.

Nicht von ungefähr hatten sich die Verhältnisse so weit zugespitzt. Kohl registrierte bei seinen Gesprächen mit Fabrikanten eine kalte Gleichgültigkeit gegenüber dem Los der Arbeiter und bei den letzteren eben darum eine tiefe Feindschaft gegenüber den Unternehmern. Selbst die Arbeiterfamilien mit gehobenem Einkommen fand Kohl in einem Zustand finsterer und aufsässiger Zerrissenheit. (8) Venedey hatte das gleiche beobachtet: Das durch die schlechte Erfahrung geweckte Mißtrauen vermute selbst hinter menschenfreundlichen Angeboten einzelner Fabrikanten Betrug und Ausbeutung. (9)

Zu dieser an die Verhältnisse der Weber in Schlesien gemahnenden Feststellung kam ein zweiter Tatbestand hinzu, der die vertrauten Warnungen vor den Folgen der Industrialisierung nur zu genau bestätigte: die Massenverwahrlosung in den englischen Fabrikstädten. Für den deutschen Betrachter, für den die 12.000 Einwohner zählende Stadt Burg schon zu den bedeutenden Fabrikstädten gehörte, mußten die Angaben über Manchester geradezu ungeheuerlich gewirkt haben. In der größten Haftanstalt saßen im Jahre 1841 allein schon 6.380 Gefangene ein, in Manchester waren es insgesamt 13.345. Während die Einwohnerzahl dieser Stadt in dem Zeitraum von 1825 bis 1841 von 200.000 auf 354.000 Menschen zugenommen und sich damit knapp verdoppelt hatte, war die Zahl der zu Gefängnis Verurteilten im gleichen Zeitraum um das Siebenfache gewachsen. (10) Für das Jahr 1842 schätzte Kohl die Zunahme der Verbrechen noch höher ein, eine Entwicklung, die er mit dem demoralisierenden Einfluß der Fabrikarbeit und den schlechten Zeiten erklären wollte. Alle amtlichen Statistiken würden diesen Sachverhalt ausweisen, wie denn auch der Anteil der Verbrechen, etwa Mord und Raub, in den Fabrikstädten noch größer sei als in der Großstadt London. Kohl fand in den Gemeinschaftszellen der von ihm besichtigten Haftanstalt ganze

6) Vgl. Venedey, aaO Th. 3, S. 325 f.
7) Kohl, aaO Th. 1, S. 77 ff.; Th. 2, S. 362 ff.
8) Kohl, aaO Th. 2, S. 345 ff., 372; vgl. auch Venedey, aaO Th. 3, 254, 515.
9) Venedey, aaO Th. 3, S. 296, 298.
10) Kohl, aaO Th. 2, S. 197 f.; vgl. zu Burg Th. 2, S. 247.

Scharen von Jugendlichen, die noch nicht 17 Jahre alt waren. In einem einzigen Jahre, 1841, hatten die Gerichte in Manchester 2.672 Personen , und darunter eine Vielzahl von Jungen und Mädchen, zu Gefängnis oder Deportation verurteilt. Im selben Jahr waren von der Polizei Manchesters 2.730 Kinder, die von zu Hause weggelaufen waren, auf der Straße aufgegriffen worden. (11)

Aber auch noch in anderer Hinsicht zeichnete sich Manchester im Negativen aus. An deutschen Vorstellungen gemessen, gab es hier eine fast unglaubliche Anzahl öffentlicher Vergnügungsstätten, die nur zu häufig den gesellschaftlichen Randexistenzen als Stützpunkte dienten. Laut einer Polizeistatistik: 109 Absteigen, in denen Frauen und Männer in Gemeinschaftssälen übernachteten, dann 1.267 Schenken und 103 Versammlungshäuser von Dieben, 91 Gaststätten für Bettler und 160 Häuser, deren Besitzer von Hehlerei lebten - im Verhältnis zu den Einwohnerzahlen dreimal so viele wie in London; Manchester galt als die Stadt der Diebe. (12)

Ein weiterer Punkt, der immer schon gerade für den deutschen Reisenden einen Stein des Anstoßes bedeutet hat, war die gänzlich vernachlässigte Volksbildung. Unter den Fabrikanten fand Kohl die Auffassung verbreitet, daß allgemeine Kenntnisse den Arbeiter für spezielle Tätigkeiten nur ungeeignet machen würden; als für die Arbeitsleistung förderlich galt statt dessen der Alkohol. (13) Die britische Öffentlichkeit schien auch sonst die Unterrichtsfrage nicht sehr ernst zu nehmen, denn für die Kriminaljustiz gab England pro Jahr eine Million Pfund aus, dagegen für den Volksunterricht nur 30.000 Pfund, (14) obwohl die von den Privatschulen getragene Volkserziehung, wie es hieß, überall in England in einem völlig unzulänglichen Zustand war.

Die amtlichen Erhebungen bestätigten dieses Urteil. Ungefähr 2.000 Gefängnisinsassen hatte man auf Schulkenntnisse hin überprüft und dabei ermittelt, daß nur 5 % den normalen Anforderungen gewachsen waren; und nur die Hälfte der Verurteilten konnte etwas lesen und schreiben. Gleichlautend eine zweite Statistik: Von 35.000 Personen, die im Jahre 1840 in zwei Grafschaften getraut wurden, vermochte die Hälfte keine Unterschrift zu leisten. (15) Und auch bei den nächsten Generationen würden sich diese Mängel an Ausbildung nicht entscheidend verändern. Der britische Chartistenführer Lord Ashley wies in einer Adresse an die Königin darauf hin, daß im Jahre 1843 in England nur 845.000 Schüler einen Unterricht erhalten, während über eine Million Kinder keine Schule besuchen würden. Die Folge sei eine

---

11) Kohl, aaO Th. 2, S. 201, 225.
12) Kohl, aaO Th. 2, S. 226, 229.
13) Kohl, aaO Th. 2, S. 354 f.
14) Venedey, aaO Th. 3, S. 7.
15) Kohl, aaO Th. 2, S. 199, 221.

gräßliche moralische Hilflosigkeit eines Großteils des englischen Volkes. Ashley prophezeite, daß bei Fortbestehen der öffentlichen Mißstände in England eine Revolution notwendig ausbrechen würde. (16)

Und eben dies, die Nähe eines Volksaufstandes, war auch der Tenor des mit Abstand wichtigsten Buches, das über die angesprochenen Fragen in den 40er Jahren in Deutschland erschienen ist: Friedrich Engels' "Die Lage der arbeitenden Klasse in England", 1845 in Leipzig veröffentlicht. (17) Im Unterschied zu den genannten Reiseschriftstellern, die sich damit begnügt hatten, neben anderen Eindrücken eine Reihe von Einzelbeobachtungen auch über die sozialen Verhältnisse mitzuteilen, erörterte Engels dieses Thema auf der Grundlage meist amtlicher Erhebungen, wobei er nicht nur die eigentlichen Fabrikarbeiter, sondern auch die Arbeiter der anderen Wirtschaftszweige mit in die Untersuchung einbezog und so zu einer radikalen Kritik der bestehenden Wirtschaftsverfassung vorstieß. Engels Buch ist eine hoffnungslos düstere Schilderung einer Gesellschaft, deren Charakter ein entfesselter Kapitalismus bestimmte.

Entfesselung des wirtschaftlichen Wettbewerbs, dieses Prinzip war zwar, was auch Engels hervorhob, die Voraussetzung für die gewaltige englische Textilindustrie, für eine nicht minder beeindruckende Eisen- und Stahlproduktion, das waren Gruben, Eisenbahnen, Dampfschiffe, Stahlbrücken, Gasbeleuchtung, neue Straßennetze und Kanäle sowie landwirtschaftliche Großbetriebe, Düngemittel usw. - bedeutete gleichzeitig aber, dies die Kehrseite des Fortschritts, die Auflösung der traditionellen Wirtschaftsformen, die Vernichtung insbesondere der vielgestaltigen unteren Mittelklasse, die den arbeitenden Menschen eine bescheidene Sicherheit gewährt hatte. Ein Großteil der Handwerker hatte den Fabriken weichen müssen, und das gleiche drohte den hausindustriellen Gewerben, auch wenn sich diese noch mit veralteten Maschinen gegen ihren Untergang zu wehren versuchten. Nicht nur die Stadt, auch das Land stand unter dem Diktat des unerbittlichen Wettbewerbs. Die beschaulich lebenden Häusler von ehedem, die ihre Nebenerwerbsstellen mitbewirtschaftet hatten, waren verschwunden und auch die kleinen Pächter, die der Konkurrenz der Großgrundbesitzer unterlegen waren. An die Stelle der Ackerknechte und Kleinbauern der patriarchalischen Zeit waren Tagelöhner getreten, die wie die Industriearbeiter eine Beschäftigung fanden, wenn man sie brauchte, und die am Ende der Saison entlassen wurden und den Winter über arbeitslos blieben.

Das Gesicht des neuen technischen Zeitalters prägten die großen Städte, deren Einwohner jetzt zu drei Vierteln der Arbeiterklasse angehörten. Diese lebten in Elendsquartieren, deren

---

16) Venedey, aaO Th. 3, S. 4 f., Anm. 1).
17) MEW, Bd. 2, 1958, S. 225; hier zit. n. Engels, 1964.

Straßen von Unrat, Abfall, Kot und stehenden Pfützen bedeckt waren; in Mietshäusern, die planlos auf engstem Raum möglichst billig errichtet worden waren, ohne Kanalisation, oft ohne Wasserversorgung, oft auch noch nicht einmal mit einem Abtritt ausgestattet. Die Familien wohnten mit ihren 4, 5 Kindern, manchmal auch mit den Großeltern, in einem einzigen Raum oder vegetierten zu 20 Personen in den als Schlafstellen vermieteten Zimmern; die Wohnstätten regelmäßig so feucht, dreckig und stinkend, daß nach dem Urteil eines Regierungskommissars "kein Mensch sein Pferd darin unterbringen möchte". (18) Jedoch konnte sich, wer hier seine Bleibe hatte, immer noch glücklich schätzen im Vergleich zu den Obdachlosen, die in Scharen durch die Städte zogen - allein in London 50.000 Personen (19) - ohne am Morgen zu wissen, wo sie nachts schlafen würden; vielleicht, daß sie für ein paar Pence in einem Asyl unterkamen, wo sie zu mehreren mit einem einzigen Bett vorlieb nehmen mußten, oder aber, daß sie die Nacht im Freien, in den Parks, verbrachten.

Das Schicksal des einzelnen in der Stadt war seine völlige Isolierung bei einem steten Daseinskampf, in dem jeder gegen jeden stand. Die Lohnhöhe und die daraus folgende wirtschaftliche Lage der Arbeiter war an sich recht uneinheitlich und nicht schlechthin als ungenügend zu bezeichnen. Aber nicht nur die große Gruppe derjenigen, die ein geringes Einkommen bezogen, mußte unter erbärmlichen Bedingungen existieren. Da die völlige Ungesichertheit der Arbeiter allen gemeinsam war, konnte auch, wer normalerweise gut verdiente, sehr leicht in eine Notlage kommen. Im Abstand von 5, 6 Jahren lähmte eine Handelsstockung die Produktion und brachte die typischen Folgen Kurzarbeit, Sinken der Löhne oder auch Entlassung mit sich. (20)

Abgesehen von diesen periodischen Wirtschaftskrisen, in denen viele Arbeiterfamilien ihre Habe veräußern mußten, um dann bei Wiedereinsetzen der Konjunktur ihren Haushalt von neuem aufzubauen, sah sich der Arbeiter dem ständigen Druck einer Konkurrenz um seinen Arbeitsplatz ausgeliefert, in Großbritannien gekennzeichnet einmal durch die stetige Einwanderung völlig verwahrloster, dementsprechend bedürfnisloser und für wenig Geld arbeitender Irländer und zum anderen durch die kontinuierliche Fortentwicklung der Technik. Zum letzteren: Der Charakter der Arbeit wandelte sich; die in früheren Lehrjahren erworbenen Kenntnisse veralteten; die Maschinen übernahmen die anstrengende Tätigkeit, so daß häufig nur noch eine Aufsicht erforderlich wurde.

Für diese Aufgabe aber konnten die für einen halben oder Drittellohn arbeitenden Frauen oder auch Kinder eingestellt werden. Im Jahre 1835 arbeiteten beispielsweise in der Stadt

---

18) AaO S. 104.
19) AaO S. 97.
20) So auch Huber, Jan Bd. 2, 1845, S. 675.

Stockport 800 Spinner in den Fabriken, im Jahre 1843 waren es nur noch 140, obwohl die Produktion sich gleichzeitig weiter ausgedehnt hatte. (21) Von 419.590 in der Industrie Beschäftigten waren nur 23% Männer im Alter von über 18 Jahren. (22) Die Mehrzahl waren weibliche Arbeitskräfte: in den Baumwollfabriken 56% aller Arbeiter, in den Wollfabriken 69%, in den Seidenfabriken 70%, ebenso in den Flachsspinnereien 70%. (23) Somit kam es nicht nur bei einer zeitweiligen Beschäftigungslosigkeit der Männer, sondern auch sonst häufig vor, daß die Frauen den Unterhalt der Familie auf Dauer allein verdienen mußten.

Die Folge dieser beruflichen Inanspruchnahme der Frau aber war in Anbetracht einer Arbeitszeit von 12, 13 Stunden die vollständige Auflösung der normalem Familienbeziehungen. Die Mütter pflegten, wenn sie in die Fabriken gingen, ihren Säuglingen ein Opiumgetränk einzuflößen, damit sie den Tag verschliefen - die Kinder wuchsen wie Unkraut auf. Schon aus diesen Zuständen folgte die in den Städten zu beobachtende Demoralisierung, sexuelle Verwahrlosung, Trunksucht und Kriminalität.

Auch hohe Kindersterblichkeit und Krankheiten: 57% der Kinder verstarben bis zum 5. Lebensjahr; die Arbeiterkinder waren skrofulös und rachitisch; die erwachsenen Arbeiter litten häufig an Krankheiten der Nerven,der Lunge, der Verdauungsorgane. Wenn ansteckende Seuchen ausbrachen, wie Typhus, Scharlachfieber usw., stieg unter dieser Bevölkerungsschicht die Zahl der Todesopfer sprunghaft an. In Glasgow etwa erkrankten im Jahre 1843 32.000 Menschen an einem Fieber, dem jeder Dritte zum Opfer fiel. (24)

Kennzeichnen schon diese Verhältnisse den Egoismus und die Ausbeutung als allgemeines, jedermann treffendes gesellschaftliches Prinzip, so wiederholte sich dieser Sachverhalt in vielen alltäglichen Erfahrungen. Die aus der vorindustriellen Epoche überkommene britische Honoratiorenverwaltung verfügte weder über die gesetzlichen Befugnisse, um die minderbemittelten Kreise zu schützen, noch fühlte sie sich dazu verpflichtet. Die Friedensrichter legten die Gesetze gegen die unteren Bevölkerungsschichten aus; die Arbeitshäuser, auf die die Armen als einzige Form öffentlicher Fürsorge verwiesen waren, behandelten die Unterstützungsbedürftigen wie Zuchthäusler; die Krämer verkauften verfälschte Waren, verdorbene Lebensmittel, benutzten falsche Gewichte; Quacksalber betrogen die Bevölkerung mit unbrauchbaren Arzneien; Fabrikanten erpreßten in ihren Läden und Werkswohnungen von den Arbeitern Überpreise; viele Arbeiter wurden infolge mangelhafter Schutzvorrichtungen von den Maschinen verletzt oder verstümmelt, ohne eine Unterstüt-

---

21) Engels, aaO S. 204.
22) Engels, aaO S. 210 ff.
23) Engels, aaO S. 210.
24) Engels, aaO S. 167.

zung zu erhalten; die werdenden Mütter, die sich bei ihrer Arbeit setzen wollten, verfielen einem Lohnabzug; sie gingen bis zur Stunde der Entbindung in die Fabrik und kehrten aus Furcht, entlassen zu werden, oft 3, 4 Tage nach der Niederkunft bereits wieder an ihre Arbeitsstelle zurück; ein 14tägiger Schwangerschaftsurlaub wurde schon als Glück empfunden, usw. - der Proletarier, schrieb Engels, (25) werde mißbraucht und verkomme und könne nur noch in einem wie auch immer gearteten Protest sein Menschsein beweisen. In der primitiven Form, auf die etwa die Landarbeiter verfallen würden, reagiere er mit Brandstiftungen oder Ermordung von Wildhütern; in der Stadt dagegen vergehe keine Woche, kaum ein Tag ohne einen im Ergebnis meist fehlschlagenden Streik. Nur eine Frage der Zeit aber sei es, bis die Empörung des Volkes sich in einer blutigen Revolution entladen werde, schlimmer noch als die Ereignisse in Frankreich nach 1789. (26)

Engels machte aus seiner kommunistischen Überzeugung keinen Hehl, gleichwohl fand seine Untersuchung mit Rücksicht darauf, daß die in Fülle ausgebreiteten Einzelheiten sich letztlich nicht bestreiten ließen, überwiegend anerkennende Zustimmung. (27) Nach dem Urteil des Volkswirtschaftlers Hildebrand hat Engels' Buch "weniger Lärm, aber eine große Wirkung" hervorgebracht, (28) davon wird noch die Rede sein. Engels' Untersuchung ist zu einer Zeit erschienen, als die auf Adam Smith sich gründende liberale Doktrin ins Wanken geraten war.

2. Die Kindererwerbsarbeit

In der Beschreibung sozialer Mißstände bildete auch die Kinderarbeit immer noch ein wesentliches Kapitel, was im besonderen Maße für Großbritannien galt. Die englischen Informationen waren es daher, die die Kenntnis von diesem Problem in den vierziger Jahren wach gehalten haben. Beachtung verdient ein im Jahre 1841 in Übersetzung erschienenes Buch "Leben und Abenteuer Michael Armstrong's, des Fabrikjungen", (1) ein vielgelesener,

25) AaO S. 334, 364.
26) AaO S. 364.
27) Vgl. v. Bibra, Bericht f. d. Sächs. Landesreg. in Meiningen, 1845; v. Reden, Bericht f. d. preuß. Außenministerium, 1845; Besprechung in: Allgemeine Preußische Zeitung, Berlin 1845; Hildebrand, 1848; alle Texte bei Kuczynski, Umfrage, 1960, S. 165 ff.; ferner Brüggemann, Zollverein, 1845, S. 88; Weinlig, AP N.F., Bd. 4, 1846, S. 74, 87; Schulz, Wilh., in: Staatslexikon, Bd. 3, 1846, S. 323; Kleinschrod, Armengesetzgebung, 1849, S. 29.
28) Hildebrand, 1848, S. 162.

1) Von Frances Trollope, 4 Bde, Stuttg. 1841, vgl. insbes. Bd.

Roman, der eindringlicher als jeder wissenschaftliche Artikel das traurige Schicksal der Fabrikkinder während der Anfänge der Industrialisierung geschildert hat, als das Kinderelend noch am größten war. Eine Übersicht über die Geschichte der englischen Fabrikgesetzgebung findet sich ferner in den Reiseberichten dieser Jahre (2) und auch bei Friedrich Engels in dessen Buch über die Lage der britischen Arbeiter. (3) Engels teilte Auszüge aus den Fabrikuntersuchungen vom Jahre 1833 mit sowie weiter die neuen Erhebungen aus den Jahren 1841 und 1843 über die Situaticn der englischen Bergwerkskinder. Die letzteren Berichte betrafen nun zwar nicht die Tätigkeit in der Industrie, dürften aber die Kinderarbeit als solche stark in Verruf gebracht und deshalb auch zugunsten der Fabrikkinder meinungsbildend gewirkt haben.

Das Elend dieser Bergwerkskinder war nicht mehr zu überbieten. In den kleinen, wenig rentablen Gruben Yorkshires, Lancashires und Schottlands arbeiteten die Kinder schon ab dem 6. Lebensjahr unter Tage, bei einer Arbeitszeit von mindestens 10, mitunter sogar bis zu 13 und 14 Stunden. Die jüngsten Arbeitskinder bedienten die Ventilationstüren, während die größeren, ab dem 8. Lebensjahr, die zwei bis drei Zentner schweren beladenen Kohlewagen oder Kohleschlitten zu ziehen hatten; ältere Jugendliche von 12 bis 14 Jahren wurden häufig dazu verwendet, die von Pferden gezogenen Wagenzüge zu führen, eine Aufgabe, bei der es nicht selten zu tödlichen Unglücken kam, weil die übermüdeten Kinder leicht von den Wagen fielen und unter die Räder gerieten. Die Kohlengänge, durch die Jungen und Mädchen die Wagen fortbewegten, waren zum Teil nur wenige Fuß hoch; die Kinder mußten dort gebückt arbeiten oder konnten sich nur auf Händen und Füßen vorwärts bewegen; dabei wurde die Arbeit noch anstrengender, wenn die Gänge bergan verliefen. - Die Ketten, mit denen die Wagen gezogen wurden, rieben Wunden, und es bildeten sich Geschwüre, die nicht ausheilen konnten, weil die Arbeit ja immer nur kurz unterbrochen wurde. Oftmals standen die Gänge unter Wasser. Auch Schwangere waren diesen Arbeitsbedingungen ausgesetzt. Ferner arbeiteten Jungen und Mädchen mangelhaft bekleidet zusammen; es kam zu sexuellen Ausschweifungen und auch zu Mißhandlungen durch die Aufseher, die niemand beobachtete - in der Einsamkeit des Bergwerks bestand eine noch geringere Kontrollmöglichkeit als in der Industrie.-

Was das Thema der britischen Fabrikgesetzgebung selbst anlangt, so hatte die englische Untersuchungskommission vom Jahre 1843 die nur geringe Wirkung des Fabrikgesetzes hervorgehoben und

---

2, S. 21 ff., 210 ff.; Bd. 3, S. 112 ff.; Bd. 4, S. 6 f., 120 f.

2) Kohl, J.G., Reisen in England und Wales, 3 Theile, Dresd. u. Leipz. 1844, hier Th. 2, S. 46 ff.; Venedey, J., England, 3 Theile, Leipz. 1845, hier Th. 3, S. 346 ff.

3) Engels, 1964,S. 237 ff.

dieses Ergebnis darauf zurückgeführt, daß die Fabrikanten meist jegliches Verantwortungsbewußtsein für die bei ihnen beschäftigten Arbeitskräfte vermissen lassen würden. (4) Die Unternehmer beschränkten sich den Berichten zufolge darauf, in den Fabrikräumen die geltenden Bestimmungen auszuhängen, ohne sich um ihre Durchführung zu kümmern, und daher gingen noch immer viele Kinder mit dem 5. Lebensjahr in die Fabrik, besuchten selten die Schule oder allenfalls einen Sonntagsunterricht, in dem sie nichts lernten. Die Mehrzahl der Kinder, denen in den Fabrikstatistiken die Fähigkeit zu lesen zugeschrieben wurde, konnte nach dem Ausweis der amtlichen Feststellungen noch nicht einmal buchstabieren. Eine Mitschuld an diesen Verhältnissen schrieb die Parlamentskommission allerdings auch den Eltern zu, bei denen sich der natürliche Instinkt, für ihre Kinder zu sorgen, gänzlich verloren habe. Die normale Ordnung sei oft in ihr Gegenteil verkehrt: Die Eltern würden sich von ihren Kindern ernähren lassen. (5)

Daß mit dem gesetzlichen Schulzwang nichts erreicht worden sei, betonte auch Engels, allerdings machte er dafür in erster Linie die Regierung verantwortlich, weil diese nicht für ordentliche Schulen gesorgt habe. (6) Die Fabrikanstalten würden einen 2stündigen Unterricht von älteren Arbeitern halten lassen, um den Vorschriften formal zu genügen, die Kinder aber würden so nach wie vor nichts lernen. Wohltätig habe das Fabrikgesetz jedoch, das räumte Engels ein, auf die Länge des Arbeitstages gewirkt, der nunmehr allgemein nur noch 12 bis 13 Stunden dauere. Die allerschlimmsten Verkrüppelungen durch die Arbeit seien damit entfallen, gleichwohl aber die weniger auffälligen körperlichen Schädigungen nicht unterbunden. (7)

Engels schilderte auch die jüngsten Bestrebungen, die darauf abzielten, die Arbeitszeit der Jugendlichen auf 10 Stunden zu beschränken und den Schulbesuch wirksamer zu gestalten. Gewisse Fortschritte waren hier zu verzeichnen. Neben dem Bergwerksgesetz vom 6. Juli 1842 erwähnte Engels das neue Fabrikgesetz vom 6. Juni 1844, (8) das zum einen die Fabrikinspektoren mit erweiterten Befugnissen ausgestattet und zum anderen auch das materielle Arbeitsrecht verschärft hatte. Zwar war das Arbeitsverbot von 9 auf 8 Jahre herabgesetzt worden, gleichzeitig aber für die Kinder bis zum 13. Lebensjahr eine von 9 auf 6 1/2 Stunden verkürzte Arbeitszeit in Kraft getreten mit der Maßgabe, daß die Kinder entweder nur noch am Vormittag oder am

---

4) Zit. nach Venedey, aaO Th. 3, S. 395.

5) Venedey, aaO Th. 3, S. 394 f.

6) Engels, 1964, S. 241 ff.

7) Engels nannte das Anschwellen der Fußgelenke, Schmerzen in den Beinen, Hüften und im Rückgrat, ferner Geschwüre, allgemeine Schwäche sowie Verdauungs- und Lungenkrankheiten.

8) Vgl. dazu Brentano, 1928, S.388 ff., 401 ff.; Bitzer, 1871, S. 60 ff., 63; Fabriksgesetze, 1869, S. 22 ff.; vgl. auch Smelser, 1967, S. 302.

Nachmittag arbeiten durften. (9) Wesentlich war ferner, daß die Gesetzesreform auch die Frauen dem Arbeitsschutz unterstellt und Vorschriften zur Unfallverhütung und Arbeitshygiene geschaffen hatte. Wie hier erkennbar wird, rückten nunmehr noch andere Themen als die Frage der Kinderarbeit in den Blickpunkt des öffentlichen Interesses.

IV. Öffentliche Meinung und Sozialreform

Durch die Krisenerscheinungen der Jahre nach 1843/44 verlor sich die bis dahin übliche Sicherheit in den wirtschaftlichen Fragen; es kam zu einer Grundsatzdiskussion über die liberale Nationalökonomie (1) und über die herrschende Wirtschaftspolitik, wobei auch sozialistische und kommunistische Lösungsvorschläge mit in die Debatte einbezogen wurden. (2) Das Deutschland des Vormärz zeichnete sich vor England wie auch vor Frankreich dadurch aus, daß die Reformprobleme von allen Bevölkerungskreisen aufgegriffen wurden, selbst die großbürgerliche Presse nahm an den sozialen Nöten der unteren Schichten regen Anteil. (3) Auffällig waren weiter die gegen die Industrie gerichteten scharfen Ausfälle vor allem linker Schriftsteller, ausgelöst durch die Frage, ob die Großindustrie oder das Hausgewerbe durch staatliche Subventionen usw. gefördert werden sollte. "Wem nützen die Maschinen?" hieß es zum Beispiel in dem von Moses Heß herausgegebenen Gesellschaftsspiegel. "Höchstens dem reichen Kapitalisten. Hunderttausende von Menschen aber bedrohen sie mit dem Hungertode." (4) Der Schriftsteller Gutzkow zu diesem Thema: "In euren Fabriken siecht und modert das Menschentum ... Eure dampfenden Maschinen sind die Molochgötzen, auf welchen jung und alt geopfert werden." (5) Immermann meinte: " Vor allen Dingen sollen die Fabriken eingehen", (6) und ein anonymer Schriftsteller: "Daß eine neue Aristokratie sich ... auf den Trümmern der alten bilde, das fängt nun auch unsere Presse an zu entdecken. Man merkt endlich, daß der Besitz und der Geldsack auf dem Wege sind, allen politischen und sozialen

---

9) Engels, 1964, S. 242; vgl. Weyer, 1888, S. 105 ff.

---

1) Hildebrand, 1848, S. 1, 3.
2) Brüggemann, Zeitung, 1855, S. 11: "Der Kommunismus war ... damals gerade die allerneueste Mode." Vgl. auch v. Radowitz, 1853, S. 175.
3) Marx, MEW Bd. 1, 1956, S. 403; Heß, GSp Bd. 1, 1845, S. 1.
4) GSp Bd. 1, H. 5, S. 189.
5) Gutzkow, Carl, 1846, in: Gesammelte Werke, Bd. 8, 2. Aufl., Jena 1895, S. 74.
6) Zit. n. Pelz, 3. Brief, 1846, S. 6; dazu Pelz selbst, aaO S. 4 f.: "Der Fabrikant lockt die Menschenhand an ...; entzieht und entfremdet sie den natürlichen Verhältnissen; bereichert sich am Schweiße der Armut, um diese rücksichtslos den Gemeinden, also dem Staate, auf den Hals zu werfen, in-

Einfluß an sich zu reißen". (7) Auch der konservative preußische Staatsrechtslehrer Friedrich Julius Stahl urteilte, die Maschinenproduktion sei für die Menschen bislang eine Kalamität, ein Unglück gewesen. (8)

In dem Erwachen des sozialen Bewußtseins bestand die wesentliche Veränderung dieser Jahre. Die Überzeugung setzte sich durch, daß der einzelne ein Recht auf seine wirtschaftliche Existenz habe, daß die besitzenden Klassen gegenüber der Allgemeinheit und vor allem gegenüber den nichtbesitzenden Schichten Verpflichtungen erfüllen müßten und insbesondere, daß das in der Gewinnerzielung zwischen Kapital- und Arbeitskraft bestehende Mißverhältnis aufzuheben sei. Unverkennbar stand die Diskussion unter dem Einfluß Lorenz (von) Steins: Unter Sozialismus verstand man, seinen Thesen folgend, (9) die Sorge, daß alle am Volksvermögen angemessen teilhaben könnten, (10) oder, wie ein Professor Weinlig im Jahre 1846 definierte, das notwendige Bestreben, die in den gesellschaftlichen Verhältnissen liegenden Widersprüche zu lösen. (11) Im gleichen Maße ging das Ansehen der liberalen Nationalökonomie zurück, deren Wirtschaftsmodell natürlich keine Antwort auf die aktuellen Probleme bieten konnte und die sich allseits heftigen Angriffen ausgesetzt sah. (12)

---

dem er sie alsdann entläßt, wenn er reich genug ist ...".

7) Abbruch, 1846, S. 103.
8) Stahl, Bd. 2,2, 1846, S. 57.
9) Stein (1842, S. 130) definierte den Sozialismus als den "Inbegriff der ... Arbeiten, die ein System der Organisation der Industrie als Organisation der Gesellschaft suchen und realisieren wollen". In Frankreich sei der Begriff schwankend, damit würden teils die Anhänger Fouriers, teils aber überhaupt alle Gruppierungen gemeint, "die auf Verbesserung der gesellschaftlichen Zustände hinzielen" würden. Vgl. dazu Kaiser, Heinrich Wilhelm, Die Persönlichkeit des Eigenthums in Bezug auf den Socialismus und Communismus im heutigen Frankreich, Bremen 1843, S. 1 f., 57, 60; auch Schübler, DVjS 1843, H. 1, S. 223.
10) Kritisch dazu Stahl, Bd. 2,2, 1846, S. 86, Anm.
11) Weinlig, AP N.F. Bd. 4, 1846, S. 85; ebenso "A.M." in: DVjS 1847, H. 1, S. 104: Sozialismus verhält sich zum Kommunismus wie Reform zu Revolution; vgl. auch Schübler, DVjS 1843, H. 1, S. 222 ff.
12) Die klassische Lehre hatte aber nach wie vor noch ihre Anhänger (vgl. Kudler, Joseph, Die Grundlehren der Volkswirthschaft, Wien 1845, Th. 1, §§ 124 ff.; Th. 2, § 134; DVjS 1847, H. 1, S. 376), namentlich auch in der preußischen Verwaltung (vgl. AP N.F. Bd. 6, 1847, S. 136). Aber die Autorität Adam Smiths verfiel, als die großen Vertreter des Faches zu den meisten Streitfragen schwiegen (so Hildebrand, 1848, S. 3 unter Hinweis auf Hermann, Nebenius und Rau). "Die Losungsworte: natürliche Entwicklung, Freiheit der Kon-

Der die materialistische Theorie entschieden ablehnende Julius Stahl übersetzte den liberalen Kernsatz des Laissez-faire mit "Laßt geschehen, daß der Vermögliche den Armen bedrücke" und fügte hinzu, diese Einsicht sei der unschätzbare Gewinn, den man der Sozialtheorie verdanke. (13) Wohl hätten auch konservative Stimmen diesen Standpunkt längst aus der organischen Ordnung und dem Gesichtspunkt des öffentlichen Wohlstands bewiesen, jedoch habe der Sozialismus mit dem " gleichheitlichen Genuß des Individiums" das Argument gefunden, für das das Zeitalter noch empfänglich sei.

In der Tat spielte auch, was die Grundtendenz der Reformvorschläge anlangt, deren weltanschauliche Ableitung keine besonders unterscheidende Rolle. Der Anspruch auf einen angemessenen Arbeitsertrag konnte sich sowohl auf das demokratisch-egalitäre und materialistische Argument stützen, jedem stehe ein gerechter Anteil am Sozialprodukt zu, als auch auf die idealistische Position, für die die materiellen Mittel Basis der geistigen und sittlichen Selbstverwirklichung waren, (14)

---

kurrenz ... haben ihre Zauberkraft verloren", das "berühmte Laissez-faire ist nun als Axiom der Rat- und Tatlosigkeit berüchtigt", schrieb 1846 der Österreicher Tomaschek (ÖZR Bd. 1, 1846, S. 327). Daß in einer völlig freigesetzten Wirtschaft trotz steigendem Wohlstands ein wachsender Bevölkerungsanteil von der Zunahme des Lebensstandards ausgeschlossen war und daß periodisch wiederkehrende Krisen (in England: 1818/19, 1825/26, 1836/37, 1839/40, auch 1842 und 1846/47) die Gesellschaft erschütterten, diese Feststellungen konnten auch die Liberalen nicht bestreiten.

Je länger die wirtschaftlichen Schwierigkeiten in Deutschland andauerten, desto deutlicher schälte sich unter dem Einfluß der Schutzzollagitation und der sozialen Kritik eine neue, zeitweilig wohl auch herrschende Lehre heraus, die am liberalen System nur noch unter Modifikationen festhielt. Der Umfang staatlicher Eingriffe in das Wirtschaftsleben wurde dabei in größerem Umfang befürwortet als früher, wobei die Gesetzgebung die historische Situation des jeweiligen Landes und der einzelnen Regionen - die volkswirtschaftlichen Zustände, die soziale Ordnung und die konkrete Entwicklungsstufe - angemessen berücksichtigen sollte (Hildebrand, 1848, S. 29, 273 f.; vgl. auch Rau, Beschränkungen, 1847, S. 19). An Stelle der starren Prinzipien des Smithschen Systems war ein konkretes, am sozialen Leben sich orientierendes historisches Denken getreten, das nur noch Gesetzmäßigkeiten mit relativer Geltung anerkennen wollte (vgl. Gewerbefreiheit, 1856, S. 20 f., 36).

13) Stahl, Bd. 2,2, 1846, S. 85.

14) Mohl in: Staatslexikon, Bd. 5, 1847, S. 768; vgl. auch Biedermann, Karl, Vorlesungen über Sozialismus und soziale Fragen, Leipzig 1947, S. 26.

oder aber auf die konservative Auffassung, die die ökonomischen Fragen im Zusammenhang mit der sittlich-politischen Gesamtexistenz der Nation sah und für eine gesicherte wirtschaftliche Existenz der Organe, der Stände und der Familien, eintrat, wofür ein Mindesteinkommen gewährleistet sein mußte. (15) Ganz bezeichnend ist, daß die Reformprogramme unabhängig zumeist vom ideologischen Standort sich mit den von den französischen Frühsozialisten entlehnten Schlagwörtern "Assoziation" und "Organisation der Arbeit" empfahlen. (16)

Die Konservativen strebten insoweit die Bildung von Organen auf berufsständiger Grundlage an; die Gemäßigt-Liberalen befürworteten neben der Staatsaufsicht die Rechtsform der Vereinsbildung, soweit ein solcher Zusammenschluß aus der Natur der Sache sich anzuraten schien; und die Sozialisten kamen über die Forderung nach partieller oder auch totaler Aufhebung des Privateigentums an den Produktionsmitteln zu der Idee einer kollektiven Organisation der Arbeit.

Von den radikalen sozialistischen und kommunistischen Entwürfen abgesehen, stimmte im übrigen die Mehrheit der Äußerungen, und zwar auch die der Liberalen, in den wesentlichen Einzelpunkten überein: Für notwendig hielt man neben einer Verbesserung der Volksbildung (17) eine Mittelstandspolitik, zumeist einen Schutz des Handwerks, wobei die Produktionsgenossenschaft auch bei den Konservativen Anklang fand, (18) und weiter eine gesetzliche Fabrikordnung, um den Arbeitern im Hausgewerbe und in der Großindustrie eine unverkümmerte Existenz zu sichern. In der Literatur standen insofern außer medizinal- und sittenpolizeilichen Maßnahmen (19) zwei Grundentscheidungen so gut wie außer Streit: (20) einmal der Schutz vor dem Machtmißbrauch der Unternehmer, nämlich Beschränkung der Kinderarbeit, Arbeitszeitregelungen, Truckverbot, Fabrikinspektion, (21) und zum anderen eine "Vergesellschaftung der Vermögenskräfte" der Arbeiter zur Versorgung der Hinterbliebenen, der Kranken und Arbeitslosen

---

15) Stahl, Bd. 2,2, 1846, S. 43 ff.
16) Vgl. Rau, Volkswirthschaftspolitik, 1844, S. 360, § 203 (c); NJG Bd. 1, 1845, S. 179.
17) Stahl, Bd.2,2,1846, S. 46; Ueber den vierten Stand und die socialen Reformen, Magdeburg 1844, S. 75; Abbruch, 1846, S. 139, 188 f., 199 ff.; Pelz, 3. u. 4. Brief, 1846, S. 11 f.
18) Stahl, aaO S. 57; Brodnitz, 1902, S. 116.
19) Rau, Volkswirthschaftspolitik, 1844, S. 357.
20) Stahl, aaO S. 57 f.; Rau, aaO §§ 202 a, 203; Das Fabrik- und Maschinen-Wesen, Schaffhausen 1844, S. 155 f.; Harkort, 1844, S. 44 ff.; Bülau, NJG Bd. 2, 1845, S. 544; Reichensperger, 1847, S. 214, 219 ff.; 249 ff., 266 f.
21) Rau, aaO S. 354, 356 (befürwortete Privatvereine, die mit hoheitlichen Befugnissen beliehen werden sollten); Weinlig, AP N.F. Bd. 4, 1846, S. 97: Fabrikinspektoren.

wie auch in der Form von Einkaufsgenossenschaften und Sparkassen. (22) Gerade unter den Fabrikanten befürworteten viele solche Einrichtungen. (23)

Kontrovers war und blieb allerdings die Gewinnbeteiligung, für die vor allem Mohl sich weiterhin einsetzte. (24) Diese Idee fand jetzt aber doch sehr viel mehr Zuspruch als früher, (25) zumal auch der Assoziationsgedanke sich auf diesem Gebiet unmittelbar fördernd auswirkte: In einem im Jahre 1845 veröffentlichten Aufsatz wurde ausgeführt, daß der Fabrikbetrieb drei Faktoren: Kapital, technisches Wissen und körperliche Arbeit miteinander verbinde und daß dann billigerweise auch der Ertrag in drei Teile gehen müsse. (26) Die Lohnarbeit werde als juristischer Anknüpfungspunkt der Tätigkeit in der Fabrik nicht gerecht, vielmehr müsse die Stellung des Arbeiters gesellschaftsrechtlich beurteilt werden. (27) Das gleiche formulierte ein anderer Aufsatz mit der Formel: Assoziation der arbeitenden Klassen in der Arbeit und im Gewinn sowie in der speziellen Form des Miteigentums an den Produktionsmitteln. (28) Der preußische Staatsrechtler Stahl schrieb, die Beteiligung des Arbeiters am Unternehmensertrag sei eine Sache technischer Beurteilung, (29) und auch Josef Maria Radowitz, der Berater und Freund Friedrich Wilhelms IV., stimmte Mohls Vorschlag zu, wie aus einer im Jahre 1853 veröffentlichten Aufzeichnung zu ersehen ist. (30) Radowitz verwies auf die bei Schutzzöllen von der Gesamtgesellschaft zu tragenden Belastungen und trat dafür ein, daß der den Fabrikanten somit auf Kosten der Allgemeinheit zuwachsende Profit mit den Arbeitern geteilt werden sollte.

Über die juristische Konstruktion als solche bestand keinerlei Streit; auch auf das Dogma des unantastbaren Eigentums wurde nicht verwiesen. (31) Die Einwände, die gegen die Verteilung des Unternehmensgewinns vorgebracht wurden, gründeten auf Bedenken in der Sache, zu denen etwa die Argumente Bülaus zählten,

---

22) Vgl. v.Radowitz, 1853, S. 176 (Sicherung des Existenzminimums und "Solidarität" des Unglücks).
23) Brüggemann, Zollverein, 1845, S. 179.
24) Mohl in: Staatslexikon, Bd. 5, 1847, S. 738 ff., 770. (Die Ausführungen über eine Fabrikgesetzgebung stammen von Mohl, vgl. S. 772, Anm. a. E.).
25) Vgl. Harkort, 1844, S. 49; Aufs. in: DVjS 1845, H. 1, S. 32, 65; Reichensperger, 1847, S. 252 f.
26) Zeilmann, NJG Bd. 2, 1845, S. 521 ff.
27) Nicht als "locatio conductio operarum", sondern als "societas quaestuaria", so Zeilmann, aaO S. 525, 526; ähnlich Abbruch, 1846, S. 197.
28) v. Witzleben, C.D., NJG Bd. 2, 1848, S. 205, 224 (Produktions - Gemeinschaft im Sinne einer genossenschaftlich betriebenen Werkstätte).
29) Stahl, Bd.2,2,1846, S. 58.
30) v. Radowitz, 1846, in: Schriften, 1853, S. 149f.

daß die Anhalt-Köthensche Regierung mit dem Versuch, die Domänenarbeiter am Ertrag der Betriebe zu beteiligen, schlechte Erfahrungen gemacht habe, und daß es auch problematisch werde, einen etwaigen Verlust des Fabrikgeschäfts auf die Arbeiter umzulegen und Auseinandersetzungen über die Höhe der Gewinnzuschläge zu vermeiden. (32) Rau wiederum befürchtete, daß Zwangsmittel, mit denen die Unternehmer zu höheren Löhnen genötigt werden sollten, wegen des Wettbewerbs entweder wirkungslos sein oder aber dem Fortbestand der Industriebetriebe gefährlich würden. (33) Zur wirtschaftlichen Sicherung der Arbeiter hielt er daher für besser, Hilfskassen mit einer gewissen Zuschußpflicht für die Fabrikanten zu schaffen (34) sowie - im Anschluß an Hermanns Vorschlag (35) - vom Lohn der Fabrikkinder Rücklagen zu bilden. (36) Ähnlich befürchtete auch der Armenrechtler Kleinschrod, daß sich eine Gewinn- und Verlustgemeinschaft lähmend auf die Industrie auswirken werde. Er befürwortete statt dessen einen Minimallohn, gestaffelt nach Alter, Geschlecht und Familienstand, ferner einen Kündigungsschutz, ein Zwangssparen auf der Grundlage von Lohnabzügen sowie die den Unternehmern bei Neugründungen aufzulegende Verpflichtung, für die Arbeiter im Krankheits- und Entlassungsfall zu sorgen. (37)

Im Gespräch waren, wie oben bereits hervorgehoben, auch Interessenvertretungen der Arbeiter, entweder als Vereine zur Integration der unteren Schichten und zur Teilnahme am öffentlichen Leben gedacht (38) oder zur Regelung wirtschaftlicher Belange, beispielsweise als Schiedsgericht für arbeitsrechtliche Streitigkeiten (39) oder auch - wie ja von Mohl schon früh in die Debatte geworfen -, um in gerechter Abstimmung den individuell zuzumessenden Gewinnanteil festzusetzen. (40) Ein verwandter Vorschlag ging dahin, daß eine aus Fabrikanten und Arbeitern gebildete Behörde die Lohnhöhe bestimmen sollte, andernfalls man mit der Entstehung illegaler Gewerkschaften rechnen müsse. (41) Auch der Gedanke, daß Verhandlungen über Arbeitsbedingungen

---

31) Vgl. Rau, Volkswirthschaftspolitik, 1844, 360 (c).
32) NJG Bd. 2, 1845, S. 532 ff.
33) Rau, aaO S. 360 (c).
34) Rau, Volkswirthschaftspolitik, 1844, S. 357 f.; 360 (f): Abgaben wie bei den Knappschaftskassen seien minder lästig als die Verpflichtung der Fabrikanten, die Arbeiter nach der Entlassung eine gewisse Zeit zu unterhalten oder sie am Gewinn zu beteiligen.
35) Hermann, GA Bd. 7, 1838, S. 200.
36) Rau, aaO S. 356 (i).
37) Kleinschrod, Armengesetzgebung, 1849, S. 37 ff.; für den Arbeitgeberzuschuß auch Harkort, 1844, S. 48.
38) Ueber den vierten Stand und die socialen Reformen, Magdeburg 1844, S. 72 f., 78; vgl. weiter Hansen, Bd. 1, 1906, S. 356; Brüggemann, Zollverein, 1845, S. 184; v. Reden, 1847, Nachdruck bei Jantke, 1965, S. 461, 474; Graf zu Dohna, 1847, Nachdruck bei Jantke, aaO S. 244, 252. Vgl. ferner die

im Interesse einer Waffengleichheit von dem Fabrikanten auf der einen und der Gesamtheit der Belegschaft auf der anderen Seite geführt werden sollten, tauchte damals schon auf. (42)

Die maßgeblichen Äußerungen waren in der Frage der Arbeitervertretungen allerdings vorsichtiger. Rau etwa befürwortete nur die Bildung von Fabrikräten, die den Arbeitern "schützend, ermahnend, ratend und helfend" zur Seite stehen könnten, wobei die Mitglieder dieser Räte teils durch Staatsbehörden, teils durch die Arbeiter und die Fabrikanten und teils auch durch gemeinnützige Vereine benannt werden sollten. (43) Bei einer körperschaftlichen Verfassung, so führte er aus, seien sowohl die öffentliche Sicherheit als auch der Fortbestand der Fabriken bedroht. Selbständige politische Vereinigungen einer Klasse, die ihren Lebensunterhalt nicht habe, das hieß wohl, die auf die Leistungen der Armenkassen angewiesen sein konnte, lehnte auch Stahl als unnatürlich ab. (44)

An sozialen Vorschlägen, die in diesem Zusammenhang außerdem vorgetragen wurden, sind noch zu erwähnen: völkerrechtliche Vereinbarungen über die Arbeitszeit in den Fabriken, weiter staatliche Notstandsarbeiten, damit das gesetzliche Lohnminimum garantiert wäre, (45) ferner eine Arbeitsvermittlung (46) und die Änderung des Steuersystems; früh wurde auch ein eigenes Ministerium zur Verwirklichung der sozialen Maßnahmen gefordert. (47) Mohl steuerte der Reformdiskussion noch die für ihn wiederum bezeichnende Idee bei, daß den qualifizierten Arbeitern Stipendien zum Besuch technischer Lehranstalten und nach Abschluß dieser Ausbildung zinslose Darlehen gewährt werden sollten, damit sie sich eine Werkstätte gründen oder in bestehende Fabriken als Teilhaber einkaufen könnten. (48)

Die vorstehende Übersicht belegt, in welchem Maße ein soziales Denken in der Literatur bereits Fuß gefaßt hatte.

---

ideengeschichtliche Untersuchung von Müller, Friedrich, Korporation und Assoziation, Berlin 1965 (Schriften zum Öffentlichen Recht, Band 21).
39) Brüggemann, aaO S. 184.
40) Mohl in: Staatslexikon, Bd. 5, 1847, S. 770.
41) v. Witzleben, C.D., AP N.F. Bd. 6, 1847, S. 240 f.
42) v. Witzleben. C.D., NJG Bd. 2, 1848, S. 205, 213.
43) Rau, Volkswirthschaftspolitik, 1844, S. 358 f.
44) Stahl, Bd.2,2,1846, S. 58. - Vgl. für die spätere Zeit: Sachße-Tennstedt, 1980, S. 212.
45) So Mevissen im Jahre 1845, vgl. Hansen, Bd. 2, 1906, S. 162.
46) Graf zu Dohna, 1847, Nachdruck bei Jantke, 1965, S. 244, 252; v. Reden, 1847, Nachdruck bei Jantke, aaO S. 461, 481.
47) Brüggemann, Zollverein, 1845, S. 188; v. Delbrück, Bd. 1, 1905, S. 214.
48) Mohl in: Staatslexikon, Bd. 5, 1847, S. 771.

V. Die Frage der Volksbildung und des gesetzlichen Jugendarbeitsschutzes

Als Antwort auf die Massenverarmung kam indessen nicht nur die Umgestaltung der Wirtschaftsverfassung in Betracht. Da die bestehende Not sehr häufig auf dem Überangebot unqualifizierter Arbeitskräfte, auf fehlendem Leistungswillen, auf beruflicher Immobilität oder auch auf mangelnder Moral beruhte, lag es nahe, auch hier eine Änderung anzustreben. Wer über entwickeltere Fähigkeiten verfügte, ließ erwarten, daß er von vornherein aussichtsreiche Erwerbstätigkeiten sich auswählen, in seinem Beruf mehr leisten und gegebenenfalls den Beruf auch wechseln würde: "Die höhere Kraft wird ihre Bahnen finden", meinte die pädagogische Reformpartei, die für eine verbesserte, den Bedürfnissen der Zeit gerecht werdende Schule eintrat. (1) Die Verunsicherung durch die Krise, die Furcht vor Aufruhr und vor Kommunismus, aber auch das geschärfte soziale Gewissen begünstigten eine die Allgemeinheit finanziell belastende Bildungsreform, für die der Idealismus ohnehin schon immer eingetreten war. (2) "Alles, was Schule heißt", liest man in einem Aufsatz vom Jahre 1847, (3) "faßt die Gegenwart aus weit größeren Gesichtspunkten gegen sonst auf".

Ein Ausbau des Volksschulwesens aber mußte wiederum die Norm des als notwendig erachteten Jugendarbeitsschutzes anheben. Denn die Schulfrage war nicht befriedigend zu lösen, wenn nicht zugleich der in das Gesamtsystem eingebundene Unterricht für die Fabrikkinder erweitert würde. (4)

In genau die gleiche Richtung wirkten auch die immer wieder vorgebrachten Warnungen vor den besonderen Gefahren der Fabrik, der Demoralisierung, Verrohung (5) und den Gesundheitsschäden. Erwähnenswert ist insbesondere, was den letzten Punkt betrifft, ein im Jahr 1845 erschienenes Buch des Mediziners Halfort über

---

1) Vgl. Hoffmann. J.G., Gewerbebetrieb, 1841, S. 268, 385, 412; Brüggemann, Dr. List, 1842, S. 308 u. Zollverein, 1845, S. 185 f.; v. Prittwitz, JwK Bd. 1, 1842, S. 532; Rau, Volkswirthschaftspolitik, 1844, S. 357 u. Volkswirthschaftslehre, 1847, S. 523, 526; Harkort, 1844, S. 24 f., 43 ff., 56; Aufs. in: DVjS 1844, H. 4, S. 203 ff. u. 1847, H. 1, S. 380; Abbruch, 1846, S. 252 f.; Schulze, Friedrich G., Die Arbeiterfrage, Jena 1849, S. 97.
2) Vgl. noch Stein, 1842, S. 20, 445.
3) DVjS 1847, H. 1, S. 380.
4) Vgl. die Äußerungen Karl Marx', 1844, über die schlesische Weberbevölkerung, MEW, Bd. 1, 1956, S. 400: "Um Kinder zu erziehen, muß man sie ernähren und von der Erwerbsarbeit befreien." Und: "Die Ernährung und Erziehung...des ganzen aufwachsenden Proletariats wäre die Vernichtung des Proletariats und des Pauperismus."

die Krankheiten der Gewerbetreibenden, nach jahrzehntelangem Schweigen der Arbeitsmedizin das erste auch die Fabrikarbeit ausführlich berücksichtigende Werk in Deutschland. (6) Von noch größerer Bedeutung aber dürften die bereits erwähnten Berichte über England gewesen sein, unter deren Einfluß sich unverkennbar ein starkes Mitgefühl für die Fabrikkinder herausgebildet hatte. Der Koblenzer Landgerichtsrat Peter Franz Reichensperger nannte im Jahre 1847 das Leben der englischen Fabrikkinder "ein Elend, welchem der Tod unter allen Gestalten hundertfach vorzuziehen" sei. (7) Das öffentliche Mitleid, so stellte der Berliner Professor Kalisch etwas später in einem Gutachten fest, weine mit den harmlosen Fabrikkindern und würde ein Arbeitsverbot für die gesamte schulpflichtige Jugend mit vollem Beifall begrüßen. (8)

Lieferte die Aufwertung der Schulidee somit den konstruktiven Ansatz für die Fortbildung des Jugendarbeitsschutzes, so war weiter wichtig, daß die Ablehnung der schrankenlosen Gewerbefreiheit und die den Fabriken feindselige Stimmung nunmehr auch Belastungen der Industrie mit öffentlich-rechtlichen Pflichten in einem größeren Umfang ermöglichten, als dies in der Phase des Wirtschaftsoptimismus der Fall gewesen wäre.

Jedoch ist insoweit auch ein Vorbehalt am Platz: Die Forderung auf Einschränkung der Kinderarbeit stand, wenn sie im wirtschaftswissenschaftlichen Schrifttum erwähnt wurde, regelmäßig im engen Zusammenhang mit der Befürwortung des Schutzzolls, weil es bei einem Aufbau einer nationalen Industrie zu verhindern galt, daß ein ungesundes, ungesichertes, amoralisches Proletariat entstehen würde und daß Kinder und auch Frauen die erwachsenen Männer in den Fabriken ersetzen könnten. Die Fabrikordnung sollte ein Gegengift gegen diese Nachteile der Einfuhrbeschränkungen bilden, meinte etwa Brüggemann: Jede Erhöhung der Schutzzölle zugunsten der deutschen Fabriken sei Veranlassung, ernsthaft an vorbeugende Einrichtungen zu denken. (9) Mit einem Ausbau des Schulwesens, der Erschwerung der Frauen- und Kinderarbeit und einer gesetzlichen Fabrikordnung hoffte man, die meisten Mißstände, zu denen es in der britischen Industriegesellschaft gekommen war, von Deutschland fern-

---

5) Hoffmann, J.G., Nachlaß, 1847, S. 188 f.
6) Halfort, 1845, S. 380 ff., 438, 482 f., 498 ff., 502 ff.
7) Reichensperger, 1847, S. 248 f.: "...kann eine Arbeit, die mit den Tränen und dem Herzblute jener unseligen, armen Wesen getränkt ist, ...dem Lande Glück und Segen bringen...?" Vgl. auch Suederus, 1844, S. 80: "Diese Kinder ...sind nur da als proles von Menschen ohne menschliche Würde, sie sind wahre Proletarier."
8) Kalisch, E.W., Ueber die Beschäftigung der schulpflichtigen Jugend in Fabriken, Berlin 1852, S. 4.
9) Brüggemann, Zollverein, 1845, S. 176, 178, 180, 185; Mevissen, 1845, bei Hansen, Bd. 2, 1906, S. 151 f.

halten zu können. (10)

Die Vertreter der Industrie freilich mochten die soziale Argumentation auch in einem abweichenden Sinne interpretieren: Ausbau des Armen- und Schulwesens wohl, aber nur Zug um Zug gegen eine verstärkte staatliche Industrieförderung - in der Verknüpfung der beiden Materien lag eine nicht zu übersehende Schwäche der arbeitsrechtlichen Vorschläge dieser Zeit.

Was die Frage des Jugendarbeitsschutzes anlangt, so wird man nach alledem aber als Ergebnis festhalten können, daß die in Presse und Literatur sich dokumentierende öffentliche Meinung einer weiteren Einschränkung der Erwerbstätigkeit der Kinder durchaus geneigt war. Die ausschlaggebenden Gesichtspunkte waren dabei indes weniger einzelne Mißbräuche oder konkret ermittelte Nachteile der frühen Arbeit (11) als vielmehr der Wille zu einer besseren Volksbildung und die Angst vor der Entstehung eines Industrieproletariats.

VI. Die sozialen Unterstützungsvereine in Preußen

Der Weberaufstand hatte in Deutschland einen Schock ausgelöst und das direkt betroffene Preußen nachdrücklich mit der Frage konfrontiert, welche Maßnahmen zur Linderung der bestehenden Notlage zu treffen seien. Der seit 1840 regierende König Friedrich Wilhelm IV. war bereit, den sozialen Belangen verstärkt Rechnung zu tragen und setzte auf den zentralen Vorschlag der antiliberalen Gesellschaftskritik: die Idee der gegenseitigen Hilfe im Rahmen von Organisationen, die auf kommunaler Ebene geschaffen werden sollten. Als im Herbst 1844 in Berlin sich eine Anzahl rheinischer Industrieller sowie Ministerial- und Regierungsbeamte zusammenfanden, um einen "Verein zum Wohl der arbeitenden Klassen" zu gründen, (1) begrüßte der König diesen Schritt mit einer Kabinettsorder, in der er den Betrag von 15.000 Talern als Unterstützung zusagte. (2) Der rheinische Wirtschaftsführer Mevissen notierte damals, durch diese Geste sei der vierte Stand in Preußen offiziell in seiner Bedeutung

---

10) Weinlig, AP N.F. Bd. 4, 1846, S. 96.
11) Anstoß erregte allerdings das gemeinsame Übernachten Jugendlicher beiderlei Geschlechts, vgl. Jahn, H., Beleuchtung der Schrift: Ueber den Einfluß der Fabriken und Manufacturen in Schlesien von Treumund Welp, Erster Brief, Die Gebirgs-Districte, Braunschweig 1844, S. 15, Anm. und die gen. Schrift, Leipzig 1843, S. 18 ff.

---

1) Vgl. Hansen, Bd. 1, 1906, S. 343 f. - Vgl. zum folgenden: Schneider, Heinz Richard, Bürgerliche Vereinsbestrebungen für das "Wohl der arbeitenden Klassen" in der preußischen

anerkannt worden. (3)

In gleicher Weise konnte man auch eine lobende Besprechung interpretieren, die die unter der Zensur der Berliner Ministerien stehende "Allgemeine Preußische Zeitung" über Engels' "Lage der arbeitenden Klassen" abgedruckt hat. (4) Der Rezensent bekannte sich hier zu der Auffassung, daß der arbeitende Mensch einen Anspruch darauf habe, seine Lebensbedürfnisse sich von dem Ertrag seiner Arbeit zu befriedigen, und daß ihm dieses natürliche Recht bei einem gesunden Zustand der Gesellschaft auch nicht verweigert werde. Die Regierungen würden sich nach Kräften bemühen, die bestehende Notlage zu überwinden. Zwischen Großbritannien und Preußen bestehe in dieser Hinsicht ein erheblicher Unterschied. Das Elend des Arbeiters rühre in England daher, daß dort die Staatsgewalt in den Händen der wenigen Besitzenden sich befinde und die vermittelnde Macht der Krone fehle.

Das demonstrative Eintreten Friedrich Wilhelms für die Absichten des Berliner Centralvereins für das Wohl der arbeitenden Klassen war ein wichtiger Anstoß. Im Oktober 1844 wandte sich der Vorstand des Vereins mit der Aufforderung an die deutsche Öffentlichkeit, auf Ortsebene weitere Vereine zu gründen mit dem Programm, Spar- und Alterskassen einzurichten, Fortbildungsschulen für Fabrikkinder zu schaffen und durch eine Zusammenarbeit aller Gesellschaftsschichten die wirtschafts- und bildungspolitischen Probleme zu lösen.

Ein erster Erfolg dieses Aufrufs bestand darin, daß die Presse sich den sozialen Fragen lebhaft widmete; (5) man wird die zahlreichen arbeitsrechtlichen Vorschläge jener Jahre mit diesem Vorgang in Zusammenhang bringen dürfen. Aber auch die Vereinsgründungen selbst hatten als Mittel gesellschaftsbezogener Tätigkeit durchaus ihren guten Sinn. Wesentlich war, daß hier zu einer Zeit, als echte Volksvertretungen noch fehlten, für die mit den sozialen Problemen näher vertrauten Bevölkerungskreise Organisationen geplant waren, in denen die anstehenden Sachfragen geklärt und für die als zweckdienlich erkannten Vorschläge geworben werden konnte. (6) Die Schulen für die Fort-

---

Rheinprovinz im 19. Jahrhundert, Phil. Diss., Bonn 1967, S. 20 ff.

2) Vgl. v. Wenckstein, Otto, Die deutsche Industrie und der Verein zur Abhilfe des Nothstandes der deutschen Fabrikarbeiter, Bonn 1844, S. 3.

3) Vgl. Hansen, Bd. 2, 1906, S. 129.

4) Vgl. Kuczynski, Umfrage, 1960, S. 170 (Rezension in den Ausgaben vom 31.10., 1.11. u. 7.11.1845).

5) Hansen, Bd. 1, 1906, S. 345.

6) Vgl. Mevissens Aufruf v. 15.3.1845 bei Hansen, Bd. 2, 1906, S. 129, 136.

bildung der in den Fabriken beschäftigten Kinder etwa, der Punkt "c" des Berliner Programms, (7) bedurften dringend einer solchen Erörterung. (8)

Zunächst trug die Bewegung auch Früchte. In Aachen, Köln, Düsseldorf, Mülheim und anderen Orten kam es schon sehr bald zu öffentlichen Gründungsversammlungen. (9)

Die Bewegung nahm dann jedoch einen Gang, der ihr bedrohlich werden sollte. In der sozialpolitischen Aktivität kam deutlich auch ein demokratischer Akzent zum Ausdruck: Mevissen zum Beispiel, einer der Führer der rheinischen Liberalen, stellte die Kölner Vereinsgründung unter das Motto, daß "das fortschreitende Bedürfnis nach Gleichheit aller in den staatlichen und sozialen Formen angemessene Befriedigung finden müsse", (10) und dieser Forderung gemäß wollten viele Liberale die unteren Schichten an der Selbstverwaltung der Vereine beteiligen. (11)

Andere gingen noch weiter; Friedrich Engels und Moses Heß trugen bei Veranstaltungen in Elberfeld unter großem Interesse des Bürgertums kommunistische Ideen vor (12) zu einer Zeit, als das sozialistische und kommunistische Schrifttum trotz der bestehenden Zensur erheblich zunahm (13) und in Schlesien - im Jahre 1845 - eine angeblich kommunistische Untergrundorganisation entdeckt wurde. (14)

Für die preußische Staatsregierung war diese Entwicklung doppelt verdächtig. Berlin befürchtete, daß das liberale Großbürgertum die wirtschaftliche Not und die Reformbestrebungen benutzen wollte, um das auf Schaffung einer konstitutionellen Monarchie gerichtete eigene politische Interesse durchzusetzen, und zum anderen, daß sich die sozialpolitischen Vereine als Keimzellen einer kommunistischen Partei entpuppen könnten. (15)

---

7) Vgl. Kuczynski, Literatur, 1960, S. 256.
8) Vgl. Brüggemann, Zollverein, 1845, S. 181.
9) Hansen, Bd. 1, 1906, S. 345, 349 ff.
10) Hansen, Bd. 2, 1906, S. 132.
11) Hansen, aaO; Brüggemann, Zeitung, 1855, S. 11.
12) Hansen, Bd. 1, 1906, S. 356.
13) Hansen, aaO S. 353; Brüggemann, aaO S. 11. Zu der linksgerichteten Publizistik zählten seit 1844 die "Trier'sche Zeitung", "Der Sprecher oder: Rheinisch-Westphälischer Anzeiger" in Wesel, dann das "Weser-Dampfboot" aus dem Jahre 1844, im gleichen Jahr fortgeführt als "Westphälisches Dampfboot", ferner das "Allgemeine Volksblatt", Köln 1845, und in den Jahren 1845/46 der Elberfelder "Gesellschaftsspiegel" sowie, 1845, die "Rheinischen Jahrbücher zur gesellschaftlichen Reform" und das "Deutsche Bürgerbuch", 1845 und 1846, vgl. Dowe, 1970, S. 60, 63, 68, 80, 86, 90, 304 f.
14) Brüggemann, Zeitung, 1855, S. 11.

Die Folge war, daß das Prinzip der sozialen Selbstverwaltung auf kommunaler Ebene wieder aufgegeben wurde. Ab 1845 ließ Friedrich Wilhelm IV. die Arbeit der Wohltätigkeitsvereine behindern: Die Verwaltung verschleppte die Genehmigung der Vereinsstatuten und verlangte Änderungen in dem Sinne, daß die Mitgliedschaft von Angehörigen ärmerer Schichten ausgeschlossen wäre. (16)

Für das Arbeitsrecht bedeutete diese Ausschaltung der Bürgerinitiativen einen empfindlichen Rückschlag. Wie sich nach 1848 herausgestellt hat, konnte gerade eine unter der Bevölkerung veranstaltete Debatte über soziale Verbesserungen zu brauchbaren Vorschlägen führen. (17) Diese Möglichkeit, den direkt Betroffenen auf mittelbare Weise gleichsam ein Antragsrecht auf gesetzliche Maßnahmen einzuräumen, war jetzt wieder versperrt und die anstehende Reform der Ministerialbürokratie allein überlassen.

VII. Änderung der preußischen Gewerbepolitik im Jahre 1845

Im Jahre 1845 schied der preußische Ministerialdirektor Beuth, der sich um die Förderung der Industrie in Deutschland wie kein anderer Beamter vor ihm verdient gemacht hatte, aus dem unmittelbaren Staatsdienst aus - dies möglicherweise veranlaßt durch den sich abzeichnenden Kurswechsel in der preußischen Wirtschaftspolitik. Der rheinischen Industrie wurden, wenn auch vorerst nur befristet, Schutzzölle bewilligt, (1) weiter erhielt die Verwaltung die Ermächtigung zu direkt wirkenden wirtschaftslenkenden Maßnahmen, (2) und in die bestehende Gewerbeverfassung wurden - dies war die folgenreichste Entscheidung - staatliche Ordnungselemente eingebaut.

Das bedeutendste Gesetz dieser Jahre war die eingeschränkt-liberale, (3) die Vorstellungen Hoffmanns jedenfalls zum Teil verwirklichende preußische Gewerbeordnung vom 17. Januar 1845, (4) die die Idee der Gewerbefreiheit mit dem Assoziationsgedanken verbunden hat. Für eine Reihe von Handwerksberufen schuf das Gesetz in der Institution der Innung berufsständische Ver-

---

15) Hansen, aaO S. 353 ff., 436; Brüggemann, aaO; vgl. ferner v. Gerlach, 1891, S. 107 (Notiz v. 30. März 1845).
16) Vgl. Hansen, aaO S. 357.
17) Vgl. z.B.: Eingaben, 1848; Bericht, 1848; Dufour-Feronce, A. und Gustav Harkost, Versuch zur Beantwortung einiger der durch die Commission für Gewerbs- und Arbeits-Verhältnisse in Sachsen aufgestellte Fragepunkte, Leipzig 1848.

---

1) Croon, 1918, S. 199; vgl. auch Rathgen, 1908, S. 27.
2) Vgl. Minutoli, Alexander von, Die Lage der Weber und Spin-

einigungen, denen als Selbstverwaltungsorgane Aufsichts- und Ausbildungsaufgaben sowie die soziale Sicherung der Mitglieder obliegen sollte. (5)

In diesem Gesetz findet sich auch, der jüngsten Entwicklung Rechnung tragend, (6) ein Abschnitt mit einem für die Industrie geltenden Erwachsenenarbeitsrecht. Neben gewissen Verbotsnormen, die in der Sache nichts Neues bedeuteten - die Untersagung der eigenmächtigen Arbeitsaufgabe und der Koalitionsbildung - steht hier die wichtige Bestimmung des § 145, mit dem der Anwendungsbereich der für das Handwerk geltenden polizeilichen und sozialen Schutzvorschriften - die §§ 134 ff. - auf die Fabrikarbeiter ausgedehnt wurde.

Daher galten insoweit die Verpflichtung der Ortspolizei, darüber zu wachen, daß beim Fabrikbetrieb Rücksicht auf Gesundheit und Sittlichkeit genommen wurde, § 136; die Regelkündigung mit einerFrist von 14 Tagen, § 139; weiter das an bestimmte Gründe gebundene Recht zur außerordentlichen Kündigung, §§ 140, 141; ferner die Pflicht des Arbeitgebers zur Erteilung eines Zeugnisses, § 142, und als wesentlichste Vorschrift dieses Komplexes die Befugnis der Fabrikarbeiter, Unterstützungskassen zu gründen, § 144.

Zwei weitere arbeitsrechtliche Gegenstände wurden im darauf folgenden Jahr geregelt. Mit Kabinettsorder vom 16. November 1846 untersagte Preußen, daß Fabrikbesitzer und andere in der Fabrik tätige Personen in den Fabrikorten einen Getränkekleinhandel sowie Schank- und Gastwirtschaften betreiben durften, womit einige der übelsten Erscheinungsformen der Warenauslöhnung verboten waren. (7) Und in einer Verordnung vom 21. Dezember 1846 wurde zum ersten Mal auch der Inhalt des sogenannten freien Arbeitsvertrages des näheren ausgestaltet. (8) Die Verordnung, deren Geltungsbereich allerdings auf die öffentlichen

---

ner im Schlesischen Gebirge und die Maßregeln der Preußischen Staats-Regierung zur Verbesserung ihrer Lage, Berlin 1851, S. 2 f. (Minutoli unterscheidet für den Zeitraum bis 1849 vier Hauptabschnitte der preuß. Gewerbepolitik: 1. vor 1836: Förderung der Industrie durch Ratschläge; 2. 1836-39: Notstandsbekämpfung; 3. 1840-45: Förderung von Industrieversuchen; 4. 1845-49: direkter Eingriff).

3) Schmoller, 1870, S. 83.
4) GS 1845, S. 41.
5) Vgl. wegen der Einzelheiten, insbesondere der Rolle des Vereinsgedankens im Interesse einer Abwehr der "antisozialen" Bestrebungen unter den Gesellen: Roehl, Beiträge zur Preußischen Handwerkerpolitik, in: SF Bd. 17, 1900, H. 4, S. 235 ff., 251 ff., 255 ff., 271 f.
6) Roehl, aaO S. 237, 248.
7) GS 1846, S. 484.
8) GS 1847, S. 21 ff.

Bauten - die Anlage von Eisenbahnen, Kanälen und Straßen - beschränkt war, sah im wesentlichen vor: ein grundsätzliches Beschäftigungsverbot für Frauen jeden Alters und für männliche Personen unter 17 Jahren, § 2; dann die Untersagung der Sonntagsarbeit, § 23; eine Regelung der Lohnauszahlung, insbesondere das Verbot von Warenkrediten, §§ 9 ff.; die Einführung der Arbeitskarte, § 3; Kündigungsmodalitäten, §§ 15 ff.; die Wahl von Vertrauensmännern bei Akkordarbeiten, § 12 sowie die Schaffung von Pflichtkrankenkassen, die bei Krankheiten 14 Tage lang die ärztlichen Behandlungskosten und ein Verpflegungsgeld aufzubringen hatten, § 21. Im Gesetz war weiter die Erwartung ausgesprochen, daß die Eisenbahngesellschaften angemessene Zuschüsse zu diesen Kassen leisten würden. Bei neu zu erteilenden Konzessionen wurde diese Beitragsleistung Pflicht. (9)

Andere Gesetzesrevisionen, die dem Themengebiet des Arbeitsrechtes zugehörten, befanden sich in diesen Jahren in den Ministerialberatungen. Dazu zählten einmal ein allgemeines Verbot der Warenauslöhnung, zu dessen Anordnung Preußen in den 30er Jahren sich noch nicht entschlossen hatte und das jetzt auf Antrag vor allem der rheinischen Behörden wieder erwogen wurde, (10) und zum anderen die Frage einer Novelle zum Jugendarbeitsrecht.

VIII. Die Frage einer Verbesserung des preußischen Regulativs

1. Die Umfragen vom Jahre 1845

Das Problem der Fabrikkinder, zu deren Gunsten der Barmer Abgeordnete Schuchard im Jahre 1843 ohne Erfolg eine Erweiterung des gesetzlichen Schutzes gefordert hatte, wurde den preußischen Behörden schon wenig später von neuem vorgelegt. Die Initiative ging in diesem Fall von dem Oberlandesgerichtspräsidenten Alsleben aus, der ebenfalls schon früher, in den Jahren 1839 und 1841, mit Zeitungsartikeln für die Fabrikkinder geworben hatte und jetzt, 1844, in der "Kameralistischen Zeitung" (1) dieses Thema noch einmal aufnahm, indem er auf die Notwendigkeit hinwies, eine spezielle Fabrikaufsicht einzurichten sowie medizinal-, bau- und sittenpolizeiliche Maßregeln über § 10 Regulativ zu erlassen. (2) Alsleben erinnerte daran, daß zum Vollzug dieser Bestimmung seit dem Inkrafttreten des Gesetzes

9) Vgl. über den Unterstützungsverein der Rheinischen Eisenbahn, Hansen, Bd. 1, 1906, S. 348.
10) Anton, 1891, S. 138.

1) Ausgabe Nr. 22 vom 18. Mai 1844, S. 520.
2) A.M. 28, S. 283.

nichts geschehen sei, obgleich die Dringlichkeit der Fragen nicht bezweifelt werden könne. Erst jüngst sei im englischen Parlament wieder die tiefe Unmoral in den Fabriken zur Sprache gekommen.

Mit dem gleichen Anliegen richtete Alsleben ein Schreiben an den seit 1844 amtierenden Innenminister von Arnim. (3)

Der Zeitpunkt unmittelbar nach den Weberunruhen war für eine solche Anregung günstig gewählt. Der Innenminister sprach sich schon am 3. Oktober 1844 in einem an den Kultusminister von Eichhorn und den Finanzminister von Flottwell gerichteten Votum dafür aus, über § 10 Regulativ Ausführungsbestimmungen zu erlassen, als deren Inhalt ihm die folgenden Gesichtspunkte erwägenswert erschienen: in sachlicher Hinsicht die Trennung der Kinder bei der Arbeit nach Geschlechtern und soweit möglich von den erwachsenen Arbeitern; weiter ein Beschäftigungsverbot für gesundheitsgefährdende Tätigkeiten und außerdem als organisatorische Neuerung die Bildung spezieller Aufsichtsorgane, die sich aus jeweils einem beamteten Arzt und weitere durch Wahl zu bestimmende unabhängige Männer zusammensetzen sollten. (4) Diese Gremien sollten die Fabriken überprüfen, festgestellte Mißstände entweder im Einvernehmen mit den Unternehmern abstellen oder aber den Behörden anzeigen. Damit Wettbewerbsverzerrungen vermieden würden, schlug Arnim vor, daß die anderen Staaten des Deutschen Zollvereins die für die Fabriken geltenden preußischen Bestimmungen übernehmen sollten.

Das Kultusministerium antwortete im wesentlichen zustimmend. (5) Der Minister Eichhorn, der Nachfolger Altensteins seit 1840, regte in der Frage der Fabrikkommissionen lediglich an, daß man sich der Mitarbeit der freien Ärzte versichern sollte, um deren Erfahrungen mit Berufskrankheiten verwerten zu können. Die Amtsärzte sollten außerhalb der Kommissionen mit der Überwachung der Fabriken betraut werden. Eichhorn ging im übrigen davon aus, daß durch das Regulativ an sich zureichende Vorschriften über das Eintrittsalter in die Fabriken und über die Arbeitsdauer geschaffen worden seien. Daher kam es seiner Meinung nach vor allem darauf an, einen räumlichen, auf den einzelnen Betrieb bezogenen Gesundheitsschutz zu verwirklichen. Insoweit sollte die bauliche Gestaltung der Fabrikräume künftig ärztlichen Vorschlägen Rechnung tragen: Bei der Genehmigung von Neubauten sollten medizinal-polizeiliche Gesichtspunkte Berücksichtigung finden und auch die vorhandenen Anlagen auf eine Änderungsbedürftigkeit hin überprüft werden.

Das Kultusministerium, das offenbar das zu dieser Zeit erschienene Buch des Mediziners Halfort ausgewertet hatte, (6) hielt

3) Abgesandt Charlottenburg, den 4. Sept. 1844, in: A.M. 28, S. 283.
4) A.M. 28, S. 252.

dazu die folgenden Einzelmaßnahmen für dringlich: erstens die Verhinderung von Zugluft bei dem Betrieb von Ventilatoren; zweitens die Einrichtung der Arbeitsplätze entsprechend den Erfordernissen des menschlichen Körpers und drittens eine vernünftige Beleuchtung in den Fabriken, damit weder zu grelles noch zu schwaches Licht Augenkrankheiten verursachen könnte. Die speziell für die Fabrikkinder vorgeschlagenen Anordnungen wie die Trennung nach Geschlechtern und das Verbot gewisser Arbeiten billigte der Kultusminister, während er die von den Erwachsenen abgesonderte Beschäftigung nicht für durchführbar erachtete. Statt dessen sollte eine strenge Aufsicht angeordnet werden, durch die eine Verleitung der Kinder insbesondere zum Alkohol- und Tabakgenuß verhindert werden könnte.

Diese Vorschläge Eichhorns setzten im großen und ganzen die Politik fort, die das Kultusministerium unter Altenstein verfolgt hatte. Aber auch die traditionelle Gegenposition lebte in dem für die Handels- und Gewerbeangelegenheiten jetzt zuständigen Finanzministerium weiter. Genau wie seine Vorgänger schon versuchte auch der Finanzminister Flottwell die sich abzeichnenden Reformbemühungen abzubremsen. In seinem Antwortschreiben gab er einleitend zu bedenken, daß die Interessen der Fabrikanten wie auch die der armen Fabrikbevölkerung gebührend beachtet werden müßten und daß es deshalb von dem Ergebnis noch durchzuführender behördlicher Ermittlungen abhängen müsse, ob tatsächliche Ausführungsbestimmungen zu § 10 Regulativ zu erlassen wären. (7) Eine Beschränkung der Fabrikarbeit sei nur zu befürworten, falls gesundheits- und sittenpolizeiliche Gründe das ganz unumgänglich erfordern würden. Die Oberpräsidenten sollten sich daher nicht nur über die "Anrätlichkeit" allgemeiner Maßregeln äußern, sondern auch die Notwendigkeit und Ausführbarkeit solcher Schritte erwägen und dies im einzelnen begründen.

Die Themen Schaffung eines betrieblichen Gesundheitsschutzes, Vorsorge gegen etwaige gesundheitsschädliche Auswirkungen bestimmter Arbeiten und eine Trennung der Fabrikkinder nach Geschlechtern, soweit sich das organisieren lasse, sah Flottwell als für die Umfrage geeignet an. Als in der Praxis nicht durchführbar hielt er aber Bestimmungen, wonach die Kinder nicht mit Erwachsenen zusammen arbeiten sollten und die Fabrikanten den Genuß von Alkohol und Tabak zu kontrollieren hätten.

Welche grundsätzliche Einstellung der Minister hatte, zeigte sich dann recht deutlich in dem weiteren Hinweis, daß die Inanspruchnahme Jugendlicher durch zu anstrengende oder zu früh aufgenommene Tätigkeiten und eine Verleitung zu den Genußmitteln der Erwachsenen bei den Handwerkern wie überhaupt bei den Handarbeiten in einem weit stärkeren Maß vorkomme als in den

5) V. v. 14.12.1844 in: A.M. 28, S. 248.
6) Halfort, 1845.
7) V. v. 28.2.1845 in: A.M. 30, S. 288 ff.

Fabriken.

Immerhin billigte Flottwell aber die Einrichtung der Fabrikkommissionen als technische Gehilfen der Behörden; die jeweiligen Mitglieder sollten seiner Ansicht nach ihre Tätigkeit ehrenamtlich ausüben.

Es könnte sein, daß sich das Kultusministerium durch den sich hier bereits abzeichnenden Widerstand veranlaßt gesehen hat, die eigene Position besser abzustützen. Denn am 5. Januar 1845 unterzeichnete der Minister ein im vorab an die Provinzialregierungen gerichtetes Rundschreiben, in dem er den Behörden aufgab, über die Ausführung des Regulativs zu berichten und etwaige Verbesserungsvorschläge einzureichen. (8)

In den folgenden Monaten stimmten dann aber auch die Ministerien ihre Vorstellungen über die geplante Umfrage untereinander ab und erließen am 28. Mai 1845 ein zweites Reskript, (9) mit dem sie die Oberpräsidenten zur Meinungsäußerung aufforderten über die Themen: sanitätspolizeiliche Kontrolle bei Einrichtung der Fabrikräume; Gesundheitsschädigungen durch bestimmte Arbeiten; Verbesserung des sittlichen Schutzes der Fabrikkinder und endlich die Frage, ob besondere Organe zur Inspektion der Fabriken zu schaffen seien.

Das Zirkularreskript schilderte sehr ausführlich die von den Ministerien erwogenen Gesichtspunkte, nannte dabei jedoch auch die Vorbehalte, die das Finanzministerium in der Diskussion angemeldet hatte, nämlich daß das Bedürfnis für weitere Vorschriften aufgrund der gewonnenen Erfahrungen sorgfältig erörtert werden müsse und daß neue materielle Bestimmungen sich nur in dem Maße würden billigen lassen, wie die damit verbundenen Beschränkungen der Fabriken und des für viele Arbeiterfamilien unentbehrlichen Einkommens "von den höheren Rücksichten der Gesundheits- und Sittenpolizei überwogen" würden. (10)

Der Charakter, der der Enquete durch diese Auflage verliehen wurde, ist besonders hervorzuheben. Indem die Ministerien auf den Gesichtspunkt der Unabweislichkeit der vorzuschlagenden

---

8) Text in AF Jg. 10, 1872, S. 26 f.; Anton, 1891, S. 174.
9) AF aaO S. 27 f.; Anton,aaO S. 170.
10) Text in AF Jg. 10, 1872, S. 27 f.: "Im allgemeinen darf wohl angenommen werden, daß das Regulativ seinem Zweck entsprochen hat... Vor allem wird es daher darauf ankommen, das Bedürfnis nach Maßgabe der gemachten Erfahrungen sorgfältig zu erörtern... Hierbei wird zu beachten sein, daß... weitere materielle Bestimmungen über die Behandlung der Kinder in den Fabriken sich nur in dem Maße werden rechtfertigen lassen, als die damit verbundene Beschränkung des Fabrikbetriebes und die Schmälerung... (des) für viele Arbeiterfamilien unentbehrliche(n) Verdienst(s)... von den höheren Rücksichten der Gesundheits- und Sittenpolizei

Maßregeln abstellten, war den Unterbehörden eine Richtschnur an die Hand gegeben, die kaum noch Spielraum für Verbesserungsvorschläge zuließ. Nur ganz grobe Mißstände, die jedoch in Deutschland zu dieser Zeit nicht bekannt geworden waren, konnten dieser Bedingung genügen. Für den Fall aber, daß derartige Schäden tatsächlich zu ermitteln gewesen wären, hätte sich das Problem des überzeugenden Nachweises gestellt. Spätestens an dieser Hürde mußten die Regierungen wegen des nur geringen Fach- und Erfahrungswissens der Zeit ganz zwangsläufig scheitern. Das war voraussehbar. Somit stand aber bei Erlaß der Enquete bereits fest, daß diese Umfrage keine erhebliche Erweiterung des Regulativs zur Folge haben würde: Der liberalen Fraktion in der Ministerialbürokratie war über die Abfassung der Umfrage der Schachzug gelungen, den zugunsten der Fabrikkinder sich jetzt regenden Reformbemühungen von vornherein jede größere Wirkung zu nehmen.

2. Das Regulativ in der Praxis

Es dauerte einige Zeit, bis die Antworten auf die beiden ministeriellen Anfragen vom Jahre 1845 vollständig eingegangen waren; die letzte Stellungnahme, die der Provinz Schlesien, trägt das Datum vom 11. Januar 1847. (1) Für die Darstellung des Ergebnisses wird im folgenden auf die auch früher beachtete Zusammenfassung des Stoffes nach dem Ausmaß der Industrialisierung und damit nach drei Berichtsgruppen zurückgegriffen.

Der erste Bereich, der agrarische Osten Preußens, sah in der Frage der Fabrikarbeit der Kinder nach wie vor keinerlei Schwierigkeiten. Mißbräuche bei der Fabrikarbeit waren schon vor Inkrafttreten des Gesetzes kaum vorgekommen, und so hatte sich denn das Regulativ auch ohne weiteres ausführen lassen. Die wenigen Fabriken beschäftigten zumeist Erwachsene oder jedenfalls keine jüngeren Kinder, wie die statistischen Angaben klar erkennen lassen.

Die Provinz Posen meldete, daß es in den Fabriken keine schulpflichtigen Kinder gebe. In dem in der Provinz Pommern gelegenen Cöslin etwa waren die arbeitenden Jugendlichen über 16 Jahre alt, in Greifswald über 14 Jahre; in Stralsund waren alle Fabrikarbeiter erwachsen. Ähnlich lauteten die Angaben für die Provinz Preußen: In Danzig bestanden zwei Tabakfabriken, die insgesamt 28 Kinder und Jugendliche im Alter von zumeist 15 Jahren beschäftigten - jünger als 11 Jahre war kein Arbeiter. In einer Tilsiter Papierfabrik arbeiteten 6 Jugendliche im Al-

---

überwogen wird."

---

1) A.M. 31, S. 119 ff., 126.

ter von 14 bis 16 Jahren; in Königsberg in 4 Fabriken 60 Jugendliche, die aber ausnahmslos schon aus der Schule entlassen waren. In einer Glashütte in Leippa, Schlesien, arbeiteten 6 schulpflichtige Kinder; in einer Liegnitzer Fabrik 2, in Grünberg und Marklissa in Schlesien 10 bis 15 Kinder und Jugendliche.

Es liegt auf der Hand, daß die Beschränkungen des Regulativs, das Arbeitsverbot bis zum 9. Jahre, die 1 1/2stündige Pause und der Schulbesuch, unter diesen Gegebenheiten weder organisatorische Umstellungen in den Fabriken erfordert, noch finanzielle Belastungen mit sich gebracht hatte. Bei der erst geringen Industrialisierung ließen sich auch die Anforderungen für den Schulbesuch noch leicht erfüllen, sei es, daß die Fabriken Kinder erst im fortgeschrittenen Alter aufnahmen oder daß die Behörden in schulischer Hinsicht für die wenigen jüngeren Fabrikkinder vertretbare Lösungen verwirklicht hatten.

Insoweit enthielten die Regierungsberichte eindeutige Belege. In der oben erwähnten Glasfabrik von Leippa arbeiteten die Kinder jährlich 5 bis 8 Monate lang an 3 Tagen in der Woche; zum Ausgleich für die dabei ausfallende Unterrichtszeit hatte man die Schulstunden während der restlichen Tage verdoppelt. In den anderen Orten wurden die Kinder von vornherein nicht vor der Konfirmation in den Fabriken angenommen oder aber die jüngeren Kinder nach Einführung des Regulativs wieder aus der Fabrik entlassen. Schulen waren in diesen Bezirken in genügender Zahl vorhanden; auf die finanzielle Unterstützung durch die Fabrikanten waren die Gemeinden daher kaum angewiesen. Etwaige durch das Regulativ entstehende finanzielle Belastungen der Armenkasse konnten bei der nur geringen Anzahl der Fabrikkinder nicht ins Gewicht fallen.

Mithin ist aber das zusammenfassende Urteil berechtigt, daß dem preußischen Fabrikgesetz in diesen agrarischen Gebieten - dem überwiegenden Teil der preußischen Monarchie - ein durchaus beachtenswerter Erfolg beschieden gewesen ist; denn das Regulativ hat dort Auswüchse bei der Kinderarbeit schon in den Anfängen verhindern können. Dies gilt insbesondere für die sonst so problematische Frage des Schulunterrichts.

In den Gebieten mittlerer Industrialisierung dagegen war die Lage eine wesentlich andere. Die Verwaltung berichtete zwar gleichfalls, daß sie die Einhaltung des Regulativs durchgesetzt habe, doch handelt es sich hierbei um eine nur unter Abstrichen gültige Aussage, jedenfalls wenn man von den Zielen Altensteins her urteilt. Vor allem in der Provinz Sachsen war der Schulbesuch letztlich noch nicht befriedigend geordnet.

Dazu einige Zahlen: Der Bezirk Magdeburg besaß 40 Fabriken, in denen etwa 5oo Kinder arbeiteten; 150 von ihnen befanden sich noch im schulpflichtigen Alter. Der Regierungsbezirk Merseburg: 13 Fabriken mit 340 Fabrikkindern, darunter 81, die noch nicht aus der Schule entlassen waren. Der Bezirk Erfurt: 20 Fabriken mit 160 Fabrikkindern, davon 60 noch schulpflichtig.

Für die am Unterricht noch teilnehmenden Kinder fand § 2 Regulativ Anwendung, das heißt, daß der Schulbesuch neben der Arbeitszeit stattgefunden hat. Bei einer sachgerechten Schulorganisation hätte dieser Unterricht nun sicherlich am Vormittag erteilt werden müssen. Die Behörden waren jedoch in dieser Zeitfrage vor den Forderungen der Fabrikanten zurückgewichen: Mehr als einen Abend- oder Sonntagsunterricht hatte die Verwaltung nicht einrichten können, obgleich doch das Schulewesen in der Provinz Sachsen nicht - wie im Rheinland - vor dem Neuaufbau gestanden hatte.

Die Berichte deuteten auch an, worauf dieses Ergebnis zurückzuführen war. Die Behörden fürchteten, daß eine weitere Verschärfung des Jugendarbeitsschutzes das Einkommen der Arbeiterfamilien zu sehr schmälern und die Unternehmer die Fabrikkinder unter Umständen entlassen würden. Das Interesse der Fabrikanten deckte sich somit nur zu genau mit dem der Armenverwaltung.

Einschränkend ist jedoch festzuhalten, daß diese für Thüringen beschriebenen Verhältnisse nicht in allen Gegenden mittlerer Industrialisierung zugetroffen haben. Der der Provinz Sachsen insoweit vergleichbare Regierungsbezirk Arnsberg, der schon seit den 20er Jahren energisch um die Volksschulen sich bemüht hatte, berichtete auch jetzt, daß der Unterricht der Fabrikkinder jedenfalls zum Teil am Vormittag stattfinde. Eine verhältnismäßig günstige Schulsituation bestand im übrigen auch in Minden und in manchen Bereichen der Provinz Brandenburg.

Am schlechtesten schnitten bei dieser Umfrage, wie vorauszusehen war, die Hochburgen der Industrie ab, die Bezirke Aachen, Köln und Düsseldorf. Wohl hatten die Behörden, ihren Angaben nach, die Beachtung der Vorschriften auch hier erzwungen, jedoch bildete die noch immer ungelöste Volksschulfrage ein Hindernis, das einer wirklichen Durchführung des Gesetzes im Wege stand. In Aachen und Eupen hatte man erst jetzt die Schulgebäude geschaffen, die für den Unterricht der Fabrikkinder erforderlich waren. Einschlägige Erfahrungen über den dreijährigen Unterricht vor Aufnahme der Arbeit und über die Beachtung des § 2 des Regulativs - den Unterricht neben der Fabriktätigkeit - konnten daher noch nicht gesammelt werden. In den anderen Orten des Aachener Bezirks, in Düren, Monschau, Burtscheid, war zwar ein, wie es hieß, ausreichender Unterricht für die Fabrikkinder eingerichtet worden, desgleichen im Kölner und Düsseldorfer Raum. Aber auch dort bestanden zumeist nur Abend- und Sonntagsschulen, deren geringe Leistungsfähigkeit nicht zu bezweifeln war.

Damit waren jedoch, wie es schien, die Möglichkeiten der rheinischen Verwaltung auch schon erschöpft. Die Kölner Regierung erklärte ausdrücklich, es würde schwierig werden, den in § 2 des Regulativs vorgesehenen Schulzwang noch strenger als bisher durchzuführen.

Was die anderen im Regulativ behandelten Punkte anlangt, so stimmten die Berichte darin überein, daß die Beachtung des Gesetzes gewährleistet sei, ein Urteil, das wie alle übrigen tatsächlichen Angaben der Regierungen letztlich nur sehr bedingt überprüft werden kann. Zweifel sind hier aber angebracht. Die Ergebnisse der nachfolgenden Umfrage vom Jahre 1851 haben erwiesen, daß eine hinreichende Kontrolle sich nur selten hatte organisieren lassen. Das muß also auch schon für die Situation im Jahre 1845 gegolten haben. Mithin ist aber auch anzunehmen, daß der betriebliche Arbeitsschutz - etwa die Dauer des Arbeitstages - keineswegs sichergestellt war, sondern praktisch vom guten Willen der Unternehmer abhängig gewesen ist. In den Fragen, bei denen ein Einfluß der Schulbehörden bestand - wie beim Mindestalter der Fabrikkinder und der Beachtung der Schulpflicht - wird man jedoch den Berichten schon eher Glauben schenken dürfen. (2)

Vorstehend ist die Situation der preußischen Fabrikkinder kritisch beleuchtet worden, dies aber, wie hinzuzufügen ist, im Gegensatz zu der Grundtendenz der Regierungsberichte, die die Verhältnisse insgesamt als günstig beschrieben haben. Um das Bild nicht zu verzeichnen, wird man noch anmerken müssen, daß wohl im allgemeinen auch das erreicht worden war, was das Regulativ der Verwaltung an Aufgaben gestellt hatte, nämlich die kleineren Kinder von den Fabriken fernzuhalten, die Arbeitszeit, wie man vielleicht sagen darf, vom Anspruch her auf 10 Stunden zu verkürzen und zumindest vor dieser Erwerbstätigkeit einen Schulbesuch zu gewährleisten. Darin lag - zumal angesichts der im Rheinland zu überwindenden Schwierigkeiten - zweifellos ein Fortschritt, und in diesem Sinne wurde das preußische Fabrikgesetz auch in der Öffentlichkeit beurteilt. (3) Daß über das Regulativ die Abendschule nicht abgeschafft worden war, folgte weniger aus einer zu nachgiebigen Handhabung des Gesetzes als aus der Fassung des § 2. Wenn die Tagesschule hätte durchgesetzt werden sollen, hätte das Gesetz anders formuliert sein müssen.

---

2) Vgl. aber auch Reichensperger, 1847, S. 250, Anm. 2): "Noch erfreulicher ist es, daß dies... Gesetz mit ebensoviel Ernst und Strenge als mit Erfolg gehandhabt zu werden scheint. In den Städten Elberfeld und Barmen sind durch die polizeilichen Revisionen, welche sich auch auf genaue Prüfung über die Resultate des Schulbesuches seitens der Kinder erstrekken, in den Jahren 1842, 43 und 44 im ganzen 27 Kontraventionen zur Kognition der Gerichte gebracht worden; im Jahre 1845 ist dagegen keine mehr vorgekommen!"

3) Vgl. Reichensperger, 1847, S. 250, Anm. 2): "Preußen darf mit Stolz auf die Kabinettsorder v. 6. April 1839 hinweisen..."

3. Die Auffassungen zu § 10 Regulativ

Die gemeinsame Enquete der Minister war thematisch auf einen betrieblichen Arbeitsschutz gerichtet, weswegen die Äußerungen der Behörden auch die Frage in den Mittelpunkt stellten, welche Ausführungsbestimmungen zu § 10 geschaffen werden könnten. Verhältnismäßig große Beachtung hatte insoweit der Gedanke gefunden, bei der baulichen Gestaltung der Fabriken mehr als früher den Schutz vor Gesundheitsgefahren mit zu berücksichtigen. Die grundsätzliche Überzeugung, daß auf diesem Gebiet Wesentliches getan werden könnte, ging aus allen Regierungsberichten hervor. Den Kreisphysikus, den Amtsarzt also, bei der Fabrikaufsicht einzuschalten, wurde mehrfach gutgeheißen. Wiederholt wurde auch die Anregung ausgesprochen, daß die staatlichen Gesundheitsbehörden die Fabriken ähnlich wie bei den Apothekenkontrollen überwachen sollten. Baupläne dem Amtsarzt vorzulegen war im Rheinland ein bereits übliches Verfahren. Aber auch in der Provinz Schlesien war eine solche Anhörung aufgrund der §§ 27 ff. der gerade in Kraft getretenen Gewerbeordnung vorab schon eingeführt worden.

Trotz dieses unverkennbaren Verständnisses für den medizinalpolizeilichen Schutz sprach sich jedoch keine der Regierungen für den Erlaß allgemeiner Gesundheitsvorschriften aus. Nun konnte diese Zurückhaltung der Verwaltung verschiedene Gründe haben. Für die Behörden der östlichen Landesteile war sicherlich ausschlaggebend, daß sie über zu geringe Erfahrungen verfügten, als daß sich daraus allgemeingültige Regelungen ableiten ließen. Auf das Argument, daß die Sachprobleme vom Gesetzgeber nicht befriedigend gelöst werden könnten, stellte allerdings auch der rheinische Oberpräsident ab, der zu bedenken gab, daß generelle Vorschriften zwangsläufig unterschiedlich gehandhabt würden und nur laufend Beschwerden zur Folge hätten. Im übrigen scheinen die Fabrikgebäude wohl auch nur selten nachträgliche Umgestaltungen nahegelegt zu haben; denn neben den Ostprovinzen leugnete insoweit auch das Rheinland ein Bedürfnis. Die Provinz Sachsen wiederum mochte baupolizeiliche Eingriffe in die bestehende Bausubstanz schlechthin nicht befürworten, weil dadurch die Entlassung der Fabrikkinder provoziert werden könnte. Der Entscheidungsspielraum der Behörden in den Gegenden mit einem Arbeitskräfteüberschuß war offensichtlich nicht sehr groß.

Einen echten, wenn auch nicht in der großen Industrie beobachteten Mißstand beschrieb der Bericht der Düsseldorfer Regierung. Anders als in Köln, wo die einzelnen Fabriken in der Regel 20 bis 30 Kinder, zum Teil sogar bis zu 100 Kinder beschäftigten, herrschte im Düsseldorfer Raum die Kinderarbeit in kleineren Gewerbebetrieben vor. In Krefeld waren von 2.000 bis 3.000 erwerbstätigen Kindern nur 20 in Fabriken eingesetzt, während die weit überwiegende Anzahl als Lehrlinge in den Werkstätten der Weber, Drucker, Kammacher und Schmiede oder, wie sehr oft bei der Seidenfabrikation, in den Wohnungen der Heimarbeiter beschäftigt wurden. Ungesunde Arbeitsbedingungen und überlange Arbeitsstage waren hier sehr häufig. Auf diese nach der Düsseldorfer Auffassung den Fabrikbegriff des Preuß. ALR nicht erfüllenden Kleinbetriebe wollte die Regierung die Anwendung des Regulativs ausgedehnt wissen, ein Antrag, den auch der Oberpräsident unterstützte. (1)

Nicht zu verkennen ist, daß die Ursache für diese Anregung letztlich in einer unzulänglichen Unterrichtsorganisation gesucht werden muß, denn bei einem regelmäßigen Besuch der Volksschule hätte das Problem gar nicht erst entstehen können. Somit war aber mit dem Düsseldorfer Vorschlag zugleich auch die grundsätzliche Frage angeschnitten, ob Preußen weiterhin an dem Ziel festhalten wollte, die Kinderarbeit in den Kleinwerkstätten und in der Hausindustrie nur neben dem normalen Volksschulunterricht zuzulassen, oder ob auch für die in handwerklichen Berufen tätigen Kinder, um für diese überhaupt einen Schulzwang durchzusetzen, nur ein vermindertes Bildungsangebot im Rahmen der Vorschriften des Regulativs gewährleistet werden sollte.

Die Düsseldorfer Regierung wünschte außerdem noch, um jedenfalls für die Zukunft auf einen besseren Gesundheitsschutz dringen zu können, eine Generalklausel, die die Mittelinstanz zu Anordnungen im Sinne des § 10 ermächtigen würde. Weiter riet die Regierung zu einer Vorschrift, wonach den Kindern eine Erwerbsarbeit erst bei Vorlage eines ärztlichen Attests über ihre Arbeitsfähigkeit zu gestatten sei.

Beiden Vorschlägen trat jedoch der Oberpräsident mit den Argumenten entgegen, die Generalklausel ermögliche eine willkürliche Verwaltungspraxis und das Gesundheitszeugnis könne nur für eine vorübergehende Zeit gelten und beruhe auch auf zu subjektiven Erwägungen.

Zeigen diese letzteren Bemerkungen und noch mehr die in allen Regierungsberichten festzustellende geringe Zahl an arbeitsmedizinischen Vorschlägen, daß die Behörden doch nicht recht wußten, wie eine allgemeine Gesundheitsvorsorge in den Fabriken aussehen sollte, so bestand die gleiche Unsicherheit in der Frage der Schädlichkeit bestimmter Herstellungsverfahren. Nur der Berliner Magistrat nannte hier die phosphorverarbeitenden Fabriken und riet als Gegenmaßnahme zur Anordnung von Arbeitsunterbrechungen. Die anderen Berichte steuerten zu dieser Problemstellung keine eigenen Erfahrungen bei.

Noch weniger Widerhall fand bei den Behörden die Frage nach einem unter Umständen zu verstärkenden sittlichen Schutz der Fabrikkinder. Mißstände wurden insoweit kaum erwähnt, im Gegenteil, es wurde die strenge Zucht gelobt, die in den Fabriken herrsche.

---

1) A.M. 31, S. 123, 125.

Man wird allerdings auch hierbei berücksichtigen müssen, daß über die von den Ministerien erwogenen Bestimmungen nur schwerlich einer Jugendverwahrlosung Einhalt geboten werden konnte; vielleicht ist dies bei den Bezirksregierungen, die mit den Produktionsverhältnissen vertrauter waren, deutlicher gesehen worden als bei den Oberbehörden.

Da die Berichte nach alledem zu dem geplanten neuen Aufgabenbereich eines betrieblichen Arbeitsschutzes nur wenig Bestimmtes hatten beitragen können, kann nicht überraschen, daß auch der Gedanke der Fabrikkommission keine rechte Unterstützung gefunden hat.

Immerhin gab es aber auch Beispiele, daß solche Kommissionen mit Nutzen tätig gewesen waren, so etwa in Königsberg zur Aufsicht über die Fabriken, die der Verwaltung zu weit abgelegen auf dem Lande betrieben wurden, und weiter auch in den Orten, in denen die Behörden mit den bestehenden Schwierigkeiten allein nicht fertig geworden waren.

Das galt für Merseburg, wo der Widerstand der Fabrikanten zunächst die Ausführung des Regulativs behindert hatte, und auch im Düsseldorfer Bezirk, soweit dort örtliche Schulvorstände noch fehlten. In solchen Fällen war der Wunsch nach einem institutionalisierten Kontakt zwischen den Behörden und den Geistlichen das bestimmende Motiv für die Gründung von Ausschüssen. In den überschaubaren, weil schwächer industrialisierten Gebieten mochte die Autorität von Honoratioren wohl auch noch etwas bewirken.

In der Regel aber sprachen sich die Regierungen gegen ehrenamtliche Mitarbeiter aus. Nur zu leicht, so meinte der rheinische Oberpräsident, würde es mit den Unternehmern zu Streitigkeiten kommen, bei denen die privaten Fabrikkommissionen nicht geschützt werden könnten. Der Oberpräsident folgte insoweit der Meinung der gewiß nicht unerfahrenen Regierung Aachen. Auf bloße Ratschläge, so führte er dazu noch aus, höre im übrigen niemand, so daß die Kommissionen mithin allenfalls Anschauungsmaterial für etwaige Gesundheitsvorschriften sammeln würden. An einer solchen Unterstützung der Verwaltung bestehe aber kein hinreichendes Interesse.

Soweit der Meinungsstand. Welche Entscheidung aufgrund der vorliegenden Untersuchung getroffen werden konnte, ließ sich zwischen den Ministerien ohne große Auseinandersetzung klären. Die Enquete hatte letztlich ein zu mageres Ergebnis erbracht, um daran für die Formulierung allgemeiner Vorschriften im Sinne des § 10 Regulativ anzuknüpfen. Die wenigen vorgetragenen Anregungen konnten allenfalls als ein erster Anhalt für weitere Prüfungen dienen.

Zu diesem Zweck einigten sich die an der Enquete beteiligten Ministerien darauf, eine gemeinsame Kommission einzusetzen.

Ein Rundschreiben des Kultusministers an die Provinzialregierungen vom 20. Mai 1847 erläuterte diese Entschließung. (2) Eichhorn bekundete seine besondere Befriedigung darüber, daß das Regulativ - von den Städten Aachen und Eupen abgesehen - in Preußen vollständig durchgeführt worden sei und daß die Bestimmungen für den Schutz der Fabrikkinder in körperlicher, geistiger und sittlicher Beziehung sich als ausreichend erwiesen hätten. Die Bildung von Fabrikkommissionen stellte der Minister dem Ermessen der Regierungen anheim.

An der Zirkularverfügung ist beachtenswert, daß das Ministerium den Punkt der Abend- und Sonntagsschulen nicht gerügt und damit, wie die Behörden folgern durften, mit billigendem Stillschweigen übergangen hat. Das Kultusministerium trat unter Eichhorn in schulischen Belangen ersichtlich vorsichtiger auf, als es unter Altenstein der Fall gewesen ist; hierin liegt sicher auch eine maßgebliche Ursache dafür, daß es dem Finanzministerium entgegen der verbreiteten Kritik an der Industrie gelungen war, die Belange der Fabriken ohne Konzessionen zu verteidigen. (3) Das Finanzministerium hat sich übrigens nicht nur in diesem Punkt erfolgreich durchsetzen können. Im Jahre 1847 kam es auch nicht zum Erlaß des seit langen Jahren schon beratenen Truckverbotes, obwohl die Regierung Düsseldorf und der Oberpräsident der Rheinprovinz die Dringlichkeit eines solchen Gesetzes immer wieder unterstrichen hatten. (4)

---

2) Text in AF Jg. 10, 1872, S. 29 ff.; Anton, 1891, S. 175; als Anlage 6 auf S.502.

3) Vgl. Brüggemann, Zollverein, 1845, S. III. Das Jahr 1847 brachte aber in gewisser Weise auch eine Beendigung dieser Politik, weil die Schutzzollbewegung infolge der Wirtschaftskrise, dem Abbau der britischen Zollgesetzgebung und dem Widerstand sowohl Sachsens im Zollverein als auch der agrarischen Provinzen Preußens scheiterte, vgl. Bülau, NJG Bd. 1, 1848, S. 20. Eine zweite Aufklärungsaktion der rheinischen Industrie mußte aufgrund der Ereignisse des Jahres 1848 wieder aufgegeben werden, vgl. Hansen, Bd. 1. 1906, S. 468 ff., 505 mit Anm. 2.

4) Vgl. Anton, 1891, S. 142 ff., 146 ff., 151.

3. Abschnitt

DIE JAHRE 1847 - 53

SOZIALE REFORMEN IN PREUSSEN UNTER DEM EINDRUCK DER REVOLUTION

I. Der neue Kurs nach 1848

Die bislang aufgezeigte Entwicklung erweckt den Eindruck, als ob die preußische Verwaltung mit ihrer hinhaltenden Taktik den sozialpolitischen Impuls der vierziger Jahre hätte abfangen können. Dieses Ergebnis sollte jedoch nicht eintreten. Die Politik der Ministerialbürokratie scheiterte, als die Konjunktur nicht nur auf sich warten ließ, sondern die Situation sich stetig verschlechterte. (1) In der angespannten Wirtschaftslage, die in den Jahren 1846/47 auch in England beklagt wurde, (2) brachten Überschwemmungen und Mißernten der Bevölkerung neue drückende Belastungen. Während die Einkommen schrumpften, die Löhne sanken und viele Industriearbeiter entlassen wurden, (3) stiegen die Lebensmittelpreise sprunghaft an. (4) Das Staatslexikon von Rotteck und Welcker führte unter dem Stichwort Proletarier aus, es sei schwierig geworden, von dem Ertrag der Arbeit zu leben. (5) Dem kleinen Bauern gehe es nicht besser als dem Weber, dem Fabrikarbeiter oder dem Tagelöhner; sie alle seien wegen der Fehler der Regierungen dazu verdammt, trotz ungeheurer Anstrengungen im Schweiße des Angesichts zu hungern. Im Winter des Jahres 1846/47 starben in Oberschlesien 16.000 Menschen an Folgen der Unterernährung und des Hungertyphus. (6)

Im Laufe des Jahres 1847 erreichte die Teuerungswelle ihren Höhepunkt. (7) In vielen deutschen Städten, in Ulm, Nürnberg,

---

1) Rodbertus, 1. Brief, 1850, S. 63.
2) Vgl. Brentano, 1928, S. 405.
3) Hansen, Bd. 1, 1906, S. 465 f., 504.
4) GSp Bd. 2, 1846, H. 9, S. 73; vgl. auch DVjS 1846, H. 2, S. 77 f.; DVjS 1847, H. 1, S. 103: "Hunger, allgemeine Unruhe, Auswanderungen in Massen, weitverbreiteter Kommunismus, Entsittlichung und Verachtung alles geschichtlich... Begründeten liegen zu offen vor Augen." Vgl. auch Kriedte u.a., 1977, S. 317.
5) v. Struve, G. in: Staatslexikon, Bd. 11, 1848, S. 210, 214, 217. Vgl. über die Lebenshaltungskosten: Ueber Ursachen einer Abhülfe der Noth des Handarbeiterstandes, von einem Unparteiischen, Eilenburg 1852, S. 11 ff.; v. Laer, 1851, bei Jantke, Die Eigentumslosen, 1965, S. 93.
6) Zechlin, Egmont, Die deutsche Einheitsbewegung, Frankfurt am Main - Berlin 1967, S. 109.
7) Bülau, NJG Bd. 1, 1848, S. 1 ff., 16; Hildebrand, 1848, S. 183.

Chemnitz, Merseburg, Halle, Eisleben, Landsberg, Eilenburg, Posen und Berlin, brach die Not sich in Plünderungen und örtlichen Unruhen Bahn. Über die Provinz Posen mußte das Standrecht verhängt werden. "Am ärgsten" ging es in der preußischen Residenz zu: hier brauchte das Militär drei Tage, um dem Aufruhr ein Ende zu setzen. (8)

In der Revolution des Jahres 1848 kam die soziale Problematik dann auf breiter Front zum Durchbruch. Nicht nur das Königtum, auch die altliberale Partei geriet in Bedrängnis. Die Vertreter des rheinischen Großbürgertums hatten schon Mitte der vierziger Jahre feststellen müssen, daß der linke Flügel der Opposition die vorrangig auf eine konstitutionelle Monarchie gerichteten Verfassungspläne nicht unterstützen wollte. (9) In dem Volksaufstand klärte sich nunmehr ab, wie weit die Einflußsphären der beiden Auffassungen reichten. Hatten in Paris die Sozialisten die Macht übernommen, so waren in Deutschland die republikanischen und radikal-sozialistischen Demokraten die treibende Kraft der Massenbewegung. (10) Im Rheinland beherrschten sie zusammen mit den Katholiken die Volksvertretungen, und selbst die bekanntesten Vertreter der Liberalen hatten Mühe, sich bei den Wahlen zu behaupten. (11)

In vielen Städten fanden jetzt öffentliche Veranstaltungen statt, auf denen über die gesellschaftlichen Verhältnisse beraten wurde. (12) Die Diskussion über die Nachteile der Technisierung wurde entschiedener; (13) es kam sogar zu Ausschreitungen: In den Kreisen Solingen und Lennep zerstörte die Bevölkerung Gießereien und Häuser der Fabrikanten, ähnlich in Elberfeld, Mühlheim an der Rhur, in Krefeld und in Berlin. (14) Neben anderen Zielen forderten die Aufständigen Organisation und Garantie der Arbeit (15) und auch die Erziehung aller Kinder auf öffentliche Kosten. (16) Der Berliner Arbeiterverein trat

---

8) Die große Teuerung 1847, in NJG Bd. 1, 1848, S. 52 ff., 68 f.; Hansen, Bd. 1, 1906, S. 466; vgl. auch Kriedte u.a., 1977, S. 318; vgl. Abel, 1974, S. 385 ff.

9) Hansen, Bd. 1, 1906, S. 360. Vgl. auch Abbruch, 1846, S. 251.

10) Hansen, Bd. 1, 1906, S. 510 ff.

11) Hansen, aaO S. 542 f.

12) Hansen, Bd. 1, 1906, S. 594; Tilmann, 1935, S. 15; vgl. Schneider-Kuda, 1969, S. 27 ff.

13) Becker, 1964, S. 206.

14) Dowe, 1970, S. 138; Tilmann, 1935, S. 29, 31; Berger, 1890, S. 344.

15) In Berlin, Köln, Düsseldorf, Elberfeld usw., vgl. Tilmann, 1935, S. 17; Brüggemann, Zeitung, 1855, S. 30; Dowe, 1970, S. 133, 155, 158, 208.

16) Über die wohl von Fourier geprägte Einstellung der frühen Kommunisten zur Kinderarbeit vgl. Weitling, 1842, S. 188: "Von der Schularmee. Art. 1. Zu dieser gehören alle Knaben,

dafür ein, die Grundsätze einer sozialen Verfassung des Volkes in den Mittelpunkt der Frankfurter Beratungen zu stellen. Und der Hamburger Handwerkerkongreß verlangte von der Nationalversammlung, daß die Gewerbefreiheit beseitigt werde. Im Juni 1848 beschloß die Paulskirche, den Erlaß einer für ganz Deutschland geltenden Gewerbeordnung in die Grundrechte des deutschen Volkes aufzunehmen. (17)

Im Zuge dieser Ereignisse wuchs in der breiten Öffentlichkeit noch einmal fühlbar das Verständnis für gesellschaftliche Fragen. Die Wirtschaftsprobleme und den Gegensatz zwischen arm und reich sah man als wesentliche, wenn nicht sogar als die entscheidenden Ursachen für die Revolution an. (18)

Jünglinge und Mädchen... Art. 5. Die Arbeiten in der Schularmee werden so geleitet, daß außer dem Unterricht der Jugend auch noch ein materieller Nutzen für die Gesellschaft daraus hervorgeht. Art. 6. Die Arbeitszeit der Schüler und Schülerinnen wird... je nach dem Alter und den Kräften... bestimmt. Art. 7. Die Jugend wird hauptsächlich an die widrigsten Arbeiten gewöhnt."
Vgl. weiter das Manifest der kommunistischen Partei v.J. 1848, MEW Bd. 4, 1959, S. 459, 481: Katalog der anzuwendenden Maßregeln: "10. Öffentliche und unentgeltliche Erziehung aller Kinder. Beseitigung der Fabrikarbeit der Kinder in ihrer heutigen Form. Vereinigung der Erziehung mit der materiellen Produktion usw." - Gegen die Erwerbsarbeit der Kinder Engels schon 1839 in: Briefe aus dem Wuppertal, MEW Bd. 1, 1956, S. 418.

17) Schneider-Kuda, aaO S. 43; Volkmann, 1968, S. 20 f.; ausführlich Teuteberg, 1961, S. 100 ff. - Der Volkswirtschaftliche Ausschuß konnte sich dann allerdings nicht auf einen Entwurf verständigen. - Vgl. auch: Bohnert, Dieter, Die Behandlung der Sozialen Frage in den Debatten der Frankfurter Nationalversammlung 1848/49, Jur. Diss., Heidelberg, 1981; Schneider, Walter, Wirtschafts- und Sozialpolitik im Frankfurter Parlament 1848/19, Frankfurt am Main 1923 (Die Paulskirche, Bd. 4).

18) Vgl. Hassel, 1905, S. 574; Hansen, Bd. 1, 1906, S. 360, 594; Brodnitz, 1902, S. 115 f.; ferner: Volkmann, 1968, S. 14; Stadelmann, Rudolf, Soziale und politische Geschichte der Revolution von 1848, 2. Auflage, Darmstadt 1962, S. 15 ff. - Der preußische General Josef Maria von Radowitz meinte 1848, daß es jetzt Zeit werde, die Sümpfe des Proletariats auszutrocknen. Staat und Kirche müßten diese Aufgabe gemeinsam übernehmen (vgl. v. Radowitz, 1853, S. 211).
Die großen Kirchen widmeten sich mit Wichern, Huber, Kolping und von Ketteler stärker der Sozialarbeit; und auch viele Fabrikanten bemühten sich während der Krise des Jahres 1848 aktiv um ein besseres Verhältnis zu den Arbeitern; in Aufklärungsbroschüren warnten sie vor einem radikalen Sozialismus, vor der Maschinenfeindlichkeit und befürworte-

Was die Lösung dieser Fragen betraf, so gewann der preußische Staat durch die revolutionären Ereignisse deutlich an Handlungsfähigkeit, denn einflußreiche Teile der liberalen Partei gingen jetzt in das konservative Lager über. (19) Insbesondere das mit dem Industrieproblem vertraute rheinische Großbürgertum begrüßte ein Bündnis mit den rechtsstehenden Kräften, (20) und einige seiner Führer übernahmen Ministerämter in Berlin.

Welche sozialen Maßnahmen das preußische Königshaus als Antwort auf die Herausforderung dieser Jahre erwogen hat, läßt sich zwei Denkschriften entnehmen, die der Vertraute Friedrich Wilhelms IV., Radowitz, im Jahre 1848 aus Anlaß der Revolution dem König übersandte. Radowitz wies hier unter anderem auf den Fehler hin, (21) daß man den Kampf des Proletariats um eine gesicherte Existenz und Organisation der Arbeit bislang nur verhöhnt und mit polizeilichen Mitteln unterdrückt habe. Sich selbst überlassen, so warnte Radowitz, werde die sozialistische Bewegung die modernen Staaten sprengen, ganz gleich, welche politische Verfassung diese auch besäßen. Wenn der König sich dieser Kräfte aber annehme, könnten sie innerhalb des Repräsentationssystems die Rolle eines nützlichen und mächtigen Gegengewichts gegen die Bourgeoisie übernehmen.

In der zweiten Denkschrift vom 28. März 1848 trat Radowitz für die Gründung einer monarchisch-konservativen Partei ein, die als selbständige Kraft in den politischen Kampf eingreifen sollte. (22) Die sozialistisch denkenden Schichten, wiederholte Radowitz seine Grundauffassung, sollten mit dem monarchischen Prinzip versöhnt werden. Das Proletariat sei an sich nicht republikanisch, und die Regierung könne daher durchaus den gemeinen Mann für sich gewinnen, wenn sie sich für dessen Interessen einsetze, eine die Einkommensverhältnisse berücksichtigende Steuerreform durchführe, das Armenwesen verbessere und zwischen Kapital und Arbeit eine ausgleichende Rolle übernehme.

Friedrich Wilhelm IV., der diesen Vorschlägen voll zugestimmt hat, (23) verselbständigte schon im Jahre 1848 die Leitung der

---

ten soziale Einrichtungen (vgl. Heym, 1848, S. 7 ff.; Berger, 1890, S. 348; auch Tilmann, 1935, S. 64).

19) Hansen, Bd. 1, 1906, S. 511, 513.

20) Hansen, aaO S. 512; vgl. auch v. Radowitz, 1853, S. 267, 270, 317.

21) Denkschrift v. 16. März 1848, bei Hassel, 1905, S. 572.

22) Hassel, 1905, S. 576 ff.

23) v. Gerlach, 1891, S. 153: "R.'s Rat kam darauf hinaus, der König müsse jetzt den konstitutionellen Weg gehen und sich der Arbeiterklasse, der sog. Proletarier, gegen die Bourgeoisie annehmen. Der König fand alles... vortrefflich." Über das enge Verhältnis zwischen dem König und Radowitz vgl. Petersdorff, Hermann von, König Friedrich Wilhelm der Vierte, Stuttgart 1900, S. 10.

Gewerbe- und Wirtschaftsangelegenheiten in einem neugeschaffenen Handelsministerium und berief den 47jährigen Elberfelder Bankier August Freiherr von der Heydt an die Spitze der Behörde. Damit traf er eine glückliche Wahl, denn von der Heydt kannte aus Elberfeld die Fabrikproblematik aus eigener Anschauung, und man muß es vor allem als sein Verdienst ansehen, daß bei der nunmehr verfolgten Politik nicht nur Forderungen des Handwerks erfüllt, sondern daneben auch die Interessen der ihrer Zahl eigentlich nach noch nicht ins Gewicht fallenden Fabrikarbeiter berücksichtigt wurden. Mit den in der Folgezeit ergriffenen arbeitsrechtlichen Maßnahmen übertraf Preußen die anderen deutschen Staaten bei weitem, namentlich aber das industriereiche Sachsen, das zwar ein umfangreiches Reformprogramm entwickelte, in den Jahren nach 1848 von diesen Plänen so gut wie nichts verwirklicht hat. (24)

Schon kurze Zeit nach den revolutionären Wirren erließ Preußen zwei bemerkenswerte sozialpolitische Gesetze: Mit Verordnung vom 9. Februar 1849 wurden die Gewerbegerichte, die bis dahin nur an einzelnen Orten existierten, als eine in ganz Preußen geltende Institution eingeführt. Preußen entzog damit die arbeitsrechtlichen Streitigkeiten der Ziviljustiz und wies diese besonderen Gerichten zu, die sich aus gewählten Vertretern der Arbeitnehmer und Arbeitgeber zusammensetzten. (25) In den Auswirkungen wichtiger war aber die zweite Verordnung vom 9. Februar 1849, die das Prinzip der Gewerbefreiheit ganz erheblich zugunsten der Handwerksinnungen eingeschränkt hat. (26)

Die Einzelheiten dieser Konzeption brauchen hier nicht näher dargestellt zu werden. Erwähnenswert ist jedoch, daß anläßlich dieser Regelungen auch neue Wege im Hinblick auf das Fabrikarbeiterverhältnis beschritten worden sind. Die Verordnung sah gewerbliche Selbstverwaltungsorgane vor, die sogenannten Gewerberäte, die die Interessen der am Wirtschaftsleben unmittelbar beteiligten Bevölkerungskreise wahren sollten, §§ 1 ff. Dieser Zwecksetzung entsprechend untergliederten sich die Gewerberäte in drei Abteilungen - Handel, Handwerk und Fabriken -, wobei die beiden letzteren, wiederum wie bei den Gewerbegerichten, sich aus Vertreter der Arbeitgeber und Arbeitnehmer zusammensetzten. Die Gewerberäte hatten neben Anhörungs- und Überwachungsrechten (27) insbesondere die Befugnis, die Arbeitszeit in den einzelnen Gewerbe- und Fabrikzweigen festzusetzen,

---

24) Bericht, 1848; v. Welck, JGV N.F. Jg. 23, 1899, S. 97 f.
25) GS 1849, S. 110 ff. Gem. § 4 verfügten die Arbeitgeber über eine zusätzliche Stimme. Vgl. zu der VO, die nicht im Gerichtsbezirk Köln galt: v. Delbrück, Bd. 2, 1905, S. 157; Tilmann, 1935, S. 37.
26) GS 1849, S. 93 ff.; vgl. dazu Tilmann, 1935, S. 35 ff., 46 f.; Roehl, SF Bd. 17, 1900, H. 4, S. 274 f.; Schmoller, 1870, S. 86; Volkmann, 1968, S. 39 ff.
27) U.a. auch über die Einhaltung der die Fabrikkinder betref-

§ 49, womit den örtlichen Bedürfnissen Rechnung getragen werden konnte.

Materiellrechtlichen Arbeitsschutz brachte diese Verordnung mit den §§ 50 ff. und 75 ff., in denen, wie seit langem gefordert wurde, die Warenauslöhnung verboten und unter Strafe gestellt worden ist. Eine gewisse Einschränkung der Feiertagsarbeit findet sich außerdem in § 49 Absatz 2. Hier war ausgesprochen, daß grundsätzlich niemand am Sonntag zur Arbeit verpflichtet sei.

Von wirklich herausragender Bedeutung war dann aber § 58, der die Ermächtigung enthielt, zur Regelung der Fabrikarbeitsverhältnisse Ortsstatute zu erlassen und die Vorschriften über die Gesellenkassen des Handwerks auf den Fabrikbetrieb auszudehnen. Durch Ortsstatut konnte daher gemäß § 58 der Verordnung in Verbindung mit § 169 der Gewerbeordnung vom Jahre 1845 zwangsweise angeordnet werden: der Beitritt der Fabrikarbeiter zu den Unterstützungskassen; weiter eine Zuschußpflicht der Fabrikinhaber zu diesen Kassen bis zur Hälfte des Betrags, den die bei ihnen beschäftigten Arbeiter aufbrachten, und schließlich die Pflicht der Fabrikanten, den Anteil der Arbeiter unter Anrechnung auf die nächste Lohnzahlung vorzuschießen.

Indem dieser § 58 mit der den Arbeitgeber treffenden Fürsorgepflicht und dem Gedanken einer Sicherung der wirtschaftlichen Existenz des Arbeiters durch den Staat das Fabrikarbeitsverhältnis auf eine völlig neue Grundlage stellte, schuf Preußen sich die wohl wichtigste sozialpolitische Vorschrift der Jahrhundertmitte, eine Rechtsänderung, die anders als die Einführung der Gewerberäte sich auch in der Praxis bewährt hat. Durch die tatkräftige Politik von der Heydts sind bis zum Jahre 1860 insgesamt 3.644 Kassen entstanden, denen rund 427.000 Mitglieder angehörten, darunter 171.000 Fabrikarbeiter. (28)

II. Der Jugendschutz in den außerparlamentarischen Initiativen 1850/51

1. Daniel Legrands Plan eines internationalen Arbeitsschutzes

Geht man der Frage nach, ob und inwieweit der Jugendarbeitsschutz von den Ereignissen des Jahres 1848 profitieren konnte, so stößt man in den Berliner Akten zunächst auf einen französischen Einfluß - den Namen des elsässischen Fabrikanten Daniel Legrand.

Damit hat es die folgende Bewandtnis: Legrand war einer der

---

fenden Vorschriften, § 2.

28) Tilmann, 1935, S. 60 ff.; Volkmann, 1968, S. 42, 64, auch 101 ff.

wichtigen Vorkämpfer des französischen Arbeitsrechts. Er hatte Anfang der dreißiger Jahre in der Öffentlichkeit zunächst für eine Einkommensteuer sowie eine gesetzliche Sonntagsruhe geworben und stellte dann ab 1838 die Frage eines Kinderarbeitsschutzes in den Mittelpunkt seiner Aufklärungsbemühungen, (1) freilich ohne damit in Frankreich nennenswerten Widerhall zu finden. (2) Da seine Vorschläge unter anderem auch mit dem Argument zurückgewiesen wurden, ein gesetzlicher Schutz beeinträchtige die Wettbewerbsfähigkeit der Industrie im internationalen Handel, setzte Legrand auf den Gedanken des zwischenstaatlichen Abkommens, durch das gewisse arbeitsrechtliche Regelungen in allen europäischen Industrienationen übereinstimmend in Kraft gesetzt werden sollten.

Einen 12-Stunden-Tag auf internationaler Ebene regte Legrand erstmals im Jahre 1841 bei der französischen Regierung an, (3) der er vier Jahre später auch einen entsprechenden Vertragsentwurf überreichte. Eine positive Reaktion darauf ist jedoch nicht bekannt geworden. (4) Im Jahre 1847 stellte Legrand einen noch einmal überarbeiteten Entwurf fertig, den er den Regierungen Frankreichs, Englands, der Schweiz, Preußens und anderer deutscher Staaten übersandte (5) und im Jahre 1848 auch publizierte. (6)

Die Wirtschaftskrise und die Revolution des Jahres 1848 waren diesem die Produktionskosten erhöhenden Vorhaben kaum förderlich, mußten es aber auch nicht endgültig unterbinden, weil zu dieser Zeit in den europäischen Industrienationen die Bereitschaft wuchs, den Fabrikarbeiter unter einen gesetzlichen Schutz zu stellen. Großbritannien erließ im Jahre 1847 ein die Arbeiter begünstigendes Einkommenssteuergesetz und ordnete für die Textilfabriken den 10-Stunden-Tag an, während die tägliche Arbeitszeit der Frauen in der Industrie generell auf diese Stundenzahl beschränkt wurde. (7) Der 10- bzw. 11-Stunden-Tag

---

1) Seine Schriften vom J. 1838, 1839 u. 1841 schickte er auch nach Berlin, vgl. A.M. 28, S. 145 ff., 182 ff., A.M. 30, S. 158 ff. sowie A.M. 31, S. 183 ff.
2) Vgl. Bauer, VSG Bd. 1, 1903, S. 87 ff.
3) In einem Brief an Baron Dupin v. 4. Jan. 1841, vgl. Weiss, 1926, S. 179, 187.
4) Bauer, aaO S. 95. Text des Entwurfs "Projet d'une loi internationale..." v. 26. Sept. 1844 bei Weiss, 1926, S. 250 (wesentliche Vorschläge: 12-Stunden-Tag, 1stündige Mittagspause, Nachtarbeitsverbot, internationale Verhandlungen über die weitere Verbesserung der Arbeitsbedingungen).
5) "Projet définitif d'une loi..." v. 31. Dez. 1847 (6 Artikel), hervorgegangen aus dem "Projet rectifié d'une loi..." v. 24. Dez. 1847 (4 Artikel), beide bei Weiss, 1926, S. 251 f.
6) Als "Appel respectueux...", vgl. Bauer, aaO S. 96, Anm. 1.
7) Weyer, 1888, S. 131.

wurde aufgrund der Märzdekrete vom Jahre 1848, allerdings nur für kurze Zeit, auch in Frankreich geltendes Recht. (8)

Da Legrand annahm, daß diese nationale Entwicklung sich als Ausgangsbasis für eine zwischenstaatliche Vereinbarung über einen Arbeitsschutz eignen könnte, wandte er sich Ende des Jahres 1850 an den preußischen König Friedrich Wilhelm IV. und bat ihn um Vermittlung in dieser Frage. (9) Legrand überreichte dazu einen noch einmal verbesserten Entwurf seines Plans, der vorsah, den 12-Stunden-Tag für Männer einzuführen, den 10-Stunden-Tag für Mütter, für alle Arbeitsverhältnisse die Sicherung der 1stündigen Mittagspause sowie der Nacht- und Sonntagsruhe und schließlich die Schaffung eines Jugendarbeitsschutzes.

Der letztere sah die folgenden Regelungen vor: das Verbot der Fabrikarbeit bis zum 10. oder doch wenigstens zum 9. Lebensjahr; für die Jugendlichen bis zum 12. Lebensjahr eine Arbeitszeit von maximal 10 Stunden pro Tag sowie einen Unterricht von 4 Stunden in der Woche. Soweit ein nationaler Arbeitsschutz zusätzliche Anforderungen vorsehen würde, sollte dieser unberührt bleiben. (10)

Für einen am 28. Dezember 1850 nach Berlin übersandten weiteren Entwurf hatte Legrand wieder einige Artikel umformuliert und dabei insbesondere die Regelung über den Unterrichtsbesuch geändert. Danach sollte die Schulzeit vom 12. auf das 13. Lebensjahr ausgedehnt und als Ausgleich dafür die Pflichtstundenzahl von 4 auf 2 Stunden in der Woche ermäßigt werden. (11)

Legrand stieß schon mit seinem ersten Entwurf beim preußischen König auf ein wohlwollendes Interesse. Die Idee, offiziell die Initiative gegenüber den anderen europäischen Staaten zu ergreifen, hielt Friedrich Wilhelm IV. zwar in Anbetracht der noch wenig bedeutenden Industrie seines Landes nicht für sinnvoll. Der König war aber doch bereit, Legrands Plan diplomatisch zu unterstützen, wobei er von der Überzeugung ausging, daß Großbritannien als die praktisch konkurrenzlose Industriemacht die führende Rolle auch bei dem Zustandekommen des Arbeitsrechtsabkommens einnehmen müßte.

---

8) Im Sept. 1848 trat wieder der 12-Stunden-Tag in Kraft.

9) Vgl. zum Ganzen mit z.T. abweichender Interpretation: Hans Rothfels, Die erste diplomatische Aktion zugunsten des internationalen Arbeiterschutzes, in: VSG Bd. 16, 1922, S. 70 ff.

10) "Projet définitif d'une loi..." mit 8 Artikeln, Bezugnahme in A.M. 41, S. 1; das Entstehungsdatum dürfte im Oktober oder November 1850 liegen. Legrand erwähnt in seinem an von der Heydt gerichteten Schreiben v. 28. Dez. 1850 (A.M. 37, S. 113) seinen Abschiedsbesuch bei dem Minister und seine auf der Rückreise eingezogenen weiteren Erkundigungen.

11) "Projet d'une loi..." v. 28. Dez. 1850 (9 Artikel) in:

Mit einem Handschreiben vom 7. Dezember 1850 beauftragte der König den deutschen Botschafter in London, Josias von Bunsen, mit der englischen Regierung in dieser Frage Kontakt aufzunehmen und insbesondere zu klären, ob diese entsprechende Maßnahmen selbst einleiten oder den Plan Legrands im Parlament zur Sprache bringen wolle. Bunsen sollte zum Ausdruck bringen, daß Preußen zur Ausführung solcher Maßregeln gern die Hand bieten werde. (12)

Die diplomatische Sondierung verlief positiv. Bunsen berichtete, er sei bei den Parlamentariern Palmerston und Russel auf größte Bereitwilligkeit und bei Lord Shaftesbury sogar auf begeisterte Zustimmung gestoßen. (13) Sachliche Bedenken hätten die Engländer allein wegen der von Legrand für die Fabrikkinder vorgesehenen 4 Unterrichtsstunden, (14) doch hoffe man, auch insoweit eine Lösung zu finden.

In Hinblick auf den Zeitplan schlugen die Engländer jedoch vor, das Projekt bis zum Jahre 1852 zurückzustellen, einmal weil die Weltausstellung in London unmittelbar bevorstand und Parlament sowie Öffentlichkeit von diesem Ereignis voll in Anspruch genommen seien und zum anderen, weil sich auch in Frankreich die politischen Verhältnisse noch zu wenig geordnet hätten.

Für den Verfahrensweg regte Palmerston an, daß zuerst Preußen und England sich einigen sollten, um dann Frankreich in dieser Frage anzusprechen mit dem Vorschlag, daß der offizielle Auftrag von Paris kommen könnte. In Paris sollte schließlich eine internationale Expertenkonferenz den völkerrechtlichen Vertrag im einzelnen ausarbeiten.

Dieser Anregung Palmerstons mochte eine innenpolitische Taktik zugrunde liegen, vielleicht aber auch die Erwartung, den neuen französischen Kaiser mit dem Propagandawert des internationalen Gesetzes zu gewinnen. In der Haltung Frankreichs sahen Shaftesbury und Palmerston das größte Hindernis für den Abschluß der Vereinbarung, während Bunsen sich doch recht zuversichtlich äußerte. Er hielt die neue französische Regierung für geneigter als die Bourbonen und die Orleans, der "Habgier und dem Mammon-

---

A.M. 37, S. 113 f.

12) A.M. 41, S. 1; Text bei Rothfels, VSG Bd. 16, 1922, S. 81.

13) Bericht v. 15. Juli 1851 (A.M. 37, S. 108; A.M. 41, S. 6); bei Rothfels, VSG Bd. 16, 1922, S. 81 f. (Bunsen erwähnt hier, daß der Generalinspektor der englischen Fabrikschulen, Horner, mit Legrand befreundet war.)

14) Bunsen lag das "Projet définitif" vom.J. 1850 vor. Aufgrund des von Legrand mißverständlich formulierten Textes war Shaftesbury von täglich 4 Unterrichtsstunden ausgegangen, während Legrand lediglich 4 Stunden pro Woche vorschlagen wollte.

dienste" der Fabrikherren entgegenzutreten. (15)

2. Der Fabrikgesetzentwurf Runges

Der Jugendarbeitsschutz, der in dem von Legrand entworfenen internationalen Abkommen einen wichtigen Platz einnahm, wurde im Jahre 1851 in Preußen aber auch noch unter der Fragestellung diskutiert, ob das Regulativ verbessert werden müßte. Dies war jedoch ganz offensichtlich nicht eine Folge der Bemühungen Legrands, der dieses spezielle Ziel gar nicht verfolgt hatte und dessen Projekt ja im übrigen auch vorerst zurückgestellt war. Der Anstoß für diese Erörterungen war vielmehr das Verdienst eines Aufsatzes, den Runge, der Redakteur des Berliner "Lokalvereins für das Wohl der arbeitenden Klassen", in dem genannten Jahr veröffentlichte. (1)

Runge berichtete in den Vereinsmitteilungen über die in der preußischen Hauptstadt nur mangelhafte Beachtung des Regulativs, kritisierte die geltenden Bestimmungen und forderte die Ministerien dazu auf, in die unterbrochenen Beratungen über diesen Gegenstand wieder einzutreten.

Runge war lange Jahre Dezernent der Berliner Schuldeputation gewesen und kannte daher nur zu genau die Schwächen des Fabrikgesetzes, die sich in der Großstadt ungleich deutlicher als in kleineren Orten zeigen mußten. Der wesentliche Grund hierfür war die verhältnismäßig beträchtliche Zahl der Arbeitskinder in Berlin. Während in der Provinz Brandenburg im Durchschnitt nur 0,7% der Kinder in die Fabriken gingen, waren es in der Hauptstadt nach der offiziellen Statistik 3%. Insgesamt seien es etwa 2.000 Fabrikkinder, so nahm Runge an. Genaue Feststellungen existieren darüber nicht, womit ein weiteres Problem angesprochen war. In Berlin gab es zahlreiche kleine, mit zwei bis sechs Hilfspersonen arbeitende Betriebe, und keine Behörde wußte, ob im Einzelfall auch Kinder sich in diesen Werkstätten ihr Brot verdienten.

Um so offensichtlicher war aber für die Berliner Behörden die Not der Arbeitskinder, deren Allgemeinzustand besonders schlecht war, weil es vor allem Kinder des in der Großstadt bereits seit Jahrzehnten bestehenden Proletariats waren, die in den Fabriken beschäftigt wurden. Bei den in der örtlichen Sozialarbeit stehenden Personen hatte sich diese Überzeugung durchgesetzt. Der Berliner Wohltätigkeitsverein hielt zwar noch

---

15) A.M. 41, S. 8.

---

1) MLV Jg. 3, 1851, S. 1 ff., 49 ff., vgl. auch S. 142 ff. (Runges Vortrag).

immer an der Idee der Arbeitserziehung fest und begrüßte es, daß die Kinder der Armen die Arbeitsschulen besuchten. (2) Die Vorstellung aber, daß die Fabriken der beruflichen Vorbereitung dienen konnten, wurde nicht mehr vertreten.

Die Fabrikkinder ergriffen, wenn sie älter wurden, in der Regel keinen Lehrberuf, sondern verdingten sich als Laufburschen und später als Gelegenheitsarbeiter und gründeten mithin keine gesicherte Existenz. Und noch ungünstiger wirkte sich die frühe Fabrikarbeit bei den Mädchen aus, die im erwachsenen Alter höchst selten ordentliche Berufe ausübten. Die Fabriken, so lautete Runges zusammenfassendes Urteil, seien Pflanzstätten für körperlich und geistig verkümmerte Menschen, wenn nicht sogar für Verbrecher und Freudenmädchen. Die Fabrikarbeit der Kinder allgemein zuzulassen bedeute, die nächste Generation und durch diese auch die folgende zu verderben und alle moralische Hebung des Arbeiterstandes zu vereiteln.

Allerdings mochte auch Runge nicht ein gänzliches Verbot der Kinderarbeit vorschlagen. Für die Fälle wirklicher Armut billigte er eine gewisse Erwerbsarbeit auch der Kinder, aber dies eben nur in Ausnahmefällen, zur Erleichterung der Lage der Armenfamilien und nicht zum Nutzen der Industrie, deren angeblich unabweisbares Interesse an diesen billigen Arbeitskräften Runge sowohl für unbewiesen als auch für letztlich nicht beachtlich hielt.

Daß sich in diesem Punkt die Auffassung der Berliner Armenverwaltung gegenüber früheren Zeiten entscheidend gewandelt hatte, war auch Runge aufgefallen, als er für seinen Artikel die Berliner Schul- und Armenakten der 20er und 30er Jahre durchgesehen hatte. Runge war es unverständlich, mit welcher Fraglosigkeit die Behörden früher unterstellt hatten, daß die Fabriken die Kinder wirklich benötigen würden, daß man eine sittliche Verwilderung als unvermeidbar in Kauf genommen, die Schulbildung der Kinder auf weniger als das Notwendigste beschränkt und die Gesundheitsgefahren der Arbeit nahezu gar nicht gesehen hatte.

Unter diesem Aspekt kritisierte Runge jedoch auch das Regulativ, und zwar zunächst die in den §§ 1 und 3 vorgesehene Erlaubnis, daß schon 9jährige Kinder 10 Stunden am Tag arbeiten durften. Wer das tatsächlich rechtfertigen wolle, schrieb er, möge sich in den Berliner Abendschulen die kraftlosen, skrofulösen und stumpfsinnigen Kinder der Proletarier ansehen, die nach dem Willen des Gesetzes auf dem Altar der Industrie geopfert werden dürften, "damit die Zigarren um drei Pfennige das Dutzend billiger würden".

---

2) Seit 1793 in Berlin als sog. Pestalozzischulen, vgl. aaO S. 63 ff., 146 f., 150 f.

Daß die Wirtschaft auch ohne die Arbeit der kleineren Kinder auskommen konnte, vermochte Runge mit den Berliner Verhältnissen näher zu belegen. Die dortigen Fabrikanten stellten zunehmend mehr ältere als jüngere Kinder ein, weil diese mehr leisteten und außerdem die komplizierte Bedienung der neuen Maschinen besser bewältigten.

Aber auch die Schuldeputation hatte diese Entwicklung nach Kräften gefördert und die Armenkinder grundsätzlich erst dann aus den Tages- und Nachhilfeschulen entlassen, wenn die Kinder dem Unterricht dort folgen konnten. Da diese meist nicht vor dem 6. Lebensjahr, häufig auch noch später in die Schule eintraten, konnte bis zum 9. Jahr das Soll des § 2 Regulativ - geläufiges Lesen und Anfänge im Schreiben - regelmäßig nicht erreicht werden, und die Kinder mußten länger in der Normalschule bleiben. Die Berliner Armenverwaltung ging überdies noch über die Anforderungen des § 2 hinaus und verlangte einerseits umfangreichere Fertigkeiten, nämlich die Kenntnis der ersten Hauptstücke des Katechismus und Anfänge im Rechnen, sowie aufgrund einer Verordnung vom 12. Mai 1848 zusätzlich noch ein Attest der Armenkommission, das wirkliche Bedürftigkeit der Eltern bescheinigte. (3)

Auf diese Weise war es in Berlin nach und nach gelungen, die Kinder unter 11 Jahren zum größten Teil von den Fabriken fernzuhalten. (4) Eine ausdrückliche gesetzliche Ermächtigung zu dieser Einschränkung der Kinderarbeit besaß die Verwaltung indessen nicht. Daß sie sich gleichwohl zu dieser Praxis entschlossen und diese sich auch eingespielt hatte, waren keine schlechten Argumente für eine entsprechende Änderung des Regulativs.

Das Bestreben der Berliner Verwaltung, die für eine Arbeitserlaubnis geltende Altersgrenze anzuheben, war jedoch nicht nur das Ergebnis eines größeren Verständnisses für den Bildungs- und Gesundheitsschutz. Dahinter stand auch die Erfahrung, daß die meisten die Arbeit beschränkenden Bestimmungen des Regulativs ihren Zweck nicht hinreichend erfüllten, so daß den Behörden, wenn sie ihre Aufgaben ernst nehmen wollten, gar nichts anderes übrig geblieben war, als über die Schulentlassung die Arbeitsaufnahme zu verzögern. Um die Darlegung dieser Fragen ging es Runge in der Hauptsache.

Als nicht zu rechtfertigen schien ihm, daß das Regulativ nach der Fassung des § 1 und der Sprachregelung des Preuß. ALR gemäß allein in den Fabriken und damit nur in den größeren gewerblichen Anstalten galt. (5) Wenn kleine Kinder eine anhal-

---

3) Vgl. die Verordnung in: MLV Jg. 3, 1851, S. 18 f.
4) Nur bei den Webern wurden vereinzelt noch Zehnjährige beschäftigt, vgl. MLV Jg. 3, 1851, S. 16.
5) Der Fabrikbegriff des Preuß. ALR in Th. 2 Tit. 8 § 407: An-

tende Erwerbstätigkeit körperlich ohne Schaden nicht durchstünden und wenn ihre Schulbildung unter der Arbeit leide, dann sei es gleichgültig, so argumentierte er, wo die Kinder beschäftigt würden, ob in der Fabrik, bei einem Handwerker oder in einem Zwei-Mann-Betrieb. Gerade in Berlin überwogen die kleinen Werkstätten, und dem Rechnung tragend, hatte das Polizeipräsidium das Regulativ schon von sich aus weit ausgelegt und das Gesetz auch auf die kleinen Betriebe mit angewandt.

Auslegungsprobleme entstanden dabei aber trotzdem. Ein Berliner Polizeigericht hatte entschieden, daß Blumenfabriken keine Fabriken im Sinne des Regulativs seien, und die auf Bestellung arbeitenden sogenannten Nähschulen wurden erst dann von den Untergerichten als Fabriken anerkannt, als das Kammergericht diesen Standpunkt bestätigt hatte. (6)

Als unter Berliner Verhältnissen unbrauchbar hatte sich weiter auch die 10stündige Arbeitszeit des Regulativs für Kinder von 9 bis 14 Jahren herausgestellt. Zur Ermöglichung eines weiterführenden Unterrichts hatte diese Bestimmung keine Verwendung gefunden. Die Abendschulen waren wegen schlechten Besuchs um 1845 zugunsten von Sonntagsschulen abgeschafft worden; die Kinder blieben somit nach Aufnahme der Fabrikarbeit mit regelmäßig 12 Jahren ohne eine weitere Schulerziehung, abgesehen von dem geringfügigen Sonntagsunterricht, der natürlich auch kein Gegengewicht bilden konnte gegen die negativen Einflüsse, die bei einer Zusammenarbeit zwischen Erwachsenen und Kindern beiderlei Geschlechts nicht ausblieben.

Aber auch als Gesundheitsschutz hatte sich die 10-Stunden-Regelung nicht bewährt, selbst wenn diese zeitliche Beschränkung das hätte leisten können, was Runge jedoch mit Hinweis auf das armselige Aussehen schon der jüngeren Kinder in den Armenschulen bestritt. Auf Dauer hatte sich der 10-Stunden-Tag aber auch gar nicht durchsetzen lassen. Die erste Zeit nach Einführung des Regulativs waren die Kattunfabrikanten, die in der Hauptstadt die meisten der Fabrikkinder beschäftigten, wohl auch bemüht gewesen, die Vorschrift einzuhalten, später waren sie jedoch aus betriebstechnischen Gründen wieder davon abgegangen.

Die Schwierigkeit lag darin, daß entweder die Erwachsenen nur noch 10 Stunden arbeiten oder die Kinder 12 und 13 Stunden, den üblichen Arbeitstag lang, in den Fabriken bleiben mußten, so jedenfalls sahen die Fabrikanten das Problem. Die Frage wurde in der Regel zu Lasten der Kinder entschieden und deren Arbeitszeit verlängert.

---

stalten, in welchen die Verarbeitung oder Verfeinerung gewisser Naturerzeugnisse im Großen getrieben wird, werden Fabriken genannt.

Da sich die Fabrikherren, die Arbeiter und die Eltern der Fabrikkinder insoweit einig waren, verfingen auch Kontrollen nicht. Die Werkmeister schärften den Kindern die Antwort ein, daß die Arbeitszeit nicht verlängert wäre, und selbst wenn die Kinder sich über diese Anweisung hinwegsetzten und wahrheitsgemäße Angaben machten, scheuten sich doch die Gerichte, allein aufgrund der Bekundungen der Kinder die Fabrikanten zu verurteilen. Die Kinder aber, die einmal als Zeugen aufgetreten waren, wurden entlassen und hüteten sich künftig davor, gegen ihre Arbeitgeber auszusagen.

Die Kontrollbestimmungen des Regulativs erwiesen sich den Verhältnissen in Berlin auch sonst nicht gewachsen. Die in § 2 vorgesehene Schulbescheinigung - ein Kernstück des Regulativs - war bei den Kontrollen oft nicht vorhanden, oder es wurden alte von anderen Kindern stammende Atteste benutzt, ein Verhalten, das im Einzelfall nicht oder jedenfalls nur sehr schwer aufgedeckt werden konnte. Im übrigen schätzte Runge, daß die in § 7 vorgeschriebenen Listen allenfalls bei 10% der Fabriken tatsächlich vorlagen. Revisionen fanden in Berlin viel zu selten statt, als daß eine wirkliche Änderung dieser Zustände hätte erreicht werden können. Mit den gelegentlichen Fabrikbesichtigungen hatte man noch nicht einmal verhindert, daß die Unternehmer in Zeiten großen Arbeitsanfalls - so vor den Warenmessen - die Kinder nachts und sonntags arbeiten ließen.

Daß Fälle unverantwortlicher Überanstrengung der Kinder nicht ausblieben, wußten die Behörden; sie sahen sich aber bei der Größe der Stadt nicht in der Lage, diese Gesetzesverstöße zu beweisen. Die Polizeiverwaltung verfügte über zu wenige Beamte, um eine wirksame Überwachung zu organisieren, während die Schulbehörde von vornherein nur auf ehrenamtliche Mitarbeiter zurückgreifen konnte, die bemüht waren, Denunziationen aus dem Wege zu gehen. In der mehrjährigen Amtszeit Runges war es gerade zu einer einzigen Verurteilung gekommen. (7)

Als ein Mangel hatte sich in Berlin auch, wie Runge noch rügte, das Fehlen gesundheits-, bau- oder sittenpolizeilicher Anordnungen herausgestellt, welche § 10 des Regulativs an sich ermöglichte. Zumindest für Zündhölzchenfabriken hielt Runge ein Einschreiten auf dem Verordnungswege für erforderlich.

Runge beschloß seine Kritik nicht, ohne der Öffentlichkeit eine ganze Reihe von Vorschlägen zu unterbreiten, mit deren Verwirklichung die Mißbräuche bei der Kinderarbeit verhindert werden sollten. (8) Seiner Meinung nach waren notwendig: die Ausdehnung des Regulativs auf sämtliche Gewerbebetriebe; ein Arbeitsverbot bis zum 12. Lebensjahr; weiter für die Alters-

---

6) Vgl. MLV Jg. 3, 1851, S. 186.
7) MLV Jg. 3, 1851, S. 143.
8) Vgl. aaO S. 53 ff., 143 f.

klasse bis zum 14. Jahr die Beschränkung der Arbeitszeit auf 6 Stunden, damit während der arbeitsfreien Tageshälfte der Unterricht besucht werden könnte; ferner statt der Schulbescheinigung die Einführung von Arbeitsbüchern, um so die gängigen Täuschungshandlungen zu unterbinden; dann die Bildung von Aufsichtsgremien; weiter medizinische Untersuchungen in Hinblick darauf, welche Produktionsverfahren schädlich seien; die Trennung der Geschlechter in den Arbeitsräumen und schließlich eine Verlängerung sowohl der Pausen als auch der Zeit des Nachtarbeitsverbots.

Der Berliner Lokalverein für das Wohl der arbeitenden Klassen setzte zur Prüfung dieser Kritik eine Kommission ein, die zu dem Ergebnis kam, daß im Interesse der Einschränkung der Kinderarbeit vor allem erforderlich sei, die wirtschaftliche Lage der breiten Bevölkerung zu verbessern. (9) Gewiß würden manche Eltern ihre Kinder aus Unverstand, Habsucht und bösem Willen zur Arbeit verwenden, in der Regel aber seien Mittellosigkeit und echte Not die Ursachen für die frühe Erwerbsarbeit.

Ein von der Kommission gleichwohl ausgearbeiteter Entwurf eines verbesserten Regulativs diente diesem Programm nur als ergänzende Maßnahme. Die Kommission hatte für ihr Fabrikgesetz im wesentlichen Runges Vorschläge verwertet, diese jedoch noch um zwei Bestimmungen vermehrt: Die Kinder sollten zur Arbeitsaufnahme ein Gesundheitsattest beibringen und bis zum 14. Lebensjahr mindestens drei Stunden Unterricht am Tag erhalten. Weiter sprach die Kommission sich, hierin wieder Runge folgend, (10) gegen die in § 2 des preußischen Regulativs erlaubten Fabrikschulen aus, weil diese Einrichtung, wenn sie nicht überhaupt nur der Gesetzesumgehung dienen würde, die Kinder jedenfalls mit unzulänglichen Kenntnissen aus der Schule entlasse.

Der Berliner Lokalverein, der unter dem Vorsitz Waldecks stand, schloß sich dieser Auffassung im vollen Umfang an. (11)

III. Der Standpunkt von der Heydts zum Jugendarbeitsschutz

1. Die Ministerialenquete vom Jahre 1851

Die Veröffentlichung Runges (1) führte sehr schnell zu einem Erfolg: Schon Anfang des Jahres 1851 nahm die Berliner Staatsregierung das Thema wieder auf, wobei sich die Positionen der Ministerien in aufschlußreicher Weise geändert hatten. Waren

---

9) Bericht in: MLV Jg. 3, 1851, S. 145 f.

10) MLV Jg. 3, 1851, S. 58 (In Berlin gab es jedoch keine Fabrikschulen.)

11) In den Sitzungen v. 13.7., 10.8. und 24.8.1851, vgl. MLV Jg. 3, 1851, S. 167, 187 ff.

bis zum Jahre 1840 die wichtigen Anregungen vom Kultusressort ausgegangen und auf den Widerstand der Wirtschaftler gestoßen, so war es jetzt gerade der Handelsminister, der die entscheidenden Initiativen entwickelte - ein deutliches Zeichen dafür, wie sehr das Schulproblem der Fabrikkinder in eine die Gesamtgesellschaft betreffende Problematik aufgegangen war.

Da die im Ministerium vorhandenen Unterlagen für eine Weiterentwicklung des Fabrikgesetzes nur wenig hergaben, beschloß von der Heydt, die in der Umfrage von 1845 formulierten Fragen den Unterbehörden ein zweites Mal zur Beantwortung vorzulegen. Am 22. Mai 1851 erließ der Minister dazu ein an die Oberpräsidenten und Oberbergämter gerichtetes, sechs Punkte nennendes Reskript, (2) in dem die Fragen nach speziellen Anordnungen

---

1) Die Ursächlichkeit des Aufsatzes Runges für die Enquete von 1851 kann letztlich nur vermutet, aber nicht sicher nachgewiesen werden. Man könnte einwenden, daß die ministeriellen Verhandlungen bereits im Jahre 1845 angelaufen waren. Auch Harkort könnte eine wichtige Rolle gespielt haben. Gewiß haben sich auch die persönlichen Erfahrungen v. d. Heydts ausgewirkt. Dieser erklärte später vor dem Abgeordnetenhaus, GA Pr. 3, S. 1455, daß die Anregung zuerst von großen Industriellen und Handelskammern ausgegangen sei.

2) Die 6 Fragen, zit. n. AF Jg. 10, 1872, S. 31 f.:

"1. wie und durch welche Organe die Ausführung und Beachtung des Regulativs vom 9. März 1839 bisher kontrolliert worden ist;

2. ob sich hierbei Übelstände herausgestellt, namentlich ob sich Fabrikbesitzer geweigert haben, den kontrollierenden Beamten den Eintritt in die Arbeitslokale zu gestatten, und wie dergleichen Weigerungen beseitigt sind;

3. ob sich ein Bedürfnis ergeben hat, die Altersstufe vom zurückgelegten 16. Jahre an - vielleicht nur für gewisse Arbeiten - in ähnlicher Weise zu schützen, wie die jüngeren Altersstufen;

4. ob gewisse Arbeiten und Fabriken so schädlich auf die Gesundheit jugendlicher Arbeiter einwirken, daß sich ein gänzliches Verbot ihrer Beschäftigung in denselben oder deren Beschränkung rechtfertigen würde;

5. ob ein Bedürfnis vorhanden ist, auch sonst noch in sanitäts-, bau- und sittenpolizeilicher Beziehung besondere Anordnungen zu erlassen;

6. ob es ein Bedürfnis ist, auch die außerhalb der Fabriken in Werkstätten beschäftigten jugendlichen Fabrikarbeiter - und in welcher Weise - zu schützen."

Text auch bei Anton, 1891, S. 178; vollständige Wiedergabe der Umfrage als Anlage 7 auf S. 504.

gemäß § 10 Regulativ und nach einer Ausdehnung des Arbeitsschutzes auch auf die in den Werkstätten arbeitenden Jugendlichen besonders hervorgehoben waren.

Für das Ergebnis der Umfrage aber war wichtig, daß der Enquetetext die Regierungen unmißverständlich ermutigte, zu den angeschnittenen Themen kinderfreundlicher als früher Stellung zu nehmen. In dem einleitenden Passus des Reskripts gab von der Heydt eindeutig zu erkennen, den Jugendarbeitsschutz verschärfen zu wollen. Wohl sehe er die Problematik, führte der Minister aus, allen bei der Frage der Fabrikarbeit der Kinder beteiligten Interessen gerecht zu werden. Um so notwendiger aber sei es, daß die Behörden sich dieses Gegenstandes mit nachdrücklichem Eifer annähmen, zumal die Dringlichkeit, die Beschäftigung der jugendlichen Arbeiter zu überwachen, seit dem Erlaß des Gesetzes weiter zugenommen habe.

Von einer besonderen Befriedigung über die Ausführung des Regulativs, von der Eichhorn vier Jahre vorher gesprochen hatte, war denn auch in diesem Reskript keine Rede mehr. Im Gegenteil rügte von der Heydt, die Behörden würden offenbar nicht überall die Bedeutung der Aufgabe erfassen, die die Entwicklung der sozialen Verhältnisse der Staatsregierung stelle. Mehr denn je komme es jetzt darauf an, Mittel zu finden, den auflösenden Tendenzen in der Gesellschaft entgegenzuwirken. Nachdem dem Handwerk gesetzliche Bestimmungen gegeben worden seien, um die in diesem Wirtschaftsbereich beschäftigten jungen Leute an Zucht und Ordnung zu gewöhnen und ihre berufliche und sittliche Ausbildung zu überwachen , sei es an der Zeit, auch den in den Fabriken arbeitenden Kindern mehr Beachtung zu schenken.

Diesem ersten, am 22. Mai 1851 verfaßten Reskript folgte am 9. Oktober 1851 noch eine vom Kultus- und Handelsministerium gemeinsam unterzeichnete zweite Zirkularverfügung, (3) die eine straffere Handhabung des § 2 Regulativ bezweckte. (4) Die Ministerien beanstandeten hier, daß der Unterricht in den Fabrik-

---

3) Text in: A.F. Jg. 10, 1872, S. 33 f.; Anton, 1891, S. 179; als Anlage 8 auf S. 506.

4) § 2. Wer noch nicht einen dreijährigen regelmäßigen Schulunterricht genossen hat oder durch ein Zeugniß des Schulvorstandes nachweiset, daß er seine Muttersprache geläufig lesen kann und einen Anfang im Schreiben gemacht hat, darf vor zurückgelegtem sechszehnten Jahre zu einer solchen Beschäftigung in den genannten Anstalten nicht angenommen werden. - Eine Ausnahme hiervon ist nur da gestattet, wo die Fabrikherren durch Errichtung und Unterhaltung von Fabrikschulen den Unterricht der jungen Arbeiter sichern. Die Beurtheilung, ob eine solche Schule genüge, gebührt den Regierungen, welche in diesem Falle auch das Verhältniß zwischen Lern- und Arbeitszeit zu bestimmen haben.

schulen seinem Umfang nach regelmäßig nur als ein bloßer Nachhilfeunterricht ausgestaltet sei, obwohl das Regulativ, wie in § 9 klargestellt sei, die gesetzlichen Bestimmungen für den Schulbesuch keinesfalls geändert habe. Die Fabrikschulen müßten deshalb das Pensum der Ortsschulen vollständig vermitteln. Dabei sei der Unterricht sowohl in sämtlichen dort eingeführten Fächern zu erteilen als diesem im Regelfall auch ebensoviel Zeit zu widmen, wie es in den normalen Volksschulen geschehe. Die Regierungen seien nach alledem gehalten, auf eine diesen Richtlinien entsprechende Änderung der Fabrikschulorganisation hinzuwirken.

Mit diesem vorgezogenen Reskript reagierten die Ministerien ersichtlich auf die Kritik, die Runge und die vom Berliner Wohltätigkeitsverein eingesetzte Kommission gegen die Fabrikschulen erhoben hatten. (5) Indes kann hinter dem Erlaß möglicherweise auch die weitergehende Absicht gestanden haben, die angestrebte Arbeitsrechtsreform in schulischer Hinsicht beizeiten vorzubereiten; denn im Grunde hatten die Ministerien eine Anordnung getroffen, die bei Anwendung des geltenden Fabrikrechts keineswegs erfüllt werden konnte. Ein vollgültiger Unterricht und außerdem noch ein 10-Stunden-Tag, wie ihn § 3 Regulativ erlaubte, waren wegen der dafür erforderlichen Zeit schlechthin unvereinbare Ziele. Sollte die Aufgabenstellung der Fabrikschule derart ausgeweitet werden, so wurde eine Änderung des Regulativs unumgänglich, und genau auf diesen Gesichtspunkt stützte die Regierung später wesentlich ihre Novellierung. Strebten die Ministerien eine Neufassung des Gesetzes an, so empfahl es sich tatsächlich, die bisher befolgte Fabrikschulpraxis nicht länger stillschweigend zu dulden, weil die Fabrikanten sonst in der üblichen Handhabung des § 2 Regulativ ein gewichtiges Gegenargument finden konnten.

2. Die Regierungsberichte

Die auf die Umfrage vom 22. Mai 1851 eingegangenen Regierungsberichte zeigen, was die Häufigkeit der Kinderarbeit in den Fabriken anging, das gewohnte Bild: (1) viele arbeitende Kinder im Westen Preußens mit den Schwerpunkten in den Regierungsbezirken Aachen, Köln, Düsseldorf und vielleicht noch Arnsberg, dann umgekehrt kaum Fabrikkinder in den östlichen Gebieten, in Preußen, Posen und Pommern - von Stettin abgesehen - und schließlich im Grunde noch recht ähnliche Verhältnisse in den mittleren Provinzen; in Schlesien konzentrierten sich die Fabriken vornehmlich auf Breslau, in der Provinz Brandenburg wies vor allem Berlin zahlreiche Fabrikkinder auf, und auch in der Pro-

---

5) Vgl. MLV Jg. 3, 1851, S. 58 f., 152.

---

1) A.M. 32, S. 90 ff.

vinz Sachsen kamen für die Umfrage nur wenige Orte in Betracht: im Bezirk Magdeburg etwa war Burg die industriell bedeutendste Stadt, in der 31 Fabrikkinder gezählt worden waren; im Bezirk Merseburg hatte Eilenburg mit 130 Fabrikkindern mit Abstand die größte Zahl angegeben, während die dem Bezirk den Namen gebende zweitgrößte Fabrikstadt mit 20 Fabrikkindern in diesem Vergleichsrahmen schon deutlich zurücklag. (2)

In den mitteldeutschen Gebieten Preußens war denn auch nicht eigentlich die Fabrikarbeit der Kinder das ernste Problem, sondern eine frühe Tätigkeit in der Landwirtschaft. Vor allem für den Rübenanbau in der Magdeburger Börde traf diese Feststellung zu; denn den hier beschäftigten Kindern ging der größte Teil des Sommers für einen Schulbesuch verloren. Noch nachteiliger aber wirkten sich die in der Nähe der Zuckerrübenfabriken eingerichteten sogenannten Familienhäuser aus, in denen Männer, Frauen und Kinder in Gemeinschaftsräumen übernachteten, ohne daß für Betten oder Waschgelegenheiten gesorgt war.

Die Regierung Magdeburg, die diese Unterkünfte als in sittlicher Hinsicht furchtbar verwüstend bezeichnete, hatte schon von sich aus eine Polizeiverordnung erlassen, die den Arbeitgebern bei Strafe verbot, schulpflichtige Kinder während der Unterrichtszeit zu Garten-, Feld- und sonstigen landwirtschaftlichen Arbeiten ohne Erlaubnis anzunehmen. Mit ähnlicher Absicht wünschte auch die Magdeburger Regierung, daß das Arbeitsschutzgesetz auch auf den Rübenanbau und die Rübenverarbeitung ausgedehnt würde.

Was weiter den preußischen Bergbau betraf, so hatte das Regulativ, wie aber auch nicht anders zu erwarten gewesen war, hier nur eine geringe Bedeutung erlangen können. Die wenigen in diesem Wirtschaftszweig gezählten Jugendlichen arbeiteten ausschließlich über Tage und waren nicht mehr schulpflichtig, so daß das Gesetz auf sie keine Anwendung fand. Eine Ausnahme bildete allerdings der Bezirk Arnsberg mit der sehr hohen Ziffer von 824 in der Regel in Hüttenbetrieben arbeitenden Kindern, die großenteils noch einen Unterricht besuchen mußten. In diesem Bezirk gab es eine Fabrikschule.

Daß das Regulativ aber insgesamt zunehmend wichtiger wurde, legen die Angaben nahe, mit denen die Berichte Vergleiche über den Umfang der Kinderarbeit in verschiedenen Jahren anstellten. Obwohl die Zahl der Fabrikkinder durch den Einsatz von Maschinen und sicherlich auch wegen der schlechten Wirtschaftslage in manchen Branchen zurückgegangen war, stellte sich die Entwicklung zum Teil örtlich oder auch regional auch anders dar. (3) Dafür zwei Beispiele: Hatte man im Arnsberger Bezirk im

---

2) In Zeitz, dem drittgrößten Industrieort, wurden noch weniger Fabrikkinder beschäftigt. - Im Bezirk Erfurt wurden insgesamt 432 Kinder gezählt.

3) Vgl. die Vorbemerkungen S. 45 ff.

Jahre 1846 noch 3.343 - überwiegend in kleineren Werkstätten beschäftigte - Arbeitskinder unter 14 Jahren gezählt, (4) so waren es drei Jahre später schon 3.863. (5) Die Zunahme belief sich somit auf ungefähr 15%. Die Provinz Sachsen meldete sogar eine verhältnismäßig noch stärkere Ausdehnung der Kinderarbeit: Dort war die Zahl der Fabrikkinder von 1.000 im Jahre 1845 auf 1.246 im Jahre 1851 gewachsen; die Steigerung belief sich mithin auf mehr als 20%.

Die Regierungen wußten gleichwohl noch immer wenig Genaues über die Lebensverhältnisse der in den Fabriken arbeitenden Jugendlichen. Die Erfurter Regierung schrieb - und diese Aussage traf wohl für alle Landesteile zu -, es sei zunächst einmal notwendig, sehr detaillierte statistische Beobachtungen über die Fabrikarbeit zu treffen; und noch deutlicher formulierte die Düsseldorfer Regierung, erst durch eine auf diese Aufgabe spezialisierte Fachbehörde wie den Fabrikinspektor nach englischem Vorbild könne festgestellt werden, welche Übertretungen des Regulativs, welche Schäden und welche Bedürfnisse im Zusammenhang mit der Fabrikarbeit von dem Gesetzgeber zu berücksichtigen seien.

Immerhin nahmen die Regierungsberichte den Jugendarbeitsschutz jetzt doch sehr viel ernster als in den vorangegangenen Jahren, was sich zweifelsfrei den Antworten zu den sechs vom Handelsministerium aufgeworfenen Themen entnehmen läßt. So wurde schon zu den beiden ersten Fragen, wie und mit welcher Wirkung die Überwachung des Regulativs durchgeführt werde, überwiegend die Auffassung vertreten, daß die bisherige Praxis die Einhaltung der Bestimmungen nicht gewährleisten könne. Fast überall oblag die Sicherung des Regulativs den Polizei- und Schulbehörden; allein Berlin bediente sich dafür seit kurzer Zeit eines Gewerbeinspektors; Fabrikkommissionen waren in den Regierungsbezirken Königsberg, Merseburg und Minden und auch dort nicht mit besonderem Erfolg tätig gewesen.

Die Aufsicht durch ausschließlich örtliche Organe bezeichneten nahezu alle Berichte als bedenklich und empfahlen, die übergeordneten Stellen mit außerordentlichen Revisionen in die Überprüfung der Fabriken einzuschalten. Die allgemeine staatliche Verwaltung, die Regierung und die Landräte, sowie auch die Medizinalbehörden sollten mit einer zusätzlichen Aufsicht über die Fabriken betraut werden. Zum Teil wurde auch jetzt wieder die Bildung spezieller Kommissionen angeregt, mehrfach auch nach dem englischen Muster die Anstellung von Fabrikinspektoren empfohlen, die jeweils einen ganzen Regierungsbezirk überwachen sollten.

Die Düsseldorfer Regierung nannte zur Begründung des letzteren Vorschlags zwei Argumente: Den Fabrikbesitzern gegenüber seien

---

4) Von insgesamt 23.258 Arbeitern.
5) Von 24.101 Arbeitern.

die bestehenden Aufsichtsorgane nicht selbständig genug, und im übrigen würden ohnehin sachkundige Beamte für die nach der Gewerbeordnung überwachungspflichtigen gewerblichen Anlagen benötigt; diese Aufgabe sollte der Fabrikinspektor mitübernehmen.

Im engen Zusammenhang mit dem Aufsichtsproblem standen die Vorschläge, die zum Zwecke einer verbesserten Durchführung des Gesetzes den Pflichtenkreis der Arbeitgeber erweitern sowie die gesetzlichen Arbeitsvoraussetzungen vermehren wollten. Als zweckdienlich wurde insoweit genannt: ein Aushang der Arbeitszeiten, wie er im Rheinland schon angeordnet war; die ausdrückliche Haftung der Fabrikanten für den Schulbesuch der Kinder; das ärztliche Gesundheitsattest; eine vor Aufnahme der Arbeit von der Polizei und dem Lehrer zu erteilende Genehmigung; eine den Fabrikanten bei der Einstellung der Kinder treffende Anzeigepflicht und schließlich die Einführung von Arbeitsbüchern, die die Erfurter Regierung als unverzichtbar bezeichnete, weil anders eine wirksame Kontrolle des Gesetzes nicht zu erreichen sei. Das Berliner Polizeipräsidium befürwortete zudem noch eine spürbare Sanktion bei Verstößen gegen das Regulativ: Zuwiderhandlungen sollten das Verbot nach sich ziehen können, überhaupt Jugendliche unter 16 Jahren zu beschäftigen.

Zugunsten der jüngeren Altersgruppe wurde somit ein verschärfter Arbeitsschutz bejaht, für die älteren Jugendlichen dagegen hielten die Regierungen einen Fabrikschutz nicht für erforderlich, wie die Antworten auf die dritte vom Ministerium gestellte Frage übereinstimmend ergaben. Nur zwei Ausnahmen sind hier zu erwähnen: Die Merseburger Regierung war der Ansicht, daß Mädchen bis zum 20. Lebensjahr mit sitzender Tätigkeit nicht über 10 Stunden pro Tag beschäftigt werden sollten, und die Regierung in Erfurt sprach sich für ein Verbot der Nachtarbeit der unter 18 Jahre alten Mädchen aus.

Daß ein Bedürfnis für den Arbeitsschutz der Frauen noch nicht allgemein erkannt wurde, mochte an der relativ geringfügigen Zahl der Industriearbeiterinnen Preußens gelegen haben; die Gesamtzahl der in Fabriken beschäftigten Männer stand zu der der Frauen im Verhältnis 7:1; zum Vergleich: in England lautete das Verhältnis 1:1 oder noch ungünstiger.

Ergiebiger und zweifellos eine Wandlung ankündigend war die Resonanz auf die vierte Frage, ob bestimmte Arbeiten für Jugendliche zeitlich eingeschränkt oder ganz verboten werden müßten. Die in früheren Jahren schon genannten Bedenken hatten sich jetzt zu eindeutigeren Urteilen verdichtet, und es waren nunmehr doch schon eine Reihe von Fertigungsverfahren oder auch ganze Produktionsstätten, die die Regierungen als gesundheitsschädlich aufzählten. Genannt wurden: die Herstellungsverfahren mit starker Staubentwicklung, wie sie in den Tuchfabriken, Wollkämmereien, Tabak- und Zigarrenfabriken, bei der Bearbeitung der Lumpen in den Papierfabriken, in den Nadel- und überhaupt den Metallschleifereien unumgänglich waren; dann die Arbeiten, die den Umgang mit Bleiweiß und anderen Giften mit sich brachten, etwa in den Färbereien und den Druckereien wegen der dort verwendeten Giftfarben, sowie generell die chemischen Fabriken, weiter auch die Herstellung von Zündhütchen und Zündhölzern, die Blei-, Zink- und Nickelhütten und endlich die Beizanstalten der Bronze- und Silberfabriken.

So zahlreich diese als gefährlich bezeichneten Fabriken waren, so unsicher waren andererseits die Regierungen hinsichtlich dessen, was nun tatsächlich unternommen werden sollte. Immerhin ergab aber eine Zusammenstellung der vorgeschlagenen Gegenmaßnahmen schon ein vielfältiges und in der Wirkung abgestuftes Programm, das vom gänzlichen Arbeitsverbot für Jugendliche in bestimmten Fabriken über die Untersagung bestimmter Tätigkeiten im Einzelfall und dem ärztlichen Attest als Arbeitsvoraussetzung bis hin zu der Anordnung besonderer baulicher Maßnahmen oder der Anregung reichte, mit sachdienlicher Belehrung Unfälle zu verhüten und einen Vorrat von "Rettungsmitteln" für eine erste Hilfe zu verlangen. Wurden diese Vorschläge verwirklicht, so fiel dem Jugendarbeitsschutz eine günstige Nebenwirkung auch für die erwachsenen Arbeiter zu, denen eine Gesundheitsvorsorge am Arbeitsplatz in gleicher Weise wie den Jugendlichen zugute kommen mußte.

Welche Vorstellungen die Regierungen hinsichtlich einer materiellen Verbesserung des Jugendarbeitsschutzes hatten, zeigte sich insbesondere bei der fünften Frage, ob noch weitere Anordnungen polizeilicher Art notwendig würden. Wie sich in den Antworten abzeichnete, sahen die Regierungen die Problematik der Fabrikarbeit der Kinder außer in der Beeinträchtigung der Schulbildung und der sittlichen Gefährdung in der Fabrik vor allem darin, daß die Fabrikarbeit zu einer Frühreife führe, und daß die Kinder auch wirtschaftlich zu zeitig selbständig würden, weswegen sie sich nur zu leicht aus der Bindung der Familie lösen könnten, ohne dieser Freiheit moralisch gewachsen zu sein.

Ein wesentlicher Punkt war daher in den Berichten auch der sittliche Schutz der Jugendlichen. Zwar befürwortete keine Regierung eine getrennte Beschäftigung der Kinder von den erwachsenen Arbeitern, aber die meisten Berichte sprachen sich doch für eine Trennung der Jungen und Mädchen in den Arbeitsräumen aus, ein Vorschlag, den einige Berichte allerdings auch für völlig undurchführbar erklärten. Gleichfalls umstritten und vor allem nur in den weniger industrialisierten Gegenden bejaht war der Gedanke, den Arbeitslohn der Kinder diesen nicht mehr persönlich, sondern nur noch den Eltern auszuhändigen. Viele Regierungen meinten hierzu, daß eine solche Regelung sich nicht würde durchsetzen lassen.

Die wichtigste und auch häufig genannte Anregung war der Vorschlag, das Mindestalter für den Eintritt in die Fabrik vom 9. auf das 11., 12. oder 14. Lebensjahr heraufzusetzen, damit vor der Arbeitsaufnahme wenigstens die Schulbildung abgeschlossen wäre. Dabei war bemerkenswert, daß auch die Regierungen fabrikreicher Bezirke wie Arnsberg und Aachen das 12. Jahr empfahlen. Für Aachen mochte allerdings zur Verbesserung der Schulbildung ein anderer Weg, als die Kinder länger in der normalen Elementarschule zu belassen, von vornherein nicht in Betracht gekommen sein, weil sich die Regierung noch immer über Mängel der Volksschulen im Bezirk, vor allem in der Stadt Aachen, beklagen mußte und ein gesonderter Unterricht für Fabrikkinder dann erst recht nicht befriedigend einzurichten war.

Bei Arnsberg lag die Sache indessen anders. Die dortige Regierung, die - wie an früherer Stelle betont - bereits seit den 2oer Jahren den Schulunterricht auch der Fabrikkinder stark gefördert hatte, war der Auffassung, daß der Schutz des schulpflichtigen Alters das wesentliche Problem der Fabrikarbeit der Kinder sei. Die Regierung berichtete, daß sie daher, ohne erst ein verbessertes Regulativ abzuwarten, einen 2stündigen, nicht abends zu erteilenden Unterricht pro Tag beschlossen habe. Im übrigen trat die Regierung Arnsberg - und so auch noch andere Berichte - für eine Verkürzung des Arbeitstages der Fabrikkinder von 1o auf 8 Stunden ein, indem unter gleichzeitiger Verlängerung der Pausen der zulässige Beginn der Erwerbstätigkeit auf 6 Uhr und das Ende auf spätestens 19 Uhr festgelegt werden sollten.

Auf eine Verkürzung der Arbeitszeit liefen auch die Vorschläge hinaus, mit denen einige Regierungen befürworteten, die Arbeitsunterbrechungen und die Schulstunden auf den gesetzlichen Arbeitstag anzurechnen oder die Dauer der Freizeiten am Vor- und am Nachmittag zu verdoppeln. Bildungs- und Gesundheitsschutz lagen diesen Anregungen gleichermaßen zugrunde.

Ein positives Ergebnis brachte schließlich auch die sechste Frage des Reskripts, die die Ausdehnung des Regulativs auf die Werkstätten zur Debatte gestellt hatte. Hier zeigte sich, daß die traditionelle Auffassung überwunden war, wonach allein die großen Fabriken aufgrund der Zusammenarbeit einer Vielzahl von Personen und dem abstumpfenden Charakter der mechanisch zu erledigenden Tätigkeiten als besonders gefährlich galten. Ersichtlich war dieser Standpunkt durch die Erfahrung verdrängt worden, daß Kinder und Jugendliche, ganz gleich in welchem Arbeitsverhältnis sie auch beschäftigt waren, immer Gefahr liefen, infolge ihrer Tätigkeit einen Schaden zu erleiden. Den Behörden ging es deshalb darum, eine umfassendere Eingriffszuständigkeit zu erhalten.

Die Einbeziehung der in den kleinen Werkstätten arbeitenden Kinder in den Schutzbereich des Regulativs wurde ganz überwiegend bejaht; die Regierung Aachen wie auch das Polizeipräsidium in Berlin hatten § 1 des Regulativs auch bereits in diesem Sinne ausgelegt. Andere Berichte wiederum wollten bestimmte Anstalten, so die Buch- und Zeitungsdruckereien, die Torfstechereien sowie auch die Ziegeleien, unter den Geltungsbereich des Gesetzes gestellt wissen. Soweit einige Regierungen für die Beibehaltung der bisherigen Regelung eintraten, lehnten sie nicht die Erweiterung an sich ab, sondern meinten, daß die kleinen Betriebe nicht überwacht werden könnten.

3. Der Ministerialentwurf vom Jahre 1853

Zur Vorbereitung einer Novelle bildeten die Ministerien Handel, Kultus, Inneres und Landwirtschaft (1) nunmehr eine Expertenkommission, die beauftragt war, eine schul- und kinderfreundliche Lösung der entstehenden Probleme zu finden. Demgemäß bemühte sich die Kommission in den seit dem 3o. November 1852 aufgenommenen Verhandlungen, möglichst viele der in den Regierungsberichten genannten Vorschläge zu verwerten.

Von den wichtigeren Anregungen blieben nur zwei unberücksichtigt. Als zu leicht zu umgehen und daher nicht zweckmäßig erschien dem Ministerialausschuß einmal eine Bestimmung, wonach der Lohn nicht an die Fabrikkinder selbst, sondern an ihre Eltern auszuzahlen sei. Zum andern verzichtete die Kommission auch darauf, ein ärztliches Attest zum Nachweis der Arbeitstauglichkeit zu verlangen, weil die bei einer solchen Norm vorausgesetzten Tatsachen, die Arbeitsvorgänge und ihre Auswirkungen, noch nicht hinreichend erforscht erschienen.

Das für das Reformgesetz zu verwertende Material verringerte die Kommission dann weiter noch einmal erheblich, indem sie sich dafür entschied, etwaige medizinal-, bau- und sittenpolizeilichen Regelungen als Spezialverordnungen über § 1o Regulativ zu erlassen und auch die zum Zwecke der allgemeinen Gefahrenabwehr bestehenden Ermächtigungen im Gesetz über die Polizei-Verwaltung vom 11. März 185o für den Arbeitsschutz zu nutzen. (2) Für die Verbesserung des Regulativs blieben damit nur noch drei Hauptfragen übrig: erstens die Altersgrenze, ab der die Fabrikarbeit der Kinder zu erlauben sei; zweitens die genaue Festlegung der Schulstunden neben der Arbeitszeit sowie drittens die Aufsicht über die Ausführung der Bestimmungen.

Zur Beratung der Probleme griff der Ministerialausschuß wesentlich auf zwei Informationsquellen zurück, nämlich auf die Regierungsberichte, dies in erster Linie, daneben aber auch auf die einschlägigen ausländischen Gesetze, auf deren Inhalt bei der Erläuterung des Entwurfs noch kurz eingegangen wird. Die Unterschiede in den Ansichten der Bezirksregierungen räumte die Kommission dann dadurch aus, daß sie wegen der strittigen Punkte die Provinzialbehörden zur erneuten Meinungs-

---

1) Das Ministerium für Ernährung wurde mit Rücksicht auf die Kinderarbeit in der Landwirtschaft beteiligt.
2) Vgl. GS 185o, S. 265 ff. (§§ 6, 11 f.).

äußerung aufforderte und auch über dreißig Handelskammern mit für die Begutachtung heranzog. Aus diesen sehr gründlichen Beratungen ging schließlich ein Entwurf hervor, dessen Inhalt durch die Voten der Regierungen und der Gewerbeorgane weitgehend abgesichert war - eine wichtige Tatsache, weil in Preußen nunmehr das Abgeordnetenhaus und das Herrenhaus das Gesetz noch billigen mußten.

Seinem äußeren Plan nach ließ der Entwurf das Regulativ von 1839 bestehen und änderte nur einzelne Paragraphen ab. (3) Hinter diesem Verzicht auf Zusammenfassung aller Arbeitsschutzbestimmungen in einem Gesetz stand die Absicht, die parlamentarischen Beratungen zu erleichtern. Wenn die preußischen Parlamente nur über die neugefaßten Paragraphen zu befinden hatten, wurde es eher möglich, das Reformgesetz noch in der laufenden Legislaturperiode zu verabschieden. Daneben mochte auch die Überlegung eine Rolle gespielt haben, die als brauchbar angesehenen und daher sachlich unverändert gelassenen Bestimmungen des Regulativs nicht ohne zwingende Notwendigkeit noch einmal zur Disposition zu stellen.

Zu den einzelnen Vorschriften der Novelle ist sodann folgendes anzumerken:

Die entscheidende Einschränkung der Kinderarbeit brachte § 1 des Entwurfs, der das geltende Arbeitsverbot vom 9. auf das 12. Jahr heraufsetzen und damit den in dieser Frage von den Regierungen am häufigsten gestellten Antrag übernehmen wollte. Diese Änderung des Regulativs sollte die besonders gefährdeten jüngeren Kinder vor den schädlichen Einflüssen der Arbeit bewahren, die Kräfte der Kinder für ihre Erziehung schonen und Zeit für den Schulbesuch gewinnen.

Mit dieser Entscheidung für das 12. Jahr übertraf der Entwurf bei weitem die entsprechende englische Regelung, die die Fabrikarbeit grundsätzlich schon mit dem 8. Lebensjahr zuließ und nur insofern einen gewissen Ausgleich vorsah, als sie den Arbeitsschutz bis zum 18. Lebensjahr erstreckte, (4) während das preußische Regulativ die Jugendlichen - den Lehrlingsbestimmungen entsprechend - nur bis zum 16. Lebensjahr schützte; an dieser Regelung sollte auch die Verbesserung des Regulativs nichts ändern.

Die frühe Arbeitserlaubnis ab dem 8. Jahr galt im übrigen auch in Frankreich; (5) Belgien besaß dagegen trotz seiner ausge-

---

3) Vgl. die Motive, GA Pr. 1, S. 7 ff.

4) Für die Rechtsvergleichung kamen außer den früher schon genannten Gesetzen noch die englischen Gesetze vom 1o. August 1842, 6. Juni 1844, 8. Juni 1847 und 5. Aug. 185o in Betracht (vgl. Fabriksgesetze, 1869, S. 79 ff.; vgl. Smelser, 1967, S. 3o2 f.; Alfred, Bd. 2, 1966, S. 245 ff., 247; Thomas, 1949, S. 208 f., 276 f., 283, 286, 295.

5) Vgl. Mataja, 1896, S. 375.

dehnten Industrie noch keinen Jugendarbeitsschutz. Wenn die preußische Regierung die Fabrikarbeit bis zum 12. Jahr schlechthin verbieten wollte, so sprach dafür abgesehen von den Erfahrungen im eigenen Land gerade der Umstand, daß das französische Gesetz und erst recht die Verhältnisse in Belgien auf heftige Kritik gestoßen waren. (6) Eine dem Entwurf ähnliche Regelung fand sich im übrigen in Baden, das das 11. Lebensjahr als Arbeitsvoraussetzung bestimmt hatte, und in einem österreichischen Entwurf vom Jahre 1842, der diese Grenze mit gewissen Ausnahmen ebenfalls beim 12. Jahr hat ziehen wollen. (7)

Die letztere Regelung befürworteten die Ministerien aber auch deswegen, weil immer behauptet wurde, daß die Fabrikbevölkerung auf eine frühe Mitarbeit der Kinder notwendigerweise angewiesen sei. Eben diese Möglichkeit, die Arbeitskraft der kleineren Kinder zu ihrem Schaden zu verwerten, wollte die Regierung für die Zukunft auch mit der Absicht ausschließen, ein zu frühes und leichtsinniges Heiraten unter den Fabrikarbeitern zu erschweren.

Der gegenwärtige Zeitpunkt bot sich für eine solche gesetzliche Maßnahme in besonderer Weise an, weil damit keine allzu großen Härten verbunden waren. Die Fabrikbevölkerung nahm zwar schnell zu, noch immer aber war ihr Bevölkerungsanteil nicht sehr groß, und zudem waren auch die jüngeren Kinder, denen der Entwurf die Berufsarbeit verbieten wollte, in den Fabriken noch nicht allzu häufig zu finden.

Die zweite die Kinderarbeit stark einschränkende Vorschrift des Gesetzentwurfs war sodann § 4, der das Regulativ in den §§ 2, 3 und 9 abändern wollte - die Bestimmungen also, die bis zum 14. Lebensjahr neben einer 1ostündigen Arbeitszeit die Einhaltung der Schulpflicht vorsahen.

Die alte Regelung hatte für die Fabrikkinder insoweit den Besuch nur eines verkürzten Unterrichts, etwa in der Abendschule, gewährleisten wollen. Denn eine Arbeit von 1o Stunden zuzüglich 1 1/2 Stunden Pause hätte bei dem normalen 5stündigen Unterricht in den Elementarschulen eine Inanspruchnahme der Kinder von insgesamt 16 1/2 Stunden ergeben, die Wegzeiten zur Arbeitsstätte, zur Schule und zurück nach Hause noch nicht mitgerechnet. Eine solche Belastung der Kinder war jedoch schon aus zeitlichen Gründen nicht zu leisten. Sollten nun die Fabrikkinder künftig aber der für sie in der Regel bis zum 14. Lebensjahr geltenden Schulpflicht auch nur einigermaßen nach-

6) Vgl. neben Faucher, Bd. 2, 1846, S. 6o ff., insbesondere: Enquete sur la condition des classes ouvrières et sur le travail des enfants, Bd. I, Bruxelles 1848.
7) Vgl. über die gescheiterten Bemühungen um ein Fabrikgesetz in Österreich: v. Mises, 19o5, S. 247, 249, 265 f.

kommen, so wurde mithin eine Verkürzung des Arbeitstags unumgänglich. Dieser Überlegung trug der Entwurf dadurch Rechnung, daß er die Arbeitszeit von 10 auf 7 Stunden einschränkte und die so gewonnenen 3 Stunden in § 4 Absatz 1 für den Schulbesuch bestimmte.

Der Entwurf lehnte sich damit an die englische Regelung an, die für die Kinder im Alter von 8 bis 13 Jahren ebenfalls 3 Stunden Unterricht vorsah und daneben eine Arbeitszeit von nur 6 1/2 Stunden täglich zuließ. Wenn diese jüngeren Kinder 10 Stunden beschäftigt werden sollten, so war dies nach dem britischen Gesetz zwar auch möglich, aber nur, wenn die Kinder am folgenden Tag nicht arbeiteten.

Frankreich, wo ein Schulbesuch der Fabrikkinder bis zum 12. Lebensjahr angeordnet war, beschränkte die Arbeitszeit für das noch schulpflichtige Alter auf 8 Stunden, während die Jugendlichen von 12 bis 16 Jahren 12 Stunden beschäftigt werden durften.

Nach dem österreichischen Entwurf sollte für die 12- bis 16-jährigen ebenfalls ein 12-Stunden-Tag und für die jüngeren Kinder von 9 bis 12 Jahren, die nur ausnahmsweise in bestimmten Branchen beschäftigt werden durften, eine 10stündige Arbeitszeit gelten. (8) Die Zahl der Unterrichtsstunden war dabei nicht im einzelnen festgelegt.

Anders die Gesetze in Baden und Bayern: Diese ordneten einen Unterricht von täglich 2 Stunden an, der in Baden zum 10-Stunden-Arbeitstag hinzutrat, in Bayern jedoch auf die Arbeitszeit angerechnet wurde.

Die preußische Regierung verfolgte mit der Festsetzung der 3 Schulstunden auch noch das weitere Ziel, die Fabrikanten zur Einrichtung einer Schichtarbeit für die Kinder zu veranlassen. Nach Möglichkeit sollten die Fabrikkinder in zwei Gruppen jeweils vor- oder nachmittags arbeiten. Eine solche Arbeitsorganisation schien sich gerade unter der Geltung des § 1 des Entwurfs leicht verwirklichen zu lassen, weil von der 7-Stunden-Schranke nur die verhältnismäßig kleine Altersgruppe der 12- bis 14jährigen betroffen wurde.

Für den Fall aber, daß sich aufgrund dieser Bestimmung Umstellungsschwierigkeiten ergeben sollten, falls sich nämlich kurzfristig nicht genügend arbeitswillige ältere Jugendliche fänden, sah der Entwurf in § 4 Absatz 2 noch eine Ermächtigung für eine Übergangsregelung vor, die zusammen mit einer weiteren Übergangsregelung in § 1 verhindern sollte, daß die Fabriken in ihrer vorhandenen Betriebsorganisation empfindlich gestört würden.

Die Schul- und Arbeitsregelung ergänzten noch die §§ 5 und 6, indem die erste Bestimmung die Vormittags- und Nachmittags-

8) v. Mises, 1905, S. 251.

pause des Regulativs von einer viertel auf eine halbe Stunde verlängerte, während die zweite Vorschrift die arbeitsfreie Nachtzeit um eine Stunde auf die Zeit vom 20.30 bis 5.30 ausgedehnt hat.

Der § 6 des Entwurfs blieb damit etwas hinter der englischen Regelung zurück, in der ein Arbeitsverbot von 18 Uhr abends bis 6 Uhr früh angeordnet war. In Frankreich und Baden galten die Ruhezeiten wie im preußischen Regulativ von 1839, das heißt von 21 Uhr bis 5 Uhr, und in Bayern ein Arbeitsverbot von 20 Uhr abends bis 6 Uhr morgens.

Hinter den §§ 5 und 6 des preußischen Entwurfs stand auch wieder die Absicht, die Halbtagsarbeit der Kinder zu begünstigen; denn wurde in Schichten gearbeitet, so erfaßte die Arbeitszeitverkürzung praktisch nur die 14- bis 16jährigen Jugendlichen und im übrigen auch diese nicht in einer die Fabriken ernstlich beeinträchtigenden Weise; denn die Pausen wurden in die 10stündige Arbeitszeit nicht miteinbezogen, die Jugendlichen hielten sich also maximal 12 Stunden in der Fabrik auf.

Neben den Beschränkungen der Arbeitszeit sah der Entwurf eine erhebliche Verschärfung der Kontrolle über die Ausführung des Arbeitsschutzes vor. Die wichtigste Neuerung brachte dazu § 11, der in Preußen zur besseren Aufsicht über die Industrie die Institution des Fabrikinspektors einführte, und zwar, soweit dafür ein Bedürfnis bestand, für jeweils einen Regierungsbezirk oder auch ein noch größeres Gebiet. Die Staatsregierung erhoffte sich von dem neuen Amt des Fabrikinspektors, daß dieser im Laufe der Jahre Erfahrungen sammeln würde, um den Ministerien sachverständige Vorschläge in allen die Fabriken betreffenden Fragen unterbreiten zu können.

Damit die Verwaltung künftig sicher feststellen könnte, in welchen Fabriken der Arbeitsschutz Anwendung finden würde, was zu ermitteln in den größeren Städten sich als schwierig erwiesen hatte, ordnete der Entwurf in den §§ 7 und 8 eine den Arbeitgeber treffende Meldepflicht an. Die §§ 2 und 3 ergänzten diese Vorschriften, indem dort die Einführung von Arbeitsbüchern vorgeschrieben wurde, eine Einrichtung, die in Frankreich und zum Teil auch bereits im Rheinland für die erwachsenen Arbeiter bestand. Inhaltlich waren die Arbeitsbücher jedoch den Gesindebüchern nachgebildet, allerdings ohne den dort üblichen Führungsvermerk zu übernehmen; denn für die allein dem Arbeitsschutz dienenden Bücher genügte es, daß die persönlichen Verhältnisse der Kinder und ihr Schulbesuch vollständig und amtlich beglaubigt nachgewiesen wurden.

Eine letzte wichtige Änderung enthielt der Entwurf in der Verschärfung der Strafvorschriften. § 9 erweiterte den Strafrahmen des Regulativs und räumte zudem den Gerichten die Befugnis ein, die Beschäftigung der Kinder auf Zeit oder auf Dauer zu untersagen. Die Bestimmung hatte insoweit ihr Vorbild in den §§ 172 ff. der Gewerbeordnung vom 17. Januar 1845.

Ein wichtiger Punkt, der bislang noch nicht erörtert worden ist, bestand schließlich noch in dem Problem der Ausdehnung des Arbeitsschutzes, wofür die meisten Berichte sich eingesetzt hatten. Daß das preußische Regulativ nicht nur in den Fabriken, sondern auch in den Werkstätten gelten sollte, war auch die Auffassung der Ministerien. Nur wollten diese vermeiden, die Hausindustrie und die kleinen Handwerker mit in den Fabrikschutz einzubeziehen, weil es unmöglich erschien, die in den Wohnungen ausgeübten Berufe mit zu überwachen.

Das Ziel, eine Erweiterung des Arbeitsschutzes durchzusetzen, ohne gleichzeitig eine partielle Nichtanwendbarkeit der Vorschriften in Kauf nehmen zu müssen, wollte der Ministerialausschuß über eine Umdeutung des in § 1 Regulativ verwendeten Begriffs "Fabrik" erreichen. Diese Lösung war nicht völlig neu, denn die Kommission konnte dabei auf die Verordnung vom 9. Februar 1849 zurückgreifen, die sich von der im Preuß. ALR gesetzten Definition der Fabrik als größerer, gewerblicher Anstalt bereits gelöst hatte und diesen Begriff auf alle Werkstätten erstreckte, die nicht dem Handwerk zuzurechnen waren. (9) Mit dieser Bedeutungsverschiebung sollte auch das Regulativ künftig alle Gewerbebetriebe erfassen, in denen regelmäßig jugendliche Arbeiter beschäftigt wurden, ohne in einem Schüler-oder Lehrlingsverhältnis zu stehen.

Diese Formulierung genügte für die angestrebte Ausdehnung des Regulativs auf die Kleinbetriebe und bot zudem noch den weiteren Vorteil, daß diejenigen Jugendlichen, deren Berufstätigkeit aufgrund der betrieblichen Verhältnisse nicht überwacht werden konnte, in jedem Fall die normale Volksschule besuchen mußten, denn dem Handwerk war es üblicherweise verwehrt, auf die Fabrikschulen auszuweichen.

Der von der Ministerialkommission erarbeitete Entwurf wurde vom Staatsrat gebilligt und sodann mit Kabinettsorder vom 2. Februar 1853 in der nachstehend wiedergegebenen Fassung den Kammern überwiesen: (10)

ENTWURF

Gesetz, betreffend einige Abänderungen des Regulativs vom 9. März 1839 über die Beschäftigung jugendlicher Arbeiter in Fabriken.

§ 1

Die in § 1 des Regulativs vom 9. März 1839(Gesetz-Sammlung 1839 Seite 156) erwähnte Beschäftigung jugendlicher Arbeiter ist vom 1. Mai 1853 an nur nach zurückgelegtem zehnten, vom 1. Mai 1854 an nur noch nach zurückgelegtem elften und vom 1. Mai 1855 an nur nach zurückgelegtem zwölften Lebensjahre gestattet.

9) Vgl. GS 1849, S. 93 (§§ 2, 3, 5, 3o); ferner Tilmann, 1935, S. 35.

§ 2

Vom 1. Oktober 1853 ab dürfen junge Leute unter sechzehn Jahren bei den im § 1 des Regulativs gedachten Anstalten nicht weiter beschäftigt werden, wenn ihr Vater oder Vormund dem Arbeitgeber nicht das im § 3 erwähnte Arbeitsbuch einhändigt.

§ 3

Das Arbeitsbuch wird auf den Antrag des Vaters oder Vormundes des jugendlichen Arbeiters von der Ortspolizeibehörde erteilt und enthält:

1. Namen, Alter, Religion des Arbeiters,
2. Namen, Stand und Wohnort des Vaters oder Vormundes,
3. das im § 2 des Regulativs erwähnte Schulzeugnis,
4. eine Rubrik für die bestehenden Schulverhältnisse,
5. eine Rubrik für die Bezeichnung des Eintrittes in die Anstalt,
6. eine Rubrik für den Austritt aus derselben,
7. eine Rubrik für die Revisionen.

Der Arbeitgeber hat dieses Arbeitsbuch zu verwahren, der Behörde auf Verlangen jederzeit vorzulegen und bei Beendigung des Arbeitsverhältnisses dem Vater oder Vormunde des Arbeiters wieder auszuhändigen.

§ 4

Jugendliche Arbeiter dürfen bis zum vollendeten vierzehnten Lebensjahre täglich nur sieben Stunden bei den im § 1 des Regulativs gedachten Anstalten beschäftigt werden; für dieselben genügt ein in diese Arbeitszeit nicht einzurechnender dreistündiger Schulunterricht.
Sollte durch die Ausführung dieser Bestimmung bereits bestehenden Anstalten die nötige Arbeitskraft entzogen werden, so ist der Minister für Handel, Gewerbe und öffentliche Arbeiten ermächtigt, im Einvernehmen mit dem Minister der Unterrichtsangelegenheiten auf bestimmte Zeit Ausnahmevorschriften zu erlassen.

§ 5

Die nach § 4 des Regulativs den jugendlichen Arbeitern zu gewährende Muße von einer Viertelstunde vor- und nachmittags wird auf je eine halbe Stunde festgestellt.

§ 6

Die im § 5 des Regulativs auf 5 Uhr morgens bis 9 Uhr abends festgestellten Grenzen der Tagesarbeit werden auf 5 1/2 Uhr morgens und 8 1/2 Uhr abends bestimmt.

---

10) GA Pr. 1, S. 1 ff.

§ 7

Jede unter vorstehende Bestimmungen fallende Beschäftigung jugendlicher Arbeiter muß von dem Arbeitgeber zuvor der Ortspolizeibehörde angemeldet werden. In betreff der beim Erlaß dieses Gesetzes bereits beschäftigten Arbeiter ist diese Anmeldung binnen 4 Wochen zu bewirken.

§ 8

Außerdem ist der Arbeitgeber verpflichtet, halbjährlich der Ortspolizeibehörde die Zahl der beschäftigten Arbeiter unter sechzehn Jahren anzuzeigen.

§ 9

Zuwiderhandlungen gegen die Vorschriften der §§ 1, 2, 4, 5 und 6 dieses Gesetzes werden nach dem ersten, Zuwiderhandlungen gegen die Vorschriften der §§ 3, 7 und 8 dieses Gesetzes nach dem zweiten Absatz des Regulativs vom 9. März 1839 bestraft.
Außerdem kann der Richter demjenigen, der binnen fünf Jahren drei Übertretungsfälle zu drei verschiedenen Malen, sei es nach den Bestimmungen dieses Gesetzes oder nach denen des Regulativs vom 9. März 1839, bestraft worden ist, bei einer ferneren Übertretung der Vorschriften dieses Gesetzes oder des gedachten Regulativs die Beschäftigung junger Leute unter sechzehn Jahren auf eine bestimmte Zeit oder für immer untersagen. Sind in fünf Jahren sechs Übertretungsfälle bestraft worden, so muß auf diese Untersagung, und zwar mindestens für die Zeit von drei Monaten, erkannt werden. Zuwiderhandlungen gegen ein derartiges gerichtliches Verbot werden mit 1 bis 5 Rtlr. für jedes Kind und für jeden Kontraventionsfall bestraft.

§ 10

Soweit das Regulativ vom 9. März 1839 in Vorstehendem nicht abgeändert worden, bleibt dasselbe in Kraft.

§ 11

Die Ausführung dieser Bestimmungen soll, wo sich dazu ein Bedürfnis ergibt, durch Fabrikeninspektoren als Organe der Staatsbehörden beaufsichtigt werden.
Diesen Inspektoren kommen, soweit es sich um Ausführung der Vorschriften dieses Gesetzes und des Regulativs vom 9. März 1839 handelt, alle amtlichen Befugnisse der Ortspolizeibehörden zu.
In welcher Weise sie eine stehende örtliche Aufsicht zu bilden, dieselbe zu unterstützten und zu leiten und mit der vorgesetzten Behörde einen fortgehenden Verkehr zu erhalten haben, werden die Minister für Handel, Gewerbe und öffentliche Arbeiten, der Unterrichtsangelegenheiten und des Innern bestimmen.
Die Besitzer gewerblicher Anstalten sind verpflichtet, die

die auf Grund dieses Gesetzes auszuführenden amtlichen Revisionen derselben zu jeder Zeit, namentlich auch in der Nacht, zu gestalten.

§ 12

Die im § 11 erwähnten Departementschefs sind mit der Ausführung des Gesetzes beauftragt.

IV. Noch einmal Legrand

Anfang des Jahres 1853 lag den preußischen Kammern der Ministerialentwurf zur Beratung und Beschlußfassung vor, und an dieser Stelle wird es wegen des zeitlichen Zusammenhangs erforderlich, auf die von Legrand veranlaßte internationale Kontaktaufnahme zurückzukommen. Die Entwicklung verlief hier anders, als die englischen Parlamentarier im Jahre 1851 mit Bunsen vereinbart hatten.

Legrand, der von Berlin offenbar keinen Hinweis auf die Unterbrechung der angebahnten Verhandlungen erhalten hatte, übersandte im September 1852 dem französischen Präsidenten einen neuen Entwurf eines zwischenstaatlichen Abkommens, von dem er wenig später auch Bunsen eine für den preußischen König bestimmte Ausfertigung zuleitete. (1)

Dieser Schritt veränderte die Situation. Es liegt auf der Hand, daß dadurch das Verhandlungsprogramm der englischen Parlamentarier ungewollt durchkreuzt wurde. Denn Frankreich konnte über eine private Eingabe, die sich für ein internationales Abkommen aussprach, freier entscheiden als über den offiziellen Antrag der britischen und preußischen Regierung.

Die Berliner Regierung war der Meinung, daß bei dieser Sachlage nur noch geklärt werden könnte, wie sich der französische Präsident zu den Vorstellungen des elsässischen Fabrikanten verstehe; und eine solche Anfrage wurde Anfang Februar 1853 an Paris gerichtet. (2)

Als Legrand im selben Monat sich mit einer neuen Eingabe an Berlin wandte, (3) antwortete von der Heydt aufgrund einer Entscheidung des Königs, daß Preußen die ihm angetragene Initiative bei den Verhandlungen nicht ergreifen könne; es müsse vielmehr seine Aufgabe zunächst darin sehen, im eigenen Land die geeigneten Maßnahmen zum Schutz der Arbeiter zu treffen. (4)

---

1) "Projet d'une loi ..." v. 6. Okt. 1852, A.M. 41, S. 12 ff., 26 ff.; vgl. dazu auch Rothfels, VSG Bd. 16, 1922, S. 83.
2) A.M. 41, S. 48 (4. Febr. 1853).
3) Am 12. Febr. 1853.
4) A.M. 32, S. 100. Zur Information fügte der Handelsminister ein Exemplar des gerade den Kammern überwiesenen neuen Fabrikgesetzes bei.

Ein weiterer Vorstoß Legrands, von ihm aus Anlaß der im Juni 1853 in Berlin stattfindenden Zollkonferenz unternommen, mit der Anregung, ein Arbeitsrechtsabkommen mit den Staaten des Zollvereins zu schließen, (5) führte ebenfalls nicht weiter; ein internationaler Arbeitsschutz ließ sich sinnvollerweise nur gemeinsam mit den großen Industrienationen organisieren. (6)

Somit hing nun aber alles von Paris ab, das jedoch zunächst, wie es scheint, ausweichend taktierte. Am 12. April 1853 teilte das französische Außenministerium mit, daß der Entwurf Legrands sich nicht habe finden lassen, wohl aber ein ähnlicher Vorschlag des Königs von Sachsen. (7)

Es verging dann noch ein weiteres Jahr, bis die - mittlerweile kaiserliche - Regierung Frankreichs in einer Verbalnote vom 9. März 1854 ihren Standpunkt im einzelnen dargelegt hat. (8)

Die Antwort war an sich positiv abgefaßt. Sie könne, so erklärte die Regierung, in Hinblick auf die in den europäischen Staaten unterschiedliche Gesetzgebung über das gewerbliche Eigentum und die innere Ordnung der Fabriken sowie die sich daraus ergebenden Nachteile die Vorschläge Legrands nur begrüßen und werde das preußische Kabinett voll unterstützen, falls es einen Vertrag über diesen Fragenkreis abzuschließen wünsche. Als Gegenstände für ein solches Abkommen kämen der Jugendarbeitsschutz, dann Arbeitszeitregelungen für Erwachsene, das Recht der Fabrikmarken sowie Fabrikzeichen und ähnliches in Betracht.

Paris schenkte somit der Frage einer Vereinheitlichung des europäischen Arbeitsrechts durchaus Beachtung, dies jedoch nur als Teilstück einer umfassenden internationalen Industrieordnung, das heißt in der Verknüpfung der arbeitsrechtlichen Materie mit Fragen des Patent- und Musterrechts.

Einer Einigung mit Preußen konnte diese Sachbehandlung allerdings nicht dienlich sein. Preußen besaß ein von den französischen Regelungen wesentlich unterschiedenes System des gewerblichen Eigentums, wobei insbesondere Marken- und Fabrikzeichen, auf die Paris vor allem Wert legte, in Preußen nicht gesetzlich geschützt waren, (9) von einem Sonderrecht im Ber-

---

5) "Projet d'une loi ..." v. 8. März 1853, bei Weiss, 1926, S. 252; vgl. Anton, 1891, S. 161; Bauer, VSG Bd. 1, 1903, S. 99.
6) Berlin antwortete Legrand, daß zunächst abgewartet werden müsse, wie sich das - mittlerweile in Kraft getretene - preußische Fabrikgesetz vom 16. März 1853 in der Praxis bewähre.
7) A.M. 41, S. 33.
8) A.M. 41, S. 42.
9) In Patentsachen galt in Preußen ein Prüfungsverfahren, dagegen in Frankreich ein Anmeldeungssystem, vgl. Kohler, Josef, Deutsches Patentrecht, Mannheim u. Straßburg 1878,

gischen Land einmal abgesehen.

Berlin hatte sich in den vorangegangenen Jahrzehnten auch energisch dagegen gewehrt, insoweit eine Änderung herbeizuführen. Daher dürfte die französische Regierung wohl auch jetzt kaum erwartet haben, daß Berlin sein für ein wirtschaftlich unterentwickeltes Land bedeutsames Rechtssystem ohne weiteres aufopfern würde. Wenn Paris trotzdem die Frage des Arbeitsschutzes mit anderen Problemen verbunden hat, so drängt sich die Schlußfolgerung auf, daß Frankreich eben doch nicht ernsthaft an einem internationalen Abkommen interessiert gewesen ist. (10)

Diese Einstellung könnte man mit dem traditionell großen Einfluß der französischen Fabrikantenschaft erklären, womit der Engländer Palmerston ja schon gerechnet hatte. Andererseits ist aber auch zu berücksichtigen, daß das vorgeschlagene Arbeitsrechtsabkommen gerade Frankreichs vergleichsweise am meisten belasten mußte. In der industriellen Entwicklung war England weit überlegen, so daß seine Fabriken gesetzliche Beschränkungen wesentlich leichter tragen konnten als die Preußens und Frankreichs. Preußen wiederum besaß den Vorteil seines leistungsfähigen Volksschulwesens, welches in den anderen Staaten erst aufzubauen war. So gesehen wäre Frankreich die Zustimmung zu Legrands Plan auch am schwersten gefallen.

Daher bestand aber in Wahrheit auch keine Chance mehr, in der Frage der zwischenstaatlichen Vereinbarung noch voranzukommen. Der preußische Außenminister, der die wirtschaftlichen Auswirkungen des französischen Vorschlags offenbar nicht übersehen hat, schlug zwar in einer an den Handelsminister gerichteten Stellungnahme noch vor, eine Sachverständigenkonferenz in Paris vorzubereiten. (11) Aber bereits diesen vorbereitenden Schritt lehnte von der Heydt kategorisch ab. (12) Da Frankreich, so führte der Minister aus, Verhandlungen nur aufnehmen wolle, wenn dabei auch die Fabrikzeichen und verwandte Gebiete

---

S. 30 f. sowie neuestens Krasser, Rudolf, Die Entwicklung der Ordnung des Wettbewerbsrechts in der französischen und deutschen Rechtsprechung des 19. Jahrhunderts, in: Wissenschaft und Kodifikation des Privatrechts im 19. Jahrhundert; Frankfurt a.M. 1979, S. 145 ff. (Studien zur Rechtswissenschaft des 19. Jahrhunderts, Bd. 4); sowie Treue, Wilhelm, Die Entwicklung des Patentwesens im 19. Jahrhundert in Preußen und im Deutschen Reich, aaO S. 163 ff.; ferner Wadle, Elmar, Fabrikzeichenrecht und Markenrecht, Berlin 1977 (Schriften zur Rechtsgeschichte, Heft 14), S. 84 ff., 160 ff.

10) Vgl. aber auch Rothfels, aaO S. 80, der Preußen für das Scheitern der Konferenz verantwortlich machen wollte.

11) A.M. 41, S. 44; Rothfels, aaO S. 86.

12) V.v. 28. Juni 1854, A.M. 41, S. 53; Text bei Rothfels, aaO S. 87.

beraten würden, könne Preußen sich hierauf "aus leicht erkennbaren erheblichen Gründen" nicht einlassen.

Damit war Legrands Plan endgültig gescheitert. Legrand versuchte freilich, mit einer Veröffentlichung seines Entwurfs anläßlich der Pariser Weltausstellung vom Jahre 1853 (13) und in persönlichen Gesprächen mit Diplomaten sowie in einer Audienz beim König von Preußen noch einen Meinungsumschwung herbeizuführen, aber unter den gegebenen Umständen blieben diese Bemühungen ohne Erfolg. (14)

V. Das Preußische Fabrikgesetz vom 16. Mai 1853

1. Ein Votum Harkorts

Der dem Abgeordnetenhaus im Februar 1853 zugegangene Gesetzentwurf zur Novellierung des Regulativs wurde zunächst dem zuständigen parlamentarischen Ausschuß, der vereinigten Kommission für Handel und Gewerbe und für das Unterrichtswesen, zur Vorberatung überwiesen. Diesem Gremium lag außer der Novelle und den Motiven eine weitausholende Stellungnahme des westfälischen Unternehmers Harkort vor, in der dieser die Situation der Industrie und die Lage der Arbeiter näher beleuchtet hat. Diese Untersuchung ist besonders bemerkenswert, weil Harkort den Jugendarbeitsschutz in dem größeren Bezugsrahmen der Fabrikproblematik erörterte und dazu vor allem statistisches Material mit verwendet hat. (1)

Harkort vertrat hier, wie in seinen früheren Veröffentlichungen schon, die gemäßigt-liberale Richtung. Er betonte den gesellschaftlichen Nutzen der Industrie und bezeichnete die weitverbreitete Ansicht, daß in den Fabrikorten Armut und Not herrschen würden, als schlechthin unzutreffend. Gleichwohl unterstrich Harkort aber auch, daß der Gesetzgeber regelnd in die Arbeitsverhältnisse eingreifen müsse, weil der Arbeiter sich gegen die nur zu leicht Mißbräuche ermöglichende Abhängigkeit vom Kapital allein nicht wehren könne. Mit Blick auf die Revo-

13) "Appel respectieux" v. 25. Apr. 1855, mit "Projet d'une loi ..." (in § 2 der Zwölfstundentag ab dem 13. Jahr); vgl. Bauer, VSG Bd. 1, 1903, S. 100. Soweit ersichtlich, hat Legrand insgesamt die folgenden Vertragsentwürfe ausgearbeitet:
1. Entwurf v. 26. Sept. 1844; 2. Entwurf v. 24. Dez. 1847;
3. Entwurf v. 31. Dez. 1847; 4. Entwurf Okt./Nov. 1850;
5. Entwurf v. 28. Dez. 1850; 6. Entwurf v. 6. Okt. 1852;
7. Entwurf v. 8. März 1853; 8. Entwurf v. 25. Apr. 1855;
Die Entwürfe 1, 2, 3 u. 7 gedruckt bei Weiss, 1926, S. 250 ff.

14) Vgl. Bauer, aaO S. 102 (Legrand ist am 10. Mai 1859 verstorben.)

1) GA. Pr. 2, S. 35 und 51, Anlagen 2 und 3.

lution vom Jahre 1848, deren Ursachen nach Harkorts Auffassung weniger verfassungspolitischer als sozialer Natur gewesen seien, stellte sich die unabweisliche Aufgabe, den einzelnen unter weitgehender Schonung seiner Freiheit "durch das Band der Assoziation mit dem Ganzen zu verknüpfen".

An Maßnahme, deren Verwirklichung der Staat zugunsten der Industriearbeiter gewährleisten sollte, empfahl Harkort: den Maximalarbeitstag als Gesundheitsschutz nicht nur für die Kinder, sondern auch für die Erwachsenen; die Schaffung von Besitz aller Art als Gegengewicht gegen die Macht des Kapitals; ferner die Zwangsmitgliedschaft in Kranken- und Altersversicherungen unter Arbeitgeberbeteiligung; die Gründung von Konsumgenossenschaften, um die Ausbeutung durch den Kleinhandel zu verhindern und schließlich eine verbesserte Volksbildung.

In diesem Zusammenhang äußerte Harkort sich auch zu der Frage der Fabrikarbeit der Kinder. Um die Arbeiterbevölkerung zu einer langfristig planenden, sparsamen Lebensführung zu ertüchtigen, forderte Harkort einen energischen Ausbau des Schulwesens und speziell für die Fabrikkinder einen Unterricht, dessen Umfang noch über das hinausging, was in dem Entwurf dafür vorgesehen war. Harkort befürwortete das Arbeitsverbot grundsätzlich bis zum 12. Lebensjahr, beantragte aber daneben noch ein zweites Verbot bis zum 14. Jahr für alle die Fabriken, mit deren Betrieb diese Altersgrenze zu vereinbaren sei, damit nach der Beendigung der Schulzeit soweit möglich auch der Konfirmandenunterricht gesichert sei.

Da jedoch auch mit dem 14. Lebensjahr noch nicht der Eintritt in das Erwachsenenleben verbunden sei, sollte nach Harkorts Meinung ein Fortbildungsunterricht nachfolgen, um die Jugendlichen vor einer von der Arbeitswelt begünstigten Rohheit und Sittenverderbnis zu schützen und um andererseits die frühe Selbständigkeit und geistige Beweglichkeit der Arbeiterjugend für ihre persönliche Entwicklung zu nutzen. Diese weiterführende Schule dachte Harkort sich für die Jungen als einen Gewerbe- und für die Mädchen als Haushaltsunterricht.

Im übrigen begrüßte Harkort die im Entwurf vorgesehene Einführung der Fabrikinspektoren und die Ausdehnung des Regulativs auch auf die kleinen Werkstätten.

Für die anstehende Beratung der Novelle war nun vor allem wichtig, daß Harkort den Standpunkt der Motive in wesentlichen Punkten auch mit statistischem Material erhärten konnte. Zu den bei Vorlage des Gesetzentwurfs noch nicht hinreichend gesicherten Thesen zählte einmal die in den Regierungsberichten öfter geäußerte Behauptung, daß ein Arbeitsverbot für die noch nicht 12jährigen Kinder die Fabriken kaum beeinträchtigen würde. Harkort hatte hierzu die Nachrichten des Statistischen Bureaus vom Jahre 1849 ausgewertet und dabei festgestellt, daß der Zeitpunkt, mit dem die Kinder eine Fabrikarbeit aufnahmen, zumeist mit dem Schulabschluß zusammenfiel.

In 25 von Harkort namentlich genannten Fabrikarten, in denen von den Anforderungen her gesehen jüngere Kinder kaum Verwendung finden konnten, waren insgesamt nur 1.789 Kinder im Alter unter 14 Jahren beschäftigt und 91.727 Arbeiter, die älter waren. (2) Der Anteil der ersten Gruppe betrug somit nur 2%.

Bei diesen Fabrikzweigen erschien ein Arbeitsverbot bis zum 14. Lebensjahr, wie Harkort es vorschlug, als ohne weiteres zumutbar.

In 23 weiteren Fabrikarten waren 30.228 Kinder, die noch nicht 14 Jahre alt waren, und 282.965 über 14 Jahre alte Beschäftigte gezählt worden.

Nur in dieser zweiten Gruppe von Fabriken, in denen Harkort die Arbeit an sich für nicht anstrengend und die Kinder zwischen 12 und 14 Jahren auch für unentbehrlich hielt, (3) sollte die Altersgrenze des Entwurfs bestehen bleiben.

Beiläufig bestätigte diese Aufstellung auch, daß das geplante Gesetz die Fabrikindustrie, in der die große Masse der Arbeitskinder tätig war, nicht wesentlich beeinträchtigen würde; denn es waren noch nicht einmal 10 % der Beschäftigten, die die preußische Industriestatistik gezählt hatte, Kinder im Alter von noch nicht 14 Jahren. Die Kinderarbeit hielt sich überhaupt noch in Grenzen:
Bei einer Gesamtzahl von 2,5 Millionen Kindern im Alter von 8 bis 14 Jahren(4) waren in Preußen zirka 32.000 Fabrikkinder ermittelt worden, die noch nicht 14 Jahre alt waren. Davon waren nur etwa 8.000 unter 12 Jahre alt und 24.000 im Alter von 12 bis 14 Jahren.

Die Konkurrenzfähigkeit der deutschen Industrie, das ließ sich ebenfalls schon absehen, konnte auch nicht ernstlich darunter leiden, wenn die Verschärfung des Arbeitsschutzes gewisse Lohnerhöhungen nach sich ziehen würde. Den statistischen Angaben war eindeutig zu entnehmen, daß die preußische Industrie, selbst wenn sie nur noch über 14 Jahre alte Jugendliche beschäftigen würde, noch immer erheblich geringere Lohnkosten aufzubringen hätte als die englischen Fabriken mit ihren zum Teil jüngeren Arbeitskindern, weil der Durchschnittslohn in Deutschland wesentlich unter dem britischen lag. Nach Harkort verdiente ein 11 jähriges Kind in Glasgow an einem halben Tag mehr als ein schlesischer Weber, der von morgens bis abends arbeitete, und

---

2) Zu dieser Fabrikgruppe zählten u.a. die Bleichereien, Färbereien, Hüttenwerke, Maschinen-, Papier-, Leder- und Porzellanfabriken; vgl. die Fabrikenübersicht in den Vorbemerkungen, S. 46.
3) Dazu gehörten z.B. die Fabriken für Bänder und Knöpfe, Druckereien, Garn-, Baumwollwaren-, Nadel- und chemische Fabriken, Tabakfabriken und Glashütten; vgl. dazu die Vorbemerkungen, S. 47.
4) 700.000 Kinder waren 15 und 16 Jahre alt.

ähnliches ließ sich auch von den Fabriklöhnen der englischen Kinder sagen.

Der Augenblick, auch hierin bestätigte Harkorts Gutachten die Motive, war für eine Erweiterung des Arbeitsschutzes ausgesprochen günstig. (5) Da sich die preußische Industrie in der Zukunft ausdehnen würde, mußte die Verwendung der Fabrikkinder aller Voraussicht nach zunehmen. Deswegen mußte eine Revision des Regulativs, auf später verschoben, in der Tat sehr viel größere Opfer und Schierigkeiten mit sich bringen. In England war nur ein Viertel der Einwohner in der Landwirtschaft tätig, während in Preußen noch die halbe Bevölkerung Ackerbau betrieb, 500.000 Menschen in den Fabriken und in der Hausindustrie arbeiteten und 4 Millionen anderen Gewerben nachgingen. (6)

2. Die Haltung der Parlamentskommission

Bereits in den Sitzungen der vereinigten Kommission zeichnete sich indessen ab, daß die Novelle im Parlament keine einhellige Unterstützung finden würde. (1) Der Parlamentsausschuß hörte als Sachverständige die Fabrikanten Degenkolb aus Eilenburg und Carl aus Luckenwalde, und beide nahmen entschieden gegen den Entwurf Stellung.

Nun lag diese Reaktion in der Natur der Sache. Auch wenn das neue Fabrikgesetz, wie gezeigt, der Industrie Preußens in ihrer Gesamtheit nur geringe Beeinträchtigungen zumutete, so konnte es in bestimmten Beziehungen gleichwohl die Interessen der klassischen Befürworter der Kinderarbeit, der Fabrikanten, Eltern und Armenverwaltung, spürbar treffen.

Vor allem die Armenbehörden mußten mit erheblichen Mehraufwendungen rechnen. Das Gesetz bewirkte schon mit der zeitlichen Beschränkung der Kinderarbeit einen Lohnausfall und brachte überdies noch die Risiken mit sich, daß manche Fabrikanten aus betrieblichen Gründen den Kindern kündigen und daß auch manche Eltern ihre Kinder zu Hause behalten würden, falls sich der Lohn nach der Kürzung der Arbeitszeit zu sehr verringerte. Die Unterstützungsbedürftigkeit der Armenfamilien mußte dadurch zunehmen. Anwachsen mußten zudem auch die Ausgaben für den Schulbesuch der Kinder, weil das Gesetz den Volksschulunterricht für die Fabrikkinder erweiterte. Auch insoweit hatte die

5) Unter dem Einfluß des Regulativs von 1839, der Wirtschaftskrise und auch wegen der zunehmenden Verwendung verbesserter Maschinen war in Preußen die Zahl der noch nicht 14jährigen Fabrikkinder bis 185o zurückgegangen.
6) Vgl. auch Teuteberg, 1961, S. 77 f.

1) Vgl. GA Pr. 2, S. 1 ff.

Armenpflege die neuen Lasten zu tragen.

Ferner lag auf der Hand, daß zwar nicht die Industrie im ganzen, wohl aber einzelne Unternehmen bei Inkrafttreten des Gesetzes unter Umständen stark benachteiligt würden. Da das Beschäftigungsverbot für die jüngeren Kinder wie auch die Einschränkung der Stundenzahl den Fabrikanten einen Teil der potentiellen Arbeitskräfte entziehen würde, mochte es je nach den örtlichen Verhältnissen schwer fallen, genügend Ersatz unter den noch nicht arbeitenden älteren Kindern zu finden. Diese Kinder würden von vornherein schon einen höheren Lohn als die jüngeren erhalten müssen und dann auch noch deswegen, weil das Angebot an Fabrikkindern kleiner werden mußte. Und Schwierigkeiten konnten schließlich auch noch dadurch entstehen - das galt vor allem für die Textildruckereien -, daß die Verkürzung der Arbeitszeit betriebliche Umorganisationen erforderlich machen würden.

Erklären nun diese mit Sicherheit zu erwartenden Nachteile allein schon die Versuche der zwei Sachverständigen, den Entwurf weniger einschneidend zu gestalten, so kam außerdem noch hinzu, daß die der Novelle zugrunde liegende Überzeugung von den schädlichen Auswirkungen der Fabriken von beiden Sachverständigen nicht anerkannt und wohl auch von den technischen Mitgliedern der Kommission in ihrer Mehrzahl nicht geteilt wurde.

Doch brauchen diese Meinungsverschiedenheiten hier nicht im einzelnen ausgebreitet zu werden, weil sie in der Debatte der zweiten Kammer noch ausführlich erörtert wurden. An dieser Stelle genügt es festzuhalten, daß nach Anhörung der Einwände ein Teil der Kommission unter gewissen Voraussetzungen in den Fragen des Arbeitsverbots bis zum 12. Jahr zu einer Abschwächung des Gesetzentwurfs bereit war, daß die Kompromißvorschläge aber scheiterten, weil die bei der Kommissionsberatung anwesenden Vertreter des Handelsministeriums sich beharrlich gegen jede Änderung des Entwurfs ausgesprochen haben. Angesichts dieser starren Abwehrfront stimmte die überwiegende Mehrheit der Kommission schließlich doch dem Entwurf in der vorliegenden Fassung zu und verwies alle Gegenvorstellungen auf die Aussprache im Plenum.

3. Die Beratungen des Fabrikgesetzes im Abgeordnetenhaus

Der zweiten Kammer, die sich in den Sitzungen vom 9. und 10. Mai 1853 mit der Regierungsvorlage befaßte, (1) lagen dazu mehrere Änderungsanträge vor.

Der Abgeordnete Degenkolb, einer der beiden von der Kommission

1) GA Pr. 3, S. 1452 ff.

gehörten Sachverständigen, trug darauf an, dem Entwurf insgesamt die Zustimmung zu verweigern oder jedenfalls § 1 zu streichen - mit anderen Worten: die Heraufsetzung des Mindestalters vom 9. auf das 12. Lebensjahr abzulehnen - oder aber, so Degenkolbs zweiter Hilfsantrag, die Arbeitserlaubnis ab dem 10. Lebensjahr zuzulassen und gleichzeitig in § 4 unter Streichung des zweiten Absatzes die tägliche Arbeitszeit von 7 auf 6 Stunden herabzusetzen. Außerdem schlug der Fabrikant noch vor, die Kontrolle über das Fabrikgesetz nicht nur bei nachgewiesenem Bedürfnis, sondern immer den Fabrikinspektoren zu übertragen.

Der Kölner Pfarrer Thissen brachte den Antrag ein, die Sonntagsschulen für Fabrikkinder unter 14 Jahren für unzulässig zu erklären, (2) und der Abgeordnete von Kleist-Retzow endlich regte an, in § 4 eine weitere Ermächtigung zur Verlängerung der örtlichen Arbeitszeit von 7 auf 8 Stunden aufzunehmen.

Die beiden letzten Antragsteller wollten ersichtlich das Fabrikgesetz im Interesse örtlicher Besonderheiten verändern, während der Abgeordnete Degenkolb gegen den Entwurf selbst sich wandte, wobei zu diesem Zeitpunkt schwer abzuschätzen war, inwieweit Degenkolb mit einem Erfolg rechnen konnte. Aufgrund der Stabilisierung der politischen Verhältnisse ging die breite Unterstützung, die die sozialen Forderungen nach der Revolution gefunden hatten, (3) nunmehr doch schon wieder deutlich zurück; (4) die Reaktion des Parlaments war mithin offen.

Als erster Redner des Abgeordnetenhauses trat der den Entwurf strikt ablehnende Abgeordnete Degenkolb auf, der ähnlich wie schon vor der Gesetzeskommission auch jetzt wieder in Zweifel zog, daß die Regierung die Tragweite des zur Beratung stehenden Gesetzes gebührend erwogen und über die Lebensverhältnisse, die geordnet werden sollten, in hinreichender Weise Nachforschungen

---

2) Im Verlauf der Debatte zog Thissen diesen Antrag wieder zurück.

3) Vgl. dazu noch Hansen, Bd. 1, 1906, S. 627 u. Bd. 2, 1906, S. 487: Der rheinische Liberale Mevissen führte in einem für das preußische Ministerium bestimmten Votum vom April 1850 aus, die allgemeine Gleichheit in Bezug auf die Person und das Eigentum sei die Losung der Zeit, und die Verhältnisse müßten nach und nach mit Rücksicht auf diese Forderung umgestaltet werden, damit der Staat und die gegenwärtige Geisteskultur nicht in einer Revolution zerstört würden. Die wesentlichen und auch berechtigten Zwecke der Massen müßten in der Monarchie ihre Befriedigung finden können.

4) Im Jahre 1852 notierte Radowitz, es sei ein bedenkliches Zeichen, daß man dem Streit um politische Formen "den hundertfachen Wert beimesse im Vergleich zu den Riesenfragen über den Pauperismus, das Proletariat, die Solidarität des Unglücks, das Verhältnis des Kapitals und der Arbeit". Der Staat müsse diese Aufgabe lösen, bevor er hilflos einer Anarchie gegenüberstehe (v. Radowitz, 1853, S. 264 ff.).

angestellt habe. Degenkolb bezeichnete den Entwurf sowohl für die Industrie als auch für die Eltern der Fabrikkinder und für diese selbst als gleichermaßen schädlich.

Die Beeinträchtigung der Fabriken näher darzulegen, versagte sich Degenkolb allerdings, indem er seinen Standpunkt nur mit vermeintlichen Nachteilen der Eltern und der Fabrikkinder zu begründen suchte. Hinsichtlich der ersteren gab Degenkolb zu bedenken, daß das Gesetz bei einer Heraufsetzung des Arbeitsverbots bis zum 12. Jahr sowie der Verkürzung des Arbeitstages etwa 1,2 Millionen Taler Verdienstausfall verursachen werde, weil als Folge der Gesetzesreform drei Viertel der 32.000 preußischen Fabrikkinder von der Arbeit ausgeschlossen würden.

Für diese Rechnung ging der Unternehmer davon aus, daß die meisten 12- bis 14jährigen bei einer nur 7stündigen Arbeitszeit keine Beschäftigung mehr erhalten oder daran selbst kein Interesse mehr haben würden. Da weiter ein erwachsener Arbeiter bei einem wöchentlichen Durchschnittslohn von 2 bis 2 1/4 Talern nur ein oder zwei Kinder unterhalten könne, würden Tausende der kinderreichen Eltern, die auf den bisher möglichen Mitverdienst der Kinder angewiesen seien und erst recht die Familien, in denen der Ernährer überhaupt fehle, ernstlich in ihrer Existenz betroffen. Die Fabrikarbeit der Kinder in dem vorgeschlagenen Umfang zu untersagen sei mithin eine nicht zu verantwortende Härte, ja eine Grausamkeit für die kinderreichen Familien. Dazu aber habe der Staat keine Befugnis oder doch zumindest nicht insoweit, als das Gesetz alle Fabrikarbeiten bis zum 12. Lebensjahr schlechthin verbiete, obwohl es genügend leichte, auch für Kinder unbedenkliche Arbeiten gebe. Diese zu ermitteln, habe die Regierung unterlassen.

Nach Degenkolbs Ansicht, das zeigen diese Ausführungen in aller Deutlichkeit, war ein das Einkommen der Armenfamilien beschneidender Arbeitsschutz unter den gegebenen Umständen nur aus medizinal-polizeilichen Gründen gerechtfertigt, woraus Degenkolb dann die Forderung ableitete, daß die Regierung verpflichtet sei, zunächst die schädlichen Auswirkungen der Arbeit bei jeder Betriebsart gesondert nachzuweisen.

Warum Degenkolb den Gesichtspunkt der Volksbildung, der dem Gesetzentwurf doch in erster Linie zugrunde lag, gänzlich übergangen hatte, läßt sich dem zweiten Teil der Rede entnehmen, in dem sich der Abgeordnete mit den mutmaßlichen Wirkungen des Gesetzes auf die Fabrikkinder auseinandergesetzt hat.

Hier brachte Degenkolb nun vor allem die Argumentation vor, mit der man die Fabrikarbeit bis in die 30er Jahre überwiegend zu rechtfertigen pflegte, nämlich daß die Erwerbstätigkeit in der Fabrik als ein geeignetes Mittel nicht nur für die normale Erziehung, sondern vor allem auch für eine Verhinderung der Jugendverwahrlosung anzusehen sei.

Die Novelle charakterisierte Degenkolb demgemäß als erziehungsfeindlich. Indem das Gesetz, so führte der Abgeordnete aus, einem Großteil der Kinder die Fabrikarbeit verbiete, werde es notwendig die Masse der anderen unbeaufsichtigten Kinder vermehren. Die ordentlichen Eltern würden sich zwar auch dann noch bemühen, ihre Kinder an Fleiß und Ordnung zu gewöhnen, die Kinder aber müßten zu ihrem Schaden die leichte Beschäftigung in der Fabrik mit den unregelmäßigen und viel anstrengenderen Tätigkeiten außerhalb der Fabrik vertauschen. Auch würden die Eltern ihre Kinder nur noch unter großen Opfern zur Schule schicken können. Die weniger ordentlichen Eltern jedoch würden, weil ihnen das Schulgeld aufzubringen zu schwer falle, ihre Kinder in der Folge ganz vom Unterricht fernhalten. Und diese Kinder würden dann ihren müßigen Tag nur mit Holzsuchen, Betteln und Herumlungern zubringen und so, anstatt an regelmäßige Tätigkeit gewöhnt zu werden, zu arbeitsscheuen Bummlern heranwachsen.

Der Regierungsentwurf, darin gipfelte Degenkolb Kritik, kräftige somit auf Kosten der Sittlichkeit das Tierische im Menschen.

Niemand aber, weder der einzelne noch der Staat, so legte Degenkolb weiter dar, werde einen Gewinn aus der geplanten Gesetzesreform ziehen, denn die Gefahren, gegen die der Entwurf sich wenden wolle, seien in Wahrheit gar nicht gegeben. Hätte die Staatsregierung sich nur richtig informiert, dann hätte sie feststellen müssen, daß die Fabrikkinder in ihrer körperlichen Verfassung gegenüber den anderen Kindern dieser Bevölkerungsschichten nicht zurückstünden, in der Schulbildung jene aber weit überträfen. Aus begreiflichen Gründen: beständige Aufsicht in der Fabrik; gesicherter Schulbesuch; luftigere, gesündere Räume als zu Hause und Gewöhnung an regelmäßige Arbeit.

Zu diesem optimistischen Urteil über die Fabrikwelt konnten die Motive, die zu dem Gesetzentwurf geführt hatten, natürlich nicht passen; Degenkolb warf denn auch den Regierungsberichten und der Gesetzesbegründung eine einseitige Sicht der Dinge vor und rügte, daß die Meinungen der Ortsbehörden, Ortsgeistlichen und Armenverwaltungen nicht eingeholt worden seien. Wäre das geschehen, so behauptete Degenkolb, dann wäre der Entwurf ganz gewiß anders ausgefallen.

England habe sich mit dem Problem eines Arbeitsschutzes seit über einem halben Jahrhundert befaßt, dort aber sei die Fabrikbeschäftigung regelmäßig schon ab dem 8. Lebensjahr erlaubt, bei leichter Arbeit sogar in noch jüngerem Alter, und dies, obgleich der Durchschnittslohn in England höher liege als in Deutschland und daher auch die Notwendigkeit geringer sei, die Arbeitskraft der Kinder für ihren Unterhalt mitzubenutzen. Den Unterschied jedoch, der es gleichwohl rechtfertigen solle, für ein Beschäftigungsverbot über die englische Norm hinauszugehen, habe die Staatsregierung nicht nachgewiesen.

Auch mit statistischen Angaben suchte Degenkolb seine Auffassung zu untermauern, so mit einer Kriminalitätsstatistik, aus der hervorging, daß die Zahl der von Frauen begangenen Verbrechen und die der unehelichen Geburten in dem industriearmen Irland verhältnismäßig größer waren als die in England. Ferner verlas der Abgeordnete ein Gutachten der Lütticher Handelskammer, in dem die Überzeugung vertreten wurde, die traurige Lage der Fabrikkinder in Belgien sei auf deren ärmliche Lebensumstände und nicht auf die frühe berufliche Anstrengung zurückzuführen.

Diese Deutung schien Degenkolb zutreffend. Wohl sei es leichter, zitierte er die Handelskammer, das Übel in den Fabriken zu suchen, weil damit die Hoffnung auf ein einfaches Gegenmittel verbunden sei. Dieser Irrtum und die darauf fußende Beschräkung der Fabrikarbeit bringe aber den Armenfamilien und ihren Kindern nur neues und vermehrtes Elend.

Der für den Gesetzentwurf verantwortliche Handelsminister von der Heydt trat Degenkolb zunächst mit der Feststellung entgegen, daß große Industrielle, Gewerbeorgane und Wohltätigkeitsvereine erhebliche Kritik am Regulativ vom Jahre 1839 geübt hätten und daß dem Entwurf sehr gründliche Untersuchungen vorangegangen seien.

Der Minister führte dazu aus, daß neben den Bezirksregierungen 36 Handelskammern und andere Gremien des Gewerbestandes gehört worden seien, daß 31 von diesen Organisationen das 12. Lebensjahr als Erfordernis der Arbeitsaufnahme gutgeheißen hätten, daß eine Handelskammer für das 11. Jahr eingetreten sei, 2 für das 10. Jahr und nur 2 Handelskammern, die von Köln und Aachen, die Regelung des Regulativs hätten beibehalten wollen, dabei die Handelskammer Aachen in Widerspruch zum dortigen Gewerberat und auch zur Regierung Aachen und zu den Handelsorganen der benachbarten Industriestädte Eupen, Malmedy und Stolberg sowie zu einigen Aachener Industriellen, die das 12. Jahr ebenfalls gebilligt hätten. Ferner hätten sich im Kölner Bezirk auch mehrere Städte für die vorgeschlagene Altersbeschränkung ausgesprochen, so daß im Endergebnis in der Frage der Jahresgrenze die weit überwiegende Mehrheit der gehörten Organe für den Regierungsvorschlag sich ausgesprochen hätten.

Hinsichtlich der zweiten wesentlichen Änderung des Regulativs, der Verkürzung des Arbeitstages von 10 auf 7 Stunden zugunsten eines 3stündigen Unterrichts für die noch nicht 14 Jahre alten Fabrikkinder wies der Minister darauf hin, daß die große Mehrzahl der Gewerbevertretungen dem Vorschlag der Regierung gefolgt sei. Einige Handelskammern hätten allerdings einen 8stündigen Arbeitstag und 2 Stunden Unterricht für sachgerechter gehalten. Dazu bemerkte der Minister, daß er sich dieser Anregung nicht gänzlich verschließen wolle, er befürworte deswegen den Antrag Kleist-Retzows, der den Anwendungsbereich der Ausnahmegenehmigungen zur Berücksichtigung besonderer Umstände erweitern wollte.

Von der Heydt ließ aber gleichwohl keinen Zweifel darüber aufkommen, welchen Wert er auf die Annahme des Entwurfs in der vorgelegten Fassung legte. Er betonte, daß er gewiß für das Interesse der Industrie einzutreten gedenke, ebenso aber auch für alles, was dazu diene, Sitte und humane Einrichtungen unter den Fabrikarbeitern zu verbreiten. Schon die Verordnung vom 9. Februar 1849 habe mit der Schaffung der Betriebssparkassen nicht nur die Aufgaben verfolgt, die Sparsamkeit unter den Arbeitern zu fördern und Ordnung in ihre wirtschaftlichen Verhältnisse zu bringen. Die neuen Bestimmungen hätten zugleich auch den Unternehmern bewußt machen wollen, daß sie ihre Verpflichtungen aus dem Arbeitsverhältnis mit den Lohnzahlungen nicht erfüllt hätten, daß sie vielmehr schuldig seien, sich um das Schicksal und das Wohl ihrer Arbeiterfamilien zu kümmern. Diesen Fürsorgegedanken wolle das vorliegende Gesetz weiter ausgestalten.

Der Minister unterstrich, daß er für Kinder nichts verderblicher halte, als sie vor dem 12. Lebensjahr in den Fabriken arbeiten zu lassen und damit dem regulären Unterricht und der Aufsicht der Eltern zu entziehen; von den schädlichen Folgen der frühen Arbeit habe er sich als Mitglied einer Musterungskommission des öfteren überzeugen müssen.

An dieser Stelle bedarf es einer ergänzenden Zwischenbemerkung. Der Unterschied der beiden vorgestellten Meinungen wäre nicht angemessen erklärt, wenn man allein auf die oben erwähnten Gesichtspunkte der durch das Gesetz bedingten Kosten und einer die betroffenen Interessen abschirmenden Beurteilung der Kinderarbeit abstellen wollte. Wie in der Debatte nicht zu übersehen war, fehlte es im Parlament aufgrund der geringen Industrialisierung Deutschlands an einer den Abgeordneten in den wesentlichen Punkten gemeinsamen Vorstellung von den Auswirkungen einer Arbeit in der Fabrik, und auch dieser Umstand kam in der Kontroverse unverkennbar zum Tragen.

Es spricht vieles dafür, und darin lag an sich eine gewisse Gefahr für den Entwurf, daß Degenkolbs Ansicht, wonach auch jüngere Kinder in der Industrie einen halben Tag lang mit leichteren Tätigkeiten ohne nennenswerte Schäden beschäftigt werden könnten, sich durchaus vertreten ließ, zumindest aber nicht zu widerlegen war.

Degenkolb gehörte auch nicht zu den verantwortungslosen, den Nöten der Arbeiter sich verschließenden Fabrikanten. Im Gegenteil: Als Abgeordneter der Frankfurter Nationalversammlung war er einer der Verfasser des arbeitsrechtlich bemerkenswerten Minderheitsentwurfs zur Gewerbeordnung, (5) und er hatte auch in der Fürsorge für die in der Fabrikstadt Eilenburg beschäftigten Arbeiter - an den Meßstäben der Zeit gemessen - sich besondere Verdienste erworben.

---

5) Im Auszug zit. bei Schneider-Kuda, 1969, S. 44 ff.;vgl. Teuteberg, 1961, S. 102 ff.; 218 ff.; Volkmann, 1968, S. 53,Anm. 21.

Diese Tatsache betonten in der Folge mehrere Parlamentsabgeordnete, und sie gestand auch der Handelsminister dem Fabrikanten zu. (6) Deshalb wird man Degenkolb - anders als zum Beispiel den Aachener Abgeordneten, die sich seine Argumente später zu eigen machten (7) - nicht von vornherein guten Willen und, da Degenkolb zu den beiden von der Kommission zu Rate gezogenen Sachverständigen gehörte, (8) auch nicht die einschlägigen Erfahrungen absprechen können.

Trotzdem genügte aber dieses Sachwissen ganz offensichtlich nicht, um ein ausgewogenes Urteil über die anstehenden Fragen abgeben zu können. Denn wenn Degenkolb neben den schon dargelegten Einwänden der Staatsregierung unter anderem vorwarf, es sei ihr Verschulden, daß das Regulativ in Berlin nicht eingehalten werde, da man es doch auch in Eilenburg beachte, (9) so läßt diese Bemerkung deutlich erkennen, wie schwierig es für den in einer überschaubaren Gemeinde lebenden Unternehmer war, in die Verhältnisse der Großstädte sich hineinzuversetzen.

Für das Schicksal des Entwurfs dürfte in dieser Situation entscheidend gewesen sein, welche Vorstellungen von den anstehenden Problemen die Abgeordneten der überwiegend agrarischen Provinzen besaßen oder sich bilden würden; denn diese waren zweifellos nicht so gut wie Degenkolb über die Fabriken informiert, dürften andererseits aber durchaus dessen Standpunkt geteilt haben, daß die Kinderarbeit an sich zu befürworten sei.

Soweit diese Abgeordneten sich für den Gesetzentwurf eingesetzt haben, könnte ihre Ansicht der Breslauer Bergrat Steinbeck ausgesprochen haben, der als Vorsitzender der parlamentarischen Unterrichtskommission am zweiten Verhandlungstag aus-

---

6) Um dem naheliegenden Vorwurf der Inhumanität zu entgehen, schilderte Degenkolb (aaO S. 1462) in aller Ausführlichkeit den Inhalt einer 1850 in Eilenburg auf sein Betreiben hin von den dortigen Unternehmern abgeschlossenen gemeinschaftlichen Fabrikordnung. Darin waren u.a. vorgesehen: eine Interessenvertretung der Arbeiter in der Betriebsleitung durch Bildung von Fabrikausschüssen (mit jeweils 3 Mitgliedern, dem Fabrikanten, einem Techniker und einem Handarbeiter, die letzteren gewählt), eine aus Beiträgen der Fabrikanten und der Arbeiter unterhaltene Krankenkasse sowie ein Lebensmittelmagazin für Zeiten der Teuerung und weiter auch eine freiwillige, über die Anforderungen des Regulativs von 1839 hinausgehende Beschränkung der Kinderarbeit. Die Fabrikanten hatten sich insoweit verpflichtet, keine Kinder unter 10 Jahren in die Fabriken aufzunehmen und ihnen bis zur Konfirmation mit 14 Jahren bei maximal 10 Stunden Arbeit täglich zwei Stunden Unterricht in einer Fabrikschule erteilen zu lassen, worüber der Fabrikausschuß zu wachen hatte (vgl. dazu Teuteberg, 1961, S. 218 f.).

7) AaO S. 1463.

8) Auch der andere Sachverständige, der Fabrikant Carl, teilte

führlich zu den Zwecken der Gesetzesrevision Stellung genommen hat. Steinbeck räumte ein, daß Degenkolbs Auffassung zum Teil zutreffe, hielt ihr aber entgegen, daß das Gesetz nicht an den günstigen Fällen, sondern an den nachteiligen Arbeitsverhältnissen und schädlichen Betriebsarten sich orientieren müsse. Es gehe darum, die Entstehung eines Proletariats und der elenden Armenkolonien, die nur Verbrecher erzeugen würden, nicht noch durch eine einseitige Förderung der Industrie zu unterstützten.

Der Gesichtspunkt der Wettbewerbsfähigkeit dürfe nicht länger entscheidend sei. Eine Industrie, die bei Geltung eines verbesserten Arbeitsschutzes im internationalen Konkurrenzkampf nicht bestehen könne, müsse ihre Produktion eben einstellen. Zwar würden viele Fabriken Fleiß und Ordnung unter der Bevölkerung verbreiten, und gewiß würden zahlreiche Unternehmer auch ohne Gesetz danach streben, die in ihren Betrieben beschäftigten Arbeiter menschlich zu behandeln. Aber oft genug seien die Fabriken auch nichts anderes als Arbeitshäuser, nur daß darin nicht geschlagen würde, und oft genug die Unternehmer nur Despoten, die durch das Trucksystem Tausende von Arbeitern zugrunde richten würden.

Hiergegen wende sich das Gesetz. Es gelte, die Jugendlichen zu würdigen Menschen und moralisch einwandfreien und auch wehrfähigen Staatsbürgern heranzubilden, während sie bislang nur zu oft durch eine allzufrühe Arbeit in ihrem Charakter geschädigt würden und die Fähigkeit verlören, zu anderen als den gewohnten Erwerbsverhältnissen überzugehen, um unter Umständen sogar als Bettler zu enden. Zugunsten der Eltern die Mitarbeit der Kinder weiterhin zu gestatten führe allein dazu, daß die Familien zahlreicher würden, die nur durch die schwachen Kräfte der Kinder, auf Kosten ihrer gesunden Entwicklung, sich erhalten könnten.

Der Zustand der schlesischen Weber sei eine Mahnung, die Ursachen zu beseitigen, die einen armseligen Zustand der gewerblichen Bevölkerung hervorrufen könnten. Die mit dem Entwurf verfolgte Absicht gehe dahin, die Aufnahme der Arbeit in der Fabrik erst dann zu erlauben, wenn die Kinder einen Begriff von ihrer Lage als Fabrikarbeiter gewonnen hätten, wenn sie wüßten, daß sie mit Fleiß und Anständigkeit im Leben vorankommen würden und überschauen könnten, in welchen Berufen sie einen ausreichenden Lebensunterhalt sich verdienen würden.

Wenn man diese Äußerungen verallgemeinert, so waren es die traditionellen Bedenken gegen die Fabrikarbeit verbunden auch mit einer starken Erziehungsgläubigkeit, die den Entwurf im

---

Degenkolbs Auffassung, vgl. GA Pr. 3, S. 1461.
9) AaO S. 1453, S. 1461 f.

Abgeordnetenhaus zum guten Teil getragen haben, wobei die Gesetzesrevision ihre Dringlichkeit aus dem Beispiel der schlesischen Hausgewerbetreibenden bezogen hat, von deren Notlage verallgemeindernd auf das Leben der Industriearbeiter geschlossen wurde. (11)

Bei den den Entwurf billigenden Rheinländern stand im Unterschied zu den anderen Befürwortern der Novelle wohl mehr die menschliche Not der Fabrikkinder und deren sittliche Verwahrlosung im Vordergrund. So meldete sich der Kölner Armenpfarrer Thissen zu Wort, um im Namen der Kinder, die sich nicht selbst vor dem Parlament über ihre Lage beklagen könnten, der Regierung für die Gesetzesvorlage zu danken. (12)

Thissen widersprach dabei ausdrücklich der Stellungnahme der Kölner Handelskammer, soweit diese die bestehende Altersgrenze hatte beibehalten wollen. Auch er halte, so führte der Geistliche aus, den Verdienst der Fabrikkinder und auch die Arbeitserziehung für wichtig, und auch er überschätzte den wohltätigen Einfluß der Schule nicht. Das Verbot einer Arbeit vor dem 12. Lebensjahr sei aber gleichwohl erforderlich, weil jede den jüngeren Kindern beschränkt gewährte Arbeitserlaubnis von den Eltern wie von den Fabrikanten durch Übertreibung doch nur mißbraucht werde.

Es komme darauf an, die Kinder aus dem ständigen und dadurch demoralisierenden Zwang zu erlösen, die ganze Woche über von früh bis spät zur Arbeit verpflichtet zu sein und dann trotz der Erschöpfung auch noch den Abendunterricht besuchen zu müssen. Nötig sei, daß die Jugend ausreichend Zeit für Spiel und andere diesem Lebensalter gemäße und die Kinder fördernde Zerstreuung erhalten würden sowie Gelegenheit auch, sich auf die Kommunion vorzubereiten; denn nur durch Hebung der sittlichen Kraft der Kinder könne etwas gegen die Not des Proletariats erreicht werden.

Soweit also die den Entwurf verteidigenden Darlegungen des Handelsministers und der Abgeordneten Steinbeck und Thissen, denen es ersichtlich auch gelang, Degenkolbs Hauptbestreben abzuwehren, die Regierungsnovelle als solche zu Fall zu bringen. Was die grundsätzliche Berechtigung des Entwurfs anlangt, so wurde dagegen ein Widerspruch nicht mehr erhoben.

Noch immer offen war dann jedoch die Frage der durch die Hilfs-

---

11) Degenkolb wandte sich denn auch in einer Entgegnung energisch gegen die Gleichstellung der Fabrik- und der Heimarbeiter (vgl. aaO S. 1461).
12) AaO. S. 146o; mit ähnlichen Ausführungen auch der Abgeordnete aus Geldern, Reichensperger, aaO S. 1467.

anträge angestrebten Abänderung des Entwurfs. Um diese Anträge drehte sich die weitere Diskussion, in der der Abgeordnete von Patow Degenkolbs Ansichten in mehr vermittelnder Form von neuem vortrug, indem er ausführte, daß das Regulativ von 1839 die Arbeitsaufnahme mit dem 9. Jahr sicherlich zu früh gestattet habe, daß aber andererseits doch überprüft werden müsse, ob nicht das 12. Jahr im Entwurf gleichfalls wieder übertrieben sei. Wenn man etwa noch eine Verbotsnorm schaffen würde, die nach einzelnen Beschäftigungsarten differenziere, dann genüge zum Schutz der Kinder vielleicht auch, insoweit auf das 10. oder 11. Jahr abzustellen.

Diese Zwischenlösung empfehle sich, da viele Eltern nun einmal in der traurigen Lage seien, daß sie ihren Lebensunterhalt ohne den Beitrag ihrer Kinder kaum bestreiten könnten, ferner weil das Gesetz möglicherweise auch die Inanspruchnahme der Armenpflege zu sehr vermehre und endlich, weil die Fabrikarbeit die Kinder vor schädlichen Gewohnheiten bewahre, was gerade für die Industriegegenden sehr wichtig sei, weil die nichtarbeitende Jugend dort den ganzen Tag sich selbst überlassen bleibe.

Das Fortbestehen der Fabriken auf Kosten der Menschlichkeit, Gesundheit und Sittlichkeit wolle gewiß niemand. Aber wenn Maß mit der an sich auch für die Kinder vorteilhaften Arbeit gehalten würde, dann dürfe doch auch der aus der Industrie lastende Konkurrenzdruck Berücksichtigung finden.

Andererseits sei es mit den Erfordernissen der Praxis auch nicht vereinbar, daß der Entwurf in § 4 eine 7stündige Arbeitszeit zulassen wolle. Wenn die Kinder in den Fabriken beschäftigt werden könnten, dann entweder die ganze Arbeitszeit über oder nur eine halbe Schicht von 6 Stunden, so daß 2 Gruppen sich ablösen könnten. Die 7stündige Arbeit führe dagegen nur zu einer Verlängerung des Arbeitstages der Erwachsenen von 12 auf 14 Stunden.

Diese Kritik unterstützte den Hilfsantrag, mit dem Degenkolb für die noch nicht 12jährigen Kinder eine 6stündige Arbeitszeit vorgeschlagen hatte. Diesem Antrag lag die Überlegung zugrunde, daß eine Halbtagsbeschäftigung von 11-, 10- und vielleicht auch 9jährigen grundsätzlich ohne Gesundheitsgefährdung ausgeübt werden könne und den Kindern auch genügend Zeit für einen Schulbesuch belassen würde. Soweit die Arbeit in bestimmten Fabriken zu anstrengend oder gefährlich sei, so meinte auch Degenkolb jetzt wieder, sollte die Regierung sie in diesen Fällen für die Kinder untersagen.

Für diesen Weg sprach sich - die Diskussion um § 1 abschliessend - auch der Berichterstatter der vereinigten parlamentarischen Kommission von Bärensprung aus, indem er das Ergebnis noch einmal wie folgt zusammenfaßte:

Die Bedenken, daß das Arbeitsverbot bis zum 12. Lebensjahr für die Armenpflege und für die Fabrikbevölkerung selbst zu große Belastungen mit sich bringe, seien keineswegs erledigt, zumal auch eine nur 6stündige Arbeitszeit für die jüngeren Kinder als annehmbar erscheine; die Staatsregierung habe die Ortsbehörden zu diesem Gesichtspunkt auch nicht gehört; ferner sei zu berücksichtigen, daß die Herabsetzung des Arbeitsalters unter die Norm des Entwurfs die Einführung der Schichtarbeit erleichtern würde, weil dann mehr Kinder zur Verfügung stünden; und im übrigen habe sich die vereinigte Kommission mit dem 12. Lebensjahr auch nur einverstanden erklärt, weil der Regierungsvertreter ein nach verschiedenen Fabriken differenzierendes Beschäftigungsverbot für Kinder als nicht praktikabel bezeichnet habe; indessen sei in anderen Ländern, in England und auch in Österreich, eine solche Regelung wenigstens versucht worden, und es entspreche der Überzeugung der Gesetzeskommission, keine zu weitreichende Beschränkung der Kinderarbeit auszusprechen.

Auch Bärensprungs Stellungnahme war somit ein Votum für Degenkolbs zweiten Änderungsantrag, dessen Annahme der Fabrikant jetzt noch zu erleichtern suchte, indem er seinen ersten Vorschlag, die Arbeit mit dem 9. Lebensjahr zuzulassen, nunmehr zugunsten des 10. Lebensjahres zurückzog.

Zur Abstimmung standen somit dieses 10. oder - wie ein neu eingebrachter Antrag weiter hilfsweise vorsah - das 11. Jahr gegen das im Entwurf vorgesehene 12. Lebensjahr.

Bei dieser vom Abgeordnetenhaus zu entscheidenden Frage ging es letztlich darum, ob alle Kinder vom 10. bis 12. Lebensjahr den normalen Volksschulunterricht unter Ausschluß jeglicher Fabrikarbeit erhalten oder ob diese Altersgruppe nicht doch während eines halben Tages den Unterricht besuchen und daneben 6 Stunden arbeiten könnte. Dabei mochte für die zweite Alternative sprechen, daß sie sämtlichen in der Sache geltend gemachten materiellen Interessen gerecht zu werden schien.

Welche genaue Größe die beiden Gruppen im Parlament hatten - die Gruppe derer, die die Konzeption der Regierung unterstützten und die, die sie ablehnten -, ist den stenografischen Protokollen zahlenmäßig nicht exakt zu entnehmen, weil bei den Abstimmungen nur pauschal eine Mehrheit oder Minderheit festgestellt worden ist. Aus dem Schicksal der Änderungsvorschläge läßt sich aber ein sicherer Schluß auf die Stimmung im Abgeordnetenhaus ziehen: Die Anträge, die in § 1 das 10. oder 11. Lebensjahr einsetzen wollten, verfielen beide der Ablehnung, und der Regierungsentwurf setzte sich mit dem 12. Jahre durch, womit sich der Antrag Degenkolbs, das Gesetz überhaupt zurückzustellen, gleichfalls erledigt hatte. (13)

Ohne Widerspruch angenommen wurden anschließend auch die §§ 2

---

13) Eine gesonderte Abstimmung über diesen Antrag hat nicht

und 3, nur die sprachliche Fassung der letzteren Norm wurde einem Kommissionsvorschlag gemäß geändert.

Zu einer Auseinandersetzung kam es dann erst wieder bei der Beratung des § 4 aus Anlaß des Ergänzungsantrags des Abgeordneten Kleist-Retzow, der dem zweiten Absatz noch einen dritten hinzufügen wollte.

Nach § 4 Absatz 2 des Regierungsentwurfs sollte der Handelsminister während einer Übergangszeit befristete Ausnahmegenehmigungen von der gesetzlichen Arbeitszeit erlassen dürfen, soweit bestehenden Fabriken durch die Neufassung des Fabrikrechts zu viele Arbeitskräfte entzogen würden. Kleist-Retzow strebte nun zusätzlich noch eine zweite, allgemeiner gefaßte Ermächtigung an, aufgrund deren die Ministerien auf Antrag einer Kreisvertretung befugt sein sollten, für einen ganzen Kreis oder einzelnde Ortschaften zeitweise den Arbeitstag der Kinder auf 8 und den Unterricht auf 2 Stunden täglich festzusetzen. (15)

Dieser Änderungsvorschlag verfolgte ersichtlich das Ziel, das im Gesetz vorgesehene Institut der Ausnahmegenehmigung im Kern umzugestalten; denn die Verlängerung der Arbeitszeit der Fabrikkinder sollte nicht mehr nur als eine Übergangsregelung in Betracht kommen, sondern auf Dauer möglich sein, und dabei nicht mehr nur bei einer wirklich nachgewiesenen Beeinträchtigung durch den Verlust der jüngeren Arbeitskräfte, sondern aus jedem vertretbaren Grund; ferner nicht nur für einzelne durch den Arbeitsschutz empfindlich betroffene Fabriken, sondern für jeweils einen ganzen Ort oder ein ganzes Kreisgebiet und zudem nicht nur, wenn die Verwaltung die Ausnahmen für dringlich hielt, sondern verbunden mit einem formellen Antragsrecht der Selbstverwaltungsorgane, über deren Meinungen sich die Bezirksregierungen so leicht nicht hinwegsetzen konnten.

Eine denkbar große Gruppe Abgeordneter stand hinter diesem Abänderungsvorschlag, nachdem der Handelsminister den Antrag schon zeitig in der Debatte gutgeheißen hatte - dies ersichtlich in der Absicht, für den Entwurf die Stimmen derjenigen Abgeordneten zu gewinnen, die den verstärkten Arbeitsschutz

---

stattgefunden, jedenfalls fehlt darüber ein Protokollvermerk.

14) Vgl. Volkmann, 1968, S. 54.

15) Wortlaut des zur Beratung stehenden Absatzes 3:
"Auch kann auf Antrag einer Kreisvertretung für einen ganzen Kreis oder einzelne Ortschaften in demselben durch die genannten Minister zeitweise die Arbeitszeit auf acht und die Unterrichtszeit auf zwei Stunden täglich festgestellt werden."

wohl grundsätzlich bejahten, ihn für ihren Wahlbezirk aber wegen besonderer Umstände ohne Abschwächung nicht akzeptieren wollten.

Beifall fand der Antrag jedoch auch bei den entschiedenen Gegnern der Novelle, die in dem Instrument der Ausnahmegenehmigung eine Chance sehen mußten, einen Teil der Wirkungen des Gesetzes abzufangen.

Gerade diese Unterstützung von der falschen Seite weckte jedoch auch Mißtrauen und veranlaßte etwa den Abgeordneten von Vincke, der vorher den Anträgen Degenkolbs zugestimmt hatte, und vielleicht nicht nur ihn allein, sich der Verteidigung der im Entwurf vorgesehenen Fassung des § 4 anzuschließen - die Fronten verliefen in dieser Frage quer durch die ursprünglichen Gruppierungen.

Gegen die Idee, man müsse über Ausnahmegenehmigungen das Gesetz so flexibel gestalten, daß die örtlichen Verhältnisse berücksichtigt werden könnten, wandte sich vornehmlich der Abgeordnete aus Geldern, Peter Reichensperger, und zwar mit sehr beachtlichen Gesichtspunkten. Reichensperger wies einmal auf die Gefahr des Mißbrauchs hin, falls die Fabrikanten die Kreisorgane beherrschen würden, und weiter auf den Gleichheitsverstoß, wenn der den Fabrikkindern vom Gesetz zugesprochene Schutz für einen Teil von ihnen wieder zurückgenommen würde und wenn manche Fabrikorte über die Ausnahmegenehmigungen im Wettbewerb begünstigt würden. Weiterhin wandte Reichensperger ein, daß die Ausnahmegenehmigungen aber auch mit der dringenden Notwendigkeit eines wirksamen Jugendarbeitsschutzes nicht vereinbar seien. Er appellierte an das Parlament, in dieser, wie er sagte, an Humanitätsphrasen so reichen Zeit, in der sogar die Nachtigallen unter einen gesetzlichen Schutze gestellt worden seien, doch auch mit dem Schutz der Fabrikkinder endlich Ernst zu machen. 74 von 100 schwarzen Sklavenkindern, so zitierte der Abgeordnete aus einem Buch Charles Dupins, würden nach der Statistik 14 Jahre alt werden, während von 100 weißen Kindern in den Fabrikdistrikten Englands 74 schon nach dem 2. Lebensjahr verstorben seien.

Gegen die Behauptung, daß manche Fabrikorte auf eine teilweise Freistellung von der gesetzlichen Regelung angewiesen seien, verwies Reichensperger auf eine von ihm privat aufgenommene Statistik, die auf Feststellungen in den Orten Barmen und Elberfeld beruhte. Auch im Jahre 1839 hätten dort die Unternehmer geklagt, die Beschränkungen des Regulativs wegen des scharfen Wettbewerbs nicht überstehen zu können, und von 1842 bis 1844 seien dann 27 Gesetzesverstöße gerichtlich verfolgt worden. Im Jahre 1845 aber, als man sich an die neuen Vorschriften gewöhnt hatte, seien die Zuwiderhandlungen unterblieben und die Fabriken bestünden nach wie vor.

Daß Reichensperger mit seiner Ansicht das Richtige treffe und daß das Parlament die Beeinträchtigung der Fabriken nicht überschätzen sollte. Dafür vermochte der Posener Abgeordnete Graf Cieszkowski, der sich vorher noch nicht zu Wort gemeldet hatte, gegen Schluß der um § 4 geführten Debatte überraschenderweise noch einige ausländische Stellungnahmen anzuführen. Cieszkowski hatte die Protokolle des internationalen Hygienekongresses angefordert, der im Jahre 1852 in Brüssel stattgefunden hatte, und aus diesen Unterlagen zitierte er eine mit der Ansicht Reichenspergers übereinstimmende Äußerung des englischen Parlamentsmitgliedes Lord Ebrington, daß auch in England die Unternehmer zunächst auf Vermutungen gegründete Bedenken gegen einen verstärkten Arbeitsschutz vorgetragen hätten, während die tatsächliche Entwicklung diese Befürchtungen dann voll widerlegt habe.

Vor diesem Hintergrund mochte ein von Harkort angeregter Lösungsvorschlag eingeleuchtet haben, es zunächst einmal mit einer starren gesetzlichen Regelung ohne Ausnahmen zu versuchen und das Gesetz gegebenenfalls, wenn dies wirklich nötig würde, später wieder abzuändern.

Zugunsten dieser Entscheidung der Streitfrage wird sich weiter auch ausgewirkt haben, daß Cieszkowski in seiner Rede das bis dahin vornehmlich mit Schulerfordernissen begründete Gesetz auch aus dem Gesichtspunkt der Gesundheitsvorsorge unterstützen konnte, wofür der Abgeordnete sich wiederum auf die Unterlagen des Brüsseler Hygienekongresses bezog. Der englische Gelehrte Forster habe in Brüssel als die Überzeugung der bedeutendsten britischen Mediziner vorgetragen, daß ein Kind nicht mehr als 6 Stunden arbeiten könne, ohne seiner Gesundheit zu schaden, und auch der Hygienekongreß habe sich einhellig der Forderung nach einer Beschränkung des Arbeitstages der Kinder angeschlossen.

Diese ausländischen Stellungnahmen boten sowohl für die Frage des 6- oder 7-Stunden-Tags, über die ja auch im Rahmen des § 4 zu entscheiden war, als auch für Annahme oder Ablehnung der Ausnahmegenehmigungen eine Entscheidungshilfe, der um so mehr Gewicht zukam, als weder die Regelungen des § 4 noch die dazu eingebrachten Alternativvorschläge mit statistischen Erhebungen abgesichert waren, so daß die Meinungen doch weitgehend auf der Grundlage von Annahmen sich bilden mußten.

Von erheblicher Bedeutung dürfte daher auch gewesen sein, daß am Ende der Diskussion ein Aachener Abgeordneter noch betont auf den in der Praxis zu erwartenden Widerstand der Fabrikanten abstellte und dabei noch einmal für eine Erweiterung des Ermessensrahmens in § 4 plädierte. Der Abgeordnete Vincke, der oben schon kurz erwähnt worden ist, erwiderte hierauf, daß gerade in Aachen von einem allgemeinen Schulzwang noch immer nicht die Rede sein könne, und mit einer ähnlichen Argumentation führte Reichensperger aus, daß nirgends in Preußen die Verkommenheit und das Elend der Arbeiterbevölkerung so bedrängend sei wie gerade in dieser Stadt und daß nirgendwo sonst sich im Jahre 1848 ein ähnlich heftiger Arbeiteraufruhr ereignet habe.

In der sich anschließenden Abstimmung über § 4 des Entwurfs bestätigte sich noch einmal die Tendenz, die sich schon bei der Entscheidung über § 1 abgezeichnet hatte: Eine Erweiterung der Ausnahmegenehmigungen wurde verworfen und die Arbeitszeit der 12- bis 14jährigen Jugendlichen wurde nicht, wie im Entwurf vorgeschlagen, auf 7, sondern sogar auf 6 Stunden festgesetzt - dies in Übernahme von Degenkolbs Teilantrag, mit dem auch der Handelsminister einverstanden war.

Bei den folgenden Bestimmungen, den §§ 5 bis 12, schloß sich das Parlament den Vorschlägen des Entwurfs an, ohne daß dazu Änderungen beantragt worden waren. Eine Ausnahme bildete insoweit allein § 11, für den Degenkolbs letzter Vorschlag zur Diskussion stand, ob die Aufsicht über die Fabriken überall in Preußen den Fabrikinspektoren zu übertragen sei oder ob, wie im Entwurf im Interesse der Kostenersparnis vorgesehen war, ein Bedürfnis für die Bestellung der Spezialbeamten verlangt werden sollte. Diese letztere von der Regierung befürwortete Regelung fand ohne große Aussprache die Zustimmung des Parlaments.

4. Die Beratungen im Herrenhaus

Die Verhandlungen der ersten Kammer fanden am 12. Mai 1853 - dem vorletzten Sitzungstag - nunmehr bereits unter spürbarem Zeitdruck statt. (1) Schon die Gesetzeskommission der Kammer hatte sich mit den Problemen des Entwurfs nur kurz auseinandersetzen können, und auch im Herrenhaus selbst faßten die Redner ihre Gesichtspunkte zusammen, ohne die streitigen Fragen auszudiskutieren. Insoweit mochte aber auch mitgespielt haben, daß die Unterstützung des Gesetzes im Herrenhaus, wie es scheint, noch größer war als in der zweiten Kammer.

Einwendungen gegen den Entwurf wurden freilich auch hier vorgetragen: Der Freiherr von Vincke verwies auf die zu erwartenden Einkommensausfälle und die dadurch entstehenden Belastungen der Armenpflege, (2) weiter auf die Unschädlichkeit einer 6stündigen Tätigkeit auch für noch nicht 12jährige Kinder sowie auf den erzieherischen Wert der Erwerbsarbeit; aber Vincke, der schon in der Gesetzeskommission keinen Widerhall gefunden hatte, verzichtete von vornherein darauf, förmliche Anträge auf

1) GA Pr. 4, S. 1107 ff.
2) Vincke sprach von einem "Kapitalverlust der Armen", während der Handelsminister in seiner Erwiderung darauf abstellte, daß das von den Kindern den Gewerbetreibenden erworbene Kapital dem Lande keinen Segen bringe, aaO S. 1108.

Änderung des Entwurfs oder auch nur auf Vertagung der Beschlußfassung zu stellen aus der Einsicht heraus, damit doch nicht durchdringen zu können.

Der Handelsminister von der Heydt begrüßte diesen Entschluß in seiner Entgegnung: Da das Regulativ von 1839, so legte der Minister dar, mit der 10stündigen Arbeitszeit die auch für die Fabrikkinder bestehende Schulpflicht praktisch vereitele, dulde die Angelegenheit keinen weiteren Aufschub mehr.

Zu erwähnen ist, daß die für den Entwurf eintretenden Redner mehr als die des Abgeordnetenhauses den humanitären Aspekt des Gesetzes in den Vordergrund stellten. Der Abgeordnete Dr. Brüggemann mahnte, die Kinder der Armen nicht als bloße Mittel anzusehen, um dem Erwerb zu dienen; es gehe nicht an, ihnen den Schatz einer frischen und fröhlichen Jugend zu verkümmern. Und der Abgeordnete von Olfers sprach von der Kinderarbeit als einem "fressenden Kapital, das von dem Mark des Staates zehre". Die Gesellschaft dürfe die Kinder der unbemittelten Schichten nicht wie Maschinen behandeln. Gerade die gebildeten Kreise müßten sich für die Durchsetzung dieser Forderung verantwortlich fühlen.

Weitere Gesichtspunkte, mit denen der Abgeordnete für den Entwurf geworben hat, waren die durch die Arbeit bedingte Beeinträchtigung der Erziehung und die Entfremdung zwischen den Eltern und ihren Kindern, die nur noch wie Mieter zu Hause leben würden. Daß die Bestimmungen des Entwurfs sachangemessen seien, suchte der Abgeordnete auch noch mit einem Hinweis auf die britische Gesetzgebung zu belegen, die sogar in einigen Punkten, so dem Umfang des Nachtarbeitsverbots und dem Arbeitsschutz für Frauen, über die Beschränkungen des Entwurfs noch hinausgehe.

Für die Stimmung in der ersten Kammer war nun wiederum die Antwort des Handelsministers ganz bezeichnend, der Olfers entgegnete, daß der Gesetzentwurf die englischen Vorschriften doch auch in manchen Beziehungen bedeutend überflügele und daß die Regierung im übrigen die Absicht verfolge, den Arbeitsschutz noch weiter auszubauen, sobald die Erfahrungen der Praxis ein Bedürfnis dafür nahelegen würden.

Das Herrenhaus nahm den Entwurf ohne eine Änderung in der von der zweiten Kammer beschlossenen Fassung an, so daß das Gesetz einige Tage später, am 16. Mai 1853, verkündet werden konnte. (3)

VI. Das Ministerialreskript vom 18. August 1853

Mit dem Inkrafttreten des neuen Fabrikgesetzes war erst ein Teil der von der preußischen Regierung geplanten Vorschriften

3) GS 1853, S. 225; Text auch in: AF Jg. 1o, 1872, S. 34; als Anlage 9 auf S. 508.

verwirklicht worden. Nicht weniger bedeutsam als das Gesetz war eine dazu am 18. August 1853 erlassene Ausführungsverordnung, in der die bei Abfassung der Novelle zurückgestellten Probleme geregelt wurden. (1)

Diese ministerielle Ausführungsanweisung gliedert sich in mehrere Abschnitte, deren erster noch einmal die Geltung des Arbeitsschutzes für alle gewerblichen Tätigkeiten der Jugendlichen klarstellte unter Ausklammerung nur des Bereichs der Handwerkslehre. Das Vorliegen eines Lehrverhältnisses sollte sich an dem Kriterium entscheiden, ob mit der Tätigkeit des Jugendlichen bezweckt würde, diesen zum selbständigen Betrieb eines Geschäfts auszubilden.

Die Verordnung hob hervor, daß hinsichtlich der Arbeitsverhältnisse außerhalb von Fabrikationsstätten, so im Feld- und Gartenbau, die allgemeinen Vorschriften über die Schulpflicht angewandt werden müßten. Falls es erforderlich werde, seien die Arbeitgeber für die Beachtung des Schulbesuchs unter Bezug auf das Polizeigesetz vom 11. März 185o verantwortlich zu machen. (2)

Im Zweiten Abschnitt finden sich dann die wichtigsten Bestimmungen des Reskripts. Die Ministerien gaben hier sowohl regionalen als auch örtlichen Besonderheiten Raum, indem sie den Bezirksregierungen die Zuständigkeit für Maßnahmen gemäß § 10 Regulativ zum Schutz der Jugendlichen übertrugen, das heißt für Auflagen bei der baulichen Gestaltung der Gewerberäume, zur Abwehr von sittlichen Gefahren sowie auch zur Ausschaltung der Risiken bestimmter Fertigungsverfahren.

Wenn die Bau- und Sanitätsbeamten der Kreise und der Regierungen bei ihren amtlichen Bereisungen ungesunde Zustände feststellen würden, sollten die Mittelbehörden die erforderlichen Entscheidungen zur Abstellung der Mängel selbst treffen, ihre Verfügungen auch zwangsweise durchsetzen und dabei gegebenenfalls auch das einstweilige Verbot der Beschäftigung von Jugendlichen aussprechen. Die Verordnung empfahl insbesondere Einrichtungen gegen eine Luftverschmutzung sowie gegen extreme Temperaturen. Mit Sorgfalt sollten neue Baupläne geprüft werden.

Für den sittlichen Schutz der Fabrikkinder enthielt das Reskript - den unterschiedlichen Urteilen der Behördenberichte Rechnung tragend - die Anweisung an die Regierungen, die mit der Arbeit verbundenen bekannten Gefahrenquellen zu überwachen und im Rahmen des Möglichen auszuschalten. Ein 5 Ziffern umfassender Katalog nannte hierzu: die Arbeit der Kinder in Ge-

---

1) Text in: AF Jg. 10, 1872, S. 35; vgl. Anton, 1891, S. 181; als Anlage 10 auf S. 510.
2) Vgl. dazu GS 185o, S. 265 ff. (§§ 6, 11 f.).

meinschaft mit Erwachsenen oder der jüngeren Mädchen mit männlichen Jugendlichen; das unzulässige gemeinsame Übernachten jugendlicher Personen verschiedenen Geschlechts in Privatquartieren außerhalb der elterlichen Wohnung; den Weg zwischen Wohnung und Fabrik; die Auszahlung des Lohnes an die Jugendlichen statt an ihre Eltern und schließlich die Einnahme der Mahlzeiten am Arbeitsplatz und nicht in beaufsichtigten Aufenthaltsräumen.

Zum Erlaß spezieller Vorschriften gegen die aus der Natur bestimmter Arbeiten sich ergebenden Risiken verwies die Ministerialinstruktion die Regierungen noch einmal auf die Generalermächtigungen im Polizeigesetz vom 11. März 185o, aufgrund deren bei gefährlichen Tätigkeiten Jugendlicher nicht nur Vorsichtsmaßregeln vorgeschrieben, sondern auch Arbeitsverbote verhängt werden konnten. Vordringlich erschienen den Ministerien für Betriebe, deren Produktion starke Staubbildungen mit sich brächten, die Installierung von Belüftungsanlagen und zum Schutze der dort beschäftigten Jugendlichen unter Umständen auch die Anordnung von Arbeitsunterbrechungen. Im übrigen aber sollten Bestimmungen für den Umgang mit Giftstoffen erlassen sowie Vorkehrungen gegen Rückgratsschäden bei Arbeiten in gebückter Stellung getroffen werden.

Die beiden nächsten Abschnitte waren arbeitsrechtlich weniger bedeutsam: Unter drittens war im wesentlichen das für den Schulbesuch geltende Recht zusammengestellt worden. Zwei ergänzende Regelungen verdienen hier jedoch Beachtung: Das Reskript schrieb vor, daß der Unterricht in den Fabrikschulen künftig am Vor- oder am Nachmittag abgehalten werden müsse und ferner, daß die Regierungen gehalten seien, die Einrichtung eines weiterführenden Nachhilfeunterrichts auf freiwilliger Basis - im Grunde den von Harkort angeregten Berufsschulbesuch - für die schulentlassenen Kinder besonders zu fördern.

Der vierte Abschnitt schließlich erläuterte vor allem die Handhabung der Arbeitsbücher. Daneben findet sich an dieser Stelle auch die Vorschrift, daß das geltende Fabrikgesetz im Eingangsbereich der Betriebsräume in großen Druckbuchstaben ausgehängt werden müsse.

Der fünfte und letzte Abschnitt regelte die Organisation der Fabrikaufsicht. Die Ministerien betonten, daß jeder Verstoß gegen die bestehenden Normen auf das Strengste zu rügen und den Zuwiderhandlungen mit Nachdruck entgegenzutreten sei. Wenn es notwendig erscheine, sollten die Behörden die Anstellung eines Fabrikinspektors beantragen. Werde davon abgesehen, so sollten die Regierungen die zuständigen Departementsräte mit der Fabrikkontrolle beauftragen und die Ortsbehörden zu regelmäßiger und sorgfältiger Aufsicht über die Fabriken anhalten. Auch sollten soweit zweckmäßig Fabrikkommissionen gebildet werden.

In Ausführung dieser Bestimmungen sind in drei Bezirken, und zwar in Aachen, Düsseldorf und Arnsberg, Fabrikinspektoren berufen worden, deren Tätigkeit jedoch nicht mehr Gegenstand dieser Untersuchung ist. (3) Erwähnt sei jedoch abschließend, daß die neuen Regelungen, die aufgrund der Übergangsvorschriften erst mit Wirkung ab 1. Juli 1855 im vollen Umfang Anwendung finden sollten, in der Industrie auf ganz erheblichen Widerstand gestoßen sind. Die örtlichen Verwaltungsbehörden und auch die Fabrikinspektoren waren nicht in der Lage, die Beachtung des neuen Rechts in der Praxis in angemessener Zeit durchzusetzen. (4) Das gilt vor allem für das Rheinland. Mehrere Fabrikanten und auch Gruppen von Fabrikarbeitern versuchten zudem mit dem Mittel der Petition, den Arbeitsschutz nachträglich wieder einzuschränken. (5) Diese Anträge führten jedoch nur zu befristeten Ausnahmegenehmigungen. Die Änderung des Fabrikgesetzes selbst haben die preußischen Minister und ebenso das Abgeordnetenhaus beharrlich zurückgewiesen.

Die das gesellschaftliche Denken maßgeblich mitprägende Entscheidung des Gesetzgebers, daß Kinder und Jugendliche im Gewerbe und in der Industrie nur in einem eingeschränkten Rahmen beschäftigt werden dürften, blieb daher auf Dauer gesichert.

Als zusammenfassendes Ergebnis ist nach alledem aber festzuhalten, daß mit dem Fabrikgesetz von 1853 in Preußen - gemessen am Rechtszustand der anderen europäischen Staaten und insbesondere auch Englands - ein durchaus vorbildlicher Jugendarbeitsschutz in Kraft getreten war, (6) dessen Bedeutung auch noch ständig zugenommen hat, weil die Industrialisierung Deutschlands erst in der Folgezeit ein größeres Ausmaß erreichte. Der politische Erfolg aber, den der Handelsminister von der Heydt mit der Novellierung des Regulativs von 1839 errungen hatte, muß um so höher bewertet werden, als der Wirtschaftsaufschwung, der im Jahre 1852 einsetzte, und die Erfolge der Freihandelsbewegung trotz der Krisenjahre 1857 bis 1859 in Preußen zu einer Renaissance der liberalen Vorstellungen ge-

---

3) Vgl. Anton, 1891, S. 104 ff., 187 ff.; AF Jg. 10, 1872, S. 55 ff.; Maaß, 1931, S. 131; Adolphs, Lotte,Industrielle Kinderarbeit im 19. Jahrhundert unter Berücksichtigung des Duisburger Raumes, Duisburg 1972 (Duisburger Forschungen, Beiheft 15), S. 39 ff.

4) Vgl.Anton, 1891, S. 105, 113 ff.; Thun, Beiträge zur Geschichte..., in: ZStB Jg. 17, 1877, S. 59, 62; Maaß, 1931, S. 138 f.

5) Vgl.Thun, ZStB Jg. 17, 1877, S. 62; Maaß, 1931, S. 132 ff.; ferner Volkmann, 1968, S. 116; vgl. auch A.M. 15, S. 191 ff., S. 191 ff, 211 ff.; GA Pr. 5, S. 374, GA Pr. 6, S. 148 f.; GA Pr. 7, S. 292 ff.

6) Vgl. Volkmann, 1968, S. 59, 1o1 ff.

geführt haben. (7)

Gegen Ende des fünften Jahrzehnts hätte daher der Gedanke eines starken Arbeitsschutzes in den Parlamenten mußmaßlich schon keine ausreichende Unterstützung mehr gefunden.

---

7) Vgl. Schmoller, 1870, S. X; ferner Volkmann, 1968, S. 116; Rosenberg, Hans, Die Weltwirtschaftskrise 1857-1859, 2. Aufl., Göttingen 1974 (Kleine Vandenhoeck-Reihe, Bd. 1396), S. 33, 85 f., 207 f.; Hentschel, Volker, Die deutschen Freihändler und der volkswirtschaftliche Kongreß 1858 bis 1885, Stuttgart 1975 (Industrielle Welt, Bd. 16),S. 27 ff.

ERGEBNISSE DER UNTERSUCHUNG

Die Erwerbsarbeit von Kindern war auch der vorindustriellen Gesellschaft nicht unbekannt, wurde im deutschsprachigen Raum aber nicht mit Nachdruck durchgesetzt. Ein abweichendes Verhalten bildete sich soweit ersichtlich nur unter dem Zwang wirklicher Notlagen sowie bei bestimmten Bevölkerungsgruppen, deren Alltagsleben von einem religiösen Lebensernst bestimmt war.

Diese Einstellung den Kindern gegenüber änderte sich dann jedoch unter dem Einfluß der pietistischen Pädagogik und dem Nützlichkeitsdenken der Aufklärung. Im 18. Jahrhundert unternahmen sowohl Landesverwaltungen als auch örtliche Armenbehörden vielfältige Anstrengungen, um die Arbeitsproduktivität der breiten Bevölkerungsschichten zu steigern. Man siedelte neue, zumeist hausindustrielle Berufe an, wollte mit der Verwertung von Arbeitskraftreserven einen Beitrag zur Verminderung der herrschenden Armut leisten und versuchte, die Kinder und Jugendlichen beizeiten an eine ausdauernde Arbeitshaltung zu gewöhnen.

Unter diesen Zielsetzungen wurden an vielen Orten Deutschlands Waisen- und Werkhäuser sowie auch Manufakturen errichtet, in denen man systematisch gewerbliche Kinderarbeiten betrieben hat. Zuletzt wurde diese frühe Erwerbstätigkeit auch in den Unterricht der Volksschulen übernommen.

In Anbetracht dieser Bestrebungen aber kann nicht verwundern, daß die Kinderarbeit sich in Deutschland auch in allen wichtigen Gewerbezweigen und ebenso in der Landwirtschaft in aller Selbstverständlichkeit weiter ausgebreitet hat und daß auch nicht selten kleinere Kinder ohne Bedenken in den im Zuge der industriellen Revolution nach 18oo entstehenden Fabrikbetrieben - vor allem in Spinnereien und anderen Textilfabriken - als billige Arbeitskräfte beschäftigt worden sind.

Diese die Sieben- und Achtjährigen und zum Teil noch jüngeren Kinder als arbeitsfähig ansehende Auffassung hat in Deutschland gegen Ende des 18. und während der ersten Jahrzehnte des 19. Jahrhunderts fast unangefochten gegolten. Vor allem ihr ist es zuzuschreiben, daß Schäden, die aufgrund der frühen Erwerbstätigkeit verursacht werden konnten, lange Zeit nicht als typische Folgeerscheinungen der frühen Arbeit erkannt worden sind.

Immerhin kam es jedoch nach 178o bereits zu einer öffentlichen Diskussion über die Zustände in den Waisenhäusern und damit über die Kinder- und Jugendarbeit in einem den Verwaltungen unmittelbar unterstehenden Bereich. Die Kritik zeigte die mitunter barbarische Behandlung der Kinder bei der Arbeit auf, ferner die dabei regelmäßige zu kurz kommende Berufs- und Lebensvorbereitung sowie weiter auch die Gesundheitsgefahren, denen die Waisenkinder in den schmutzigen Arbeitssälen und den unhygienischen Gruppenunterkünften unterworfen waren.

Der um die Zweckmäßigkeit der Anstalten geführte Waisenhausstreit hatte zur Folge, daß viele der Einrichtungen zugunsten einer Familienunterbringung aufgehoben wurden, und allem Anschein nach hat diese öffentliche Auseinandersetzung den Blick für grobe Mißstände bei der Kinderarbeit geschärft. In Österreich, wo an einigen Orten damit begonnen worden war, die Erwerbskinder in der Nähe der Manufakturen in Gemeinschaftshäusern unterzubringen, wurden für diese Kinderhäuser im Jahre 1786 gesundheits-polizeiliche Schutzvorschriften erlassen, und ähnliche Regelungen traten im Jahre 18o2 auch in England in Kraft.

Dabei handelte es sich allerdings nur bedingt um Vorläufer des späteren Arbeitsschutzes, denn die medizinal-polizeilichen Bestimmungen bezogen sich in erster Linie auf die Sammelunterkünfte und nur recht beiläufig auf die Arbeitsverhältnisse selbst. Die Manufakturen und Fabriken hatten in Hinblick auf die Beschäftigung von Kindern bis dahin freilich auch erst selten zu Beanstandungen geführt.

Daß eine frühe Erwerbsarbeit in der Industrie zu Schädigungen führen könnte, wurde in Deutschland etwa ab 1815 häufiger erwähnt, ausführlicher aber erst in dem Zeitraum von 1826 bis 1837 erörtert. Meinungsbildend wirkten hier neben einigen inländischen Hinweisen insbesondere Informationen aus Großbritannien, dessen Fabriken verglichen mit der Industrie der anderen europäischen Staaten über einen gewaltigen Entwicklungsvorsprung verfügten.

In Deutschland waren es vor allem Pädagogen, die die Erwerbstätigkeit in der Fabrik kritisch beobachteten und die hauptsächlich Einwände gegen die Berufstätigkeit der Kinder öffentlich zur Sprache brachten: Daß Krankheiten und Mißbildungen die Folge seien, wenn die Kinder während der Entwicklungsjahre einseitig und übermäßig körperlich in Anspruch genommen würden; daß die Fabrikkinder durch den frühen Lebensernst, das Fernhalten von Schule und Alltagserfahrungen intellektuell und moralisch verwildern würden sowie weiter auch, daß die frühe Arbeit zu einer völligen Hilflosigkeit in beruflicher Hinsicht führe, wenn sich die Tätigkeit auf wenige Handgriffe beschränke.

Aber auch die preußischen Behörden setzten sich sehr zeitig mit den Auswirkungen der frühen Erwerbstätigkeit auseinander. Die Bedenken, daß die Arbeiter im Hausgewerbe und in der Industrie trotz eines unzureichenden Lohnes unbeirrt an ihren Berufen festhalten würden, an die sie von Kindesalter an gewöhnt waren, und daß dadurch bei Absatzschwierigkeiten erhebliche Belastungen für die Gesellschaft entstünden, wurden schon im Jahre 1817, aus Anlaß der Wirtschaftskrise am Ende der Napoleonischen Ära, in einer Umfrage des preußischen Kanzlers Hardenberg aufgegriffen.

Dieser staatswirtschaftlichen Enquete schlossen sich in den

zwanziger Jahren des 19. Jahrhunderts weitere Untersuchungen über die Frage an, welche Schäden die Arbeit speziell in der Fabrik bei Kindern und Jugendlichen verursachen könnten. Bei diesen Industrieenqueten wurden im großen und ganzen einheitliche Feststellungen getroffen, die aber im entscheidenden Punkt widersprüchlich waren. Was die wenigen von einer sehr ärmlichen Bevölkerung bewohnten Fabrikstädte betraf, so überwog deutlich der Eindruck, daß die frühzeitige Berufstätigkeit mit nachteiligen Auswirkungen bezahlt werden mußte. In den erst gering industrialisierten Gebieten dagegen fielen die Ermittlungen überwiegend anders aus. Von dem vereitelten Schulbesuch abgesehen, wurde die Fabrikarbeit der Kinder für deren Entwicklung fast einhellig als günstig oder zumindest als unbedenklich eingeschätzt. Allerdings kam es auch nur selten zu krassen Mißbräuchen bei der Arbeit, weswegen die regelmäßig mehrdeutigen Beobachtungen es auch leicht möglich gemacht haben, schädliche Folgen der frühen Erwerbstätigkeit für den Regelfall zu verneinen.

Das aber gab bei der Meinungsbildung überhaupt den Ausschlag. Solange die mit der Arbeit verbundenen Schäden nicht zweifelsfrei nachgewiesen waren, wurde auch der traditionelle, an handgreiflichen ökonomischen Vorteilen interessierte Arbeitserziehungsgedanke noch kaum verunsichert, zumal er auch in der feudalen Gesellschaft mit ihren harten Klassengegensätzen fest verwurzelt war und auch von der fortschrittlichen Idee der Gewerbefreiheit abgeschirmt wurde. Die ganz überwiegende Ansicht, die von den Armenverwaltungen, den Fabrikanten, aber auch den Eltern der Erwerbskinder vertreten wurde, bezeichnete die Beschäftigung von Kindern in der Fabrik daher nach wie vor als eine soziale Wohltat mit den Argumenten, daß durch diese Arbeit die wirtschaftliche Existenz der Armenfamilien gesichert, die Industrie gefördert und die Erwerbskinder an Fleiß und Ordnung gewöhnt würden. In Anbetracht dieses Befundes aber, der in den Umfragen ermittelt worden war, fehlte es auch von vornherein an einer zureichenden Grundlage, um einheitliche Arbeitsschutzvorschriften für die Industriebetriebe erlassen zu können.

Den noch nicht genügend erhärteten Bedenken gegen die Folgen der frühen Erwerbsarbeit kam aber trotzdem eine gewisse Bedeutung zu, nämlich als unterstützende Kritik bei dem Problem der Schulausbildung, von dem das Urteil über die ganztägige Kinderarbeit in den folgenden Jahren im entscheidenden Maße beeinflußt worden ist.

Der Unterricht der Fabrikkinder hing von der Organisation des allgemeinen Volksschulwesens ab und damit von einer Einrichtung, die zu Beginn des 19. Jahrhunderts auch in Preußen erst in Ansätzen vorhanden war. Immerhin wurde die Volksbildung jedoch in den Jahren nach 1800 in Deutschland mehr und mehr als wichtige Staatstätigkeit begriffen, und damit war ganz unausweichlich eine Auseinandersetzung mit der Lage der Fabrikkinder verbunden. Denn sollte die Schulpflicht wirklich für jedermann gewährleistet werden und der Unterricht auch tatsächlich einige Grundkenntnisse vermitteln, so mußte dem Schulbesuch ein gesicherter Freiraum neben der frühen Berufstätigkeit zugestanden werden. Je mehr Jahre dabei aber für den Unterricht bindend vorgesehen wurden und je mehr Stunden am Tag, um so weniger Zeit blieb für eine Erwerbsarbeit der Kinder und Jugendlichen übrig.

In dieser Beziehung hat das deutsche Jugendarbeitsrecht, für das die preußische Gesetzgebung wegweisend geworden ist, seinen wesentlichen Ursprung. Der Konflikt zwischen Schule und Fabrik brach zwangsläufig auf, als die Forderungen erhoben wurden, die unzulänglichen Unterrichtsverhältnisse zu verbessern und einen Schulzwang auch für die Kinder der Unterschichten von Staats wegen zu gewährleisten.

Die hierfür entscheidende Entwicklungslinie setzte bereits vor 18oo ein, als vor allem aufgrund der pädagogischen Lehren Pestalozzis, begünstigt auch durch Auswirkungen der französischen Revolution und der gesellschaftlichen Vorstellungen des deutschen Idealismus, der Gedanke einer qualifizierten Volksschule an Boden gewann, in der unter Ablehnung einer Arbeitserziehung die Schulzeit gezielt einer geistigen Ausbildung vorbehalten sein sollte.

Als Preußen zu Beginn der Freiheitskriege eine umfassende Bildungsreform in Angriff nahm und der Neuhumanist Süvern im Jahre 1819 seinen gegen eine Standes- und Berufserziehung gerichteten Schulgesetzentwurf vollendete, zeichnete sich erstmals eine Chance ab, den Zugriff der gewerblichen Wirtschaft auf die frühen Jugendjahre über den Unterricht spürbar einzuschränken.

Als wenig später die politische Reaktion die Oberhand über die Reformer gewann, war diese über eine große Schulreform laufende Lösung freilich schon nicht mehr zu verwirklichen. Die Idee einer der individuellen Entwicklung gewidmeten Volksbildung wurde jetzt als die Revolution fördernd abgelehnt. Preußen wollte statt dessen zur Ständeschule zurückkehren, in der die Kinder der ärmeren Bevölkerung lediglich das Allernotwendigste noch lernen sollten. Im Rheinland, der industriereichsten Provinz Preußens, wurde zwar im Jahre 1825 noch die allgemeine Schulpflicht eingeführt, die in den altpreußischen Provinzen bereits bestanden hatte; ein Schulgesetz aber mit Detailregelungen über den Aufbau der Gemeindeschulen und insbesondere über ihre Finanzierung kam nicht mehr zustande. Im Westen Preußens blieb daher der unbefriedigende Zustand weiterhin bestehen, daß den Arbeitskindern günstigstenfalls ein Abend- oder Sonntagsunterricht angeboten wurde; meistens standen jedoch für sie überhaupt noch keine Schulen zur Verfügung.

Das preußische Kultusministerium unter von Altenstein war ab 1823 bestrebt, die Unterrichtssituation der Fabrikkinder über die politisch unbelasteten Aspekte des Schutzes vor einer

Verwahrlosung und der Gesundheitsvorsorge zu verbessern und verbuchte mit dem Erlaß zweier Verordnungen vom 2. Oktober 1826 und 27. April 1827 auch Anfangserfolge insofern, als die Armenschulen auf einen Erziehungsunterricht festgelegt und Übertreibungen bei den Fabrikarbeiten der Kinder und Jugendlichen erstmals als schädlich bezeichnet wurden. Bei auffälligen Mißbräuchen sollte die Verwaltung die frühe Arbeit mit nachdrücklicher Strenge über den Schulzwang unterbinden. Dabei galt die Regelung, die durch eine Erwerbstätigkeit gefährdeten Kinder nicht, wie bei den ärmeren Schichten an sich üblichen, vorzeitig vom normalen Unterrichtsbesuch zu dispensieren.

Eine strenge Handhabung dieser Vorschriften blieb indessen aus, weil weder die örtlichen Schulbehörden die heimische Industrie im Wettbewerb beeinträchtigen wollten, noch die kommunale Armenpflege - vor allem im Rheinland - sich bereiterklärte, die erforderlichen Gelder für die Errichtung der fehlenden Elementarschulen und für die Anstellung von Lehrern aufzubringen sowie an die Familien, die auf eine Erwerbstätigkeit schon der jüngeren Kinder angewiesen waren, die notwendigen Unterstützungszahlungen zu leisten.

Andererseits bestand bei der preußischen Staatsführung auch keinerlei Neigung, gegen den Willen der Ständevertretungen mit gesetzlichen Vorschriften in die Verhältnisse der Gemeinden einzugreifen und gesellschaftliche Veränderungen zugunsten der breiten unteren Bevölkerungsschichten zu erzwingen. Sozialpolitische Maßnahmen entsprachen nicht den in dieser Epoche maßgebenden politischen Vorstellungen. Auch die herrschende liberale Volkswirtschaftslehre und die sich an ihr orientierenden Staatswissenschaften lehnten eine Gesetzgebung ab, die ordnend in das Erwerbsleben eingreifen wollte. Die pädagogische Bewegung aber war nicht mehr kräftig genug, um im Bereich der öffentlichen Erziehung eine Sonderentwicklung zu erzwingen.

Der entscheidende Anstoß, der die Verbesserung des allgemeinen Schulwesens in der an der Volksbildung kaum interessierten Biedermeierzeit schließlich doch noch vorangebracht und dadurch ein mit dem Unterricht zusammenhängendes Jugendarbeitsrecht auch durchgesetzt hat, ist dann von den in Großbritannien immer deutlicher werdenden Schattenseiten der Industrialisierung ausgegangen.

Die im Jahre 1836 einsetzende schwere Wirtschaftskrise führte erstmals zu einer Kritikbereitschaft, die die neuen sozialen Probleme ernst genommen hat. Auch wer die Absatzchancen der britischen Fabriken für die Zukunft noch optimistisch beurteilte, konnte doch den Sachverhalt kaum leugnen, daß das Hausgewerbe der industriellen Konkurrenz nicht gewachsen war und daß in den Großstädten eine entwurzelte, ökonomisch ungesicherte Fabrikarbeiterschaft entstand, deren Streiks und Aufstände auch die englische Gesellschaft zunehmend beunruhigten. Diese die Gesamtgesellschaft betreffenden Strukturprobleme, die die ungehemmte Industrie ganz zwangsläufig herausbildete und vor denen Robert (von) Mohl schon im Jahre 1835 in einer grundlegenden Untersuchung gewarnt hat, verhalfen in Deutschland nunmehr der Ansicht zum Durchbruch, daß die für die Fabriken geltende Gewerbefreiheit in einem gewissen Umfang um eine die Arbeiter schützende gesetzliche Zwangsordnung ergänzt werden müsse. Dabei konzentrierte sich diese Auffassung im industriell rückständigen Preußen zuerst auf die immer mehr als berechtigt anerkannte Forderung, daß die Unterrichtszeiten für die in den Fabriken arbeitenden Kinder garantiert und diese vor einer Überbelastung geschützt werden müßten, um einer Jugendverwahrlosung, wie sie in den englischen Fabrikstädten bereits eingetreten war, entgegenzuwirken.

Diese Neuorientierung des herrschenden Standpunkts wurde weiter auch dadurch begünstigt, daß Großbritannien mit der Novellierung seines Jugendarbeitsschutzes in den 3oer Jahren den anderen europäischen Staaten mit gutem Beispiel voranging; denn durch diese Gesetzgebung erledigte sich in Deutschland der bis dahin immer wieder geäußerte Einwand, die inländische Industrie dürfe in dem ohnehin schon schweren Konkurrenzkampf mit England nicht einseitig benachteiligt werden.

Als Ergebnis des jetzt einsetzenden Meinungsumschwungs erließ Preußen am 9. März 1839 ein für die Fabriken geltendes Schutzgesetz, den ersten, wenn auch noch bescheidenden industriellen Jugendarbeitsschutz in Deutschland. Dieses Gesetz, das zur Betonung seines öffentlich-rechtlichen Charakters als Regulativ bezeichnet wurde, sah ein Arbeitsverbot vor bis zum 9. Lebensjahr, ferner einen in der Regel dreijährigen Schulbesuch vor der Arbeitsaufnahme sowie die Beschränkung des Arbeitstags für die noch nicht Sechzehnjährigen auf 1o Stunden.

Die in der Hausindustrie und im sonstigen Kleingewerbe tätigen Kinder und Jugendlichen sollten, weil insoweit eine Kontrolle nicht organisierbar erschien und die Kinder hier zumeist auch in den Familienbetrieben ihrer Eltern mitarbeiteten, nach wie vor indirekt durch den Besuch der Volksschule vor einem zu langen Arbeitstag bewahrt werden. Diesem Wirtschaftsbereich war wegen seines handwerklichen Zuschnitts an sich auch eine Anpassung an die üblichen Unterrichtszeiten zumutbar.

Über das Regulativ von 1839 ist es dem preußischen Kultusministerium dann ohne große Schwierigkeiten gelungen, die Inanspruchnahme der jüngeren Kinder durch die Industrie zu unterbinden und auch die anderen Vorschriften des Gesetzes mit Ausnahme der 1o-Stundentag-Regelung durchzusetzen. Darüber hinaus wurde für die Erwerbskinder vor allem im Rheinland erreicht, eine Schulorganisation aufzubauen, die im internationalen Vergleich Vorbildcharakter gehabt hat, obwohl dabei für die berufstätigen Kinder und Jugendlichen im Normalfall noch immer nur ein Abendunterricht angeboten wurde.

Da mit der Ausführung des Regulativs somit aber die ins Auge fallenden Mißstände bei der Kinderarbeit in der Industrie im wesentlichen abgestellt worden waren, vollzog sich die weitere Ausgestaltung des preußischen Jugendarbeitsschutzes noch stärker als vorher als mittelbare Folge anderer Veränderungen.

Für diese Entwicklung war zum einen wichtig, daß im fünften Jahrzehnt des 19. Jahrhunderts die Überzeugung wieder an Boden gewann, der Staat müsse mit dem Instrument des Gesetzes schlichtend in wirtschaftliche Konflikte eingreifen. Dieser zu Lasten der liberalen Nationalökonomie und der historischen Rechtsschule gehende Wandel der herrschenden Auffassung, der durch die Schutzzollbewegung und durch die Theorien der französischen Frühsozialisten eingeleitet worden war, weitete sich in der schweren Wirtschaftskrise Mitte der vierziger Jahre zu einer breiten Reformdiskussion aus.

Die öffentliche Meinung reagierte auf den Weberaufstand in Schlesien, auf die sich stetig verschlechternde Wirtschaftslage und die düsteren Zukunftsprognosen, die für England gestellt wurden, mit einem starken sozialen Engagement: Als Antwort auf die gesellschaftlichen Probleme wurde unter anderem eine anspruchsvollere Schulausbildung bejaht, durch die der einzelne eine größere berufliche Tüchtigkeit erlangen sollte, sowie außerdem befürwortet, daß der Industrie im Interesse des Allgemeinwohls öffentliche Pflichten auferlegt werden durften. Daher lag es nahe, die Schutzvorschriften des Regulativs von 1839 zu verschärfen.

Durch die Revolution von 1848 erfuhren diese Reformüberlegungen noch einmal eine nachdrückliche Unterstützung. Der preußische Handelsminister von der Heydt, der zur Abwehr der die Gesellschaft auflösenden Tendenzen die soziale Sicherung der Handwerker und der Fabrikarbeiter energisch vorangetrieben hat, widmete sich im besonderen Maße auch den Fragen des Jugendarbeitsschutzes in der Industrie.

Das Ergebnis dieser Bemühungen war das Fabrikgesetz vom 16. Mai 1853, das das Arbeitsverbot vom 9. auf das 12. Lebensjahr heraufgesetzt, die Arbeitszeit der noch nicht Vierzehnjährigen auf 6 Stunden beschränkt sowie für diese Altersgruppe einen täglichen Unterricht von mindestens 3 Stunden angeordnet hat.

Der Anwendungsbereich des Gesetzes wurde dabei auf die Erwerbsarbeit in Werkstattbetrieben aller Art ohne Rücksicht auf ihre Größe ausgedehnt, während für Lehrlingsverhältnisse in der Hausindustrie und im Handwerk eine Beschränkung des Arbeitstages weiterhin über die Schulvorschriften erreicht werden sollte. Als neue Kontrollinstanz wurde das Amt des Fabrikinspektors geschaffen. In einer Durchführungsverordnung zu dem Gesetz erhielten außerdem die Bezirksregierungen die Ermächtigung, einen auf die Einzelbetriebe bezogenen Arbeitsschutz in der Gestalt von bau-, gesundheits- sowie sittenpolizeilichen Vorschriften zu verwirklichen.

Gemessen an den zur damaligen Zeit vertretenen Auffassungen und dem industriellen Entwicklungsstand Preußens war der Arbeitsschutz vom Jahre 1853 eine eindrucksvolle Verbesserung. Das Gesetz bildete die Voraussetzung dafür, daß das Problem der Kinder- und Jugendarbeit in der Industrie und dem nichthausindustriellen Kleingewerbe noch in der Anfangsphase der Industrialisierung des Landes gelöst werden konnte - im Rheinland allerdings erst nach der Überwindung langjähriger Widerstände.

Anlage 1

Circular-Rescript des Königl. Ministeriums der geistlichen, Unterrichts- und Medicinal-Angelegenheiten (vom 26. Juni 1824) (1)

Bei der Unterrichtsabteilung des unterzeichneten Ministerii ist zufällig zur Sprache gekommen, daß hin und wieder Kinder in Fabriken und Manufakturen sowohl bei Tage als zur Nachtzeit beschäftigt werden. Dieser Gegenstand ist in medizinisch-polizeilicher Hinsicht so wichtig, daß anscheinend eine nähere gesetzliche Bestimmung notwendig werden wird. Um aber die erforderlichen Materialien dazu zuvörderst zu sammeln, wird die Königliche Regierung hierdurch veranlaßt, nachstehende Fragen, insofern es die Umstände und Verhältnisse gestatten, baldmöglichst zu beantworten:

1. Werden in den Fabriken dortiger Gegend auch Kinder beschäftigt, und wenn dies der Fall ist,
2. Zu welchen Arbeiten?
3. In welchem Alter?
4. Täglich wieviel Stunden und in welchen Stunden des Tages oder der Nacht?
5. Wie ist im übrigen die Lebensart dieser sogenannten Fabrikkinder beschaffen, und in welcher Art ist sie verschieden von der Lebensart der Kinder gleichen Standes, welche nicht in Fabriken beschäftigt werden?
6. Wie ist der Gesundheitszustand dieser Kinder an sich und im Verhältnis zu den nicht in Fabriken arbeitenden Kindern derselben Volksklassen?
7. Wenn der Gesundheitszustand der Fabrikkinder im ganzen schlechter ist als derjenige der übrigen Kinder, worin ist der Grund hiervon zu suchen, in den Arbeiten oder in anderen Umständen?
8. Wie verhalten sich hinsichtlich der Gesundheit diejenigen Erwachsenen, die in ihrer Kindheit in Fabriken gearbeitet haben, zu denen, die dazu nicht gebraucht worden sind?
9. Welche gesetzlichen Bestimmungen über Benutzung der Kinder zu Fabrikarbeiten würde die Königliche Regierung nach dem Resultate der hinsichtlich obiger Punkte angestellten Untersuchung für wünschenswert und zweckmäßig halten?
10. Wie wird für den nötigen Schulunterricht dieser Kinder gesorgt? Und
11. Wie ist ihr sittlicher Zustand?

Übrigens wird, wenn der Fall im Department der Königlichen Regierung nicht vorkommen sollte, daß Kinder in Fabriken beschäftigt werden, einer Vacat-Anzeige entgegengesehen.

Berlin, den 26. Juni 1824.

---

1) Anton, 1891, S. 167.

Anlage 2

Allerhöchste Cabinetsordre, betreffend die Schulzucht in den Provinzen, wo das Allgemeine Landrecht noch nicht eingeführt ist (vom 14. Mai 1825, mit Kürzungen:)(2)

Damit im ganzen Umfange der Monarchie die Schulzucht mit Erfolg gehandhabt und nirgend der Schulbesuch vernachläßigt werde; setze Ich, auf den Antrag des Staatsministerii, auch für diejenigen Landestheile, in welche das Allgemeine Landrecht bisher nicht eingeführt ist, in Uebereinstimmung mit den Vorschriften desselben, hierdurch fest:

1. Eltern, oder deren gesetzliche Vertreter, welche nicht nachweisen können, daß sie für den nöthigen Unterricht der Kinder in ihrem Hause sorgen, sollen erforderlichen Falls durch Zwangsmittel und Strafen angehalten werden, jedes Kind, nach zurückgelegtem fünftem Jahre, zur Schule zu schicken.
2. Der regelmäßige Besuch der Lehrstunden in der Schule muß so lange fortgesetzt werden, bis das Kind, nach dem Befunde seines Seelsorgers, die einem jeden vernünftigen Menschen seines Standes nothwendigen Kenntnisse erworben hat.
3. Nur unter Genehmigung der Obrigkeit und des geistlichen Schulvorstehers kann ein Kind länger von der Schule zurückgehalten, oder der Schulunterricht desselben, wegen vorkommender Hindernisse, auf einige Zeit ausgesetzt werden...

Ich trage dem Staatsministerio auf, diese Bestimmungen durch die Gesetzsammlung zur öffentlichen Kenntniß zu bringen.

Berlin, den 14. Mai 1825 Friedrich Wilhelm

Anlage 3

Circular-Rescript des Königl. Ministeriums der geistlichen, Unterrichts- und Medicinal-Angelegenheiten (vom 30. November 1825, mit Kürzungen:)(3)

Es kommt in einzelnen Provinzen leider häufig der Fall vor, daß große Verbrechen von Personen verübt werden, die noch im frühen jugendlichen Alter stehen. Diese traurige Erscheinung macht Maaßregeln nothwendig, theils um den Quellen solcher Verbrechen auf die Spur zu kommen, und diese zu verstopfen, theils um Veranstaltungen zur Besserung der früh Verirrten zu treffen. Da es zunächst erforderlich ist, daß das Ministerium sich über den Umfang und die Beschaffenheit des Uebels genauere Kenntniß verschaffe, so wird die Königliche Regierung beauftragt, von den städtischen und ländlichen Polizei-Behörden ihres Bezirks sich

2) Neigebaur, 1834, S. 64.
3) AaO S. 99.

specielle Nachweisungen solcher Verbrechen, und insonderheit von Diebstahl, Betrug, Brandstiftungen, Mordversuchen, fleischlichen Vergehungen, einreichen zu lassen, worin Namen, Geburts- und Aufenthaltsort, Stand und Gewerbe der Eltern, Alter, Religion, empfangener Unterricht und andere erläuternde Lebensumstände des jungen Verbrechers, nebst den Umständen, welche das Verbrechen selbst etwa entschuldigen können, oder auch erschweren möchten, auch das eingeleitete Verfahren oder die bereits verhängte Strafe möglichst genau angegeben sind, und eine Zusammenstellung dieser Nachweisungen jedesmal vierteljährlich, die erste aber sobald wie möglich, hieher einzusenden. ... Das Ministerium darf bei der Wichtigkeit des Gegenstandes zum Voraus erwarten, daß sowohl die Königl. Regierung als die Polizeibehörden demselben ihre volle Aufmerksamkeit widmen werden, und daß dies insonderheit von Seiten des Polizei-Decernenten und des Schulraths geschehe; das Königl. Regierungs-Präsidium wird daher dem letzern eine besondere Theilnahme an diesem Geschäfte verstatten, und ihn auffordern, dasselbe fortwährend und auch bei seiner Anwesenheit in der Provinz im Auge zu haben, den, aus den Unterrichts-Verhältnissen hervorgehenden Quellen dieses Uebels nachzuspüren, sich darüber eine möglichst vollständige Ansicht zu verschaffen, und dieselbe bei Erstattung der Quartalsberichte zu benutzen...

Berlin, den 30. Novbr. 1825

Anlage 4

Rescript über jugendliche Verbrecher (vom 2. Oktober 1826, mit Kürzungen:) (4)

Die nunmehr von fast sämmtlichen Königl. Regierungen eingegangenen Nachweisungen der von Personen im jugendlichen Alter begangenen Verbrechen geben dem Ministerio zu folgenden allgemeinen Bemerkungen Veranlassung. ... Wenn nicht blos Betrug, Diebstahl und Kirchenraub, sondern Mord, Brandstiftung, Sodomie und Selbstmord wiederkehrende Erscheinungen sind, wenn in gewissen Provinzen und Gegenden diese, in andern aber wieder andere Verbrechen vorzugsweise unter der Jugend zum Vorschein kommen, so erfordern solche Miß-Erzeugnisse die höchste Aufmerksamkeit, damit theils den Quellen nachgespürt, und diese verstopft, theils der Ansteckung vorgebeugt, theils endlich die frühe verirrten Unglücklichen selbst wo möglich von der Bahn des Lasters und Verbrechens noch zurückgebracht werden. Auf den letzt erwähnten Zweck hat sich in der neuesten Zeit die Fürsorge vieler Privat-Personen und Vereine mit besonderer Theilnahme gelenkt, wovon die sich immer mehrende Anzahl von Rettungs-Anstalten Zeugniß giebt; auch bei den öffentlichen Straf- und Besserungshäusern sind Schulen und Erziehungs-Anstalten neu gegründet, oder erweitert, oder zweckmäßiger eingerichtet worden, und endlich sind hie und da schon bestehende Waisenhäuser vorzugsweise der

4) Neigebaur, 1834. S. 100.

verwahrloseten und verwildernden Jugend geöffnet worden...In genauester Uebereinstimmung mit dieser Disziplinar-Behandlung muß aber auch der eigentliche Unterricht stehen, und das nämliche Ziel verfolgen. Nicht auf bloßes Mittheilen und Einprägen von Kenntnissen und Geschicklichkeiten darf es ausschließlich abgesehen sein, sondern zugleich auf Entwickelung der Selbstthätigkeit, auf Erregung der Lust an nützlicher Einsicht und ganz besonders auf Erhellung der bei so verwahrloseten Geschöpfen immer höchst verworrenen und dunklen Begriffe, und folglich auf allmälige Gewöhnung an ein besonnenes, klares und folgerichtiges Denken und Urtheilen. ... Außer und neben der Sorge für die Mittel zur Besserung und Erziehung verwahrloseter und gefallener Kinder muß aber auch eine gleiche Aufmerksamkeit darauf gerichtet werden, daß die Quellen der Verwilderung und des Verderbens unter der Jugend erforscht und verstopft werden. Nach den, dem Ministerio vorliegenden Erfahrungen und Notizen haben diese frühen traurigen Verirrungen vornehmlich in folgenden Umständen und Anlässen ihren Ursprung:

1. In dem Unglücke der unehelichen Geburt.
   ...;
2. in den schlechten Beispielen der Eltern.
   ...;
3. in Vernachlässigung des Schul- und besonders des Religions-Unterrichts, welche hie und da in der schlechten Beschaffenheit der Schule und des Unterrichts, so wie in der Sorglosigkeit der Lehrer und Geistlichen, häufiger aber in Verwahrlosung und üblem Willen der Eltern und Angehörigen ihren Grund hat; aber auch nicht selten durch -
4. vagadundirende Lebensweise bewirkt wird.
   ...;
5. in dem frühen Hingeben der Kinder zu Diensten, besonders Hirtendiensten, wo entweder im Hause verdorbenes erwachsenes Gesinde und deren Sittenlosigkeit, oder auf dem Felde die Langeweile und Verführung zur Verletzung der Unschuld zu groben fleischlichen und andern Lastern und Verbrechen hinziehen, und der Unterricht, wenn auch nicht ganz, doch größtentheils, wenigstens zur Sommer- und Herbstzeit versäumt wird. Gleicherweise gehört hiehin das Austhun der Kinder zu Fabrikarbeiten, wobei nicht nur alle die Nachtheile zu besorgen sind, die das Zusammensein mit rohen und sittenlosen Erwachsenen, so wie die Versäumniß der Schule mit sich führt, sondern auch der Gesundheit des Leibes oft unwiederbringlicher Schaden zugefügt und durch die fortwährenden mechanischen Beschäftigungen zugleich die Geistesfähigkeit gelähmt und abgestumpft wird. Endlich -
6. in der Verführung zu den geheimen Sünden der Unkeuschheit.
   ...

Was nun die Mittel betrifft, durch welche die hier angegebenen Quellen der Verbrechen im jugendlichen Alter möglichst verstopft werden können, so scheinen folgende zunächst die zweckdienlichsten zu sein:

...;

ad 3. daß nicht nur die bestehenden Vorschriften wegen regelmäßigen Schulbesuchs durch Mitwirkung aller concurrirenden Personen und Behörden streng durchgeführt, sondern auch ernstlich darauf gehalten werde, daß die Geistlichen den ihnen obliegenden Religions-Unterricht, namentlich die Evangelischen den Confirmanden-Unterricht pflichtmäßig besorgen. Bei den hierüber bestehenden bestimmten Vorschriften bedarf es nur der fortgesetzten Wachsamkeit, daß denselben überall nachgelebt, Nachlässigkeiten aber nicht geduldet, sondern unnachsichtlich gerügt und gestraft werden.

...;

ad 5. daß das Viehhüten durch Kinder, den bestehenden Verordnungen gemäß, nicht geduldet, in allen Fällen aber und mit besonderer Wachsamkeit auf die in Dienste gegebenen oder zu Fabrikarbeiten benutzten Kinder die Bestimmungen der §§ 43 - 46 Tit. 12 Th. II des Allg. Landr. streng gehalten werden, wobei das Ministerium noch bemerkt, daß baldigst über die Benutzung der Kinder zu Fabrikarbeiten noch besondere Vorschriften werden erlassen werden...

Berlin, den 2. October 1826

Anlage 5

Circular-Rescript des Königl. Ministeriums der geistlichen, Unterrichts- und Medicinal-Angelegenheiten (vom 27. April 1827) (5)

Schon seit längerer Zeit ist das Ministerium bemüht gewesen, in Beziehung auf die in Fabriken arbeitenden Kinder, allgemeine Anordnungen herbeizuführen, durch welche den Nachtheilen vorgebeugt werden könne, welche für Unterricht, Erziehung, Moralität und Gesundheit dieser armen Geschöpfe zu besorgen sind, so lange ihre Benutzung zu Fabrik-Arbeiten ohne feste Norm und Controlle der Willkühr der Eltern und Fabrikherren überlassen ist. Da jedoch dergleichen allgemeine Anordnungen nur mit reiflichster Berücksichtigung aller dabei concurrirenden Interessen, also nicht blos der Kinder selbst, sondern auch ihrer dürftigen Eltern und der bestehenden Fabriken, die zu ihrem Flor dieser wohlfeileren Arbeiter nicht wohl entbehren können, erlassen werden müssen, da ferner bei den festzusetzenden Bestimmungen eine sorgfältige Rücksicht auf den Unterschied genommen werden muß, der nicht blos unter den mancherlei Fabrikations-Arten, sondern auch unter den verschiedenen Arbeiten in jeder einzelnen Fabrik Statt findet, um darnach die angemessensten Vorschriften über das Alter der zu benutzenden Kinder, über die Dauer und Tageszeit ihrer Beschäftigungen, und über ihre zweckmäßige übrige Behandlung, wovon sich zum voraus einsehen läßt, daß in Beziehung auf jede Art von Arbeiten andere Normen anzu-

5) Neigebaur, 1834, S. 66.

nehmen sein werden, ertheilen zu können; und da endlich bei diesen Festsetzungen auch der bisherige Zustand und die wirklich gemachten Erfahrungen und Beobachtungen sorgsam und gründlich zu Rathe gezogen werden müssen; so leuchtet ein, warum mit allgemeinen Bestimmungen bis jetzt nicht rascher vorgeschritten ist und man vorgezogen hat, lieber etwas später desto durchgreifendere und anwendbarere Verordnungen zu erlassen, als sofort Einrichtungen zu treffen, die auf die vorhandenen Verhältnisse nicht allseitige Rücksicht genommen haben möchten, und deshalb später mit Erklärungen, Modificationen und Abänderungen wieder versehen werden müßten. Unabhängig jedoch von diesen hoffentlich bald zu erwartenden umfassenderen Verordnungen, ist die durch die bereits bestehenden Gesetze zur Pflicht gemachte Fürsorge, daß die Beschäftigungen der Kinder in Fabriken wenigstens dem Schulbesuch keinen Eintrag thun dürfen. Das Allg. Landr. bestimmt, daß alle Kinder im schulpflichtigen Alter auch die Schule regelmäßig zu besuchen angehalten werden sollen, und diese Bestimmungen sind durch die Allerhöchste Cabinetsordre vom 14. Mai 1825 auch auf diejenigen Provinzen ausgedehnt worden, in welchen bisher das Allg. Landr. nicht eingeführt ist. Es stehet mithin für die ganze Monarchie fest:

1. Daß Eltern oder deren gesetzliche Vertreter, welche nicht nachweisen können, daß sie für den nöthigen Unterricht der Kinder in ihrem Hause sorgen, erforderlichen Falls durch Zwangsmittel und Strafen angehalten werden sollen, jedes Kind nach zurückgelegtem fünften Jahre zur Schule zu schicken.
2. Daß der regelmäßige Besuch der Lehrstunden in der Schule so lange fortgesetzt werden muß, bis das Kind, nach dem Befunde seines Seelsorgers, die einem jeden vernünftigen Menschen seines Standes nothwendigen Kenntnisse erworben hat.
3. Daß nur unter der Genehmigung der Obrigkeit und des geistlichen Schulvorstehers ein Kind länger von der Schule zurückgehalten, oder der Schulunterricht desselben wegen vorkommender Hindernisse auf einige Zeit ausgesetzt werden kann.

Schon in diesen Bestimmungen ist ein hinlänglicher Anhalt vorhanden, um den gröbsten Mißbräuchen zu begegnen und gewissenlosen Eltern oder eigennützigen Fabrik-Inhabern die nöthigen Schranken zu setzen, und das Ministerium kann sich daher für jetzt darauf beschränken, der Königl. Regierung zu empfehlen, daß dieselbe in allen den Fällen, wo von der Beschäftigung der Kinder in Fabriken wirklicher Nachtheil für deren Ausbildung, Sittlichkeit und Gesundheit zu besorgen ist, auf den Grund der angezogenen Gesetze die nöthigen Einschreitungen ernstlichst vornehme. Wo also etwa Kinder in allzu frühem Alter oder täglich in zu vielen Stunden, oder bei ungesunden Arten von Arbeiten, oder in Gesellschaft von rohen und sittenlosen Erwachsenen in den Fabriken gebraucht oder vielmehr gemißbraucht werden, da wird diesem Unwesen am besten Einhalt gethan werden können, wenn mit nachdrücklichster Strenge auf regelmäßigen ununterbrochenen Schulbesuch Vormittags und Nachmittags gehalten wird. Wo jedoch zu jenen Besorgnissen kein Grund vorhanden ist, wo namentlich keine kleineren Kinder benutzt werden; da darf eine billige Rücksicht sowohl auf den Vortheil der Fabrikanten; als auf den Verdienst der Eltern, als auch auf den Nutzen für die Kinder, indem sie sich frühe an ausdauernde Thätigkeit gewöhnen, genommen werden, und es unterliegt keinem Bedenken, daß in solchen Fällen Dispensationen vom Unterrichte oder Beschränkungen desselben auf einige Tage in der Woche, oder auf wenige Stunden des Tages, oder die Erlaubniß, Abend- und Sonntag-Schulen besuchen zu dürfen, Statt finden können. Doch sollen diese Dispense immer nur nach genauer Untersuchung der Verhältnisse und nicht ohne die ausdrückliche Einstimmung des geistlichen Schulvorstehers, und zwar in jedem einzelnen Falle speciell ertheilt werden, niemals aber auf den Religionsunterricht für die Confirmanden oder für die zum ersten Abendmahle Vorbereiteten sich erstrecken dürfen. Das Ministerium erwartet, daß die Königl. Regierung dieser wichtigen Angelegenheit alle Sorgfalt widmen und nach den hier gegebenen Andeutungen die erforderlichen Maaßregeln der Wachsamkeit, der Aufsicht und der Abhülfe mit Antheil und nöthigenfalls mit Nachdruck ergreifen werde.

Berlin, den 27. April 1827

Anlage 6

Cirkularverfügung des Kultusministers (vom 20. Mai 1847)(6)

Durch die Cirkularverfügung vom 5. Januar 1845 hatte ich von sämtlichen Königlichen Regierungen darüber Bericht erfordert, ob die Bestimmungen des mittelst Allerhöchster Ordre vom 6. April 1839 bestätigten Regulativs, die Beschäftigung jugendlicher Arbeiter in den Fabriken betreffend, in ihren Verwaltungsbezirken durchgehends in Anwendung gebracht worden seien; inwiefern dieselben ausgereicht, um den noch schulpflichtigen Kindern den nötigen Unterricht zu sichern und sie vor schädlichen Einwirkungen auf Gesundheit und Sittlichkeit zu schützen; und ob, insofern dieses durch die gewöhnlichen Aufsichtsmaßregeln nicht erreicht werden könne, es nicht zweckmäßig erscheine, zur Erleichterung der Aufsicht, wie zur geeigneten Ausgleichung der Interessen der Fabrikunternehmer, der arbeitenden Kinder und ihrer Eltern besondere Lokalkommissionen zu diesem Zwecke anzuordnen.

Das Ergebnis der hierüber erfolgten Berichterstattung lasse ich der Königlichen Regierung zur Kenntnisnahme in der anliegenden Zusammenstellung zugehen.

Es gewährt eine besondere Befriedigung, daß die Bestimmungen des Regulativs von 1839 mit alleiniger Ausnahme von zwei Städten in der ganzen Monarchie zur Ausführung gekommen sind und sich für den Schutz der in den Fabriken arbeitenden Kinder in körperlicher, geistiger und sittlicher Beziehung ausreichend erwiesen haben. In Rücksicht hierauf erkläre ich mich mit der

6) Anton, 1891, S. 175.

von der Mehrzahl der Königlichen Regierungen vorgetragenen Ansicht einverstanden, daß von einer durchgehenden Anordnung von Lokal-Kommissionen, welche aus dem Ortsvorsteher, einem Arzt, Pfarrer, Schulvorsteher, Fabrikunternehmer und wohl auch einem Fabrikarbeiter zusammenzusetzen seien, abgesehen werden kann, und will es dem Ermessen der Königlichen Regierung überlassen, in solchen Orten, wo besondere Lokalverhältnisse die Einrichtung der gedachten Kommissionen wünschenswert und ausführbar erscheinen lassen, auf dieselbe hinzuwirken, wobei ich noch bemerke, daß nach einem mir kürzlich erstatteten Bericht der Königlichen Regierung in Merseburg die Wirksamkeit der in dem dortigen Verwaltungsbezirk bereits in das Leben getretenen Kommission sich als sehr wohlthätig und erfolgreich erwiesen hat.

Berlin, den 20. Mai 1847

Der Minister der geistlichen, Unterrichts- und Medizinal-Angelegenheiten
Eichhorn

Promemoria, die Ausführung des Regulativs vom 9. März 1839 wegen der Beschäftigung jugendlicher Arbeiter in den Fabriken betreffend.

Aus den auf die Cirkularverfügung vom 5. Januar 1845, betreffend die Ausführung des Regulativs vom 9. März 1839 wegen Beschäftigung jugendlicher Arbeiter in den Fabriken und die Bildung besonderer Lokalkommissionen zur Überwachung der Ausführung der in demselben enthaltenen Bestimmungen, eingegangenen Berichten sämtlicher Königlicher Regierungen ergiebt sich Folgendes.

Innerhalb der Verwaltungsbezirke von sieben Regierungen, nämlich der zu Gumbinnen, Danzig, Marienwerder, Posen, Bromberg, Köslin und Braunfels, befinden sich keine Fabriken, in welchen schulpflichtige Kinder beschäftigt werden. In den Verwaltungsbezirken von elf Regierungen, nämlich der zu Königsberg, Liegnitz, Oppeln, Stettin, Stralsund, Potsdam, Erfurt, Münster, Koblenz, Neuwied und Trier werden zwar schulpflichtige Kinder in den Fabriken, jedoch in geringerer Ausdehnung, und in denjenigen von neun Regierungen, nämlich zu Breslau, Frankfurt, Magdeburg, Merseburg, Minden, Arnsberg, Düsseldorf, Köln und Aachen in größerer Ausdehnung beschäftigt.

Von sämtlichen Regierungen, in deren Verwaltungsbezirken schulpflichtige Kinder in Fabriken beschäftigt werden, sind die Bestimmungen des Regulativs vom 9. März 1839 in Ausführung gebracht und Überschreitungen derselben beseitigt worden. Nur in den Städten Aachen und Eupen hatten die nicht ausreichenden Schuleinrichtungen eine vollständige Ausführung des Regulativs bis vor kurzem noch nicht möglich werden lassen.

Sämtliche Regierungen stimmen darin überein, daß die durch das gedachte Regulativ angeordneten Einrichtungen ausreichen, um die in den Fabriken beschäftigten Kinder zur Teilnahme an dem nachhelfenden Unterricht anzuhalten und gegen physische wie moralische Benachteiligung zu sichern. Nur eine Regierung bemerkt, daß in einzelnen in ihrem Verwaltungsbezirk befindlichen Tabaksfabriken sich ein nachteiliger sittlicher Einfluß des Umgangs der Kinder mit erwachsenen Arbeitern bemerklich gemacht und noch nicht habe beseitigen lassen.

Außer der gewöhnlichen Aufsicht seitens der Polizei- und Schulbehörden sind von den Regierungen keine besonderen Veranstaltungen getroffen und für nötig erachtet worden, um den Zweck des Regulativs zu erreichen. Nur die Königliche Regierung in Merseburg hat nach Erlaß der Verfügung vom 5. Januar 1845 in den Städten Zeitz und Eilenburg die Organisation solcher Lokalkommissionen veranlaßt, wie sie durch die gedachte Verfügung in Anregung gebracht worden. Das Gleiche hat sie in anderen Städten ihres Verwaltungsbezirks einzuleiten gesucht; die Magistrate derselben haben jedoch nicht darauf eingehen zu müssen geglaubt, weil die Zahl der in den Fabriken beschäftigten Kinder daselbst nur sehr gering sei.

Auch für die Zukunft haben außer der Regierung zu Merseburg nur die Regierungen zu Minden und Koblenz die Einrichtung derartiger Lokalkommissionen für angemessen und ausführbar erklärt, und zwar jene mit der Maßgabe, daß dieselbe nicht als eine allgemeine Maßregel, sondern nur nach dem jedesmaligen Bedürfnis angeordnet werde, diese mit dem Bemerken, daß für ihren Bezirk ein specielles Bedürfnis nicht vorliege. Die übrigen Regierungen erachten sie zum Teil mit Rücksicht auf die ausreichenden Bestimmungen des Regulativs und die im gewöhnlichen Wege vorhandene Beaufsichtigung für überflüssig, zum Teil erklären sie sich um deswillen gegen dieselbe, weil Kollisionen zwischen ihnen und den Polizei- und Ortsschul-Behörden kaum zu vermeiden sein würden.

Anlage 7

Cirkularverfügung des Handelsministers (vom 22. Mai 1851)(7)

Das Regulativ vom 9. Marz 1839, betreffend die Beschäftigung jugendlicher Arbeiter in Fabriken, hat die Jugend gegen die Gefahren zu schützen versucht, welche ihr aus rücksichtsloser Gewinnsucht, aus dem Mangel an Erziehung und Unterricht, aus der Verführung und dem bösen Beispiel nur zu häufig erwachsen. Es mag schwierig sein, das Interesse der Industrie und die Neigung der Arbeitgeber und Arbeitnehmer, sich in Beziehung auf das Arbeitsverhältnis der Beaufsichtigung der Polizeibehörden zu entziehen, mit dergleichen Maßregeln der Fürsorge in Übereinstimmung zu bringen und diese in Wirksamkeit zu setzen, ohne jenes Interesse, wenn auch nur scheinbar, zu beeinträchtigen. Je größer indes die Hindernisse sein mögen, welche die Behörden in der Ausführung solcher Maßregeln zu überwinden haben, um so mehr werden sie sich veranlaßt finden müssen, dem Gegenstande ihre Aufmerksamkeit zuzuwenden und diese fortdauernd rege zu erhalten, da die Notwendigkeit, die Beschäftigung jugendlicher Arbei-

7) Anton, 1891, S. 177.

ter in den Fabriken zu überwachen, seit Emanation des Regulativs ungleich dringender hervorgetreten ist. Ich habe Grund, anzunehmen, daß die Aufgabe, welche die Entwickelung der socialen Verhältnisse der Staatsregierung stellt, von den Behörden nicht überall nach ihrer ganzen Bedeutung erkannt und gewürdigt wird. Jetzt, wo es mehr als sonst darauf ankommt, die Mittel zu finden und anzuwenden, welche den in der bürgerlichen Gesellschaft wirkenden auflösenden Elementen entgegenzuwirken geeignet sind, wo für die Handwerker gesetzliche Vorschriften gegeben sind, welche die Mittel gewähren, die in diesem Stande beschäftigten jungen Leute an Zucht und Ordnung zu gewöhnen und ihre gewerbliche und sittliche Ausbildung zu überwachen, kann die Regierung die Arbeiterverhältnisse in den Fabriken nicht unbeachtet lassen. Es kommt aber, um beurteilen zu können, ob die bestehenden Vorschriften, wenn sie überall zur Ausführung gebracht werden, für den Zweck genügen, oder ob und welche weiteren Bestimmungen zu treffen sein werden, um diesen sicher zu stellen, darauf an, festzustellen, in welcher Weise das Regulativ zur Ausführung gebracht und was angeordnet ist, um die Wirksamkeit der gegebenen Vorschriften sicherzustellen. Ich veranlasse die Königliche Regierung, darüber, soweit es ihren Verwaltungskreis betrifft, Anzeige zu machen und sich darüber zu äußern, was zu dem Zweck etwa weiter zu veranlassen sein möchte. In dieser Beziehung bemerke ich Folgendes:

Es fragt sich insbesondere, ob sich das Bedürfnis gezeigt hat, mit den in § 10 des Regulativs vorbehaltenen Anordnungen in sanitäts-, bau- und sittenpolizeilicher Beziehung vorzugehen oder die Bestimmungen des Regulativs auch auf solche jugendlichen Arbeiter auszudehnen, welche außerhalb der Fabriken in Werkstätten arbeiten. In letzterer Beziehung würde § 136 der Gewerbeordnung vom 17. Januar 1845 daselbst und § 11 und 6 a, f, i des Gesetzes über die Polizeiverwaltung vom 11. März 1850 den gesetzlichen Anhalt zum Erlaß der erforderlichen Verordnungen darbieten. Es kommt daher darauf an, die nachstehenden Punkte einer sorgfältigen Erörterung zu unterwerfen:

1. wie und durch welche Organe die Ausführung und Beachtung des Regulativs vom 9. März 1839 bisher kontrolliert worden ist,
2. ob sich hierbei Übelstände herausgestellt, namentlich, ob sich Fabrikbesitzer geweigert haben, den kontrollierenden Beamten den Eintritt in die Arbeitslokale zu gestatten, und wie dergleichen Weigerungen beseitigt worden sind,
3. ob sich ein Bedürfnis ergeben hat, die Altersstufe vom zurückgelegten sechzehnten Jahre an, vielleicht nur für gewisse Arbeiten, in ähnlicher Weise zu schützen wie die jüngeren Altersstufen,
4. ob gewisse Arbeiten und Fabriken so schädlich auf die Gesundheit jugendlicher Arbeiter einwirken, daß sich ein gänzliches Verbot ihrer Beschäftigung in denselben oder deren Beschränkung rechtfertigen würde,
5. ob ein Bedürfnis vorhanden ist, auch sonst noch in sanitäts-, bau- und sittenpolizeilicher Beziehung besondere Anordnungen, und welche, zu erlassen,

6. ob es ein Bedürfnis ist, auch die außerhalb der Fabriken in Werkstätten beschäftigten jugendlichen Fabrikarbeiter, und in welcher Weise, zu schützen.

Wenn sich zu 1. und 2. das Bedürfnis ergeben sollte, neue Aufsichtsorgane zu bilden, so wünsche ich hierüber specielle und ausführlich motivierte Vorschläge der Königlichen Regierung zu vernehmen. Ebenso sind, wenn in betreff der übrigen zu 3. bis 6. erwähnten Punkte oder in betreff sonstiger in Betracht kommender Verhältnisse von der Königlichen Regierung gewisse Anordnungen für ihren Bezirk für zweckmäßig erachtet werden, die zu erlassenden Anordnungen bestimmt formuliert in Vorschlag bringen.

Ich zweifle nicht, daß die Königliche Regierung der Erwirkung dieser Verhältnisse diejenige Teilnahme zuwenden wird, welche die Wichtigkeit der Sache erfordert. Der Bericht ist binnen einer Frist von drei Monaten zu erstatten und dem Herrn Oberpräsidenten zur Weiterbeförderung einzureichen.

Berlin, den 22. Mai 1851

Der Minister für Handel, Gewerbe und öffentliche Arbeiten
von der Heydt

Anlage 8

Gemeinsame Cirkularverfügung des Kultus- und des Handelsministers (vom 9. Oktober 1851)(8)

Der § 2 des Allerhöchst bestätigten Regulativs über die Beschäftigung jugendlicher Arbeiter in den Fabriken d.d.9. März 1839 bestimmt, daß Kinder, welche das neunte Lebensjahr zwar überschritten, aber das sechzehnte Jahr noch nicht vollendet haben, zu einer regelmäßigen Beschäftigung in einer Fabrik oder bei Berg-, Hütten- und Pochwerken nicht angenommen werden dürfen, wenn sie nicht einen dreijährigen regelmäßigen Schulunterricht genossen haben oder durch ein Zeugnis des Schulvorstandes nachweisen, daß sie die Muttersprache geläufig lesen können und einen Anfang im Schreiben gemacht haben. Eine Ausnahme hiervon ist nur da gestattet, wo die Fabrikherren durch Errichtung und Unterhaltung von Fabrikschulen den Unterricht der jungen Arbeiter sichern.

Es ist zu unserer Kenntnis gekommen, daß diese Vorschriften nicht überall strenge befolgt werden, indem öfters darüber hinweggesehen wird, daß in Stelle der im Sinne des § 2 des gedachten Regulativs einzurichtenden Fabrikschulen andere ungenügende Einrichtungen für den Unterricht der in den Fabriken beschäftigten Kindern getroffen werden, welche den regelmäßigen Schulbesuch nicht zu ersetzen, sondern nur bei der Voraussetzung, daß ein solcher vorher stattgefunden habe, die Lücken in den erworbenen Kenntnissen in einzelnen Zweigen des Unterrichts auszufüllen geeignet sind und daher nur den Namen von Nachhülfeschulen ver-

8) Anton, 1891, S. 179.

dienen. So lobenswert auch die Fürsorge von Fabrikbesitzern ist für die Fortbildung der in ihren Gewerben beschäftigten Kinder, welche den gesetzlichen Anforderungen in Beziehung auf den vor ihrer Aufnahme in die Fabriken zu absolvierenden Unterricht notdürftig genügt haben, und so sehr daher auch die Errichtung solcher Nachhülfeschulen Beförderung verdient, so können sie doch, auf den Unterricht in einzelnen Lehrgegenständen und in wenigen wöchentlichen Stunden beschränkt, die Ortsschulen oder die an deren Stelle im zweiten Abschnitt des § 2 des Regulativs nachgelassenen Fabrikschulen nicht ersetzen und einen Anspruch auf die hier gestattete Ausnahme von der im ersten Abschnitte desselben Paragraphen vorgeschriebenen Regel nicht begründen. Wenngleich die Beurteilung, ob die Einrichtung einer Fabrikschule dem Zwecke genüge, den Regierungen zugewiesen ist und diesen obliegt, solchenfalls auch das Verhältnis zwischen Lern- und Arbeitszeit zu bestimmen, so ergiebt doch der § 9 des Regulativs, inhalts dessen durch dasselbe die gesetzlichen Bestimmungen über die Verpflichtung zum Schulbesuch nicht geändert werden sollen, daß die Fabrikschulen, um in die Stelle der Ortsschulen zu treten, eine solche Einrichtung erhalten müssen, daß sie denjenigen Unterricht, welchem die jugendlichen Arbeiter durch ihre regelmäßige Beschäftigung in den Fabriken etc. entzogen werden, vollständig ersetzen,wozu nicht nur eine Ausdehnung auf alle Fächer des gewöhnlichen Schulunterrichts, sondern als Regel auch gehören wird, daß demselben eben so viel Zeit täglich gewidmet werde, wie in den Ortsschulen geschieht.

Den Regierungen wird empfohlen, bei der Einrichtung von Fabrikschulen diese Gesichtspunkte zu beachten, und nur, wo auf solche Weise der Unterricht der jungen Arbeiter in den Fabriken gesichert ist, eine Ausnahme von der in § 2 des Regulativs festgestellten Regel in Beziehung auf die Bedingungen, welche vor der Aufnahme von Kindern in dem Alter von neun bis sechzehn Jahren zur regelmäßigen Beschäftigung in Fabriken als erfüllt nachgewiesen werden müssen, zuzulassen. Es ist zu erwarten, daß die Fabrikherren selbst ihnen dabei bereitwillig entgegenkommen werden, da sie immer mehr die Überzeugung gewonnen haben werden, daß die Heranziehung eines sittlich gebildeten und wohl unterrichteten Fabrikarbeiterstandes ihrem eigenen Interesse zumeist entspricht.

Berlin, den 9. Oktober 1851

Der Minister der geistlichen, Unterrichts- und Medizinal-Angelegenheiten
von Raumer

Der Minister für Handel, Gewerbe und öffentliche Arbeiten
In Vertretung:
von Pommer-Esche

Anlage 9

Gesetz, betreffend einige Abänderungen des Regulativs vom 9. März 1839 über die Beschäftigung jugendlicher Arbeiter in Fabriken (vom 16. Mai 1853) (9)

Wir Friedrich Wilhelm, von Gottes Gnaden, König von Preußen etc. etc. verordnen, unter Zustimmung der Kammern, was folgt:

§ 1

Die im § 1 des Regulativs vom 9. März 1839 (Gesetz-Sammlung 1839 Seite 156) erwähnte Beschäftigung jugendlicher Arbeiter ist vom 1. Juli 1853 an nur nach zurückgelegtem zehnten, vom 1. Juli 1854 an nur nach zurückgelegtem elften, und vom 1. Juli 1855 an nur nach zurückgelegtem zwölften Lebensjahre gestattet.

§ 2

Vom 1. Oktober 1853 ab dürfen junge Leute unter sechszehn Jahren bei den im § 1 des Regulativs gedachten Anstalten nicht weiter beschäftigt werden, wenn ihr Vater oder Vormund dem Arbeitgeber nicht das im § 3 erwähnte Arbeitsbuch einhändigt.

§ 3

Das Arbeitsbuch, welchem eine Zusammenstellung der, die Beschäftigung jugendlicher Arbeiter betreffenden Bestimmungen vorzudrucken ist, wird auf den Antrag des Vaters oder Vormundes des jugendlichen Arbeiters von der Ortspolizeibehörde ertheilt und enthält:

1. Namen, Tag und Jahr der Geburt, Religion des Arbeiters,
2. Namen, Stand und Wohnort des Vaters oder Vormundes,
3. das im § 2 des Regulativs erwähnte Schulzeugniß,
4. eine Rubrik für die bestehenden Schulverhältnisse,
5. eine Rubrik für die Bezeichnung des Eintrittes in die Anstalt,
6. eine Rubrik für den Austritt aus derselben,
7. eine Rubrik für die Revisionen.

Der Arbeitgeber hat dieses Arbeitsbuch zu verwahren, der Behörde auf Verlangen jederzeit vorzulegen und bei Beendigung des Arbeitsverhältnisses dem Vater oder Vormunde des Arbeiters wieder auszuhändigen.

§ 4

Jugendliche Arbeiter dürfen bis zum vollendeten vierzehnten Lebensjahre täglich nur sechs Stunden bei den im § 1 des Regulativs gedachten Anstalten beschäftigt werden; für dieselben genügt ein, in diese Arbeitszeit nicht einzurechnender dreistündiger Schulunterricht.

Sollte durch die Ausführung dieser Bestimmung bereits bestehenden Anstalten die nöthige Arbeitskraft entzogen werden, so ist der Minister für Handel, Gewerbe und öffentliche Arbeiten ermächtigt, im Einvernehmen mit dem Minister der Unterrichtsangelegenheiten auf bestimmte Zeit Ausnahmevorschriften zu erlassen.

---

9) GS 1853, S. 225.

§ 5

Die nach § 4 des Regulativs den jugendlichen Arbeitern zu gewährende Muße von einer Viertelstunde Vor- und Nachmittags wird auf je eine halbe Stunde festgestellt.

§ 6

Die im § 5 des Regulativs auf 5 Uhr Morgens bis 9 Uhr Abends festgestellten Grenzen der Tagesarbeit werden auf 5 1/2 Uhr Morgens und 8 1/2 Uhr Abends bestimmt.

§ 7

Jede unter vorstehende Bestimmungen fallende Beschäftigung jugendlicher Arbeiter muß von dem Arbeitgeber zuvor der Ortspolizeibehörde angemeldet werden. In Betreff der, beim Erlaß dieses Gesetzes bereits beschäftigten Arbeiter ist diese Anmeldung binnen vier Wochen zu bewirken.

§ 8

Außerdem ist der Arbeitgeber verpflichtet, halbjährlich der Ortspolizeibehörde die Zahl der beschäftigten Arbeiter unter sechszehn Jahren anzuzeigen.

§ 9

Zuwiderhandlungen gegen die Vorschriften der §§ 1, 2, 4, 5 und 6 dieses Gesetzes werden nach dem ersten, Zuwiderhandlungen gegen die Vorschriften der §§ 3, 7 und 8 dieses Gesetzes nach dem zweiten Absatz des § 8 des Regulativs vom 9. März 1839 bestraft.

Außerdem kann der Richter Demjenigen, der binnen fünf Jahren für drei Uebertretungsfälle zu drei verschiedenen Malen, sei es nach den Bestimmungen dieses Gesetzes oder nach denen des Regulativs vom 9. März 1839 bestraft worden ist, bei einer ferneren Uebertretung der Vorschriften dieses Gesetzes oder des gedachten Regulativs die Beschäftigung junger Leute unter sechszehn Jahren auf eine bestimmte Zeit oder für immer untersagen. Sind in fünf Jahren sechs Uebertretungsfälle bestraft worden, so muß auf diese Untersagung, und zwar mindestens für die Zeit von drei Monaten, erkannt werden. Zuwiderhandlungen gegen ein derartiges gerichtliches Verbot werden mit Einem bis fünf Thaler für jedes Kind und für jeden Kontraventionalfall bestraft.

§ 10

Soweit das Regulativ vom 9. März 1839 in Vorstehendem nicht abgeändert worden, bleibt dasselbe in Kraft.

§ 11

Die Ausführung dieser Bestimmungen soll, wo sich dazu ein Bedürfniß ergiebt, durch Fabrikeninspektoren als Organe der Staatsbehörden beaufsichtigt werden.

Diesen Inspektoren kommen, soweit es sich um Ausführung der Vorschriften dieses Gesetzes und des Regulativs vom 9. März 1839 handelt, alle amtliche Befugnisse der Ortspolizeibehörden zu.

In welcher Weise sie eine stehende örtliche Aufsicht zu bilden, dieselbe zu unterstützen und zu leiten und mit der vorgesetzten Behörde einen fortgehenden Verkehr zu erhalten haben, werden die Minister für Handel, Gewerbe und öffentliche Arbeiten, der Unterrichtsangelegenheiten und des Innern bestimmen.

Die Besitzer gewerblicher Anstalten sind verpflichtet, die auf

Grund dieses Gesetzes auszuführenden amtlichen Revisionen derselben zu jeder Zeit, namentlich auch in der Nacht, zu gestatten.

§ 12

Die im § 11 erwähnten Departementschefs sind mit der Ausführung des Gesetzes beauftragt.

Urkundlich unter Unserer Höchsteigenhändigen Unterschrift und beigedrucktem Königlichen Insiegel.

Gegeben Charlottenburg, den 16. Mai 1853

Friedrich Wilhelm

v. Manteuffel
v. d. Heydt
Simons
v. Raumer
v. Westphalen
v. Bodelschwingh
v. Bonin

Anlage 10

Gemeinsame Cirkularverfügung (vom 18. August 1853)(10)

In Bezug auf die Ausführung des Gesetzes, betreffend einige Abänderungen des Regulativs vom 9. März 1839 über die Beschäftigung jugendlicher Arbeiter in Fabriken, vom 16. Mai d.J. wird die Königliche Regierung auf Grund § 12 dieses Gesetzes sowie des § 10 des erwähnten Regulativs mit folgender Anweisung versehen:

I.

Zunächst ist für die vollständige Übersicht derjenigen Anstalten Sorge zu tragen, welche den Vorschriften des Gesetzes unterliegen. Entstehen Zweifel darüber, ob eine Anstalt unter das Gesetz fällt, so ist vor allem die Art und der Zweck der Beschäftigung der jugendlichen Arbeiter sorgfältig zu prüfen. Ergiebt sich hierbei, daß ein festes, die gesamte Ausbildung der jugendlichen Arbeiter zum selbständigen Betrieb eines Geschäfts bezweckendes Lehrverhältnis nicht stattfindet, so ist das Gesetz zur Anwendung zu bringen. Im entgegengesetzten Falle kommen in betreff des Schulunterrichts nicht die Vorschriften des Gesetzes vom 16. Mai d.J., sondern die allgemeinen Bestimmungen über den Schulbesuch zur Anwendung.

Letzteres gilt auch von der Beschäftigung jugendlicher Arbeiter außerhalb der Fabrikationsstätten, namentlich bei dem Feld- und Gartenbau zu Fabrikationszwecken, wie z.B. zur Rübenzuckerfabrikation.

---

10) Anton, 1891, S. 181.

Treten in solchen Fällen besondere Gefahren für den Schulbesuch ein, so empfiehlt es sich, durch Polizei-Verordnungen auf Grund des Gesetzes vom 11. März 1850 die Arbeitgeber für den Schulbesuch der Arbeiter dadurch verantwortlich zu machen, daß ihnen für jedes während der Schulstunden ohne Erlaubnis der Ortsschulinspektoren von ihnen beschäftigte schulpflichtige Kind eine Strafe angedroht wird (vgl. Amtsblatt der Kgl. Regierung zu Magdeburg 1852 S. 65, der Kgl. Regierung zu Merseburg 1853 S. 40).

Die vollständige Übersicht über die bezüglichen Anstalten zu gewinnen, wird durch die Vorschriften der §§ 7 und 8 des Gesetzes wesentlich erleichtert. Die hier erwähnten Anmeldungen sind von den Ortspolizeibehörden in eine Liste einzutragen, welche nach § 8 fortzuführen und am Jahresschluß der Königlichen Regierung einzureichen ist.

II.

Bei jeder Anstalt, welche dem Gesetz vom 16. Mai d.J. unterliegt, ist zu prüfen, ob dieselbe A, in baulicher, B, in sittlicher Hinsicht, und C, in Beziehung auf die Art der Arbeit und deren Einfluß auf die Gesundheit besonderer Anordnungen bedarf.

Zu A sind die Bau- und Sanitätsbeamten der Kreise und Bezirke zu beauftragen (§ 7 des Gesetzes vom 12. Februar 1850 - Gesetzsammlung 1850 S. 46) bei Gelegenheit ihrer amtlichen Revisionen unter Zuziehung der Polizeibehörden die betreffenden Lokalitäten in Augenschein zu nehmen und demnächst der Königlichen Regierung dasjenige vorzutragen, was, in Berücksichtigung der Vorschriften des Gesetzes, zu Anzeigen oder Vorschlägen Anlaß bieten möchte.

Wenn hierbei mit Rücksicht auf die Fürsorge für die Erhaltung der Gesundheit der jugendlichen Arbeiter Änderungen in schon bestehenden Lokalitäten für unerläßlich erachtet werden, so hat die Königliche Regierung für deren Ausführung in angemessenen Fristen, nötigenfalls im Wege der administrativen Exekution zu sorgen und nach Befinden der Umstände einstweilen die Beschäftigung der jugendlichen Arbeiter in solchen ungesunden Räumen zu untersagen. Als notwendig erscheinen, soweit sie irgend ausführbar sind, besonders solche Einrichtungen, welche die Erhaltung reiner Luft in den Fabrikräumen und die Beseitigung schädlicher Einflüsse der Kälte oder Hitze bezwecken.

Mit besonderer Sorgfalt sind neue Baupläne dieser Art zu prüfen und nach den erforderlichen Anweisungen zu vervollständigen.

Bedarf eine Anlage, in welcher jugendliche Arbeiter beschäftigt werden sollen, nach den Vorschriften der §§ 27 sqq. der Allgemeinen Gewerbe-Ordnung einer polizeilichen Koncession, so ist bei Erteilung derselben auf den Inhalt dieser Anweisung Rücksicht zu nehmen.

Zu B ist zu prüfen, ob und welche besondere Gefahren nach der Natur der speciellen Verhältnisse in sittlicher Beziehung den in einer Anstalt beschäftigten jugendlichen Arbeitern drohen. Solchen Gefahren ist mit Energie entgegenzutreten. Im allgemeinen sind hierbei folgende Rücksichten zu beobachten:

1. Die Beschäftigung der Kinder in Gemeinschaft mit Erwachsenen ist, wenn dies mit dem Fabrikbetrieb vereinbar ist,

zu verhüten oder doch so viel irgend möglich zu beschränken. Insbesondere ist darauf zu sehen, daß, wo es sich irgend vermeiden läßt, Mädchen unter 16 Jahren nicht mit Knaben oder Männern gleichzeitig in denselben Räumen arbeiten; die Cigarrenfabriken und Buchdruckereien bedürfen hierbei besonderer Aufmerksamkeit.

2. Es darf nicht geduldet werden, daß, wo jugendliche Arbeiter genötigt sind, der Entfernung von der elterlichen Wohnung halber außerhalb der letzteren zu übernachten, in denselben Schlafräumen gleichzeitig Personen verschiedenen Geschlechts Aufnahme finden. Die Koncession zur Vermietung solcher Schlafstellen darf nach § 49 der Allg. Gewerbe-Ordnung nur unbescholtenen und völlig zuverlässigen Personen erteilt werden. Die Aufnahme jugendlicher Arbeiter darf nur unter Genehmigung ihrer Eltern oder Vormünder stattfinden.
3. Der Verkehr der jugendlichen Arbeiter auf dem Wege nach und von der Fabrik wird der besonderen Fürsorge und Überwachung der für jeden Ort zu bildenden Aufsichtsorgane zu empfehlen sein.
4. Die Auszahlung des Lohnes an die jugendlichen Arbeiter statt an ihre Eltern oder Vormünder hat sich ganz besonders sittenverderblich erwiesen, indem die ersteren dadurch, ihren Angehörigen gegenüber, frühzeitig eine Selbständigkeit und mannigfache Gelegenheit zu Ausschreitungen gewinnen, die von den traurigsten Folgen sind. Wenn es nun auch nicht zulässig erscheint, jene unmittelbaren Zahlungen schlechthin zu verbieten, so haben die Behörden doch, so viel es sich thun läßt, durch die örtlichen Aufsichtsorgane dahin zu wirken, daß die Fabrikbesitzer es sich selbst zum Gesetz machen, den Lohn nur den Eltern oder Vormündern oder den von diesen beauftragten erwachsenen Stellvertretern zu zahlen.
5. Die jugendlichen Arbeiter haben ihre Mahlzeiten, wo es die Räumlichkeit gestattet, nicht in den Arbeitslokalen, sondern in anderen Räumen einzunehmen. Es ist darauf zu achten, daß dies unter gehöriger Aufsicht über Zucht und Sitte geschehe.

Überhaupt werden die Behörden es sich dringend angelegen sein lassen, die Entwicklung der sittlichen Zustände der ihrer Aufsicht befohlenen gewerblichen Anstalten möglichst zu fördern.

Zu C muß sorgfältig erwogen werden, welche Beschäftigungen für jugendliche Arbeiter überhaupt nicht geeignet sind und daher für letztere verboten werden müssen, und welche Vorsichtsmaßregeln nötig erscheinen, um den schädlichen Folgen zulässiger Beschäftigungen vorzubeugen. Die Königliche Regierung ist auf Grund des Gesetzes vom 11. März befugt, sowohl allgemeine als specielle Anordnungen in dieser Beziehung zu erlassen. Bei der Verschiedenartigkeit der Beschäftigungsweise, selbst für eine und dieselbe Art der Arbeit, lassen sich hierüber für alle Fälle gültige Vorschriften nicht erteilen. Im allgemeinen bemerken wir Folgendes:

1. die Besitzer solcher gewerblichen Anstalten, in denen jugendliche Arbeiter beschäftigt werden, und in welchen der

Betrieb Staub aufregt oder die Arbeitsräume mit der Gesundheit nachteiligen Stoffen erfüllt, sind anzuhalten, solche Vorkehrungen zu treffen, welche geeignet sind, die Cirkulation der frischen Luft zu sichern. Wo dies ausnahmsweise nicht ausführbar ist, oder wo die Verbesserung der Luft auf diesem Wege nicht zu erreichen ist, ist für die Ablösung der jugendlichen Arbeiter in angemessenen Zwischenräumen zu sorgen.

2. Die Beschäftigung solcher Arbeiter mit giftigen Stoffen ist nur insoweit zu gestatten, als selbst bei Versehen aus Ungeschick oder Unvorsichtigkeit eine Gefahr für Gesundheit oder Leben nicht zu besorgen ist. In dieser Beziehung kann die Beschäftigung jugendlicher Arbeiter mit Handhabung gewisser Stoffe, namentlich giftiger Farben, ganz untersagt oder an bestimmte genau zu kontrollierende Bedingungen und Vorschriften geknüpft werden.
3. Eine Beschäftigung jugendlicher Arbeiter in dauernd gebückter Stellung ist nicht ohne solche Vorkehrungen zu gestatten, welche einer Verkrümmung des Rückgrates oder sonstigen Nachteilen für die Gesundheit möglichst vorbeugen.

Die Aufsichtsorgane haben sich von Zeit zu Zeit von der Beachtung der gegebenen Vorschriften zu überzeugen und die Königliche Regierung über das Ergebnis der Revision Bericht zu erstatten.

III.

Der Schulbesuch der jugendlichen Arbeiter ist in Gemäßheit des Gesetzes vom 16. Mai d.J. nunmehr folgendergestalt zu ordnen:

A. Die schulpflichtigen Kinder dürfen fortan täglich nur sechs Stunden beschäftigt werden und müssen täglich wenigstens drei Stunden Unterricht erhalten. Dieser Unterricht kann in besonderen auf Kosten der Fabrikanten zu errichtenden Fabrikschulen oder in den öffentlichen Elementarschulen erteilt werden, ist aber in beiden Fällen so zu regeln, daß für die am Vormittag arbeitenden Kinder der Unterricht nachmittags und für die am Nachmittag arbeitenden der Unterricht vormittags erteilt wird. Die Anordnung der Zeit und Stunde bleibt im übrigen, je nach den speciellen örtlichen Verhältnissen, der Königlichen Regierung überlassen; jedenfalls muß aber dafür gesorgt werden, daß an die Fabrikschulen, dem Erlaß vom 9. Oktober gemäß, in jeder Beziehung dieselben Anforderungen gestellt werden, wie an die öffentlichen Schulen.

Ausnahmen von der Vorschrift des § 4 können nach dem zweiten Alinea desselben zwar von uns bewilligt werden, sobald bereits bestehenden Anstalten durch die Ausführung dieser Bestimmung die nötige Arbeitskraft entzogen werden würde. Diese Anträge werden aber stets wohl zu prüfen und auch nur dann zu berücksichtigen sein, wenn die Fabrikbesitzer sich zur Einrichtung von Fabrikschulen auf ihre Kosten bereit erklären und die Unterrichtsstunden in diesen Schulen täglich der Fabrikarbeit vorangehen.

B. Für die aus der Schule entlassenen Kinder ist die Errichtung von Nachhülfeschulen zu befördern. Es hat zwar nicht angemessen erscheinen können, einen gesetzlichen Zwang zur Einrichtung oder zum Besuch solcher Schulen einzuführen, da nur bei williger und eifriger Teilnahme und Mitwirkung der Arbeitgeber, der Eltern der arbeitenden Kinder und der Behörden ein gutes Gedeihen dieser Nachhülfeschulen zu erwarten steht; allein um so mehr muß seitens der Behörden der gute Wille der Beteiligten angeregt und der Segen ihnen vorgehalten werden, der für alle aus der Förderung solcher Schulen erwachsen muß.

Was die Zeit betrifft, so ist auch für diese Schulen die Benutzung früher Morgenstunden sehr zu empfehlen, keinesfalls aber zu gestatten, daß sei an Sonn- und Festtagen während der Stunden des öffentlichen Gottesdienstes, es sei vor- oder nachmittags, gehalten werden. Die Königliche Regierung hat hierauf ihr besonderes Augenmerk zu richten.

IV.

Die nach § 3 des Gesetzes vom 16. Mai d.J. von den Ortspolizeibehörden zu erteilenden Arbeitsbücher hat die Königliche Regierung für ihren Bezirk anfertigen zu lassen und gegen Erstattung der Kosten an die betreffenden Ortsbehörden zu verteilen.

Hierbei ist folgendes zu beachten:

1. Diesen Büchern ist eine Zusammenstellung der die Beschäftigung jugendlicher Arbeiter Ihres Bezirks betreffenden allgemeinen und besonderen Bestimmungen vorzudrucken. Diese Zusammenstellung muß nicht nur die Vorschriften der §§ 1, 2, 3, 7 und 8 des Regulativs und der §§ 1, 2, 4, 5, 6, 7, 8 und 9 des Gesetzes materiell, unter Bezugnahme auf die Gesetzesstellen, wiedergeben, sondern auch diejenigen Polizeiverordnungen enthalten, welche die Königliche Regierung nach vorstehender Anweisung zu erlassen sich veranlaßt finden wird.
2. Die Zusammenstellung ist außerdem in großem Druck in jeder Fabrik öffentlich an solchen Orten auszuhängen, wo sie jedem, der die Arbeitslokalien betritt, in die Augen fällt.
3. Die Arbeitsbücher können, sobald die Ausfertigung derselben begehrt wird, dem Antragsteller zur Beschaffung der Ausfüllung der ersten, zweiten und dritten Rubrik durch die betreffenden Geistlichen und Schulvorstände (unter Beidrückung des Amtssiegels der letzteren) gegen Entrichtung der oben erwähnten Auslagen, jedoch ohne die Ausfertigung und Unterschrift der Ortspolizeibehörde, behändigt werden. Sind die bezüglichen Geistlichen und Schulvorstände nicht am Ort, so müssen die Antragsteller zuvörderst die Materialien beschaffen, die die Ortspolizeibehörde in die Arbeitsbücher einträgt.
4. Die Rubriken 4 und 5 werden von der Ortspolizeibehörde ausgefüllt, und das Arbeitsbuch wird sodann von derselben unterzeichnet und untersiegelt dem Antragsteller (dem Vater oder Vormund des Arbeiters) übergeben.

5. Alle Revisionen werden von den revidierenden Personen in die siebente Rubrik, welche mehrere leere Blätter enthalten muß, eingetragen, sobald diese Revisionen in Bezug auf die Beschäftigung oder den Schulbesuch des in Rede stehenden Kindes zu irgend einer Erinnerung Anlaß gegeben haben. Diese Erinnerungen sind gleichfalls in die Bücher einzutragen.
6. Über die erteilten Arbeitsbücher ist bei jeder Ortspolizeibehörde eine fortgehende Liste zu führen, welche das Datum der Ausstellung, den Namen des Arbeiters, seines Vaters oder Vormundes und die Bezeichnung des Arbeitgebers enthält.
7. Bei einem Wechsel des Arbeitgebers ist die fünfte und sechste Rubrik nach den bescheinigten Angaben des Antragsteller von der Ortspolizeibehörde auszufüllen oder fortzuführen und das Betreffende in der Liste (Nr. 6) nachzutragen.

V.

Daß allen Überschreitungen der gegebenen Anordnungen mit Nachdruck entgegenzutreten, namentlich aber jede Ausdehnung der Arbeitszeit über das zulässige Maß, jede unter das Gesetz fallende Beschäftigung jugendlicher Arbeiter in der Nacht (von 8 1/2 Uhr abends bis 5 1/2 Uhr morgens) oder an Sonn- und Festtagen auf das strengste zu rügen ist, versteht sich von selbst. Wo das Bedürfnis für die Anstellung besonderer Fabrikinspektoren nach § 11 des Gesetzes vom 16. Mai d.J. sich ergiebt, hat die Königliche Regierung motivierte Anträge unter Beifügung eines Verzeichnisses über die in Betracht kommenden gewerblichen Anstalten, ihre Lage und die Zahl der beschäftigten Arbeiter zu stellen. Wo dies nicht erforderlich erscheint, müssen durch die Königliche Regierung die betreffenden Departementsräte beauftragt werden, so oft als thunlich die Fabriken selbst zu besuchen, um sich von der Ausführung des Gesetzes Überzeugung zu verschaffen. Die Lokalbehörden sind zur regelmäßigen und sorgfältigen Beaufsichtigung anzuhalten und mit eingehender und gründlicher Anweisung zu versehen. Es empfiehlt sich die Bildung besonderer, zur Wahrnehmung dieser Bestimmungen zu beauftragender Deputationen, auf deren dem Zwecke entsprechende Zusammensetzung die Königliche Regierung möglichst hinzuwirken hat.

Die Fürsorge für diesen wichtigen Gegenstand legen wir unter vorstehenden Anweisungen und Andeutungen vertrauensvoll in die Hand der Königlichen Regierung und erwarten ihre berichtliche Anzeige über die infolge dieser Anweisung getroffenen allgemeinen Anordnungen binnen 6 Monaten.

Berlin, den 18. August 1853

Der Minister für Handel, Gewerbe und öffentliche Arbeiten
von der Heydt

Der Minister der geistlichen, Unterrichts- und Medizinal-Angelegenheiten
von Raumer

Der Minister des Innern
Im Auftrage:
von Manteuffel

ABKÜRZUNGS- UND QUELLENVERZEICHNIS

Archivalien

1. Zentrales Staatsarchiv, Dienststelle Merseburg: Historische Abteilung II

A.M. 1 = Rep. 74 K 3 VIII Gen. Nr. 1, 2
A.M. 2 = Rep. 74 K 3 VIII Nr. 24
A.M. 3 = Rep. 74 K 3 VIII Gen. Nr. 1, 2
A.M. 4 = Rep. 74 LV Niederrhein Nr 2, 1
A.M. 5 = Rep. 76 alt I Nr. 53
A.M. 7 = Rep. 76 II Sect. I Gen. e Nr. 5
A.M. 8 = Rep. 76 VII Sect. I aa Nr. 21
A.M. 9 = Rep. 76 VII Sect. XXIV aa Nr. 5, 1
A.M. 10 = Rep. 76 VII Sect. XXV aa Nr. 15, 1
A.M. 11 = Rep. 76 VII Sect. XXVI aa Nr. 5, 1
A.M. 12 = Rep. 76 VII Sect. XXVI aa Nr. 5, 2
A.M. 13 = Rep. 77 tit. 88 Nr. 24
A.M. 14 = Rep. 77 tit. 307 Nr. 50, 1
A.M. 15 = Rep. 77 tit. 421 Nr. 15, 1
A.M. 16 = Rep. 77 tit. 421 Nr. 15 Beiakten 1, 1
A.M. 17 = Rep. 77 tit. 421 Nr. 17
A.M. 18 = Rep. 80 Staatsrath, Innere Angel. Nr. 71, 1
A.M. 19 = Rep. 80 Staatsrath, Innere Angel. Nr. 71, 3
A.M. 20 = Rep. 84 I Nr. 141
A.M. 21 = Rep. 84 XIV II F. Nr. 5
A.M. 22 = Rep. 84 a Nr. 3578
A.M. 23 = Rep. 89 B VIII 114 I 1817 ff.
A.M. 24 = Rep. 89 B X 1 - 28 (Aachen 1819)
A.M. 25 = Rep. 89 B X 1 - 28 (Aachen 1820)
A.M. 26 = Rep. 89 B X 1 - 28 (Düsseldorf 1818)
A.M. 27 = Rep. 92 Altenstein A VI b Nr. 27
A.M. 28 = Rep. 120 BB VII 1 Nr. 4, 1
A.M. 29 = Rep. 120 BB VII 1 Ne. 4, 2
A.M. 30 = Rep. 120 BB VII 3 Nr. 1, 1
A.M. 31 = Rep. 120 BB VII 3 Nr. 1, 2
A.M. 32 = Rep. 120 BB VII 3 Nr. 1, 3
A.M. 33 = Rep. 120 BB VII 3 Nr. 1, 4
A.M. 34 = Rep. 120 BB VII 3 Nr. 1, 6
A.M. 35 = Rep. 120 B V 33 Nr. 4, 1
A.M. 36 = Rep. 120 B V 33 Nr. 4, 2
A.M. 37 = Rep. 120 B V 33 Nr. 4, 3
A.M. 38 = Rep. 192 A Nr. 2365
A.M. 39 = Rep. 192 A Nr. 2368
A.M. 40 = Rep. 192 A Nr. 2389
A.M. 41 = AA III Rep. 16 Nr. 974

2. Nordrhein-Westfälisches Hauptstaatsarchiv Düsseldorf

A.D. 1 = General-Gouvernement Mittel- und Niederrhein Nr. 117
A.D. 2 = General-Gouvernement Mittel- und Niederrhein Nr. 1191

A.D. 3 = Regierung Aachen Nr. 2163
A.D. 4 = Regierung Düsseldorf Nr. 2591
A.D. 5 = Großherzogtum Berg Nr. 1o277

3. Landeshauptarchiv Koblenz

A.Ko. 1 = Abt. 358 Nr. 25
A.Ko. 2 = Abt. 441 Nr. 9443
A.Ko. 3 = Abt. 441 Nr. 9453
A.Ko. 4 = Abt. 403 Nr. 8082
A.Ko. 5 = Abt. 403 Nr. 8083

4. Archivberatungsstelle Rheinland: Landschaftsverband Rheinland, Köln

Bestand Provinzialarchiv
A.Rh. 1 = Nr. 272
A.Rh. 2 = Nr. 274
A.Rh. 3 = Nr. 278
A.Rh. 4 = Nr. 282
A.Rh. 5 = Nr. 283
A.Rh. 6 = Nr. 808

5. Rheinisch-Westfälisches Wirtschaftsarchiv zu Köln e.V.

A.Kö. 1 = Abt. 1 Nr. 26 Fasz. 5
A.Kö. 2 = Abt. 14 Nr. 10 Fasz. 1

6. Stadtarchiv Wuppertal

A.W. 1 = L I/212

Parlamentaria

Preußen

GA.Pr. 1 = Sammlung sämmtlicher Drucksachen der 2. Kammer, 3. Legislatur-Periode, 1. Session 1852/53, 2. Band, Nr. 92, Berlin 1853
GA.Pr. 2 = Sammlung sämmtlicher Drucksachen der 2. Kammer, 3. Legislatur-Periode, 1. Session 1852/53, 7. Band, Nr. 308, Berlin 1853
GA.Pr. 3 = Stenographische Berichte über die Verhandlungen der 2. Kammer, 3. Legislatur-Periode, 1. Session 1852/53, 3. Band, Berlin 1853
GA.Pr. 4 = Stenographische Berichte über die Verhandlungen der 1. Kammer, 3. Legislatur-Periode, 1. Session 1852/53, 2. Band, Berlin 1853
GA.Pr. 5 = Stenographische Berichte über die Verhandlungen der 2. Kammer, 3. Legislatur-Periode, 2. Session 1853/54, 3. Band Anlagen, Berlin 1854
GA.Pr. 6 = Stenographische Berichte über die Verhandlungen der 1. Kammer, 3. Legislatur-Periode, 2. Session 1853/54, 1. Band, Berlin 1854
GA.Pr. 7 = Stenographische Berichte über die Verhandlungen der 2. Kammer, 3. Legislatur-Periode, 3. Session 1854/

55, Berlin 1855

Sachsen

A.Sa. 1 = Landtags-Acten vom Jahre 1833/34, 1. Abtheilung (Decrete), 3. Band, Dresden
A.Sa. 2 = Landtags-Acten vom Jahre 1834, 3. Abtheilung (Protokolle der 2. Kammer), 4. Band, Dresden
A.Sa. 3 = Landtags-Acten vom Jahre 1834, 2. Abtheilung (Protokolle der 1. Kammer), 5. Band, Dresden
A.Sa. 4 = Landtags-Acten vom Jahre 1836/37, 3. Abtheilung (Protokolle der 2. Kammer), 3. Band, Dresden

Baden

GA.Ba. 1 = Verhandlungen der 2. Kammer der Ständeversammlung des Großherzogthums Baden, Carlsruhe 1837

Mehrfach zitierte Literatur

Abbruch, 1846	Abbruch und Neubau oder Jetztzeit und Zukunft, von Michael***, Stuttgart 1846
Abel, 1974	Abel, Wilhelm, Massenarmut und Hungerkrisen im vorindustriellen Europa. Versuch einer Synopsis, Hamburg und Berlin 1974
Aigner, 1867	Aigner, Josef, Der Volks- und Industrieschulen-Reformator Bischof Ferdinand Kindermann, Wien 1867
Alfred, Bd. 1 (2),1966	Alfred (Samuel H.G. KYDD), The History of the factory movement (1857), Two Volumes in One, Reprint New York, 1966
Alt, 1958	Alt, Robert (Herausgeber), Kinderausbeutung und Fabrikschulen in der Frühzeit des industriellen Kapitalismus, Berlin 1958
Angermann, 1962	Angermann, Erich; Robert von Mohl. 1799-1875. Leben und Werk eines altliberalen Staatsgelehrten, Neuwied 1962 (Politica, Band 8)
Anton, 1891	Anton, Günther K., Geschichte der preußischen Fabrikgesetzgebung bis zu ihrer Aufnahme durch die Reichsgewerbeordnung. Auf Grund amtlicher Quellen. In: Staats- und socialwissenschaftliche Forschungen, Band XI, Heft 2, Leipzig 1891
Arnd, 1835	Arnd, Karl, Die materiellen Grundlagen und sittlichen Forderungen der europäischen Cultur, Stuttgart und Tübingen 1835
Auer, 1955	Auer, Erich, Entwicklung und Stand der sozialmedizinischen Reform in der schweizerischen Industrie. Ein Beitrag zur Geschichte der Arbeitshygiene, Med. Diss., Bern, Basel 1955
Babbage, 1833	Babbage, Charles, Ueber Maschinen- und Fabrikenwesen. Aus dem Englischen übersetzt von G. Friedenberg. Mit einer Vorrede von K.F. Klöden, Berlin 1833
Baumstark, 1835	Baumstark, Edward, Kameralistische Encyclopädie. Handbuch der Kameralwissenschaften und ihrer Literatur für Rechts- und Verwaltungs-Beamte, Landstände, Gemeinde-Räthe und Kameral-Candidaten, Heidelberg und Leipzig 1835

Becker, 1964	Becker, Gerhard, Die propagandistische Tätigkeit der Kommunisten im Kölner Arbeiterverein 1848 - 1849. In: Aus der Frühgeschichte der deutschen Arbeiterbewegung, Berlin 1964, S. 201 ff. (Deutsche Akademie der Wissenschaften zu Berlin, Schriften des Instituts für Geschichte, Reihe 1, Band 1)
Behr, Abt. 1 (2 f.), 1810	Behr, Wilhelm Joseph, System der angewandten allgemeinen Staatslehre oder der Staatskunst (Politik), Abtheilungen 1 - 3, Frankfurt am Main 1810
Beiträge, 1834	Beiträge zur Theorie des Armenwesens. Veranlaßt durch des Herrn Carl Godeffoy "Theorie der Armuth", Hamburg 1834
Berger, 1890	Berger, L., Der alte Harkort. Ein Westfälisches Lebens- und Zeitbild, Leipzig 1890
Bergius, 1780	Bergius, Johann Heinrich Ludwig, Neues Policey- und Cameral-Magazin, nach alphabetischer Ordnung, Band 6, Leipzig 1780
Bernert, 1972	Bernert, Günther, Arbeitsverhältnisse im 19. Jahrhundert, Marburg 1972 (Beiträge zum Arbeitsrecht, Band 8)
Bernoulli, 1822	Bernoulli, Christoph, Ueber den nachtheiligen Einfluss der Zunftverfassung auf die Industrie. Mit besonderer Hinsicht auf Basel, Basel 1822
Bericht, 1848	Bericht über die Berathungen der vorbereitenden Kommission für Erörterung der Gewerbs- und Arbeitsverhältnisse in Sachsen; abgehalten in Dresden vom 29. Mai bis 3. Juni 1848. Nebst: Fragepunkte für die Ausschüsse der Gewerbtreibenden und Arbeiter, Dresden 1848
Bernstein, 1902	Bernstein, Eduard (Herausgeber), Documente des Socialismus. Hefte für Geschichte, Urkunden und Bibliographie des Socialismus, Band 1, Berlin 1902, Neudruck Frankfurt a.M. 1968
Beyträge, St. 1 (2), 1791 (92)	Beyträge zur Kenntniß vorzüglich des Innern von England und seiner Einwohner. Aus den Briefen eines Freundes gezogen von dem Herausgeber (Verfasser: Karl Gottlieb Küttner), Stücke 1 - 3, Leipzig 1791/92

Birtsch, 1981 — Birtsch, Günter (Herausgeber), Grund- und Freiheitsrechte im Wandel von Gesellschaft und Geschichte. Beiträge zur Geschichte der Grund- und Freiheitsrechte vom Ausgang des Mittelalters bis zur Revolution von 1848, Göttingen 1981 (Veröffentlichungen zur Geschichte der Grund- und Freiheitsrechte, Band 1)

Bitzer, 1871 — Bitzer, Friedrich, Arbeit und Kapital. Ein Beitrag zum Verständnisse der Arbeiterfrage, Stuttgart 1871

Blasche, 1804 — Blasche, B(ernhard) H(einrich), Grundsätze der Jugendbildung zur Industrie, als Gegenstand der allgemeinen Menschenbildung bearbeitet in praktischen Vorschlägen für Erzieher, Erziehungsanstalten, Schullehrer und überhaupt für alle Beförderer des Schul- und Erziehungswesens, Schnepfenthal 1804

Blumberg, 1965 — Blumberg, Horst, Die deutsche Textilindustrie in der industriellen Revolution, Berlin 1965 (Veröffentlichungen des Instituts für Wirtschaftsgeschichte an der Hochschule für Ökonomie Berlin-Karlshorst, Band 3)

Böckenförde, 1981 — Böckenförde, Ernst-Wolfgang, Gesetz und gesetzgebende Gewalt. Von den Anfängen der deutschen Staatsrechtslehre bis zur Höhe des staatsrechtlichen Positivismus, 2. Auflage Berlin 1981 (Schriften zum Öffentlichen Recht, Band 1)

Boschan, 1912 — Boschan, Richard, Das Bildungswesen in der Stadt Potsdam bis zur Wiederaufrichtung des preußischen Staates, Potsdam 1912

Braun, 1960 — Braun, Rudolf, Industrialisierung und Volksleben. Veränderungen der Lebensformen unter Einwirkung der verlagsindustriellen Heimarbeit in einem ländlichen Industriegebiet (Zürcher Oberland) vor 1800, Phil. Diss., Zürich 1958, Winterthur 1960

Brentano, 1928 — Brentano, Lujo, Eine Geschichte der wirtschaftlichen Entwicklung Englands, Band 3, 1. Hälfte, Jena 1928

Brodersen, 1833 — Brodersen, Carl Wilhelm, Die Armuth, ihr Grund und ihre Heilung; ein Beitrag zur Verminderung überhandnehmender Verarmung der niedern Volksklasse, Altona 1833

Brodnitz, 1902	Brodnitz, Georg, Bismarcks nationalökonomische Anschauungen, Jena 1902 (Sammlung nationalökonomischer und statistischer Abhandlungen des staatswissenschaftlichen Seminars zu Halle a.d.S., Band 31)
Brüggemann, Dr. List, 1842	Brüggemann, Karl Heinrich, Dr. List's nationales System der politischen Ökonomie, kritisch beleuchtet und mit einer Begründung des gegenwärtigen Standpunktes dieser Wissenschaft begleitet, Berlin 1842
Brüggemann, Zeitung, 1855	Brüggemann, Karl Heinrich, Meine Leitung der Kölnischen Zeitung und die Krisen der preussischen Politik von 1846 - 1855, Leipzig 1855
Brüggemann, Zollverein, 1845	Brüggemann, Karl Heinrich, Der Deutsche Zollverein und das Schutzsystem. Ein Versuch zur Verständigung der Ansichten und für Ausgleichung der Interessen, Berlin 1845
Bülau, 1835	Bülau, Friedrich, Handbuch der Staatswirthschaftslehre, Leipzig 1835
Büsch, 1971	Büsch, Otto, Industrialisierung und Gewerbe im Raum Berlin/Brandenburg 1800 - 1850, Berlin 1971 (Einzelveröffentlichungen der Historischen Kommission zu Berlin, Band 9)
Buschick, 1821	Buschick, Christian Gottlieb, Vorschläge, wie der verderbliche Einfluß der Fabriken auf die Volksschulen und Volksbildung ohne Nachtheile der Gewerbe und des Wohlstandes zu verhindern sei, Leipzig o.J. (1821) (Magazin für Industrie)
Campe, Mittel, 1786	Campe, J.H., Ueber einige verkannte wenigstens ungenützte Mittel zur Beförderung der Indüstrie, der Bevölkerung und des öffentlichen Wohlstandes, 1. Fragment, Wolfenbüttel 1786
Campe, Revision, 1785	Campe, J.H. (Herausgeber), Allgemeine Revision des gesammten Schul- und Erziehungswesens von einer Gesellschaft praktischer Erzieher, Theil 3, Hamburg 1785
Carnot, 1841	Carnot, M., Bericht an den Herrn Minister des Ackerbaues und des Handels über die in mehren Staaten Deutschlands in Bezug auf die Verwendung der Kinder zu Fabrikarbeiten geltenden Bestimmungen. In: Mittheilungen des Industrie-Vereins für das Königreich Sachsen, Chemnitz 1841, S. 10 ff.

Casper, 1835 — Casper, J.L., Beiträge zur medicinischen Statistik und Staatsarzneikunde, Band 2, Berlin 1835

Clausnitzer, 1902 — Clausnitzer, Eduard, Die Volksschulpädagogik Friedrichs des Großen und der preußischen Unterrichtsverwaltung seiner Zeit, Halle a. d.Saale 1902 (Die pädagogischen Klassiker, Band 7)

v. Cölln, 1812 — Cölln, Friedrich von, Die neue Staatsweisheit. Oder Auszug aus Adam Smiths Untersuchung über die Natur und die Ursachen des Nationalreichthums. Mit praktischen Bemerkungen, Berlin 1812

Croon, 1918 — Croon, Gustav, Der Rheinische Provinziallandtag bis zum Jahre 1874, Düsseldorf 1918

Dael, 1846 — Dael, F., Die Baumwolle und deren Verarbeitung in naturhistorischer, geschichtlicher, technischer und staatswissenschaftlicher Beziehung, Mainz 1846

v. Delbrück, Bd. 1 (2), 1905 — Delbrück, Rudolph von, Lebenserinnerungen. 1817 - 1867. Mit einem Nachtrag aus dem Jahre 1870, 1. und 2. Auflage, 2 Bände, Leipzig 1905

Diesterweg, Lebensfrage, 1837 — Diesterweg, F.A.W., Beiträge zur Lösung der Lebensfrage der Civilisation, einer Aufgabe dieser Zeit, 2. Auflage, Essen 1837

Diesterweg, Werke, 1956 — Diesterweg, Friedrich Adolph Wilhelm, Sämtliche Werke. Herausgegeben von Heinrich Deiters, Hans Ahrbeck, Robert Alt, Gerda Mundorf, Leo Regener, Abteilung 1, Band 1, Berlin 1956

Dietze, 1982 — Dietze, Gottfried, Kant und der Rechtsstaat, Tübingen 1982 (Walter-Eucken-Institut, Heft 83)

Dowe, 1970 — Dowe, Dieter, Aktion und Organisation. Arbeiterbewegung, sozialistische und kommunistische Bewegung in der preußischen Rheinprovinz 1820 - 1852, Hannover 1970 (Schriftenreihe des Forschungsinstituts der Friedrich-Ebert-Stiftung, Band 78)

Eingaben, 1848 — Verzeichniß der an die Commission für Erörterung der Gewerbs- und Arbeitsverhältnisse gelangten Eingaben im Jahre 1848, Dresden 1848

Emsbach, 1982	Emsbach, Karl, Die soziale Betriebsverfassung der rheinischen Baumwollindustrie im 19. Jahrhundert, Bonn 1982 (Rheinisches Archiv, Band 115)
Engels, 1964	Engels, Friedrich, Die Lage der arbeitenden Klasse in England. Nach eigner Anschauung und authentischen Quellen, Berlin 1964 (Bücherei des Marxismus-Leninismus, Band 30)
Ersch-Gruber, 1845 (57)	Ersch, J.S. und J.G. Gruber (Herausgeber), Allgemeine Encyklopädie der Wissenschaften und Künste in alphabetischer Folge von genannten Schriftstellern bearbeitet, Section 1, A-G, Theil 41, Fabrik-Farvel und Theil 65, Getreide-Gewerke, Leipzig 1845/57
Ewald, 1790	Ewald, J.L., Über Volksaufklärung; ihre Gränzen und Vortheile. Den menschlichsten Fürsten gewidmet, Berlin 1790
Fabriksgesetze, 1869	Die Fabriksgesetze Englands seit 1833. In deutscher Übersetzung herausgegeben auf Veranlassung des k.k. Handelsministeriums, Wien 1869
Faucher, Bd. 1 (2), 1846	Faucher, Leon, England in seinen socialen und commerciellen Institutionen. Aus dem Französischen von Jul. Seybt, 2 Bände, Leipzig 1846
Ferriar, Bd. 1 (2 f.), 1792 (95, 98)	Ferriar, John, Medical Histories and Reflections, Band 1, Warrington 1792; Bände 2 und 3, London und Manchester 1795/98
Fichte, 1. (2. ff.) Rede, 1955	Fichte, Johann Gottlieb, Reden an die deutsche Nation, Leipzig o.J. (1955) (Reclam)
Fischer, 1939	Fischer, Fritz, Ludwig Nicolovius. Rokoko, Reform, Restauration, Stuttgart 1939 (Forschungen zur Kirchen- und Geistesgeschichte, Band 19)
Forberger, 1982	Forberger, Rudolf, Die Industrielle Revolution in Sachsen 1800 - 1861, Band 1 Erster Halbband. Die Revolution der Produktivkräfte in Sachsen 1800 - 1830, Berlin 1982
Forster, 1965	Forster, Georg, Aussichten vom Niederrhein. Eine Auswahl, Stuttgart 1965 (Reclam)

Frank, Bd. 5 (6), 1791 (92)	Frank, Johann Peter, System einer vollständigen medicinischen Polizey, Bände 5 und 6, Frankenthal 1791/92
Gans, 1824	Gans, Eduard, Das Erbrecht in weltgeschichtlicher Entwickelung. Eine Abhandlung der Universalrechtsgeschichte, Band 1, Berlin 1824
Garve, 1797	Garve, Christian, Versuche über verschiedene Gegenstände aus der Moral, der Litteratur und dem gesellschaftlichen Leben, Theil 3, Breslau 1797
Gaskell, 1833	Gaskell, P., The Manufacturing Population of England, its moral, social, and physical conditions, and the changes which have arisen from the use of steam machinery; with an Examination of Enfant Labour, London 1833
v. Gerlach, 1891	Denkwürdigkeiten aus dem Leben Leopold von Gerlachs, Generals der Infanterie und General-Adjutanten König Friedrich Wilhelm IV. Nach seinen Aufzeichnungen herausgegeben von seiner Tochter, Band 1, Berlin 1891
Gewerbefreiheit, 1856	Die Gewerbefreiheit in Oesterreich. Ein Beitrag zur Beurtheilung des Entwurfes eines Gewerbe-Gesetzes. Nebst dem Entwurfe eines Gewerbegesetzes, Prag 1856
Godeffroy, 1836	Godeffroy, Carl, Theorie der Armuth oder der Minderbegüterung. Ein Beitrag zur Lehre von der Gütervertheilung, 2. Auflage, Hamburg 1836
Goede, 1805	Goede, Christian August Gottlieb, England, Wales, Irland und Schottland. Erinnerungen an Natur und Kunst aus einer Reise in den Jahren 1802 und 1803, Theil 5, Dresden 1805
Goldschmidt, 1881	Goldschmidt, Friedrich und Paul, Das Leben des Staatsrath Kunth, Berlin 1881
Gothein, Schlosser, 1899	Gothein, Eberhard, Johann Georg Schlosser als badischer Beamter, Heidelberg 1899 (Neujahrsblätter der Badischen Historischen Kommission, Neue Folge, Heft 2)
Gothein, Wirtschaftsgeschichte, 1892	Gothein, Eberhard, Wirtschaftsgeschichte des Schwarzwaldes und der angrenzenden Landschaften. Herausgegeben von der Badischen Historischen Kommission, Band 1, Strassburg 1892

Grashof, 1833	Grashof, K(arl) F(riedrich) A(ugust), Schulzwang und Schulgeld. Zur Beherzigung für die Versammlung der Rheinischen Landstände im Jahre 1833, Köln 1833
Greiling, 1793	Greiling, Johann Christoph, Über den Endzweck der Erziehung, und über den ersten Grundsatz einer Wissenschaft derselben, Schneeberg 1793
Greverus, 1836	Greverus, J.P.E., Ideen zu einer Revision des gesammten Schulwesens, Oldenburg 1836
Halfort, 1845	Halfort, A.C.L., Entstehung, Verlauf und Behandlung der Krankheiten der Künstler und Gewerbetreibenden. Nach dem neuesten Standpunkte der Medizin, Chemie, Mechanik und Technologie, so wie nach den Mittheilungen berühmter Gewerksärzte des In- und Auslandes und eigenen Forschungen bearbeitet, Berlin 1845
Hansen, Bd. 1 (2), 1906	Hansen, Joseph, Gustav von Mevissen. Ein rheinisches Lebensbild. 1815 - 1899, 2 Bände, Berlin 1906
Harkort, 1844	Harkort, Friedrich, Bemerkungen über die Hindernisse der Civilisation u. Emancipation der untern Klassen, Elberfeld 1844
Harl, 1811	Harl, Johann Paul, Vollständiges Handbuch der Staatswirthschafts- und Finanz-Wissenschaft, ihrer Hülfsquellen und Geschichte mit vorzüglicher Rücksicht sowohl auf die älteste als auch auf die neueste Gesetzgebung und Literatur, Theil 1, Hof 1811
Hassel, 1905	Hassel, Paul, Joseph Maria v. Radowitz, Band 1, Berlin 1905
d'Haussez, 1833	Haussez, M. le baron d',La Grande-Bretagne en mil huit cent trente-trois, Band 1, Paris 1833
Hegel, 1970	Hegel, Georg Wilhelm Friedrich, Werke in zwanzig Bänden. Herausgegeben von Eva Moldenauer und Karl Markus Michel, Band 7, Frankfurt am Main 1970 (Theorie-Werkausgabe Suhrkamp)
Heinemann, 1974	Heinemann, Manfred, Schule im Vorfeld der Verwaltung. Die Entwicklung der preußischen Unterrichtsverwaltung von 1771 - 1800, Göttingen 1974 (Studien zum Wandel von Gesellschaft und Bildung im Neunzehnten Jahrhundert, Band 8)

Henkel, 1745	Henkel, Joh. Friedrich, Medicinischer Aufstand und Schmelz-Bogen Von der Bergsucht und Hütten-Katze, auch einigen andern, Denen Bergleuten und Hütten-Arbeitern zustoßenden Krankheiten, Vor dieselben und diejenigen So in Stein, Erz, Metall und Feuer arbeiten, ausgestellet, Dreßden und Leipzig 1745
Heuser, 1930	Heuser, Julius, Karl Friedrich August Grashof als Reorganisator des Voksschulwesens am Niederrhein 1814 - 1816. Ein Beitrag zur preußischen Schulgeschichte, Phil. Diss. Köln 1930
Heym, 1848	Heym, Robert, Maschinen oder Handarbeit? Ein Wort an die deutschen Arbeiter, Chemnitz 1848
Hildebrand, 1848	Hildebrand, Bruno, Die Nationalökonomie der Gegenwart und Zukunft, Band 1, Frankfurt am Main 1848
Hinze, 1927	Hinze, Kurt, Die Arbeiterfrage zu Beginn des modernen Kapitalismus in Brandenburg-Preußen, Berlin 1927
Hirzel, 1774	Hirzel, H.C., Die Wirthschaft eines philosophischen Bauers, 2. Auflage, Zürich 1774
Höring, 1932	Höring, Hans; Johannes Schuchard. In: Rheinisch-westfälische Wirtschaftsbiographien, Band 1, Münster i.W. 1932 (Westfälische Lebensbilder, Sonderreihe)
Hoffmann, J.G., Gewerbebetrieb, 1841	Hoffmann, J.G., Die Befugniss zum Gewerbbetriebe. Zur Berichtigung der Urtheile über Gewerbefreiheit und Gewerbezwang mit besonderer Rücksicht auf den preussischen Staat, Berlin 1841
Hoffmann, J.G., Nachlaß, 1847	Hoffmann, J.G., Nachlass kleiner Schriften staatswirthschaftlichen Inhalts, Berlin 1847
Hoffmann, L. Maschine, 1832	Hoffmann, Ludwig, Die Maschine ist nothwendig, Berlin 1832
Hoppe, 1969	Hoppe, Ruth, Dokumente zur Geschichte der Lage des arbeitenden Kindes in Deutschland von 1700 bis zur Gegenwart, Berlin 1969 (Kuczynski, Jürgen, Die Geschichte der Lage der Arbeiter unter dem Kapitalismus, Teil 1, Band 20)

Hufeland, 1807	Hufeland, Gottlieb, Neue Grundlegung der Staatswirthschaftskunst, durch Prüfung und Berichtigung ihrer Hauptbegriffe von Gut, Werth, Preis, Geld und Volksvermögen, mit ununterbrochner Rücksicht auf die bisherigen Systeme, Theil 1, Giesen und Wetzlar 1807
Huber, 1957	Huber, Ernst Rudolf, Deutsche Verfassungsgeschichte seit 1789, Band 1: Reform und Restauration 1789 bis 1830, Stuttgart 1957
v. Humboldt, Werke, 1960	Humboldt, Wilhelm von, Werke in fünf Bänden. Herausgegeben von Andreas Flitner und Klaus Giel, Band 1, Darmstadt 1960
Ilting, 1983	Ilting, Karl-Heinz, Naturrecht und Sittlichkeit. Begriffsgeschichtliche Studien, Stuttgart 1983 (Sprache und Geschichte, Band 7)
Jacobs, 1931	Jacobs, Josef, Der Waisenhausstreit. Ein Beitrag zur Geschichte der Pädagogik des 18. und 19. Jahrhunderts, Phil. Diss., Freiburg i.Br. 1931
v. Jakob, Grundsätze, Abth. 1 (2), 1825	Jakob, Ludwig Heinrich v., Grundsätze der National-Oekonomie oder Theorie des National-Reichthums, 3. Ausgabe, 2 Abtheilungen, Halle 1825
Jakob, Policey, Bd. 1 (2), 1809	Jakob, Ludwig Heinrich, Grundsätze der Policeygesetzgebung und der Policeyanstalten, 2 Bände, Charcow u. Halle u. Leipzig 1809
Jantke, 1965	Jantke, Carl und Dietrich Hilger, Die Eigentumslosen. Der deutsche Pauperismus und die Emanzipationskrise in Darstellungen und Deutungen der zeitgenössischen Literatur, München 1965 (Orbis Academicus. Geschichte der politischen Ideen in Dokumenten und Darstellungen, Band 7)
Jeismann, 1974	Jeismann, Karl-Ernst, Das preußische Gymnasium in Staat und Gesellschaft. Die Entstehung des Gymnasiums als Schule des Staates und der Gebildeten, 1787 - 1817, Stuttgart 1974 (Industrielle Welt, Band 15)
Joerden, 1962	Joerden, Rudolf, Dokumente des Neuhumanismus I, 2. Auflage, Weinheim 1962 (Kleine Pädagogische Texte, Band 17)

v. Justi, 1758	Justi, Johann Heinrich Gottlob von, Vollständige Abhandlung von denen Manufacturen und Fabriken, Theil 1, Koppenhagen 1758
Kant, Grundlegung, 1970	Kant, Immanuel, Grundlegung zur Metaphysik der Sitten, Stuttgart 1970 (Reclam)
Kant, Bd. VIII (XI), 1956 (64)	Kant, Immanuel, Werke in zwölf Bänden. Herausgegeben von Wilhelm Weischedel, Bände VIII und XI, Frankfurt am Main 1956/64 (Theorie-Werkausgabe Suhrkamp)
Karsten, 1828	Karsten, C.J.B., Grundriss der deutschen Bergrechtslehre mit Rücksicht auf die französische Bergwerksgesetzgebung, Berlin 1828
Kaufhold, 1978	Kaufhold, Karl Heinrich, Das Gewerbe in Preußen um 1800, Göttingen 1978 (Göttinger Beiträge zur Wirtschafts- und Sozialgeschichte, Band 2)
Kermann, 1972	Kermann, Joachim, Die Manufakturen im Rheinland 1750 - 1833, Bonn 1972 (Rheinisches Archiv, Band 82)
Kleinheyer, 1959	Kleinheyer, Gerd, Staat und Bürger im Recht. Die Vorträge des Carl Gottlieb Svarez vor dem preußischen Kronprinzen (1791 - 92), Bonn 1959 (Bonner Rechtswissenschaftliche Abhandlungen, Band 47)
Kleinschrod, Armengesetzgebung, 1849	Kleinschrod, C.Th. v., Die neue Armengesetzgebung Englands und Irlands in ihrem zehnjährigen Vollzuge, als Fortsetzung des "Pauperism in England 1845" nebst allgemeiner Betrachtung über die Arbeiterfrage und Massenverarmung, Augsburg 1849
Kleinschrod, Beiträge, 1840	Kleinschrod, C.Th., Beiträge zu einer deutschen Gewerbeordnung mit Rücksicht auf die bayerische Gewerbsgesetzgebung, Augsburg 1840
Kleinschrod, Großbritannien, 1836	Kleinschrod, C.Th., Grossbritanniens Gesetzgebung über Gewerbe, Handel und innere Communicationsmittel statistisch und staatswirthschaftlich erläutert, Stuttgart und Tübingen 1836
Klippel, 1976	Klippel, Diethelm, Politische Freiheit und Freiheitsrechte im deutschen Naturrecht des 18. Jahrhunderts, Paderborn 1976 (Rechts- und Staatswissenschaftliche Veröffentlichungen

der Görres-Gesellschaft, N.F. Heft 23)

Koch, 1933 — Koch, Charlotte, Wandlungen der Wohlfahrtspflege im Zeitalter der Aufklärung, Phil. Diss., Erlangen 1933

Kohl, Th. 1 (2 f.), 1844 — Kohl, J.G., Reisen in England und Wales, 3 Theile, Dresden und Leipzig 1844

Kolb, 1837 — Kolb, G.Fr., Ist die Klage über zunehmende Verarmung und Nahrungslosigkeit gegründet; welche Ursachen hat das Uebel, und welche Mittel zur Abhülfe bieten sich dar? Versuch einer Beantwortung dieser Fragen, 2. Ausgabe, Speyer 1837

Koneffke, 1982 — Koneffke, Gernot (Herausgeber), Zur Erforschung der Industrieschule des 17. und 18. Jahrhunderts. Schriften von Hermann Brödel, Kurt Iven, August Gans und Robert Alt, Vaduz 1982 (Quellenschriften zur Industrieschulbewegung, Band 6)

Kreyßig, 1849 — Kreyßig, Carl Friedrich, Denkschrift über die Noth der Arbeiter, und insbesondere der gewerbtreibenden Classe unserer armen Nebenmenschen und deren Abhülfe, zusammengestellt nach 60jährigen eigenen Erfahrungen, Berlin 1849

Kriedte u.a., 1977 — Kriedte, Peter, Medick, Hans und Jürgen Schlumbohm, Industrialisierung vor der Industrialisierung. Gewerbliche Warenproduktion auf dem Land in der Formationsperiode des Kapitalismus, Göttingen 1977 (Veröffentlichungen des Max-Planck-Instituts für Geschichte, Band 53)

Kröger, 1852 — Kröger, J.C., Die Waisenfrage, oder die Erziehung verwaiseter und verlassener Kinder in Waisenhäusern und Privatpflege. Aus dem Gesichtspunkte der Humanität und Staatsökonomie, nach Thatsachen und eigenen Erfahrungen dargestellt und beurtheilt. Ein Beitrag zur Geschichte und Kritik der Waisen- und Armenpflege, 2. Auflage, Altona 1852

Krünitz, Th. 12 (84, 149), 1777 (1801, 28) — Krünitz, Johann Georg, Oeconomische Encyclopädie, oder allgemeines System der Staats- Stadt-Haus- u. Landwirthschaft, in alphabetischer Ordnung, Theile 12, 84 (mit Änderungen im Titel), 149, Berlin 1777, 1801/28

Krug, 1808	Krug, Leopold, Abriß der Staatsökonomie oder Staatswirthschaftslehre, Berlin 1808
Kuczynski, Umfrage, 1906	Kuczynski, Jürgen, Hardenbergs Umfrage über die Lage der Kinder in den Fabriken und andere Dokumente aus der Frühgeschichte der Lage der Arbeiter, Berlin 1906 (Die Geschichte der Lage der Arbeiter unter dem Kapitalismus, Teil 1, Band 8)
Kuczynski, Literatur, 1906	Kuczynski, Jürgen, Bürgerliche und halbfeudale Literatur aus den Jahren 1840 bis 1847 zur Lage der Arbeiter. Eine Chrestomathie. Mit einem bibliographischen Anhang von Ruth Hoppe, Berlin 1960 (Die Geschichte der Lage der Arbeiter unter dem Kapitalismus, Teil 1, Band 9)
Küttlinger, Bad. 1 (2), 1836 (37)	Küttlinger, Friedemann, Grundzüge einer allgemeinen Rechts- und Wirthschaftslehre, zum Gebrauche für angehende Juristen und Kameralisten, 2 Bände, Erlangen 1836/37
Lachmann, 1802	Lachmann, C.L.F., Das Industrieschulwesen, ein wesentliches und erreichbares Bedürfnis aller Bürger- und Landschulen, Braunschweig und Helmstädt 1802
Larenz, 1934	Larenz, Karl, Die Rechts- und Staatsphilosophie des deutschen Idealismus und ihre Gegenwartsbedeutung, in: Handbuch der Philosophie, Abteilung IV., Staat und Geschichte, München und Berlin 1934
Lawätz, 1815	Lawätz, J.D., Ueber die Sorge des Staats für seine Armen und Hülfsbedürftigen, Altona 1815
Lemontey, 1816	(Lemontey, Pierre Edouard), Raison, Folie, Petit Cours de Morale mis à la portée des vieux enfans; suivi des observateurs de la femme, Band 1, 3. Auflage, Paris 1816
Leschinsky-Roeder, 1976	Leschinsky, Achim und Peter Martin Roeder, Schule im historischen Prozeß. Zum Wechselverhältnis von institutioneller Erziehung und gesellschaftlicher Entwicklung, Stuttgart 1976

Leuchs, 1827	Leuchs, Johann Carl, Gewerb- und Handelsfreiheit; oder über die Mittel, das Glük der Völker, den Reichthum und die Macht der Staaten zu begründen, Nürnberg 1827
Lips, 1830	Lips, Alexander, Deutschlands National-Oekonomie. Ein Versuch zur endlichen Lösung der Frage: "wie kann Deutschland zu lohnendem Ackerbau, zu blühender Industrie und würksamem Handel gelangen?", Giessen 1830
Lotz, Begriff, 1807	Lotz, Johann Friedrich Eusebius, Ueber den Begriff der Polizei und den Umfang der Staatspolizeigewalt. Ein Versuch, Hildburghausen 1807
Lotz, Handbuch, Bd. 1 (2), 1821 (22, 37 f.)	Lotz, Johann Friedrich Eusebius, Handbuch der Staatswirthschaftslehre, 3 Bände, Erlangen 1821/22; 2. Auflage, 1837/38
Luden, 1811	Luden, Heinrich, Handbuch der Staatsweisheit oder der Politik. Ein wissenschaftlicher Versuch, Abtheilung 1, Jena 1811
Lueder, Kritik, 1912	Lueder (August Ferdinand), Kritik der Statistik und Politik nebst einer Begründung der politischen Philosophie, Göttingen 1812
Lueder, Nationalindustrie, 1804	Lueder, August Ferndinand, Ueber Nationalindustrie und Staatswirthschaft. Nach Adam Smith bearbeitet, Theil 3, Berlin 1804
v. Lüttwitz, 1834	Lüttwitz, Freiherr von, Ueber Verarmung, Armen-Gesetze, Armen-Anstalten, und ins Besondere über Armen-Colonieen, mit vorzüglicher Rücksicht auf Preußen, Breslau 1834
Maaß, 1931	Maaß, Hermann, Hundert Jahre Kampf um Jugendschutz. In: Das Junge Deutschland, 25. Jg., Berlin 1931, S. 97 ff. u. 157 ff.
Macaulay, 1794	Macaulay, Über die Vortheile der in England eingeführten Sonntagsschulen. Eine Predigt aus dem Englischen übersetzt und mit einer Nachricht von den Sonntagsschulen begleitet von Johann Wilhelm Heinrich Ziegenbein, Braunschweig 1794

MacCulloch, 1835	MacCulloch, J.R., Handbuch für Kaufleute oder Uebersicht der wichtigsten Gegenstände des Handels und Manufakturwesens, der Schifffahrt und der Bankgeschäfte, mit steter Beziehung auf National-Oekonomie und Finanzen (Dictionary, practical, theoretical and historical, of Commerce and commercial Navigation-dt.-2. Auflage). Bearbeitet von L.R. Schmidt, Supplement-Band, Lieferung 1, Stuttgart und Tübingen 1835
Malthus, 1803	Malthus, T.R., An Essay on the Principle of Population; or, a View of its past and present Effects on human Happiness; with an inquiry into our prospects respecting the future removal or mitigation of the evils which it occasions, 2. Auflage, London 1803
Marx (Engels), MEW, Bd. 1 (2 ff.), 1956 (57 ff.)	Marx, Karl und Friedrich Engels, Werke. Herausgegeben vom Institut für Marxismus-Leninismus beim ZK der SED, Bände 1, 2, 4, Berlin 1956/58/59
Mataja, 1896	Mataja, Victor, Die Anfänge des Arbeiterschutzes in Frankreich. In: Zeitschrift für Volkswirtschaft, Socialpolitik und Verwaltung, Band 5, Wien 1896, S. 363 ff, 505 ff.
Matschoß, 1912	Matschoß, Conrad, Die Förderung der Textilindustrie durch Friedrich den Großen. In: Beiträge zur Geschichte der Technik und Industrie, Jahrbuch des Vereines deutscher Ingenieure, Band 4, Berlin 1912, S. 309 ff.
Maurenbrecher, 1843	Maurenbrecher, Romeo, Grundsätze des heutigen deutschen Staatsrechts, 2. Auflage, Frankfurt am Main 1843
Meinecke, 1899	Meinecke, Friedrich, Das Leben des Generalfeldmarschalls Hermann von Boyen, Band 2, Stuttgart 1899
Menze, 1975	Menze, Clemens, Die Bildungsreform Wilhelm von Humboldts, Hannover usw. 1975(Das Bildungsproblem in der Geschichte des Europäischen Erziehungsdenkens, Band 13)
Metzger, 1917	Metzger, Wilhelm, Gesellschaft, Recht und Staat in der Ethik des Deutschen Idealismus. Aus dem Nachlaß herausgegeben von Ernst Bergmann, Heidelberg 1917

Meyer, 1971 — Meyer, Adolf Heinrich Georg, Schule und Kinderarbeit. Das Verhältnis von Schul- und Sozialpolitik in der Entwicklung der preussischen Volksschule zu Beginn des 19. Jahrhunderts, Phil. Diss., Hamburg 1971

Michalsky, 1978 — Michalsky, Helga, Bildungspolitik und Bildungsreform in Preußen. Die Bedeutung des Unterrichtswesens als Faktor sozialen und politischen Wandels beim Übergang von der ständischen zur bürgerlich-liberalen Gesellschaft, Weinheim und Basel 1978

v. Mises, 1905 — Mises, Ludwig v., Zur Geschichte der österreichischen Fabrikgesetzgebung. In: Zeitschrift für Volkswirtschaft, Sozialpolitik und Verwaltung, Band 14, Wien und Leipzig 1905, S. 209 ff.

Mohl, Polizei-Wissenschaft, 1932 — Mohl, Robert (von), Die Polizei-Wissenschaft nach den Grundsätzen des Rechtsstaates, Band 1, Tübingen 1832

Mommsen, 1981 — Mommsen, Hans und Winfried Schulze (Herausgeber), Vom Elend der Handarbeit. Probleme historischer Unterschichtenforschung, Stuttgart 1981 (Geschichte und Gesellschaft, Band 24)

Mottek, 1960 — Mottek (Hans, (Horst) Blumberg, (Heinz) Wutzmer, (Walter) Becker, Studien zur Geschichte der industriellen Revolution in Deutschland, Berlin 1960 (Veröffentlichungen des Instituts für Wirtschaftsgeschichte an der Hochschule für Ökonomie Berlin-Karlshorst, Band 1)

Müller, 1931 — Müller, Adam, Ausgewählte Abhandlungen. Mit erklärenden Anmerkungen herausgegeben von Jakob Baxa. Mit einem Geleitwort von Othmar Spann, 2. Auflage, Jena 1931 (Die Herdflamme, Band 19)

Müsebeck, 1918 — Müsebeck, Ernst, Das Preußische Kultusministerium vor hundert Jahren, Stuttgart und Berlin 1918

Neigebaur, 1834 — Neigebaur, Johann Ferdinand, Das Volks-Schulwesen in den Preußischen Staaten. Eine Zusammenstellung der Verordnungen, welche den Elementar-Unterricht der Jugend betreffen, Berlin, Posen und Bromberg 1834

Nicolai, 1835	Nicolai, A.H., Grundriss der Sanitäts-Polizei mit besonderer Beziehung auf den Preussischen Staat (Theil 1), Berlin 1835
Niemeyer, Bd. 2 (3), 1821 (23)	Niemeyer, August Hermann, Beobachtungen auf Reisen in und außer Deutschland. Nebst Erinnerungen an denkwürdige Lebenserfahrungen und Zeitgenossen in den letzten fünfzig Jahren, Bände 2 und 3, Halle 1821/23
Niethammer, 1808	Niethammer, Friedrich Immanuel, Der Streit des Philanthropinismus und Humanismus in der Theorie des Erziehungs-Unterrichts unsrer Zeit, Jena 1808
Oschlies, 1969	Oschlies, Wolf, Die Arbeits- und Berufspädagogik August Hermann Franckes (1663 - 1727). Schule und Leben im Menschenbild des Hauptvertreters des Halleschen Pietismus, Phil. Diss., Hamburg 1969, Witten 1969 (Arbeiten zur Geschichte des Pietismus, Band 6)
Owen, Auffassung, 1900	Owen, Robert, Eine neue Auffassung von der Gesellschaft. Vier Aufsätze über die Bildung des menschlichen Charakters, als Einleitung zu der Entwicklung eines Planes, die Lage der Menschheit allmählich zu verbessern. Nach der 3. im Jahre 1817 in London erschienenen Ausgabe übersetzt und erklärt von Oswald Collmann, Leipzig 1900
Owen, Life, Bd. 1 (1 A), 1967	Owen, Robert, The Life of Robert Owen, written by himself. With Selections from his Writings & Correspondence, Band 1; A Supplementary Appendix, Band 1 A, London 1857/58. Reprinted New York 1967.
Patje, 1796	Patje (Christian Ludwig Albrecht), Kurzer Abriß des Fabriken-, Gewerbe- und Handlungs Zustandes, in den ChurBraunschweig-Lüneburgischen Landen, Göttingen 1796
Pelz (Welp), 1. (2. ff.) Brief, 1843 (44 ff.)	Pelz, Eduard (Treumund Welp), Ueber den Einfluß der Fabriken und Manufakturen in Schlesien, 4 Briefe, Leipzig 1843 - 46
Pestalozzi, Werke, Bd. 1 (13, 18), 1927 (32, 43)	Pestalozzi, Sämtliche Werke, Herausgegeben von Artur Buchenau, Eduard Spranger, Hans Stettbacher, Bände 1 und 13, Berlin und Leipzig 1927/32; Band 18, Berlin 1943

Pforzheim, 1967	Die Pforzheimer Schmuck- und Uhrenindustrie. Beiträge zur Wirtschaftsgeschichte der Stadt Pforzheim. Herausgegeben im Auftrag der Stadt Pforzheim von Erich Maschke, Pforzheim o.J. (1967)
Pischke, 1935	Pischke, Hildegard, Die englische Industrierevolution im Spiegel der deutschen Reisebeschreibungen 1780 - 1825, Phil. Diss., Breslau 1935
Pölitz, Erziehung, Th. 1 (2), 1806	Pölitz, Karl Heinrich Ludwig, Die Erziehungswissenschaft, aus dem Zwecke der Menschheit und des Staates practisch dargestellt, 2 Theile, Leipzig 1806
Pölitz, Staatswissenschaften, Th. 1 (2), 1827	Pölitz, Karl Heinrich Ludwig, Die Staatswissenschaften im Lichte unsrer Zeit, 2 Theile, 2. Auflage, Leipzig 1827
Poppe, 1807	Poppe, Johann Heinrich Moritz, Geschichte der Technologie seit der Wiederherstellung der Wissenschaften bis an das Ende des achtzehnten Jahrhunderts, Band 1, Göttingen 1807 (Geschichte der Künste und Wissenschaften, Abt. 8, 4)
Poynter, 1969	Poynter, J.R., Society and pauperism. English ideas on poor relief. 1795 - 1834, London 1969
Preusker, 1835	Preusker, Karl Benjamin, Bausteine. Andeutungen über Sonntags-, Real- und Gewerbschulen, Cameralstudium, Bibliotheken, Vereine und andere Förderungsmittel des Gewerbfleißes und allgemeiner Volksbildung, Theil 1, 2. Auflage, Leipzig 1835
v. Radowitz, 1853	Radowitz, J. v., Gesammelte Schriften, Band 4, Berlin 1853
Ramazzini, Bd. 1 (2), 1780 (83)	Ramazzini, Bernhard, Abhandlung von den Krankheiten der Künstler und Handwerker, neu bearbeitet und vermehret von Johann Christian Gottlieb Ackermann, 2 Bände, Stendal 1780/83
Rathgen, 1908	Rathgen, Karl, Die Ansichten über Freihandel und Schutzzoll in der deutschen Staatspraxis des 19. Jahrhunderts, Beitrag XXVII. In: Die Entwicklung der deutschen Volkswirtschaftslehre im 19. Jahrhundert. Gustav Schmoller zur 70. Wiederkehr seines Geburtstages, Teil 2,

Leipzig 1908

Rau, Beschränkungen, 1847	Rau, Karl Heinrich, Ueber Beschränkungen der Freiheit in der Volkswirthschaftspflege. Rede zum Geburts-Feste des höchstseeligen Grossherzogs Karl Friedrich von Baden am 22. November 1847, Heidelberg 1847
Rau, Volkswirthschaftslehre, 1826 (41, 47)	Rau, Karl Heinrich, Grundsätze der Volkswirthschaftslehre, Heidelberg 1826; 4. Ausgabe, 1841; 5. Ausgabe, 1847 (Lehrbuch der politischen Oekonomie, Band 1)
Rau, Volkswirthschaftspflege (-politik), 1828 (44)	Rau, Karl Heinrich, Grundsätze der Volkswirthschaftspflege (-politik) mit anhaltender Rücksicht auf bestehende Staatseinrichtungen, Heidelberg 1828; 3. Ausgabe, 1844 (Lehrbuch der politischen Oekonomie, Band 2)
Rau, Zunft, 1816	Rau, Karl Heinrich, Ueber das Zunftwesen und die Folgen seiner Aufhebung. Eine von der Königl. Großbrittannischen Societät der Wissenschaften zu Göttingen gekrönte Preisschrift, 2. Abdruck, Leipzig 1816
v. Raumer, 1836	Raumer, Friedrich von, England im Jahre 1835, Theil 2, Leipzig 1836
Reche, 1821	Reche, J.W., Evergesia oder Staat und Kirche in Bezug auf die Armenpflege, Essen 1821
Recktenwald, 1976	Recktenwald, Horst Claus; Adam Smith. Sein Leben und sein Werk, München 1976
Rehberg, 1792	Rehberg, August Wilhelm, Prüfung der Erziehungskunst, Leipzig 1792
Reichensperger, 1847	Reichensperger, Peter Franz, Die Agrarfrage aus dem Gesichtspunkte der Nationalökonomie, der Politik und des Rechts und in besonderem Hinblicke auf Preußen und die Rheinprovinz, Trier 1847
Resewitz, 1773 (76)	Resewitz, Friedrich Gabriel, Die Erziehung des Bürgers zum Gebrauch des gesunden Verstandes, und zur gemeinnützigen Geschäfftigkeit, Kopenhagen 1773; 2. Ausgabe, 1776
Retzbach, 1928	Retzbach, Anton, Franz Josef Ritter von Buß. Zu seinem 50. Todestage (31. Jan. 1928). Biographie mit dem Wortlaut der ersten sozialpolitischen Rede in einem deutschen Parlament am 25. April 1837, M. Gladbach 1928 (Führer des Volkes. Eine Sammlung von Zeit- und

Lebensbildern, Band 36)

Riecke, 1806	Riecke, V.H., Die wichtige Frage: Soll man Waisenhäuser beibehalten? beantwortet, Stuttgart 1806
Rodbertus, 1. (2.) Brief, 1850	Rodbertus, Sociale Briefe an von Kirchmann, 2 Briefe, Berlin 1850
Roemer, 1914	Roemer, Hans, Die Baumwollspinnerei in Schlesien bis zum preußischen Zollgesetz von 1818, Breslau 1914 (Darstellungen und Quellen zur schlesischen Geschichte, Band 19)
v. Rönne, Gewerbe, Bd. 1 (2), 1851	Rönne, Ludwig von, Die Gewerbe-Polizei des Preußischen Staates, 2 Bände, Breslau 1851 (Die Verfassung und Verwaltung des Preußischen Staates, Theil 7, Abtheilungen 1 und 2)
v. Rönne, Unterricht, 1855	Rönne, Ludwig von, Das Unterrichts-Wesen des Preußischen Staates, Band 1, Berlin 1855 (Die Verfassung und Verwaltung des Preußischen Staates, Theil 8, Band 2)
Rosin, 1895	Rosin, Heinrich, Das Polizeiverordnungsrecht in Preußen, 2. Auflage, Berlin 1895
v. Rotteck, Politik, 1835	Rotteck, Carl von, Lehrbuch der ökonomischen Politik, Stuttgart 1835 (Lehrbuch des Vernunftrechts und der Staatswissenschaften, Band 4)
v. Rotteck, Staatslexikon	s. unter Staatslexikon
Rousseau, Emil, 1958	Rousseau, Jean-Jacques; Emil oder über die Erziehung, I.-IV. Buch. In neuer deutscher Fassung besorgt von Josef Esterhues, Paderborn 1958 (Schöninghs Sammlung pädagogischer Schriften, Quellen zur Geschichte der Pädagogik)
Rüffer, 1903	Rüffer, Fritz, Das gewerbliche Recht des Allgemeinen Landrechts für die Preussischen Staaten vom 1. Juni 1794 und die Preussische gewerbliche Gesetzgebung von 1810 und 1811. Geschichte, Darstellung, Vergleich, Tübingen 1903
Sachße-Tennstedt, 198o	Sachße, Christoph und Florian Tennstedt, Geschichte der Armenfürsorge in Deutschland. Vom Spätmittelalter bis zum Ersten Weltkrieg, Stuttgart usw. 198o

Sartorius, 1806	Sartorius, Georg, Abhandlungen, die Elemente des National-Reichthums und die Staatswirthschaft betreffend, Theil 1, Göttingen 1806
Say, Traité, 1803	Say, Jean-Batiste, Traité d'économie politique, ou simple Exposition de la Manière dont se forment, se distribuent, et se consomment les Richesses, Band 1, Paris 1803
Say, National-ökonomie, Bd. 1 (2), 1818 (19)	Say, Johann Baptist, Darstellung der National-Oekonomie oder der Staatswirthschaft, aus dem Französischen der 3. Auflage übersetzt, mit Anmerkungen begleitet von C.Ed. Morstadt, 2 Bände, Heidelberg 1818/19
Scheidler, 1838	Scheidler, Karl Hermann, Die Lebensfrage der Europäischen Civilisation und die Bedeutung der Fellenbergischen Bildungsanstalten zu Hofwyl für ihre befriedigendste Lösung, Jena 1838
Schmidlin, 1821	Schmidlin, Johann Gottlieb, Ueber öffentliche Kinder-Industrie-Anstalten, Stuttgart 1821
Schmidt, Gewerbe, 1838	Schmidt, Friedrich, Ueber die Lage der Gewerbe in Deutschland und über den Einfluß des Fabrik- und Maschinenwesens auf den wirthschaftlichen, politischen, physischen und sittlichen Zustand der gewerbtreibenden Klassen, Berlin 1838
Schmidt, Untersuchungen, 1836	Schmidt, Friedrich, Untersuchungen über Bevölkerung, Arbeitslohn und Pauperism in ihrem gegenseitigen Zusammenhange, Leipzig 1836
Schmoller, 1870	Schmoller, Gustav, Zur Geschichte der deutschen Kleingewerbe im 19. Jahrhundert. Statistische und nationalökonomische Untersuchungen, Halle 1870
Schneider-Kuda, 1969	Schneider, Dieter und Rudolf F. Kuda, Mitbestimmung. Weg zur industriellen Demokratie? München 1969 (dtv-report)
Schön, 1835	Schön, Johann, Neue Untersuchung der Nationalökonomie und der natürlichen Volkswirthschaftsordnung, Stuttgart und Tübingen 1835
Schram, 1803	Schram, Joseph, Die Verbesserung der Schulen in moralisch-politischer, pädagogischer und polizeylicher Hinsicht. Oder Versuch eines umfassenden Werkes über die öffentlichen An-

	stalten zur Bildung der Jugend und zur Aufklärung des Volkes, Dortmund 1803
Schuler, 1933	Schuler, Martin, Iselins pädagogisches Wollen und Wirken, Langensalza 1933 (Friedrich Mann's Pädagogisches Magazin, Heft 1374)
Schumacher, 1923	Schumacher, Hermann Joseph, Das niedere Schulwesen in der ehemaligen Reichsstadt Koeln zur franzoesischen Zeit (1794 - 1814), Phil. Diss., Köln 1923
Schwann, 1906	Schwann, Mathieu, Geschichte der Kölner Handelskammer, Band 1, Köln 1906
Schwartz, 1925	Schwartz, Paul, Der erste Kulturkampf in Preußen um Kirche und Schule (1788 - 1798), Berlin 1925 (Monumenta Germaniae Paedagogica, Band 58)
Schweim, 1966	Schweim, Lothar, Schulreform in Preussen 1809 - 1819, Entwürfe und Gutachten, Weinheim 1966 (Kleine Pädagogische Texte, Band 30)
Sextroh, 1785	(Sextroh, Heinrich Philipp), Ueber die Bildung der Jugend zur Indüstrie. Ein Fragment, Göttingen 1785
Simon, 1905	Simon, Helene; Robert Owen. Sein Leben und seine Bedeutung für die Gegenwart, Jena 1905
Sismondi, Bd. 1 (2), 1819	Sismondi, J.-C.-L. Simonde de, Nouveaux Principes d'Economie politique, ou de la Richesse dans ses Rapports avec la population, 2 Bände, Paris 1819
Smelser, 1967	Smelser, Neil J., Social Change in the industrial revolution. An application of theory to the Lancashire Cotton Industry 1770 - 184o, 3rd impr., London 1967
Smith, Bd. 1 (2 ff.), 1905 (06 f.)	Smith, Adam, Untersuchung über das Wesen und die Ursachen des Volkswohlstandes. Aus dem Englischen übertragen von F. Stöpel, 4 Bände, 2. Auflage, verbessert von Robert Prager, Berlin 1905-07 (Bibliothek der Volkswirtschaftslehre und Gesellschaftswissenschaft, Bände 3-6)
v. Soden, 1817	Soden, Julius Gr. v., Die Theurung vom Jahr 1816. Versuch einer Darstellung der Quellen dieser Theurung und der ohnfehlbaren Mittel, deren Wiedererscheinung auf immer zu verhüten. Beylage zum 1sten Band der National-Oekonomie,

Leipzig 1817

v. Spauer, 1802 — Spauer, Fridrich Graf v., Ueber die Pflicht des Staates, die Arbeitsamkeit zu befördern, die Betteley abzustellen und die Armen zu versorgen, Salzburg 1802

Spranger, 1949 — Spranger, Eduard, Zur Geschichte der deutschen Volksschule, Heidelberg 1949

Staatslexikon, Bd. 1 (2 ff.), 1845 (46 ff.) — Das Staats-Lexikon. Encyklopädie der sämmtlichen Staatswissenschaften für alle Stände. Herausgegeben von Rotteck, Carl von und Carl Welcker, 12 Bände, 2. Auflage, Altona 1845-48

Stahl, Bd. 1 (2,2), 1830 (37, 46) — Stahl, Friedrich Julius, Die Philosophie des Rechts nach geschichtlicher Ansicht, Band 1, Heidelberg 1830; Band 2, 2. Abtheilung, 1837; Band 2, 2. Abtheilung, 2. Auflage, 1846.

Stein, 1842 — Stein, L., Der Socialismus und Communismus des heutigen Frankreichs. Ein Beitrag zur Zeitgeschichte, Leipzig 1842

Stephani, 1805 (13) — Stephani, Heinrich, System der öffentlichen Erziehung. Ein nöthiges Handbuch für alle, welche an derselben zweckmäßigen Antheil nehmen wollen, Berlin 1805; 2. Ausgabe, Erlangen 1813

Storch, Bd. 1 (2 f.), 1819 (20) — Storch, Heinrich, Handbuch der National-Wirthschaftslehre, aus dem Französischen (Cours d'économie politique, ou exposition des principes, qui déterminent la prospérité des nations, 6 Bände, St. Petersburg 1815), mit Zusätzen von Karl Heinrich Rau, 3 Bände, Hamburg 1819/20

Suederus, 1844 — Suederus, G., Ueber Industrialismus und Armuth, Charlottenburg 1844

Teuteberg, 1961 — Teuteberg, Hans Jürgen, Geschichte der industriellen Mitbestimmung in Deutschland. Ursprung und Entwicklung ihrer Vorläufer im Denken und in der Wirklichkeit des 19. Jahrhunderts, Tübingen 1961 (Soziale Forschung und Praxis, Band 15)

Thiele, 1913 — Thiele, Gunnar, Süverns Unterrichtsgesetzentwurf vom Jahre 1819, Leipzig 1913

Thomas, 1948	Thomas, Maurice Walton, The Early Factory Legislation. A study in legislative and administrative evolution, Leigh-on-Sea 1948
Tilmann, 1935	Tilmann, Margret, Der Einfluß des Revolutionsjahres 1848 auf die preußische Gewerbe- und Sozialgesetzgebung. <Die Notverordnung v. 9. Febr. 1849>, Phil. Diss., Berlin 1935
Ure, 1835	Ure, A., Das Fabrikwesen in wissenschaftlicher, moralischer und commercieller Hinsicht. Aus dem Englischen von A. Diezmann, Leipzig 1835
Vangerow, 1818	Vangerow, Wilhelm Gottlieb von, Entwurf zur Vervollständigung der Einrichtung des Armenwesens im Allgemeinen und in besonderer Beziehung auf die Stadt Magdeburg und deren Vorstädte, Magdeburg 1818
Versuch, 1795	Versuch einer Geschichte der Herzoglichen Waisen-Anstalt in Weimar, nebst der bey Vertheilung der Waisen in Städten und auf dem Lande üblicher Verfahrensart, Weimar 1795
Vogel, 1983	Vogel, Barbara, Allgemeine Gewerbefreiheit. Die Reformpolitik des preußischen Staatskanzlers Hardenberg (1810 - 1820), Göttingen 1983 (Kritische Studien zur Geschichtswissenschaft, Band 57)
Volkmann, 1968	Volkmann, Heinrich, Die Arbeiterfrage im preußischen Abgeordnetenhaus, 1848 - 1869 (Schriften zur Wirtschafts- und Sozialgeschichte, Band 13) Berlin 1968
Walz, 1928	Walz, Gustav Adolf, Die Staatsidee des Rationalismus und der Romantik und die Staatsphilosophie Fichtes. Zugleich ein Versuch zur Grundlegung einer allgemeinen Sozialmorphologie, Berlin-Grunewald 1928
Webb, 1963	Webb, Sidney and Beatrice, English local Government. (Repr.) Vol. 7. English poor law history, Part 1. The old poor Law, London 1963 (first published 1927)
Weber, 1834	Weber, Friedrich Benedict, Historisch-statistisches Jahrbuch, in Bezug auf Nationalindustrie und Staatswirthschaft; mit besondrer Berücksichtigung Deutschlands, und namentlich des Preußischen Staats, Erster Doppel-Jahrgang. Die Jahre 1830 und 1831, Breslau 1834

Weiss, 1926	Weiss, Raymond, Un Précurseur de la Législation Internationale du Travail. Daniel Le Grand (1783 - 1859). Son OEuvre Sociale & Internationale, Paris 1926
Weitling, 1842	Weitling, Wilhelm, Garantien der Harmonie und Freiheit, Vivis 1842
Weyer, 1888	Weyer, Otto W., Die englische Fabrikinspektion. Ein Beitrag zur Geschichte der Fabrikgesetzgebung in England, Tübingen 1888
Wieacker, 1967	Wieacker, Franz, Privatrechtsgeschichte der Neuzeit unter besonderer Berücksichtigung der deutschen Entwicklung, 2. Auflage, Göttingen 1967
Wirth, 1962	Wirth, Olaf, Das preußische Ministerium für Handel, Gewerbe und öffentliche Arbeiten. Ein Beitrag zu einer Entstehungsgeschichte, Jur. Diss., München 1962
Zachariä, Bücher, Bd. 5 (7), 1832 (43)	Zachariä, Karl Salomo, Vierzig Bücher vom Staate, Band 5, Heidelberg 1832; Band 7, 2. Auflage, 1843
Zachariä, Erziehung, 1802	Zachariä, Karl Salomo, Ueber die Erziehung des Menschengeschlechts durch den Staat, Leipzig 1802
Zimmermann, 1892	Zimmermann, Alfred, Blüthe und Verfall des Leinengewerbes in Schlesien. Gewerbe- und Handelspolitik dreier Jahrhunderte, 2. Auflage, Oldenburg und Leipzig 1892
Zöllner, 1804	Zöllner, Joh. Friedr., Ideen über National-Erziehung besonders in Rücksicht auf die Königl. Preußischen Staaten, Theil 1, Berlin 1804
Zorn, 1976	Aubin, Hermann und Wolfgang Zorn, Handbuch der deutschen Wirtschafts- und Sozialgeschichte, Band 2. Das 19. und 20. Jahrhundert, Stuttgart 1976

Zeitschriften und Gesetzessammlung

AAS	Allgemeines Archiv für die gesammte Staatswissenschaft, Gesetzgebung und Staatsverwaltung, mit alleiniger Ausnahme der Politik und mit besonderer Rücksicht auf Deutschlands gegenwärtige Gewerbs- und Handels-Verhältnisse für deutsche Bundesstaaten, Frankfurt a.M.
ABG	Annalen der Brittischen Geschichte des Jahres 1788 (- 1796). Als eine Fortsetzung des Werks England und Italien von J.W. v. Archenholz, Hamburg usw.
ACP	Archiv für die Civilistische Praxis, Heidelberg
AE	Archiv der Erziehungskunde für Deutschland, Weißenfels und Leipzig
AF	Der Arbeiterfreund. Zeitschrift des Centralvereins in Preußen für das Wohl der arbeitenden Klassen, Berlin
AHZ	Allgemeine Handlungs-Zeitung, Nürnberg
ALZ	Allgemeine Literatur-Zeitung, Halle und Leipzig
AP	Archiv der politischen Oekonomie und Polizeiwissenschaft, Heidelberg
APSV	Annalen der Preußischen innern Staats-Verwaltung, Berlin
ASGS	Archiv für soziale Gesetzgebung und Statistik. Vierteljahresschrift zur Erforschung der gesellschaftlichen Zustände aller Länder, Tübingen
ASK	Annalen des Preußischen Schul- und Kirchenwesens, Berlin
AW	Archiv für Waisen- und Armenerziehung, Hamburg
BJ	Braunschweigisches Journal philosophischen, philologischen und pädagogischen Inhalts, Braunschweig
BlP	Blätter für Polizei und Kultur, Tübingen
BM	Berlinische Monatsschrift, Berlin
BU	Bibliothéque Universelle des Sciences, Belles-Lettres, et Arts, Genf
DH	Die Heimat, Krefeld
DHo	Die Horen. Eine Monatsschrift, Tübingen

DM	Deutsches Museum, Leipzig
DN	Der National-Oekonom, Monatsschrift über Völker-reichthum, Finanzwesen und Oekonomiepolizei. Für Geschäftsmänner und Theoretiker, Mannheim
DS	Die Deutsche Schule, Leipzig und Berlin
DSt	Der Staat. Zeitschrift für Staatslehre, Öffentliches Recht und Verfassungsgeschichte, Berlin
DV	Das Vaterland, Blätter für teutsches Volks- und Staatsleben, Leipzig
DVBl.	Deutsches Verwaltungsblatt, Köln usw.
DVjS	Deutsche Viertel-JahrsSchrift, Stuttgart und Tübingen
EdM	Ephemeriden der Menschheit, oder Bibliothek der Sittenlehre, der Politik und der Gesezgebung, Basel (Mannheim, Leipzig)
EU	Evangelische Unterweisung, Monatsblatt für Erziehung und Unterricht, Dortmund
GA	Gelehrte Anzeigen, München
GGA	Göttingische gelehrte Anzeigen, Göttingen
GM	Göttingische Magazin für Indüstrie und Armenpflege, Göttingen
GS	Gesetz-Sammlung für die Königlichen Preußischen Staaten, Berlin
GSp	Gesellschaftsspiegel. Organ zur Vertretung der besitzlosen Volksklassen und zur Beleuchtung der gesellschaftlichen Zustände der Gegenwart, Elberfeld
HM	Hannoverisches Magazin, Hannover
HZ	Historische Zeitschrift, München und Berlin
HZW	Hermann. Zeitschrift von und für Westphalen, Schwelm
Jan	Janus. Jahrbücher deutscher Gesinnung, Bildung und That, Berlin
JFM	Journal für Fabrik, Manufaktur, Handlung und Mode, Leipzig
JGP	Jahrbücher der Geschichte und Politik, Leipzig

JGV	Jahrbuch für Gesetzgebung, Verwaltung und Volkswirtschaft im Deutschen Reich, Leipzig
JL	Jahrbücher der Literatur, Wien
JNÖ	Jahrbuch für Landeskunde von Niederösterreich, Wien
JPrV	Jahrbücher des Preußischen Volks-Schul-Wesens, Berlin
JSG	Jahrbuch der Schweizerischen Gesellschaft für Schulgesundheitspflege, Zürich
JWG	Jahrbuch für Wirtschaftsgeschichte, Berlin (Ost)
JwK	Jahrbücher für wissenschaftliche Kritik, Berlin
KZR	Kritische Zeitschrift für Rechtswissenschaft und Gesetzgebung des Auslandes, Heidelberg
MGEG	Mitteilungen der Gesellschaft für deutsche Erziehungs- und Schulgeschichte, Berlin
MGH	Mittheilungen für Gewerbe und Handel, Prag
MhS	Monatschrift für höhere Schulen, Berlin
MIV	Mittheilungen des Industrie-Vereins für das Königreich Sachsen, Chemnitz
MLV	Mittheilungen des Lokalvereins für das Wohl der arbeitenden Klassen, Berlin
MÖG	Mittheilungen des Instituts für österreichische Geschichtsforschung, Wien usw.
NH	Notizen aus dem Gebiete der Natur- und Heilkunde, Weimar
NHM	Neues Hannöverisches Magazin, Hannover
NJG	Neue Jahrbücher der Geschichte und Politik, Leipzig
NNH	Neue Notizen aus dem Gebiete der Natur- und Heilkunde, Weimar
NZT	National-Zeitung der Teutschen, Gotha
ÖZR	Oesterreichische Zeitschrift für Rechts- und Staatswissenschaft, Wien
PhJ	Philosophisches Journal einer Gesellschaft Teutscher Gelehrten, Neu-Strelitz (Jena und Leipzig)

RDJ	Revue de droit international privé et de droit pénal international, Paris
RWA	Der Sprecher oder Rheinisch-Westphälischer Anzeiger, Hamm und Soest
RWM	Rheinisch-westphälische Monatsschrift für Erziehung und Volksunterricht, Aachen
SAS	Schweizerisches Archiv für Statistik und Nationalökonomie oder Beiträge zur Kenntniß und Förderung unseres Nationalwohlstandes, Basel
SF	Staats- und socialwissenschaftliche Forschungen, Leipzig
SHLP	Schleswig-Holstein-Lauenburgische Provinzialberichte, Kiel
SW	Soziale Welt. Zeitschrift für Wissenschaft und Praxis des sozialen Lebens, Dortmund (Göttingen)
VA	Verwaltungsarchiv, Zeitschrift für Verwaltungsrecht und Verwaltungsgerichtsbarkeit, Berlin
VGG	Verhandlungen der Schweizerischen Gemeinnützigen Gesellschaft, (auch u. d. T.: Neue Verhandlungen der Schweizerischen Gemeinnützigen Gesellschaft, über Erziehungswesen, Gewerbfleiß und Armenpflege), Zürich
VSG	Vierteljahrschrift für Social- und Wirtschaftsgeschichte, Leipzig usw.
VVG	Verhandlungen des Vereins zur Beförderung des Gewerbfleißes in Preußen, Berlin
WA	Der Westphälische Anzeiger, Dortmund
ZfP	Zeitschrift für Pädagogik, Erziehungs- und Schulwesen, als Fortsetzung der Bibliothek der pädagogischen Literatur herausgegeben, Leipzig
ZGE	Zeitschrift für Geschichte der Erziehung und des Unterrichts, Berlin
ZÖR	Zeitschrift für österreichische Rechtsgelehrsamkeit und politische Gesetzkunde, Wien
ZStB	Zeitschrift des Königlich Preußischen Statistischen Bureaus, Berlin
ZSW	Zeitschrift für die gesammte Staatswissenschaft, Tübingen

ZSWG Zeitschrift für Social- und Wirthschaftsgeschichte, Freiburg im Breisgau und Leipzig

ZVSV Zeitschrift für Volkswirtschaft, Socialpolitik und Verwaltung, Wien und Leipzig

Sonstige Abkürzungen

a.A.	anderer Ansicht
aaO	am angegebenen Ort
Abschn.	Abschnitt
Abt(h).	Abt(h)eilung
a.E.	am Ende
Anm.	Anmerkung
Aufs.	Aufsatz
Diss.	Dissertation
Gen.-Gouv.	Generalgouvernement, Generalgouverneur
gen.	genannt
GewO	Gewerbeordnung
H.	Heft
hrsg.	herausgegeben
i.e.S.	im engeren Sinne
Jahrh.	Jahrhundert
Jg.	Jahrgang
Jur.	Juristische (Rechts- und Staatswissenschaftliche, Wirtschafts- und Sozialwissenschaftliche) Fakultät
KaO.	Kabinettsorder
Kap.	Kapitel
Med.	Medizinische Fakultät
m.w.N.	mit weiteren Nachweisen
n.	nach
N.F.	Neue Folge
Phil.	Philosophische Fakultät
Preuß. ALR	Preußisches Allgemeines Landrecht
Reg.(-Bez.)	Regierung(sbezirk)
Regl.	Reglement
S.	Seite, Spalte
St.	Stück
T(it).	Titel
T(h).	T(h)eil
u.a.	unter anderem
u.d.T.	unter dem Titel
Verf.	Verfasser
V.	Votum
VO	Verordnung
Wirkl. Geh. Rat	Wirklicher Geheimer Rat
w.N.	weitere Nachweise
zit.n.	zitiert nach
z.T.	zum Teil

Printed by
CPI books GmbH, Leck

FSC
www.fsc.org
MIX
Papier | Fördert gute Waldnutzung
FSC® C083411

Kolibri 360 GmbH
Ferdinand-Jühlke-Straße 7
99095 Erfurt, Deutschland
produktsicherheit@kolibri360.de